KB006152

제2공화국 시기 일본 언론의 한국 인식

-아사히(朝日)신문 기사(1960.1~1961.5)-

경희대학교 한국현대사연구원
현대사 자료총서 4-2

이 자료집은 2015년 대한민국 교육부와 한국연구재단의 지원을 받아 수행된 연구임(NRF-2015S1A5B8037125)

제2공화국 시기 일본 언론의 한국 인식

-아사히(朝日)신문 기사(1960.1~1961.5)-

경희대학교 한국현대사연구원

허동현 · 김재웅 · 김재호 · 안소영

경인문화사

| 발간사 |

2015년 한국연구재단이 지원하는 중점연구소로 선정된 경희대학교 한국현대사연구원은 1차년도와 2차년도 사업의 성과물로 『한국문제 관련 유엔문서 자료집(1948~1949) 상 · 하』(2017)와 『한국전쟁 관련 유엔문서 자료집1-3』(2018) 총 5권을 발간한 바 있다. 이번에 3차년도 성과물로 발간하는 『제2공화국 시기 일본 언론의 한국 인식』는 1960년 1월부터 1961년 5월까지 일본 아사히(朝日)신문에 게재된 한국 및 한일관계 기사를 번역한 것이다.

이 시기의 한국 국내정치는 이승만 정권 말기의 3 · 15 부정선거, 4 · 19 혁명과 이승만 정권의 붕괴, 그리고 과도정부를 거쳐 제2공화국의 수립, 그리고 5 · 16군사쿠데타로 이어지는 격동의 시기이다. 따라서 이 자료집은 이 시기에 일본이 한국을 어떻게 보고, 어떻게 인식했는가를 보여주는 하나의 자료라고 할 수 있다.

당시 한일관계는 1958년 4월에 시작되었던 제4차 한일회담이 기존의 현안 외에 일본과 북한의 적십자사가 중심이 되어 시작된 재일교포의 북송문제로 난항을 겪고 있었다. 일본은 재일교포의 자유의사에 따른 '인도주의적 사업'으로 이를 추진하였지만, 한국은 이에 맹렬히 반대하였다. 당시 일본 신문은 '북조선 귀환사업'의 보도를 통해 '꿈과 희망을 안고 고향으로 돌아가는 재일 한국 · 조선인'들의 모습을 감격적으로 보도하고 있다. 또한 북한 내부에 대한 보도에서는 북한의 혁명적 변환을 긍정적으로 보도(1960.1.9. 석간)하고 있으며, 김일성을 '매력있는 지도자'로 소개하고 있다(1960.1.13. 석간).

반면 한국에 대한 기사는 평화선(일본에서는 '이승만 라인' 또는 '이 라인')을 둘러싸고 일본 어선의 나포와 선원의 억류문제가 자주 보도되었고, 국내문제로는 정 · 부통령선거를 앞두고 비민주적 관권개입과 선거운동과정에서의 폭력사태 등이 자주 보도되었다. 그러나 4 · 19와 이승만 정권의 붕괴를 계기로 일본의 관심은 이후의 한국 정국의 추이에 집중되었고, 이어 수립된 제2공화국 장면 정부의 현실주의적 대일 접근에 큰 기대를 갖게 되었음을 신문기사는 잘 나타내고 있다. 이에 따라 한일 양국간에는 중단되었던 한일회담을 재개하기 위한 노력의 결과, 10월25일에는 제5차 한일회담을 위한 예비회담이 개최되었다. 이러한 상황에서 일본은 한국이 거부 반응을 보이고 있던 재일교포의 북송문제를 1960년 11월의 북한과의 협정 만료를 기해 적당한 선에서 종결짓고, 한일회담 협상의 분위기 조성을 시도하려 하였으나 북한의 북송사업의 계속화 의도와 협상 연장 전술에 휘말려 지루한 줄다리기 교섭을 계속하기도 한다.

한편 한일국교정상화에 대해 일본은 한국의 경제사정과 관련하여 경제협력을 중심으로 추진함으로서 타개해 나갈 수 있다는 자세를 가지게 되었고, 장면 정부도 시급한 경제개발 문제를 앞두고 현실주의적 접근으로 예비회담이 진전을 보이게 되었으며, '정치적 결단만 남았다'는 보도와 함께 '국교정상화 타결 임박'이라는 성급한 전망도 나타나기도 한다. 이상에서 보는 바와 같이 한국에서의 제2공화국의 수립은 정부간 관계 뿐 아니라 일본의 한국에 대한 전반적인 인식에 큰 변화를 가져왔음을 신문기사 전반에서 보여주고 있다.

일본은 1945년 이후에도 서울을 해방 전의 이름인 경성(京城)으로 부르고 있었다. 그러던 것이 장면 정권이 수립되고 1960년 9월 일본의 고사카 젠타로(小坂善太郎) 외상이 일본 정부의 친선사절로 한국을 방문 하였을 때,

처음으로 일본 신문에 서울이라는 이름이 등장하였고, 이듬해인 1961년 1월부터 괄호 속에 경성이라는 이름과 함께 서울을 공식 명칭으로 사용하기 시작하였음을 기사는 보여주고 있다. 이러한 신문기사 자료집은 정부간 교섭 문서에 나타나지 않는 양국의 속마음과 양국 정부의 처한 입장 등을 엿볼 수 있는 자료로서 당시의 양국간 관계를 입체적 · 종합적으로 이해하는 데 도움이 되리라 생각한다.

이 자료집이 나오기까지 많은 분들의 도움이 있었다. 먼저 한국현대사연구원이 한국연구재단의 중점연구소로 선정되어 도약의 발판을 마련할 수 있도록 본 연구원의 설립과 발전에 지속적인 지원을 아끼지 않으신 경희대학교 조인원 총장님께 감사의 인사를 드린다. 또한 이 자료집의 발간을 위해 소중한 자료를 제공해 주신 유족 장익 주교님과 운석 장면기념사업회의 류덕희 · 한홍순 두 분의 전 · 현직 이사장님께 감사 말씀을 드린다. 그리고 본 자료집의 기획과 편집, 해제, 교정에 이르는 전 과정에 참여한 본 연구원의 안소영, 김재웅, 김재호 교수님과 서홍석, 마정윤, 김경수 선생님, 또한 궂은일을 마다 않고 힘을 보태 준 김영숙 선생님과 안현정, 김나영, 박혜민, 강정우 조교에게도 고마움을 전한다. 마지막으로 어려운 출판환경에도 불구하고 자료집을 세상에 나오게 해 준 경인출판사의 한정희 대표님과 김환기 이사님, 그리고 편집부 직원들에게 감사드린다.

2018년 12월

한국현대사연구원 원장 허동현

제5부 장면 정권 후기 597

| 일러두기 |

1. 이 자료집은 일본 아사히(朝日)신문의 한국 및 한일관계 관련 기사를 번역한 것이다. 일본 신문은 일반적으로 하루에 조간과 석간을 따로 발행하고 있다. 본 자료집에서는 석간 기사일 경우만 따로 '석간'으로 표시하였다.

2. 같은 지면의 같은 사건에 관련된 기사들은 제일 큰 기사의 제목만 목차에 표기하였고, 같은 지면의 기사라도 다른 내용의 기사는 목차에 별도로 제목을 표기하였다.

3. 일본의 지명은 일본어 읽는 방법에 따랐다. 단 행정구역 표기의 경우 도도부현(都道府県)과 시(市)와 같은 행정구역 단위의 명칭은 우리말 표기로 하였고, 정촌(町村)은 지역마다 읽는 방법이 다르기 때문에 일본어 읽는 방법에 따랐다.

4. 북한 및 남북한 관련 명칭인 북조선, 북선(北鮮), 남북선(南北鮮)과 경성(京城: 서울), 다케시마(竹島: 독도) 등 지명과 조선전란(朝鮮戰亂) 등 사건 명칭은 원문 그대로 표기하였다.

5. 인명의 경우 일본에서는 성(姓)만 표기하는 경우가 많으나, 본 자료집에서는 자료의 가치를 높이기 위해 가능한 범위 내에서 역자 주(注)로 이름까지 확인하여 표기하였다.

6. 자료집 내용의 이해를 돕기 위하여 이 신문기사에 등장하는 일본 주요인사의 간단한 약력을 부록으로 첨부하였다.

7. 본 자료집의 기사 원문을 수록하지는 않았으며, 대신 1~6부의 표지(간지) 다음 페이지와 각 부 끝의 여백이 있는 경우에 예시를 수록하였다.

제1부 이승만 정권 말기

(1960.1.7 ~ 1960.4.19)

(3) 12版● 昭和35年2月5日 金曜日 朝日新聞

韓国正副大統領の選挙

すでに終盤戦の様相

農政の失敗どう響くか

軍縮新方向に悩む

西側、各国案つき合わせ

仏大統領が延期

アルジェリア訪問

本部をパリへ移せ

英外相、西欧連合で提案

特別教書提出か

アイク原子力法改正で

米、対印援助五割まし

奥さんに弱い黒人区長

ニューヨークで汚職

反共95共産25

ケララ州選挙最終結果

アジア諸国とは平和五原則

ソ連の人口 二億八百万

対外文化交流委を昇格

サンデー毎日 2月14日号

西尾新党の金ヅル

週刊朝日 2月14日号 発売! 30円

近衛部隊〝発進す〟

市ケ谷の駐とん大隊

太平洋テレビという会社

ガス・ブームにわく雪の町

掘りあてた油田

活気づく大阪のソロバン

ホーム・クイズ

アサヒグラフ 2月14日号 本日発売 50円

冬の海を泳いで助かる

ガス中毒の恐怖

東京・春のたより

御新居も間もなく

日本工芸の伝統

1960년 2월 5일 「한국 정부통령 선거 – 이미 종반전의 양상」, 본문 pp.62–65 참조

1960년 1월 7일(2면)

한일교섭 하순에 재개

합의를 보지 못한 채 해를 넘긴 일한교섭은 이번 달 하순 26, 27일 경부터 재개될 것으로 보인다. 이세키(伊関佑二郎: 역자) 외무성 아시아국장은 6일 도쿄(東京) 고지마치(麹町)의 가유카이칸(霞友会館)에서 재일한국대표부의 유(柳泰夏: 역자) 대사를 만나, 난항이 계속되고 있는 재일한국인에 대한 연말까지의 한국 송환 및 일한 억류자의 상호송환 문제를 향후 어떤 절차로 교섭할 것인가를 협의했다. 그 결과 한국 측의 유진오(兪鎭午) 대표 등이 경성(京城)에 돌아간 채 아직 귀임하지 않았고, 또한 이세키씨가 14일부터 열리는 아시아지역의 정보담당관회의에 출석하기 위해 홍콩으로 출장을 가야하는 등의 사정을 감안하여 26, 27일 경부터 이세키 · 유(柳) 회담을 재개하기로 의견의 일치를 보았다.

현안인 억류자 상호송환은 당초 기대되었던 '연내실시'는 상당히 늦어져 당분간 미뤄질 전망이다.

1960년 1월 7일(2면)

이(李) 라인 개정 용의, 한국 야당 대통령후보 언급

〈경성 6일발=로이터〉 한국 민주당(民主黨 · 야당)의 대통령 후보 조병옥(趙炳玉) 씨는 6일의 기자회견에서 자신이 대통령에 당선된다면 새로 맺어질 어업협정의 테두리 안에서 '평화라인'(이 라인)을 개정할 용의가 있다고 다음과 같이 말하였다.

"원칙적으로 어업라인은 필요하지만 일방적으로 이와 같은 규제구역을 설치한다면 타협할 여지가 없어진다. 한국은 일본을 자유세계에 끌어들이는 데에 노력을 아끼지 않아야 한다."

1960년 1월 8일(1면)

북조선(北朝鮮) 귀환에 경고, 적십자국제위대표단(赤十字国際委代表団)

정치시위의 환송영(歡送迎) – 시정되지 않으면 철수한다.
총련(総連)은 일단 자제의 태도

작년 12월에 시행되었던 제1차부터 제3차까지의 북조선으로의 귀환에 대해서 "환송영의 방식이 정치적이다"라는 적십자국제위대표단의 '지적'에 따라 일본적십자사, 후생성, 국철은 7일자로 각 지방기관에 대해 엄중한 통지를 보냈다.

듀란(Durand) 국제위대표단장은 1월 4일자로 일본적십자사에 "니가타(新潟) 중앙부두, 일본적십자센터, 통과역 등에서의 환영, 환송의 방식이 지나치게 정치적 시위의 성격이 강하다"라는 각서를 보냄과 동시에, 구두로 "만약 나의 주의가 지켜지지 않으면 대표단을 철수시킬 결의를 하겠다"고 강한 결의를 보였다. 국제위대표단이 귀환문제에 이와 같이 '조언'을 한 것은 이번이 처음이다.

듀란 단장의 각서의 요지는 다음과 같다.

국제위대표단은 니가타에서의 승선 상황 등에 관하여 일본적십자사의 주의를 요구하고자 한다.

▶ 대표단은 부두에서 정치적 단체가 확성기를 이용하여 귀환자에 대해 연설을 행하는 것을 확인하였다. 대표단의 의견은 귀환업무는 환송을 포함하여 적십자사에 의해 이루어지고 있는 것이므로, 일체의 정치적, 집단적 시위운동을 막기 위해 최대한 주의를 기울여야한다고 생각한다. 부두로의 출입은 친척, 친지에게만 허락되어야 하며, 모든 조직적 시위운동은 배제되어야한다고 생각한다. 따라서 부두에서의 확성기 사용을 금지시키고, 출항

업무가 절대로 정치적, 선전적 성격을 띠지 않도록 일본적십자사가 필요한 조치를 취하기를 바란다.

▶ 니가타역에 도착하기까지의 철도수송에 있어서도 역에 설치된 확성기가 연설을 위해 사용되고 있다. 또한 친척과 친지만을 만날 수 있게 한다는 규정이 지켜지고 있지 않는 것으로 보이며, 귀환업무가 선전의 목적으로 이용되고 있다고 생각된다. 본건에 대해서도 필요한 조치를 강구해주기 바란다.

▶ 니가타 일본적십자센터에 다른 기관의 직원이 방문하고 있는 사실을 확인하였다. 귀환자를 만나고자 하는 친척, 친지는 해당지의 이름을 명시하고 면회할 수 있도록 정해져 있다. 귀환업무에 관계가 없는 제3자는 누구를 막론하고 센터를 방문하는 것을 허락해서는 안 된다. 이 규정에 대해서 어떠한 예외도 인정될 수 없으므로 필요한 조치를 강구해야 한다.

이 각서를 받은 일본적십자사는 5일 외무, 후생, 법무, 경찰청, 국철 등과 협의하고, 각서 사본을 조선총련의 한덕수(韓德銖) 의장에게 보내 선처를 요청하였다. 총련의 이계백(李季===白) 중앙귀국대책위원장, 윤상철(尹相哲) 외무부장 등은 7일 오후 일본적십자 본사에서 듀란 단장과 가사이(葛西嘉資: 역자) 부사장을 방문하여 이 문제에 대해 회담하고, 총련은 자주적으로 자제하는 데에 전념하겠다는 태도를 보였으나 확성기의 사용을 중지할 것인지 말 것인지 등의 세세한 점에 대해서는 아직 문제가 남아있는 듯하다.

윤 외무부장의 말 : 여러 사람이 하는 일이다보니 다소 지나침이 있었는지도 모른다. 그러나 국제위나 일본적십자사가 지적한 것과는 별도로 나쁜 점이 있다면 관계단체와 상의하여 자주적으로 선처하고자 한다. 각서는 일본적십자사 앞으로 보내진 것으로 우리가 각서 내용에 직접적으로 규제된다고는 생각하지 않는다. 확성기 사용금지 등의 이야기는 없었다. 어쨌든 8일 중에 일조협회(日朝協会), 귀국협력회(帰国協力会) 등 관계단체와 회의를 열어서 태도를 결정하고자 한다.

1960년 1월 9일(4면)

한국쌀 구매하지 않으면 비료 안 산다, 유(柳) 대사 언명

〈UPI · 공동〉 재일한국대표부의 유(柳泰夏: 역자) 대사는 8일, 일본으로부터의 비료 수입문제에 대해서 다음과 같이 언명하였다.

“한국은 일본이 한국쌀을 구입한다는 약속을 실행에 옮기기까지 일본으로부터 비료를 구매하지 않을 것이다. 나는 본국정부에 일본으로부터의 비료 매입계획을 즉시 중지하라고 강하게 권고했다.”

1960년 1월 9일 석간(2면)

북조선(北朝鮮)을 바꾸는 두 가지 혁명

문화혁명, 기술혁명 – 문맹퇴치, 깨끗한 마을, 나아지는 농촌의 기계화

〈홍콩 이리에(入江)특파원 8일발〉 사회주의 건설을 거국적으로 진행하고 있는 북조선에서 지금 두 가지 큰 혁명이 진행되고 있다. 선신국에 뒤쳐진 수준을 급속하게 만회하여, 선진국에 뒤떨어지지 않게 따라가고자 시작한 문화혁명과 기술혁명이 그것이다. 이것은 결코 말 뿐인 운동이 아니다. 북조선에 있으면 엄한(嚴寒)의 대동강처럼 팽팽한 국민적 기개를 강하게 느낄 수 있는데 그것은 이 두 가지의 혁명 때문이다. 큰 파도가 낡은 조선을 하나하나 씻어내고 있다.

부장급 이상도 학습

문화혁명 중 하나를 예로 들고자 한다. 북조선에서는 정부 기관, 시청, 조선노동당, 신문사 등의 간부(일본의 부장급 이상)는 매주 토요일 오후에는 반드시 4시간, 각자의 직장에서 '학습'을 한다. 조선을 어떻게 건설할 것인가, 당면의 문제를 마르크스·레닌주의에 따라 어떻게 해석할 것인가를 중심으로 공부하고 토론한다. 강사로 나온 대학교수가 식은땀을 흘리는 일도 자주 있다고 한다.

"이것은 골프의 대신입니다. 우리들에게는 좋은 레크레이션입니다"라고 한 간부는 말했는데 부수상들은 물론 김일성 수상도 때때로 참가한다. 토요일 오후 각계의 지도층이 전부 '학습시간'에 들어가 버리므로 신문사는 취재가 중지된다. 이 외에 지도층은 1년에 1개월간 직장을 벗어나서 '학습'을 하고 있다. 지도층이 매우 진지하다.

활발한 성인학교

문화혁명의 두 개의 기둥은 문맹퇴치와 성인교육이다. 쇼와(昭和) 21년(1946년)에 250만 명이었던 문맹자를 4년 동안에 일단 없앴다. 7년의 의무교육제를 완성했고, 현재 '성인학교'를 많이 만들고 있다. 중등교육을 받지 못한 사람이 많으므로 5년간에 걸쳐서 시행한다는 것이다. 인구의 4분의 1은 정규 학교에서 그 이외의 사람은 성인학교에서 1년에 2개월은 공부하지 않으면 안 된다. 농민도 노동자도 모두 참가시킬 계획이다.

예술 서클활동

문화, 예술을 대중의 것으로 한다는 슬로건을 내걸고 직장의 서클활동이 활발하다. 음악서클 13000개에 59만 명, 무용서클 14000개에 29만 명인 현황이지만 한 가지 더 주목해도 좋은 것은 위생문제이다.

예전 조선에서는 생활정도가 낮은 만큼 비위생적이고 불결한 점이 많았다. 위생을 향상시켜 생산화를 높이고자 하는 최근 수년의 노력은 평양을 시작으로 전국을 완전히 청결하게 하였다. 평양은 도쿄(東京)와 비교도 안 될 정도로 청결하다. 도로에는 3백 미터 간격으로 금속제의 쓰레기통이 설치되어 있다. 처음 그것을 알지 못했던 기자는 담배꽁초를 버리기에 너무 도로가 청결해서 버리지 못하고 어찌할 바를 몰라 했다.

이전 조선의 불결과 악취는 완전히 일소되고 있다. 노동자를 위한 근대적인 큰 아파트들과 농촌에 출현하기 시작한 문화주택을 감안하면 주거의 위생면에서는 평균적으로 보아 이미 일본을 따라잡을 단계에까지 왔다고 말할 수 있다.

우리들과 동행한 평론가 후지시마 우다이(藤島宇内) 씨는 이렇게 말했다. "이렇게 하라, 저렇게 하라는 위로부터의 명령이 없더라도 대중의 경제적인 조건이 향상되면 저절로 문화적이 될 것이라는 확신 위에 시행되고 있는 것이다. 이것은 일본에서도 깊이 고려해야 할 점이다."

문과계 학생도 기술

두 번째, 기술혁명은 사회주의적인 공업화와 농촌의 수리(水利), 기계화, 전화(電化)를 목표로 하고 있다. 눈에 띄는 것은 전 국민에게 하나 이상의 기술 또는 기능을 가지도록 하고 있다는 것이다. 이를 위해 2년의 기술교육을 의무제로 할 계획으로 있다. 문과계의 대학생도 뭔가 하나의 기술 또는 기능을 가져야 한다. 기능이라는 것은 구체적으로 어떤 것을 가리키는가? 예를 들어 자동차의 운전도 외국어의 습득도, 목제의자를 만드는 것도 될 수 있다. 무엇인가 자신이 할 수 있는 것을 가지도록 하여, 교육과 생산노동을 결부시킨다는 것이 중요한 목적으로 보인다. 노동자들 사이에서는 '선진기술을 익히자'는 의욕이 보였다.

평양의 아파트들은 잘 보면 건설된 해를 알 수 있다. 1년마다 눈에 띄게 기술적으로 낳아지고 있다. 동시에 1가족 1실(室)부터 2실, 3실로 발전해서 지금 건설하고 있는 것은 4실이다.

발전하는 농업생산

농촌의 전화, 수리화도 잘 진행되고 있고 기계화도 진척되고 있다. 평야 지역의 기계화는 거의 끝났고 산간 지역으로 확대되고 있다. "15마력의 트랙터가 지금 7천대 보급되어 있지만 금년 중에 4천대를 더 공급할 계획이다. 그 중 3천대는 국산이다"라고 담당자는 말했다. 국산 트랙터도 3천대 만들어 평안남도와 황해남도에 중점적으로 배치한다는 것이다.

움막처럼 보기 흉한 초가집뿐이었던 조선의 과거 농촌풍경은 기계화에 따라 점점 변하고 있다. 전체 농촌에 협동조합이 생겼고 생산은 협동해서 하도록 되어있어 크게 늘어났다. 집단화와 함께 지금은 농촌경영에 기술화의 새로운 파도가 몰아치고 있다.

미래에 큰 자신

조선에서 시행하고 있는 두 가지 혁명은 저력을 가지고 꾸준히 진행되고 있다. 많은 지도자나 중견층의 사람들과 만나보아도 앞 다투어 공식적 이론을 주장하거나 흥분해서 절규하는 듯한 말투를 하는 사람은 한 명도 없었다. 그들은 침착하고 조심스럽게 "일본에 비해 아직은 미흡한 상황이지만…"이라고 말하면서도 미래에 대한 강한 자신을 가지고 있었다.

물론 북조선이 좋은 면만 있는 것은 아니다. 맥주의 거품은 일본의 맥주만큼 부드럽지 못하고 과자도 종류가 적다. 라디오의 생산도 적어서 각 가정에 있는 것은 유선방송을 받는 간단한 대용 라디오이다. 평양에 백화점은 3개 있지만 상품의 품질은 크게 뒤떨어져 있다.

물건을 머리에 이고 걷는 습관도 농촌에 많이 보인다. "앞으로 1, 2년 뒤에는 트럭 생산이 일단락되고, 다음에는 아마도 자전거의 대량 생산이 시작됩니다. 그렇게 되면 머리에 무거운 물건을 이고 걷는 습관은 없어질 것입니다. 지금 당장 그 습관은 좋지 않으니 그만두라고 해도 안됩니다"라고 한 조선인 기자가 말했다.

살아있는 정치의 실험실

47세의 김일성 수상을 중심으로 북조선은 하나의 목적을 향해 빠른 템포로 변화하고 있다. '기생'의 평양도 아니고 머리에 큰 관 같은 모자(갓: 역자)를 쓴 유산계급의 노인이 유유히 낚싯줄을 드리우는 대동강도 아니다. 가난한 일가가 살아가기 위해 만주나 일본으로 유랑을 떠나던 조선도 아니다. 그뿐 아니라 일본에서 가난하고 기를 못 펴고 살던 조선 동포를 전부 귀환시켜 생활을 보장하고 함께 일하고자 하는 북조선이다. '천리마'를 구호로 하나의 코스를 달리고 있는 이 나라는 여하튼 살아있는 정치의 실험실이다.

1960년 1월 13일 석간(2면)

훤칠하고 친근한 - 김일성(金日成)이라는 장군

('김일성 장군의 노래' 1절 가사 생략)

'김일성 장군의 노래'의 1절이다. 북조선에서는 정말로 이 노래를 자주 부른다. 귀환자가 입항하는 청진(清津)에서는 도착 4시간 전부터 시(清津市: 역자) 전체 인구의 4분의 1에 해당하는 약 5만 명 정도가 이 노래를 4시간 동안 계속 부르고 있었다. 눈보라가 흩날리는 날씨에 모자에도 손에 든 붉은 조화에도 눈이 쌓이고 있었다. 일본에서도 북조선으로 귀환하는 사람들이 반복해서 부르던 행진곡풍의 노래가 '김일성 장군의 노래'라고 생각하면 틀림없다.

북조선에서는 대부분 한자를 사용하지 않고 언문이라는 조선글자를 사용한다. 어렵고 배우기 힘들지만 기자는 3주간 머무는 동안에 간신히 'キムイルスン(김일성)'이라고 읽는 글자만은 알 수 있게 되었다. '김일성'이다. 평양역에도, 국영백화점에도, 공회당에도, 도로에도, 산간의 작은 마을에도 눈에 띄는 장소에는 반드시 커다란 붉은 현수막이 드리워져 있거나 횡단막이 걸려있고, 그 곳에는 이 세 글자(김일성: 역자) 아래에 반드시 두 글자가 더 쓰여져 있다. '만세'라는 두 글자이다.

어떤 주택에 가도 김일성의 사진이 걸려있다. 귀국자가 입주한 아파트에 들어가도 가구 한 벌이 붙어있고 새 액자에 든 김일성의 사진이 걸려있다. 북조선의 인구는 약 1천만이라고 말해지지만 어쩌면 1천1백만 정도인지도 모르겠다. 그 백만 명은 김일성 장군의 사진이다.

"김일성이 너무 많다"고 어떤 지식인은 말하였다. "조선은 아직 부족한 것투성이인 나라이지만 가장 모자란 것이 세 가지 있다. 선박, 트랙터, 그리고 김일성 원수의 사진." 만약, 귀국자가 만약 60만 명일 경우 1가구 당 5명이라고 계산하면 12만 가구다. 12만 명의 김일성이 필요한 것이다.

그는 사진과 같이 멋진 사나이이다. 일본의 조선통치에 반항하여 게릴라전을 펼치며 '장백산 호랑이'라고 불리던 혁명가라고는 생각되지 않는다. 싱글벙글하고 친근한 아저씨 타입이다. 사진(평양체육관에서 개최된 귀국자환영대회에 참석한 김일성과 출연자로 나온 최승희의 사진 게재: 역자) 가운데의 최승희(崔承喜) 씨도 같은 나이인 47세이다. 그녀는 일본의 국회의원에 해당하는 인민위원이다.

기자도 47세라고 말하자 그녀는 일본어로 이렇게 말하였다. "신문기자나 예술가에게 나이는 없습니다. 서로 신랑신부로 합시다." 그녀와 신랑신부라는 말을 들었을 때는 쑥스러웠지만 나중에 잘 생각해보니 '몸은 늙었으나 마음은 늙지 않는다(身老心不老)'라고 한 것이었다. 최승희 씨는 정말 일본어가 유창했다.

(이리에(入江) 기자)

1960년 1월 23일(1면)

한국정부, 대일무역 전면 정지를 결정했나?

〈경성 22일발=AFP〉 22일 밝혀진 바에 의하면 한국정부는 일본과의 모든 거래를 중지하고 작년 6월에 선언한 당초의 엄격한 무역금지의 태도로 되돌아 갈 것을 결정했다. 이 조치에는 최근 예외적으로 인정되었던 대일수출계획도 포함되어 있다.

1960년 1월 24일(3면)

한국 대통령선거 3월로 앞당기다

〈경성 23일발=UPI · 공동〉 최(崔仁圭: 역자) 한국 내상(內相)은 23일 "대통령 선거를 예정보다 2개월 앞당겨서 3월 중순에 시행한다. 이는 농번기를 피해 되도록 다수의 농민이 투표할 수 있도록 하기 위해서이다"라고 발표했다. 관측통에 따르면 선거의 조기 실시는 야당인 민주당(民主黨)에게 선거운동의 시기를 주지 않기 위한 정략이라고 보고 있다.

1960년 1월 26일(11면)

가수 나가타(永田) 씨도 - 제6차 귀환자 오늘 니가타(新潟) 도착

〈니가타〉 제6차 북조선(北朝鮮)으로의 귀환자 300세대 1029명은 26일 오후 2시 5분 니가타역에 도착, 4시 52분 임시열차편으로 일본 적십자센터로 향했다. 이번 귀환자 중에는 후지와라(藤原)가극단의 주역이었던 테너가수 나가타 겐지로(永田絃次郎) 씨(50·본명 김영길(金永吉))와 부인 기타가와 다미코(北川民子) 씨 등 일가 6명이 포함되어 있다.

또한 공무원직을 버리고 부인의 고국으로 향한 다카마쓰시(高松市) 미야와키쵸(宮脇町)의 시바타 고조(芝田孝三) 씨(29) 등이 포함되어 있다.

조선인 부인과 함께 도항

〈다카마쓰〉 시바타(芝田) 씨는 28년(1953년)에 도호쿠대학(東北大学)을 졸업하고 노동성에 들어가서, 아이치현청(愛知県庁)을 거쳐 33년(1958년) 5월부터 가가와현청(香川県庁)의 직업안정과에서 근무하였다. 1년 전에 다카마쓰시(高松市) 가와라마치(瓦町)에서 요리점을 열고 있었던 신성숙(申性淑·32) 씨와 알게 되었다. 신 씨에게는 31년(1956년)에 사망한 조선인 전남편과의 사이에 종인(鐘仁·8)과 웅자(雄子·3)라는 자녀도 있지만, 작년 12월 2일에 두 사람은 주변의 반대를 무릅쓰고 결혼했다. 그리고 부인의 행복과 장래 아이들의 취직문제 등을 고려하여 북조선으로 가기로 결심하였다.

그러나 시바타 씨는 "저쪽에서 어떤 직업에 종사할 것인가는 전혀 짐작도 할 수 없습니다. 이제부터 말도 배우지 않으면 안 됩니다. 가능하다면 지금까지 연구를 계속해 온 경제학을 살리고 싶지만 생활을 위해서는 육체노동도 각오하고 있습니다"라고 굳게 결의를 표하였다.

시나가와(品川)부터 전용열차로

제6차 북조선 귀환과 관련된 도쿄(東京), 가나가와(神奈川)에서의 수송은 26일 오전 10시 15분 시나가와역에서 출발하는 임시귀환전용차로 실시된다. 도쿄도(東京都) 민생국 원호부(援護部)의 조사에 따르면 제6차 귀환자는 도쿄 305명, 가나가와 236명으로 모두 541명이다.

민생국은 귀환자가 많아 역이 상당히 혼잡할 것으로 예상되므로 전송은 '입장정리권'을 지참한 사람만 허용되고, 도쿄도, 일본적십자, 국철 등의 관계자의 지시, 유도에 협력해 줄 것을 요청하고 있다.

1960년 1월 30일(3면)

한국 대통령선거, 3월 15일에

〈경성 29일발=로이터〉 한국정부는 29일, 대통령선거는 3월 15일에 시행된다고 발표했다. 새 대통령의 취임식은 8월 15일이다. 다만 야당인 민주당은 동 당 대통령후보인 조병옥(趙炳玉) 씨가 수술을 위해 미국을 방문하기 때문에 5월에 선거를 시행해줄 것을 요망하고 있다.

1960년 1월 30일(11면)

998명 태우고 출발, 제6차 북조선(北朝鮮) 귀환선

〈니가타(新潟)〉 북조선으로의 제6차 귀환자 286세대, 998명을 태운 크리리온호와 토보리스크호, 두 척의 배는 예정보다 늦어진 29일 오후 5시에 출항했다.

1960년 2월 1일(8면)

꿈도 싹트는 북조선 귀환 - 주 1회 '정기항로'

니가타(新潟), 업무도 순조롭게 진행

〈니가타〉 북조선에의 귀환선은 1월말 제6진까지 5,907명을 니가타항으로부터 귀환자들의 조국 '북조선'에 무사히 돌아가게 하였다. 12월에 제1진이 일본적십자센터에 들어왔을 때, 관계자들은 하나같이 처음 하는 일에 대한 불안으로 신경이 곤두서있었으나 지금은 일요일의 휴무도 가능하게 되었고, 이곳 니가타 시민들도 처음에는 엄중한 경비에 눈을 두리번거렸으나 지금은 귀환선의 출입에 익숙해진 모습이다. 주목을 모은 이른바 공산권에의 민족 이동 — 북조선 귀환은 이제 주 1회의 '정기항로'라고 할 수 있을 정도로 되었다.

그리고 이곳 유지들 사이에서는 귀환자만의 편도항로로 끝나게 하고 싶지 말자는 새로운 꿈도 싹트고 있다.

2박3일로 단축

일본적십자센터가 업무를 시작했을 때 하늘 높이 결렸던 적십자기는 일본해(日本海)의 강한 바닷바람에 어느 새인가 찢겨 날아가 버려 지금은 그 흔적도 없어졌다. 한때 귀환자들에게 수백명이나 면회자가 몰려들었으나 지금은 셀 수 있을 정도로 줄어들었고 주위가 눈으로 덮인 센터는 평온한 상태다. 의사확인, 출국수속, 그리고 세관의 수하물 검사 등 귀환업무도 순조롭게 진행되게 되었다.

그러나 한 숨 돌리게 되자 이번에는 '2박3일안'이 튀어나왔다. 지금까지 귀환자의 센터 체재는 3박4일이었는데 체재 일수를 줄여 숙박하는 귀환자의 회전을 빠르게 해보자는 것이다. 얼마 전 니가타에 왔던 시마즈(島津忠承: 역자) 일본적십자 사장도 2박3일안을 거론하였으므로 그렇게 될 공산이 크다.

조선총련(朝鮮総連) 측도 협력

귀환이 회를 거듭할수록 절차에도 여유가 생겨 장기태제의 채비에 들어갔다. 또한 제1선(第1船) 때에는 니가타역 근처 철길에 연좌농성- 등 과격한 행동을 보인 민단(民団) 측도 지금은 손을 든 상태로 설득방해 공작도 거의 보이지 않고, 귀환자들이 역에 도착할 때도 역 앞에 이전같은 모습들이 보이지 않는다. 일시적으로 범죄수사도 교통단속도 희생시키면서 2천명 가까이를 동원했던 니가타현 경찰은 최근에는 약 2백명 정도 출동시키고 있다. 환송영 행사의 중심이었던 일조(日朝)협회 니가타센터에서는 12월의 경비가 약 90만엔이었는데 앞으로는 월 16만엔 정도의 예산을 책정하고 나머지는 전국 일조협회의 기부금으로 충당할 계획이라 한다.

날씨가 불순한 것을 제외면 귀환의 진행 일단 순조롭게 궤도에 올랐다고 할 수 있다. 이에 대해 센터는 귀환자를 포함한 조선총련 측이 귀환 제1주의를 내걸고 사소한 불만을 참으며 귀환업무에 협력하는 태세를 취했다는 점이 큰 도움이 되었다고 말하고 있다. 받아들이는 측의 따뜻한 마음이 있었다는 점은 물론 말할 필요도 없다.

소동은 사라지다

올해 들어 몇 번째 배인가부터 출항 때가 되면 선체 옆에 "일본의 친구들이여 안녕"이라고 크게 쓴 현수막이 걸렸다. 이전에는 조선문자의 현수막만이 있었는데, 이는 북조선 측이 호의를 표시한 증거라고 관계자들은 기뻐하였다. 시간이 지나면서 이러한 친밀한 정은 서로의 사이에 점점 싹트고 있다. 처음 걱정했던 센터 안팎의 소란은 완전히 사라지고, 상호이해의 인연을 귀환자만으로 끝내고 싶지 않다는 의식이 싹트고 있다. 일조협회에서는 '일조경제교류위원회'(가칭)를 3월까지 설립하여 일조간 경제교류의 실현을 성사시키려고 하고 있고, 일조무역에 관계가 있는 현(県)들이 하나가 되어 정상화기성동맹회(正常化期成同盟会)라도 조직하여 정부에 진정하는 한편, 기타무라(北村一男: 역자) 니가타현지사(県知事)가 금년 봄 다시 북조선을 방문하여 국교정상화를 요청한다는 구상도 있다

이러한 것들은 아직 꿈같은 이야기인지 모르겠으나, 현재의 귀환선은 "데리러오는 배는 빈 배, 데리고 가는 배는 귀환자"라는 일방교통의 변칙성을 타개해보고자 하는 강력한 움직임도 그 하나라고 할 수 있을 것이다.

1960년 2월 1일(8면)

입국탄원서를 보내다 - 한국인이 소다(曽田) 씨의 '귀향'에

〈고베(神戸)〉 종전(終戰)이 될 때까지 40년간 경성(京城)에서 천 명 이상의 한국인 고아를 돌본 기독교 전도사 소다 가이치(曽田嘉伊智) 씨(93 · 아카시시(明石市) 우에노마루(上ノ丸) 3쵸메(丁目) 아카시아이로엔(明石愛老園) 거주)가 한국으로의 '귀향'을 열망하고 있다는 이야기가 1월 1일 아사히(朝日)신문에 실렸다. 이 기사를 보고 소다 씨가 살고있는 효고현(兵庫県)에 거주하는 한국인 사이에서 "어떻게든 소다 씨의 소원을 이루게 해주고 싶다"는 목소리가 높아졌다. 한국정부에 입국허가 탄원서를 보냄과 아울러 일본에 거주하는 한국인에게 동조를 호소한다고 한다. 또한 한국 측에서도 지금 경성에서 소다 씨의 일을 이어서 고아원을 운영하고 있는 한경직(韓景職) 목사가 "기사를 읽고 감개무량했습니다. 이쪽에서도 입국교섭을 하고자 한다"라고 편지를 아사히신문사에 보냈다.

효고현에서의 운동의 시작은 소다씨의 기사를 읽은 재일대한민국거류민단(在日大韓民國居留民団) 효고현본부 부단장 이의돈(李義敦) 씨(35)가 어느 한국인 모임에 이 이야기를 전한 것이 계기가 되었다. 50년전 이전에 소다 씨가 경성의 한국기독교청년회(韓國基督教青年會)에서 이승만(李承晩) 대통령과 알게 된 경위, "한국이야말로 나의 고향이다"라는 소다 씨의 말, "한국인이 우정을 가지고 이야기할 수 있는 일본인은 소다 씨뿐이다"는 재일한국인의 목소리를 전하며 "이처럼 가깝게 한국인을 생각해 준 소다 씨의 소원을 이루어줄 수 없다면 우리들에게도 정말 부끄러운 일이다"고 호소하였다.

이 이야기는 고베(神戸)에 있는 한국청년단, 부인회, 목사에게도 계속 전해져 효고현에 있는 민단계의 한국인단체 전체가 응원하는 일이 되었다. 우선 지난 26일 한국 외무부장관과 공보실장, 주일대표부 유(柳泰夏: 역자) 대사 앞으로 소다 씨의 입국허가청원을 발송했다. 이 탄원서에는 "일한 양국의 현황은 매우 어렵지만 어떻게든 인도적 입장에서 입국을 허락해주기를 바란다"는 취지와 함께 소다 씨의 도항, 체류 비용 일체는 우리들이 부담한다고 밝히고 있다. 앞으로는 대한기독교 고베교회를 이 운동의 사무소로 하여 일본 내의 한국인에게 호소를 넓혀나갈 계획이다. 만약 호응을 얻게 된다면 이승만 대통령에게도 진정서를 보낼 것이라고 말하였다.

1960년 2월 1일(9면)

우선 140명을 의뢰 - 북조선(北朝鮮) 미귀환자의 안부 조사

가사이(葛西嘉資: 역자) 일본적십자사 부사장, 요시다(吉田) 후생성 미귀환조사부장은 2월 초 북조선귀환 제7차 승선자 인수를 위해 일본을 방문하는 북조선적십자사대표단에게 북조선에 생존해 있을 가능성이 높은 일본인 140명의 리스트를 전달하고 그 안부, 소재의 조사를 의뢰하기로 하였다.

일본적십자사는 지금까지 북조선으로부터의 미귀환자에 대해서 여러 번 북조선적십자사에 조사를 의뢰하였고, 지난 31년(1956년)에는 36명의 일본인을 귀환시켰다. 그러나 조사가 아직 불충분하다고 보고, 작년 말 북조선귀환 제1차 승선자를 인수하기 위해 온 이일경(李一卿) 북조선적십자 부사장에게 전면적인 미귀환자 조사를 부탁하여 승낙을 얻게 되어 이번 조사 의뢰를 하게 되었다.

전달된 140명의 리스트는 이전 31년에 귀환한 36명의 이야기, 남아있는 가족에게 보낸 개인적인 편지 등을 근거로 하여 후생성 미귀환조사부가 작성하였다. 이 중 30명은 28년(1953년) 즈음까지 살아있었다는 증거도 있고 나머지 사람도 조선인과 결혼하고 소식이 끊어졌지만 생존의 희망은 있는 사람들이다.

미귀환조사부는 앞으로, 이미 수집된 미귀환자 약 천 명의 자료를 정리하여 4월경 일본을 방문하는 북조선적십자사대표단에게 조사를 부탁하기로 하였다. 또한 140명의 이름은 4,5일경에 발표될 예정이다.

1960년 2월 5일(3면)

한국 정부통령 선거 - 이미 종반전의 양상

농정의 실패는 어떻게 영향?

한국대통령, 부통령 선거전은 실질적으로는 거의 '종반전'에 들어갔다. 한국정부는 3일 "3월 15일 선거를 시행한다"고 정식으로 발표했다. 선거 날짜의 발표 직후 '종반전'이라는 것은 기이하게 들릴지 모르지만 한국정부의 종래의 정치행동은 적어도 정부 여당에 관한 한 이 사실을 완전히 증명하고 있다.

작년 말 야당 등 각계의 반대를 무릅쓰고 강행한 국가보안법의 성립, 지방자치법의 개정, 작년 4월 야당의 유력지 경향신문의 정간처분, 또는 진보당(進步黨)의 해산, 조봉암(曺奉岩) 진보당 당수의 사형 등은 모두 야당의 언론을 탄압하며 유력한 대립후보를 말살하고 지방행정기관의 수장을 정부의 임명제로 함으로써 지방의 득표를 유리하게 하려고하는 것으로 정부 여당의 강력한 선거대책으로 알려졌다.

무리한 방법을 통한 과거의 선거

과거의 대통령선거를 보면 1952년 야당이 다수인 국회에서 국회의원에 의한 간접선거로는 재선이 어려워 보였던 이(李) 대통령은 국회의 반대를 무릅쓰고 대통령선거를 국민의 직접선거제로 고쳐 재선에 성공했다. 이 과정에서의 국회대책이 매우 비민주적이었기 때문에 미국 등 유엔 여러 나라의 비판의 대상이 되었고 국제적 화제가 되었다.

또한 54년 11월 대통령의 임기를 철폐하는 헌법 개정을 행하여 초대대통령에 한해 몇 번이라도 대통령직을 연임할 수 있도록 하여 56년 5월 3선에 성공하였다. 이 때의 국회도 재적의원수 203명 중 찬성 135명으로 헌법상 정족수(3분의 2)에 도달하지 못한 것이 상식이었지만 정부는 '사사오입논법'으로 개헌을 가결시켰다. 이러한 과거의 경위는 이승만(李承晩)씨의 대통령직에 대한 집착이 심상치 않다는 사실을 말하고 있으며, '이(李) 영구집권'의 옹호가 한국 정치의 근본인 것인가라는 의구심을 가지게 한다.

이미 여당인 자유당(自由黨)은 작년 6월 이승만 대통령과 이기붕(李起鵬 · 국회의장)을 부통령 후보로 결정해서 선거에 대한 만반의 준비를 완료하고, 헌법개정에 대비하여 민주당(民主黨) 의원 스카웃에 1인당 1천만 내지 2천만원(오백만 내지 1천만엔)의 매수비를 사용하고 있다고 전해진다(1월말 현재 의석은 민주 74, 자유 149, 무소속 20에서 자유당은 헌법개정의 정족수에 미치지 못한다). 특히 정부가 갈아치운 지방공무원을 선거운동에 이용하는 방법도 공공연하게 이루어지고 있다고 조선일보는 보도하고 있다. 그러므로 정부 여당의 입장에서 서막, 중반전은 이미 이전에 끝냈다고 해도 좋을 것이다. 선거일의 결정 이후 법정 후보자 등록(4일부터 13일까지)이 끝나면 단숨에 선거전을 펼쳐나갈 심산이다.

야당의 허를 찌르는 선거

그렇다해도 새 대통령의 취임식은 8월 15일, 그 1개월 전인 7월 15일까지 선거를 치르면 된다는 규정을 4개월도 전에 치르겠다는 이유는 어디에 있을까?

정부는 "농번기를 피해서 가능한 한 많은 농민을 투표시키기 위해서"라고 설명하고 있지만 실제로는 이 대통령의 최대의 정적인 야당 민주당 후보 조병옥(趙炳玉) 씨가 위 수술을 위해 미국으로 출발했기 때문에 그 허를 찌르는 것이라는 관측이 있다.

야당연합의 움직임도

이에 대해서 야당 측은 어떤가? 민주당 이외에 민주사회당(民主社會黨), 통일당(統一黨), 혁신당(革新黨), 반공투쟁위원회(反共鬪爭委員會) 등에서도 정부통령

후보를 내세우려고 하는 한편, 이들 각 당의 수뇌에 의한 야당연합전선의 구성 등도 검토되고 있지만, 이 대통령의 최대의 정적은 민주당에 있다. 민주당은 작년 11월 가까스로 조병옥 대통령, 장면(張勉) 부통령으로 후보를 결정, 5월 선거를 목표로 준비하고 있었지만 조 씨의 병으로 인한 도미는 큰 타격이라고 할 수 있다.

민주당은 ①헌법에 임기 만료 전 30일이라고 되어있는 것을 4개월 전에 실시해도 된다고 하는 것은 부당한 해석이다. ②지난번 선거도 5월에 시행했고 5월은 농번기라 할 수 없다. ③조 씨의 병을 이용하는 것은 공정하지 않다는 등의 이유를 들어 5월 선거를 요청하였고, 미국에 있는 조 씨도 2일 이 대통령에게 각의결정을 거부하도록 요청했지만 이것이 받아들여지지 않는 이상 최후의 결정은 국민에게 묻는다는 비장한 결의로 선거전을 진행할 모양이다.

국민 중에는 비판

한국 내 일반 대중의 목소리는 작년 말까지는 "선거는 해도 안 해도 같은 결과"(정부 여당의 승리는 명백)라고 하였지만, 금년에 들어와서 "선거는 해보지 않으면 모른다"로 달라졌다고 한다. 정부 여당이 준비를 완료한 것도 시실이지만 그에 따르는 무리, 횡포도 국민의 앞에 드러나고 있다고 한다.

지난번의 56년 선거에서 투표일 직전 급서한 신익희(申翼熙) 씨의 표가 정부 여당의 간담을 서늘하게 했던 예도 있고, 국민의 자각에 따라 어느 정도까지 민주적인 선거가 행해지면 민주당에 희망이 없다고 단정할 수 없다고 보는 경향도 많다. 특히 여당이 한 사람이라도 많이 투표시키려고 하는 농촌의 표를 과연 목표대로 얻을 수 있는지는 흥밋거리이며, 쌀 한 섬의 생산비가 1만2천5백원, 그 매매가가 9천원, 쌀 한 섬 팔아서 비료 2부대를 사지 못하는 실정은 결국 농민의 희생에 의해서 한국경제가 명색이나마 유지되고 있는 상황에서, 농정의 실패는 농민의 표를 정부의 기대대로 얻게 해줄지 주목되는 점이라고 할 수 있다.

또한 이 대통령의 4선이 실현되더라도 이기붕 부통령 후보의 건강상태는 좋지 못하고 이 씨의 당락과는 별개로 사고가 생겼을 경우 대통령에 오르게 되는 부통령직은 앞으로 한국정계에 문제가 될 것으로 보인다.

1960년 2월 12일(3면)

한국, 미국안(美國案)에 찬성하나? - '영해(領海)' 이(李) 라인에도 영향

〈경성 11일발=UPI · 공동〉 제네바의 국제해양법회의에 출석한 딘(Dean) 미국 수석대표는 11일 이승만(李承晩) 한국대통령과 회담한 이후 "이(李) 대통령은 영해에 관해서 미국 안에 찬성의 의향이 있는 것 같다"고 말했다.

미국안은 영해를 6해리로 하고 그 바깥 6해리를 어업전관수역(漁業專管水域)으로 설정하는 것인데 만일 한국이 미국안에 찬성한다면 일한관계 악화의 주된 원인이 되고 있는 '이 라인'(연안부터 평균 60해리=111km)의 철폐를 의미하는 것이라고 할 수 있다.

딘 대표는 한국 외무성이 뒤에 이 회담의 결과를 정식으로 발표한다고 말하였다. 딘 대표는 12일 경성(京城)을 출발해서 도쿄(東京)로 향하였다.

1960년 2월 13일(4면)

한국, 무연탄 등 대일 수출을 계속

〈경성 12일발=AFP〉 한국 상공부는 12일 한국은 대일수출금지의 예외 조치로서 무연탄과 흑연의 대일 수출을 계속한다고 발표했다. 이 수출은 1959년 10월부터 1960년 3월까지의 사이에 무연탄 1만7500톤(26만2500 파운드 상당)과 흑연 2만8900톤(52만200 파운드 상당)의 범위 내에서 행해지게 된다.

또한 철광석, 생사(生絲)의 대일 수출은 일본정부가 한국의 1천3백만 파운드 범위에 대한 특별예산 동결을 해제하지 않는 한 허가되지 않는다.

1960년 2월 15일(9면)

한국인 모자(母子)를 가석방 - 강제송환 전에 당국의 따뜻한 배려로

밀입국으로 체포되어 오무라(大村)수용소에 수용되었던 한국인 모자 3명이 법무성 입국관리국과 일본적십자사의 따뜻한 배려로 남편과 아버지에게 돌려보내졌다. 기쁨의 주인공은 작년 여름부터 오무라수용소에 있던 하덕인(河德仁) 씨(47)와 그 자식 조화자(趙花子) 씨(15), 용철(溶鐵) 군(13) 3명은 오늘 15일 오무라수용소에서 석방(정식으로는 가석방)되어 남편 조복규(趙福奎) 씨(61 · 가나가와현(神奈川県) 사가미하라시(相模原市) 후치노베아사히쵸(淵野辺旭町) 1942, 고물상)과 1년 반 만에 재회하게 되었다.

조 씨는 다이쇼(大正) 8년(1919년) 일본에 와서 고베(神戸), 오사카(大阪) 등에서 부두 하역노동자로 일하다가 하덕인 씨와 결혼하여 힘든 가운데에서도 즐겁게 맞벌이 생활을 하고 있었다. 그러나 쇼와(昭和) 21년(1945년) 종전(終戰) 후의 혼란을 견딜 수 없어 남편 조 씨만 일본에 남고 아내 덕인 씨와 5명의 자식, 친구는 한국으로 돌아갔다. 그러나 고국에서의 생활도 힘들어 자식 한명을 잃어버리는 등의 어려움도 겹쳐서 25년(1950년) 덕인 씨 모자는 어선을 타고 일본으로 밀항하였다. 그 다음해 밀입국자로 드러나 고베시 나다(灘) 경찰서에 검거되었다. 마침 그 당시는 수용소가 만원이라 "별도의 명령이 있기까지 체재허가"라는 관대한 처벌이 내려졌다. 그러나 30년(1955년)에 결국 오무라에 수용되었다.

다행히 선박의 사정으로 가석방되었지만 주소이전의 신고를 늦게 하였기 때문에 '도주'한 것으로 간주되어 작년 7월 요코하마(横浜)에서 체포되었다. 자녀들 중 위의 여자아이 2명은 모두 행방불명이 되었고 당시 체포된 가족은 덕인 씨와 화자 씨, 용철군 등 모자 3명이었다. 덕인 씨는 작년 말에 수용소에서 최후의 수단으로서 이노우에(井上益太郎: 역자) 일본적십자사 외사(外事)부장에게 "어떻게든 석방시켜 달라"는 탄원서를 보냈다. "밀입국이 나쁘다는 것은 알고 있습니다. 그러나 강제송환 되면 친척도 없고 죽을 수밖에 없습니다"라는 서투른 글씨로 쓰여진 탄원서를 보고 이노우에 부장은 마음이 강하게 움직였다고 한다.

그래서 이노우에 씨는 각국 정부, 적십자사가 지난 32년(1957년) 뉴델리에 모여서 행한 "각국 정부, 적십자사는 전쟁 및 그 후의 혼란상황에서 흩어진 가족이 재회할 수 있도록 노력한다"라는 결의에 따라 오무라수용소 이외의 수용소로부터의 탄원서와 함께 덕인 씨 등의 재조사를 입국관리국에 의뢰했다. 입국관리국도 재조사에서 "다른 케이스는 불가능하지만 하덕인 씨의 경우는 다른 악질적인 범죄도 없으므로 가석방해도 좋다"는 이례의 결론을 내려 12일 "하덕인 씨 등 3명을 15일 가석방한다"라고 조 씨에게 전했다. 조 씨는 즉시 일본적십자사에 나타나 기쁨에 눈물을 흘리며 "입국관리국도 일본적십자사도 모두 고마운 분들뿐입니다. 정말 감사드립니다"라고 머리를 숙였다.

실정을 고려해서

히라쓰카(平塚) 입국관리국 경비과장의 말 : 법적으로는 위반이 겹쳤지만 가족 이산의 우려가 있고 어머니가 필요한 어린아이를 남편이 데리고 있는 점 등을 고려해서 이 조치를 내렸다. 일한교섭이 원만히 진행되고 있으면 이러한 문제도 일어나지 않을 것이지만…….

입국관리국의 주선으로

이노우에 일본적십자사 외사부장의 말 : 적십자사의 원칙에 입각하여 보았을 때 그냥 둘 수 없다고 생각하여 재조사를 의뢰했지만 입국관리국이 바람직한 조치를 내려주었다.

1960년 2월 16일 석간(2면)

이승만(李承晩) 씨 독주, 한국 대통령선거

〈경성 16일발=AP〉 한국의 장면(張勉) 부통령(야당 민주당(民主黨))은 15일 조병옥(趙炳玉) 씨의 사망에 대해서 애석한 마음을 표현함과 동시에 다음과 같이 말하였다.

현행법 하에서 3월 15일에 예정된 대통령선거에서 다른 후보자를 내세우는 것은 불가능하다. 민주당이 지명한 조 씨만이 이 대통령의 주요한 경쟁상대였다.

이(승만) 씨 득표가 3분의 1 미만이면 재선거

〈신아(新亞)=도쿄(東京)〉 경성(京城)의 합동통신에 따르면 15일 밤에 열린 긴급 국무회의에서는 고(故) 조(趙) 씨의 장례를 국민장으로 치를 것을 내정하고, 이것을 민주당 측과 협의하기로 결정했다고 한다.

대통령선거는 이미 입후보 등록을 마쳤고 후보자의 공고도 행해졌기 때문에 추가 입후보는 할 수 없다. 이에 따라 대통령후보는 이승만 현 대통령 1명만으로 성거를 치르게 되었지만 무투표 당선은 아니고 확정유권자 3분의 1 이상의 득표를 얻어야 하는데 만약 거기에 미치지 못하는 경우에는 재선거가 실시된다.

또한 이번 선거의 전체유권자 수는 약 1천40만명이다.

1960년 2월 16일 석간(2면)

조(병옥) 씨 사인(死因)은 심장마비

〈워싱턴 15일발=AP〉 월터리드육군병원(Walter Reed Army Medical Center)은 15일 밤에 급서한 한국 민주당(民主黨) 대통령후보 조병옥(趙炳玉) 씨의 사인은 심장마비, 정확하게는 '심근경색을 동반한 관상혈전증'이라고 발표했다.

유해는 도쿄(東京)에서 경성으로 공수(空輸)

〈신아(新亞)=도쿄(東京)〉 6일의 경성방송에 따르면 이승만(李承晩) 대통령은 동일 국무회의 석상에서 고(故) 조병옥 씨의 급서에 애석한 뜻을 표함과 동시에 고인의 장례식은 유족의 뜻에 따라 치르도록 지시했다.

또한 정부는 고 조 씨의 유해를 도쿄에서 경성까지 정부의 특별기로 옮기기로 결정했다.

미국, 애도의 의사 표명

〈워싱턴 15일발=AP〉 화이트(White) 미 국무성 대변인은 15일 조병옥 씨의 급서를 애도하고 다음과 같이 말하였다.

국무성은 조병옥 박사의 돌연한 죽음에 접하여 진심으로 비통한 마음을 감출 수 없다. 한국은 위대한 애국자를 잃었고 세계는 불굴의 자유 옹호자를 잃었다.

1960년 2월 17일(2면)

[사설] 한국의 맹성을 촉구하다

외무성은 15일 한국대표부에게 일본어선 '제5야하타마루(第5八幡丸)'가 한국 경비정에 의해 침몰된 사건에 관해서 엄중한 항의를 보냈고 승선자(乘船者) 전원을 즉시 석방할 것과 그에 관한 일체의 손해배상을 요구했다. 이것은 당연한 항의이고 요구이다.

이번의 사건은 '이(李) 라인'의 바깥에서 일어났다. 공해상에서 제멋대로 주권을 주장하는 '이 라인'이라 하는 것을 우리는 결코 인정할 수 없지만, '이 라인' 밖에서까지 불법적인 포획을 행했다는 것은 말도 안되는 행위라고 할 수 있다. 게다가 그 때 제5야하타마루는 한국 경비정에 의해 고의로 접현(接舷)되어 결국 침몰하였다는 전례 없는 비참한 일을 당하였다. 현장에 급히 출동한 우리 해상보안청 순시정이 승선원의 석방을 요구하였으나 한국 측은 응답하지 않았을 뿐만 아니라 도리어 무력으로 위협하며 연행하였다는 것이다.

한국 측의 이러한 행동은 평화롭게 어업에 종사하는 일본인을 제물로, 일본에 대한 인질정책의 도구로 삼으려 드는 것에 불과하다. 이러한 행위는 현재의 국제사회에서 도저히 인정될 사항이 아니다. 그럼에도 불구하고 이것을 부끄럽게 여기지 않는 한국 측의 태도에 대하여 깊은 반성을 요구하지 않을 수 없다.

부산(釜山)에는 현재 2백 명을 넘는 일본인 어부가 지금까지도 부당한 억류생활을 겪고 있다. 그 중에는 부자유한 이국의 수용소에서 다섯 번째 겨울을 보내는 사람도 있다고 한다. 한국 측이 이러한 사람들 중 이른바 '형기'를 마친 160여 명을 오무라(大村)수용소의 조선인과 상호석방하자고 외무성에 요청한 것은 작년 7월말 이었다. 한국 측은 그 석방의 '시기'를 일단은 9월말로 하였으나 이후 10월 중순으로 연장하였고 또 12월에 들어서자 연말 24일까지 석방하겠다고 약속하였으나 결국 이것을 실행하지 않고 오늘에 이르렀다.

억류 선원의 안부는 남겨진 가족은 말할 것도 없이 일본인은 한시도 잊지 못할 문제이다. 그것을 알면서도 대일 요구의 흥정에 유리하게 사용하고자 하는 것이 한국 측의 종래의 태도였다. 우리들은 이것을 묵과할 수 없다. 한국정부는 조속히 일본인 선원을 석방해야 한다. 이것은 인도상 당연히 해야 하는 것으로 어떠한 대가도 요구하자 말아야 한다. 한국 측은 앞으로도 억류선원의 석방문제를 일한교섭에 관련시키려고 할지 모르지만 외무성은 이것에 절대로 응해서는 안 된다.

이번의 포획사건에 대해서나 억류 선원의 문제에 대해서도 한국이 지나치게 인도를 무시하고 억지를 부리는 행동을 계속한다면 한국자신이 국제사회의 신용을 잃고 도리어 손실을 자초하는 것에 지나지 않다. 한국정부의 맹성을 촉구한다.

1960년 2월 18일 석간(1면)

대한(對韓) 교섭, 중단될 수도 - 상호석방 실현되지 않을 경우

이세키(伊関佑二郎: 역자) 외무성 아시아국장은 18일 오전의 참의원 농림수산위원회에서 아키야마 슌이치로(秋山俊一郎) 씨(자민(自民))의 질문에 답하여 "억류 선원의 송환문제에 대해서 이번 달 중으로 한국 측으로부터 명확한 태도가 없다면 일한회담은 중단될 수밖에 없다"고 말했다. 현재 이루어지고 있는 상호송환에 관한 일한간의 교섭은 호전의 조짐을 보이기 시작했지만 정부로서는 만약 한국 측이 현재 해결의 가닥을 보이고 있는 교섭을 일방적으로 무너뜨리려는 태도를 보일 경우, 지금까지와 같은 한국에 대한 '참을성 있는' 교섭태도를 변경하게 될 것이다.

그러나 현재의 교섭에서 억류 선원에 대한 상호송환의 실현성은 충분히 있다고 외무성은 자신을 가지고 있는 것으로 보여, 이세키 국장의 발언은 만약의 경우에 대한 가정을 전제로 한 것으로서 현재 일한간의 교섭이 악화되고 있다는 뜻은 아니다. 이세키 국장의 답변은 다음과 같다.

"일한회담은 작년 8월의 재개 이래 어떤 진전도 보이고 있지 않다. 이 때문에 이번 달 중에 억류 선원의 석방에 대하여 한국 측이 명확한 태도를 보이지 않는 한, 더 이상 교섭을 계속하는 것은 의미가 없다고 보고, 그 뜻을 한국 측에 전달했다. 어제(17일)부터 한국 측의 태도에 변화가 보여, 3월 중으로 선원의 석방이 이루어질 가능성도 보이고 있다. 그러나 만약 그것이 안 된다면 자연스럽게 교섭 중단이라는 결과가 될 수밖에 없다. 그렇게 될 경우 취해야 하는 조치에 대해서도 대체로 검토하고 있다."

1960년 2월 21일(2면)

일한(日韓) 상호송환, 이번 주 내로 해결 기대

외무성은 한국 쌀 수입 결정

일한 억류자의 상호송환을 실현하기 위해 정부는 이전부터 한국 측이 요청해온 한국쌀 3만톤의 수입을 고려하고 있으며, 이에 따라 외무성 당국은 작년 여름부터 현안이 되어온 상호송환문제가 드디어 이번 주 중에는 결론에 도달할 것으로 기대하고 있다. 외무성 당국에 의하면 정부가 한국쌀 수입을 이번 주 중의 각의에서 결정한다면 상호송환 실시를 협의하는 일한 사무연락위원회를 조속히 열어서 상호송환의 실시 일정을 정식으로 결정하게 되며, 한국 측은 대일무역 재개 성명을 발표하는 하는 것으로 이미 일한 양당국의 사이에서 결정되었다.

이 결정은 지난 17일 이세키(伊関佑二郎: 역자) 외무성 아시아국장과 유(柳泰夏: 역자) 재일한국대표부 대사의 사이에서 행해진 비공식 회담에서 큰 틀에 관해 합의에 도달한 바 있으나, 외무성은 "상호송환문제가 이번 달 중에 해결되지 않을 경우에는 지금까지의 대한(對韓) 외교방침을 변경할 수밖에 없다"고 강한 태도를 표명하고 있다. 이것은 일단 한국에 대해 정부가 강경함과 유연함 양쪽의 태도를 취하고 있는 것으로, 상호송환의 실현에 대해 정부가 낙관만 하고 있지 않음을 보여주고 있다. 어쨌든 난항을 거듭하는 이 문제가 빠른 템포로 호전될 수 있는 상황이 되었다. 그러나 이 배후에는 상당히 복잡한 요소가 있으며, 지금까지 '북조선 귀환'에 반대하여 억류자 상호송환을 거부해 온 한국 측이 불과 3만톤의 한국쌀 수출로 갑자기 태도를 바꾸었는가에 대한 의문이 든다. 이것에 관해서는

▶ 작년 6월 한국 측이 '북조선 귀환'의 대항조치로서 대일무역을 단절한 결과, 한국경제가 도리어 심각해져 이번의 한국쌀 수출에 대한 조건으로 비료의 수입을 희망하는 등 대일무역의 재개가 급무로 되었다.

▶ '북조선 귀환'이 이미 궤도에 올라있는 현재, 한국 측으로서는 일한관계를 더 이상 악화시키는 것이 전혀 유익하지 않으며, 역으로 '귀환'을 통해서 일본과 북조선의 사이가 친밀해진 것 같은 인상을 더할 뿐이다.

대통령선거를 앞둔 상황에서 이승만(李承晩) 정권의 손으로 일한교섭을 일단 타개하는 모양을 보이고 싶은 것이다.

등의 이유가 있다고 할 수 있다.

한편 정부에 대하여 부산수용소의 형기(刑期) 만료자 160여 명을 귀환시키기 위해 현재 우리나라에서 남아돌 기미가 있는 쌀을 더 이상 구매하는 것은 한국 측의 '인질외교'에 넘어가는 꼴이 되지 않을까 하는 비판이 나오고 있다.

한국쌀 구매가 정식으로 결정될지 어떨지는 현재 농림, 대장(大蔵) 두 성(省)의 정치적 결단에 달려있지만 이것은 주로 식량행정상의 고려에 바탕을 둔 것이다. 외무성이 억류 선원과 한국쌀을 교환하는 교섭에 열심인 것은

▶ 억류 선원의 귀환은 인도문제이고 더 이상 지체할 수 없다.
▶ 한국의 대일감정에는 양국간의 역사적인 경위를 위시하여 매우 복잡하므로, 이 상황에서 설득하기 위한 수단으로는 이러한 방법 외에는 다른 방법이 없다.

등으로 설명된다.

그러나 일한양국이 함께 '자유주의 진영'의 틀 안의 인접국이어서 일본 측이 당초부터 강경한 태도를 가지고 방침을 취하는 것은 무리가 있다는 견해가 있다.

또한 이번의 한국쌀 수입조치가 일본에 있어서 반드시 유리한 것은 아니라도, 이 조치는 이웃나라의 경제적인 고통을 그대로 보고만 있어서는 안 된다는 뜻이 포함되어 있다는 견해도 있어서 대한 교섭에 대한 고민은 깊다고 말할 수 있다.

1960년 2월 25일 석간(1면)

한국 각료회의, 대일정책 결론을 못내다

〈경성 25일발=합동통신·공동〉 한국정부는 24일 임시각의(臨時閣議)를 열고 대일관계를 전반적으로 토의했지만 결론을 얻지 못하고 다음번 회의에서 계속하기로 하였다. 이 임시각의에서는 일한회담문제, 한국쌀의 대일 수출문제, 억류사의 상호송환문제 등이 제기되었다.

1960년 2월 26일(10면)

북조선(北朝鮮) 귀환 3개월의 표정 - 오늘 제10선(船)이 출발

희망자 증가 일로 – 민단(民団)측은 '한국시찰'로 대항

작년 12월 14일의 제1선의 출항으로 시작된 북조선 귀환은 순조롭게 진행되어 26일 제10차 배가 1024명의 귀환자를 태우고 니가타(新潟)를 출항했다. 이로써 대강 1만 명이 일본을 떠나 북조선으로 돌아갔다. '자유권에서 공산권으로의 집단 대이주(大移住)'로서 세계의 주목을 받아온 이 귀환은 최근에는 귀환희망자가 급증했다고 알려지고 있는데 언제 끝날지 알 수 없는 상황이지만 제10선의 출항을 계기로 앞으로의 전망, 최근의 각지의 동향, 화제를 모아본다.

○ 제1선이 출발하고부터 귀환희망자는 증가 일로라고 한다. 아이치현(愛知県)의 경우 현내(県内) 약 4만7천명의 조선인 중 제1선 출발까지 조선총련(朝鮮総連) 아이치지부에 귀환희망 등록을 한 사람은 약 1만2천명이었다. 그런데 그 후 부쩍 증가하여 지금에는 약 2만 명 "현내 조선인의 8할 정도까지 귀환하게 될 것이다"라고 아이치지부는 보고 있다. 아이치만큼은 아니더라도 전국 대부분이 같은 경향이다. 그래서 총련(総連)본부에서는 귀환이 시작되었을 때에 발표한 '귀환희망자 11만7천명'을 그 후 13만 명으로 정정하였고, 지금에는 '이것을 훨씬 웃도는 수'라고 다시 정정하였다.
일본적십자사의 귀환대책중앙본부에 모인 등록신청자 수는 이번 달 15일 현재 16,715명으로 거의 16, 17선(船) 분인데 앞으로도 이 기세로 신청자가 나온다고 가정하면 10만 명을 밑도는 일은 없을 것이라고 전망했다. 경찰청에서는 어림잡아 6만 명 정도라고 말하고 있다.

○ 귀환희망자가 증가하는 것은 뭐니뭐니해도 '완전취직, 생활보장'이라고 알려진 북조선의 매력이다. 각지의 재일조선인 대부분은 귀환이 실시되기까지 장래에 대한 희망이 적은 일본생활에 정이 떨어졌다면서도 다시 돌아올 수 없는 일본을 떠나 '미지의 고국'으로 건너가는 단호한 결심을 하지는 못했던 것 같다. 그러나 제1선으로 돌아간 사람들에 대한 환영태도나 완벽한 수용태세, 눈부신 부흥 모습 등이 보도되고 또한 '밝은 매일의 생활'을 전하는 귀환자들의 편지를 보고 귀환하기로 결심한 것 같다. 편지에 있어서 귀환자들 중에는 일본에 남은 사람에게 암호로 편지를 보내기로 약속을 한 사람이 있었다. "북조선의 실정이 기대에 어긋나는 경우 노골적으로 쓰면 검열에서 삭제될 지도 모른다"라는 걱정에서 그런 것이지만 잔류자가 받은 편지는 거의 암호, 복자(伏字)가 없었다. 불편한 점이라면 일용품이 일본에 비해 적다는 것 정도이다. 이러한 불만도 뚜렷하게 적혀있었다. 이러한 편지는 총련을 통해 각지에 회람되고 있는데, 총련의 각종 PR을 훨씬 넘는 기세로 재일조선인의 마음을 북으로 향하게 하는 효과를 가지고 있다.

○ 귀환자의 수가 이렇게 증가해왔기 때문에 일본적십자사, 후생성에서는 서둘러 귀환선의 증편 등을 검토하려는 움직임이 나타나고 있다. 일조(日朝) 귀환협정에 따르면 귀환선은 매주 1회 배선(配船)하고 천 명 전후를 수용하며 협정조인 후 1년 3개월로 일단 종료하고, 이것으로 끝나지 않을 경우에는 협정을 갱신하는 것으로 되어 있다. 그러나 지금처럼 1주간에 천 명 정도의 귀환으로는 1년에 겨우 4만8천 명 정도밖에 돌아갈 수 없으므로, 총련이 말하는 대로 13만 명 이상이라고 하면 3년 이상이 걸리게 되어 비용도 간단한 문제가 아니다. 이 때문에 일본적십자사에서는 현재 센터에 들어가서 3박4일 체류한 후 승선했던 계획을 2박3일로 하고 송환 일자의 간격을 줄이며 집결소를 증설하여 배선수를 늘리는 등의 안이 나오고 있다. 북조선적십자사에서 아직 협정 수정의 요청이 없어서 일본적십자사 측도 분명한 태도는 보이고 있지 않지만 기간의 연장, 스피드 업이 이루어지

는 것은 우선 틀림없다.

○ 제1선 당시 '북송 실력저지'라고 떠들었던 한국거류민단은 최근 매우 저자세이다. 오로지 기관지를 통해서 정보선전활동이나 개인설득에 힘을 쓰고 있고 본국인 한국에서는 한국일보가 지난달 16일 "적십자 국제위의 총철수(總撤收) 불가피. 제6선으로 사실상 중단인가" 등을 보도하여 측면에서 원조하고 있다. 그러나 민단도 말단조직에서는 사가(佐賀) 같은 곳처럼 "먹고 살 수 없어 돌아가겠다는 사람을 억지로 말릴 수 없다"는 방관적 태도이고, 교토(京都)에서는 1200명이 민단을 집단 이탈해서 국적을 '한국'에서 '조선'으로 바꾸고 싶다고 교토부(京都府)에 신청하였다고 한다.

그러나 세(勢)에 밀리는 분위기도 있어서 민단은 반격의 수단도 생각하고 있는 것 같다. 그 첫 번째는 민단계의 사람들을 한국에 초대해서 '한국의 부흥 모습, 자유로운 생활'을 보여줄 계획이다. "근간 전국에서 6백 명을 선발하여 한국을 시찰했는데, 늘 감시의 눈이 번뜩이는 '북한'보다는 훨씬 자유로운 생활이라는 것을 깨달았다는 시찰단의 이야기를 들으면 '북한'으로 가려고 했던 사람들도 다시 생각할 것이다"라고 민단총본부의 간부는 말했다.

○ 귀환풍경은 처음과는 크게 달라졌다. 제1선부터 3선 정도까지는 노래라고 하면 '김일성 장군'뿐이었고 거기에 취주악단, 스피커 연설이 더해져 마치 '출정(出征) 병사'의 전송과 같았는데 최근에는 적십자 국제위의 '정치적 환송영 금지'의 조언이 효과가 있었는지 훨씬 차분한 분위기에서 출항하는 '토보리스크', '크리리온' 두 배의 전송에서는 '반딧불의 빛'(올드랭 사인: 역자)이나 '사도(佐渡)오케사'(민요: 역자)의 멜로디가 흐르고 있다. 이곳에 '니가타-청진(淸津) 정기항로'가 생겼다는 느낌이다.

1960년 3월 1일(1면)

업계가 한국에 반론 – 제5야하타마루(第5八幡丸)사건

〈나가사키(長崎)〉 제5야하타마루가 한국 경비정에 의해 침몰된 사건에서 한국 측이 일본 측의 항의에 반론하는 구상서(口上書)를 보낸 것에 대하여 일본저인어협(日本底引漁協: 저인망(底引網)어업협동조합=역자) 나가사키지부(支部)의 이즈쓰 기헤이(井筒喜平) 지부장, 제6야하타마루 선장대리 나가타 리이치로(永田利一郎) 씨는 1일 중의원 수산·농림위원회에서 증언하였는데, 동 지부는 29일 다음과 같은 자료를 들어 한국 측 반론의 부당성을 지적하였다. 또한 이 자료에서 제5야하타마루사건은 한국 경비정의 무치별 나포에 의해 일어난 사건임을 강조하였다. 요지는 다음과 같다.

▶ 한국 측은 제5야하타마루는 이(李) 라인 안쪽에서 조업하고 있었다고 말하고 있으나, 조업장소는 분명히 라인 바깥쪽이었다. 이는 제5, 제6 두 야하타마루의 항적이나 추적에서 포획, 요선(僚船=함께 조업 중인 배: 역자)의 도주에 이르는 시간적 경과 등에서 명확하다. 두 배는 11일부터 12일 새벽까지는 '농림(農林) 245구(區)'(일본이 설정한 어로조업 구역의 하나: 역자)의 오른쪽 위로부터 가운데로 향해 형성된 얕은 바다의 남쪽에서 조업하고 있었다. 이곳은 얕은 바다이기 때문에 이곳 해역의 주어장(主漁場)이 되기 때문이다. 추적을 받은 것은 동 구(區)의 오른쪽 아래 해역이다. 이는 '추적' 사실을 발신한 위치이다. 또한 요선 제6은 전속력인 8노트로 현장으로부터 오세자키(大瀨崎=쓰시마해협 상에 있는 일본 후쿠에지마(福江島) 내의 지명: 역자)까지 약 5시간 반 걸려 돌아갔다. 거리는 약 42마일. 이 사실은 역으로 오세자키를 기점으로 이 라인을 향해

어느 방향으로라도 8노트로 5시간 반 동안 달려도 이 라인에 도달하지 못한다는 것을 의미하며, 라인 밖에서 조업하고 있었음을 증명하는 것이다.

▶ 한국 측은 스스로 침몰시켰음을 강조하고 있으나, 배수펌프의 입구를 열어도 침몰할 정도로 해수가 들어오지 않았다. 또한 킹스톤 밸브(기관 냉각용 급수펌프)라 하여도 이것은 간단히 열수 없다. 더욱이 배를 조금이라도 오랫동안 떠있을 수 있도록 하려는 것이 선원의 상식이며, 스스로 침몰시켰다는 것은 전혀 생각할 수 없다.

▶ 또한 한국 측은 이 라인의 존재를 강조하지만 라인은 국제법상 전혀 인정되지 않은 것이며, 일본 어민으로서도 용인하지 않는 것이다. 특히 이번의 사건에서는 침몰한 배에 구조하려 접근한 순시선에 포를 향하여 위협하는 등 인도적으로도 용서할 수 없는 행위이다.

또한 동 어협(漁協)은 이상의 자료에 근거하여 선체에 대한 보상과 승조원의 석방을 외무성을 통하여 한국에 요구한다.

1960년 3월 1일(1면)

일본은 보상책임을 다하라, 이(李) 대통령 강조

〈경성 29일발=UPI · 공동〉 이승만(李承晩) 한국대통령은 3월 1일 경성(京城) 스타디움에서 개최한 '3 · 1사건' 41주년 기념집회에 즈음한 한 메시지에서 다음과 같이 일본을 비난했다.

일본은 전시 중에 강제적으로 일본에 보내져 군사산업에 종사시킨 2백만의 한국인에 대해 보상의 의무가 있다. 기시(岸信介: 역자) 수상은 최근의 방미 중에 미국에 대해 보상지불 원조방법을 요청했다고 알려졌는데 외국에 원조를 구하는 것은 있을 수 없는 것으로 보상에 대해서는 일본이 전부 책임을 부담해야 한다.

1960년 3월 9일 석간(1면)

다케시마(竹島=독도: 역자) 문제를 추궁, 참의원(参議院) 예산위

참의원 예산위원회는 9월 오전, 모리 야소이치(森八三一) 씨(동지(同志)=원내 교섭단체 이름: 역자)가 질문에 나서 한국이 불법점거한 다케시마 문제를 놓고 질의가 벌어졌는데, 모리 씨와 관련 질문자는 정부의 태도가 소극적이며 미국에 로비하지도 않는 등 정부의 노력이 부족하다고 비난하였는데, 기시(岸信介: 역자) 수상, 후지야마(藤山愛一郎: 역자) 외상은 "이 문제는 일한회담 등에서 평화적으로 해결하고 싶다. 양국간의 문제해결에 제3국을 끌어들이는 것은 가능하면 피하고 싶다"고 답변했다.

9일의 참의원 예산위원회는 오전 10시 14분에 개회, 총괄질문을 속행하였다.

스즈키 쓰요시(鈴木強) 씨(사회(社会)) 의사진행발언 : 요시다(吉田茂: 역자) 전 수상을 증인으로 본위원회에 불러줄 것을 요구한다. 그 이유는 52년 초에 일본이 중화민국을 중국의 정식 정부로 인정하는 내용의 서한을 미국의 덜레스(Dulles)씨에게 보냈다는 것에 대해서 질문이 필요하기 때문이다. 또한 지난 25년(1950년) 7월 맥아더(MacArthur)씨가 요시다씨에게 경찰예비대의 증강에 관한 서면을 보냈으므로 그 진상을 묻고 싶다.

오타케 헤하치로(大竹平八郎) 씨(동지) 의사진행발언 : 이 문제는 이사회에서 협의하고 싶다(오타케씨의 제안을 승낙).

모리 야소이치 씨(동지) : 최근 정부의 연약외교, 외교의 지연에 국민의 불만이 높고 또한 정당의 파벌항쟁에는 비판이 높아지고 있다. 외교를 진행하는 데에는 강력한 국민의 소리를 배경으로 하는 것이 중요하지만 수상이나 외상은 공정한 국민의 소리를 어떻게 받아들이고 있는가?

기시 수상 : 외교에 관한 국민의 요망이나 민족의 감정을 잘 파악하고 충분히 국민의 이해를 얻어가면서 추진하고자 한다. 특히 전후는 무력에 의하지 않는 평화외교이므로 국민의 지지 아래에 진행하는 것이 필요하다.

모리 씨 : 다케시마 문제의 현 상황은 소박한 국민의 감정으로는 납득할 수 없다.

수상 : 여러 노력을 해봤지만 해결되지 않고 있다. 한국의 불법점거인 것은 분명하다.

고바야시 고헤이(小林孝平) 씨(사회) 관련질문 : 어제 외상은 다케시마는 신(新)조약에서 말하는 '일본의 시정(施政) 아래'에 있다고 하였고, 방위청장관은 한국 측의 '침략'이라고 하였는데 안보신조약이 발효된다면 미국은 일본을 방위하는 의무가 있기 때문에 미국은 일본과 같이 한국에 대하여 강경한 발언을 할 것이라고 보는가?

후지야마 외상 : 이 문제가 일본과 극동의 평화와 안전에 관계된다면 미국과 협의하는 것은 당연하다.

고바야시 씨 : 무력행동이 아닌 외교교섭에서도 미국과 협력해야 하지 않을까.

외상 : 일본이 단지 경찰행동으로 조치할 수 있다면 조약은 발동되지 않는다. 무력행동이 있을 경우에는 조약이 적용된다.

쓰지 마사노부(辻政信) 씨(무소속클럽) 관련질문 : 이 문제는 미국이 해결의 열쇠를 쥐고 있다. 이전 내가 다케시마를 시찰했을 때 순시선의 승조원이 "한국과 해상회담을 할 때 한국인은 '우리도 일본과 싸우고 싶지 않다. 미국의 고문단이 그렇게 하라고 한 것이다'"라고 술회하였다. 한국군의 연료나 탄약은 미국이 장악하고 있다. 파견된 고문단이 고의로 한국 측을 앞세워 장난을 쳐서 일본의 방위력 증강을 추구하고 있다. 결국 미국의 모략이라고 생각된다.

수상 : 미국이 일본의 자위대를 증강시키기 위해 한국을 부추기도 있다고 생각하지 않는다. 전망이 쉽지 않아서 문제해결을 위해 미국에 의뢰해야 할 상

황도 생각하고 있다.

오후 0시 29분 휴식.

오후 1시 49분 재개. 다케시마 문제에 관한 정부의 통일견해에 대해서 후지야마 외상이 발언을 요구.

외상 : 다케시마 문제는 8년 전에 시작된 문제로 정부는 일관하여 평화해결의 방침을 취하고 있다. 따라서 일본이 바로 신조약 5조에 의해 행동할 문제가 아니고 미군도 이 조항에 의해 행동하는 것은 아니다. 물론 제5조는 무력공격이 있는 경우의 대항조치를 정한 것으로 외교교섭을 포함하고 있는 경우에 대한 조치가 아니다.

1960년 3월 10일(1면)

민사(民社) 대표와의 회담도 - 상호송환, 귀임한 유(柳) 대사 발언

일한회담에 대해서 본국 정부와 협의하기 위해 일시 귀국한 재일한국대표부의 유(柳泰夏: 역자) 대사는 9일 오후 4시 50분 도쿄(東京) 하네다(羽田)에 도착한 노스웨스트기로 귀임했다. 유 대사는 하네다 공항에서의 기자회견에서 "상호송환문제에 관해서 조속히 일본 측과 의논하여 가능한 빨리 결정하려고 한다"고 말하였다.

또한 "일본 측의 일부 정당이 한국에 대해서 '고압적'인 태도를 보이고 있다고 하는 것은 유감이지만 한국으로서는 지금까지처럼 외무성 이외와 교섭할 생각은 없다. 다만 민사당(民社党)의 대표가 회견을 희망한다면 만나는 것도 좋다"라고 말했다. 이세키(伊関佑二郎: 역자) 외무성 아시아국장은 10일 중이라도 유 대사와 만나 상호송환문제 등을 이야기할 예정이다.

1960년 3월 10일 석간(1면)

상호송환, 이달 안에 - 14일에 배선(配船) 협의, 유(柳) 대사 제안

이세키(伊関佑二郎: 역자) 외무성 아시아국장은 10일 오전 11시부터 도쿄(東京) 고지마치(麹町) 가유카이칸(霞友会館)에서 재일한국대표부의 유(柳泰夏: 역자) 대사와 상호송환문제 등에 관해서 약 1시간 정도 회담하였다. 유 대사는 본국 정부와의 협의를 마치고 9일 귀임하였으며, 회담 석상에서 유 대사는 ①상호송환은 이번 달 말까지 실시하고, 이에 따른 실시 날짜, 배선의 절차 등을 협의하기 위해 14일에 일한 사무당국에 의한 연락회의를 열어 세목을 협의한다. ②한국쌀의 구입에 대해서는 일한간의 무역재개문제의 하나로서 상호송환문제와는 별개로 협의한다는 2개의 제안을 하였고 이세키 국장은 이것을 받아들여, 바로 후지야마(藤山愛一郎: 역자) 외상에게 보고하였다. 일본 측으로서는 작년 여름에 한국 측으로부터 일한회담 재개의 신청이 있었을 때, 부산에 억류되어 있는 일본인 선원과 오무라(大村)의 밀입국 한국인의 상호송환을 모든 일한간의 문제해결에 우선하여 인도적인 입장에서 실시하는 것을 희망하였으며, 그 실시를 위해 수차 이야기가 진행되었다. 하지만 그 때마다 한국 측의 태도가 변하여 협의가 지켜질 수 없는 사정이 발생하였기 때문에 이번의 유 대사에 의한 상호송환실시의 언명에 대해서도 아직 '반신반의'하는 분위기가 관계자 사이에 강하게 나타나고 있다.

특히 최근 국회에서 지금까지의 한국에 대한 정부의 교섭태도에 관해 사회당을 비롯한 각 당내에 한국에 대한 강경론이 높아지고 있는 상황에서 한국이 더 이상 이유 없이 상호송환의 실시를 지연시키는 것은 일한관계 단절의 사태를 일으킬 수 있는 정세이다.

특히 정부가 상호송환의 실시의 조건으로 한국 측이 요청하고 있는 쌀 3만톤의 구입을 내정한 이상 한국으로서는 더 이상으로 상호송환실시를 지연시킬 구실이 없어 '괴로운 나머지' 행한 약속이라고 보는 시각도 있으나, 14일에 열릴 상호송환실시를 위한 연락회의에서 한국 측이 이번의 실시 약속을 어느 정도 증명할지 그 태도가 주목된다.

유엔 제소도 고려 – 상호송환, 실현 안 된다면…

10일 중의원 외무위원회에서 열린 일한문제 관한 주요 문답은 다음과 같다.

나카무라 히데오(中村英男·사회당) 씨 : 한국 측은 부산의 일본인 선원을 '인질'로 이용하고 있는데, 한국쌀 구입을 통한 '교환 교섭'이 한국 측의 무성의로 시행되지 않을 경우 정부는 다른 방안을 가지고 있는가?

후지야마(藤山愛一郎: 역자) 외상 : 억류 선원이 돌아오지 않는 한 교섭은 중단한다. 그 경우에는 일본 측의 태도를 새로 검토해서 재고할 수밖에 없다고 생각한다. 그러나 교섭결렬은 바로 억류자의 귀국을 불가능하게 하기 때문에 그 점도 고려하지 않으면 안된다.

다케야 겐타로(竹谷源太郎·민사당) 씨 관련질문 : 법적으로 자격이 없는 재일한국대표부의 설치를 인정하면서 한국에 일본정부의 대표부를 둘 수 없는 것은 한국 측이 "일본정부대표부원의 생명, 재산을 보호할 수 없다"라고 말했기 때문이라고 하지만 재한미국대사관의 안전은 보호하면서 일본의 경우만 할 수 없다고 하는 것은 어떻게 된 것인가?

외상 : 매우 유감이다.

우케다 신키치(受田新吉·민사당) 씨 : 다케시마(竹島=독도: 역자)를 불법점거하고 있는 한국인은 공적인 사람인가?

외상 : 정부의 사람이다.

우케다 씨 : 군대인가.

미야케(三宅) 외무성 심의관 : 내무성 관할의 경찰관이다.

우케다 씨 : 전에 일본의 순시선이 정찰을 행했을 때 포격을 받았다고 들었다.

미야케 심의관 : 기총소사를 받았다.

기하라 쓰요시(木原津与志·사회당) 씨 관련질문 : 일한교섭이 이 단계까지 온 이상, 외상은 방침을 명확하게 해야 한다.

외상 : 제가 구체적으로 말할 문제는 아니지만, 작년 적십자국제위에 갔던 경과도 있고 또한 유엔 제소의 방법도 있다. 이러한 방안들을 충분히 검토하고 있지만, 그로 인해 억류자의 귀국이 지연되는 것은 바람직하지 않다.

1960년 3월 11일(2면)

[사설] 영해의 결정과 이(李) 라인

유엔 주최의 제2회 해양법 국제회의는 17일부터 제네바에서 열렸는데 이번의 회의는 영해의 폭을 결정하는 최후의 회의가 될 것이라는 관측이 유력하다.

제1회의에서 나온 각국의 주장에는 상당히 큰 차이가 있었고 의견이 정리되어 있지 않았지만, 이번 회의에서 결론이 나오지 않는다면 결국은 각국이 제각각 자국의 견해를 그대로 선언하여 영해에 관한 국제적 협조가 이루어지지 못하는 상황이 될지도 모른다. 그러므로 이번에는 각국 간의 의견을 조정해서 어떻게든 결말을 낼 필요가 있다.

각국의 주장에 대해서는 12해리설과 3해리설이 대립하고 있다. 소련안(案)은 3해리와 12해리의 사이에서 각국이 자유롭게 정한다는 것이지만 결과적으로는 12해리설과 다르지 않다. 일본은 3해리설을 지지하고 있지만 12해리설의 여러 나라가 찬성한다면 6해리까지 타협한다는 의향을 제시하였다. 미국은 해결책으로서 영해를 6해리로 하고 그 바깥에 6해리의 어업전관해역을 설정하여 연안국의 배타적어업권을 인정하는 것을 제안했지만 3분의 2 이상의 지지를 얻지 못하고 부결되었다.

이번의 회의에서 성립의 가능성이 가장 높은 안은 미국안(案)에 가까운 것으로 보고 있다. 일본으로서 이것에 동조할지 어떨지 거취를 해결해야 하는 것이 문제점이다. 정부로서는 상당히 유연한 태도를 가지고 임하려는 각오이지만, 만약 이에 동조할 경우 우리나라에 있어서 어떠한 영향이 있을까? 대표단은 분명 이 점에 대해서 충분히 검토하고 회의에 참가해야 할 것이다.

당면한 것 중에 이른바 이 라인 문제가 일한간의 가장 어려운 교섭안건인데 공해의 한가운데에 일방적 선언으로 그어진 규제라인이 국제적인 위법행위인 것은 말할 것도 없다. 여기에 만약 미국안이 성립하게 된다면 그것이 영해에 관한 국제적 결정이라는 의미에서 일본 측의 주장을 뒷받침하는 유력한 근거가 될 것이다.

그렇지만 한편으로 한국이 이 라인의 설정을 방위목적에서 나온 것이라고 의연하게 강변한다면 문제는 여전히 남는다. 이 라인문제는 물론 일한 양국간의 분쟁안건이다. 그러나 이러한 불법행위가 공해상에서 자행되는 것은 해양법국제의회에서도 문제삼아야할 중대사건이다. 이 목전의 문제야말로 공해의 자유가 어느 특정한 국가의 일방적 의사에 의해 침범당한 엄연한 사실이기 때문이다.

이 라인 안팎에서의 일본어선의 불법포획, 일본선원의 불법억류는 명백하게 국제적 논의의 대상이 되어야 할 사건이라고 우리는 믿는다. 우리는 해양법의회에 참가하는 여러 나라가 이 사실을 어떻게 판단하는가에 대하여 큰 관심을 가지고 있으며, 영해의 결정과 함께 이 문제에 대해서도 어떠한 방법이든 사태를 명확하게 하는 것이 우리 대표단의 업무라고 생각된다.

1960년 3월 14일(2면)

살인선거를 단속하라, 한국 부통령

〈경성 13일발=로이터〉 한국의 야당 민주당(民主黨)의 부통령 장면(張勉) 씨는 13일 이(승만) 대통령에 대해 최근에 빈발하고 있는 민주당원에 대한 폭행사건에 대해서 공개장을 보내 "이대로라면 15일의 대통령 선거는 '살인선거'가 된다"고 경고함과 동시에 상식을 벗어난 무법상태를 단속하라고 요구했다.

한국, 다시 폭행사건

〈경성 13일발=UPI · 공동〉 15일의 한국 정부통령선거를 앞두고 야당 민주당(民主黨)의 재정국장이 여수시(麗水市)에서 살해당하는 사건이 일어났으며, 13일 인천시(仁川市)에서는 민주당 D지구 선전부장 이윤복(李允福) 씨가 폭력배에게 몽둥이와 파이프로 구타당하여 중상을 입었다. 경성에서는 같은날 정오무렵 대학, 고교생 약 천 명이 공정한 선거를 요구하며 시내 각지에서 반정부 데모를 하였다.

1960년 3월 15일(3면)

오늘 한국 대통령 선거

정부간섭, 테러 횡행 – 부통령도 여당의 이(기붕) 씨 우세

〈경성 14일발=AFP〉15일 4대 대통령선거가 시행된 한국에서는 경찰이 전국 수천에 이르는 투표소 경비에 들어가기 때문에 교통관리에는 헌병이 동원되었다. 주요 도시에서 약간의 학생 대모가 있었던 것을 제외하고는 선거전은 분명한 무관심 속에서 종료되었다.

투표 당일은 천백만 명 이상의 등록유권자가 투표의무를 행사하도록 전국적 휴일로 정해졌다. 집계는 투표가 끝나면 곧 시작되며, 결과는 48시간 이내에 판명될 것으로 보인다.

이승만(李承晩) 현 대통령의 경쟁상대였던 조병옥(趙炳玉) 씨(민주당(民主黨))가 1개월 전에 사망했기 때문에 이번 대통령 선거는 사실 선거라기보다는 오히려 이승만 대통령에 대한 국민투표라고 할 수 있다.

[해설] 한국 제4대 대통령, 제5대 부통령 선거는 15일 오전 9시부터 오후 5시까지 전국 8천의 투표소에서 유권자 1119만 6490명(AP)의 투표로 시행되었다. 만약 이 대통령이 당선된다면 1948년부터 실제로 4번, 64년까지 16년간의 장기정권이 된다. 대립후보가 없는 독주였기 때문에 당선은 확실하다.

부통령선거는 준여당계의 김준연(金俊淵), 임영신(任永信) 두 사람은 후보등록만 했을 뿐 거의 선거운동을 하지 않았고, 이기붕(李起鵬 · 자유당(自由黨)) 대 장면(張勉 · 민주당) 여야 맞대결의 형태가 되었다. 이 씨는 유세를 일체 행하지 않고 자유당 주최의 각종 강연회에 맡겼고 장면 씨만이 각지를 순회하였다. 야당의 대통령후보 조병옥 씨가 사망한 2월 중순 무렵에는 장면 씨의 당선이 지난 번 선거 이상으로 유력하였지만, 최근에는 5:5의 선을 깨트리고 6:4로 여당이 유리하다는 관측이 지배적이다.

본인의 유세는 물론 강연회도 눈에 띄지 않은 여당이 단시일에 급피치로 전선을 유리하게 전개한 이유는 무엇인가라고 하면 정부여당의 선거간섭을 말하지 않을 수 없다.

예를 들어 2월 27일 대구(大邱)의 자유당 강연회는 시민의 강제동원은 물론 요리업조합, 이용사조합, 노천상조합까지 모으는 한 편 시(市) 주변의 군(郡), 면(촌)민을 트럭을 이용하여 강연회장에 데려왔고, 각 학교는 오전 중에 수업을 중단하고 참가자를 모으는 등의 수단을 가리지 않았다. 반대로 같은 장소에서 민주당 강연회가 열린 다음날 28일에는 당국이 각급 학교에 지시를 내려 일요일임에도 등교를 하도록 해 참가를 방해했다. 이에 분개한 고교생 천여 명이 항의 데모를 하여 경관과 충돌 약 2백 명이 체포되는 사건이 일어났다(신아통신(新亞通信)).

학생 데모는 이 사건을 계기로 전국적으로 파급되어 대전(大田), 수원(水原), 부산(釜山), 광주(光州), 공주(公州), 경성(京城) 등에서 잇달아 일어났다.

그 외에 사복경관이 야당 강연회 참가자에 카메라를 들이대며 애국반장과 함께 감시의 눈을 밝혔으며, 오전 중으로 예정되었던 고등학교의 학기말 시험이 강연회 개회 시간인 오후 1시로 늦춰졌다. 국민학교에서는 갑자기 예정에 없던 학예회를 열어 학부형의 강연회 출석을 막았으며(공주). 야당 강연회장으로 가는 도로를 파헤치며 예정에 없던 보수공사를 시행하는(광주) 등 관헌에 의한 모든 수단이 동원되었다고 한다. 그 외에 위조투표용지 8만개가 발견되었고(경주(慶州)), 야당의 마이크를 수리한 라디오상회가 괴한에게 습격을 받기도 하였다(합주(陜州=합천(陜川)의 오기(誤記)로 보임: 역자)=코리아뉴스).

도시가 이러한 상태라면 농촌의 선거간섭은 상상하고도 남아, 군인의 선거권 행사를 여당에 유리하게 하기 위한 공작이 시행되었고 경찰을 이용해 '3인

조' '9인조'를 만들어 서로 감시시켜 여당에 투표하게 하는 공작도 행해지고 있다고 한국의 여러 통신은 보도하였다.

이러한 정부 여당의 선거간섭 이외에 정체불명의 폭력배에 의한 야당 운동원의 살상사건도 이어졌는데 9일 여수(麗水)에서의 민주당 재정부장 살인사건을 필두로 12일 밤 경성 마포구(麻浦區)에서 4명의 민주당원이 중상을 입었고, 같은 날 김제(金堤), 13일 인천(仁川)에서의 같은 사건이 연달아 일어나, 장면 부통령은 13일 이 대통령에게 공개장을 보내 "이대로라면 15일의 선거는 살인선거가 될 것이다"고 경고, 상식을 벗어난 무법상태를 단속해 줄 것을 요구하였다.

민주당은 지난 9일 "이번 선거는 선거가 아니라 간악, 허위, 불법, 테러의 수라장이다. 우리의 투쟁은 선거운동인 동시에 보다 큰 민주주의를 위한 구국운동이라는 역사적 과업을 자각하여 확고한 결의로 최후까지 싸울 것이다"고 성명을 발표하여, 선거의 결과보다도 그 과정에서의 정부 여당의 강압 간섭의 폭로와 민주주의 계발에 주력하는 경향을 보였다. 유력 중립계 신문인 한국일보도 "지금은 승리가 누구의 손에 떨어질지는 다음의 일이고 더 중요한 일은 한국의 민주주의가 살아남을지 어떨지 이다"라고 말하였다.

이미 유엔조선부흥통일위원회 및 재한미대사관은 여러 반으로 나누어 감찰단을 각지에 파견하고 있는데 투표전야의 '한국민주주의'가 그들의 눈에는 어떻게 비칠까? 선거일 직전의 한국정계의 상황은 누가 정부통령에 당선되더라도 한국의 전도는 더욱더 다난할 것을 예고하고 있다.

1960년 3월 16일(3면)

"대통령선거는 무효" - 한국 민주당(民主黨)이 항의성명

〈경성 15일발=로이터〉 15일에 시행된 한국의 대통령선거에서 광주(光州) 투표소의 민주당 입회인이 방해를 받은 것에 대하여 야당인 민주당원 약 100명이 데모를 행하자 한국 경찰은 소화용 펌프로 물을 분사하였다. 이로 인해 민주당원 20명이 부상을 당한 것으로 알려졌나. 이와 관련하여 민주당은 15일 다음과 같은 성명을 발표했다.

"민주당은 정부 측의 개입과 불법투표 조치로 이루어진 15일의 선거를 무효라고 본다. 민주당은 승리를 양보할 수 없으며 15일의 선거에 대한 입장을 밝히고자 하는 것이다. 민주당은 선거의 무효를 선언하기 위해서 합법적인 싸움을 진행할 것이다."

개표 시작

〈경성 15일발=로이터〉 한국의 선거관리위원회는 민주당이 선거무효의 성명을 발표했음에도 불구하고 15일 밤 개표를 시작했다. 개표에 민주당 입회인은 한 사람도 출석하지 않았다. 최인규(崔仁圭) 내무부장관은 기자회견을 갖고, 민주당은 선거무효를 선언하며 공산당식의 전술을 사용하고 있다고 말하였다.

데모대가 개표본부 습격 - 마산시(馬山市)에서

〈경성 15일발=AP〉 한국에서는 긴장, 폭력, 대규모 선거간섭에 대한 비난 등으로 얼룩진 대통령선거가 끝난 15일 밤 결국 폭동적 데모사건이 발생하였다. 합동통신(合同通信), 동화통신(同和通信) 등의 보도에 의하면 마산시에서는 수천 명의 시민이 선거간섭을 비난하며 개표본부에 몰려가 경관이나 선거관리자에게 돌을 던졌다. 데모대는 경찰에 의해 해산되었고 지도자 몇 명이 체포되었다. 합동통신에 의하면 마산의 폭동으로 파출소 하나가 불에 탔다.

마산의 사상자 47인

〈경성 15일발=AP〉 데모에 참가한 군중과 경찰과의 충돌로 사망자 4명, 부상자 43인이 나왔고 마산 데모는 7시간 동안 이어져 치안이 회복된 것은 오후 11시 지나서였다고 한다.

마산에 계엄령인가

〈경성 16일발=UPI · 공동〉 한국의 치안당국은 16일 새벽, 마산 데모사건의 대책을 협의하기 위해 긴급회의를 열었는데 정부 당국에 의하면 계엄령이 내려질 가능성이 있다고 한다.

1960년 3월 16일 석간(1면)

이(승만) 대통령 당선확정 - 부통령도 여당의 이(기붕) 씨 확실

〈신아(新亞)=도쿄(東京)〉 16일 오후 1시 반의 경성방송에 의하면 한국의 정부통령선거의 중간개표결과는 오전 11시 반 현재 다음과 같다. (역시 대통령에는 이승만(李承晩) 현 대통령의 4선이 확정되었고, 부통령은 이기붕(李起鵬) 씨가 당선에 필요한 득표수 500만표에서 477만표를 얻어 당선이 거의 결정되었다.)

▷ 대통령 = 이승만 5,842,174

▷ 부통령 = 이기붕(자유당(自由黨)) 4,772,699. 장면(張勉 · 민주당(民主黨)) 1,926,070. 김준연(金俊淵 · 통일당(統一黨)) 168,072, 임영신(任永信 · 여자국민당(女子國民黨)) 70,716.

이승만 대통령 약력 : 1875년 태어나 이번 26일이 85세 생일이다. 일한합병 후 미국으로 건너가 독립운동에 매진하였다. 1948년 8월 대통령에 취임하였고 52년 재선, 56년 3선 되었다. 미국 프린스턴(Princeton) 대학을 졸업했다.

이기붕 부통령 약력 : 1896년 태어났다. 대통령 비서실장, 경성시장, 국방부장관 등을 역임하였고, 52년 3월 관계를 은퇴하고 한미재단(韓美財團) 한국사무소장, 인하공업대학 이사장(仁荷工業大學 理事長) 등을 거쳐, 54년, 58년 2회 민의원에 당선하였고 이 기간 국회의장도 2회 역임했다. 고학으로 미국 아이오아(Iowa)주의 대학을 졸업했다.

무리한 여당의 승리

[주(注)] 신아통신(新亞通信)에 의하면 한국 대통령선거의 유권자 수는 1119만 6천명으로 그 90%에 해당하는 1077만 명이 투표했지만 16일 오전 9시 현재 이승만 대통령은 일찍이 당선에 필요한 373만표 이상을 획득하여 4선을 확정 지었고, 여당 자유당의 부통령후보 이기붕 씨도 야당 장면 씨의 3배에 가까운 표를 획득하였다. ①차후의 개표가 농촌에 집중되어 있는 점, ②무효표가 많이 예상되는 점, ③김준연, 임영신 양 후보에게도 다소의 표가 흘러간 점을 감안하면 이 씨의 부통령 당선도 거의 확실시 되고 있다.

선거전의 예상으로 선거결과가 대체로 밝혀지는 시점은 개표 60시간 후인 17일 오전 중이나 이르면 48시간 후인 16일 밤이라고 예측했던 것과는 관계없이 16일 아침 일찍이 대세를 결정짓게 되었다. 이것은 이번 선거에서 정부 여당 측의 상당한 무리가 있었다는 민주당 측의 성명을 반증하는 것이라고 보는 견해도 있고, 특히 투표일인 15일 민주당이 선거 보이콧, 입회인의 철수, 선거불승인 선언 등을 한 것이 큰 원인이라고도 한다.

여당 측의 횡포의 예로는 광주를 비롯한 전라남도 일원에서 7시인 투표개시 시간을 4시로 앞당겨 여당 입회인만으로 투표를 실시하여 민주당 입회인이 나타났을 때에는 투표가 거의 완료되어 있었던 것을 들 수 있다. 마산을 비롯한 각 도시의 소요도 이러한 일이 원인이 되어 일어났던 것이다.

1960년 3월 17일(3면)

이기붕(李起鵬) 씨가 당선, 한국 부통령

〈경성 16일발=AP〉 한국의 정부통령선거에서 여당인 자유당의 부통령후보 이기붕 씨가 16일 오후 현재 유권자 총수 약 1120만명 중 779만7940표를 획득하여 당선되었다.

16일 오후 6시 현재, 전라남도 무안구(務安區-務安郡의 오기(誤記)로 보임: 역자)를 제외한 186개의 개표구에서의 한국 대통령선거의 개표결과는 다음과 같다.

대통령: 이승만(李承晩) 9,512,793표

부통령: 이기붕(李起鵬) 8,220,087표

장면(張勉) 1,844,257표

김준연(金俊淵) 245,526표

임영신(任永信) 98,090표

한국지(韓國紙), 내각 총사직을 요구

〈경성 16일발=UPI · 공동〉 한국의 중립계 유력지인 한국일보는 16일 사설에서 대통령선거 당일 마산(馬山)에서 발생한 경찰의 학생 살상사건에 관하여 전 각료의 인책사임을 요구하며 다음과 같이 주장하였다.

한국 경찰은 15일 마산에서 봉(棒)과 돌밖에 갖지 않은 대학생들에게 발포하여 다수를 살상시켰다. 이는 한국의 선거사상 지금까지 없었던 참사로서 용인될 수 없는 잔혹행위이다. 최인규(崔仁圭) 내상(內相)은 모든 이 사태의 책임자이며 정부는 인책 총사직해야 한다.

또한 그 밖의 유력지인 조선일보도 최 내상의 사직을 요구하고 있다.

클로즈 업 – 한국 부통령에 당선된 이기붕(李起鵬)

"당대(當代)의 제2인자" – 한국에서는 이기붕 씨에 대한 이러한 호칭을 자주 듣게 된다. 정적(政敵)으로부터도 이렇게 불리고 있다는 점에서 그의 인간성을 엿볼 수 있다. 4년전 부통령선거에서 패했을 때, 바로 정적 장면(張勉) 씨에게 화환을 보내 승리를 축하한 사람이며, 조병옥(趙炳玉) 씨가 수술을 위해 도미하기 직전 직접 병상을 찾아가 문병하고 악수한 사람이다. – 결코 남에게 보여주기 위한 것이 아닌 누구에게나 공감을 불러일으키는 모습이 그의 진면목이다.

이제는 숙원을 이루어 부통령 자리를 획득하여 명실상부하게 이(승만) 대통령 다음의 '2인자'가 된 것이다. 그렇다고 경륜을 가진 정치가도 아니며, 실행력을 가진 두령적(頭領的) 풍모를 가진 것도 아니다. 그러나 이 대통령도 그의 애국심, 성실성, 겸허함을 높이 평가하고 있다고 한다.

조부가 이조(李朝) 말기 이조판서(吏曹判書 · 法相)를 지낸 명문 출신으로, 조부는 이조 말기의 정쟁에 휘말려 실각하였으며, 불우하게 된 아버지를 어렸을 적에 잃고 나서부터 고생의 연속이었다. 미국 아이오아주의 대학생활도 세탁소 일 등의 고학으로 마쳤다. 재미 중 이승만, 장덕수(張德秀 · 전 한민당(韓民黨) 부당수(副黨首)) 씨, 허정(許政 · 전 경성시장(前 京城市長)) 씨 등과 함께 신문사를 경영하였고, 그 때에 이승만 씨에게 인정받아 오늘에 이르고 있다. 그의 장남 이강석(李康石) 군이 대통령의 양자인 것은 주지의 사실이나, 부인도 사회운동가, 교육자로서 대통령 부인 다음의 '세컨드 레이디'이다. 장(張) 부통령은 지난 4년간 정부의 압력으로 공식적인 정치무대에 모습을 보일 기회가 없었다. 이른바 부통령의 자리는 헌법 조문에만 있을 뿐 '개점휴업' 상태였다.

참의원(參議院)도 야당의 부통령이 의장이 되는 것을 원치 않아, 정부는 지금까지도 고의로 참의원을 구성하지 않고 있다. 이 부통령의 출현에 따라 지금까지 정체되었던 정치가 어느 정도 궤도에 오를 것은 틀림없다.

그러나 유세도 하기 힘들었던 현재의 건강상태로는 재임중 과연 직책을 수행할 수 있을 것인가? 그가 조금이라도 여야당간의 윤활유 역할을 하기위해서는 무엇보다도 그의 건강이 회복되어야 할 것이다.

1960년 3월 17일(3면)

한국 대통령선거와 이후

이(승만) 독재 더 강화되나? – 사회불안 증대 우려

[해설] 한 때는 계엄령인가, 보도관제인가까지 소란스러웠던 한국 대통령선거도 그런대로 진정되었고 이승만 대통령의 4선과 함께 자유당 이기붕(李起鵬) 씨의 부통령도 결정됐다. 그 과정이 과연 민주적 룰에 완전히 준거한 것인가? 야당 민주당(民主黨)은 15일 투표 종료와 동시에 성명을 발표 "국민은 선거권을 빼앗겼다"고 말하였고, 부정투표, 집단투표, 투표장에서의 야당입회인 퇴출 등의 선거법 위반 사실을 지적하며 정부에 선거무효를 선언하기 위한 합법적인 싸움을 시작하겠다는 태도를 명확히 하였다. 민주당의 선거무효론이 차후 한국정계에 어떤 파문을 일으킬 것인가? 점점 험악해지는 양상은 간단히 예측을 허락하지 않는다.

그러나 현재 자유당(自由黨)에서 정부통령을 당선시킴으로써, 명목뿐 어떠한 권한도 갖지 못했던 야당출신 부통령과의 공존이라는 기형적인 존재가 사라져, 이(승만) 정권은 일단 단일 권력의 형태를 갖추게 된 것이 확실하다.

장면(張勉) 씨의 부통령 낙선에 따라 민주당은 구파(고(故) 조병옥(趙炳玉)파)와 신파(장면파)로 분열 대립이 더욱 심해졌고 탈당하거나 자유당에 가세하는 사람이 많이 나와, 그 결과 자유당의 세력이 커지게 되어, 한국에서의 2대정당의 대립이(군소정당은 문제 외) 약화되고 자유당 1당독재의 경향을 강하게 되는 것이 아닌가 하는 견해도 나타나고 있다. 이 때문에 대통령의 억지스러운 독재가 강화되고 국내정치는 말할 것도 없이 대외정책 특히 무력북진을 부르짖는 조선통일론 등이 무리하게 현실화되는 방향으로 나아간다면 사태는 심각해질 것이다. 일한관계도 급변하리라고는 예상되지 않으나, 이전의 강경책이 더욱 강해질 수는 있어도 약해질 공산은 거의 없다는 것이 일반적인 견해이다. 다만 최근 미국의 대한(對韓)정책이 상당히 강화되고 있어 이에 따라 일한관계 개선의 실마리를 기대할 수 있다고 보는 시각도 있다.

이기붕 씨를 비롯한 대통령을 둘러싼 고관들은 대개 예스맨뿐이다. 대통령에 건의하거나 의견을 제시하는 사람이 없는 것이 한국 정계의 결함이다. 이들 측근들도 그 문제점을 충분히 알고 있으나 실행하는 사람이 없다. 결국 "누가 고양이 목에 방울을 달 것인가"이다. 이승만 대통령의 방식을 바꾸게 하는 것은 불가능한 일에 가까우므로 여기에 한국의 고민과 위협이 있다고 본다.

더욱이 자유당 내에도 강경, 온건 양파의 대립이 있어, 현재 이기붕 씨의 당선으로 공석이 된 국회의장직을 둘러싸고 이 양파의 세력싸움이 격렬해지는 것도 불가피하다.

선거전 전후에 고조를 보인 학생데모사건을 비롯한 일반 국민들의 정부, 여당에 대한 비판세력도 선거의 종료와 함께 사라질 정도로 저력이 없는 것으로는 볼 수는 없다. 경제정세의 악화와 더불어 사회불안의 증대도 우려되는 것이다.

1960년 3월 18일(1면)

'송환 날짜', 한국의 태도에

정부, 월말 실현을 기대 – 미국의 경고를 일부에서 염려

일한(日韓) 억류자의 상호송환은 순조롭게 진행된다면 19일 열리는 일한 사무당국의 연락위원회에서 시행 일정이 결정될 예정이나, 현재 그 성공 여부는 한국정부로부터의 회답에 달려있다고 할 수 있다. 19일의 연락위원회에 앞서 이세키(伊関佑二郎: 역자) 외무성 아시아국장과 유(柳泰夏: 역자) 재일한국대표부 대사의 비공식적인 회담이 18일 오후에 예정되어 있었지만, 이 석상에서 한국측이 송환실시 일정에 관한 경성(京城) 정부의 최종적 의향이 제시되지 않는다면 '3월중 송환실시'라는 이세키 · 유 회담의 합의는 다시 무너질지 모르는 상황이 되므로 정부는 아직 낙관하지 못하고 있다.

지난 10일의 이세키 · 유 회담에서 이러한 목표에 합의한 이후 그 준비 작업을 하고 있는 일한 양 사무당국 간의 교섭에는 어느 하나 장애가 될 것이 없다고 말하고 있다. 송환자 명부작성 등의 작업은 17일에도 계속 시행되고 있어, 정부 당국은 종래의 결정대로 3월 말의 송환실시를 기대하고 있다. 그러나 16일 허터(Christian A. Herter) 미 국무장관이 주미한국대사를 통하여 일한문제에 대해 한국정부에 경고를 보낸 것이 공표되었기 때문에 정부 내에서는 이것이 가져올 '역효과'를 걱정하는 시각도 나오고 있다.

미국의 대한(對韓)경고는 미리 한국정부에 알려졌으며, 또한 일본도 사전에 알고 있던 것으로, 일단 결렬상태에 빠져있던 일한교섭이 최근 호전의 징조를 보이기 시작한 것도 미국의 이러한 강경한 태도가 있었기 때문이라는 견해도 있다.

그러나 일본 측 입장에서는 적어도 송환교섭이 막바지에 다다른 현 단계에 이 경고가 공표된 것은 예상하지 못했던 것으로, 한국 측이 이번의 '공표'를 어떻게 받아들일 지에 따라서 앞으로의 일한교섭에 어떤 태도를 보일까를 다시 한 번 주목할 계기가 될 것 같다.

지금의 송환교섭이 난관에 봉착할 경우, 정부는 억류자의 가족 단체와 사회·민사 양당 등으로부터 '대한 강경방침'을 강요받을 것 같은 정세이나, 한마디로 '강경태도'라고 해도 재일한국대표부를 폐쇄하거나 '이(승만) 라인' 주변의 자위조치를 강화하는 것 등은 상당히 신중을 요하기 때문에 정부는 지금까지도 국제 여론에 호소하는 방법을 오히려 중점적으로 검토해 왔다. 이는 유엔 등의 국제기관에의 제소하는 방법 등이 주로 고려되고 있지만, 이번 미국에 의한 대한경고의 공표는 앞으로 송환교섭이 잘 이루어지지 않을 경우를 감안할 때에도 효과를 가질 수 있을 것으로 보는 견해도 있다.

1960년 3월 18일(2면)

[사설] 적절한 미국의 대한경고

허터(Christian A. Herter) 미 국무장관이 이번에 주미한국, 주한미국 양 대사를 통해 일본어선 포획에 대해 한국정부에 보낸 경고는 지극히 정당한 것일뿐더러 시기적절한 조치이다.

일한문제에 관한 허터 장관의 한국에 대한 발언은, 한국이 공해상에서 일본어선을 나포하여 배를 압수하고 선원에 대해 형벌을 부과하고 있는 것은 일한관계를 현저하게 악화시키고 있다는 점을 지적하고, 이것에 대한 우려를 표명한 것으로 말은 오히려 부드러웠다. 그러나 허터 장관은 동시에 한국 측의 이러한 행위가 계속될 경우 생길지도 모르는 결과에 대해서 깊은 우려를 가지고 있다는 점을 솔직히 표명하였다. 게다가 장관이 이러한 미국정부의 입장을 분명히 이(李) 대통령에게 전해도록 했음을 밝힌 것은 이 문제에 대한 장관의 대한(對韓) 비판이 상당히 강한 근거를 가지고 있다는 점을 보여준다.

한국이 공해상에 함부로 선을 긋고 그 부근에서 평화롭게 어업에 종사하고 있던 일본 선원을 체포하는 비인도적인 행위에 대해서 우리는 끊임없이 반성을 요구해 왔으며, 허터 장관의 대한 발언은 공평한 입장에서 볼 때에도 이 문제에 대한 책임이 누구의 눈에도 명확하다는 것을 말하고 있다. 어선을 압수하는 것뿐만 아니라 일본인 선원에게 형벌을 부과하는 것에 대한 부당성을 확실한 태도이지만 온화한 말 속에서 강하게 드러내고 있다.

우리는 일본인 선원의 송환에 대해 평화적인 협의를 통해 해결할 것을 주장하는 한편, 한국의 비인도적인 조치에 대해서는 널리 국제여론에 호소하도록 우리 정부에 강하게 요구함과 동시에 앞장서서 세계의 여론에 호소해 왔다. 허터 미 국무장관의 대한 발언을 그러한 반향의 하나로 보며, 장관의 호의와 노력이 매우 크다고 볼 수 있다. 그리고 이러한 국제적 반향이 계속해서 나타나기를 강하게 희망한다.

이러한 허터 장관의 발언은 한국정부에 반성의 좋은 기회를 주는 것이고 또한 그것을 기대하고 싶다. 허터 장관은 한국의 선거가 종료될 때까지 발언을 기다렸다고 한다. 우리도 한국의 선거는 어디까지나 그 나라의 내정문제라는 견해를 가지고 있다. 다만 그 선거도 끝났고 이승만(李承晩) 정권은 대통령뿐만 아니라 부통령도 여당에서 선출되어 새롭게 강화된 태세를 가지게 되었다. 한국정부에 그런 마음이 있다면 지금은 이(승만) 라인 문제를 포함해서 대일정책을 재검토하여 재출발할 수 있는 좋은 기회이다.

우리는 당연히 일본인 선원의 송환문제를 매우 중시하고 있다. 이런 의미에서 한국의 반성이 우선 우리 선원의 조속한 송환으로 나타나기를 희망한다. 일한 상호송환문제를 논의하는 내일의 일한 연락위원회의 성공을 강하게 바라는 것도 이 때문이다.

1960년 3월 18일(3면)

강경조치를 특별 지시 - 이(李) 대통령, 마산(馬山) 폭동사건에 대해

〈신아(新亞)=도쿄(東京)〉 17일 합동통신에 따르면 한국의 마산 폭동사건은 일단락되어 평온 상태를 회복하였다. 그러나 동 사건에 대해 이승만(李承晩) 대통령은 최(崔仁圭: 역자) 내무부장관에게 "동 사건의 수습에 강경조치를 취하라"는 특별지시를 내림과 함께 "이 사건은 지금까지 당국이 지나치게 온건한 정책을 취했기 때문이다"라고 말하였다. 이에 대해 정부당국은 동 사건의 주모자를 내란죄로 처벌하는 것도 고려하고 있다고 말하였다.

1960년 3월 19일(1면)

상호송환, 날짜 결정 - 31일 부산에서 귀환

억류 선원, 오늘 명부 교환 – 오무라(大村)에 수용된 한국인, 28일 이후 3회에 나누어

장기간의 현안이있던 일한(日韓) 억류자의 상호송환은 18일 밤 이세키(伊関佑二郎: 역자) 외무성 아시아국장과 유(柳泰夏: 역자) 재일한국대표부 대사의 회담 결과, 이 달 중에 실현될 것으로 결정되었다. 부산(釜山)에 수용되어 있는 일본인 선원은 31일, 한국 측의 배선(配船)의 상황이 나빠질 경우라도 4월 2일까지는 귀국하게 된다. 작년 7월 일한 전면회담의 재개 이래 약 8개월 만에 억류자의 송환문제는 드디어 해결되었고, 이에 중단되었던 일한무역도 재개되는 등 일한관계는 이를 계기로 호전되기 시작할 것으로 기대되고 있다.

억류자의 상호송환은 19일 열리는 일한 사무연락위원회에서 일정을 결정하게 되지만 이에 앞서 18일 저녁 이세키 외무성 아시아국장과 유 대사 사이에 있었던 비공식회담에서 한국 측으로부터의 송환일정에 관한 한국정부의 최종적 의향이 제시되지 않았기 때문에 '이번 달 말 송환'의 목표가 불가능할 수도 있다는 예측도 보였다. 그러나 이날 밤 한국 본국정부로부터의 훈령이 도착하여 밤 9시가 지나 도쿄(東京) 고지마치(麹町)의 가유카이칸(霞友会館)에서 다시 이세키 · 유 회담을 열고

▶ 오무라수용소에 수용 중인 밀입국 한국인을 송환하기 위해 일본 측은 제1선(船)을 3월 28일, 제2선을 31일, 제3선을 준비되는 대로 빠르게 출항시킨다.

▶ 부산수용소의 일본인 선원을 송환하기 위해 한국 측은 31일에 송환선을 출항시킨다. 배선 상황이 어려울 경우라도 하루나 이틀 이상 지체하지는 않는다.

라고 합의하였다. 이를 위해 일한 사무당국에 의한 연락위원회는 예정대로 19일 오전 11시부터 열리며, 이 송환일정을 서로 확인한 뒤 정식으로 발표하며 서로 송환자 명부를 교환하기로 하였다.

부산의 일본인 선원은 현재 240명(그 중 형기만료자 167인)으로 1회에 송환할 수 있지만 오무라수용소의 한국인은 천 명에 이르기 때문에 처음부터 3조로 나누어 송환하게 되었다. 이 배편으로는 간사이키센(関西汽船)의 '나치마루(那智丸)'(정원 380명)가 예정되어 있다.

일본인 선원 중 형기만료자가 이번 배로 모두 귀국한다는 방침은 변함이 없지만 복역 중인 사람에 대해서는 형기가 종료된 다음에 순차 송환한다는 방침을 19일 위원회에서 최종적으로 결정한다.

단단한 벽이 제거되었다 - 기시(岸信介: 역자) 수상 발언

일한 억류자의 상호송환이 결정된 것에 대하여 기시 수상은 18일 밤 다음과 같이 말했다.

▶ 상호송환의 실현으로 난관에 봉착해 있던 일한 양국간의 벽 일부가 사라진 것 같은 느낌이다. 허터(Christian A. Herter) 미 국무장관의 한국에 대한 각서도 좋은 영향을 미친 것이지만 뭐니뭐니해도 국내의 강력한 여론의 뒷받침이 힘이 되었다.

▶ 일본 측으로서는 바로 배선, 기타 사무절차 등의 준비에 들어갈 것이다.

그러나 이(승만) 라인 문제를 비롯한 일한 양국간의 여러 안건이 이것으로 일거에 해결되리라는 생각은 아직 조급한 생각이다.

▶ 한국쌀의 수입에 대해서는 송환문제와는 별개로 한국 측의 요구도 고려해서 예정대로 3만톤을 수입하게 될 것이다.

일본측의 성의를 바란다 - 유(柳) 대사 이야기

〈신아(新亞)=도쿄(東京)〉 재일한국대표부의 유태하(柳泰夏)대사는 18일 밤, 상호송환의 일정이 결정된 것에 대해서 신아(新亞)기자의 질문에 답하며 다음과 같이 말하였다.

이세키(伊関佑二郎: 역자) 국장과 여러 가지 절충한 결과, 오늘 밤 9시가 되어 상호송환에 대한 여러 조건에 완전한 의견일치를 보았다. 앞으로도 나로서는 일본의 언론계가 조금더 자중하지 않으면 매우 곤란하다고 생각하는 바가 없는 것도 아니다. 나도 충분히 생각했지만 외무성과 교섭해온 선에서 추진하기로 결심했다. 그 간 하루이틀 동안 매우 불유쾌한 일이 없었던 것도 아니다. 이것을 기회로 일본 측도 일한 양국간의 여러 문제 해결에 성의를 다해 줄 것을 희망한다.

[주] 일본 언론계에 대한 주문이나 '불유쾌한 하루이틀' 등의 발언은 일한관계에 관한 허터(Christian A. Herter) 미 국무장관의 권고를 일본의 신문 · 통신이 "미국의 한국에 대한 압력"이라고 표현한 것을 가리키는 것이라고 생각된다.

국제여론, 한국을 움직이다 - 가슴을 쓸어내린 정부

[해설] 일한 억류자의 상호송환은 19일의 연락위원회에서 드디어 결정되었

고 부산(釜山)수용소의 선원들도 이번에야말로 돌아오게 되었다. 매우 기뻐하는 남겨진 가족들 못지않게 가슴을 쓸어내린 것이 정부 당국자들이다.

작년 7월 한국 측이 그때까지 결렬 상태에 있었던 일한회담의 무조건 재개를 신청한 이래 억류자의 상호송환은 다음달 8월 중으로 실현되는 것으로 기대했었지만, 한편으로 '북조선귀환'문제의 진전이 한국 측을 자극하며 상호송환은 뒤로 뒤로 연기되었다. "더 이상 기다릴 수 없다"는 강경의견도 나오기 시작하였고 절망적으로 보일 때도 있었다. 결국 '3월말 실시'라는 '최후의 시도'에 성패가 달려있던 상태였다.

그 사이 일한어업대책본부를 비롯한 억류자 가족단체 등은 지난달 중순부터 재일한국대표부에 대한 대중동원을 계획하기 시작하였다. 사회(社会), 민사(民社) 두 야당도 정부에 한국에 대한 강경태도를 촉구하는 국회결의안을 준비하는 등 대한외교에 대한 불만이 점점 표면화되는 상황이었다. 그러나 이들 일련의 움직임은 3월말을 목표로 하여 이번의 이세키(伊関) · 유(柳) 회담 결과를 기다린다는 것으로, 말하자면 정부로부터 한시적 제동이 걸려있던 셈이었다. 교섭결렬의 경우에 예상되는 정부에 대한 각 방면으로부터의 비난 그리고 안보국회 중인 기시 내각에 대한 공격을 생각한다면 뒤늦게나마 염원을 달성한 정부로서는 상당히 기뻐하고 있다.

지금까지 난항을 거듭했던 주된 이유는 정부가 한국 측에게 가장 자극적이었던 재일조선인의 '북송(北送)'을 기정방침대로 궤도에 올렸던 것을 들 수 있지만, 그 '북송'이 거의 원활하게 끝났고 한편으로 일한 억류자 문제도 해결하게 된 것은 대체로 일본 외교의 성공으로 평가해도 좋을 것이다. 두개의 진영으로 분열되어 있는 북조선과 한국을 동시에 상대로 하여, 아울러 각각의 현안을 일단 해결로 이끌고 갈 수 있다면 이것은 국제정치 상에서도 흥미 깊은 화제라 할 수 있다.

그런데 얽히고설킨 일한관계가 왜 이 시기에 이르러서 호전되었는가? 그 첫 번째는 미국의 도움이라고 해도 좋을 것이다. 일한 양국이 미국과 긴밀한 우호관계를 가지고 함께 '자유주의 진영'에 속해있기 때문에 미국도 무관심할 수 없어서 작년 가을 이래 미국이 일한간의 중개역으로 나서고자 하는 시도가 보였다. 그러나 미국으로서도 어느 한쪽의 편을 들 수도 없었고 이러한 '이면공작(裏面工作)'은 결국 실패로 끝났다. 이번의 허터 미 국무장관의 대한(對韓) 강경 경고에서 처음으로 미국의 적극적인 태도가 나타났다.

한국 대통령선거의 종료를 기다려 16일, 이 경고가 공표되었고 또한 미국의 강경한 태도가 다시 한번 확인된 이상 일한관계는 국제여론의 무대에 올려지게 되었고, 그것은 일본 측에 유리하게 전개되었다. 이것들은 한국 측이 우선 일한관계 타개를 단행하게 하는 데에 가장 큰 도움이 됐다고 해도 좋을 것이다. 동시에 한국 측은 일본정부가 미국과 함께 영국, 프랑스 등 서방의 주요 국가들에게 다음 단계를 통보해 일본의 입장을 강하게 호소한 사실에 대해서도 매우 우려한 것으로 보인다.

이 외에 한국정부의 의향 속에는 '북조선귀환'의 열기가 식은 것, 대일무역 단절의 조치가 일본에 대한 압력으로서 작동하기는커녕 역으로 한국 측에 불리하게 작용한 것, 결국 일한의 결렬상태가 지금으로서는 득(得)이 아니라는 판단이 나온 것으로 보인다.

그러나 일한관계는 이것으로 어느 정도 타개된 것은 아니다. '이 라인' 문제를 비롯한 현안은 산적되어 있지만 지금 당장의 암(癌)은 일단 제거하게 되었다고 해도 좋을 것이다.

상호송환문제의 경과

작년 7월 30일 한국은 일한회담의 무조건재개를 신청해 왔는데, 그 당시 한국 측은 상호송환을 실시할 것을 약속했다. 일본 측은 한국 측의 신청을 수락하고 일한회담의 재개에 응했으며 회담 재개는 어디까지나 상호송환의 실시가 전제조건이라는 태도를 취했다. 그러나 한국 측은 재일조선인의 북조선귀환문제와 관련하여 상호송환문제에 대한 태도를 분명히 하지 않았고, 일본 측은 '상호송환이 대전제다'라는 입장을 조금씩 후퇴시키면서도 일한회담의 결렬을 피하기 위해 회담에 계속 응해왔다.

작년 11월 28일 외무성은 상호송환의 작년 내 실시를 요구하는 구상서(口上書)를 한국 측에 보냈다. 당시의 부산수용소에 수용 중인 일본인 선원은 201명(그 중 형기만료자 160명)이었다. 이것에 대해 한국 측은 ①재일한국인의 한국귀환에 관한 귀환조건 ②일본 잔류를 희망하는 재일한국인의 처우 문제 등 두 가지가 해결되는 것을 조건으로 12월 24일을 기해서 상호송환을 실시하자고 신청해 왔다. 그러나 한국정부의 태도가 결국 정해지지 않아서 '12월 24일 실시'의 약속은 지켜지지 않았다.

금년에 들어와서 1월 중순부터 이세키 외무성 아시아국장과 유 재일한국대표부 대사 사이에 비공식회담이 계속되어 그 결과 지난 3월 10일의 회담에서 "3월말까지 상호송환을 실시하는" 것으로 대략적인 이야기가 마무리 되었다. 이것에는 한국쌀 3만톤 구입 등의 조건도 있어 사태의 전망은 반드시 확실하지는 않다.

1960년 3월 19일(11면)

기쁨에 들뜬 항구도시

"귀환, 정말인가요?" – 신바람 난 억류자의 집

고대하던 한국 부산(釜山)의 일본인 억류 선원 석방이 결정된 18일 밤, 후쿠오카(福岡), 야마구치(山口), 나가사키(長崎), 사가(佐賀)의 억류 선원의 집에서는 "31일 부산으로부터 돌아온다"는 뉴스를 듣고 기쁨을 맞이했다. 남편이 억류된 뒤 태어난 아이가 벌써 2, 3세가 된 주부, 괴로운 생활에 심신이 지쳐버린 가족들에게는 이 이상의 기쁜 소식이 아닐 수 없기 때문이다. 그러나 석방의 이야기가 진행되고부터 8개월 사이 일희일비했던 사람들은 "정말입니까?", "얼굴을 보지 않고서는 무조건 기뻐할 수 없다"며 반신반의의 기분도 느껴진다. 어쨌든 십 수 일 지나면 그리운 남편도 만날 수 있다는 흥분에 싸여 있었다. 또한 앞으로도 해상에서 불법으로 잡혀 괴로운 억류생활을 보내는 일이 없도록 일한 양국이 원만히 합의해줄 것을 희망하는 마음이 강했다.

〈나가사키〉 "억류선원을 석방한다"라는 말을 들은 나가사키시(長崎市) 아사히마치(旭町) 3쵸메(丁目) 도요사키 게이치(豊崎圭一) 씨(51) 일가는 환호성을 올렸다. 도요사키 씨 일가는 33년(1958년) 4월 소유한 배 제11기슈마루(亀秀丸)가 이(승만) 라인 해역에서 나포됨과 동시에 사위인 갑판원 히로시(宏) 씨(33)도 붙잡혔다. 게이치 씨는 정신적인 피로가 원인이 되어 나가사키의 시민병원에 입원중이며, 아내 카쓰에 씨(49)는 "기쁘지만 정말인가요? 배가 출발하기까지는 안심이 되지 않습니다"라고 싱글벙글하면서도 일말의 불안을 말하였다. 장남 가메오(亀雄 · 8), 장녀 히데코(英子 · 6)는 "아빠, 정말로 돌아오는 거야?"라고 하며 할머니의 얼굴을 쳐다보았다.

차녀 료코(良子 · 2)는 히로시 씨가 붙잡혔을 때 어머니 다데코 씨(30)의 배속에 있었다. 곧 도요사키 씨의 집에는 이웃의 마스에 씨가 "이번에는 진짜겠지요"라고 하며 달려왔다. 마스에 씨의 아들 시게오(茂夫) 씨(27)는 같은 기슈마루에 탔다가 억류되었다. "이걸로 아들의 얼굴을 볼 수 있게 되었습니다. 얼굴을 본다면 지금까지 먹는 것도 절약하고 가난을 견디어 온 고생도 한꺼번에 날아갈텐데……"라고 하며 목이 메고 눈물을 흘릴 듯이 감격스러워했다.

상심, 자살한 아내도 - 남겨진 가족 비극의 5년간

〈시모노세키(下関)〉 이 5년간 남편의 억류로 어려움에 빠졌던 남겨진 가족의 사이에서는 여러 가지 비극이 일어났다. 사가현(佐賀県)에서는 남편인 선장이 억류되고 3개월 뒤에 유쾌하고 건강했던 선장의 부인(32)이 정신이상이 되었다. 14살인 큰아이를 비롯하여 3명의 아이들이 있는데도 이 부인은 하루 종일 그냥 "남편이 돌아왔다"라고 중얼거리고 있다. 나가사키현(長崎県)에는 남편의 억류에 고통을 못 견디고 자살한 아내가 있는데 남겨진 3명의 아이들은 맡아줄 사람이 없어 몸이 불편한 할머니가 돌보고 있다.

시모노세키시(下関市)에서는 갑판장의 부인이 남편의 억류 소식에 쇼크를 받고 병에 걸려 사망하고 말았다. 5살이 된 딸은 친척에 맡겨졌는데 "엄마는 어디에 갔어요?", "아빠는 언제 오나요?"라고 매일 울면서 보내고 있다.

억류자가족연합회 사무국의 조사로는 이밖에도 병에 걸린 남겨진 가족이 많다고 한다.

1960년 3월 19일 석간(1면)

일한(日韓), 상호 송환을 확인

명단, 연락위원회에서 교환 – 무역·전면 회담 재개

일한 억류자의 상호송환 일정은 19일 오전의 일한 사무연락위원회에서 정식으로 결정되었다. 부산(釜山)에 억류되어있는 일본인 선원 중 형기를 마친 167명은 한국 측의 배선(配船)에 지장이 없는 한 31일 귀국하는 것으로 결정되었다. 이것으로 현안이었던 상호송환문제는 드디어 해결되었고, 이후 일한무역도 재개되며 오랫동안 중단되었던 일한 전면회담도 다음 달부터 궤도에 오를 전망이다.

일한 사무연락위원회는 예정대로 19일 오전 11시를 지나 외무성 접견실에서 열렸다. 일본 측은 이세키(伊関佑二郎: 역자) 외무성 아시아국장, 다카세(高瀬侍郎: 역자) 법무성 입국관리국장, 다카하시(高橋) 수산청차장 등, 한국 측은 유(柳泰夏: 역자) 재일한국대표부대사, 이(李) 참사관 등이 연락위원회 멤버들과, 옵저버로 일본 측에서 사와다 렌조(沢田廉三) 일한회담수석대표, 한국 측에서 이호(李澔) 대표가 참석했다. 이 자리에서 상호송환실시의 일정은 18일 밤의 이세키·유 회담에서 합의했던 대로 쌍방이 정식으로 제안하였다.

▶ 일본 측은 오무라(大村)수용소에 있는 밀입국 한국인 약 천명을 송환하기 위해 오무라발(發) 제1선(船)을 28일, 제2선을 31일에 출발시키며 각각 344명씩 승선시킨다. 제3선은 준비되는 대로 출발시키고 나머지 사람을 승선시키는데 제3선은 4월 10일까지 출발한다고 제안.

▶ 한국 측은 부산의 일본인 선원 중 형기(刑期)를 마친 167명을 송환하기

위해 부산발 배편을 31일 출발시킨다. 배선의 사정이 지체된다고 해도 하루 또는 이틀 이상 늦어지지는 않도록 하겠다고 제안.

쌍방은 서로의 제안을 승낙했다. 아울러 일본 측이 부산수용소의 형기를 마치지 않은 억류자는 형기가 종료되는 대로 순차적으로 귀국시키기를 요망하였고, 이에 대해 한국 측은 원칙으로 승낙하였다.

이후 송환자 명단이 교환되었는데 일본 측은 오무라수용소의 한국인 중 제1선, 제2선 분의 688명의 명단과 제3선에 예정된 315명의 명단을 건네주었고, 한국 측은 부산의 형기만료 억류자 중 작년 9월 일본 측에 건네주었던 120명을 제외한 47명의 추가 명단을 건네주었다. 오무라의 제3선분의 315명의 명단은 이후 한국 측에서 조회를 해야 하기 때문에 실제 제3선으로 송환되는 사람 수는 그 결과를 기다려야 확정된다.

최종적으로 사와다 수석대표는 "일한간의 오랜 현안이 매우 좋은 분위기 중에 해결되어 참으로 기쁘다. 이후 일한무역도 재개하고 우호관계를 깊게하는 것에 노력해 나갈 것이다"라고 말하였고, 이에 대해서 유 대사는 "한국이 제3자의 압력에 굴복했다는 등의 견해가 있지만 그것은 전적으로 오해다"라고 한국 정부의 입장을 말하였다.

(이하 송환되는 일본인 선원 명단: 생략)

나머지는 4월 이후 - 형기 만료 후

19일에 열린 일한(日韓) 사무연락위원회에서 부산에 억류되어 있는 일본어선원 중 167명이 31일 귀국하게 되었지만, 아직 형기를 마치지 않은 나머지 47명 중 34명에 대해서 한국 측은 이날 회의 후 외무성에 형기만료 예정일을 다음과 같이 알렸다. 이 회담에서 형기를 마치지 않은 억류자에 대해서도 형기가 끝나는 대로 즉시 송환하기로 원칙적인 양해가 이루어졌으므로, 한국 측이 통보한 형기만료예정일로 송환 날짜를 가늠할 수 있을 것으로 보인다.

▷제18고요마루(幸洋丸) 선원 29명(형기만료예정일 4월 9일) ▷제38초세이마루(長生丸) 선장 및 기관장 2명(동 5월 3일) ▷제18고요마루 통신사 1명(동 8월 9일) ▷제18고요마루 선장 및 기관장 2명(동 10월 13일)

또한 지난 2월 12일 나포된 제5야하타마루(八幡丸)에 탑승한 승조원 13명은 한국 측이 취조 중에 있으므로 아직 형이 확정되지 않았다.

1960년 3월 21일(2면)

일한(日韓)관계를 개선하고 싶다, 이(李) 대통령 발언

〈RP=도쿄(東京)〉 20일 VOA(Voice of America)방송에 의하면 이승만(李承晩) 한국대통령은 동일 뉴욕타임스(The New York Times) 기자와의 회담에서 "4회째의 대통령 임기 중에 일본과의 관계 개선에 노력하고 싶다. 아시아는 여전히 미해결인 상태에 있기 때문에 일한양국이 상호 문제를 해결하는 것은 중요하다"라고 말하였다.

1960년 3월 22일 석간(1면)

'이(승만) 라인'을 서둘러 해결 - 후지야마(藤山) 외상, 유(柳) 대사에게 요청

유(柳泰夏: 역자) 재일한국대표부 대사는 22일 오전 8시 반 도쿄(東京) 시바시로가네(芝白金=지명: 역자)의 외상 공저(公邸)로 후지야마(藤山愛一郎: 역자) 외상을 방문하여 일한 억류자의 상호송환교섭의 타결에 대해서 감사를 표했다. 유 대사는 이번의 송환교섭의 성공을 기뻐하면서 이번 일한회담에서 일본 측이 호의적인 태도를 보여준 것과 또한 무역재개에 있어서 종래의 편무역(片貿易)을 시정하기 위해 일본 측이 한국으로부터 쌀, 김, 무연탄 등을 적극적으로 구입해 달라고 요청하였다.

외상은 이에 대해 "일한회담은 조속히 궤도에 올리고 싶지만 일본 측으로서는 우선 '이 라인' 문제의 해결을 서두르고 싶다. 이러한 취지를 이승만(李承晩) 대통령에게 전해달라"고 말하였다.

이후 유 대사는 이세키(伊関佑二郎: 역자) 외무성 아시아국장과 만나

▶ 일한회담 재개의 시기는 현재 귀국중인 한국대표와 연락한 뒤 빠르게 결정한다.

▶ 일한무역 재개는 23일 내가 귀국한 뒤, 가능한 한 빠르게 정식으로 결정하고자 한다.

는 의향을 말하였고, 이세키 국장은 이것을 승낙했다.

1960년 3월 24일(2면)

비료 등 11개 상품 수입 - 한국, 대일무역 재개

〈경성 23일발=AFP〉 23일 경성(京城)으로부터 전해진 바에 의하면 한국은 일본이 한국쌀 3만톤의 구입을 정식으로 결정함에 따라 한국쌀의 가격을 잠정적으로 톤당 150달러(FOB가격)로 정하였고, 또한 일본에서 화학비료, 합성섬유 등 11품목의 상품을 수입하기로 결정했다.

한국은 이 외에 쌀의 수출을 민간업자의 손에 맡기기로 결정했다. 다만 이근직(李根直) 농림부장(농림부장관의 오기(誤記): 역자)은 쌀은 전에 일본이 요구한 현미가 아니라 백미로 해야 한다는 점을 강조했다.

1960년 3월 27일(2면)

일한(日韓) 양국간에 해결하기로

다케시마(竹島=독도: 역자) 문제, 후지야마(藤山) 외상 답변

26일 참의원 예산위원회 제2분과회는 오전, 오후를 통해 주로 다케시마 문제를 논의했다. 오전 중 쓰지 마사노부(辻政信) 씨(무소속클럽)은 "정부는 다케시마 문제를 빠르게 해결하기 위해 유엔에 제소해야 한다"라고 주장하였고 또한 관련질문에 나선 고바야시 고헤이(小林孝平) 씨(사(社))는 "미한(美韓), 일미(日美) 양 조약과 관련, 다케시마의 귀속에 대해서 미국의 진의를 알아보아야 한다"라고 정부 측을 추궁했지만 후지야마(藤山愛一郎: 역자) 외상은 "일한 양국간에 해결하고자 노력하고 있다. 유엔 제소 등의 수단은 그 후에 생각할 문제이다"라고 지금까지의 방침을 되풀이했다. 야당 측은 이 답변을 받아들이지 않고 동일 저녁에 다시 외상의 출석을 요구해 외상으로부터 앞으로 다케시마 문제에 대처하는 정부의 방침에 관해 무엇인가 언질을 받으려고 했으나, 결국 속기(速記)를 하지 않는 '비공식적인 간담'의 형태로 제시한 외상의 의향을 듣고 회의를 마쳤다.

정부 측은 일한 억류자의 상호송환 실시를 목전에 두고 있기 때문에 한국 측을 자극하지 않으려고 신중한 태도를 취한 것으로 보인다.

1960년 3월 27일(11면)

귀환을 기다리는 부산(釜山)의 일본인, AP 기자 방문기

두드러진 영양 부족 – '이(승만) 라인'에 답을 꺼리다

〈부산억류소 26일발=AP〉 고국으로의 귀환을 기다리는 부산억류소 안의 일본인 선원은 다만 한 가지, 건강을 매우 염려하고 있다. 기자(AP의 황경춘(黃敬春) 기자)는 한국 억류소를 방문하여 167명의 일본인 억류자와 만났는데, 그 첫 번째 인상이 이러하였다. 그들의 최대관심사는 집에 도착하면 곧 건강진단을 받는다는 것이었다. 억류자들의 목소리를 들어보았다.

하마사키 기요시(浜崎清) 씨(33 · 제2치도리마루(千鳥丸) · 시마네(島根))는 "벌써 3년 이상 X선 검사를 받지 못했습니다. 몸의 상태가 어떠한지 모르겠습니다"라며 걱정하였다. 도요사키 히로시(豊崎宏) 씨(33 · 제11기슈마루(亀秀丸) · 나가사키(長崎))도 "그렇습니다. 건강에 우선 자신을 갖고 싶다. 억류소에서는 운동부족과 영양부족이 최대의 문제였습니다"라고 동조하였다. 캠프에서의 유일한 즐거움은 마작. 탁구나 배구를 하는 일은 적었다. "식사는 우리가 어로 중에 먹었던 것보다 못했다. 캠프의 공무원들은 되도록 좋은 것을 먹이려고 노력은 한 것 같지만…"이라고 중년의 어부는 말했다. 아무래도 바다 위에서 일하도록 타고난 그들은 집에서 몇 개월이나 몇 년 나가지 않고 있으면 신체의 상태가 이상해지는 것 같다.

기자는 쇼와(昭和) 33년(1958년) 922명의 일본인 선원의 대량 송환을 취재했지만, 당시에 대부분의 어부들은 신문기자에게 의견을 말하는 것을 싫어했다. 잔류자에게 불이익이 되어서는 안 된다고 생각했기 때문이었을 것이다. 그러나 이번에는 대부분의 사람들이 어떤 질문에도 답하였고 그들의 생활에 대해서도 거리낌 없이 말하였다. 어느 때는 캠프의 공무원들이 인터뷰에 출석하여 기록하기도 하였지만 어부들은 이러한 공무원의 존재에 아랑곳하지 않았다.

이 점에 대해서 제2도쿠스이마루(德水丸)의 나카무라 다키오(中村多喜雄) 선장(후쿠오카(福岡))은 작년 6월의 데모사건 이후 이런 식으로 변했다고 말했다. 이 데모는 캠프 측의 강압적인 취급에 반대하여 일어나게 된 것이라고 한다. "새로 온 공무원들은 어째서 우리가 집단탈주나 데모를 해야 했는지를 잘 이해하였고 우리의 대우도 눈에 띄게 좋아졌다"고 하였다. 당시는 공무원들의 감시가 엄하여 방문하는 신문기자에게 캠프를 나쁘게 말하는 사람이 있으면 바로 보복으로 일본의 가족에게서 보내진 소포의 내용을 빼앗았다는 것이다. 또한 우편은 지금까지 수취인이 입회하지만 검열을 받고 있다.

다만 한 가지 그들이 명확한 답을 피하는 것은 이 라인에 대해서이다. "귀국하면 다시 이 라인 근처에서 조업할 것입니까"라는 질문에는 많은 사람이 복잡한 표정을 보일 뿐이었다. 그것은 이 문제에 대해서 그들은 아무 말도 할 수 없는 입장에 있기 때문이라고 어떤 선원은 말하였다.

또한 어떤 사람은 "우리는 어차피 또 바다에서 일할 수밖에 없다. 그러나 이 라인이 합법적인 것인지 아닌지는 잘 알 수 없다. 또한 이 라인 근처에서 일하게 될 지도 모르지만 가까운 시일 안에 일한 양국의 회담에서 정치적으로 해결될 것으로 생각하고 있다"라고 하였다. "조업 중 우리는 이 라인에서 어느 정도의 위치에 있는가를 잘 알고 있다. 그러나 물고기의 큰 무리가 발견되고 부근에 한국 경비정이 없다면 우리는 아무래도 그 어군을 쫓게 된다. 그런 일은 앞으로 또 일어날지도 모른다. 그러나 그런 것은 지금 생각하고 싶지 않다" - 그는 이름을 말하고 싶지 않다고 하였다. 그러나 "나는 한국의 남서 해안에서 고기잡이를 하고 있었는데 그곳은 우리 어업의 보고(寶庫)이다. 나는 또 그곳으로 갈 것이다. 그러나 이 라인은 넘지 않을 것이다"라는 사람도 있었다.

1960년 3월 28일(2면)

마산(馬山)폭동 고문 경관의 체포 요구, 한국 의회 특별위

〈경성 27일발=AP〉 27일자의 한국 신문에 의하면 지난 15일의 대통령선거와 관련하여 발생한 마산폭동을 조사 중인 한국의회 특별위원회는 국가경찰이 폭동 용의자에게 비인도적인 고문을 가했다면서 관련된 모든 경관의 체포를 요구하기로 결정했다. 이 결의는 만장일치로 이루어졌는데 여당인 자유당(自由黨)과 야당인 민주당(民主黨)의 의견이 일치된 것은 이례적인 것이다.

1960년 3월 30일 석간(2면)

내달 2일부터 일한 무역 부활, 한국정부 확인

〈경성 30일발=로이터〉 한국정부 당국은 30일, 일한 무역을 4월 2일부터 이전으로 회복시킨다는 사실을 확인했다. 유(柳泰夏: 역자) 주일한국대사는 일한 무역 재개에 관한 한국정부의 결정을 일본정부에 통고하기 위해 4월 1일 일본으로 귀임할 예정이다.

9개월 반 만에 정상으로

한국정부는 일한 무역 재개 날짜를 4월 2일로 결정한다고 전했는데 이에 따라 작년 6월 15일 한국 측이 '북조선귀환'에 반대하여 일방적으로 단절 조치를 취했던 일한 무역은 9개월 반 만에 겨우 정상으로 회복되게 되었다.

지금까지의 경제단교가 원래 한국 측의 일방적인 통고에 의해서 이루어졌기 때문에 이번의 무역재개도 한국 측의 의사표시만으로 충분하므로, 외무성에서는 머지않아 귀임하는 유 재일한국대표부 대사로부터의 정식통고를 기다리고 있는 상태이다.

1960년 3월 31일 석간(1면)

억류 선원 돌아오다 - 167명 대부분이 생활 불안

〈시모노세키(下関)〉 부산에 억류되어 있던 일본인 선원 167명이 31일 아침 일한 상호송환으로 드디어 돌아왔다. 귀국 선원을 태운 한국의 송환선 이리호(裡里号 · 558톤)는 31일 오전 3시 50분 비가 내리는 가운데 간몬(関門)항 바깥쪽의 무쓰레(六連) 검역정박지에 도착했다. 귀국자들은 대부분이 한국에서 지급받은 검정 상의를 입고 있었는데, 긴 억류생활로 인해 대부분 핼쑥해진 얼굴로 피곤한 모습이었다. 비가 그친 오전 7시 46분에 이리호는 시모노세키 국철 잔교(棧橋) 옆에 정박했다.

나가사키현(長崎県)의 제3오지카마루(小値賀丸) 승조원을 선두로 상륙이 시작되었고 "어서오세요"라는 목소리가 여기저기에서 들려왔다. 귀국자는 바로 가족이나 환영인파에 둘러싸였다.

이후 환영대회가 열렸고, 귀국자 대표 나카무라 다키오(中村多喜雄) 단장(후쿠오카(福岡), 제2도쿠스이마루(徳水丸))은 "전원 건강하게 돌아왔습니다. 남아있는 47명도 머지않아 돌아올 것이라고 생각합니다. 그러나 '이(승만) 라인'이 있는 한 우리들의 승선은 행복하지 않을 것입니다"라고 말하여 잔류자의 조기석방, 이 라인문제의 평화적 해결과 앞으로의 생활보장을 호소하였다.

귀국자 중에서 귀국 후 생활이 보장되어 있는 사람은 적고, 귀국의 기쁨과 동시에 당장 앞으로의 생활의 불안을 호소하는 사람이 많았다. 귀국자는 저녁 때 각각 각 현(県)별로 고향으로 출발한다.

1960년 3월 31일 석간(3면)

환영 깃발에 건강한 얼굴 - 시모노세키(下関)에 상륙한 선원들

길었던 억류생활, 나카무라(中村) 씨의 이야기 – 여름에는 모기장 없이, 겨울에는 모포 한 장

〈시모노세키(下関)〉 귀국 선원 중에 가장 길게 억류되었던 사람은 후쿠오카시(福岡市) 도쿠시마(德島)수산 제2도쿠스이마루(德水丸) 갑판원 나카무라 다키오(中村多喜雄) 씨(34)이다. 작년 7월 17일 부산 집단데모사건에서는 데모대의 선두에 섰었고, 이번에도 자치회장으로서 모든 뒷바라지를 하고 돌아왔다. 30년(1955년) 10월에 나포된 후, 동료들은 33년(1958년) 3월에 돌아왔고 이후에 억류된 사람도 차례차례 돌아왔지만 나카무라 씨 한 사람만 남아있었다. 고통과 불안으로 몇 번인가 자살 충동에 사로잡혔다고 한다. 다음은 나카무라 씨가 이야기한 4년 반에 걸친 '긴 억류기(抑留記)'이다.

▷ 붙잡히고 나서 바로 해양경비대, 이어서 검사국(檢事局)에서 조사를 받았고, 공판·판결의 차례였는데 이쪽의 주장 등이 전혀 통하지 않아 억지로 이(승만) 라인 침범을 인정하게 되었다. 변호사는 있었지만 한국어로 뭐가 뭔지 모르는 가운데 재판은 끝났다. 수용소는 블럭건물 4동이었다. 여름에는 모기장도 없었고 겨울에는 모포가 한 장 뿐이었다. 신체를 서로 밀착해서 추위를 견뎠다. 특히 식사는 열악하여 집단 데모 전까지는 호주 보리가 들어간 '돌이 씹히는 죽'이었다. 가족으로부터 보내주는 소포가 없었다면 영양실조에 걸릴 뻔하였다.

▷ 32년(1957년) 11월 나는 이 수용소의 대우 문제로 동료와 언쟁을 일으켜 귀국이 연기되었다. 기뻐하며 돌아가는 동료의 뒷모습을 이를 악물고

몇 차례나 전송하였다. 침울한 수용소에서 단지 한가지의 즐거움은 가족이 보내는 소포와 편지뿐이었다. 그것들이 내게 살아갈 희망을 주었다.

그런데 그 편지가 수중에 전달되지 않거나 소포의 내용물이 없어진 일도 여러 번 있었다. 이를 알고 이야기하면 오히려 얻어맞았다. 동시에 영양실조로 쓰러지는 사람도 나왔다.

결국 작년 7월 '물건을 빼내는' 현장이 발각되어 억류자의 분노는 폭발했다. 최악의 상태였으므로 죽음도 무섭지 않았다. 동월 17일 야간점호 때, 일본에서 보내진 편지를 전부 돌려달라는 등의 슬로건을 정하고 부산경찰국장에게 면회를 요청하는 데모를 일으키게 되었다.

▷ 수용소의 입구에서 15명의 경관이 저지하려고 하였지만 123명의 인원으로 돌파, 수용소의 문을 부수고 거리를 행진하였다. 그러나 600m 정도를 행진했을 때 무장경관에 포위되었다. 이대로는 사상자가 나올 것이라 생각되어 그 자리에서 모두와 상담하여 얌전히 되돌아왔지만, 그 이후 편지의 검열은 계속되었으나 소포는 확실히 전해졌다.

▷ 경비원들의 태도는 전부 몰라볼 정도로 좋아졌고 식사도 조금은 좋아졌다. 그렇다고해도 보리뿐으로 반찬도 형편없었다. 여전히 보내주는 물건에 의지하였다. 한국 측은 폭동이라고 했지만 우리는 "어디까지나 인권투쟁"이라고 주장했다. 수용소의 음식이 맛이 없어서 지난 6월부터 모두 상담한 결과 식량 구입용 저금을 시작했다. 각자가 보내준 물건을 판 돈이나 임시수입금을 적립해서 돌아갈 때까지 126만 엔을 모아 그것으로 장기억류에 대비하였다.

▷ 집단데모사건을 계기로 우리의 비참한 생활이 알려졌는지 일본 각지에서 위문품이 계속 보내져왔다. 그 중에서도 기쁜 것은 어린이들이 보낸 격려 편지나 일용품 소포였다. 적어도 사례의 표시로 교재로라도 쓸 수 있을까 하여 나무 상자를 나이프로 깎아 기범선(機帆船), 증기선 등의 모형 7개를 만들었다.

사진과 대면 - 아내를 잃은 두 사람

죽은 아내의 사진이나 위패만을 대면할 수밖에 없는 선원도 있었다. 제62호 코마루(宝幸丸) 갑판장인 히라오카 하루오(平岡春雄) 씨(35)를 맞이하러 나온 외동딸 가스미 양(4)의 품에는 세상을 떠난 아내 사요코 씨의 위패가 안겨져 있었다. 히라오카 씨가 나포되고 사요코 씨는 그 쇼크로 사망했다.

또한 같은 배의 조기수(操機手) 나쓰키 센타로(夏木仙太郎) 씨(32)의 아내 교코(京子) 씨도 사요코 씨가 사망한 다음날 사망했다. 상륙항에는 큰어머니인 가타오카 사요(片岡サヨ) 씨(80)가 교코 씨의 사진을 센타로 씨의 가슴에 안겨주었다. 교코 씨의 경우도 나포의 쇼크로 사망한 것이었다.

마중나간 사람을 위로

작년 3월 제네바(Geneva)의 적십자국제위원회를 찾아갔던 전(前) 억류자가족회장 이시하라 마쓰코(石原マツコ) 씨(32)와 시라사와 쓰기에(白沢ツギエ) 씨(37) 두 사람도 부두에 모습을 보였다. 이시하라 씨는 작년 말에 입원했다가 최근에 퇴원하여 아직 회복되지 않은 몸을 이끌고 나와 남편인 제62호코마루(宝幸丸) 갑판원 야스시(保) 씨(34)를 맞이하였다. 또한 시라사와 씨는 두 아이들과 함께 제2에비스마루(蛭子丸) 어로장(漁労長) 히데쓰나(秀綱) 씨(39)를 각각 맞이했는데, 이들은 귀환 가족으로부터 "덕분에 돌아왔어. 오랫동안 고생 많았어"라고 거꾸로 위로를 받았다.

1960년 3월 31일 석간(7면)

"기다렸어요, 아빠"

눈물로 가족 포옹 – 시모노세키(下関)항에 폭발하는 환호성

〈시모노세키(下関)〉 31일 이른 아침 이리호(裡里号)가 깊은 물살을 가르고 국철 잔교(棧橋)에 선체를 드러냈을 때 환영진과 이리호의 선원들의 참아왔던 외침이 폭발했다. "와아"하는 환호성이 나왔고 안벽에서 1m이상 떨어진 배에서 "발바닥이 일본의 흙에 닿았다는 것을 1초라도 빨리 느끼고 싶다"라고 한 젊은 선원이 외쳤다. 가족을 찾기 위해 귀국자의 눈이 바삐 움직였고 그 눈이 딱 멈췄을 때 눈물로 얼굴이 엉망이 되었다. 부인이, 형제가 그리고 귀여운 아이들이 시야에 훽 들어왔기 때문이다. 모두 이 '한순간'을 얼마나 기다려온 것인가.

후쿠오카시(福岡市) 다다(多田)수산 제3에비스마루(蛭子丸) 조기수(操機手) 모리 도라키치(森虎吉) 씨(49)에게 2년간 '아빠 돌아오는' 날을 손꼽아 기다리고 있던 3자매가 안겨왔다. 3명 모두 눈이 붉었다. "힘들었지"라고 도라키치 씨가 말하였다. "오늘 저녁부터 모두 함께 밥을 먹을 수 있어요"라고 말한 언니 치즈코(千鶴子) 양(16)는 "아빠를 위한 식단"을 만들었다고 한다.

다이요(大洋)어업 시모노세키(下関)지사 제183아카시마루(明石丸)의 조기수 마우라 시게루(真浦茂) 씨(26)는 결혼한 뒤 바로 나포되었다. 꼬박 1년을 보낸 오늘 '보지 못했던 장남' 가즈키(一喜)(1)를 처음 대면하고 "기개가 좋은 녀석이다"라고 하며 끌어안았다. 또한 같은 배의 갑판원 마타가 요시오(亦賀義夫) 씨(29)와 호코(宝幸)수산의 스기타 미노루(杉田実) 선장(36) 등도 둘째 아이와 처음으로 만났다. 모두 아빠의 얼굴을 빤히 바라보다가 어머니의 재촉에 멋쩍은 듯이 안겼다.

이 기쁨과 별도로 선원들에게서 '증오'의 표정은 사라지지 않았다. 모두들 한국의 무모함을 호소하며 자신들을 괴로운 억류생활에 몰아넣은 일본외교의 약함을 지적하였다.

시모노세키의 제62호코마루(宝幸丸) 통신사 스즈키 다카히사(鈴木孝久) 씨(25 · 에히메현(愛媛県) 니하마시(新居浜市) 스미노쵸(角野町))는 학교를 나와서 처음 배를 탔다가 나포되었는데 "운이 나빴습니다. 옛날 군대에 간 것으로 생각하면 되지만 더 생각하고 싶지 않습니다"고 하였다. 나가사키(長崎) 제11기슈마루(亀秀丸)의 도노이소 도쿠지로(外磯徳二郎) 선장(47) 등 대부분의 귀국자는 "약해지면 언제까지라도 안심할 수 없습니다. 바다의 보고(寶庫)를 이(승만) 라인에 빼앗긴다면 일본의 어업은 망합니다. 다시 배를 타고 당당하게 어업을 계속할 것입니다"라며 매우 강경하게 말했다. 그러므로 도노이소 씨 등은 "억류문제가 해결되었다고 정부가 안심해서는 곤란하다. 이 라인문제를 근본적으로 해결하기까지 좀 더 강경해졌으면 한다. 억류 중 몇 번이나 속았을 때는 언제나 정부의 약함을 원망했다"라고 입을 모았다.

앞으로 바다에서 살아가지 못하는 된 사람들처럼 안타까운 일은 없다. 나가사키현 미나미타카키군(南高来郡) 니시아리에쵸(西有家町) 이와모토 요시하루(岩本善治) 씨(38)는 한 척의 배를 소유한 중소어업자이다. 32년(1957년) 11월 나포된 2톤의 세이리키마루(勢力丸)는 새로 건조된 직후였기 때문에 아직 빚이 3분의 1 남아있다.

마중 나온 아내 도미코(臣子) 씨(36)는 "의지하던 배가 나포되어 앞날이 캄캄합니다. 남편이 돌아와도 일을 할 수 없어 어찌할 바를 모르겠습니다"라고 말하였다. 소학교 5학년의 데쓰노리(徹則) 군을 맏이로 4명의 자식을 두고 있는 도미코 씨는 남편이 억류당하면서 줄곧 생선 행상을 하며 살았다고 한다. 앞으로의 암담한 생활 - 이 부부에게는 재회의 눈물도 말라 있었다.

1960년 4월 1일(2면)

[사설] 일한관계 조정의 호기(好機)

일한 양국의 억류자 상호송환에 의해서 억류선원 167명이 남겨졌던 가족의 환영 속에 고국의 땅을 밟을 수 있었던 것은 일본 국민 모두의 기쁨이다.

이번의 귀환은 쇼와(昭和) 32년(1957년) 말의 상호송환협정에 따른 귀환 이후 처음으로 대량 귀환이 이루어진 것으로, 이것이 실현되기까지에는 여러 가지 곡절이 있었으나 한국 측이 일한 양국 간의 현안을 해결하기 위해여 열의를 보였던 것이라고 생각하고 싶다. 이번의 상호송환을 계기로 양국의 관계가 점차 호전되기를 기대한다.

귀환자 중에는 4년 반이나 억류생활을 한 사람도 있었는데, 그들의 이야기에서도 억류생활의 불편함과 고통이 충분히 나타난다. 작년 7월 억류자 거의 전원이 부산(釜山)의 수용소로부터 거리로 나가 데모행진을 한 뒤, 한국 측의 억류자에 대한 취급이 드디어 약간 개선을 보였다고 한다. 그렇다 하더라도 귀환에 앞서 수용소를 방문했던 AP기자의 보도 속에는 영양부족이 현저하다는 내용이나 귀환자의 얼굴이 수척하다고 한 것을 접하면서 이러한 처우에 대해 강력히 항의하고 싶다는 생각을 금할 수 없다.

그러나 지금은 그러한 과거에 대해서 말해서는 안 된다. 이번의 대량 귀환을 계기로 일한관계의 근본적 조정을 위해 지금부터의 양국회담에 노력과 성의를 다하기를 바라고 싶다. 일본으로서는 당면한 '형기(刑期)' 미완료의 억류일본인 선원 47명을 즉시 석방하도록 요구해야 하며, 한국 측이 이것에 응한다면 회담의 전도는 밝아질 것이다. 물론 '이(승만) 라인'문제의 해결은 가장 중대한 과제이나, 해양법국제회의의 움직임 등과 관련하여 이 난제를 풀어가는 것은 결코 불가능하지 않다고 믿고 있다.

일한회담은 작년 11월 이래 중단되었는데 일본 측은 억류자의 상호송환이 실현된 현재, 한국 측이 준비가 되는대로 토의를 개시한다는 입장을 취하고 있다. 여기에서 누구의 눈으로 보아도 합리적인 방법으로 일한우호관계의 실현을 도모한다는 근본적인 입장에서 출발한다면, '이 라인'의 문제도 대국적 관점에서 해결의 실마리를 찾을 수 있을 것이다. '이 라인'처럼 연안에서 190해리에 미치는 해역에 대해서 영해와 마찬가지로 주권을 주장하는 근거는 어떠한 점에서도 인정받지 못하는 것이다. 이것은 절대로 양보할 수 없다. 그러나 어업문제로서의 해결은 어느 정도 이야기할 방법이 있을 것이다.

일한 양국 간의 현안의 해결에는 양국이 대등한 입장에 선다는 원칙을 전제로 하는 것은 당연하다. 그 의미에서 한국에 일본대표부를 설치하는 것은 당장 긴급하게 필요한 일이나. 한국은 재일대표부를 두면서, 일본의 대표부를 한국에 설치하는 것에 대해서는 일방적인 이유를 들어 반대해 왔다. 이것은 전혀 납득하기 어려운 것이다. 쌍방이 대표부를 두는 것은 상호이해의 촉진에 무엇보다 중요한 전제조건이다.

우리는 한국 측이 일한관계의 근본적인 조정을 바라고 있는 것으로 믿고 싶다. 그렇다면 일방적인 주장을 그만두고 상호 대등한 원칙에 따라서 현안의 해결을 모색해야 하지 않을까?

1960년 4월 1일(11면)

건강한 사람은 4할 - 위생상태 나쁜 한국 억류소(抑留所)

〈시모노세키(下関)〉 억류선원 수용대책본부는 31일 오후 귀환자 167명에 대해 시모노세키의 국립시모노세키병원(이케에 요시히사(池江喜久) 원장)에서 건강진단을 실시한 결과, 정밀검사를 한 47명 중 14명이 최고 6개월의 요양을 필요로 하고, 111명은 통원 치료를 필요로 하는 정도로 귀국 시에 건강한 사람은 엄밀히 말해서 42명밖에 없었다. 증상으로는 소화기와 호흡기 계통이 가장 많았고 얼마 안 되지만 신경계통의 질환을 갖고 있는 사람도 있었다.

동 병원의 발표에 따르면 정밀검사를 한 사람 중 결핵환자가 3명이고 그 중 2명은 6개월간의 화학요법이 필요하다고 한다. 또한 고혈압 증상이 6명이고, 40세 이상의 연령이 높은 사람 중 심장에 이상이 있는 사람이 5명이었다. 증상 중에 가장 많은 소화기 계통의 증상은 대부분 설사이다. 선원들의 말로는 식사와 물이 원인이라고 말하고 있는데 지급된 보리밥 안에 탈곡되지 않은 것이 들어있거나, 또한 정수시설이 전혀 없어서 식기세척에서 세탁, 목욕까지 전부 우물물을 사용하였고, 그 바로 옆 우물보다 높은 곳에 변소가 있어서 그 우물물을 마시면 곧 설사를 하였다고 한다.

동 병원은 이러한 결과를 후생성 의무국에 보고하였고 일한어대(日韓漁對=일한어업대책본부: 역자)와 협의하여 수용소의 위생 상태를 자세히 알아보기로 하였다.

1960년 4월 4일 석간(1면)

일한(日韓) 무역을 재개 - 전면회담, 15일부터

재일 한국대표부의 유(柳泰夏: 역자)대사는 4일 오전 9시 반 쯤, 외무성에서 야마다(山田久就: 역자) 차관, 이세키(伊関佑二郎: 역자) 아시아국장을 방문해 "한국정부는 일한무역을 재개하기로 결정하였다"는 뜻을 정식으로 전달했다. 이에 따라 일한무역은 자동적으로 재개되었다. 이후 양자 간에 일한 전면회담의 재개 문제에 대해서 이야기한 결과, ①전면회담을 오는 15일부터 재개하여 같은 날 본회의를 열고, ②분과회는 18일 이후 열기로 결정하였다. 이것으로 일한 억류자 상호송환문제 해결을 계기로 하여 일한관계의 타개는 드디어 구체적인 한 걸음을 내딛게 된 것이다.

또한 이 회담에서 야마다 차관은 3월 말 후지야마(藤山愛一郎: 역자) 외상이 유 대사에게 전달한 한국에 일본대표부를 설치하는 문제에 대하여 재차 한국 측의 의향을 확인하였다.

유 대사는 "한국 측은 조속히 회담을 끝낼 의향이기 때문에 지금 급하게 '대표부'와 같은 임시적 기관을 설치하지 않아도 좋지 않은가"라고 일단 일본 측의 신청을 거절하는 태도를 보였다.

일한 무역의 재개는 이번에 한국 측이 재개를 결정함으로써 자동적으로 작년 6월 15일 한국정부의 일방적인 무역단절 선언 이전의 상태로 돌아가게 된다. 하지만 일한 양국 간의 한국쌀 구입 문제, 일한 무역의 불균형 시정 등의 문제에 대해서 회담이 진행될 것이다.

일본이 한국쌀 3만톤을 구입하는 문제는 한국정부 대표 두 명이 일본에 와서 5일 이후 일본의 식량청, 외무성과 구체적 사항에 대하여 회담하기로 하였으며, 불균형의 시정, 일본 측의 회수불능 미수금 문제 등에 대해서도 한국정부

무역관계 대표자와 외무성 등이 5일 이후 회담을 진행하기로 하였다.

일한 전면회담의 재개 절차는 다시 이세키 아시아국장과 유 대사 사이에서 구체적으로 협의될 것이다. 지금으로서는 15일의 본회의에서 회담재개의 첫 회합을 연 뒤 18일 이후에 ①법적지위위원회 ②어업위원회를 일단 재개하고, ③선박소위원회, 청구권위원회 등은 그 후로 넘기게 될 가능성이 크다.

아직 일한회담의 한국 측 대표에 대해서 유 대사는 "15일까지는 도쿄(東京)로 귀임할 것이다"라는 전망을 표명했다고 한다.

1960년 4월 5일(2면)

일한(日韓) 무역의 급속한 확대는 곤란, 외무성과 상사(商社)

일한 무역은 4일, 한국정부의 요청으로 약 10개월 만에 재개되었는데, 같은 날 오후 한국정부로부터 김송환(金松煥) 상공부(商工部) 상역국장(商易局長), 김봉관(金鳳管=金鳳官의 오기: 역자) 농림부(農林部) 양정국장(糧政局長), 구윤석(具允碩) 농산물검사소장(農産物檢査所長) 등 대표가 일본에 왔다. 오늘과 내일 도쿄(東京)에서 양국 간의 무역 확대와 한국 측이 요구하는 쌀 구입에 대하여 교섭이 시작된다. 한국 측이 대일무역 재개를 결정한 이유에 대하여 무역업계에서는 일본에서 건설자재, 나일론실, 소형 엔진, 강재(鋼材), 어망 등 부족물자를 수입하여 인플레이션을 억제하기 위한 것으로 보는 관점이 강하다. 그러나 외무성이나 상사 쪽에서는 다음과 같은 점을 들어 급속한 무역 확대에 비관론을 제기하고 있다.

▶ 일한 무역은 청산(淸算)계정 방식을 원칙으로 하고 있으나 지금까지 일본이 한국에 초과 대출해준 4천4백만 달러의 처리가 선결이다.

▶ 한국은 일본이 쌀 등을 좀 더 구입할 것을 요구하고 있지만 일본이 필요로 하는 것은 적다.

▶ 7월부터 시작되는 미국의 1960-61 회계연도에서 한국에의 ICA(국제협력국) 원조자금이 1억9,600만 달러로 예정되어있다. 그러나 국제수지가 악화된 미국이 한국에게 원조자금으로 미국의 상품을 구입하도록 요구하고 있으므로, ICA자금에 의한 일본 상품의 구입은 5백만 달러 정도가 고작인 것으로 보인다.

▶ 한국은 대일 무역의 불균형을 시정하기 위해 일본으로의 수출업자에게 우선적인 수입권을 인정하고 있지만, 이것이 일한 무역의 불균형을 더욱 증대시키는 원인이 되고 있다.

1960년 4월 5일(2면)

일한(日韓)회담 재개의 문제점

일본, 이(승만) 라인 해결이 우선 – 한국, 중점을 대일청구권에

지체되어 왔던 일한회담은 4일의 야마다(山田久就: 역자) · 유(柳泰夏: 역자) 회담의 결과 15일부터 전면적으로 재개되어 '이 라인' 문제를 비롯한 양국 간의 오랜 현안들은 1년 4개월 만에 다시 실질적인 토의를 가질 수 있게 되었다. 제4차 일한 전면회담은 형식적으로는 작년 7월말에 재개되었으나 억류자 상호송환의 실시가 연기되는 바람에 본래 회담에서 거론되어야 할 여러 현안이 지금까지 손도 대지 못한 상태로 머물러 있었다. 그러므로 현안 토의에 한하여 말한다면, 이번에 재개되는 회담은 제4차 전면회담이 중단된 작년 12월의 상태를 출발점으로 한다고 해도 좋을 것이다. 작년의 회담이 평행선 논의에 그쳤기 때문에 회담은 다시 '출발점'으로 돌아온 것이라고 할 수 있다. 그런데 일한회담의 쟁점은 무엇인가? 그 전망은 어떤가? 회담재개 전에 당면한 문제점을 찾아보고자 한다.

4일의 야마다 외무차관과 유 재일한국대표부 대사의 회담에서는 15일의 전면회담 본회의에 이어서 18일부터 분과회를 열기로 결정하였는데, 개개의 현안을 토의하는 곳은 말할 것도 없이 이 분과회이다. 분과회는 ①일한양국의 기본관계(국교회복을 포함) ②한국의 대일청구권(문화재, 선박의 반환 등) ③어업문제, 특히 '이 라인' ④재일한국인의 처우 등의 문제를 4개의 위원회로 나누고 있지만 이 중 ①의 '기본관계위원회'는 다른 문제들이 해결된 뒤 전체를 마무리 짓는 것이 그 역할로 당장 급한 문제는 아니다.

그런데 남은 3개의 위원회의 경우, 우리나라에 있어서는 가장 긴급한 현안이

'이 라인' 문제의 해결이지만, 한국 측은 당연히 대일청구권, 재일한국인의 처우문제의 결착에 중점을 두는 태도이다. 4일의 야마다 · 유 회담에서 한국 측은 이 세 위원회를 일제히 재개할 것을 희망하였으나, 일본 측은 '한국청구권위원회' 만은 당분간 개회를 보류하도록 요구한 것도 회담에 임하는 양국의 기본적 태도의 차이를 보여준 것이다. 이번에 재개되는 회담의 절차에는 우선 일본 측의 주장이 받아들여질 전망이지만, 앞으로 토의를 진행에 나감에 있어서 양국의 이러한 입장 차이는 계속 저류에 남아있을 것이다. 이것 자체가 어떤 의미에서는 일한회담의 중요한 쟁점의 하나라고 해도 좋을 것이다.

개개의 현안을 둘러싼 양국의 주장은 또한 큰 차이가 있다. 이것을 분과회별로 보면 다음과 같다.

◇「어업 및 '평화라인'위원회」: 일본 측은 '이 라인'의 철폐를 요구하고 있는 한편 이 수역의 어족자원을 보호한다는 원칙에서 과학적 조사에 기초하여 새로운 어업규제구역을 설정해도 좋다는 생각이다. 다만 일한 양국에 의한 공동조사를 기초로 하여 설정되는 규제조치는 적어도 형식상 일한 쌍방에 대등하게 적용된다는 쌍무성이 조건으로 되어 있다. 말하자면 일소(日蘇), 일미가(日美加) 어업조약 등과 마찬가지로 생각하면 될 것이다. 이 제안은 작년 가을의 동 위원회 석상에서 일한잠정어업협정안(日韓暫定漁業協定案)으로 한국 측에 제시되어, 한국 측이 전면적으로 거부하였으나, 정부는 현재 '이 라인' 문제의 해결책으로서 이 제안을 계속 주장할 방침이다.

한편 한국 측은 일본 측 협정안에 반대할 뿐 특별히 대안을 내지는 않고 있지만, "'이 라인' 내의 일본어선의 조업을 허가제로 할 수 있다"라는 제3차 전면회담(쇼와(昭和) 28년(1953년) 10월)의 주장이 그 후에도 변하지 않았을 것으로 보인다. 이 양자의 격차를 조정하기 위해서 '이 라인' 수역의 어업을 일한 합자사업으로 하자는 구상도 한 때 있었지만, 이것도 한국 측의 주장과 마찬가지로 '이 라인'의 존속을 전제로 하고 있는 한 일본 측은 도저히 받아들일 수가 없다.

◇「재일한국인의 법적 지위에 관한 위원회」: 전전(戰前)부터 일본에 거주하고 있는 한국인의 처우가 우선 중심의제가 될 것이다. 이 위원회는 작년 여름 제4차 회담이 재개된 이후 한국 측의 요망에 따라 몇 차례 열렸다, 그리고 재일한국인의 한국으로의 귀환에 관한 협정체결은 타결 직전까지 회담이 진행되었지만, 이것은 어디까지나 '북조선귀환'을 견제하기 위한 한국 측의 의향에 따른 것이었다.

'북조선귀환'이 고비를 넘은 현재 이 위원회의 초점은 본래의 의제인 재일한국인의 일본영주권, 재산권의 문세에 집중될 것이다. 이에 대해서도 작년 말까지 교섭하여 대강의 합의는 성립되었으므로 정부는 이에 관한 잠정협정을 조속히 체결하여 이를 회담 전체의 돌파구로 하고자 하는 생각을 가지고 있다. 다만 잠정협정의 내용은 "재일한국인의 일본거주에는 일반 외국인과 같은 특별한 재류자격을 필요로 하지는 않는다"는 등, 말하자면 현재 상황을 그대로 명문화하는 형태일 뿐이고 밀입국, 강제퇴거 등 이전의 세목에 대해서는 여전히 다루지 않을 것으로 보인다.

◇「한국청구권위원회」: 즉시 열리지 않을 전망이지만 문화재의 반환, 선박의 선체문제, 그리고 일반의 재일 한국재산에 대한 청구권 등 어느 것이나 우리나라에서 보면 '반출'의 형태가 되는 문제들이다. 한국 측은 종래대로 이 부분의 현안해결을 통해서 일본 측으로부터 어떤 실리를 얻겠다는 생각에서, 그동안 '이 라인' 문제의 토의를 소홀히 하는 것이 유리하다는 자세를 취해온 경위가 있으므로 일본 측은 매우 경계하는 태도이다.

이전 억류자송환문제에서는 허터(Christian A. Herter) 미 국무장관의 대한 강경성명 등 미국을 중심으로 하는 '국제여론'의 힘이 상당히 유효했지만, 재개되는 회담의 현안 해결에서 다시 '국제적인 힘'을 기대하는 것은 무리가 있다. '이 라인'에 관해 지금 제네바(Geneva)에서 열리고 있는 해양법국제회의에서 일본의 입장을 각국에 호소할 기회가 있을까 하는 정도이다.

'이 라인' 해결을 위해 일본이 한국에 지불하는 '대가'로서 그 동안 일한 양측은 주로 청구권 등의 '보상조치'를 생각해 왔다. 그러나 지금까지 얽힐대로 얽혀 온 일한관계를 타개하기에는 이처럼 목전의 '대가'뿐만 아니라 넓은 의미에서의 정치적, 경제적 협력 분위기를 만드는 것이 필요하다는 의견도 정부, 여당 안에서 나타나고 있다.

1960년 4월 7일(1면)

일한(日韓) 무역회담, 두 번째 날

일한 무역회담 두 번째 날인 6일 외무성에서 통상분과회(通商分科会)를 열었고 다카노(高野藤吉: 역자) 외무성 경제국차장은 "청산(清算)계정 방식을 폐지할 생각이 있는지 어떤지. 또한 청산(清算)계정의 일본 측 초과대출 4,440만 달러의 처리를 어떠한 형태로 추진할 것인가"라고 한국 측의 의향을 물었다. 이에 대해 이(李) 총영사 등 한국 측 대표는 "무역확대를 위해 김, 광산물, 생선 등 한국산품의 구입을 늘려달다. 청산방식은 존속히기를 희망하지만 한국 측의 초과대출분의 처리에 대해서는 명확히 답할 수 없다"고 답하였다. 다음 분과위원회는 8일에 열릴 예정이다.

1960년 4월 7일(2면)

특수사정이 있는 경우는 쌍무 협정으로 해결의 길을

한국대표, 해양법회의에서 연설

〈제네바 6일발=로이터〉 6일의 해양법국제회의에서 손(孫) 한국대표는 영해의 범위에 대해서 "연안 여러 나라의 지리적 차이를 무시할 수 없다"라고 다음과 같이 연설하였다.

연안 여러 나라에는 지리적 특수성이 있으므로 모든 상황에 적용되는 공통적인 법칙을 만드는 것이 바람직하지만 특수한 고려와 특수한 조치를 필요로 하는 여러 상황이 있는 것을 경시해서는 안 된다. 그런 특수사정이 있는 경우에는 관계된 여러 나라가 그 이해를 조정하기 위해 지리적, 정치적, 경제적, 역사적인 사실을 고려해서 쌍방 혹은 다각적 협정에 의해 문제를 해결하는 길을 남겨두어야 한다.

[주] 한국정부는 이전에 미국의 영해 12해리안을 지지한다고 말했지만 이(승만) 라인에 대한 태도는 보류하였다. 앞의 손 대표의 연설은 이 문제에 관한 한국의 생각을 명확하게 밝힌 것으로 주목할 만하다.

1960년 4월 10일(1면)

일한(日韓)회담, 금주부터 궤도에

'이(승만) 라인'에 초점 – 12일에 우선 절차를 협의

억류자 상호송환의 실시에 의해 호전된 일한 관계는 15일에 열리게 되는 일한회담 본회의에 따라서 드디어 금주부터 궤도에 오르게 되었다. 지난 4일 야마다(山田久就: 역자) 외무차관과 유(柳泰夏: 역자) 재일한국대표부 대사의 협의에 따라 전면회담의 본회의를 15일에 열고 18일부터 분과회를 열 것이 내정되었지만, 이에 앞서 이세키(伊関佑二郎: 역자) 아시아국장은 12일경 유 대사와 만나 본회의 및 분과회 재개의 구체적인 절차에 대해서 사전 협의를 할 예정이다.

이 이세키 · 유 회담에서는 이 라인 문제를 심의하는「어업 및 '평화라인'위원회」, 재일한국인의 처우를 다루는「재일한인의 법적지위에 관한 위원회」, 한국의 문화재, 선박 등의 반환에 관한「한국청구권위원회」, 국교회복문제를 심의하는「기본관계위원회」등 4가지 위원회를 어떤 순서로 열 것인지 등에 대해서 의견을 교환하였다.

이러한 각 위원회 중「재일한인의 법적지위에 관한 위원회」는 작년말부터의 교섭에 의해 한국 측이 희망하고 있는 "재일한국인의 일본거주에 대해서 '내국인'에 가까운 대우를 한다"는 등의 조건을 일본 측이 승낙하였으므로 내용적으로는 가장 빠르게 회담이 끝날 것으로 일본 측은 보고 있다. 우선 이 위원회를 재개하는 것이 이후의 회담 전체를 원활하게 진행하는 데에도 도움이 된다는 점에 일한 쌍방이 이론이 없는 것 같다. 문제는 남은 '이 라인'문제, 대일청구권 등의 문제에 관한 위원회로, 특히 이 라인에 관한「어업 및 '평화라인' 위원회」는 이 라인 문제가 해결되지 않는 한 한국 측에 의한 어선 불법나포가 다시 일어날 것이므로 일본 측은 동위원회를 조속히 재개하여 해결책을 모색할 것을 강력하게 요구할 것으로 보인다.

일본 측 입장에서는 이번에 재개되는 회담에서 이 라인 문제에 대해 한국 측이 어떠한 태도로 회담에 응할지를 가장 주목하고 있다. 이 점은 이세키 외무성 아시아국장과 유 대사와의 회담에서 「어업 및 '평화라인' 위원회」의 재개가 어떤 형태로 결정될지가 회담 재개의 초점이 될 것이다. 지금까지 한국 측은 '대일배상청구'라고도 볼 수 있는 「한국청구권위원회」를 이 라인 문제 협의보다 우선적으로 주장해왔던 사정도 있어서 한국 측이 이번에 동 위원회의 재개를 어느 정도로 강하게 요구할지는 알 수 없는 상태다.

국교회복에 관한 「기본관계위원회」는 지금까지는 회담 전체의 마무리 역할을 하는 것으로 최후에 열 계획이었으나, 일부의 일본 측 대표는 이 라인 문제를 비롯하여 해결에 상당한 기간을 필요로 하는 현안은 일한회담 만으로 최종적인 해결을 볼 수 없을 상황이 예상됨으로 어느 정도 회담이 진행된 단계에서 우선 국교의 정상화를 결론짓고, 그 후에 이들 현안의 최종적인 해결을 하는 방법도 고려하고 있는 것 같다.

이러한 사정이 있기 때문에 재개 후의 일한회담은 이들 위원회의 진행 방법을 놓고 일한 쌍방의 사이에 미묘한 절충이 벌어질 수 있으므로 종반에 이르기까지 상당한 시일이 걸릴 전망이다.

1960년 4월 13일(3면)

경찰에 밀려들다 - 마산(馬山), 2만 명 반정부 데모

〈마산 12일발=UPI · 공동〉 마산에서는 11일 폭동에 이어 12일에도 약 2만 명이 반정부 데모에 참가, 오전 중에 학생과 경찰 사이에 충돌이 있었다. 이 날은 처음 약 5백 명의 고교생이 반정부 슬로건을 외치면서 행진을 시작하여 살해당한 청년의 사체를 되돌려 받기 위해 약 8백 명의 경찰과 충돌했다. 충돌 후 머지않아 다수의 부인, 청년 등 일반 주민이 데모에 합류하여 군가를 부르고 가로를 행진했다.

또한 11일 중상을 입었던 18세의 학생 1명이 병원에서 사망하여 사망자는 2명이 되었다.

12일 약 1만 명의 데모대가 마산경찰서에 침입하려다 경찰의 경고사격에 물러났다. 데모대는 경찰서 문까지 밀려들었지만 경찰은 약 1천 발을 공중을 향해 발포하며 건물로부터 떨어질 것을 경고, 데모대는 약 30m 후퇴했다. 증강된 약 4백 명의 경관이 경찰서를 지키고 있다.

야간 외출금지령

〈마산 12일발=UPI · 공동〉 마산의 경찰 당국은 12일 오후 7시부터 오전 5시까지의 야간 외출금지령을 발표했다. 이 조치는 동일 일어난 2만 명의 반정부 데모에 따라 취해진 것이다.

1960년 4월 13일(4면)

한국, 타결 서두르다 - 통상분과위원회

일한 무역회담의 통상분과위원회는 12일 오전 외무성에서 일본 측 다카노(高野藤吉: 역자) 외무성 경제국 차장 등 외무, 통산, 농림, 대장(大藏) 등의 담당관, 한국 측 김(金松煥: 역자) 한국 상공부 상역국장 등이 출석한 가운데 열렸다. 한국 측에서의 수출희망물자와 일본 측의 물자수급 상황 설명이 이루어졌다. 한국 측은 무역대표단을 오는 20일까지 귀국시키고자 한다며 교섭의 조기 타결을 요구하였고, 수출물자로서 무연탄, 흑연, 선어(鮮魚), 김, 소금, 철광석 등의 수입 범위의 확대를 요구하였다.

이에 대해 일본 측은 "현재의 장님 무역 같은 실정에서는 거래가 쉽지 않고, 일본의 수입외화 할당제도나 국내의 수급상황에서 볼 때, 급격하게 수입을 늘릴 수 없다. 이후 업계와 연구하겠다"라고 실정을 설명하였다.

이 날도 청산방식의 회수 불가능한 잔고(초과대출: 역자) 처리에 대해서 한국 측은 의견을 말하지 않았고, 앞으로 1, 2회의 소위원회를 열고 무역 문제를 결론짓기로 하였다.

1960년 4월 13일 석간(2면)

데모로 긴장 계속 - 마산(馬山), 외출금지령도 무시

〈마산 12일발=UPI · 공동〉 12일 재발한 마산의 반정부 데모대는 동일 오후 7시부터 외출금지령을 앞두고 해산했다. 데모대는 해산에 앞서, 새로운 총선거의 실시, 이(승만) 대통령의 사직, 이번의 대통령선거 당일 마산폭동사건 관계 경찰관의 처벌(주: 경찰관이 데모참가자를 체포, 취조하는 과정에서 폭력을 가하여 부상을 입혔다고 전해지고 있다.)을 요구하는 선언문을 낭독하였다.

또한 11일의 데모사건에서의 사망자는 경관의 탄환에 중상을 입었던 청년이 사망하여 총 3명이 되었고 부상자 수도 22명에 달하였다.

학생을 중심으로 하는 마산의 데모대는 외출금지령인 오후 7시를 앞두고 해산했지만 다시 새로운 데모대가 금지령을 무시하고 이 시간 이후에도 경찰서 앞에 집합하기 시작하였으며, 경찰이 거리에 나온 사람을 체포하려 하지 않았기 때문에 데모참가자의 수는 1만 명 정도로 불어나 마산시의 긴장은 계속되고 있다.

마산의 모든 고등학교를 3일간 폐쇄

〈경성 12일발=로이터〉 한국 문부성 당국은 12일, 마산시의 전체 고등학교를 13일부터 3일간 폐쇄한다고 발표했다.

1960년 4월 13일 석간(2면)

일한(日韓)관계 개선에 측면 원조를 기대 - 아이젠하워 대통령의 한국방문

〈워싱턴=가와무라(河村) 특파원 12일발〉 국무성 당국은 아이젠하워(Dwight Eisenhower) 대통령이 6월 22일 한국을 방문하는 기회에 일한관계에 대하여 구체적인 알선을 할 것을 예상하지는 않으나, 추상적인 형태로 일한관계의 개선책을 촉구하는 것은 예상하고 있어, 이번의 방문이 전체적으로 일한관계의 호전을 도울 수 있을 것이라는 기대를 하고 있다. 특히 관계자들 사이에서는 다음과 같은 관점에서 일한관계에 도울을 줄 수 있을 것이라는 기대가 강하다.

▶ 아이젠하워 대통령이 한국을 방문하는 것은 한국이 소외당하고 있다는 듯한 인상을 주는 것을 피하고, 한국의 일본에 대한 악감정을 완화하는데 도움이 되게 함.

▶ 아이젠하워 대통령의 한국 방문은 양국이 모두 미국의 동맹국이라는 것을 양국에 실제로 보여주는 것이 된다. 미 당국은 거듭 일한 양국이 서로 으르렁대는 것은 자유진영의 협조를 깨트리고 공산진영에 득이 될 뿐이라는 생각을 가지고 있으며, 소식통에 따르면 이전에 허터(Christian A. Herter) 국무장관이 일한관계에 대하여 한국 측에 경고하였을 때에도 이러한 취지로 이야기하였다고 전해지고 있다.

아이젠하워 대통령은 1951년 대통령선거에서 "나는 당선된다면 조선(朝鮮)에 간다"고 공약하였고, 당선 직후 비밀리에 조선에 가서 전선(前線)을 시찰하기도 했다. 따라서 아이젠하워 대통령이 조선에 대해 특별한 감정을 가지고 있다는 점, 금년이 마침 조선동란(朝鮮動亂) 10주년이 되는 해라는 점, 한국 측으로부터 여러 차례 강력한 요청이 있었다는 점 등이 아이젠하워 대통령의 한국 방문을 결정지은 요인이라고 할 수 있다.

1960년 4월 14일(3면)

마산(馬山), 학생이 또 다시 데모 - 부산(釜山) 근처에서도 행진준비

〈마산 13일발=AP〉 마산에서 학생들이 13일 다시 반정부데모를 일으켰다. 경찰관은 데모대의 공중을 향해 경고의 공포 50발을 쏘았지만 그 후에도 데모대는 해산을 거부하였다. 한편 마산의 동쪽 부산 부근에서도 이승만(李承晩)정부에 항의하는 데모 행진을 준비 중인 것으로 알려졌고, 야당인 민주당(民主黨) 멤버 150명은 경찰의 권고를 무시하고 13일 오후 마산으로 행진을 시작하였다. 경찰 당국은 이 데모대에 부산-마산 도로변의 주민들이 참가하는 것을 염려하고 있다고 한다.

[주] 로이터(Reuters)통신에 따르면 이날 데모 참가자는 불교대학의 학생 약 70명이지만 대학생이 마산의 데모 사태에 참가한 것은 이것이 처음이었다. 또한 UPI=공동(共同)통신에 따르면 한국정부는 사태에 대비하여 특별각의를 소집하였으며, 15명으로 구성된 의회조사단도 현지에 파견되었다.

2백명 이상을 체포 - 한국경찰, 마산시민을 단속

〈마산 14일발=UPI · 공동〉 한국 경찰 당국은 13일 오후 7시(일본시각 7시 반) 외출금지 시각을 기해 마산시내의 외출금지 위반자를 대량 검거하기 시작하여 2시간 동안 시민 2백 명 이상을 체포했다고 전하였다.

카빈소총과 최루탄으로 무장한 경찰이 도로를 경비하고 있어 현재 소수의 시민의 그룹이 드문드문 뒷골목에 몸을 숨기고 있을 뿐이다.

공산주의자 선동 의심 - 이(승만) 대통령 마산폭동에 성명

〈마산 13일발=UPI · 공동〉 이(승만) 한국대통령은 13일 경성(京城)에서 마산폭동에 경고하는 요지의 다음과 같은 특별성명을 발표했다.

▶ 마산의 반정부 데모는 지극히 위험한 사태를 만들고 있다. 나는 비합법적 행동을 즉시 중지할 것을 국민에게 호소한다.

▶ 마산폭동의 배후에 공산주의 선동자가 존재하고 있다는 의혹이 있다.

▶ 데모의 단속(斷續)은 국가를 위험하게 하며 공산주의자에 유리한 기회를 제공한다.

[해설] 높아지는 한국의 사회불안

대통령 생일도 자숙하였으나 – 확대되는 폭동·인플레

한국 대통령선거(3월 15일) 후, 1개월이 지났는데도 투표일 전후로 마산을 시작으로 각지에서 일어난 폭동사건은 끝날 줄 모르고 6일 경성의 부정선거 규탄 데모에는 5천명의 시민이 동원되었고, 11, 12, 13일과 마산에서는 이번의 선거에 불만을 가지고 연 2만명 이상의 폭동이 계속되고 있으며, 대구(大邱)에서도 이와 같은 사건이 12, 13일 발생하여, "유혈(流血)선거"의 수습은 용이하지 않을 뿐 아니라 사회불안이 높아지고만 있다. 내일(來日)하는 아이젠하워 미 대통령도 한국방문을 결정하였으며 일한회담 재개를 앞두고 한국의 입장이 주목되고 있는 시점에서 이같은 한국 국내정세가 어떤 영향을 미칠까? 독재화(獨裁化)로 치닫고 있는 것처럼 보이는 이승만정권은 어떻게 될 것인가? 선거 후의 상황을 살펴본다.

비판 받은 대통령선거

이번의 선거가 해외로부터 비판을 받은 것이 분명하여, "이(승만) 대통령의 4선은 엉터리 승리다. 일식(日蝕)이 미리부터 알 수 있는 것과 같이 그의 승리도 무리한 방식에서 확실히 나타나 있다"(워싱턴포스트), "뿌리부터의 반공주의자라도 이 대통령의 한국이 자유진영의 일부라고 한다면 말도 안되는 일이다"(런던타임스), "단지 이기는 것이 목적이라면 아랍연합이나 북조선처럼 아예 엉터리 선거를 하는 것이 낫다"(가디언)는 등 모두 신랄하다.

국내에서도 야당인 민주당의 비판은 물론, 반독재민주연맹의 장택상(張澤相) 위원장도 "이 정권 12년간의 업적은 무엇인가? 군정시대에 나는 이승만 씨 등과 함께 미국으로부터의 무기를 제공받는 식전(式典)에 출석한 적이 있었으나 그 무기가 지금은 국민을 향해 사용되고 있다(마산사건). 이것이 이 정권의 실체를 보여주고 있다"고 통렬하게 공격하였다. 더욱이 여당인 자유당 내에서도 과반수에 이르는 혁신파 의원들은 선거가 정부와 소수의 간부에 의해 무리하게 이루어져 민심을 완전히 이반하였으므로, 각료, 당 간부의 인책사임과 마산사건 책임자의 형사적 책임추궁 등을 주장하고 있다.

민심의 안정에 필사적

이러한 내외의 비난에 대하여 정부도 선후조치에 신중해질 수밖에 없어 최(崔仁圭: 역자) 내무부장관 이하 마산사건(3월 15일)의 책임자에 대하여는 엄벌하겠다고 하였으며, 마산사건의 주모자로 구속중인 민주당원 등 5명도 선동의 확증이 없다고 석방하였다고 한다(코리아뉴스). 이와 같이 정부는 국민을 자극하지 않고 민심의 안정에 필사적이지만, 사회불안은 해소될 것 같지 않다. 선거 후 26일은 이 대통령의 생일이었으나 과거와 같이 공병대가 정부청사 앞 광장에 사열대를 설치하고 육해공군의 열병을 비롯한 축하행사가 금년에는 중지되어, 경무대의 대통령관저 내에서 조촐한 축하연으로 그쳤다. 이것도 한국사회의 자연스러운 변화를 보여주는 것이라 할 수 있다.

한국의 인플레도 선거 후 급속히 높아져, 쌀, 면직물, 육류, 건축자재 등이 급등하고 있으며, 특히 한국경제의 안전판이 되고 있는 낮은 쌀값이 1주일에 11.9%나 오른 것은 한국쌀 10만톤의 대일수출 문제와 관련하여 한국경제에 미칠 영향이 크게 주목되고 있다. 이와 같이 정부통령을 여당에서 당선시켜 얼핏 확고한 영구정권을 구축한 것처럼 보인 이승만정권도 그 수단에 무리가 겹쳐 날로 민심이 이반되는 상황이 되어 큰 위기에 직면한 것으로 보인다.

국민의 관심을 밖으로 돌리다

이상과 같은 국내성세를 배경으로 하여 국민의 눈을 밖으로 돌리려 하는 이 대통령의 대외정책은 강경의 정도를 높일 것으로 보인다. 최근의 평양방송은 계속하여 이 대통령의 북진통일론을 비난하고 있는데, 이는 이 대통령이 스타즈 앤드 스트라이프스(Stars and Stripes) 기자 등에게 말한, “①한국의 핵무장을 서둘러야 한다 ②북선군(北鮮軍)은 현재 한국군보다 우위에 있다 ③한국군의 근대화는 빠를수록 좋다 ④우방국이 생각하는 평화적 조선통일론은 틀린 것이다”라고 말한 것을 소개하며, 정국이 어렵게 되면 무력통일론 소리를 높이는 이 대통령을 비꼬면서 한국군이 국경지대에서 도발행동을 하지 않을까 경계하였다. 도발행동을 남북 어느 쪽이 하든 38도선 양측에 독재정권이 존재하는 한 ‘위험한 관계’는 존재하는 것이고 우려해야 할 상태인 것이다.

변화하는 대일(對日) 태도

마지막으로 일한관계의 장래에 있어서 이 대통령은 “일본은 아시아에 대한 위협이다. 한국의 일본에 대한 정책을 수정하는 것은 매우 곤란하다. 미국이 일본을 지지하는 태도를 취하는 것은 양국 관계를 더욱 멀어지게 할 뿐이다”(1일 미국 기자들과 회견)라고 여전히 강경한 태도를 보이는가 하면 “일한관계가 현재 상태로는 중공에 득이 될 뿐이므로 개선할 필요가 있다”(6일)고 전혀 다른 태도를 보였다.

그러나 선거 직후인 16일 허터(Christian A. Herter) 미 국무장관이 한국의 선거와 일한관계의 타개에 관해 보인 경고는 한국으로서도 무시할 수 없는 압력이 되고 있다. 또한 미국의 아시아 기지인 일한간의 불화는 미국으로서는 바람직하지 않으므로 아이젠하워 대통령의 방한은 구체적인 성과야 어쨌든 일한관계의 개선에 플러스가 될 것은 틀림없다. 앞서 있었던 일본인 선원 송환 때에 부산 출항 전전날 한국영화 상영회를 열어준 것이라든가, 1인당 1만 4천원(약 6천엔) 정도의 선물을 주어 돌려보냈다는 한국통신의 보도 등 대일 태도의 완화가 나타나는 것처럼 보인다.

일한 무역의 타개는 한국에게 더 중대한 문제로 일본의 대한(對韓) 무역은 연간 수출입이 각각 전체의 0.53%, 0.35%에 지나지 않으나, 이에 대하여 한국의 대일 무역은 연간 전체의 52%, 15%이므로 급격한 인플레에 대한 대책과 함께 일한관계의 시정은 그 근본책의 하나로 보여지고 있는 것이다. 즉 국내경제와 대미 의존관계에서 볼 때 이승만 씨의 의도와는 별개로 일한관계의 개선은 피할 수 없는 것이라는 관측도 있다.

1960년 4월 16일(1면)

일한(日韓) 전면회담 재개

오랫동안 중단되었던 일한 전면회담은 15일 오후 3시 경부터 외무성에서 오래간만에 드디어 본회를 열어 재개되었다. 제4차 전면회담은 작년 7월말 일단 재개되었지만 억류자의 상호송환이 난항을 겪으면서 중단되었으나, 현안인 상호송환문제가 이번 달에 해결되었기 때문에 15일 본회의를 계기로 회담은 드디어 궤도에 올랐고 현안의 실질 토의에 들어가 태세를 갖추게 되었다. 이 날 일본 측에서는 사와다 렌조(沢田廉三) 수석대표를 비롯하여 이세키(伊関佑二郎: 역자) 외무성 아시아국장, 다카세(高瀬侍郎: 역자) 법무성 입관(入管)국장, 히라가(平賀健太: 역자) 법무성 민사국장, 니시하라(西原直廉: 역자) 대장성 이재국장 등 8명의 대표가, 한국 측에서는 수석대표대리 유(柳泰夏: 역자) 재일한국대표부 대사 외에 장경근(張暻根), 이호(李澔) 양 대표 등이 출석하여 각각 인사를 하고 산회하였다.

일본 측의 사와다 수석대표가 "서로 성의를 가지고 회담에 임하고 싶다"라고 말하였고 뒤이어 유 대사가 "일한관계가 요즘처럼 호전된 적은 없다. 이러한 때에 회담을 꼭 성공시키기 위해 노력하고 싶다"라고 인사하였다.

회담은 이후 각 현안별로 마련되어 있는 분과회 토의로 옮겨지게 되지만 절차에 대해서는 내주 초부터 이세키 아시아국장과 유 대사 사이에 비공식 회담으로 논의하게 될 것이다. 현재 우선 「재일한인의 법적지위에 관한 위원회」, 이(승만) 라인에 관한 「어업 및 '평화라인'위원회」 두 가지가 열리지만 「법적지위위원회」의 한국 측 대표 유진오(兪鎭午) 씨가 이달 말까지 귀임할 수 없는 점, 「어업위원회」의 일본 측 대표 다카하시(高橋) 수산청차장이 해외출장 중에 있는 점 등에 의해 분과회가 열리는 것은 빨라도 이번 달 말부터 다음 달 초가 될 전망이다. 외무성 당국에서는 그때까지 이세키·유(柳) 회담을 거듭 열어 향후 회담에 임하는 양국의 기본방침을 조정하여 '기반 조성'을 하겠다고 말하였다.

1960년 4월 18일(2면)

인천(仁川)에서 데모 - 경찰이 저지, 16명을 체포

〈인천 17일발=UPI · 공동〉 인천에서 17일 약 2백 명의 야당 민주당원이 데모를 시작했는데 강력한 경찰에 저지되고 16인이 체포되었다. 국회의원 곽상훈(郭尙勳) 씨가 이끄는 민주당원은 전날 밤부터 당 지방본부에 집결하여 집회를 열고 이승만(李承晩) 대통령의 사직을 요구하며 창문으로 삐라를 뿌렸다. 이어서 가두행진으로 옮기려 하였지만 최루가스총, 소방차 등을 준비한 수백 명의 경찰에게 저지당했으며 저항하던 사람은 체포되었다.

주변의 교통은 이른 아침부터 완전히 차단되었고 무장경찰이 순회하여 마산(馬山)폭동과 유사한 긴장된 분위기가 높아지고 있다.

1960년 4월 18일(2면)

아이크, 장면(張勉) 씨와 회담 예정

〈경성 17일발=AP〉 하거티(James C. Hagerty) 미 대통령 신문담당비서는 17일 기자회견을 갖고 아이젠하워(Dwight Eisenhower) 미 대통령이 한국방문 시 이(승만) 대통령의 정적(政敵)인 장면 부통령(민주당)과도 회담할 생각이라고 말하여 기자단을 놀라게 하였다. 이 성명은 미 대통령이 최근의 한국의 정치상황 특히 '공정하지 않았던' 대통령선거나 마산에서의 반정부폭동에 강한 관심을 가지고 있다는 것을 보여주는 것이라고 관측통들은 보고 있다.

이 날의 기자회견에서 하거티 씨는 아이젠하워 대통령이 오는 6월 22일에 한국을 방문하여 우선 이(승만) 대통령과 회담하며, 이 대통령이 시사한 바와 같이 아시아문제 뿐 아니라 세계의 문제를 토론할 것이라고 말하였다. 하거티 씨는 또한 아이젠하워 대통령을 수행하는 일본인 기자의 한국입국은 허가될 것이라고 말했다. 한국은 지금까지 일본인 특히 신문기자의 입국을 거부해왔다.

1960년 4월 19일(2면)

일한회담 궤도에 오를까?

비공식 사전조정 – 분과회 내달 개시를 목표로

지난 주말에 재개된 일한회담은 18일 이세키(伊関佑二郎: 역자) 외무성 아시아국장과 유(柳泰夏: 역자) 재일 한국대표부 대사, 장경근(張暻根), 이호(李澔) 두 대표의 회담을 시작으로 얼마 동안은 비공식 회담을 거듭해 나갈 것 같다.

지난 15일 본회의에 의해 재개된 제4차 전면회담은 이후 현안별로 마련되어 있는 분과회를 이어서 재개하여 일단 실질적인 토의에 들어가는 것이 원칙이나, 일한 쌍방 모두 이들 분과회가 재개된 직후 공전되지 않도록 이에 앞서 비공식회담을 거듭하여 여기에서 양국의 기본적 입장의 차이를 가능한 한 조정할 것으로 보인다.

일본은 유연한 태도로 임한다.

분과회의 재개는 양국 정부대표의 일부가 이번 달 말까지 도쿄(東京)에 귀임하지 못하는 사정도 있어서 아마 다음 달 초 연휴 직후에나 시작될 전망이다. 따라서 이것에 앞서 열리는 이세키 국장과 유 대사 등의 비공식 회담에서는 다음 달 초부터 분과회 토의를 궤도에 올리는 것을 일단 목표로 하게 될 것이다. 이 때문에 비공식 회담에서는 각각의 현안에 대한 쌍방의 주장을 대강 조정해 두고 각 현안 토의를 진행함에 있어서 '틀'을 상의하는 것에 주안점을 둘 것으로 보인다.

또한 개개의 현안에 대해서 일본 측은 지금까지 없었던 유연한 태도로 임할 방침이라고 한다. 그 중에는 재일한국인의 처우문제와 같이 작년 말부터의 회담을 통해 양자의 주장이 대강 일치된 것도 있지만 이(승만) 라인, 한국의 대일 청구권 등은 8년 넘은 일한회담에서 언제나 초점이 되어왔으나 쌍방의 입장이 여전히 크게 벌어져 있다.

일본의 어업협정안 보류

이 라인 문제에 대해서 말한다면 일본 측은 작년 가을의 회담에서 이 라인을 대신할 일한잠정어업협정안(日韓暫定漁業協定案)을 제시하여 어족자원 보호의 입장에서 이 라인 수역에 어업규제라인을 설치해도 좋다는 양보 자세를 보였으나, 한국 측은 이 라인을 고집하는 태도를 바꾸지 않고 일본안(案)을 전면적으로 거부하였다. 이에 따라 일본 측이 한국 측에게 구체적인 대안을 제시해줄 것을 요구한 채로 회담은 중단되었으나, 일본 측은 이번의 비공식회담에서 이러한 경위의 연장선에서 한국 측에 거듭 대안을 요구하기 보다는 오히려 이전의 일본안을 보류시켜 한국 측의 실질적인 접근을 기대하는 방안인 것으로 보인다.

이 라인 문제를 맡은 「어업 및 '평화라인'위원회」가 정식으로 재개되기 전에 이러한 비공식회담에서 대강의 합의를 만들고 정식 분과회에서는 그 틀 안에서 전문적인 토의를 진행하는 것이 일본 측의 계산으로 보인다.

다음은 각 현안 토의의 실효성 문제인데 이것은 일한회담 전체의 성패가 걸려있다고 보이므로, 이 비공식회담에서는 쌍방 모두 상당히 중시할 것이다. 일한간의 현안 중 일본 측이 가장 관심을 가지고 있는 것은 물론 이 라인 문제의 해결이지만, 한국 측의 이익은 선박 등의 대일청구권, 문화재반환, 재일한국인의 처우 등 이 라인 이외의 문제에 있다고 할 수 있다. 따라서 예를 들어 이 라인 문제만을 뒤로 돌리고 다른 현안을 전부 처리하는 것은, 설령 청구권 등에 대해서 한국 측이 어떤 양보를 한다고 해도 일본 측으로서는 응할 수 없는 것이다.

일한관계 개선의 좋은 찬스

이렇게 각 현안의 해결이 쌍방의 이해에 밀접하게 얽혀 있기 때문에 비공식 회담에서는 분과회의 재개 후에도 이러한 조정을 해나가야 할 것이다.

지금까지는 일본 측이 이 라인, 한국 측이 청구권의 우선 토의를 각각 주장하였기 때문에 분과회의 개최 전에 '우선 심의 다투기'가 있었지만 이번에는 당초부터 각 분과회의 병행토의를 실시하도록 18일 이세키 국장과 유 대사가 비공식회담에서도 상의한 것으로 보인다.

또한 정부, 여당 내에서는 우선 일한간의 국교를 정상화하고, 그 다음에 현안을 해결해도 좋다는 생각도 있는데, 이러한 점에 대해서도 이번 비공식회담에서 쌍방의 의견을 교환할 것으로 보인다.

일한회담에서 비공식적인 회담이 임시적으로 열리는 것은 별로 이상한 것이 아니다. 이전 억류자 상호송환이 난항을 거듭한 끝에 간신히 실현된 것도 이세키·유 회담의 성과였는데, 외무성은 이번의 재개 회담을 꼭 성사시키겠다는 강한 기대에서 전례없이 비공식회담에 중점을 두고 '체면' 때문에 결렬되는 것은 어떻게든 피하려고 하는 것 같다.

현안인 상호송환이 실현된 것에 의해 일한간의 분위기가 호전되었고 또한 아이젠하워(Dwight Eisenhower) 미 대통령의 일한 양국 방문이 결정되어, 정부는 이 기회를 놓치면 일한관계의 타개는 점점 어려워질 것이라는 생각을 강하게 갖고 있는 것 같다.

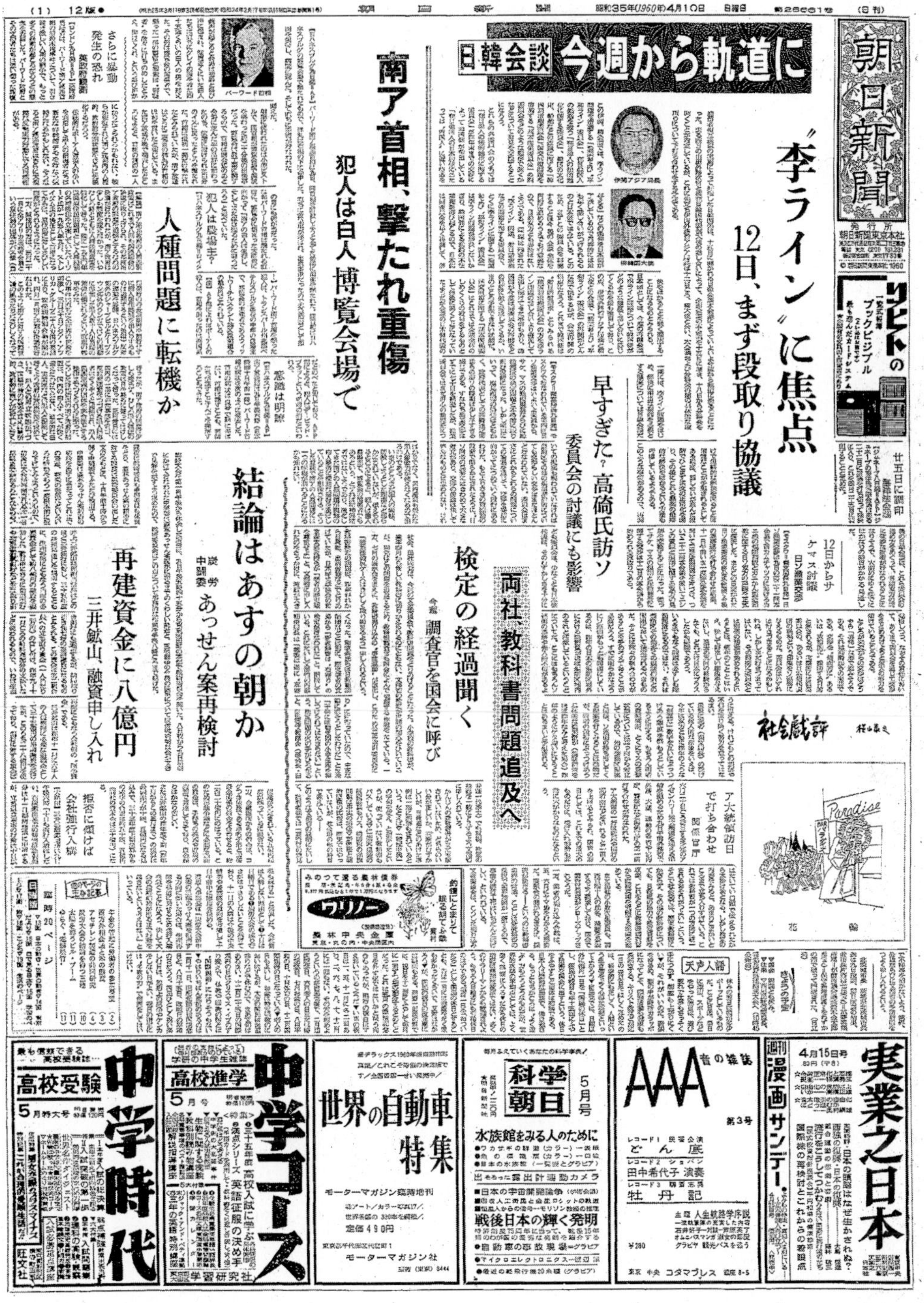

朝日新聞 昭和35年(1960年)4月10日 日曜日

日韓会談 今週から軌道に

"李ライン"に焦点
12日、まず段取り協議

早すぎた? 高碕氏訪ソ
委員会の討議にも影響

南ア首相、撃たれ重傷
犯人は白人 博覧会場で

人種問題に転機か

結論はあすの朝か
炭労中闘委 あっせん案再検討

再建資金に八億円
三井鉱山、融資申し入れ

両社 教科書問題追及へ

検定の経過聞く
今週 調査官を国会に呼び

社会戯評

天声人語

1960년 4월 10일 「일한회담, 금주부터 궤도에」, 본문 pp.150-151 참조

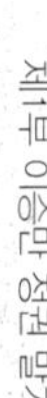

제2부 4·19와 이승만 정권의 붕괴

(1960.4.19 석간 ~ 1960.4.27 석간)

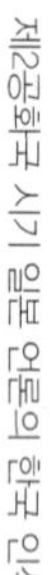

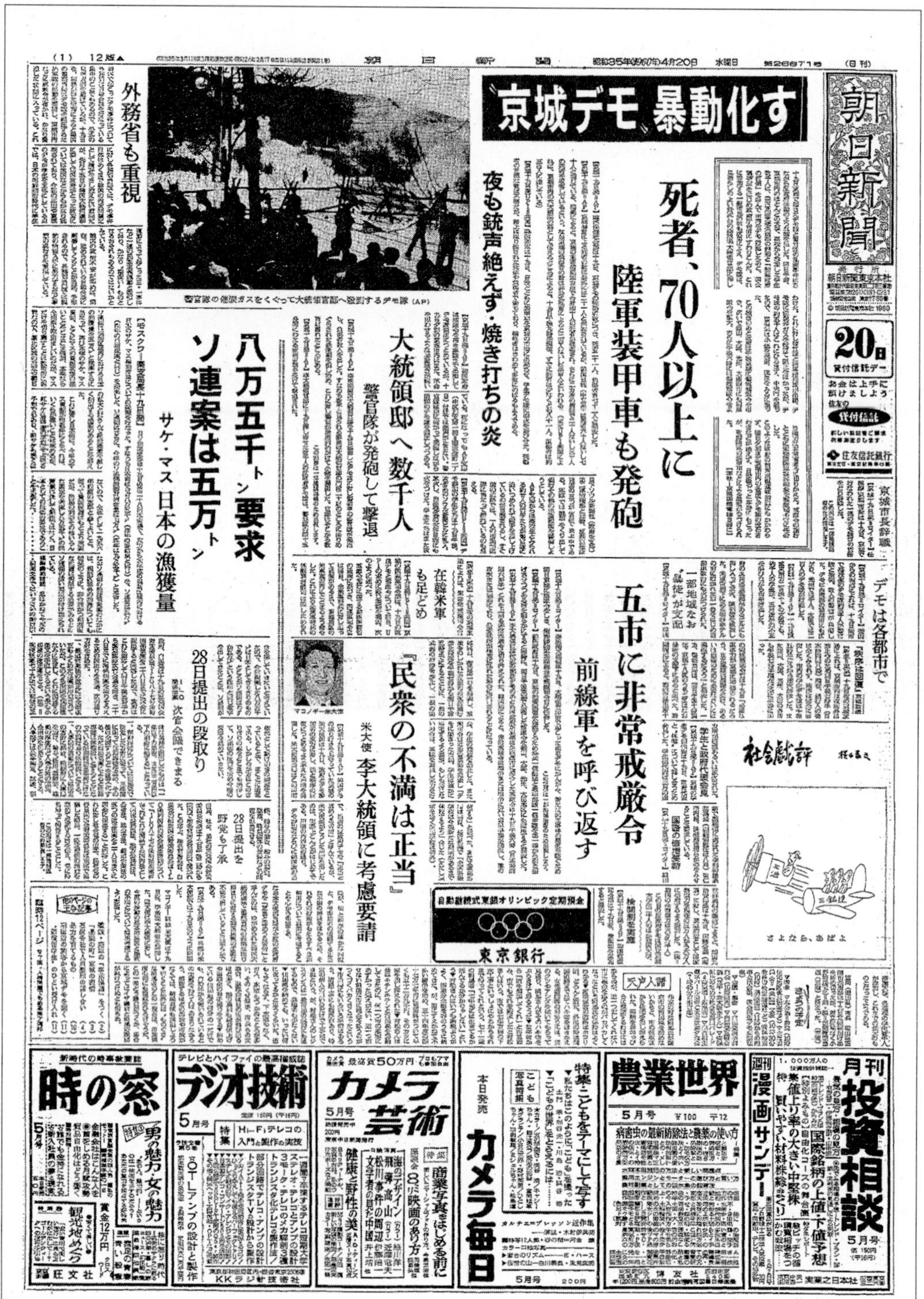
(1) 12版▲ 朝日新聞 昭和35年(1960年)4月20日 水曜日 第26871号 (日刊)

朝日新聞

「京城デモ」暴動化す

死者、70人以上に

陸軍装甲車も発砲

夜も銃声絶えず・焼き打ちの炎

警官隊の催涙ガスをくぐって大統領官邸へ殺到するデモ隊(AP)

大統領邸へ数千人

警官隊が発砲して撃退

五市に非常戒厳令

前線軍を呼び返す

一部地域なお"暴徒"が支配

『民衆の不満は正当』

米大使 李大統領に考慮要請

在韓米軍も足どめ

デモは各都市で

京城市長辞職

外務省も重視

八万五千トン要求

ソ連案は五万トン

サケ・マス日本の漁獲量

28日提出の段取り

次官会議できまる

28日提出を野党も了承

社会戯評

さよなら、あばよ

自動継続式東銀オリンピック定期預金

東京銀行

20日 貸付信託デー

住友信託銀行

1960년 4월 20일 「'경성 데모' 폭동화」 등, 본문 pp.174~179 참조

1960년 4월 19일 석간(1면)

경성(京城)에 계엄령 - 경찰, 데모대에 발포

〈경성 19일발=로이터〉 한국정부는 19일 수도 경성 지구에 계엄령을 선포했다.

19일 이승만(李承晩) 한국대통령 관저를 포위한 데모대에 대해 경비중인 경찰이 발포하여 부상자가 여러 명 나왔다.

곧 수 천 명으로 보이는 군중이 대통령 관저 문 앞 20m에 둘러쳐진 철조망을 무너뜨리기 시작하였고, 이에 대해 경관이 맨 앞줄을 향해서 소총을 발사했다. 관저는 그곳에서 수 백m 떨어진 곳에 있고 이승만 대통령은 관저 안에 있는 것으로 보여진다.

데모대는 최초의 발포로 물러났지만, AP기자에 의하면 최초의 일제 사격 후에도 단속적인 발포가 있었다고 한다.

임(任) 시장 사직

〈경성 19일발=로이터 · 공동〉 임흥순(任興淳) 경성시장은 19일 경성에서 일어난 일련의 데모 소요의 책임을 지고 사직했다. 한편 한국에서 가장 큰 경성국립대학(京城國立大學)의 학생 약 2천명도 19일 오전 반정부데모에 가담하였고, 이 데모를 저지하기 위해 경찰은 연막탄을 발사하여 시내는 혼란에 빠졌으며 경성의 동대문경찰서의 유리창은 학생이 던진 돌에 의해 거의 깨졌다. 가로에서는 수 천의 보행자가 데모 학생에게 박수를 보냈다. 시내 3개소에서 학생과 경찰이 충돌하였으며, 약 천 명의 학생이 국회의사당 앞에서 연좌농성하고 있다.

1960년 4월 20일(1면)

'경성(京城) 데모' 폭동화

사망자 70명 이상으로 – 육군 장갑차도 발포
밤에도 끊이지 않는 총성, 불타는 화염

19일 경성에서 일어난 데모대와 경찰의 난투사건은 마치 반정부 폭동과 같은 모습을 보였다. 같은 날 오전 경성 시내의 대부분의 대학, 고교에서 참가한 학생 수 천명은 한국 정부통령선거의 무효와 '독재정부의 타도'를 외치며 시내를 행진한 후 국회의사당을 비롯한 정부청사 앞에서 연좌농성을 벌였다. 여기에 참가한 일반 시민의 수도 점차 늘어 데모대는 전망 좋은 경무대(景武臺)의 이승만(李承晩) 대통령 관저로 밀려들어갔다. 이에 대해 경찰과 육군헌병대가 출동, 데모대에 최루탄 가스를 던져 저지를 시도하였으나, 데모대 약 5천명은 이것에 굴하지 않고 중앙문을 부쉈고 경비대는 소총을 발사해 유혈사태가 일어나게 되었다.

이 소동 이후 정부는 오후 경성에 경계계엄령을 선포하였고, 뒤이어 부산, 대구, 광주, 대전 4개 도시까지 계엄령을 확대하였다. 또한 오후 6시에는 경계계엄령을 보다 강력한 비상계엄령으로 바꾸었다. 계엄령의 시행과 함께 송요찬(宋堯讚) 육군참모총장을 계엄사령관으로 임명했다.

이러한 정부의 치안회복 강경조치에도 불구하고 동일 저녁까지 경성 시내의 각지에서 데모대의 투석 소동이 계속되었고, 일몰 후 가까스로 평온을 되찾았으나 야간에는 육군의 장갑차 등에 의한 삼엄한 경계가 계속되었다.

〈경성 19일발=AP〉 한국 보건사회부는 19일 경성 데모의 사상자 수에 대해 사망자 21명, 부상자 172명이라고 발표했다.

〈경성 19일발=AP〉 경성 폭동에 의한 사망자 수는 공식적으로는 21명으로 발표되었지만, 한국일보(韓國日報 · 중립계)는 사망자가 60명 내지 70명이라고 보도했다. 같은 신문에 의하면 경성의 주요 병원 4곳에서 합계 40명의 사망자가 확인되었고, 2곳의 병원에서 20명 내지 30명의 사망자를 수용하고 있다고 전해지고 있다. 또한 경성의 부상자 수는 비공식 추정에 의하면 2백명 내지 3백명이라고 한다. (또한 UPI · 공동에 따르면 경성 시내의 6대 병원으로부터의 이야기에 의하면 19일 오후 9시 반 현재 모든 사망자는 적어도 81명, 중상자는 약 3백명에 달한다고 하였다.)

〈경성 19일발=UPI · 공동〉 한국 육군은 19일 일몰과 함께 장갑차를 경성 시가에 출동시켜 학생 데모대에 포화를 퍼부었다. 사상자의 정확한 수는 알 수 없으나, 노상은 남겨진 사체나 부상자로 가득차 희생자는 더욱 많아질 것 같다.

〈경성 19일발=AP〉 한국정부는 계엄령을 발포하고 군대까지 출동시켜 데모 진압에 노력하고 있지만, 19일 저녁의 경성 시내는 여전히 혁명이라고 생각될 정도로 폭동 소요가 계속되고 있다. 밤이 되어서도 AP지국(중구 을지로 1가 = 구(舊) 고가네쵸(黃金町) 1초메(丁目)) 부근에서는 총성이 그치지 않았다. 경찰은 허공을 향해서 발포하면서 거리의 데모대를 진압하고 있다. 현재 서울신문사(정부 지지), 제2군 정보부와 건물, 반공선전진열관 3곳이 화재로 불타고 있다. 군대에서는 전차를 출동시켜 은행 및 기타 주요기관을 경계하고 있다.

AP지국에서는 고교생으로 보이는 약 20명의 청년들이 경찰에 쫓겨서 양손을 들고 있는 것이 목격되었고, 바로 앞의 도로에서는 한 사람의 시민이 유탄에 맞아서 쓰러지는 것이 보였다고 한다.

데모 참가 학생들은 19일 오후 정부계인 서울신문 빌딩에 난입하여 방화하였고 자유당(自由黨)계인 세계일보에도 불을 질렀다. 학생들은 또한 정부의 반공연맹본부가 있는 빌딩에도 밀려들어가 방화하였고 전시물을 파괴했다. 미군 관리 하에 있는 조선호텔 앞에 있던 차 1대를 비롯한 자동차 여러 대도 불탔다.

5개 도시에 비상계엄령 - 전선군(前線軍)을 동원하다

〈경성 19일발=로이터〉 이승만 대통령은 19일 대통령 관저 앞에서 일어난 유혈 데모를 감안하여 새로운 유혈사건의 발생을 막기 위해 동일 경성에 계엄령을 선포하고 송요찬 육군참모총장을 계엄사령관에 임명했다.

한국정부는 19일 경성의 치안회복을 촉진하기 위해 보병 1개 사단과 전차부대 1개 중대를 제1선에서 동원할 뜻을 밝히는 동시에 동일 오후 경성에 선포한 계엄령을 부산, 대구, 광주, 대전 지구에도 적용한다고 발표했다.

이(승만) 대통령 관저 부근의 유혈 데모 이후 한국정부가 경성 외 4개 도시에 발령한 계엄령은 19일 오후 6시(일본시각 6시 반) 이보다 위 단계인 비상계엄령으로 바뀌었다. 한국법에 의하면 비상계엄령은 전쟁 또는 전쟁에 준하는 긴급사태가 발생하여, 적의 공격 또는 포위에 의해 공안질서가 극도로 어지러운 경우에 선포되는 것이다.

19일 밤 경성방송에 의하면 송 비상계엄사령관은 동일, 포고 제1호를 발표하여 계엄령이 선포된 5개 도시의 야간통행 금지시간을 오후 7시부터 다음날 오전 5시까지로 하고, 모든 무기 소지를 금지하며, 모든 집회와 학생의 등교를 금지했다. 또한 송 사령관은 권고담화를 발표하여 "데모에 모인 시민, 학생은 속히 귀가할 것을 요망하고, 만약 응하지 않을 경우에는 군대를 동원하여 실력을 행사할 것이다"라고 말하였다. 또한 문교부당국은 동일 장관명의로 "전국 각급 학교는 앞으로 새로운 지시가 있을 때까지 휴교 하도록" 명했다.(다만 경성 이외의 국민학교는 예외)

경성방송 "질서는 회복"

〈신아(新亞)=도쿄(東京)〉 19일 밤 경성방송에 의하면 경성 시내는 야간 외출금지령에 의해 동일 오후 7시 반(일본시각 8시) 현재 통행인의 모습은 전혀 보이지 않고, 질서는 완전히 회복되었다. 시내의 학생 데모대는 오후 5시 반쯤 점차 해산했다. 또한 부산, 대구, 광주, 대전의 각 도시도 오후 7시 반 현재 완전히 평정을 되찾았다.

학생과 정부대표 회견

〈경성 19일발=AP〉 경성의 학생데모 측 대표는 19일 정부대표와 '휴전'에 대한 협의에 관해 회견하였다. 학생 측 대표는 3월의 선거에서 부통령에 당선된 이기붕(李起鵬) 민의원의장(부통령 취임은 8월), 최인규(崔仁奎) 내상(內相), 홍진기(洪璡基) 법상(法相) 등이 나와 줄 것을 요구하였다.

국경(國警=국가경찰: 역자)의 증원 요청

〈경성 19일발=로이터〉 한국 세계통신의 보도에 의하면 조인구(趙寅九) 치안국장은 19일 국무회의(각의)에 대해 긴급조치로서 국가경찰력을 현재의 3만명에서 6만명으로 증원해줄 것을 요청했다. (주: 한국의 전 경찰력은 6만9천명)

이날의 반정부 데모는 국립경성대학생 2천명 외에 건국대학, 고려대학, 각 고교생 수 천명이 참가하여 지금까지 최대 규모였다.

검열제를 실시

〈경성 19일발=AP〉 한국 계엄사령부는 19일 밤 검열제를 실시한다고 발표했다.

"민중의 불만은 당연" - 미(美) 대사 이(승만) 대통령에게 고려 요청

〈경성 19일발=AP〉 한국 데모의 향배를 주시하고 있는 경성의 미 대사관은 19일, 정부와 데모 참가자 쌍방에 대하여 법과 질서의 회복에 노력해 줄 것을 호소하는 성명을 발표했다. 미 대사관 당국은 이 성명에서 지금의 반정부 데모를 "정당하고 인정할 만한 고충"이라고 하였는데, 미 대사관이 이러한 성명을 낸 것은 실질적으로 이번이 처음이다. 성명의 내용은 다음과 같다.

"데모 참가자 및 한국정부 당국이 법과 질서를 조속히 회복하고 데모 참가자가 표명하는 정당한 불만을 해결하기 위해, 각자의 행동이 가져올 여러 결과에 대해서 진지하게 생각해줄 것을 충심으로 희망한다."

또한 미 대사관 당국이 이번 반정부 데모를 "정당하고 인정할 만한 고충"이라고 말한 것은 잘못된 한국 대통령선거와 경찰당국의 과격한 단속에 대한 한국 민중의 광범위한 불만을 가리키고 있는 것은 명백하다.

현지의 미 대사관에서는 19일 다음같이 성명을 발표했다.

매카나기(Walter P. McConaughy) 주한 미 대사는 19일 밤, 이승만 대통령을 방문했다. 대사는 이 대통령에 대해 이번 폭동의 기본적 원인과 민중의 불만에 대해 신중하게 고려할 것을 요청했다.

재한(在韓)미군도 대기령

〈경성 19일발=UPI · 공동〉 경성의 유엔군사령부는 19일 유혈데모와 계엄령에 대해서 같은 날 UPI의 질문에 대하여 다음과 같은 담화를 발표하였다.

계엄령 시행에 관한 한국 국방성의 통보에 기초하여 유엔군사령관은 동일 전 미군 장병에 대해 추후 통지가 있을 때까지 경성지구의 미군시설 내에 대기할 것을 명령했다. 이것에 의해 전 미군장병의 휴가여행 허가는 중지되었다.

외무성도 중시

한국에서 발생한 데모사건에 대하여 외무성은 일한회담을 진행하고 있는 도중이므로 공식적인 견해 표명은 피하고 있으나, 19일 밤 동 당국이 얻은 정보에 의하면 한국의 경찰 당국은 데모대를 진압하기 위해 군대의 출동을 요청하였고, 경성 시내 등에 계엄령을 선포하는 등 매우 긴박한 상태인 것으로 알려졌다. 이에 대해 외무성 당국은 데모사건 자체는 어디까지나 한국의 내정문제이므로 논평을 회피하였으나, 지난 달 15일의 한국 대통령선거에서 한국정부가 취한 정책에 대해서는 미국 등으로부터도 크게 비판받고 있으며, 이번의 마산이나 경성의 데모가 학생을 주체로 하고 있는 점에서는 일본의 조선통치 시절 학생운동에 의해 일어난 3·1사건 등 일련의 민족주의 운동과 유사한 점이 있어 매우 '뿌리 깊은' 움직임이 될 위험성도 있다고 보고 있다.

한국의 정정(政情)불안이 계속되면 현재 진행되고 있는 일한회담에 영향을 미칠 것이 당연히 예상되기 때문에 외무성 당국은 현지의 정보수집에 노력하는 등 사태의 추이를 중시하고 있다.

1960년 4월 20일(2면)

[사설] 심각해지는 한국 정세

한국의 정치정세는 19일 오후에 이르러 중대한 상태가 되었다. 수도 경성(京城)을 비롯한 부산(釜山)등 중요 도시에서는 비상계엄령이 선포되었다. 학생을 주력으로 하는 데모대에 대해서 경찰이 발포하여 매우 많은 사상자를 내었는데 결국 군대까지 출동하기에 이르렀다.

마산(馬山)의 유혈 사건이 이 중대사태에까지 발전된 것은 이번의 대통령 선거에서의 정부의 극단적인 선거 간섭 및 부정 투표가 직접적인 원인이지만, 그 배경에는 이승만(李承晩) 정부의 장기간에 걸친 지나친 독재정치에 대한 대중의 누적된 불만이 폭발된 것으로도 보여진다. 데모대에 대하여 민중은 지지 태도를 보이고 있고, 경성 등에서는 방관자도 데모에 합류하는 광경을 보이고 있어, 이번 사건이 우발적인 것이 아니라 보이지 않는 뿌리깊은 원인이 있다는 점을 말해주고 있다.

주목할 만한 것은 경성의 미국 대사관이 2회에 걸쳐 성명을 발표하여 정부와 데모 참가자에게 질서 회복을 호소함과 동시에 그 성명 중에 데모대의 불만을 "정당하고 인정할 만한 고충"이라고 표현하여 한국정부 측에 반성을 요구하고 있다는 것이다. 미국 정부는 이미 대통령 선거 직후, 선거를 둘러싼 폭력사건에 대해서 내정 간섭에 미치지 않는 범위 내에서 유감의 뜻을 표명했다. 이번 사건에서도 미 대사가 직접 이(승만) 대통령에게 계엄령을 시행할 수밖에 없게 된 근본 원인에 대해 생각할 필요가 있음을 강조한 것은 미국 정부의 이승만 정권에 대한 의사 표시로서 매우 중대한 의의를 갖는다고 이해할 수 있다.

한국의 치안이 이후 어떠한 변화를 보일지 또한 정치정세가 어떠한 추이를 보일지는 아직 명확히 예측할 단계는 아니지만, 이웃 나라에서 발생한 이 중대사태에 대해서는 예의 주시하지 않을 수 없다.

일한교섭은 재개되었고 다음 주부터 분과위원회가 열리는 단계에 와 있다. 우리는 일한 양국간의 국교정상화를 요망하고 있으며, 그 전제로서 이른바 '이(李) 라인' 문제의 근본적 해결의 필요성을 통감하면서 이점을 지적해온 것이다. 일본 측은 이미 '이 라인'의 해결을 위하여 작년 가을에 어족자원 보호의 원칙에 입각하여 어업의 조정을 시행하자는 취지의 잠정안을 제시했지만 이승만 정부는 이에 대해 어떠한 견해도 보이지 않았고, 반대 제안도 없이 오늘에 이르고 있다. 또한 이번 교섭재개에 있어서도 '이 라인' 문제를 거론하는 것에 대해서 한국 측은 매우 소극적인 태도를 보이고 있다.

총성은 19일 밤에도 여전히 계속되고 있고 정부계 신문사 등의 건물에 대해 방화가 이루어지고 있다. 일본 정부로서는 이러한 한국의 정세 불안에 대해 그 정세의 움직임을 정확히 파악하고, 진행 중인 일한교섭에 대해서도 충분히 신중한 태도를 가질 것을 감히 요망한다.

1960년 4월 20일(3면)

'폭동의 거리' 경성(京城)의 표정

총격을 받은 학동(學童) – '재선거'를 외치는 데모

〈본사–경성 AP지국 국제전화〉 본사는 19일 밤 경성의 AP통신 경성지국을 국제전화로 연결하여 폭동화까지 발전한 데모대와 경찰의 충돌의 상황을 비롯하여 다음과 같은 생생한 현지의 상황을 들었다.

문 : 대통령 관저가 반정부 데모에 습격당했을 때의 상황은 어떠했는가?

답 : 대통령 관저의 문 앞에 둘러쳐져있는 철조망을 향해서 많은 군중이 밀려들어왔는데 이 군중에 대한 최초의 발포가 들린 것은 오후 1시(일본시각 오후 1시 반)가 조금 지나서였다. 그 때 군중의 일부는 철조망을 무너뜨리기 시작하였다. 경찰은 소총을 발사하는 동시에 최루탄도 사용하였지만 풍향이 마침 군중 쪽으로 향하지 않고 경찰 쪽으로 향하여 경찰이 연기에 휩싸였다. 맨 앞줄에 있었던 학생들은 즉시 최루탄을 집어 경찰 쪽으로 던졌다.

문 : 현재(일본시각 20일 오전 0시) 거리의 상황은 어떠한가?

답 : 오후 7시 외출금지령이 내려졌고 또한 비상계엄령도 내려져 거리는 조용하다. 거리의 교차로, 주요 정부건물 및 국제전신전화국 등의 주변에는 호위병이 서 있을 뿐이다. 우리 신문기자는 외출할 수 있지만 일일이 통행증을 보여주지 않으면 안 된다. 그러나 통행증을 가지고 있어도 외출은 위험하다. 조금 전 경성시의 동쪽에 학생 게릴라가 집결하고 있다는 정보가 들어왔지만 규모는 작은 것 같다.

문 : 거리는 아직 불타고 있는가?

답 : 현재 여기서는 불길이 보이지 않는다. 그러나 정부를 지지하는 서울신문은 불에 탔고 내부는 완전히 비어 있다. 그 외에 반공선전진열소 등도 방화된 것 같다.

문 : 대통령 관저 앞에서 소동이 일어난 후 도시의 상황은 어떠했나?

답 : 이번 소동은 대학생 및 고교생이 학원의 자유를 부르짖으며 데모 행진을 시작한 것이 발단이지만, 처음에는 이것을 방관하고 있던 시민도 점점 합류하였고 최종적으로는 거의 도시 전체가 데모에 참가한 것 같은 모습을 보였다. 군중은 국가를 부르며 '청결한 민주정부'를 주장하였고, 대통령 재선거를 외치며 걸었다.

문 : 정부는 군대 1개 사단을 투입했다고 하던데…….

답 : 그렇다. 군대가 시내에 나타났을 때 군중은 박수를 치며 환영했다. 한국인은 경찰은 신뢰하지 않지만 군대는 지지하고 있는 것 같다. 이 1개 사단이 어디서 왔는지는 분명치 않지만 경성 교외에서 우선 급파된 것은 확실하다.

문 : 군대가 정부에 반기를 들고 돌아서는 것은 생각할 수 없는가?

답 : 그것은 지금으로서는 생각할 수 없다. 지금 조짐으로는 그러한 일은 없다고 생각된다. 군대는 지금 도시의 요소요소에 배치되고 있고 방송국 등도 지키고 있다. 따라서 내일도 대규모 소동이 일어나는 것은 없지 않을까?

문 : 오늘 밤 검열이 실시되었다고 하던데…….

답 : 검열은 국내에만 해당되는 것으로 우리의 전보는 검열당하고 있지 않다. 국내의 검열도 데모나 반정부 폭동에 관한 것에만 해당되는 것 같다. 조간이 나오는 것은 아직 시간적으로 이르지만 서울신문은 발행되지 않을 것 같다.

문 : 데모대 일부가 라이플, 카빈 소총을 소지하고 있다고 하는데 어떻게 입수한 것인가? 데모대에 공산당원은 없는가?

답 : 경성시민의 일부는 오래 전부터 소화기(小火器)를 소지하고 있었던 것으로 생각되는데, 경찰을 습격해서 그것을 입수했다고는 생각할 수 없다. 적어도 지난 며칠간 그러한 말은 들리지 않았다. 데모대 중에 공산당이 있는지 어떤

지는 알 수 없지만 만약 있다면 그들은 매우 교묘하게 위장하고 있어서 그 정체를 확실하게 나타내고 있지 않다. 일반적으로 말할 수 있는 것은 한국인의 사이에서는 반공의 분위기가 매우 강하고, 데모대의 대부분은 야당 민주당(民主黨) 지지자일 것이다. 어쨌든 그들은 애국가를 소리 높여 부르고 있다. 데모대의 중심은 학생복차림의 고교생이나 대학생이며, 기타 일반민중도 가담하고 있지만 젊은 사람들이 매우 많다. 그들은 이승만 정부의 서투른 대처로 오히려 공산주의자에게 이용되지 않을까 염려되고 있다.

문 : 부통령 장면(張勉) 씨나 야당 민주당의 움직임은 어떤가?

답 : 민주당 사람들은 오늘 낮에는 여기저기에 모여서 맹렬하게 연설하고 있었지만 당으로서는 공식적으로 현재 아무 말도 하고 있지 않다. 장면 씨의 관저는 대통령 관저에서 그리 멀지 않은 곳에 있지만 군대에 의해서 엄중히 경호되고 있는 것 같다.

문 : 그 외에 어떤 새로운 움직임이 있는가?

답 : 어쨌든 큰 소동이었다. 오늘 낮 이 지국의 창문에서 내려다보고 있는데 학동이 총격을 받고 있는 것이 보였다. 이 지국이 있는 건물은 미국대사관을 비스듬히 바라보고 있는 반도호텔에서 가깝다. 데모가 한창인 때에는 전화의 소리가 때때로 거리에서 울리는 총성에 묻혀 들리지 않았다. 방금 들어온 정보로는 시민 일부가 경찰을 노리고 공격했다가 바로 체포되었다고 한다. 밤중이지만 라디오 방송은 계속되고 있다. 한국어로 내용은 잘 알 수 없지만 뉴스방송인 것 같다.

이(승만) 대통령 괴로운 처지에 - '독재'에 국민의 분노 폭발

[해설] 경성의 대통령 관저 앞에서 일어난 이번 민중과 경찰의 충돌사건은 지난 12년간에 걸친 독재적인 이승만(李承晩)정권에 대한 한국 민중의 분노가

마침내 폭발한 것으로 주목된다. 외신에 의하면 대통령 관저에 몰려든 수천의 민중 데모대에 대해 경찰이 40여 분에 걸쳐 계속 사격을 가해 약 3백명의 사상자가 발생하는 대참사가 일어나게 되었으나, 이 사건을 계기로 반정부데모는 전국적으로 확산되었다. 이렇게 보면 이번 소동이 단순한 민중의 반정부데모 성격으로부터 이른바 '폭동적'인 양상을 띠게 되었다고도 말할 수 있으므로, 한국의 사회불안, 정치불안이 심각해 진 것은 숨길 수 없다.

민중의 반정부행동이 여기에 이른 것은 결코 우발적이라고는 할 수 없다. 정부와 여당 자유당의 야당 민주당에 대한 노골적인 강압행위나 민중의 반정부데모에 대한 고압적 단속은 이 정권 12년간에 여러 번 일어났으나, 이번 소동이 발생한 직접적인 계기는 지난 3월 15일의 대통령, 부통령 선거에 대해 마산(馬山)에서 일어난 불법선거의 무효를 호소하는 민중데모였다. 이번 정부통령 선거에서는 이승만 씨의 대통령 4선과 부통령에는 직계 자유당후보 이기붕(李起鵬) 씨의 당선을 위하여, 정부 당국의 선거간섭은 상당히 노골적이었던 것 같다. 야당의 선거운동에 대한 부당한 단속이나 야당 운동자에 대한 정체불명의 살상사건까지 연이어 발생하였고, 이것이 야당과 민주의 반발을 사게 되어 마침내 선거 당일 마산 소동이 일어나게 되었다.

이 소동에서는 1만 명을 넘는 학생, 민중과 경찰 사이에 난투가 벌어졌고, 사망자는 9명, 부상자는 80여명이 나왔다. 이 사건에서 야당 민주당도 선거무효의 제소하였고, 한국 변호사협회도 3월 28일 마산사건이 정부불신과 불법선거에 대한 불만으로 인하여 자연발생적으로 일어난 '민중궐기'라는 특별성명을 내었으며, 한국 언론계의 대다수도 대중 지지를 표명하는 등 대중의 반정부데모는 많은 지지와 동정을 모았던 것이다. 4월 8일 IPI(국제신문편집자협회)협회원의 경성 체제 중에 5천의 시민을 동원한 부정선거에 대한 항의데모가 일어난 것에 뒤이어 4월 11일부터 3일간 다시 마산에서 소동이 일어났다.

이번 사건의 발단은 이전 제1차 마산소동 때 살해당한 것으로 보이는 1명의 고교생의 시체가 마산 해변에서 발견되면서부터이다. 2만의 민중과 학생이 '시체를 돌려달라'고 경찰을 향해 데모하였지만 이때에도 사망자 3명, 부상자 20여 명이 나오게 되었다. 정부당국은 계속되는 반정부 데모를 '공산주의자의 음모'로 단정해 철저한 단속을 하는 한편 사건의 책임자인 내무부장관, 경찰국장을 경질하고, 제1차 마산소동의 선동자로 체포된 5명의 민주당원을 석방시키면서, 또한 연례적으로 해왔던 육해공 3군에 의한 이 대통령 탄생 축하 퍼레이드(3월 26일)도 중지하는 등 사태를 수습하고 민심을 자극하지 않도록 노력했던 것이다. 그러나 야당과 민중의 반이승만 감정은 매우 뿌리 깊었고, 17, 18일에는 인천(仁川)을 비롯한 전국 각 도시에서 반정부데모가 재연되어 데모대와 경찰의 충돌사건이 일어나 많은 체포자가 나오게 되었다.

이번 데모대의 대통령 관저 습격사건은 대통령선거 이후 1개월에 걸쳐서 계속된 야당과 민중의 반정부 데모가 마침내 확대되어 폭동의 양상을 보이게 된 것이라고 할 수 있다. 이번의 '폭동'으로 주목되는 것은 한국 여론뿐만 아니라 자유진영 내의 견해가 반정부데모 측에 동정적이라는 것과 특히 주한 미 대사관 당국의 견해가 당면한 반정부데모를 '정당하고 인정할 수 있는 고충'이라고 말하고 있다는 점이다. 이렇게 보면 지난 12년간 '우리 길을 간다'고 한 독재적인 이승만정권은 최대의 곤경에 처했다고 해도 과언이 아닐 것이다. 6월 하순에는 아이젠하워(Dwight Eisenhower) 미 대통령이 한국을 방문하기로 되어 있으나 그때까지 이 정권이 어떻게 사태 수습을 도모할지 매우 주목되는 바이다.

1960년 4월 20일 석간(1면)

미국, 한국에 강력한 경고 – 허터 장관이 각서를 전달

'민주권리' 보호를 위해 유효한 조치를 취하라

〈워싱턴=가와무라(河村) 특파원 19일발〉 허터(Christian A. Herter) 미국 국무장관은 19일 오후 4시 반 양(梁裕燦: 역자) 한국 주미대사를 국무성으로 불러 한국의 데모사건에 대해 "깊은 우려"를 전달함과 동시에 한국이 민주적 권리를 보호하기 위해 "필요하고도 유효한 조치를 취해야한다"는 취지의 강한 경고를 하였다. 이는 3월 한국대통령 선거의 직후의 경고에 이어 두 번째의 강경한 경고로 미국이 한국의 현황에 대해 가지고 있는 강한 불만을 나타내는 것이다.

경성(京城)과 기타 지역에서의 데모와 그것에 대한 탄압 소요는 미국에서 큰 주의를 끌었고, 워싱턴에서는 모든 석간이 톱기사로 보도하고 있다. 허터 장관과 양 대사의 회담은 30분이었고, 그 자리에서 허터 장관은 미국의 각서를 직접 전하였는데 그 각서를 요약한 것이 국무성 대변인인 화이트(Lincoln White) 씨에 의해 발표되었다. 이 발표에 의하면 허터 장관은 "한국에서의 심각한 사회불안과 폭력 행위"에 대한 미 정부의 우려를 전함과 동시에 이 데모가 최근의 선거나 탄압에 대한 국민 모두의 불만의 반영이라는 미 정부의 견해를 전했다.

허터 장관은 또한 한국정부가 언론, 집회, 보도의 자유를 보호하기 위해 "필요하고도 유효한 조치"를 취해야 한다고 말하였다. 이를 통해 보면 미 정부는 분명히 데모대에 정당한 이유가 있고, 경찰의 행동은 지나치다는 입장을 취하고 있다. "필요하고도 유효한 조치"라는 것은 무엇인가? 국무성 당국은 "그것은 한국이 스스로 결정할 일이다"라고 신중한 태도를 보였다. 극동통(極東通) 등의 사이에서는 대통령 선거를 다시 해야 한다는 생각이 강하지만, 허터 장관은 거기까지 말하지는 않은 것 같다.

한 나라가 다른 나라의 선거나 데모에 대해서 이토록 강한 어조로 비난하는 것은 매우 드물다. 상식적으로 본다면 내정 간섭으로 보여도 어쩔 수 없는 행동을 굳이 미 정부가 행한 것은 한국의 현 상황에 대해 미국이 좋지 않은 감정을 가지고 있고, 미국의 세계정책상 그럴 수밖에 없는 입장이 배경이 되었다. 3월 대통령선거에서의 '비정상적인 현상'은 미국에 널리 전해져서 한국의 성격에 대해서 깊은 의문이 제기되었다. 그것이 전례 없는 허터 장관의 첫번째 대한(對韓) 경고로 나타났다.

아이젠하워(Dwight Eisenhower) 미 대통령이 현재의 계획대로 한국을 방문할지 어떨지에 대해서 백악관에서는 노코멘트이다. 그러나 예정대로 간다고 해도 한국의 비민주적 성격이 장기간 보여진 뒤의 방문은 약간 이상한 것이 될 것 같다. 미국은 반공전선의 제1선으로서 계속 한국의 스폰서이지만 이(승만) 정권의 비민주적인 성격은 '반공'을 명목으로 이 상황을 그냥 보고 있을 수는 없게 된 상황이라고 국무성의 고관은 말하고 있다.

남미나 남아프리카에 대해서는 독재체제나 비민주주의적 조치를 비난하면서 한국의 상태를 묵시(默視)하는 것은 이치에 맞지 않는다. 평화공존시대에 들어와 민주주의의 챔피언인 미국이 세계를 대할 때, 해외에서 미국의 이미지가 매우 손상될 우려가 있다는 것이다. 화이트 씨의 발표 요지는 다음과 같다.

국무장관은 19일 오후, 한국에서 계속되고 있는 심각한 사회불안과 폭력행위에 대해 미 정부의 깊고도 큰 우려를 표명하기 위해 한국대사를 불렀다. 이러한 사항은 한국정부의 책임에 속하는 것이지만 미 정부는 주목할 수밖에 없다. 그것은 미국이 한국의 주요한 지지자로서 또한 한국의 유엔 가입의 신청자로서, 한국의 우방, 지지자, 동맹국임을 전 세계가 보고 있기 때문이다.

양 대사는, 미 정부가 한국의 데모는 자유로운 민주주의에 반하는 최근의 선거와 탄압행위에 대한 모든 불만의 표명이라고 믿고 있다는 취지를 전해 받았다. 국무장관은 양 대사에게 해외의 반향이 한국의 국제적 지위를 현저하게 약화시킬 것이라는 점에 대해서 한국정부의 주의를 환기하도록 요구했다.

또한 장관은 한국정부는 모든 신뢰를 회복하기 위해 언론, 집회, 보도의 자유를 보호하고, 투표의 비밀을 지키고, 야당에 대한 부당한 차별을 막기 위한 필요하고도 유효한 조치를 취해야 한다고 말하였다.

아이크 방한을 중지하라 - 미 의원 표명

〈워싱턴 19일발=UPI · 공동〉 미 민주당 우돌 하원의원은 19일 하원 본회의에서 "아이젠하워 대통령의 6월 한국방문은 취소해야 한다"고 발언하였다.

군(軍)의 소년 사살로 긴박 - 경성(京城)시내 아직 계엄상태

〈경성 20일발=AP〉 경성은 새벽과 함께 평온함을 되찾고 있지만, 군대는 시내의 주요 건물을 경계하거나 시내 순찰을 계속하고 있다. 계엄령이 선포되었지만 치안은 아직 완전히 회복되지 않았다. 전차 4대와 부대를 태운 트럭 3대가 데모대가 아직 버티고 있는 경성 동북부의 교외로 향하였다. 2, 3 곳의 고립된 장소를 제외한 시내 전체는 엄중한 군의 경비하에 있어 조용하다.

〈경성 20일발=로이터〉 19일 데모로 한국의 5개 도시에 비상계엄령이 선포되었는데 경성, 부산(釜山), 대전(大田)에서 70명에서 80명 정도의 사망자가 나왔고 부상자는 1천명에 달하는 것으로 보이고 있다.

〈경성 20일발=UPI · 공동〉 비상계엄령이 선포되어 있는 수도 경성의 국회의사당 앞에서 20일 아침 14세의 소년이 한국 군대에 의해 사살되었다. 19일에 이어서 새로이 폭동이 일어날 것 같은 불온한 분위기에 휩싸이고 있다.

소년이 사살당한 이유는 분명하지 않지만 시체는 전날 폭동의 현장 부근에 한동안 방치된 상태였다. 이로써 이번 폭동에 의한 희생자의 수는 UPI통신의 집계에 의하면 적어도 한국 전국에서 사망자 98명(경성에서만 93명), 부상자 3백 명에 달하고 있다. 또한 20일 아침 경성 시내에서 한국군인 2명이 누군가에게 얻어맞거나, 경성 근교에서도 충돌사건이 있었다고 전해지고 있다.

새로운 선거를 요구 - 장면(張勉) 씨(민주)

〈경성 20일발=AP〉 한국의 장면 부통령(민주당(民主黨))은 20일, 지난 3월 15일에 시행된 대통령선거에 대해서 "이승만(李承晩)정부는 새로운 선거를 시행하지 않는다면 궐기한 민중을 달랠 수 없다. 국민이 반항하고 있는 단 한가지의 이유는 부정한 선거에 있다"라고 말하였다. 한편 장면 씨는 3월의 선거에서 이승만 대통령 직계의 부통령 후보 이기붕(李起鵬) 씨에게 패하여 재선되지 못하였다.

미국인 3명 부상

〈경성 19일발=AP〉 경성 폭동에서 3명의 미국인이 부상당하였고, 그 중 1명이 중태에 빠졌다. 그 한 명은 미국 실업가 제임스 윌콕스(James Wilcox) 씨로 시내의 반도호텔의 옥상에서 소요 상황을 바라보다 유탄이 심장 아래를 명중하여 미육군병원에서 탄환을 제거했지만 중태라고 전해지고 있다.

긴급국무회의

〈경성 20일발=AP〉 총탄과 계엄령으로 진압한 한국의 폭동에 대해 미국으로부터 신랄한 비판을 받고 중대한 위기에 직면한 이승만 정부는 20일 긴급국무회의(각의(閣議))를 열었다.

1960년 4월 20일 석간(1면)

한국군과 주한유엔군의 성격을 추급, 중의원 안보특별위

20일 중의원 안보특별위원회가 오전 10시 25분 개회되어, 오카다 하루오(岡田春夫) 씨(사회당)가 19일 한국의 경성(京城)에서 일어난 반정부데모에 대해 질문하였고 뒤이어 신안보조약에 대한 질문을 행하였다.

오카다 하루오 씨 : 경성에서의 반정부데모에 대해서 정확한 정보를 보고하기 바란다.

후지야마(藤山愛一郎: 역자) 외상 : 정부는 한국에 공관을 가지고 있지 않아서 신문보도와 대동소이한 실정밖에 파악할 수 없다.

오카다 씨 : 폭동의 원인은 어디에 있다고 생각하는가?

외상 : 이전 대통령선거에서 상당한 무리가 있었고, 그 당시 정부의 탄압에 대한 반발이 원인이라고 생각한다. 그러나 전체적으로 보면 한국의 국민이 평소에 이승만(李承晩) 정권에 대해 불만을 가지고 있었다고 보여진다.

기시(岸信介: 역자) 수상 : 직접적으로는 대통령선거가 도화선이 되었다고 보이지만 그것뿐만 아니라 국민들 사이에 정부의 정책에 대한 불만이 쌓인 것으로 보고 있다. 중대한 관심을 가지고 있으며 실정을 신속하게 파악하고자 한다.

오카다 씨 : 매카나기(Walter P. McConaughy) 주한 미 대사가 "데모대가 표명한 불만은 정당한 것"이라고 했는데 이것을 어떻게 생각하는가?

수상 : 정부로서는 단정적인 견해를 말할 시기가 아니다. 자료를 모아서 정확한 실정을 파악하고 싶다.

오카다 씨 : 공산주의자의 책동에 의한 것이 아니라는 점은 확실한 것인가?

수상 : 대통령선거에 대한 불만, 내정 상의 문제가 중첩된 것으로 보는 것이 상식적이다.

오카다 씨 : 이번 반정부데모사건은 미한(美韓)조약의 적용을 받는 것은 아니라고 생각하는데 어떻게 생각하는가?

다카하시(高橋通敏: 역자) 외무성 조약국장 : 적용을 받는 조항은 아니다.

오카다 씨 : 그것은 국내문제이기 때문인가?

조약국장 : 외부로부터의 무력공격에 해당하지 않기 때문이다.

오카다 씨 : 미군이 출동하면 내정 간섭이 된다고 생각하는가?

조약국장 : 한국 측이 요청한다면 상호협력의 형태가 되기 때문에 출동할 수 있다고 생각한다.

오카다 씨 : 유엔헌장에 군의 출동에 관한 상호방위조약 이외에 어떤 다른 규정이 있는가?

조약국장 : 요청을 받아도 무력을 행사하지 않는 경우도 있으며, 그런 것을 유엔헌장은 금지하고 있지 않다.

오카다 씨 : 이(승만) 대통령의 정권은 이 폭동이 확대되면 국제공산주의의 간접 침략이라고 미군출동을 요청할 것이 예상된다. 그 때에도 미군은 출동하지 않는 것은 아닌가?

외상 : 현재 사태로는 미한조약에 의한 미군의 출동은 할 수 없다.

오카다 씨 : 1950년 7월 미국의 맥아더(Douglas MacArthur) 원수는 이승만에 의해 한국군사령관에 임명되었는데 이 관계는 지금도 계속되고 있는가?

조약국장 : 당시 맥아더는 유엔군사령관이었고, 그 아래에 한국군이 편입되어 있는 관계였다. 지금도 이러한 관계는 같다. 또한 지금 들어온 정보로는 경성사건에 출동한 진압부대는 유엔 기타의 지휘명령을 받지 않는 한국군이라는 것이다.

오카다 씨 : 현재 미 8군사령관은 한국군사령관을 겸하고 있지 않은가?

조약국장 : 한국군이 전체적으로 유엔군의 지휘 하에 들어가 있는 관계이다.

오카다 씨 : 한국 측도 유엔군의 일부로서 행동하는가?

조약국장 : 조선사변(朝鮮事變)의 연속이라는 입장에서의 행동은 그러하다.

니시무라 리키야(西村力弥·사회당) 씨 관련질문 : 매카나기 주한 미 대사의 이(승만) 대통령에 대한 의사표시는 어디에 기반한 것인가?

외상 : 미한간의 우호관계에 의한 것이다.

니시무라 씨 : 일미간에도 같은 관계가 인정되는가?

외상 : 재일 대·공사(大·公使)가 지금까지 우리나라 내정에 대해서 의사표시를 한 적은 없다. 인정한다, 인정하지 않는다라는 공식적인 것은 아니다.

오카다 씨 : 정부의 답변으로는 ①한국군은 유엔군에 편입되어 있다 ②그러나 데모진압에 출동한 것은 유엔군으로서가 아니라 한국군으로서 출동했다 ③재한미군은 출동하지 않고 미한조약도 발동되지 않는다 ④그러나 미한양국은 다른 면에서 협의할 수 있다 ⑤이것은 유엔헌장에 기반한 것은 아니다라고 해석되는데, 그것이 맞는가?

조약국장 : 한국군이 유엔군에 '편입되었다'라는 것은 정확하지 않다. '지휘하에 들어가 있다'라고 정정하고 싶다. 유엔헌장이 적극적으로 규정하고 있는 것은 무력행사의 금지이고, 그 이외의 것은 국제법상 합법적이면 상관없는 것이다.

오카다 씨 : 무력행사를 하지 않아도 위협 출동이 있을 수 있다. 이것은 내정간섭에 해당하지 않는가?

조약국장 : 유엔헌장이 금지하고 있는 것은 무력행사와 무력에 의한 위협이다. 그러나 어떤 국가가 군대의 출동을 요청하여 우호국이 수락하는 것은 국제법상 합법이다.

오카다 씨 : 한국이 미군의 출동을 요청하여 재일미군, 재일유엔군의 입장에서 미군이 출동하는 경우가 있을 수 있다. 정부는 출동하지 않도록 미리 요청할 생각은 없는가?

수상 : 현행조약에서는 조약상의 권한은 아니지만, 일본이 분쟁에 말려들 것

같은 경우에는 일본으로서의 의견을 말하는 것은 당연하다.

오카다 씨 : 기시·아이젠하워(Dwight Eisenhower) 공동성명에서 "국제정세를 검토하였다"라고 말했는데 국제긴장은 완화되고 있다고 보는가. 아직 격화되고 있다고 보는가?

수상 : "일미는 긴장완화에 노력해야 한다. 그러나 지금 바로 국제긴장이 완화되었다고 결론을 내리는 것은 시기상조이다. 긴장완화를 위해서는 자유주의 국가의 결속을 단단히 하고 동서간의 대화를 통하여 자신의 주장을 펴 나가는 것이 필요하다"라고 결론을 내렸다.

오카다 씨 : 그 답변으로는 긴장은 완화되고 있지 않다고 해석해도 되는 것인가?

수상 : 3년 전과 마찬가지라든가, 격화되었다고는 말하지 않았다. 그러나 완화되었다고 보는 것은 아직 조급한 생각이라고 본다.

오카다 씨 : 신안보조약에 의해서 일미간의 단결을 더욱 강화하려고 하는 기시내각은 긴장완화라는 국제정세에 역행하는 것이라는 인상이 국민에게 퍼져있는데 어떻게 생각하는가?

수상 : 동서 양 진영 모두 단결을 약화하거나 현실적으로 군축을 시행하려는 정세는 아직 나타나지 않고 있다. 평화를 위해서 서방측의 단결을 강하게 해야 한다.

오카다 씨 : 수상이 자주 말하는 국제공산주의의 위협이라는 것은 무엇인가?

수상 : 자유주의의 입장에서 말하자면 위협이 되는 것으로 특정한 나라를 말하는 것은 아니다.

오카다 씨 : 위협이라는 것은 사실 중소(중국과 소련: 역자)이지만 그렇게 말하면 외교적으로 난처하게 되어서 말할 수 없다는 것이 수상의 심중이라고 봐도 좋은가? (웃음)

수상 : 매우 다르다. 우리는 중소의 입장을 존중하고 서로 침범하지 않는다

는 것이 진심이다. 그러나 국제공산주의는 그렇게 생각하지 않는다.

오카다 씨 : 그렇다면 중소는 신조약이 대항해야 할 '공공연한 침략' 국가에 해당하지 않는다고 언명할 수 있나?

수상 : 어느 나라든 침략한다면 방위한다는 것이 신조약의 방침이다.

오카다 씨 : 작년 말에 유엔에서 82개국이 군축결의를 했고 일본은 이것에 찬성했다. 자위력의 증강은 이것에 위반한다고 생각하지 않는가?

수상 : 다른 나라로부터 침략당하지 않기 위해 필요최소한의 힘을 비축하는 것은 위반이 아니다. 이것은 군비확장의 범위에는 들어가지 않는다.

오카다 씨 : 유엔의 마쓰다이라(松平康東: 역자) 대표는 구체적으로 무엇을 하였는가?

외상 : 군축에 관한 제네바 회의는 소련, 미국, 프랑스 등의 10개국 간에 행해지고 있다. 그 이외의 나라가 구제적인 제안을 한 것은 없다.

쓰쓰미 쓰루요(堤ツルヨ·민사당) 씨 관련질문 : 수상은 중소 등 하나하나의 국가를 보면 공산 진영의 국가도 모두 평화애호국이라고 하면서, 이것이 하나로 모이면 위협이 된다는 것은 이상하다.

수상 : 국제공산주의는 세계를 공산화하려고 하는 운동이기 때문에 자유주의국가의 입장에서 말하면 위협이라는 것이다.

쓰쓰미 씨 : 사실은 중소가 위협이지만 속이고 있는 것은 아닌가?

수상 : 개개의 공산주의국가나 공산주의 진영은 위협이 아니다. 국제공산화 운동을 말하는 것이다.

오후 12시 20분 휴식.

1960년 4월 21일(1면)

불만이 없어지도록 폭동을 조사하여 처벌, 이(승만) 대통령 성명

〈경성 20일발=AP〉 이(승만) 한국대통령은 20일, 이번 폭동사건에 관련해서 처음으로 기자단에게 다음과 같은 성명을 발표했다.

나와 정부는 이번 폭력사건에 의해서 충격을 받았다. 법과 질서가 회복되어 가면 큰 불만을 가지고 있는 사람들은 그 불만이 없어질 것이라고 확신한다.

성명은 또한 다음과 같이 말하고 있다.

▷ 내가 생애를 바쳐온 애국적인 한국민이 이러한 행동에 나섰다고는 거의 생각할 수 없다. 그러나 지금은 폭동의 원인을 이러쿵저러쿵 말하고 책임의 소재를 명확하게 할 때는 아니다. 우선 가장 먼저 해야 하는 것은 법과 질서를 전면적으로 회복하고 계엄령의 시행이 더 이상 필요하지 않게 하는 것이다. 이를 위해 나는 모든 한국인이 자기의 애국심을 보이고 책임있는 당국의 지시에 따를 것을 요청한다.

▷ 일단 평상 상태로 돌아오면 정부는 폭동조사를 위해서 전력을 기울일 것이다. 죄가 있는 자는 반드시 처벌할 것이다. 내 마음은 잃어버린 생명, 흘려진 피, 이루어진 파괴에 우울하고 근심에 싸여있다. 우리는 부상자 중에 2사람의 미국인이 있는 것을 매우 유감스럽게 생각한다.

▷ 나는 국민 모두가 이 엄청난 경험에서 중요한 교훈을 배우고 또한 우리가 법과 질서와 정의의 원칙에 충실한 통일된 국민으로서 힘을 보태고 나아갈 수 있게 되기를 희망한다.

사망자는 92명 – 정부발표

〈경성 20일발=AP〉 20일 한국정부 보건사회부는 19일 경성폭동에 의한 사망자는 92명이라고 발표했다. 이것은 중상을 입고 병원에 수용되어있는 생존 가능성이 없는 사람을 고려하면 실제 사망자 총수는 백 명을 넘을 것을 의미하는 것이다. 정부발표에서는 부상자는 단지 '다수'라고 말하고 있을 뿐이다. 부상자를 수용한 경성(京城) 시내의 각 병원에서는 20일 오후 4시 가족에게 환자 인도를 시작했다.

송(宋堯讚: 역자) 계엄사령관은 가족의 시체 인수에 대해서는 충분한 안전이 보장될 것이라고 말하였고, 또한 보건사회부는 유족에 대한 정부보상으로 50만환(圜)(약 28만엔)과 20m의 면포가 제공될 것이라고 발표했다(로이터 통신에 의하면 5만환).

또한 사망자 명부는 20일 오후 각 병원에 붙었는데, 병원 밖에는 행방불명인 사람을 찾으려는 사람들이 무리를 이루고 있었다. 혈액 부족이 눈에 띄게 나타났기 때문에 보건사회부는 혈액 기부를 전국적으로 호소하고 있다.

내일 긴급국회

〈경성 20일발=로이터〉 한국의 자유당(自由黨)(여당)과 민주당(民主黨)(야당)은 19일의 폭동에 따른 정세검토를 위해 22일 긴급국회를 열기로 의견의 일치를 보았다. 국회 당국에 의하면 여야당의 지도자는 국회를 열어 폭동사건을 토의하는 동안 사태의 악화를 피하기 위해 자극적인 발언을 자제하기로 동의했다.

대체로 평온으로 돌아왔다.

〈경성 20일발=UPI · 공동〉 비공식 보도에 따르면 한국의 반정부데모는 20일에도 경성 외 7개 주요 도시에서 재발되었지만, 대부분의 도시에서는 바로 진압되었고 경성도 평온을 되찾았다. UPI통신은 주요 병원을 조사한 결과에 의하면 19일의 경성폭동에서의 사망자는 123명에 달하고 부상자는 4백명을 넘었다고 하였다.

계엄사령부의 발표에는 전국적인 정세는 평온을 찾았다고 하였지만, 20일 경성으로부터의 전화연락에 의하면 계엄령하의 부산(釜山), 광주(光州), 대구(大邱)를 비롯한 인천(仁川), 청주(清州), 수원(水原) 등 각지에서 총 1만명이 데모에 참가했다고 한다.

새로운 선거를 요구 – 장(張) 부통령

한국의 장면(張勉) 부통령(민주당)은 20일, 지난 3월 15일에 시행된 대통령선거에 대해서 "이승만(李承晩) 정부는 새로운 선거를 시행하지 않으면 들고일어난 민중을 달랠 수 없다. 국민이 반항하고 있는 단 한가지의 이유는 부정선거에 있다"고 말하였다.

1960년 4월 21일(3면)

[해설] 한국 폭동의 배경

주역은 전통의 고교생 – 군대에 동요의 기반 없이

비상계엄령이 경성(京城) 이하 5대 도시에 시행된 19일의 한국은 조선전란을 별도로 하면 공전의 대사건이었다. 경성의 사망자가 92명이라는 발표는 단적으로 사건의 크기를 보여주지만, 이(승만) 정권에 준 타격은 그 이상의 의미를 내포하고 있지 않을까? 미국의 강경한 한국 비판이 그것을 증명하고 있으며, 학생이 주도한 이 데모는 확고한 사회적 기반 위에서 12년 압정에 대해서 꿋꿋하게 항의하여 공산 제5열의 음모라는 정부의 주장을 되받아치고 있다. 이 정권의 한계를 보여주고 있는 이 사건의 특질을 파악해보고자 한다.

강한 미국의 비판

우선 이번 사건에 대한 미국의 강경한 태도이다. 한 나라가 타국의 선거나 데모에 대해서 이렇게 강한 어조로 비난하는 것은 매우 드문 것으로, '한국 비난'의 각서가 19일 허터(Christian A. Herter) 미국 국무장관으로부터 양(梁裕燦: 역자) 주미 한국대사에게 전해졌다. 이 각서는 이번 사건이 최근의 선거나 탄압에 대한 국민 모두의 불만의 반영이라는 미국의 견해를 전하였고, 한국의 민주주의를 위해 필요하고도 유효한 조치를 취해야한다고 말하였다. 이에 따라 의회 내에서도 6월로 예정된 아이젠하워(Dwight Eisenhower) 대통령의 한국방문을 취소해야한다는 의견도 있으며, 워싱턴포스트(Washington Post), 크리스천사이언스모니터(Christian Science Monitor) 등도 같은 취지의 주장을 하고 있다.

이는 이승만(李承晩) 대통령의 입장에서도 경시할 수 없는 큰 문제이다. 특히 허터 장관은 이 각서 안에서 "한국정부는 모든 신뢰를 회복하기 위해 언론, 집회, 보도의 자유를 보호하고 투표의 비밀을 지키고 야당에 대한 부당한 차별을 방지하기 위한 필요하고도 유효한 조치를 취해야 한다"고 하고 있는데, 이를 정확하게 지킨다는 것은 이 정권의 기존 정책을 180도 전환하라는 것과 같으며, 특히 "투표의 비밀을 지키고 야당에 대한 부당한 차별을 방지하라"는 것은 이번 선거에 대한 단순한 충고인지 야당 민주당을 비롯한 데모 참가자가 그 슬로건에서 주장하고 있는 것처럼 대통령 선거를 다시 해야 한다는 것을 시사하는 지는 어느 쪽으로도 해석할 수 있지만, 만약 후자라면 이 대통령에게 자살을 강요하는 것과 같다.

강경함과 유연함 어느 쪽을 고를 것인가.

무리하게 종래의 방침을 관철하여 파쇼를 강화할 것인가, 이것을 반성하고 민주화를 단행할 것인가, 이(승만) 정권의 행보는 당장 이 두 가지 밖에 없다. 이 선택도 아이크 방한인 6월을 넘기지 않는 선에서 해야 한다. 만약 아이크의 방한이 취소된다면 한국에 있어서 유일, 유력한 스폰서를 잃어버리게 되어 이(승만) 정권은 바로 '아시아의 고아'가 되는 비참함을 맛보게 될 것이다.

다음으로 이 사건의 특색은 학생이 주도권을 쥐고 있다는 것인데, 특히 사건의 계기가 된 마산(馬山) 데모사건 이래 고교생의 활동이 두드러졌다는 것은 주목할 가치가 있다. 이는 오랜 역사와 한국의 사회 환경에서 유래한 것이 크다. 일본 통치시대에 민족운동이나 사회운동 등에서 종종 큰 역할을 담당했던 것은 고등보통학교생(5년제의 중학) 이었으며, 식민지 조선의 경제적 상태에서 당시 중학생은 선발된 인텔리이자 지식층의 중견이었다. 상당한 지도력을 가지고 사회운동의 전선에 섰다. 그 전통이 지금 고교생(일본과 같은 6·3·3제의 고교)에게도 계승되어 장래를 걱정하는 분별보다는 정열로 행동하는 것을 중요하게 여기는 성격이, 분별을 중시하는 대학생의 운동을 리드하는 경향을 가지게 되었다고 볼 수 있으며, 대학 수가 고교에 비교할 수 없는 지방도시에서는 고교생의 운동이 더욱 두드러졌다.

성공하지 못한 공산 비난

한국정부는 이번 각지의 데모가 공산 5열의 침입에 의한 계획적인 것이라고 선전하였다. 특히 사건의 발상지 마산은 56년의 대통령 선거에서 야당 조봉암(曺奉岩) 진보당 당수의 표가 많이 나왔던 곳으로, 밀수의 검거수도 많으며 재일조선인 총련(総連·북조선계)을 비롯한 공산분자의 침입도 용이하다는 지역적 특성 때문에 공산계의 계획적 데모라고 선전하고 있지만, 마산은 옛날부터 조선의 술 생산지였다. 수많은 명주(銘酒)를 만들어 애주가들을 기쁘게 한 조용한 술의 산지이며 어항(漁港)이다. 해군의 근거지, 이(승만) 대통령의 별장지, 진해(鎭海)도 가까워 경계는 특히 엄중하여 이곳을 특별히 공산계가 이용하기 좋은 지역라고 하는 것은 당치 않다.

또한 조선전란 당초 북조선군의 한국침입 때 공산군이 대단히 난폭하게 해서 그런지 한국정부의 선전이 그렇게 만든 것인지 한국인의 공산 증오는 예상 이외로 심하다. 게다가 한국에서는 일본 통치시대의 도나리구미(隣組=이웃조직: 역자) 조직을 그대로 사용한 대한국민회라는 이웃 조직이 있는데, 이승만 대통령 스스로 이 조직의 총재를 맡고 있다. 또한 대한부인회, 청년단 등의 조직도 있어서 경찰정치는 국민 각 호(戸)를 완전히 장악하고 있다고 해도 틀리지 않는다. 이것이 선거에 큰 영향력을 가지고 있어, 이번과 같은 불법선거도 용이하게 시행할 수 있었던 것이지만, 이 그물망을 뚫고 공산조직이 대규모로 데모를 계획한다는 것은 생각할 수 없다는 것이 일반적인 관측이다.

중요해지는 군대

또한 이번 사건으로 인해 한국군에게 일종의 동요가 있지는 않을까, 군에 의한 쿠데타의 우려는 없을까라는 의문도 있지만, 지금으로서는 그러한 우려는 없을 것이라는 것이 일반적인 견해이다. 징병제인 한국군은 그 대부분이 농촌 자제에 의해 형성되어 있다. 한국군의 급여가 열악한 것은 잘 알려져 있지만, 농촌의 생활이 그것을 더욱 밑돌고 있다고 한다면, 일단 의식(衣食)의 걱정이 없는 군대생활에는 일종의 안정감이 있다.

또한 건국 이후 발족한 한국 독자의 사관학교가 이제는 착실하게 결실을 보아, 졸업생이 위관급 층을 이루어 군의 중심이 되어 있다. 일본사관학교계, 만주군관학교계, 미국군계 등 각종 파벌에 혼란스러웠던 한국군도 지금 국산(國産) 사관에 의해서 왕성한 사기를 양성하고 있다고 말할 수 있다. 이것이 파시즘으로 변할 위험이 완전히 없는 것은 아니지만, 그것을 결행하기에는 아직 이른 단계인 것 같다.

또한 이(승만) 대통령은 항상 국군의 육성과 그 동향에는 세심하게 신경을 쓰고 있으며 젊은 장교들과 대화하는 기회를 자주 갖고 있어, 파벌을 만들고 사태를 일으킬만한 위험한 장성은 적당한 때에 퇴역시키는 방법까지 계획되어 있다. 터키대사 신응균(申應均) 중장, 베트남대사 최덕신(崔德新) 장군, 서독대사 손원일(孫元一) 전 국방부장관, 프랑스대사 정일권(丁一權) 대장 등 장성 출신 외교관이 눈에 띄는 것도 이를 보여주고 있는 것이다.

이(승만) 대통령은 20일 이번 폭동사건에 대해서 성명을 발표했지만 그것은 추상적인 언사를 나열한 것일 뿐으로 "애국적인 한국민이 이러한 행동에 나설 줄은 거의 생각할 수 없었다"고 여전히 강세를 보이고 있다. 국민의 불만을 제거하겠다고는 일단 약속하였지만, 인책 사직이나 선거의 재시행 등은 전연 고려하고 있지 않은 것으로 보인다. 이 변함없는 그의 강세와 미국이 요청한 민주주의 등이 어떻게 조정될 것인가? 이 정권이 다시 한번 다난한 코스의 출발점에 서 있는 것은 확실한 것 같다.

한국 각 신문이 정부를 비난

〈경성 20일발=UPI · 공동〉 20일 한국 각 신문은 엄중한 검열에도 불구하고 19일의 폭동에 한국 정부가 취한 조치를 비난하고 있다. 반정부계인 동아일보(東亞日報)는 데모대에 무기를 사용한 것은 도발의 유무와 관계없이 '비인도적인 행위'라고 비난하였고, 중립계인 한국일보(韓國日報)는 사태의 수습은 이승만 대통령의 손에 있다. 또한 우리는 이(승만) 대통령이 현명함을 회복하여 과감히 정부 개조를 실시할 것을 기대한다고 서술하면서, 또한 이기붕(李起鵬) 차기 부통령의 사직을 요구하고 있다.

1960년 4월 21일 석간(1면)

한국 내각이 총사직 – 폭동사건의 책임으로

〈경성 21일발=AFP〉 한국정부의 각료 전원(12명)은 21일 학생폭동에 대한 모든 책임을 지고 이(승만) 대통령에게 일제히 사표를 제출했다. 정부는 20일 이(승만) 대통령이 선후책을 약속한 평소보다 부드러운 성명을 낸 이후 장기간에 걸쳐 각의를 계속하였고, 그 결과 내각 총사직을 결정한 것이다.

불만은 가라앉지 않는다 – 장면(張勉) 부통령 언명

〈경성 21일발=AP〉 장면 한국 부통령(민주당)은 21일 한국 내각이 총사직한 것에 대해서 기자회견을 열고 "총사직만으로는 민중의 불만을 달래는 것은 불가능하다. 연립내각을 만들어도 무의미하고 새로이 공정한 선거를 행하는 것이 필요하다"라고 말하였다. 장면 씨의 이와 같은 견해는 한국 민중 모두의 분위기를 대변하는 것으로 보여진다.

사망자는 115명 – 송(宋) 계엄사령관 발표

〈경성 21일발=로이터〉 송요찬(宋堯讚) 계엄사령관은 21일 "이번 폭동으로 115인이 사망했다"라고 금주 반정부폭동으로 발생한 사망자에 관하여 처음으로 다음과 같이 발표했다.

▷경성(京城) : 사망 90(데모대원 이하 같음), 부상 456 ▷부산(釜山) : 사망

11, 부상 81 ▷광주(光州) : 사망 6, 부상 21 ▷대구(大邱), 대전(大田) : 없음 ◇경관 사망 4(경성 3, 광주 1)

주한 미 대사, 이(승만) 대통령에 각서를 전달

〈경성 21일발=로이터〉 매카나기(Walter P. McConaughy) 주한 미국대사는 21일 아침 이승만 대통령을 방문하여 허터(Christian A. Herter) 미국 국무장관의 각서를 전달했다.

〈경성 21일발=UPI · 공동〉 매카나기 한국 주재 미 대사는 21일 이승만 대통령을 방문하여 한국 내의 '정당한 불만의 제거'를 요구하는 매우 강경한 권고를 행하였다. 이 권고의 상세한 내용은 명확하게 알려지지 않았지만 관측에 의하면 새로이 공정한 선거를 실시할 것과 이기붕 부통령의 사임, 국가경찰에 대한 정당지배의 배제 등이 포함되어 있는 것으로 보여진다.

1960년 4월 21일 석간(1면)

아이크 방한에 어두운 그림자 - 일본에서의 체제는 도쿄(東京)만

〈워싱턴=쓰시마(津島) 특파원 20일발〉 아이젠하워(Dwight Eisenhower) 대통령의 일본에서의 방문지는 도쿄뿐이고, 소련에서는 모스크바 외에 레닌그라드, 키에프, 하바로프스크 등 3개 도시를 방문하는 것으로 확정되었다고 알려졌다. 또한 이번 순방에는 매미(Mamie) 부인, 대통령의 동생 밀튼 아이젠하워씨, 영식(令息) 존 아이젠하워 소령 부부 등이 동행한다. 한국의 폭동은 예정되어 있는 아이젠하워 대통령의 한국 방문에 미묘한 영향을 미치고 있으나, 현재 백악관에서는 '예정에는 변화가 없다'고 말하고 있다.

아이젠하워 대통령의 임기말을 장식하는 해외순방 중 정치적 성격이라는 점에서나 시기적인 고려라는 점에서 볼 때, 이번의 한국 방문처럼 물의를 일으키는 것은 없다고 할 수 있다. 외견상 화려한 '아이크의 여행'이 한국에게는 어두운 그림자를 드리우고 있다. 백악관, 국무성이 함께 이러한 인상을 없애고자 하는 것에 신중한 자세를 보이고 있으나, 이러한 미국 내의 분위기는 앞으로 미묘하게 영향을 미칠 것으로 예상된다.

이러한 한국을 포함하여 하거티(James C. Hagerty) 미 대통령 신문담당비서는 4만8천km의 여행에 대한 모든 준비를 마치고 19일 밤 워싱턴으로 돌아왔다. 이러한 준비에서 볼 때 아이젠하워 대통령의 순방 약 16일간은 실로 행동의 연속이라 할 정도의 강행군될 것으로 예상된다. 그 중에서 일본 방문은 아이젠하워 대통령 부처와 수행단에게 있어서 절호의 '숨돌릴' 기회가 될 수 있을 것 같다.

이번의 순방을 성격적으로 나누어 보면, 소련은 어디까지 정치적인 것이다. 크레믈린에서 후르시쵸프 수상과의 회담을 순방 전체의 정점으로 한다면, 이에 이은 소련 3개 도시의 방문은 '아이젠하워 대통령과 소련 국민과의 접촉'이라는 매우 정치적인 색채가 강한 것으로 볼 수 있다. 6월의 봄볕의 소련 전원에 눈을 번뜩이면서도 아이젠하워 대통령의 언동에는 항상 이러한 의식이 나타날 것으로 보인다. 하바로프스크로부터 도쿄로, 러시아 대륙으로부터 아시아의 섬나라로의 여행은 아이젠하워 대통령을 한번에 이러한 정치적 긴장감으로부터 해방시키게 될 것이다. 하거티 씨가 절찬한 황거(皇居)의 아름다운 소나무를 배경으로 조금도 정치적 압박감도 느끼지 않으며 천황과 악수할 때, 아이젠하워 대통령은 특별히 홀가분한 마음을 가질 것에 틀림없다.

이러한 아이젠하워 대통령도 한국에서는 다른 정치의식을 가지게 될 수밖에 없다. 원래 한국 방문이 결정된 것은 미국이 '반공의 투사'라는 레텔을 단 이승만(李承晩) 대통령에의 의리를 가지고, 아이젠하워 대통령의 순방코스에 가장 가까운 자유세계 최전선에의 '우정의 표시'로 포함시켰다는 의미가 있다. 그러나 이러한 아이젠하워 대통령의 생각과는 달리 최근의 미국 내에서는 한국에 대한 정치적 반발이라는 특수한 색깔이 나오고 있다. 그러나 이 두가지의 정치적 색깔은 서로 섞일 수 없는 요소로부터 나오고 있다. 이러한 틈새에서 아이젠하워 대통령의 개인적 매력을 나타내 보이면서도, 나중에 문제가 될만한 정치적 뒷맛을 남기지 않고 한국을 떠나는 일은 아이젠하워 대통령으로서도 처음으로 경험하는 어려운 일이 될지도 모른다.

도쿄에서의 일정은 대부분 쇼라고 할 수 있다. 철두철미 '친선'이며 더욱이 이러한 친선에는 아이젠하워 대통령 자신이 조금도 정치성을 의식할 필요가 없다. 황거에서 메이지신궁(明治神宮)에, 시내의 명소에, 엄청난 도쿄의 대인구는 내빈(來賓)을 깜짝 놀라게 할 것이고, 유명한 '아이크 미소'를 마음껏 지을 수 있는 절호의 무대가 될 것이다. 그런 점에서 도쿄가 갖는 독특한 일본색(日本色)과 엑소티시즘은 기막힌 무대장치가 될 것이라고 하거티 씨는 보고 있다. 많은 여행을 경험한 하거티 씨 자신도 "이번의 도쿄 방문만큼 즐거운 여행은 없었다"고 말하고 있다.

20일 아침 백악관을 기자가 방문했을 때 하거티 씨의 책상 근처에는 커다란 무사(武士) 인형이 버티고 앉아있고, 백악관 근무의 여직원들의 책상에는 시오쿠미(汐汲), 야에가키히메(八重垣姫) 등의 일본인형들이 놓여 있어 때 아닌 일본색이 보이고 있다. 이러한 분위기에서 하거티 씨는 "다시 일본에 가는 것이 즐거움입니다"라고 넘치는 웃음을 보였다.

1960년 4월 21일 석간(2면)

이(승만) 정권을 의문시

미 의회, 허터(Christian A. Herter) 장관의 경고 지지

〈워싱턴=가와무라(河村) 특파원 20일발〉 한국의 이 정권에 대한 비판과 허터 미국 국무장관의 경고에 대한 지지가 미국의 신문논조나 의원의 발언에 강하게 나타나고 있으며, 상원의 외교통 중에는 아이젠하워(Dwight Eisenhower) 대통령의 한국방문을 '재고려'해야 한다는 목소리도 나오고 있다. 대통령은 휴양지인 오거스타(Augusta)에서 한국의 최신 정보에 대해 워싱턴의 허터 장관으로부터 상세한 보고를 보고받고 있다고 전해지고 있다. 일부 신문은 허터 장관이 19일 양(梁裕燦: 역자) 한국대사에게 아이젠하워 대통령의 한국방문이 의문이라고 경고했다고 보도하고 있지만, 아직 기존의 계획에는 어떠한 변경도 없다고 정부는 설명하고 있다.

20일자의 주요 신문은 모두 한국의 데모사건과 허터 장관의 경고를 크게 보도하고 대부분이 이것에 대해 논설을 게재하고 있는 한편, 의회에서는 이것에 대해 의원이 맹렬하게 발언을 행하고 있다. 일반적으로 말해서 이들 논설이나 의원의 발언은 이(승만) 정권에 비우호적이며, 사태에 대한 미국의 불쾌한 감정을 보여주고 있다. 미국에는 전부터 이(승만) 정권의 성격에 대한 의문이 잠재적으로 존재하고 있었는데, 이번 기회에 표면으로 나오는 형세이다. 미국으로서는 3만 명의 장병이 피를 흘리며 지켰고 게다가 몇 십억 달러의 원조를 제공하여 재건한 나라가 미국이 수호하는 민주주의와 반대되는 체제를 취하여 미국의 불평을 사게 된 것은 참을 수 없을 것이다.

뉴욕타임스지의 논설은 "미국이 깊은 우려를 보이는 것은 당연하다. 이(승만) 대통령에 비민주주의적 압박조치를 그만두도록 요구하는 것은 정당하다"고 말하고 있다.

이 밖의 신문도 대체로 유사한 논조이지만 워싱턴이브닝스타지 만은 "허터 장관은 데모를 장려하는 것 같다. 국무성의 주장에는 근거가 없다. 한국정부가 힘을 사용하는 것은 필요했던 것이다"라고 다른 의견을 보인 것이 눈에 띈다.

상원에서는 외교위원회의 맨스필드(Michael J. Mansfield · 민주당)와 아이켄(George D. Aiken · 공화당) 두 사람이 "아이젠하워 대통령이 한국을 방문하는 것은 철의 지배를 강하게 하고 있는 정권을 미국이 지지하고 있다는 인상을 외국에 준다. 한국방문은 재고되어야 한다"고 공적으로 발언하면서, 허터 씨가 19일에 행한 경고를 지지하였다.

상원 외교위원장인 풀브라이트(James William Fulbright)와 같은 위원인 험프리(Hubert Humphrey · 모두 민주당) 두 사람도 각각 허터 씨의 태도를 지지하고 있지만, 아이젠하워 대통령의 한국방문에 대해서는 차라리 지금은 이(승만) 대통령에게 주의를 주고 설득하기 위해 한국을 방문하는 것이 좋을 것이라는 의견을 나타냈다.

마침 20일 상원 외교위원회는 3월 22일부터 4월 5일까지 열린 MSA(상호안전보장법) 원조에 대한 청문회(일부 비공개)의 기록을 발표하였는데, 그 중에 풀브라이트 위원장이 스티브스(John Stevens) 국무차관보대리(극동담당)에게 이(승만) 대통령의 어떤 정적이 살해당할 위협이 있어서 미국으로 망명하고 싶다고 풀브라이트 씨에게 호소한 케이스에 대해서 질문하고 있는 내용이 실려 있다. 풀브라이트 씨의 발언은 상당히 엄중하고 강렬한 것으로 지금까지의 예로는 공표되는 의사록에서는 삭제되는 것이었으나, 이러한 내용이 분명히 남아있었다. 외교위원회의 한국에 대한 불신감이 이런 곳에서도 엿보인다.

후진국에의 영향을 두려워하다 - 한국 폭동에 영국이 우려

〈런던=다카가키(高垣) 유럽 총국장 20일발〉 한국의 대량 사살(射殺)사건에 대하여 영국의 각 신문은 사진과 함께 커다란 제목으로 기사를 게재하고 있는데, 살인 및 부상자의 수가 최근 발생한 남아프리카연방의 샤프빌(Sharpeville) 학살사건보다 많다는 점에 런던 시민은 매우 놀라고 있다.

남아연방의 사건은 백인이 흑인에 대한 극단적인 인종차별정책에 의한 것이나 한국의 사건은 선거에 대한 탄압정책을 계기로 한 것으로서 원인은 다르지만 모두 '경찰국가'적인 정부 아래서 필연적인 코스를 보였다는 점에서 공통점이 있다. 탄압에 대한 반발, 이를 누르기 위해 더욱 잔혹한 수단이 동원되는 악순환이 멈추지 않고 발전하여, 남아연방에서는 페르부르트(Hendrik Verwoerd) 수상 저격사건으로까지 확대되었다. 한국의 사건은 같은 동포 사이에서 일어난 것으로 사태는 더욱 심각하다고도 할 수 있다.

그리고 서방진영은 공산권의 '전체국가'를 비난하며, 이를 반공선전의 강한 무기로 사용해 왔으나, 남아연방이나 한국 모두 서방진영에 속해 있다는 점은 매우 마이너스이다.

가디언지는 이번의 소동으로 반공본부가 불탔다는 점, 맥아더 장군의 동상이 끌어내려져져 헝가리사건에서의 스탈린 동상과 같은 취급을 받은 점을 지적하면서, 이는 반공을 간판으로 하는 것만으로는 더 이상 민중이 따라오지 않는다는 점과 반공을 구실로 하는 '경찰국가적 정부'를 지원하는 미국에 대하여 한국민이 적의(敵意)를 나타냈다는 것을 보여주는 것이라고 말하고 있다.

이러한 한국민의 마음은 아시아뿐 아니라 후진국, 식민지의 일반 민중에게 커다란 영향을 미치지 않을 수 없다. 다가온 동서 수뇌회담에서는 어느 진영이 후진국 민중을 포함하여 세계 여론의 지지를 얻을 것인가가 커다란 문제점이 될 것이므로, 이번의 사태에 대한 미국정부로서의 명확한 태도를 보여야 할 것이라고 영국은 관측하고 있다.

1960년 4월 22일(1면)

중립의 장로 6명 초빙 - 이(승만) 대통령, 사태수습을 협의

이(기붕) 차기 부통령 연립내각을 시사

〈경성 21일발=로이터〉 이승만(李承晩) 한국 대통령은 21일, 내각 총사직 후 폭동이 계속되는 한국의 정치위기에 대해서 상의하기 위해 자유, 민주 양당 어느 쪽에도 속하지 않은 중립계 정계 장로 6명을 대통령관저로 초빙했다. 초청받은 것은 이범석(李範奭), 허정(許政), 변영태(卞榮泰 · 모두 전 수상), 김병로(金炳魯 · 전 대법원장), 윤치영(尹致暎 · 전 내상(內相)), 김현철(金顯哲 · 전 장상(藏相=재무부장관: 역자)) 6명이다.

이(승만) 대통령의 측근으로 여당 자유당(自由黨) 중앙위원회 의장인 이기붕(李起鵬) 차기 부통령은 21일 "자유당 중앙위 의장으로서의 입장을 초월하여 불안한 현 상황의 해결에 노력하고 싶다"라는 성명을 발표했다. 이 성명을 경성(京城)에서는 이승만정권이 연립내각 조직을 시도한다는 최초의 징후일지도 모른다고 해석했다. 만약 연립정부가 실현된다면 이 대통령의 독재정치에 비로소 종지부가 찍힐 것이다.

이러한 이기붕의 성명에 대해 민주당(民主黨)의 젊은 당원은 전적으로 반대하며 연립구상을 거부하고 있다. 그러나 조병천(趙炳天=조병옥(趙炳玉)의 오기(誤記)로 보임: 역자) 씨의 사망으로 지도자를 잃은 민주당의 고참 당원으로 구성된 구파는 연립의 요청이 있을 경우 응할지도 모른다. 그리고 민주당에 입각 요청이 있는 경우 당의 세력은 확대되지만 동시에 동당은 한층 중대한 분열에 직면할 지도 모른다.

또한 민주당의 젊은 당원을 이끄는 장면(張勉) 부통령은 21일 "이(승만) 대통령과는 결코 타협하지 않겠다"라고 말했지만 계엄사령부는 한국의 신문이 이 담화를 보도하는 것을 금지했다.

한국 여당 간부 교체

〈신아(新亞)=도쿄(東京)〉 21일 오후 경성방송에 의하면 한국의 여당 자유당은 21일 의원총회를 열고 이번 데모사건의 사후처리로서 자유당 간부 및 모든 각료를 교체하기로 결정했다. 또한 수습책으로서 다음의 5개 항목을 결정했다.

▶ 22일 의회 본회의를 연다.

▶ 현재의 사태를 조속히 수습하기 위해 의회 내에 초당파적인 수습대책위원회를 설치하고, 자유당은 현 각료와 모든 당위원의 개편을 단행한다.

▶ 국정과 당무(黨務)를 일신할 것을 건의한다.

▶ 사건의 주모자와 직접 파괴용의자 이외의 검거 학생을 즉시 석방한다.

▶ 마산(馬山)사건에 관련된 군, 경찰관과 18일 고려대 학생에 폭행을 가한 불량분자를 즉시 처단한다.

경성, 새로운 긴장 - 희생자 시신 인수

〈경성 21일발=AP〉 19일의 폭동사건의 희생자 가족들은 21일 경성의 병원이나 시체수용소에서 희생자의 시신을 인수하였는데, 그 흐느낌과 통곡 속에서 경성의 거리는 다시 새로운 폭발점에 가까운 긴장이 감돌고 있다. 이렇게 집계된 사망자가 경성에서만 125명, 부산(釜山)에서는 15명, 광주(光州)에서 또한 7명이 되고, 병원이나 자택에 중태인 사람은 수백 명에 이르고 있다.

거리에 착검한 총을 든 병사들이 서있는 가운데 탱크가 병원 앞을 지나고 있다. 버스도 전차(電車)도 거의 다니지 않고 있는데, 사체를 수습하여 돌아가는 가족의 슬픔을 다른 사람에게 보이지 않게 거리에 사람들이 못 나오도록 하기 위한 것 같다.

"사죄의 형식보다 실질" - 각료 총사직을 지켜보는 민중

[해설] 한국정부의 모든 각료가 폭동사건의 책임을 지고 이 대통령에게 사표를 제출하였고, 대통령도 이를 수리한 것은 "이번의 사건에 의한 대중의 불만을 제거하고자 한다"는 20일의 대통령 성명을 구체화하는 첫 번째 포석으로 국민의 불만을 어느 정도 해소할 것으로 기대되고 있다.

1949년 6월 이범석(李範奭) 내각의 농림, 상공 2개 부에 부정사건이 발생하여 국회가 이를 신랄하게 비판하였고, 거기에 지방 경찰비가 민간에 할당되고 있다는 사실이 밝혀져 내각총사직 요구 결의안이 가결되었던 일이 있었으나, 이(승만) 대통령은 이 결의에 응하지 않고 일부 각료의 경질로 대체해버렸다. 당시는 아직 내각책임제가 존속할 때였음에도 불구하고 이 모양이었다. 54년 11월 헌법개정으로 이 수상(首相)제도가 폐지되고, 이후 대통령책임제가 확립되어 대통령이 강력한 권한을 장악하고 있는 현재, 이번 각료 총사직을 과거의 사실에 비추어 본다면 정부의 저자세가 감지되지 않는 것은 아니다.

그러나 각료는 대통령의 임명제이기 때문에 신 내각이 여전히 이(승만) 대통령의 마음에 드는 '예스맨'으로 구성된다면 결국 국민에 대한 '사죄의 형식'을 갖추는 것처럼 보이나 실질적으로는 어떠한 진보도 보여주지 않는 것이다. 결국 이 총사직이 대통령 성명의 충실한 첫 번째 포석이기 위해서는 신 각료가 이(승만) 정권의 새로운 출발에 공헌할 만한 자질을 갖추어야 하는 것이 필요하다. 과연 이 조건에 적합한 인재를 찾을 수 있을까? 민중은 큰 의문을 가지고 지켜보고 있는 것이다.

21일 매카나기(Walter P. McConaughy) 주한 미 대사가 대통령에게 행한 권고의 내용은 명확하지 않지만 재선거의 실시, 이기붕 국회의장(이번에 부통령 당선)의 사임, 국가경찰에 대한 정당지배의 배제 등이 포함되어 있는 것으로 보여진다.

이 정권에게는 이 중 한 가지를 실행하는 것에도 상당한 결의가 필요하다고 볼 수 있는 만큼 이번 총사직으로 사태의 수습을 낙관하고 이(승만) 정권의 장래를 추측하는 것은 시기상조로 보인다.

1960년 4월 22일(2면)

[사설] 주목 받는 한국 정부의 선후책

경성(京城) 데모사건에 대해서 한국정부가 어떠한 선후조치를 강구하고 있는지, 어제 오늘 세계의 관심은 이 점에 집중되어 있다.

그 기대에 부응하듯 이승만(李承晩) 대통령은 20일 성명을 발표하여 "법과 질서가 회복되는 대로 큰 불만을 가진 사람들은 그 불만이 제거될 것이라고 확신해도 좋다"고 말하였다. 나아가 21일에는 12명의 국무위원(각료) 전원이 사표를 제출하였고, 이(승만) 대통령은 이를 수리했다고 전해진다. 또한 22일에는 긴급국회를 열기로 여야당간에 의견의 일치를 본 것으로 알려져, 과연 일련의 사후처리는 진행되고 있는 것으로 보인다. 그러나 과연 이 정도의 대책으로 이(승만) 대통령이 말한 '큰 불만'이 제거될지 어떨지는 오히려 큰 의문이라고 생각된다.

과거 12년에 걸친 이승만 정부의 시정이 결국 금일의 혼란을 불러왔다는 점에는 대체로 미국, 영국을 비롯한 서방 여러 나라의 의견이 일치하고 있다.

사실 이(승만) 정부는 1954년 11월의 국회에서 헌법개정안을 무리하게 통과시켜 현 대통령에 한해서 몇 번이라도 중임이 가능하게 하였고, 국무원(내각)에 대한 국회의 불신임권을 폐지시켜 대통령이 사실상의 총리도 겸하는 일체의 권력을 장악하였다. 이러한 독재적 권력은 필연적인 흐름으로 야당 등 대항세력을 탄압하는 방향을 취하였고, 국가보안법을 실시하거나 반대당의 당수를 사형에 처하는 등 점점 극단적인 방향으로 나아갔다. 민주주의적인 전환을 찾을 수 있는 최후의 기회였던 3월의 대통령 선거도 이미 알려진 혼란으로 결국 국민의 불만을 폭발시키는 결과가 되었다.

서방 진영의 일원인 한국에 대해 공산권의 비난은 물론이고, 서측 내부에서

날카로운 비난이 쏟아지고 있다는 사실을 한국정부로서는 엄숙히 받아들이지 않으면 안된다고 믿는다. 미국은 공식적으로 허터(Christian A. Herter) 국무장관이 강경한 대한(對韓) 경고를 발표한 만큼 신문논조나 연방의회에서의 발언도 강경하게 이(승만) 정권에 비판을 가하는 것은 당연하였다. 영국도 또한 '경찰국가'적인 방식이 낳은 악순환으로 보고, 서방 진영에게는 마이너스라고 평하고 있다.

최근의 이(승만) 정부의 독재적 경향에 대해서는 우호국가들도 이미 불안한 생각을 가지고 있었던 것이지만 내정간섭이라는 인상을 주는 것을 피하기 위해서 비판을 삼가고 있었던 것이 틀림없다. 그러나 지금 이(승만) 정부의 탄압정책이 자유를 요구하는 국민들에게 큰 희생을 발생시켰으므로 우호국으로서도 입을 열지 않을 수 없게 된 것으로 보인다. 비판이 봇물 터지듯 나온 것이 그것을 말해주고 있다.

그 의미에서 허터의 경고는 물론 각국에서 퍼붓는 비판에 대해서 이승만 대통령이 충분이 귀를 기울이고 적절한 조치를 취하는 것을 우호국은 기대하고 있다. 어설프고 위장적인 조치로 당면한 사태를 처리하는 것은 이 시기에 오히려 위험한 일이라고 생각된다.

1960년 4월 22일(3면)

민주주의와는 거리가 먼 후방 - 한국폭동, 히틀러 이상 : 인도

〈뉴델리=아키오카(秋岡) 지국장 21일발〉 경성(京城)에서 많은 학생이 관헌에게 사살당한 사건은 인도의 큰 관심을 불러일으켰다. 이 사건은 인도 각 신문에 크게 보도되었고 남아프리카 사건 이상의 중대사건으로 보도되고 있다.

인도가 이 사건에 가지는 관심의 첫 번째는 이에 의해 아시아 자체가 민주주의의 저 먼 후방에 있는 것으로 오해될 우려가 있는 것, 그리고 두 번째로 미국이 이승만(李承晩) 대통령에게 어떻게 압력을 가할 것인가에 대한 것. 세 번째는 이러한 상태가 장기화되면 머지않아 강대한 힘을 가진 국군이 움직임을 보이지 않을까라는 우려이다.

미국의 움직임에 대해서는 "정당한 불만에 대해서는 그것을 올바르게 처리하지 않으면 안된다"는 국무성 및 주한대사의 견해에 완전한 동의를 보이고 있다.

어찌되었든 이번의 사건에 있어서 대통령의 태도를 인도의 일부에서는 히틀러 이상의 폭거로 보고, 이로 인하여 의해 서구는 북선(北鮮=북한: 역자)에 대한 설득력을 이미 잃어버렸다고 걱정하는 목소리가 압도적이다.

민중의 영웅적 '군기(群起)' : 소련

〈모스크바=하타(秦) 지국장 21일발〉 21일의 소련 각 신문은 한국의 폭동을 사진과 함께 크게 보도하였다. 소련정부기관지 이즈베스티야(Izvestia)는 "이승만체제에 대한 인민의 증오의 폭발"이라고 5단짜리의 큰 제목을 붙여 해설한 특집을 게재하였다.

물론 소련지의 보도나 해설은 이번 한국의 폭동을 이승만 파시스트체제에 대한 인민대중의 애국적이고 영웅적인 군기로서, 그 요구는 모두 정당한 것이라는 견해를 보이고 있다. 그리고 이번 한국민의 요구는 단순한 임금인상이나 지주에 대한 경작권의 옹호와 같은 성격을 뛰어넘어 이승만체제 그 자체의 타도에 있는 것이라고 보고 있다.

불타는 불꽃은 억제할 수 없다 : 중공(中共)

〈ANS=도쿄〉 21일 대(對)일본 북경(北京)방송은 '한국의 불타오르는 불꽃'이라는 제목을 붙인 해설 내용에 미국의 움직임에 관하여 다음과 같은 말하였다.

여기에서 주목해야 할 것은 한국의 정세가 이승만의 주인(主人)인 미국을 크게 불안에 빠지게 하여, 미국이 이른바 타국에 간섭하지 않는다는 가면을 벗어던진 것이다. 미국 국무성 대변인은 19일 성명을 발표하여, 미 정부가 한국의 사건에 매우 관심을 기울이고 있다는 것을 표명했다. 한편 한국 주재의 미 침략군은 19일에 미사일 어니스트 존(Honest John)을 발사하기로 결정하여 한국 사람들의 반미, 반이승만 전쟁을 억누르려고 시도했다. 그러나 인민의 의사를 억누르는 것은 불가능하다.

한국민에 호소한다 : 북조선(北朝鮮)의 노동당

〈KNS=도쿄〉 21일 평양(平壤)방송에 의하면 북조선의 조선노동당중앙위원회는 한국 전역에서의 반이승만대통령 투쟁과 이것에 대한 이승만정부의 무력탄압과 관련하여 이날 한국인민에 보내는 호소를 발표했다.

이 호소는 한국의 각 정당, 사회단체, 사회활동가 및 각계 인사에게 한국의 현 사태의 수습책을 강구하고 아울러 한국인민의 생활문제 해결에 관계가 있는 제문제를 조선인 자신의 손으로 해결하기 위해 남북조선의 정당, 사회단체 대표의 연합회의를 긴급하게 소집할 것을 제안하고 있다.

1960년 4월 22일 석간(1면)

한국 의회에서도 혼란 - '데모 보고'에 야당 분격

〈경성 22일발=AP〉 한국의회는 22일 폭동에 의해 일어난 전국적 위기에 대처하가 위해 개회했다. 여당 자유당(自由黨)의 대변인이 반이승만(反李承晩)데모 참가자를 살인, 방화, 테러의 이유로 비난하자 의장은 바로 폭력의 장이 되었다.

야당 민주당(民主黨) 의원은 분격해서 연단으로 쇄도하여 김정렬(金貞烈) 국방상의 연설을 가로막기 위해서 그를 밀어 연단에서 끌어내렸다. 양당 의원의 사이에 5분간 싸움이 벌어졌고, 분노한 민주당의원들은 "김 국방장관은 데모 참가자 다수를 죽인 경찰 측의 발포를 언급하지 않았다"고 외쳤다.

1시간의 휴회가 선언되고 의장(議場)의 질서는 회복되었는데, 그 사이에 부상자는 없었다.

김정렬 국방상은 19일 학생이 이끈 폭동이 최고조에 이르렀을 때, 정부가 비상계엄령을 발포한 이유를 설명하면서 "학생들은 말할 수 없을 정도의 폭력을 동원하여 경찰을 죽였으며, 경찰서, 기타 정부건물에 방화하였다"고 말했다. 이때 중립계의 지도자 장택상(張澤相) 의원이 일어나 "진실을 말하고 연설을 철회하라"고 외쳤다. 민주당의 이필호(李弼鎬) 의원은 연단에 달려들어 김 국방장관을 밀치며 고함을 쳐 혼란에 빠졌다.

1960년 4월 22일 석간(1면)

일한회담, 당분간 보류

후지야마(藤山愛一郎: 역자) 외상은 22일의 각의에서 한국의 폭동문제에 대해 보고했지만 "유(柳泰夏: 역자) 주일대사가 도쿄(東京)의 자택에서 경찰의 보호를 받고 있는 상태이며, 또한 한국정부의 태세도 정리되지 않았다고 생각되므로 일한회담은 당분간 보류될 수밖에 없을 것 같다"고 견해를 밝혔다.

1960년 4월 23일(3면)

부통령 재선거 - 미국 정부 한국에 개혁 촉구?

〈워싱턴=아메리카총국 22일발〉 22일자의 뉴욕타임스(The New York Times)지는 미 정부가 한국에 대해 부통령 선거의 재선거 등 광범위한 정치적 개혁을 실시하도록 촉구하고 있다고 전하였다. 또한 국무성이 발표한 한국에 대한 미국의 제안은 한국정부가 언론, 보도, 집회의 자유를 보장하는 조치를 취할 것, 투표의 비밀을 보호할 것, 야당에 대한 차별대우를 멈출 것 등을 촉구하는 것이 명확히 포함되어 있지만, 뉴욕타임스지의 보도에 따르면 미국은 더 나아가 부통령 재선거까지를 요청하고 있다는 것이다.

미 정부의 생각은 결국 재선거를 시행하는 것 외에 지금의 데모를 진정시킬 방법은 없는 것이지만, 다만 국무성 측에서는 정치적인 근본개혁을 시행하지 않으면 재선거를 해도 의미가 없으며 선거제도를 포함한 모든 분야에서 광범위한 개혁을 시행하는 것이 불가결한 요소라는 생각을 가지고 있다.

자유당(自由黨) 수뇌, 헌법개정의 필요성에 일치?

〈경성 22일발=로이터〉 경성(京城)의 동아일보(東亞日報 · 발행부수가 많고 야당계)는 22일 여당 자유당 수뇌는 현재 위기의 유일한 해결책은 헌법의 수정이라는 점에서 원칙적으로 의견의 일치를 봤다고 보도했다. 그 헌법수정안의 요점은 다음과 같다.

①대통령을 상징적인 국가원수로 한다. ②행정권을 가진 수상을 장(長)으로 하는 내각제도를 채용한다. ③부통령제도를 폐지한다.

이(승만) 대통령 질서의 회복 호소

〈경성 22일발=로이터〉 한국의 이승만(李承晩) 대통령은 22일 오후 국민에 대한 성명을 발표하여 "지금 가장 긴급한 일은 계엄령을 해제하는 것이다. 국민이 법을 지켜 질서의 회복이 빠르면 빠를수록 계엄령해제도 빨라진다"고 호소했다.

이(승만) 대통령이 국민을 향해 성명을 발표한 것은 19일 경성 폭동사건 이후 두 번째이지만 이(승만) 대통령은 현재의 정치위기의 해결책에 대해서는 한마디도 언급하지 않았다.

중립계의 두 사람, 이(기붕) 부통령의 사임을 요구

〈경성 22일발=AP〉 이승만(李承晩) 대통령은 22일 유력한 중립계 지도자인 변영태(卞榮泰) 전 외상, 허정(許政) 전 경성시장 두 사람을 불러 회담하였다. 이 회담의 내용은 밝혀지지 않았으나, 두 사람이 이기붕(李起鵬) 부통령의 당선 취소와 1954년 폐지된 내각제도의 부활을 권고한 것으로 알려졌다. 변영태 씨는 이 대통령과 회담 후 AP기자에게 다음과 같이 말하였다.

이(승만) 대통령은 한국의 중대한 정치위기를 해결하기 위해 명확한 계획을 가지고 있다. 아마 이기붕 차기 부통령의 사임을 생각하고 있다고 생각된다. 나는 회담에서 이(승만) 대통령에게 이기붕 씨를 그만두게 해야한다고 솔직하게 요청했다. 이(승만) 대통령은 대체로 나와 같은 생각을 가진 것 같다.

1960년 4월 23일 석간(1면)

이(승만) 대통령 '원수(元首)'로 - 행정 책임의 지위 떠난다

이기붕씨, 부통령을 사퇴 – '책임내각제를 취하다'

〈경성 23일발=로이터〉 한국의 차기부통령 이기붕(李起鵬) 씨는 23일 이승만(李承晩) 대통령이 행정의 최고책임자로서의 지위를 버리고 '국가의 원수'로서의 지위에만 머무르는 것에 동의했다고 발표했다. 이승만 대통령의 이 결정은 12년간에 걸친 이(승만) 대통령의 독재적 지배가 종료된다는 것을 의미하는 것이다. 이(승만) 대통령은 한국국민의 압력에 굴복하여 이제는 행정상의 권리는 아무것도 없이 상징적인 원수의 지위에 머무르게 된다.

한국 자유당(自由黨)의 이기붕 씨는 23일 이전 총선거에 의한 부통령 당선을 사퇴했다.

차기 부통령에 지명된 이기붕 씨(자유당)는 23일 아침 이승만 대통령과 3시간 회담한 후 다음의 성명을 발표했다.

이승만 대통령과 나는 오늘 대통령 이외의 수상이 행정권을 가지는 형태의 정부를 수립할 것에 대하여 의견이 일치했다. 새로운 정부는 대통령 보다는 오히려 의회가 책임을 가지게 될 것이다. 또한 이(승만) 대통령과 나는 모든 보수당의 사람들을 포함한 정부를 만드는 것에 동의했다.

이승만 한국대통령은 23일, 이번 위기를 정치적 수단에 의해 해결할 목적으로 연립내각의 조직을 발표할 것으로 보여진다.

형식상으로는 독재에 종지부

[주(注)] 이승만 한국대통령은 23일 행정권을 가진 수장으로서의 지위를 버리고 상징적인 대통령 지위에 머무를 의향을 밝히고, 차기 부통령 이기붕 씨도 부통령의 지위를 사퇴했다. 19일에 경성(京城) 및 기타 지역에서 일어난 반정부 폭동과 이것에 대한 국제여론의 비난 특히 미국으로부터의 강력한 경고 등이 이번의 태도표명에 나서게 된 것으로 보인다. 여당인 자유당도 22일 헌법을 개정하여 대통령을 상징적인 국가원수로 할 것을 권고하였다.

한국의 헌법에서는 원래 대통령의 3선은 금지되어 있었지만, 1956년의 대통령선거를 앞두고 이승만 대통령의 3선을 실현시키기 위해 헌법의 개정이 계획되어, 54년 11월에 현 대통령에 한해서 몇 번이라도 중임할 수 있게 되었다. 또한 이것과 함께 행정조직의 개편으로 국무총리(수상)가 폐지되고 대통령을 의장으로 하는 국무회의(각의)가 행정의 최고기관이 되었다(55년 2월). 이에 따라 대통령이 매우 큰 권력을 가지게 된 것이다.

이번에 이(승만) 대통령이 행정의 책임자로서의 지위를 버리고 상징적인 원수의 지위에 머무르는 것을 표명한 것은 구헌법으로 되돌아가 책임내각제로 복귀하는 것을 의미한다. 물론 이것은 헌법 개정이 필요하다. 어쨌든 이승만 대통령의 독재정치는 형식상 일단 종결되었다고 할 수 있다.

그러나 책임내각제도 과거 존재했었지만 대통령독재를 억제할 힘은 별로 없었고 '상징적 대통령'의 지위에 대해서도 헌법에는 어떠한 규정도 없기 때문에, 이 대통령의 마음먹기에 따라서는 '구태의연한 것'이 될 수 있다. 사건에 대한 대통령의 반성만이 이번의 개혁의 성패를 결정하게 될 것이다.

장(면) 부통령 사직

〈경성 23일발=AP〉 한국의 야당 민주당(民主黨) 지도자 장면(張勉) 씨는 23일 부통령의 지위를 임기 4개월 남기고 사직했다. 장 씨는 이것에 대해서 다음과 같이 말했다.

이번의 폭동의 목적은 권력에 취해서 전제적인 지배를 계속해 온 이(승만) 정권에 경종을 울리는 것이다.

유(柳泰夏: 역자) 대사 사의 표명

23일 오전 11시 쯤 도쿄도(東京都) 미나토구(港区) 아자부타케야쵸(麻布竹谷町) 1-5의 한국대표부에서 재일한국거류민단(在日大韓民國居留民團) 전 단장 김재화(金載華), 전 도쿄(東京)본부장 이기영(李基永), 청년단단장 곽동의(郭東儀) 씨 등 약 70명이 '이승만 정부의 퇴진', '유 대사의 사직'을 요구하며 몰려들어, 유 대사는 사직할 결의를 표명한 후 "일주일 이내로 대사를 사직하고 귀국하겠다"고 발표했다.

계엄령, 머지않아 해제 - 송(宋) 사령관 언명

〈경성 23일발=AFP〉 송요찬(宋堯讚) 계엄사령관은 23일의 기자회견에서 "계엄령은 2,3일 안에 해제될 것으로 생각한다"고 언명하며 다음과 같이 말하였다.

▶ 군은 23일 경성(京城) 폭동의 희생자를 위하여 경성야구장에서 합동장례식을 거행한다. 경성시의 폭동으로 사망자는 106명(그 중 경관 3명), 부상

자는 582명(그 중 경관 123명)이 되었다. 체포된 학생의 수는 43명이었다. 처음 2346명이 체포되었지만 취조 중인 사람 이외에는 모두 석방되었다.

▶ 경성폭동의 취조 결과 지금까지 공산주의자의 영향은 보이지 않았다. 그러나 어떠한 영향이 있었을 가능성은 있었을지도 모른다.

1960년 4월 23일 석간(2면)

일한관계 호전을 기대 - 외무성, '이승만(李承晩) 독재 종말'로

외무성은 한국의 '내각책임제 확립'에 대해서 아직 외신 밖에 입수하지 못했지만 외무성 측은 만약 이것이 실현된다면 이승만 대통령에 의한 다년간의 '독재정치'에 종지부를 찍고, 이에 따라 일한관계는 크게 호전되는 방향으로 변할 것으로 기대하고 있다.

전해지는 '내각책임제'는 지금의 민주당(民主黨 · 야당)의 전신인 민주국민당(民主國民黨)이 1950년 1월, 1954년 11월의 2회에 걸쳐 주장했던 헌법개정안의 구상과 거의 같은 것으로, 이(승만) 대통령이 이것을 받아들였다는 것은 오랜 기간에 걸친 야당의 주장에 그대로 굴복하는 것을 의미한다.

지금까지 일한회담이 8년간에 걸쳐 지연되어온 것은 '이(승만) 독재정권'의 억지, 한국 내의 심각한 정책불안이 주요 이유였으나, 이번에 독재제가 물러나 정책불안의 근원이었던 내각책임제의 결여가 개선된다면 일한의 우호관계를 가로막고 있던 큰 암(癌)이 제거되는 것이라고 볼 수 있다. 또한 이번 조치가 미국의 압력에 의한 것으로 보여지기 때문에 정부 측의 기대는 더욱 큰 것 같다.

1960년 4월 24일(3면)

한국 헌법개정을 둘러싼 신(新) 정세

'강한 원수(元首)'의 우려도 – 이(승만) 대통령의 반성이 관건

[해설] 변함없이 강경한 내용을 가지고 있지만 일단 국민의 불만을 없애기로 약속한 이승만(李承晩) 성명에 이어진 각료의 총사직, 그리고 23일 "자신은 상징 속에 숨고 내각책임제를 실시한다"라는 발표. 이승만 한국대통령도 국민이 올린 '분노의 횃불'과 신랄한 국제여론에는 견디지 못하고 점차 후퇴하여 한국의 민주주의도 건국 12년이 걸려서야 드디어 궤도에 오르게 되었다. 참고 또 참아왔던 2천만 국민이 그 쌓인 분노를 젊은 학생의 힘으로 결집하여 유명한 독재자를 어쨌든 여기까지 몰아넣었다는 의의는 매우 크다.

그러나 국민이 이 정도의 조치로 과연 납득할지 어떨지. 민주당(民主黨)의 장면(張勉) 씨도 끝까지 이(승만) 대통령의 사임을 요구하고 있으며, 대통령 자신의 하야 없이는 국민의 분노를 가라앉힐 수 없다는 것이 한국 데모 요구의 근간이기도 하다. 게다가 54년 11월 국회에서 국무총리제가 폐지될 때까지는 수상도 존재했었지만, 대통령이 수상 및 국무위원(각료)의 임명권을 가지고 있었고 국무회의(각의) 의장도 대통령이었기 때문에 실질적으로는 이(승만) 대통령의 마음대로 국정을 운영할 수 있었다.

헌법을 개정하여 내각책임제를 취하더라도 단지 형식적으로 수상을 만드는 것만으로는 전혀 의의가 없으며 '상징'이 권세를 휘두르는 구태의연한 결과를 초래하지 않으리라는 보장이 없다.

적어도 국민을 만족시키는 정치체제로서는 ①국무총리는 국회가 선정하고 대통령은 이것을 임명하며, ②국무회의의 의장은 대통령에서 총리로 바꾸고 대통령은 행정권의 수반에서 원수로 물러나야 하며, ③총리, 국무위원은 전체적으로 혹은 개별적으로 국회에 대해서 책임을 가져야 하는 형태가 되지 않으면 안 된다. 이승만 씨에게 과연 이러한 결의가 있는가? 전적으로 '건국의 아버지'로서의 상징에 만족하고 여생을 보낼 각오가 있는가? 국민이 이 대통령의 완전한 사임을 요구하는 것도 이러한 의심에서 비롯한 것이 틀림없다.

다만 현행 헌법에는 대통령을 하야시킬 규정은 없다. "대통령은 내환 또는 외환의 죄를 범하는 때 이외는 재직 중 형사상의 소추를 받지 않는다"라는 67조를 적용하여 내환죄를 적용한다 해도 탄핵재판의 구성원이 되는 참의원 의원 5인의 심판관이 실제로 존재하지 않으므로 문제가 되지 않고, 55조의 "대통령이 '궐위'인 경우"가 어떠한 경우인지 헌법에 명기되어 있지 않다. 헌법 기초자 유진오(兪鎭午) 고려대학 총장의 『헌법강의(憲法講義)』에 의하면 궐위를 사망, 해직, 사직으로 말하고 있지만 이것은 하나의 해석에 지나지 않고 다른 의견도 있다. 이 유진오설이 이번 대통령 사직에 적용될 수 있을지 어떨지, 아마 한국에서도 문제가 될 것이다.

또한 헌법개정 제안은 대통령, 민의원의 재적의원 3분의 1 이상의 찬성이 필요하고, 이 절차를 마친 후 원안을 대통령은 30일 이상 국민에 공고해야 한다. 이 공고 후 민의원의 재적의원 3분의 2 이상의 찬성을 필요로 한다. 자유당(自由黨)만으로 3분의 2를 차지하기에는 불과 몇 명의 의석이 부족하지만 민주당이 개정에 찬성한다면 문제는 없다. 그러나 이 대통령이 일체의 공직에서 물러날 것을 요구하는 민주당이 '이승만 원수'의 실현을 납득할 것인지 어떨지의 문제가 있다.

현재 정당 각파의 최고층에서 검토하고 있는 헌법개정안이 어떤 내용인지는 별도로 해도 공고기간을 포함하여 적어도 2개월 정도의 시일을 필요로 하며, 신헌법에 의해 의회가 총리를 선출하고 총리가 각료를 추천하여 대통령의 승인을 얻기까지는 또한 약간의 시일이 필요하다. 이 사이에 사태는 어떠한 추이를 보일지, 국민은 가만히 이 추이를 지켜볼 것인지 예상할 수 없다.

이렇게 보면 한국의 민주주의화로의 길은 역시 이승만 대통령의 반성과 각오에 크게 좌우될 것으로 보인다.

1960년 4월 24일(3면)

이(승만) 대통령이 사죄? - 오늘 국민에게 성명 발표하나

〈경성 23일발=AFP〉 23일 경성(京城)의 권위있는 소식통이 밝힌 바에 의하면 이승만(李承晩) 대통령은 24일 국민에 성명을 발표하여 분명하게 정치의 실패를 인정하고 대통령의 권한 대부분을 수상이 이끄는 내각에 이양하게 될 것이라고 말하였다.

이 소식통에 의하면 이(승만) 대통령은 한국의 실정을 몰랐던 점, 19일의 학생의 피의 폭동은 국민의 불만이 정점에 달하였던 것이라는 점을 인정하고, 그 국민의 불만이 장기간에 걸친 악정과 만연한 부패에서 나온 것이라는 것을 인정할 것이라고 한다.

또한 이(승만) 대통령은 현재의 지위에서 물러나 권한 대부분을 새로운 수상에게 이양하고 자신은 단지 국가의 명목상의 원수에 머무를 것과, 국민에게 사죄하고 지금까지 총재를 맡았던 자유당(自由黨)과 절연을 결의할 것을 발표할 것이라고 말했다.

내일부터 심의 - 한국 헌법개정안

〈경성 23일발=로이터〉 한국 민의원(하원)의 자유, 민주(民主)의 여야 양당 의원은 23일, 이승만 대통령의 독재적 지배를 대신하여 수상이 이끄는 책임내각제도를 창설할 것을 목적으로 하는 헌법개정안의 심의를 오는 25일부터 시작하기로 합의했다.

한국에는 1948년부터 1956년까지 수상이 있기는 있었지만 어떠한 행정책임을 가졌던 것은 아니었다. 이 제도 아래에서 수상은 미국의 국무장관과 마찬가지로 단지 상급 각료에 지나지 않았고, 이(승만) 대통령이 행정권을 독점하고 있었다. 그러나 상기한 헌법수정이 성립되면 한국의 수상은 프랑스 제4공화제 아래의 수상과 같이 완전한 행정대권을 행사한다.

희생 학생을 국민영웅으로
-"눈이 뜨였다"고 이(승만) 대통령이 고려?

〈경성 23일발=로이터〉 이승만 한국대통령과 가까운 권위있는 소식통이 23일 밤에 밝힌 바에 의하면 이(승만) 대통령은 19일 경성 폭동으로 사망한 학생을 국민영웅으로 하는 절차를 취하고 싶다는 의향이라고 한다. 이 소식통에 의하면 이(승만) 대통령은 학생들이 "자신의 눈을 뜨이게 했다"고 측근에게 말했다고 한다.

경성대 학생을 위문

〈경성 23일발=로이터〉 지난 19일 경성 폭동 이래 처음으로 이(승만) 대통령은 엄중하게 경비되고 있던 대통령 관저에서 나와 국립경성대학을 방문하고, 데모 중 경찰의 라이플총에 부상당한 학생을 위문했다. 이(승만) 대통령은 방탄유리의 캐딜락에 승차하고, 기관총이 설치된 육군경찰(MP) 지프 4대가 호위하고 있었다.

통상 대통령이 통과할 때 국가경찰이 구경하는 민중에게 박수를 치도록 지도했지만, 이 날은 그와 같은 명령도 없었고 민중은 멍하니 대통령을 바라보았다.

오늘 희생 학생 합동고별식

〈RP=도쿄(東京)〉 23일 경성방송에 의하면 한국의 계엄사령부에서는 같은 날 이번 학생데모에서 희생된 사망 학생 합동고별식을 24일 오후 2시 경성시내의 육군야구장에서 거행할 것이라고 공식으로 발표했다.

[주(注)] 로이터(Reuters)통신에 따르면 사망자 18명이 나온 부산(釜山), 광주(光州)에서도 같은 날에 고별식이 거행된다. 또한 경성시내의 병원에 있는 시신 103구 중 일부는 아직 신원불명 상태이지만 여자 5구을 포함하여 약 80구의 시신이 친족에 의해서 신원이 밝혀지게 되었다.

이(승만) 대통령 탈당하나? - 변(卞) 전 수상 발언

〈경성 23일발=AP〉 변영태(卞榮泰) 전 한국 수상은 23일 이승만 대통령과 회담 후 기자단에게 "이(승만) 대통령은 정당에 소속되지 않은 대통령이 되기 위해서 자유당 총재의 지위에서 물러날 것이다"라고 말하였다.

변 씨는 최근 2일간에 두 번 이(승만) 대통령과 회담했는데 변 씨가 기자단에 말한 바로는 이 대통령은 국가경찰을 정치적으로 중립에 두는 안을 지지하고 있고, 또한 모든 기타 공무원도 정치와는 무관하기를 바란다고 하였다고 한다. 이(승만) 대통령은 지금까지 수년간 경찰을 정치적 무기로 사용했다고 공격받아 왔다.

자유당을 해산하여 통일보수당으로?

〈경성 23일발=로이터〉 한국 민의원(하원)의 이재학(李在鶴) 부의장은 23일 밤, 이(승만) 대통령이 머지않아 자유당(여당)을 해당할 것이라고 말하였다. 이것은 한국에 통일보수당 결성의 길을 열 것이라고 이씨는 말하였다.

1960년 4월 24일 석간(1면)

[오늘의 문제] 한국의 헌법개정

한국의 이승만(李承晩) 대통령이 마침내 독재적 지위를 버리고 행정상의 최고책임자가 아닌 '원수'의 지위에만 머무르게 되었다. 조약의 비준이나 관리의 임면 등을 인증하는 것 등 단순한 형식적인 행사에만 관여하는 국가의 상징적 존재가 되기 때문에 사실상 이(승만) 씨의 독재는 종결되었다고 봐도 좋을 것이다.

행정책임의 지위를 버린다는 것은 지금까지 대통령 한 사람에 집중되었던 권한을 나누어 새로운 내각에 이양하고, 내각은 대통령에 대해서보다는 의회에 대해서 책임을 가지도록 하는 민주주의의 룰을 확립해야한다. 그것을 위해서는 현행 헌법의 개정이 선결되어야 한다.

그 헌법 개정이 최근 의회에 제출될 것으로 보이지만 이쯤에서 일단 주목해야할 점이 있다고 생각한다.

원래 1954년의 헌법 개정에서는 의회의 의원총수 203명의 3분의 2 즉 135.3명 이상의 찬성이 없으면 개정은 이루어 질 수 없었다. 그러나 한국의회에 헌법개정안이 제출되고 현 대통령에 한해서 4선 뿐만 아니라 5선도 6선도 지장이 없도록 개정할 때, 당시 의회에서는 135명이 찬성했다. 이러면 0.3명이 법정수에 부족한 셈으로 당연히 1명의 찬성자가 더 필요했던 것이지만, 이(승만) 대통령의 일갈(一喝)에 0.3명 분을 '버리고' 말았다. 그렇기 때문에 오늘날의 '당연한 불만'을 만든 헌법 개정, 4선의 실현을 보게 된 것이다.

이번 헌법 개정안도 절차로서는 여야 양당으로 이루어진 헌법 개정을 위한 잠정 내각이 조급히 만들어져 작성되는 셈이다. 이 개정안은 의회상정 1개월 전에 공시하도록 규정되어 있다. 설마 이번에는 의원의 사사오입 등은 이루어지지 않겠지만 헌법 개정의 반복 개정 등의 사태가 일어나지 않도록 철저하게 '퇴보'에 주의를 부탁한다.

1960년 4월 25일(1면)

이(승만) 대통령, 당과 절연 - '최고 행정관'에 전념한다고 성명

〈경성 24일발=AP〉 이승만(李承晩) 한국대통령은 24일 "최고행정관으로서만 국가에 진력할 것을 목적으로 차후 자유당(自由黨)과의 모든 관계를 끊을 것이다"라고 발표했다. 이 성명에 의해 이(승만) 대통령이 앞서 행한 내각책임제의 정부를 만들고 수상에 그 행정임무를 위임한다는 언명은 크게 의문이 들게 되었다. 그러나 이번 성명은 수상을 만드는 개혁이 실행되기까지의 기간에만 적용하도록 고안된 것일지도 모른다.

일종의 변절인가

[해설] "최고행정책임자로서 국가에 진력한다"라는 것이 국무회의 의장(수상에 해당)로서의 지위를 가지는 것을 의미하는 것인지 아닌지는 이 성명만으로는 알 수 없다. 또한 계속하여 국무회의 의장을 맡는다는 것이 책임내각제가 될 때까지의 잠정적인 것인지 어떤지도 명확하지 않다. 어쨌든 이 성명은 중대하다. 23일 중에 나올 예정이었던 대통령성명이 여당의 반격에 부딪혀 철회되고 '혁명적인' 원안을 수정해서 낸 것이라면, 대통령의 의지 여하에 상관없이 일종의 변절이라고 보지 않을 수 없다. 이것이 일시적인 것이라면 몰라도 만약 영구적인 최고행정관으로서 머무르는 것이라면 "자유당과 절연한다"는 것은 단순히 구실이라고 볼 수밖에 없고 종래의 대통령과 여당과의 관계에서 보더라도 관계를 간단하게 끊을 수는 없다. 완전히 구태의연한 사태가 나타날 우려가 충분히 있다. 무엇보다도 국민의 분노는 이런 것으로 해결할 수 없다.

총재 사임 인사

〈신아(新亞)=도쿄(東京)〉 24일 밤 경성(京城)방송에 의하면 이승만 한국대통령은 24일 오후 국회부의장, 자유당 간부 등을 대통령 관저로 초대하여 자유당 총재를 사임한다고 말하였다.

이(승만) 성명을 거부, 민주당(民主黨)

〈경성 24일발=AFP〉 한국의 야당 민주당은 24일, 이(승만) 대통령의 "초당파 내각을 설치하고 최고행정관으로서 머무를 의향이다"라는 성명을 거부할 것을 결정했다.

또한 새로운 대통령 선거를 시행하도록 요구하는 것과 함께 민주당은 오는 8월의 헌법 개정이 통과될 때까지 정권을 담당할 예정인 관리 내각에 참가하거나 지지하지 않기로 결정했다.

허정(許政) 씨가 잠정내각 조직

〈경성 24일발=로이터〉 한국의 전 수상대리 허정 씨(무소속)는 24일 밤, 이승만 대통령의 위촉에 의해 잠정내각을 조직할 것을 밝히며 다음과 같이 말하였다.

나는 이(승만) 대통령에게 새로운 내각의 조직을 위촉받았다. 내가 조직하는 내각은 잠정내각으로 책임내각제도가 확립될 때까지의 2, 3개월간만 존속하게 된다. 우리는 헌법 개정에 필요한 절차는 민의원(의회)에 위임할 것이다.

[주(注)] 허정 씨는 부산(釜山)에서 태어나 경성의 보성전문학교(普成專門學

校 · 현재의 고려대학)을 졸업하고 바로 독립운동에 참가하여 상해(上海), 프랑스, 미국 등에서 망명생활을 보냈다. 조국해방 후 귀국하여 교통부장관, 석탄공사 총재, 사회부장관, 국무총리 대리, 경성특별시장, 일한회담의 한국수석대표 등을 역임하였다. 63세.

최(崔) 전 내무부장관 행방불명인가?

〈경성 24일발=AP〉 중립계의 조선일보(朝鮮日報)는 24일 "지난 3월 15일 대통령 선거에 부정간섭을 지시했다고 하는 최인규(崔仁圭) 전 내무부장관과 그의 가족 전체는 19일 유혈사건 이래 행방불명이다"라고 보도했다.

헌법개정안 완성되다

〈경성 24일발=UPI · 공동〉 자유당 개혁파 대변인인 박세경(朴世徑) 의원은 24일 헌법개정안의 기초를 마쳤다고 발표하고, 이 개정은 야당인 민주당의 지지도 얻고 있으며 국회통과는 확실하다고 하였다. 이 개정안의 요점은 다음과 같다.

- ▶ 대통령은 국민투표가 아닌 국회 및 지방의원의 투표로 뽑히며 임기는 현행 4년에서 6년으로 고친다.
- ▶ 대통령은 국가의 형식적 원수가 된다.
- ▶ 부통령은 두지 않는다.
- ▶ 신정부의 행정권은 수상을 책임으로 하는 내각에 존재한다.
- ▶ 대통령은 수상을 임명할 권한을 가지지만 국회의 승인을 필요로 한다.

▶ 수상은 각료를 임명한다. 내각은 국회에 대해서 책임을 지고 또한 국회를 해산하는 권한을 가진다.

▶ 국회는 내각 불신임 투표를 행할 권한을 가진다.

1960년 4월 25일(2면)

이(승만) 대통령 성명의 내용

〈경성 24일발=로이터〉 이승만(李承晩) 한국대통령은 23일 자유당(自由黨)의 최고책임자로서의 지위를 사임한다고 정식으로 성명을 냈는데 그 내용은 다음과 같다.

▷ 나는 대통령으로서 자유당을 떠나 오로지 국가의 최고행정책임자, 정부의 장관으로서 국가에 진력할 길을 찾는 것이 더 낫다고 생각하게 되었다. 스스로를 이러한 입장에 두고 당파적인 이익이나 경향을 버림으로써 나는 국민과 함께 정당의 자기숙청에 참가하며 사심 없는 마음으로 국가를 위해 진력할 것이다.

▷ 나는 민주주의적인 국가를 만들고 조선(朝鮮)의 북쪽을 공산주의자의 손에서 해방시키기 위해서는 강력한 정당을 만드는 것이 불가결하다고 믿고 있다. 정당의 당파심은 적당한 이견을 허용하고 이것에 의해서 다양한 견해를 반영한 국가적 정책이 도출되는 것이다. 각 정당은 당파근성을 버리고 민주주의적 원칙의 적용을 강화해야 한다는 것이 나의 생각이다. 다른 자유국가의 경우와 만찬가지로 이것에 의해서 자유롭고 강력한 정부가 태어나야 하는 것이다. 나는 이것을 희망하였다. 이를 위해 나는 자유당을 창설했을 뿐만 아니라 야당 세력에도 격려를 주고자 했다. 어찌 됐든 각 정당은 이미 설립되어 있다. 이제 각 정딩을 제도에서 제외시킬 수 없고, 할 수 있는 것은 단지 이들이 더 잘하도록 하는 것이다.

▷ 한국정부의 각료는 이번에 일어난 사태의 책임을 지기 위해 모든 사표

를 제출했다. 사표는 수리될 것이다. 나는 지금 정부 각 성(省)의 장관으로 새롭고 유능한 인물을 임명하고자 노력하고 있다. 국민의 존경과 신뢰를 얻고 있는가 하는 점만이 고려될 것이다. 이러한 인물을 찾기 위해 나는 장로 정치가나 각계 지도자와 협의를 진행하고 있다. 이번에는 그들의 과거의 정치적 관심이 어떠했었는가는 문제 삼지 않고 협의하고 있다.

▷ 우리를 덮친 슬픔은 국가와 국민을 위해 남겨진 생애를 사심 없는 마음으로 한층 성공적으로 봉사하겠다는 나의 결의를 강하게 했다. 이번에 참혹하게 생명을 잃은 사람들에 대한 나의 슬픔은 말로 표현할 수 없다. 죽은 사람들은 모두 내 오랜 조선인 가족의 한사람이었기 때문에, 나의 슬픔은 사랑하는 사람을 잃은 근친가족의 그것과 마찬가지이다.

▷ 나는 정부기관이 완전히 정치에서 벗어날 것을 희망한다. 그래야 공공의 봉사자들은 정직하고 완전한 공평으로 그들의 의무를 수행하게 될 것이다.

1960년 4월 25일 석간(1면)

비(非)정당 내각 조직인가 - 허정(許政) 씨, 폭동의 재발 방지에

〈경성 25일발=로이터〉 한국의 전 수상 허정 씨는 25일 한국의 위기를 해결하고 새로운 폭동을 방지하기 위해 비정당 내각의 조직을 목표로 협의를 계속하고 있다. 한편 국회는 신헌법에 대한 몇몇 제안에 대해서 노력을 계속하고 있다. 국회의원들은 25일 "좀 더 받아들여질 가능성이 있는 신헌법의 제안은 대통령을 최종적으로 국회가 선출하는 국가주석으로 하고 수상내각제를 규정하는 것이다"라고 말하였다.

또한 이 소식통에 의하면 이승만(李承晩) 씨가 3월 15일의 선거에서 대통령에 선출된 것은 기정사실로 간주하여, 이승만 씨는 그 임기인 4년 간 국가주석의 역할을 맡게 될 것이라고 보고 있다.

새로운 정부가 만들어질 경우 정부로서 시급한 문제는 경찰에 대한 대중의 요구에 대응하는 것이다. 정부관계자는 누구나 계엄령이 정지될 경우 경찰에 대한 보복적 행동이 발생하는 것이 아니냐고 두려워하고 있다.

국회의원들은 25일 책임 있는 경찰당국자에 대한 조사와 재판이, 반정부데모 때 경찰이 학생이나 시민에게 발포한 것으로 인해 발생한 강력한 반감을 해결하는데 도움이 될 것이라고 말했다.

이(승만) 대통령의 즉시 사임을 요구 - 민주당(民主黨) 동의(動議)

〈경성 25일발=로이터〉 한국의 야당 민주당은 25일 국회에서 이승만 대통령이 최고행정관 및 국가원수를 즉시 사임할 것을 요구하는 긴급동의를 제출했다.

이 긴급동의의 채결은 26일에 시행될 것으로 보인다. 민주당은 수(數)에서 자유당(自由黨)에 미치지 못하기 때문에 동의를 통과시키기 위해서는 자유당 및 무소속 의원의 지지가 필요하다. 또한 동의가 통과될 경우에 이승만 대통령은 거부권을 사용할 수 있다.

지도권을 지키고 싶어 - 이(기붕) 차기 부통령 언명

〈경성 24일발=AP〉 이기붕(李起鵬) 한국 차기 부통령은 24일 이(승만) 대통령의 자유당 총재 사임에 따른 정치정세를 토의하는 자유당의원 긴급회의에서 다음과 같이 언명했다.

나는 적어도 당분간 자유당의 지도권을 유지하고 싶다. 나는 반정부폭동 후의 정치위기를 생각하여 정계에서 물러날 결심을 하고 있지만, 이 이상의 분쟁을 피하는 조치가 확립되기 전에 물러날 수는 없다.

장면(張勉) 씨의 사임을 승인

〈경성 25일발=UPI · 공동〉 한국 국회는 25일 오전의 본회의에서 장면 현 부통령의 사임을 승인했다.

1960년 4월 25일 석간(7면)

재일조선인중앙대회(在日朝鮮人中央大會) 개최

재일조선인중앙대회는 25일 오전 10시 반부터 도쿄(東京) 히비야(日比谷)공원의 야외음악당에서 열렸다. 재일조선인총연합회(在日朝鮮人總連合會) 중앙본부의 주최로 모인 사람들은 남녀학생을 포함하여 약 8천명(대회본부 발표)이었다. "남조선인민들에게 적극적인 지원을 보낸다.", "파쇼, 테러 통치 반대" 등의 대회슬로건을 채택한 뒤, 김일성(金日成) 북조선인민공화국 수상에게 보내는 메시지, 남조선인민에게 보내는 격려문, 미국 대통령에게 보내는 항의문 등을 결의했다.

오후에는 윤상철(尹相哲) 외무부장 등 30명이 미국대사관으로 또한 김학근(金學根) 부위원장 등 50명이 주일 한국대표부로 각각 항의를 위해 갔다. 동시에 참가자 전원은 데모를 진행하여 스키야바시(数寄屋橋)에서 신토키와바시(新常盤橋) 공원까지 붉은색, 황색, 하늘색 깃발을 나부끼며 행진했다.

1960년 4월 26일(1면)

경성(京城)에서 3만 명 데모 - 정세 급박, 이(승만) 대통령 사직요구

〈경성 25일발=AP〉 24일 이(승만) 대통령이 정권을 고수한다는 성명발표를 듣고 25일 저녁 한국 대학교수 200명 이상을 선두로 약 5천명의 경성시민이 계엄령을 무시하고 민의원을 향해 데모행진을 하면서 이승만(李承晩) 대통령, 민의원 의원, 대법원(최고재판소) 판사 등 전원 사직을 요구했다. 국립경성대학 구내에서 출발한 교수진의 데모행진에 군중이 합류한 것이다. 탱크를 앞세운 한국군대는 데모대에 최루탄을 쏘았다. 이전 폭동 이래 경성에서 데모가 벌어진 것은 이번이 처음이다.

7명이 사상

〈경성 26일발=로이터〉 25일 심야 경성 시내에는 19일 유혈사건의 반복을 상기시키는 긴박한 광경이 전개되었다. 25일 저녁부터 시내 각처에 모인 합계 약 2만명의 데모대는 늦은 밤이 되어 해산하는 듯이 보였다. 그러나 이 데모대는 몇몇 집단으로 나뉘어 다시 각 방향으로 행진, 목격자 말에 따르면 자유당 본부가 투석 당했는데 한 무리가 또다시 이(승만) 대통령 관저로 향해서 군대가 이들에게 발포했다. 26일이 되어 시내 정세는 혼란한 가운데 급하게 전개되어 동대문 방면에서는 약 3만명이 행진중이라고 전해졌다.

한편 송(宋堯讚: 역자) 계엄사령관은 25일 밤 기자회견을 열고 "일부 군대에 25일 오전 전선 복귀를 명령했으나, 그 후 데모로 인해 경성으로 복귀시켰다. 군대에게 발포 명령은 하지 않았다. 이것에 따르지 않는 자는 군법회의에 회부하라"고 말했다. 계엄사령부는 25일 데모에서 사망자 1명, 부상자 6명이 나온 것을 확인했는데, 3개 병원에서 집계한 바로는 부상자는 13명에 달했다. 또 이기붕(李起鵬) 민의원 의장에게는 군대의 보호가 이루어지고 있다고 했다.

이기붕(李起鵬) 씨 저택 내로 난입

〈경성 25일발=UPI · 공동〉 25일 저녁 경성에서 재발한 반정부 데모에 대응하기 위해 경성의 송(宋堯讚: 역자) 계엄사령관은 같은 날 일단 완화했던 외출금지령을 재강화하고, 오후 9시 이후 야간 외출을 금지한다고 통고했다.

이날 저녁 일어난 대학교수를 선두로 한 데모는 이후 학생의 합류로 한때 약 1만명의 대규모 데모로 불어났다. 탱크와 군대가 출동하여 해산을 요구했으나, 다수가 탱크 앞에서 연좌했고 일부는 내무성, 또 다른 일부는 미국 대사관으로 데모를 이끌었다.

미국 대사관으로 향한 무리는 밤이라 대사관이 문을 닫았기 때문에 아무 일도 없이 그곳을 지나쳤지만, 그 가운데 일부는 이기붕 민의원의장 저택으로 들이닥쳤다. 이 씨 일가는 그날 밤 부재중이었는데, 흥분한 데모대 약 500명은 문을 부수고 관저 내로 난입, 가구와 유리창을 파괴했다.

폭동참가 학생 석방 - 이승만(李承晩) 대통령이 명령

〈경성 25일발=AFP〉 한국 계엄사령부가 25일 밤에 발표한 바에 의하면 이승만 대통령은 경찰에 체포되어 있는 폭동참가 학생 전원을 석방하도록 명령했다, 이 발표는 지금도 탱크나 총검을 아랑곳하지 않으며 의사당 앞에서 데모를 벌이고 있는 학생들을 달래기 위해 이루어진 것으로 보인다.

1960년 4월 26일(1면)

일한회담 관망하기로 - 한국의 정세 안정될 때까지

이세키(伊関) 국장과 유(柳) 대사 일치

이세키(伊関佑二郎: 역자) 외무성 아시아국장은 25일 오후 2시반, 도쿄(東京) 고지마치(麹町)의 가유카이칸(霞友会館)에서 유(柳泰夏: 역자) 재일 한국대표부 대사와 '경성(京城) 폭동사건' 이후 처음으로 만났다. 이 회담에서 이세키 국장이 주로 한국의 정세에 대하여 유 대사의 견해를 물었으며, 그 결과 한국의 정세가 안정될 때까지 일한회담을 열지 않고 관망하는 것에 일치하였다.

그러나 타결 직전까지 갔었던 한국쌀 3만톤 구매의 사무 절충, 그리고 종전의 억류자 송환 실시 이후 형기를 만료한 부산(釜山) 수용소의 일본인 선원의 조기 송환 요구는 일한회담과 분리하여 계속 진행해 나갈 의향이며, 이에 대해서도 25일의 이세키 · 유 회담에서 한국 측의 동의를 얻었다. 이에 따라 이달 초부터 도쿄에서 열리고 있는 사무 절충은 금주 중에 결론이 날 것으로 외무성 관계자는 보고 있다.

또한 유 대사는 이전부터 거론되고 있는 자신의 사의표명에 대하여 이세키 국장에게 "한국거류민단의 일부 인사로부터 요망이 있어서 본국 정부에 사임 의사를 타전하였으나, 나의 진퇴문제는 정부가 결정할 일이다"라고 말했다고 전해지고 있다.

1960년 4월 26일 석간(1면)

이(승만) 대통령, 드디어 사의 - 데모 50만 명, 경성(京城)을 제압

선거를 다시 할 것을 명령 - 경성 탈출을 준비하는가

〈경성 26일발=로이터〉 26일 아침 50만 명의 데모가 경성을 장악하여 군대를 대통령 관저 바로 앞까지 밀어붙였다. 이(승만) 대통령은 중대성명을 발표하기로 약속했지만 분노한 데모대는 전혀 통제가 되지 않고 있다. 경성 인구(KP통신에 의하면 59년 말 기준 약 209만 명) 4분의 1이 대통령 관저 방향으로 몰려왔다. (주(注)=AP통신에 의하면 이날 아침 계속해서 늘어난 데모대 수는 5만 내지 10만 명으로, 로이터통신과는 숫자의 차이가 있으나, 기타 외신을 종합하면 경성 시민이 모두 몰려들어 많은 수에 달하는 것으로 보인다.)

〈경성 26일발=로이터〉 이승만(李承晩) 한국대통령은 26일 "만약 민중의 의지가 그렇다면, 나는 대통령으로써의 당선을 포기한다"라고 다음과 같이 성명했다. "새로운 선거에 동의하고 수상이 주도하는 새로운 정부 형태에 동의한다." 이 성명에 대해서 한국 의회 여야당 의원은 3월 15일의 대통령 선거를 무효로 하는 결의안을 채택했다. 또 민의원에서는 수상과 책임내각제를 내용으로 하는 새로운 헌법도 요구하고 있다. 현재 이 대통령의 성명은 즉시 데모대에 전해졌다.

〈경성 26일발=AFP〉 이(승만) 대통령은 26일 아침, 3월 선거에 부정이 있었다는 보고를 받고 새로운 선거를 가능하면 빠르게 실시하도록 하는 명령을 정부에 내렸다고 발표했다. 또 부통령으로 선출되었던 이기붕(李起鵬) 씨에 대해 현재 공무에서 떠나도록 명령했다고 발표했다. 이(승만) 대통령은 성명에서 거듭 "국민은 이 위기에 당면해서 북조선 공산주의자가 한국으로 침략해 올지도 모르는 위험을 경계해야한다. 나는 지금 국민이 나에게 요구하는 것은 무엇이라도 할 것이다'라고 말했다.

〈경성 26일발=로이터〉 믿을 만한 소식통에 의하면 26일 사의 성명 이후, 여전히 포위된 경성 관저에 갇혀 있는 이승만 대통령은 경성을 탈출해 진해(鎭海) 별장으로 가기 위해 헬리콥터 1기의 도움을 요청한 것으로 보인다.

분노에 미친 민중, 대통령 동상을 끌고다녀

〈경성 26일발=로이터〉 이(승만) 대통령이 26일 발표한 성명은 즉시 데모대의 일부에게 전해졌다. 라디오도 이 성명을 방송하였으나, 이 성명에 대한 최초의 반응은 호의적이지 않았다. 이(승만) 대통령의 의향이 분명하지 않았기 때문이다. 분노를 억누르지 못한 민중은 이(승만) 대통령의 즉시, 완전한 사임 요구를 계속하고 있다.

군의 확성기는 성명을 민중들에게 전하려고 하였으나, 민중의 고함소리에 섞여 들리지 않았다.

데모 학생들은 헝가리폭동 때 부다페스트의 민중이 스탈린 동상을 끌어내린 것과 마찬가지로 경성 시내인 종로 파고다공원에 있던 이(승만) 대통령의 동상을 끌어내려 거리에서 끌고 다녔다.

군중은 많은 사망자를 낸 발포 책임자인 경관의 사형을 요구하고 있다.

관청도 파출소도 비어있고 군중은 조직적으로 파출소와 경찰서를 습격하여 파괴하였다. 26일 아침, 경성의 중심가에서 분노로 흥분한 군중에 둘러싸인 군대의 일부는 이(승만) 대통령 관저 주변에 배치된 본대(本隊)에 합류하기 위해 필사적으로 군중의 포위를 뚫고 내가지 않으면 안 되었다.

〈경성 26일발=AFP〉 송요찬(宋堯讚) 계엄사령관은 26일 경성의 데모대에 대하여 요구가 달성되었으니 폭동을 중지하고 귀가할 것을 요청하였다.

이기붕(李起鵬) 저택 완전 파괴

〈경성 26일발=로이터〉 분노한 민중은 26일 아침, 다시 이기붕 차기 부통령의 저택을 습격, 건물을 완전히 파괴하였다. 군중은 또한 이 저택으로부터 사치품 가구류를 거리로 가지고 나와 불에 태웠다. 이기붕 씨와 가족은 집을 비우고 있었다.

사망자 30명

〈경성 26일발=로이터〉 26일 정오쯤 소식통이 전하는 바에 따르면 데모대와 경찰 및 계엄부대와의 충돌로 데모대 측에 사망자 30명, 부상자 100명 이상이 나왔다.

일시방편적 버티기 허용 안된다 – 미국 대사관, 세 번째 성명

〈경성 26일발=AP〉 미국정부는 26일 이승만 정부에 대하여 경성의 미국대사관을 통하여 3번째의 강경 성명을 전하면서, 한국민중의 '정당한 불만'에 대응할 것을 요청하였다.

〈경성 26일발=로이터〉 26일 미국대사관의 성명전문은 다음과 같다.

한국의 민중은 질서를 유지하기 위해 당국을 지지할 의무가 있다. 이와 아울러 당국도 민중의 마음을 이해하고 정당한 불만에 응할 수 있는 적당한 조치를 취할 의무가 있다. 데모대 및 당국이 취하는 모든 조치는 법률 및 질서와 정의를 유지하기 위한 것이어야 하며, 실로 신속한 해결에 필요한 것이어야 한다. 이제는 일시방편적 조치를 취할 때가 아니다.

1960년 4월 26일 석간(2면)

민족의 분노에 굴복 - 이(승만) 대통령, 재출마하지 못할 것

[해설] 26일 아침 '국민적 데모'는 민족의 분노를 보여준 것으로 한국의 민족성이 참을 만큼 참았다가 한 번에 폭발하면서 결코 불꽃놀이 정도로 끝나지 않고, 마지막까지 완수해낸다는 것을 틀림없이 입증해낸 것이라고 할 수 있다. 데모가 고교생-대학생-교수라는 과정을 거쳐 발전한 것이 그 좋은 증거이다.

이것을 통해 이번이야말로 한국 민중은 12년간에 걸친 억눌려진 울분을 완전히 풀고, 1개월 반에 걸친 국민적 데모의 목적을 이루어낸 것이다. 한국 민주주의의 새로운 출발도 지금부터 밝게 전망될 것으로 보인다.

안으로 이 데모의 압력, 밖으로 26일 3번째의 강경성명을 발표한 미국을 비롯하여 세계 각국의 계속되는 비판, 거기에다 대통령의 심복이라고도 할 자유당이 25일 양쪽으로 분열해서 공공연하게 이(승만) 대통령에게 반기를 들게 됨에 따라, 어떻게든 정권의 자리에 집착하는 이승만(李承晩) 대통령도 손을 쓸 수도 없이 마지막 결정을 하게 되었을 것이다.

한국헌법에서는 대통령 퇴임에 대해서는 명문화되어 있지 않지만, 이승만 대통령 스스로가 결정한 이상, 어떤 편법이든 있을 것이다. 즉시 선거를 다시 한다는 공시가 공포될 개정헌법안의 공시를 전후해서 이루어질 것이다. 이 선거에 이승만 씨가 출마하는 것은 물론 아닐 것이다.

1960년 4월 26일 석간(5면)

이승만(李承晩)의 사진을 내리다, 민단(民団) 청년단

도쿄도(東京都) 분쿄구(文京区) 가나토미쵸(金富町)의 한국거류민단에서는 정인석(鄭寅錫) 단장 등 간부는 전부 자리에 없었다. 박준(朴準) 총무국장의 말로는 "라디오 보도만으로는 실정이 알기 어려워서, 모처(某處)에 연결을 취하러 갔다"라는 것. 오후부터 상임위원회를 열어 사태를 검토한다고 한다.

여기에 대해 민단의 하부조직인 한국청년단에서는 뉴스를 듣고 지금까지 사무실에 걸려있던 이승만 대통령의 사진도 내리고, 곽동의(郭東義) 단장 등 몇 명이 "이승만은 도대체 무엇을 하고 있느냐. 바보"라고 울분을 풀 곳 없는 표정.

민단은 북조선귀환 반대운동을 둘러싸고 내부가 분열, 현 간부에 대한 반대 세력이 급속히 늘어나고 있는데, 반대파의 가장 선봉인 청년단 말로는 "지금의 정인석 단장은 완전히 고립되었다"고 말하고 있다.

민단과 청년단 사이에는 이번 경성(京城) 사건에 대한 의견차이가 있는 것 같다. 청년단은 '독재정치에 대한 민중의 분노다'라며 본국의 폭동을 강하게 지지하고 있는 것에 비해, 민단 측은 '민단은 정치에 관여하지 말고, 거류민의 복지에만 힘을 쏟아야 한다'고 말하고 있다.

이러한 상황에서 민단은 작년 4월, 현 간부가 당선된 이래, 다시 간부 총퇴진을 요구하는 분위기가 강해지고 있다.

1960년 4월 27일(1면)

이(승만) 대통령, 즉시 사임 - 한국 의회, 결의안을 가결

〈경성 26일발=AP〉 한국 의회는 26일, 이승만(李承晩) 대통령이 즉시 사임할 것을 만장일치로 요구했다. 이에 대한 결의안은 이(승만) 대통령이 만약 국민이 원한다면 사임하고자 한다고 말한 6시간 후에 발의 투표에 의해 가결되었다. 이에 따라 이(승만) 대통령이 사임할 경우 누가 그 뒤를 이을지가 문제가 될 것이다. 장면(張勉) 부통령, 이기붕(李起鵬) 차기 부통령은 모두 사임하였고, 신내각 외상에 임명된 허정(許政) 씨가 유력해 보인다.

헌법개정도 결의

〈RP=도쿄(東京)〉 26일 경성(京城)방송에 의하면, 한국 의회의 시국대책위원회는 이날 의회 본회의에서 다음과 같은 국민에 대한 성명서를 발표했다.

관권에 대한 민권은 드디어 승리를 거두었다. 이(승만) 대통령은 사퇴를 언명했고, 재선거를 실시하기로 되었다. 애국 학생, 시민 여러분, 여러분은 위대한 힘을 유감없이 발휘하여 새로운 국면을 열었다. 우리 의회 의원 일동은 ①3월 15일의 선거를 무효로 하고, 재선거를 실시할 것 ②완전한 내각책임제로 헌법개정을 단행할 것 ③헌법개정이 통과한 후 의회를 해산하고, 총선거를 바로 실시할 것 등 3가지의 항목을 결의했다. 국민 여러분은 냉정한 태도로 돌아가, 자활능력을 발휘하여, 질서를 회복하고 유종의 미를 거두도록 호소하는 바이다.

데모대도 무조건 사임을 요구

〈경성 26일발=로이터〉 26일 오후 3시까지 약 10만 명의 데모대가 이승만(李承晩) 대통령 관저 가까이 몰려들어, 이(승만) 대통령이 그들 앞에 나타나서 대통령 사임을 선언하도록 요구했다. 데모대 대표가 된 7명의 학생은, 이(승만) 대통령은 무조건 사임해야 하며, 이(승만) 대통령 성명 가운데 '만약 그것이 국민의 의지라면' 사임한다는 부분에 불만이 있다고 말했다. 이(승만) 대통령 비서는 데모대에게 이(승만) 대통령은 노령이기 때문에 스스로 모습을 보일 수는 없다고 설명했다.

학생대표, 대통령과 회담 - 선거책임자 처벌을 요구

〈경성 26일발=로이터〉 한국의 대학, 고교생 대표 14명은 26일 이(승만) 대통령을 방문해, ①3월의 대통령 선거책임자 처벌 ②송(宋堯讚: 역자) 계엄사령관의 지휘 아래 조속히 치안을 회복할 것 ③각 학교를 즉시 개교할 것 등 3개 항목의 요구를 제출했다. 이같은 학생과 대통령의 회담은 전례 없는 것으로, 계엄사령부가 주선한 것. 이(승만) 대통령은 학생대표에게 "26일 아침 대통령 성명 가운데 말하고자 하는 것이 전부 포함되어 있다"라고 답했다고 한다.

〈경성 26일발=UPI · 공동〉 이(승만) 한국대통령은 26일 오후, 관저에서 학생대표와 회견했는데, 관저 당국자에 의하면, 이(승만) 대통령은 그때 다음과 같이 학생에게 말했다.

국민은 나를 미워하는 것 같다. 국민이 나를 미워한다면, 시골로 돌아가 여생을 농장에서 보낼 생각이다.

한편, 학생대표는 이(승만) 대통령에게 "데모는 부패한 당신을 일깨우기 위해 일어난 것이다. 우리는 당신이 사직하기 전에 정국을 수습하도록 요구한다"

라고 말했다.

5개 도시에서 다시 비상계엄령

〈경성 26일발=로이터〉 한국 계엄사령부는 26일 오후, 경성(京城), 부산(釜山), 대구(大邱), 대전(大田) 및 광주(光州) 5개 도시는 26일 오후 2시부터 다시 비상계엄령 아래에 들어간다고 발표했다.

이(승만) 성명의 실시 기대, 미 대사 발언

〈경성 26일발=UPI · 공동〉 경성 주재 매카나기(Walter P. McConaughy) 미 대사는 26일의 이승만 대통령과의 회견 후 기자단에 대해 다음과 같이 말했다.

▶ 나와 매그루더(Magruder) 유엔군사령관은 이(승만) 대통령과 중요 회담을 하였다. 우리 세 사람은 이(승만) 대통령이 오늘 아침 발표한 성명의 4개 항목에 대해 의논하였다. 나는 이(승만) 대통령 등이 이러한 4개 항목을 실시할 생각임을 확신한다. 나는 5번째 항목으로써 경찰 당국이 행사한 진압수단에 대한 민중의 마음 속 깊은 불만을 받아들일 것을 제안하였다.

▶ 이(승만) 대통령은 무조건 이러한 문제를 처리할 것을 확약하였다.

▶ 나는 이(승만) 대통령이 국민감정을 알고, 또한 3월 15일의 대통령선거 같은 부정을 반복하지 않을 결심을 했다고 생각한다.

▶ 국민은 정부에게 모든 대책을 실시할 기회를 주어야 한다. 국민은 질서를 존중하고, 건설적 개혁을 진행시킬 기회를 주지 않으면 안 된다.

▶ 이 회담에는 허정(許政) 신 외상과 김정렬(金貞烈) 국방상도 동석하였다.

사망자 30명

〈경성 26일발=로이터〉 소식통이 26일 정오경 밝힌 바에 의하면, 데모대와 경찰 및 계엄부대의 충돌로, 데모대 측에서 사망자 30명, 부상자 100명 이상이 나왔다.

데모대 사망자 가운데 14명은, 데모대가 징발한 트럭이 고속으로 길모퉁이를 돌다가 전복될 때 사망한 것. 목격자의 말에 따르면 부상자는 상당히 많다고 한다.

경향신문(京鄉新聞)의 발행을 허가

〈경성 26일발=로이터〉 한국 대법원은 26일, 발행정지처분 중인 일간지 경향신문에 "한국의 신문검열법이 합헌인지에 대해서 최종판결을 내릴 때까지 이 신문의 발행재개를 허가한다"라고 잠정판정을 내렸다. 이것은 대법원의 판사 9명 전원이 출석, 약 2시간에 걸쳐 심의한 결과 결정한 것.

경향신문은 한국 제2의 큰 신문으로, 발행부수는 20만. 야당인 민주당을 지지하고 있었는데, 작년 4월 30일 정부에 의해 폐쇄되어, 그 후 무기한 발행정지처분을 받고 있었다.

이(승만) 대통령 성명

〈경성 26일발=AP〉 이승만(李承晩) 한국 대통령은 26일 다음과 같은 성명을 발표했다.

▶ 조국 해방 후 조국에 귀국한 이래, 나라와 국민을 사랑하는 동포와 화목하게 지내왔다. 따라서 지금 이 세상을 떠난다 해도 나는 후회가 없다. 나는 국민의 의지에 따르려 생각하고 있으며, 국민의 의지가 무엇이든 따르려 노력하였다. 내가 받은 보고에 따르면 나의 애국적 동포들이 나에게 2, 3가지에 대하여 결정을 내리도록 요구하였다. 나는 동포들의 희망을 알기 때문에 그에 따라 행동하고자 한다. 지금 내가 당부하고자 하는 오직 하나는 공산군이 38도선 이북에서 우리를 침략하고자 노리고 있다는 것을 우리 동포들이 분명히 마음속에 두고, 그들에게 그런 기회를 주지 않도록 최선의 노력을 해야 한다는 것이다.

▶ 나는 국민이 원한다면 대통령을 사임한다.

▶ 3월 15일의 선거는 매우 부정이 있었다고 하므로, 나는 새로이 선거를 하도록 명하였다.

▶ 3월 15일의 선거로부터 발생한 모든 부정을 시정하기 위해, 나는 이미 이기붕(李起鵬) 씨를 모든 공직에서 물러나게 하였다.

▶ 나는 아래의 점에 동의하고 있음은 이미 밝힌바 있으나, 국민이 원한다면 나는 헌법을 개정하여 내각책임제를 확립하는 것에 동의함을 거듭 밝히는 바이다.

1960년 4월 27일(2면)

귀국 늦어질 듯, 한국 억류 선원

한국의 정치 불안 심화에 따라, 재개된지 얼마 안 된 일한회담은 사실상 중단된 형세가 되어, 정부로써는 이후 한국의 정세를 관찰하는 방침인데, 억류 선원인 잔류자 47명에 대해 이후, 한국 측과 어떻게 교섭할지 고려하고 있다.

잔류자 47명 가운데 29명은 지난 9일에 형기를 마쳤고, 나머지는 형기를 마치는 대로 송환할 것을 한국 측은 약속하였으나, 한국의 사정이나 재일 한국대표부의 실정을 보더라도 한국 측이 지금 이것을 실시하기에는 곤란한 상황에 있으므로, 외무성 관계자에 따르면 실시된다고 해도 상당히 늦어질 것이라고 말하고 있다.

1960년 4월 27일(3면)

한국, 신정치체제로

대통령선거는 혼전을 예상 – 출발의 기초, 고난으로 가득 차

마산(馬山)사건으로 시작된 한국 전국에 걸친 시위사건은, 26일에 이르러 끈질긴 국민적 저항이 1개월 반 만에 결실을 맺게 되어 이승만(李承晩) 대통령은 사임을 표명하고, 대통령 재선거가 결정되었다. 이로써 12년 간 압박되었던 한국 민주주의는 간신히 개화기를 맞게 되었다. 혼란한 거리에서 이 "개화"의 봄을 맞아 등장할 지도자는 누구인가, 그 새로운 출발의 기초를 쌓아 올리기까지 과정도 어쩌면 험난한 것일 수도 있다. 이것을 검토하면서 이승만 대통령을 궁지에 빠뜨린 원인을 그 환경에 초점을 맞추어 살펴보자.

우선 헌법 개정이 먼저인가, 재선거가 먼저인가가 문제이다. 헌법개정안이 먼저가 되면, 부통령 선거는 아마 필요하지 않게 되고, 대통령, 부통령 선거를 먼저 하고 헌법을 개정한다면, (개정헌법초안에는 부통령을 두지 않기 때문에) 당선된 부통령은 당장 그만두어야 한다. 대통령 사임에 대해서도 헌법에 명문화된 규정이 없지만, 일단 사임의 결정이 있는 이상 헌법해석에 의해 편법을 적용할 수 있을 것이다.

이러한 상황을 포함하여 고려한다면 우선 천천히 시간을 가지고 기초 작업을 한다는 의미에서 머지않아 탄생 예정인 허정(許政) 내각에 의해 신헌법이 성립될 공산이 크며, 혹은 이때 의회해산도 동시에 이루어질지도 모른다. 대통령선거도 국민에 의한 직접선거에서, 의원에 의한 간접선거로 바뀔 가능성도 있다. 총선거도, 대통령선거도 모두 선거일 40일 전에 선거인명부를 작성해야 하고, 선거공고도 1개월 내지 40일을 필요로 한다. 이런 점에서 허 내각 아래에 헌법을 개정한 후 총선거가 치러지고 그 다음에 대통령선거에 의한 새 대통령이 결정되는 것은 (의원에 의한 간접선거라면 그다지 시간은 걸리지 않는다) 이승만 대통령 임기가 끝나는 8월 15일로부터 1개월 전인 7월 중순까지는 빠듯할 것이다. 그러나 26일 혼란 와중으로부터 돌아온 한국 정계 소식통은 긴급한 사태이기 때문에 비상조치를 취하는 것도 예상된다고 말하고 있다.

국민의 고양된 분위기는 그때까지 가만히 기다리고 있을 만큼 참을성이 있을까. 대통령의 사의가 일단 결정되기는 했지만, 정부가 태도 여하에 따라 기세를 탄 국민은 또다시 들고 일어나지 않으리라는 보장은 없고, 의원 총선거든, 대통령 직접선거든 후보자는 군웅할거의 형세가 되어 신인과 노장이 뒤섞여 혼란이 예상되고, 특히 이(승만) 대통령 주변에 있던 사람들이 새로운 사태에 직면하여 무리한 운동을 강행하는 장면도 나타날 듯 하며 강압이 없어진 선거가 혼전 양상으로 전개되는 것도 쉽게 예상될 것이다. 일시적으로 지도자를 잃었다고 느끼는 국민이 높은 인플레(inflation), 농촌의 피폐 등에 의해 더욱 사회불안을 느끼는 것도 예상하지 않으면 안 된다. 요즘 학생, 인텔리(the intelligentsia) 등 이번 운동을 추진한 사람들이 요구하는 순수하고 청신하며, 종래 이(승만) 정권 하에 모습을 보이지 않았던 지도자들이 어떻게 진출할 지도 주목되는데, 한국에서도 알려진 인물이 아니면 당선이 어려우므로, 장면(張勉), 변영태(卞榮泰), 김준연(金俊淵), 이범석(李範奭) 등 무소속의 구(舊)정객에 유리하며, 당분간 이러한 인물이 정계에서 활약할 가능성이 많다고도 보이고 있다. 어찌 되든 한국의 새로운 정치체제가 궤도에 오르기까지에는 상당한 파란이 예상된다.

허정 씨는 25일 주목할 만한 담화를 발표했다. 이(승만) 대통령은 자신을 둘러싼 상상할 수 없는 사람들의 벽 때문에, 민중으로부터 멀어졌다는 것이다. 결국 예스맨(yes man)에게 둘러싸여, 그의 눈이 진실로부터 벗어나 있었던 것이다. 이 사실을 가지고 이승만 씨를 변호할 수는 없지만, 그가 1913년 이래 망명생활을 거듭하며 85세 인생의 절반을 외국에서 생활했다는 점이 그에게 한국의 풍속습관에 익숙해질 기회를 잃게 만들고, 대통령으로써 더욱 중요한 민족 감정을 체득하지 못하게 하였으며, 부인이 오스트리아인이었던 것도 이런 문제를 가중시켰다. 거기에 부부 2명일 뿐, 자식이 없었기(이기붕(李起鵬) 씨의 장남을 양자로 삼은 것은 7년 전이다) 때문에 가정적인 따뜻함이 없었다. 정계 원로의 말에 의하면 "대통령은 백 수십 명의 각료를 교체했는데, 이런 사람들 중 공식적 연회 이외에 대통령 관저에서 대통령 부처와 사적으로 회식했던 경험이 있는 사람은 거의 없다"고 했고, 경성 시내를 순시할 때 판잣집으로 된 빈민주택을 측근으로부터 돼지우리라는 설명을 듣고 그대로 믿었다는 이야기 등, 그가 대통령이면서 한국에 있어서 '이방인'이었고 많은 사람들에게 둘러싸여 있으면서도 '고독한 사람'이었던 것을 말해주고 있다. 여기에 그의 비극이 있었고 한국의 큰 불행이 있었다.

1945년 10월 건국의 아버지로써 2천만 국민에게 열광적으로 환영받았던 그가 15년을 마무리한 오늘, 국민의 분격(憤激)을 한 몸에 받고, 문자 그대로 돌에 맞으면서 그 85년에 걸친 혁명가의 공적 생활이 끝나고 있다. 현대의 연극에 비유한다면 아주 평범한 종막이라 할 수 있지만, 이승만 씨에게 있어서는 심각한 종막이 아닐 수 없다.

미국은 일단 환영 - 대통령 사임은 의문시

〈워싱턴=가와무라(河村) 특파원 26일발〉 이승만(李承晩) 한국대통령이 26일 취한 조치는 한국의 혼란상황 해결을 위한 한걸음 나아간 것으로 미국에서는 일단 환영하고 있다. 그러나 이 대통령의 사임이라는 것이 실제로 이루어질 것인가에 대해서는 매우 의문을 가지고 있는 사람도 일부 있다. 그러나 일반적으로는 이(승만) 정권이 끝나가고 있다는 점은 인식하고 있다. 이번의 데모가 한국 역사상 최초의 반정부 데모로, 미국에게 이번의 혼란의 원인이 매우 뿌리깊은 대중적 불만의 반영이라는 점을 확신시켰다는 점이다.

이(승만) 대통령의 성명에도 불구하고 이(승만) 대통령이 정말로 사임할 것인가에 대하여 액면 그대로 바로 받아들이지 못하고 있다. 성명에는 "만일 국민이 원한다면"이라는 조건이 붙어있으며, 지금까지 이(승만) 대통령이 두세 차례 이러한 형태의 성명을 발표한 적이 있었으며, 결국 이는 일종의 제스추어였다는 것을 나중에 알게된 예가 있었기 때문이다.

1960년 4월 27일(7면)

이승만(李承晩) 독재가 무너진 날, 한국 언론인과 국제전화

26일 경성(京城)은 "분노한 50만 명"의 데모대가 다시 미친 듯이 날뛰어, 이승만 대통령을 궁지에 몰아넣고 마침내 "퇴진" 성명을 발표하게 했다. 계엄령하에도 격동하고 있는 한국의 수도 경성의 표정, 또한 앞으로의 정세 예상 등에 대해서, 아사히(朝日)신문사는 26일 저녁부터 밤까지, 경성의 홍종인(洪鍾仁) 조선일보 회장, 장기영(張基榮) 한국일보 사장, 박정하(朴正夏) 세계통신 기자와 동양통신의 편집에 참여하기 위해 이날 일본으로부터 귀국한 김규환(金圭煥) 박사 등 네 명에게 국제전화를 걸어서 현지의 생생한 목소리를 들었다. 또한 일본에서 조국의 격동을 지켜보고 있는 한국 사람들의 마음을 도쿄도(東京都) 스기나미구(杉並区) 이즈미쵸(和泉町) 416의 변호사 권일(權逸) 씨에게 들어보았다. 조선일보, 한국일보 두 신문은 모두 경성에 본사를 가진 중립계의 일류지, 세계통신은 로이터계의 통신사이다.

승리에 흥분한 학생 – "유혈은 헛되지 않았다" – 홍종인 조선일보 회장

문: 이런 시위는 예상되었는가?

답: 전날 밤부터 예상했다. 그러나 예상했던 것 이상으로 커졌고, 그 결과, 민중이 호소하는 것에 응답해서 사태는 해결되었다. 생각보다 급속히 해결되어 모두 안심하고 있다. 25일 밤에는 거의 밤새도록 데모가 계속되었고, 아침이 되어 세력이 불어났다. 우리 회사 근처 국회의사당 앞에도 몇 만에 달하는 민중이 모였다. 오전 10시 지나, 이(승만) 대통령이 재선거를 실시하겠다는 담화를 발표하고 나서 라디오방송이나 신문의 호외가 곧바로 그것을 알렸다. 군중은 일

제히 박수를 치고 입을 모아 만세를 불렀다. 학생들은 흥분해 "승리를 얻었다. 우리가 흘린 피는 헛되지 않았다"라고 외치면서 곳곳으로 흩어졌다.

문: 군대의 태도는 어땠는가?

답: 군대는 민중에게 적어도 적의를 보이지 않았다. 민중도 군대를 신뢰하고 있다. 군대와 시위대의 충돌은 없었다.

문: 지금까지 권력자가 처형되거나 하는 일은 없는가?

답: 아직 들은 바 없다. 질서는 회복되고 있다. 새로운 정부가 들어서면 일단 생명을 보호하고, 벌 받아야 할 자는 법에 따라 처벌해야 할 것이다. 최(崔仁圭: 역자) 전 내무부 장관의 집이 불에 탔다고 하는 것은 들었다.

문: 이러한 이야기를 일본 신문에 발표해도 좋은가?

답: 물론이다. 이미 말하는 것을 망설이거나 숨겨야 할 것 같은 분위기는 전혀 없다.

바로 밝은 표정 – 장기영 한국일보 사장

문: 데모는 오후에도 이어지고 있는데, 상황은?

답: 학생들이 정오 무렵 '학생수습위원회'라는 조직을 만들고, 이제는 '질서 회복과 건설'을 위한 데모를 시작했고, 데모 참가자 가운데 일반 민중을 향해 직장으로 돌아가라고 외치고 있다. 이 호소를 위해 자동차를 이용하여 시내를 돌고 있으므로, 소요는 26일 밤중에 가라앉을 것이다. 시민은 이(승만) 대통령 성명을 실은 신문 호외를 보고, 바로 밝은 표정이 되었다.

문: 이(승만) 대통령 "사임성명"의 효과군요. 이(승만) 대통령은 어디에 있는가?

답: 대통령 관저에 있다. 관저는 헌병이 경비하고 있다.

문: 거리 모습은?

답: 데모로 버스나 전차 등 일부 교통기관은 멈췄지만, 백화점이나 상점은

가게를 열었고 점원은 데모를 구경하고 있다. 어쨌든 이 데모 소동은 일시적인 것이기 때문에, 물가 등 시민의 생활에는 거의 영향이 없을 것이다. 환(한국의 통화)의 암(暗)달러시장 환율에도 변동은 없을 듯하다.

문: 군부정권이 들어설 가능성은 어떤가?

답: 군부정권 출현 가능성은 절대로 없다. 우선 전 경성시장인 허정(許政)씨가 정부 임시수반으로 사태수습에 나서기로 되었다. 총선거가 실시되면 반드시 좋은 결과가 나와 청신한 정당이 편성될 것이다. 8월 15일 건국기념일까지에는 반드시 신체제가 세워질 것이라 생각한다.

문: 외국으로 망명하려는 사람도 나올 것인가?

답: 나오지 않으리라고 생각하지만, 있어도 5인 이하일 것이다.

문: 이번의 데모사건을 통해 특히 느끼는 것은?

답: 국내적으로는 크게 흔들렸지만, 한국 학생은 경찰의 발포도 두려워하지 않고 결사적인 행동으로 민주주의에 대한 강한 신념을 전 세계에 보여주었다.

시민들은 15년 전과 같은 감격 – 세계통신 박정하 기자

문: 경성 시민은 기뻐하고 있는가?

답: 오늘의 감격은 15년 전 8월 15일(주: 일본의 패전)의 감격에 맞먹는 것이다.

문: 사태가 변했는데 계엄령은 아직 계속되고 있는가?

답: 공산주의와 대결하고 있다는 특수사정이 있으므로 당분간 해제되지는 않을 것이다.

문: 신문 검열제도도 계속되고 있는가?

답: 아니다. 그것은 오늘(26일) 해제되었다. 오늘 신문에는 삭제된 것이 없다.

문: 이번 사건을 그쪽에서는 혁명이라고 보고 있는가?

답: 사람에 의해 견해는 다르다고 생각하지만, 많은 사람은 혁명이라고는 보

지 않는다. 개혁이라고 하는 것이 적당하지 않을까?

신문 쟁탈전 – 김규환 신문학 박사

문: 26일 저녁부터 밤까지 경성의 모습은?

답: 저녁, 도쿄에서 경성비행장에 도착하여 집까지 동양통신의 지프(jeep)로 돌아왔다. 여느 때라면 40분은 걸리는 길인데, 20분 만에 도착했다. 이유는 데모대의 징발을 피해 자동차를 가진 사람이 차를 숨겼기 때문에 도로가 텅텅 비었기 때문이다. 석간은 어느 것이나 '주권의 승리'를 크게 다루고 있고, 1부에 10엔짜리 신문이 30엔으로 쟁탈전하듯이 팔려 나갔다. 어둠이 내려진 오후 7시 이후는 외출금지로 인해 시민은 속속 돌아가 버렸는지 집들의 창문 불빛도 거의 사라지고 거리는 어두워졌다.

문: 그런데 이번 시위에서는 대학 교수가 몹시 적극적이었다.

답: 제자들이 역사적인 활동으로 피를 흘리고 있는 것을 좌시하지 않았기 때문이다.

문: 이(승만) 대통령은 정말로 물러날 것인가? 대통령 선거에 다시 출마한다는 이야기도 있는데.

답: 일부 외국통신사에서는 그렇게 관측하는 것 같지만 근거는 없다. 실제로 퇴진하지 않으면 수습되지 않는다.

우선 헌법의 개정 – 대일 현안, 간단하게는… – 권일 씨

헌법 개정이 우선일 것이다. 일본헌법에 가깝게 만드는 것이 이상적이다. 내각이 의회에 책임을 지는 책임내각제, 수상은 국회의원이어야 한다는 것 등을 만들지 않고서는 재차 이승만 같은 독재자가 출현하는 것을 막지 못할 것이다. 헌법제정의 절차는 현 내각은 헌법을 만든 후 총사직하고 그 후 의회 내의 선거로 수반을 정하고, 이 내각이 의회를 해산해서 총선거를 치르는 것이 가장 좋을 것이다.

이 선거로 뽑힌 내각이 새 한국의 시정을 담당하는 것이다.

이 선거까지는 현재 여당인 자유당은 해소해야 하는 것은 아닐까. 국민은 이 12년 사이에 누가, 어떤 행동을 했는지 잘 알고 있는데, 자유당원이 무소속이나 당적을 바꿔 입후보하더라도 거의가 낙선하는 것은 아닐까. 또한 선거 후에 혁신세력이 커지지 않을까 하는 것도 문제다. 국민감정이나 북조선과의 긴장상태에 있는 등의 국내사정 때문에, 용공적인 정당은 허락되지 않는다. 그러나 민주사회주의적 정당 – 일본으로 말하면 민사당(民社党)이나 사회당(社会党) 스즈키(鈴木)파 노선 정도까지의 정당은 나올 수 있을 것이다. 선거 후에는 민주당도 분열할 것 같은데, 드골(de Gaulle) 출현 전 프랑스 같은 소당분립이 예상되어, 정치불안은 계속 될지도 모른다. 그러나 해산, 선거를 몇 번이라도 치러서, 국민의 선택에 의해 진정으로 믿을 수 있는 정부를 만들 수밖에 없을 것이다.

이 경우 미국의 대한 정책도 '반공진영의 제1선'이라는 군사적 관점으로부터, 한층 '해빙(解氷)적' 국제정세를 반영한 민생적 경제적인 것으로 바뀌기를 바란다. 만일 새로운 정부도 실패한다면 데모에 참가한 학생이나 민중은 '미국은 안 된다'라며 공산진영으로 따라가고 말 것이다.

마지막으로 대일문제다. 일한회담은 이승만 퇴진으로 비교적 순조롭게 나아갈 것이다. 그러나 일본인들이 이승만 라인이나 다케시마(竹島=독도: 역자)문제까지 간단하게 처리될 것이라고 생각한다면 틀린 것이다. 이승만 라인에 대해서는 역사적인 사정, 어업자원보호나 거기에 북조선과의 관계까지 관계되어 있어, 아무리 민주적인 정부가 나오더라도 이승만 라인을 철회할 수는 없다. 물론 어업협정은 신속히 맺을 수 있겠지만…. 다케시마도 한국에 영토권이 있기 때문에, 일본에게 유리한 해결을 바라는 것은 무리일 것이다.

이승만(李承晩) 정권의 12년 - 파국을 부른 무법선거

독립의 '전설'도 지금은 꿈

'1948년 7월20일 오전 11시, 신익희(申翼熙) 부의장에 의해 압도적 다수로 이승만 박사가 대통령에 당선되었다고 박사에게 전해졌다. 조국의 앞날에 놓여진 모든 과제의 중대성을 다시 한번 통감하면서 이(승만) 박사는 의사당에 모습을 나타냈다. 웅성거림, 플래시의 섬광과 자욱한 담배연기, 박수, 최대의 역사적 순간임과 동시에 조국 사상 특기해야할 정경이다'(김우원(金牛源)씨 "이승만전(傳)"). 이렇게 화려한 취임식으로부터 12년, 대통령은 2천만 대중의 증오를 한 몸에 받고 지금 권력의 좌에서 물러나게 되었다. 인생의 드라마치고는 너무나 처참한 종말이다.

이(승만) 정권 12년의 업적을 한마디로 평한다면 비민주주의적인 독재정치였다고 말할 수밖에 없다.

"그는 파시즘보다 2세기 전 - 순수한 부르봉파다."

군정시대의 미국 정치고문 버치(Leonard Bertsch)씨는 이(승만) 대통령을 이렇게 평하였다. '파시즘' 같은 근대적 뉘앙스를 가진 인물이 아니다. 프랑스 마지막 왕조보다 더한 극단적인 보수주의자라는 것이다. 목적을 위해서는 수단을 가리지 않는 마키아벨리즘. 한국의 민도(民度)와 미 · 소 2대 세력의 소용돌이에 휘말려 있는 이 나라의 국제 지정학적인 지위는 그의 '밀어붙이기의 한 수'를 가능케 하였다고 말하고 있다.

이러한 전법(戰法)을 극도로 발휘한 것이 1952년의 대통령 선거전. 반(反)이승만파가 절대다수를 차지하고 있는 의회에서는 재선의 가능성이 없기 때문에, 의원에 의한 간접선거를 국민 전체에 의한 직접선거로 바꾸기 위해 계엄령을 선포하여 다수의 야당의원을 체포하고, 경찰을 동원하여 혼란을 피해 행방을 감춘 의원을 강제적으로 의회에 출석시키는 등 무리한 수단을 동원하여 헌법을 개정하였다. 이렇게 하여 의회의 권위도 외국의 여론도 완전히 무시하고 같은 해 8월 압도적 득표로 재선되었던 것이다.

게다가 한국 헌법에서 대통령의 3선은 금지되어 있었으므로, 3번째 선거 해의 전전(前前)년 11월 대통령의 임기를 철폐하는 헌법개정을 단행하여 초대 대통령에 한하여 몇 번이든 중임할 수 있도록 하여, 56년 5월 3번째 당선되었다. 이 때 의회도 재적의원 수 203명 중 찬성 135표로 헌법상의 정수(3분의 2)를 채우지 못했음이 상식임에도 불구하고, 정부는 4사5입 논법으로 이를 밀어붙였다. 작년 말 야당을 비롯한 각계의 반대를 무릅쓰고 강행한 국가보안법의 성립, 지방자치법의 개정, 작년 4월 야당의 유력지 경향신문의 정간 처분, 또는 야당 진보당(進步黨)의 해산, 조봉암(曺奉岩) 진보당 당수의 사형 등은, 모든 야당의 언론을 봉쇄하며 유력한 대립 후보를 말살하고, 지방행정기관의 수장(首長)을 정부의 임명제로 함으로써 지방에서의 득표를 유리하게 할 수 있도록 한 정부 여당의 무리한 선거대책들로 실제로는 상상을 초월하는 엉망의 무법선거로 결국 국민의 분노를 사게 되어 오늘의 파국을 불러오고 만 것이다.

이렇게 이승만 씨의 대통령 자리에 대한 집착이 상상 이상이었으며, 이(승만) 영구정권의 옹호가 한국 시정(施政)의 근본인 것과도 같은 인상을 내외에 주었던 것이다. 따라서 그 시책도 허위 투성이로서 높은 인플레의 지속, 농촌의 피폐에도 아무 대책도 없었고, 막대한 미국으로부터의 원조자금도 일부 정상(政商)등의 먹잇감이 되고 있다는 것은 콜론 보고서에도 지적된 바와 같다. 국민의 불만을 밖으로 향하게 하기 위해 대외정책은 강경 일변도로, 북조선의 무력병합을 부르짖으며, 일본에 대하여도 이승만 라인의 설정, 일본선원의 나포, 억류 등 이치에 맞지 않는 방책을 강행해온 것은 주지의 사실이다.

도대체 무엇이 그에게 이러한 커다란 힘을 준 것인가?

그는 한국민의 독립을 위해 30여년간 조국의 땅을 밟지 못하며 독립운동에 몸을 바쳤다. 최근 몇 년 전까지 그는 국민들에게 '전설'이었으며 '상징'이었다. 사대사상이 강한 한국민은 이 전설에 취하였다. 그는 이 '전설' 위에 교묘히 올라 독재권을 자유로이 휘두를 수 있었다. 그러나 1956년의 선거 이후, 국민의 눈은 그의 지나친 독선적 정치에 비판적으로 되었고, 당시 신익희 씨가 선거유세 중 사망하여 그 유해가 경성에 도착하던 날 처음으로 학생 데모가 반이승만을 공공연히 외치면서 대통령 관저로 몰려드는 사건이 발생하였다. 그 이후 굴러 떨어지기 시작한 돌이 그 가속도를 높여가듯 이승만 비판의 목소리가 공공연히 거리에 범람하게 되었고, 그 분노의 전부가 이번의 전국적인 대중 데모에 결집되었던 것이다.

1960년 4월 27일(11면)

나는 보았다 '경성(京城) 데모', 하네다(羽田)에 도착한 승객에게 듣다

평화롭게 군민(軍民)친교 – 해방감은 8.15 이상

12년 간 정권의 자리에 있던 이승만(李承晩) 한국 대통령이 사의를 표명한 26일 밤 8시 45분, 경성으로부터 10명의 승객을 실은 CAT 항공기가 도쿄(東京) 하네다 공항에 도착했다. 4명은 한국인, 나머지는 미국, 영국, 인도의 공무원이나 실업가 등. 비행기에서 내리자 "대단했다"라며 수 시간 전에 보고 온 생생한 데모의 흥분을 그대로 전달하고 있었다. 이들 승객으로부터 들은 경성시위의 모습은 –

"시위가 아니라 폭동입니다. 죽을 뻔 했습니다"라고 가와사키시(川崎市)의 삼양물산 전무, 홍성린(洪性麟 · 37) 씨는 경성 시내에 배포된 동아일보 등 3신문의 호외를 주머니에서 꺼내며 세관 검사관에게 보였다. '이(승만) 대통령 하야 성명'이라는 큰 제목. 홍 씨는 이번 달 초부터 한국에 체재하던 중, 이번 사건을 마주쳤다. "경성에서는 종전 쇼와(昭和) 20년(1945년) 8월 15일, 민중들이 느낀 해방감보다도, 26일의 일이 더욱 해방된 분위기가 아니었을까"라고 다음과 같이 말했다.

25일 밤 9시경 경성 시내에 불안하게 사이렌이 울렸고, 한밤 중 소요는 계속되었다. 묵고 있던 스타호텔 바로 옆 자유당 본부 유리창이 밤중 데모대에게 엉망진창으로 깨졌다. 26일, 시가지 호텔에서 경성 교외의 국제공항까지 사이길을 통해 겨우 도착했다. 자가용차도 택시도 데모대에 의해 멈춰졌고, 달리고 있는 것은 CAT항공이나 신문사의 자동차 뿐. 그것도 야당계의 신문은 당당히 달리지만, 우익의 신문은 그러지 못했다. 상점도 백화점도 문을 잠그고, 전차도 버스도 스톱. 거리의 경제는 완전히 마비상태였다. 그러나 이상하게도 경찰의 모습은 한 명도 보이지 않았다. 사복으로 흩어져 있다고 생각되지만, 역시 경찰에 대한 뿌리 깊은 반감이 있기 때문이라고 생각된다. 반대로 군대와 데모대의 사이는 평화로움 그 자체. 서로 웃거나, 탱크나 헌병대의 지프의 위에 시민이 타거나 하였다. 데모대 대표를 차에 태워 관저로 들어간 것도 계엄사령관이었다는 소문이다.

미국의 스크립스 하워드(Scripps Howard)계의 특파원 팀 루카스(Tim G Lucas · 45) 씨는, 26일 오후 2시경 경성의 미 대사관으로부터 숙소인 반도호텔로 '즉시 일본으로 가는 것이 좋다'라는 전화가 와서 대사관이 보내준 차로 미 제8군 사령부로 향했다. 가는 길이 위험했기 때문에 헬리콥터로 공항으로 갔다.

"19일 시위에 대해서 한국정부와 데모대 양쪽을 비판했던 기사를 본국으로 타전했던 것이 외신으로 경성의 신문에 나왔다. 이것이 좋지 않았다. 데모대 일부가 분노했고, 호텔로 50명 정도가 몰려들었다고 했다. 나를 창밖으로 내던져 버리겠다고 하는 이야기까지 들려와 당황했다. 호텔에서 몰래 차로 빠져나왔는데, 도로에는 데모대로 가득했다. 사령부에 도착하고나서 겨우 안심했다. 이(승만) 씨는 위대한 사람인지도 모르지만, 이미 대통령의 지위에 머무를 수 없을 것이다. 한국은 이제부터 어떻게 될지가 문제이다"라고 했고, 도쿄에 도착해 안도하는 모습이었다.

홍콩에서 열린 국제회의에 출석하기 위해 도쿄에 들른 기사(技師)인 김응철(金應喆 · 29) 씨와 회사 비서인 김영채(金榮彩 · 23) 씨는 일본어로 무엇을 물어도 답이 없었다. 영어로 물으면 겨우 입을 열었다.

"이전의 데모에 비해서 26일 데모는 폭력적인 분위기가 적었고, 비교적 평화로웠다. 어디나 사람이 많았다. 저런 데모는 경성에서도 처음이었다. 이 대통령의 주변이나 나이 든 사람들의 생각, 방식이 나빴다. 이번의 데모는 젊은 사람들의 불만이 폭발한 것이다. 하루라도 빨리 민주적인 정부가 만들어 졌으면 한다"라고 했다.

1960년 4월 27일 석간(1면)

이(승만) 대통령, 정식사임 - 관리내각 수장은 허정(許政) 씨인가?

〈경성 27일발=AFP〉 이승만(李承晩) 한국 대통령은 27일 아침, 민의원(하원)에 정식으로 사표를 제출했다. 이 사임 조치는 민의원이 26일 전원일치로 채택한 동 대통령의 즉시 퇴임 요구의 결의의 소식을 받은 후 결정되었다. 이(승만) 대통령은 27일 정부를 물러나면서 국민에게 다음의 공식성명을 발표했다.

이승만은 민의원의 결의를 고려해, 27일 대통령을 사임했다. 나(이 대통령)는 국민의 한 사람으로써 국가에 대한 기여에 여생을 바치고자 한다. 정부에서 발표된 위 성명은 민의원에 보내진 편지와 같은 것으로 보인다.

〈경성 27일발=AP〉 이승만 대통령은 27일 정식으로 사표를 제출, 새 선거 실시까지 누가 정식으로 관리 내각의 수장이 될 지는 바로 발표되지 않았지만, 아마도 허정 외무부장관이 그 지위에 오를 것으로 보인다.

[주(注)] 이승만 대통령은 26일 성명으로 이번의 선거의 무효를 인정하고 재선거를 실시할 것을 공언했는데, 27일 대통령이 의회에 사표를 제출한 것은 8월 15일까지 임기가 남아있는 대통령의 지위에 대해 사표를 낸 것으로 해석된다. 한국 대통령이 그 직을 떠날 (한국헌법에서는 이것을 "궐위"라고 표현하고 있다) 경우 규정은, 사망과 탄핵을 받아 해임되는 경우(67조) 외는 조문으로는 어떠한 규정도 없다. (이 탄핵에 의한 해임도 탄핵재판소의 구성에 필요한 참의원 의원 5명이, 아직 참의원이 구성되어 있지 않았음으로 현재 탄핵재판소가 성립되어 있지 않다) 따라서 현 헌법 기초자의 한 사람인 고려대학 총장 유진오(俞鎭午) 씨의 "이 궐위에 대통령의 사직도 들어간다"라는 해석에 의한 것으로 보인다.

이것으로 한국에서는 대통령, 부통령도 궐위 상태가 되어, 헌법 52조의 "대통령, 부통령 모두 사고에 의해 그 직무를 수행할 수 없는 경우는, 법률이 정한

순위에 따라 국무위원이 그 권한을 대행한다"로 되어 있으므로, 현재 국무위원 가운데 수석인 외무부장관, 허정 씨가 그 권한을 대행(정부조직법 13조), 27일부터 3개월 이내에 대통령, 부통령을 선출하게 된다(55조).

재출마 않는다

〈경성 27일발=AP〉 27일 정식으로 사임한 이(승만) 대통령은 사표 내용 중에 '여생을 한 시민으로 보내고자 한다'라고 말했는데, 이것은 새 대통령 선거에 다시 자신이 입후보할 의사가 없는 것을 표시한 것으로 해석된다.

이기붕(李起鵬) 씨, 미군부대에 숨었나?

〈경성 27일발=AP〉 한국의 야당 민주당 의원 김훈(金勳) 씨는 27일 민의원에서 앞서 부통령에 당선된 이기붕(李起鵬) 씨 외에 3명의 자유당 지도자가 경성(京城) 서쪽 약 30km의 인천(仁川) 미 육군기지에 망명하였다고 밝히고, 이어서 다음과 같이 말하였다.

이들 4명은 25일 밤부터 26일에 걸친 반정부데모 때에 경성을 빠져나가 미군기지 내에 숨어 있다. 그들은 가족과 동행이며 외국으로의 망명을 기도하고 있다. 이기붕 씨 이외의 3명은 이승만 대통령의 선거대책위원장 한희석(韓熙錫), 자유당 조직위원장 이존화(李存華)와 이중화(李重華) 씨 등이다. 한편 이 사실에 대한 미 당국자의 확인은 아직 되지 않고 있다.

이기붕(李起鵬) 씨 체포 요구

〈경성 27일발=AFP〉 한국의 야당 민주당은 27일 이기붕 씨 등 4명의 자유당 지도자에 대한 체포를 요구하였다. 김훈(金勳) 민주당원이 이날 오전 민의원에서 말한 바에 따르면 4명은 미군기지로 사용되고 있는 인천항 내의 월미도(月尾島)에 숨어 있다고 한다.

유(柳泰夏: 역자)·양(梁裕燦: 역자) 양(兩) 대사 사표 - 한국정부 확인

〈경성 27일발=UPI · 공동〉 한국 외무부는 27일 양유찬 주미대사와 유태하 주일대사의 사표제출을 확인하였다. 단 사표를 정식으로 수리할지 여부는 허정(許政) 외무부장관이 결정할 것이다. 한편 최(崔圭夏: 역자) 외무부차관도 데모가 공산주의자의 선전에 의한 것이라고 선전하도록 훈령을 내린 책임을 지고 사표를 낸 것으로 알려지고 있다.

또한 자유당의 임철호(任哲鎬) 의회 부의장도 그 직을 사임하였고, 자유당 선거대책위원장 한희석(韓熙錫)도 의원을 사임하였다.

19일 이후, 사망 145명

〈경성27일발=AP〉 한국 보건사회부는 26일 경성 폭동으로 사망자 15명, 부상자 173명이 발생했다고 27일 발표했다. 이것으로 19일부터 사상자 누계의 공식 숫자는 사망자 145명, 부상자 약 908명이 되었다.

1960년 4월 27일 석간(7면)

일상으로 돌아간 오늘 아침의 경성(京城), AP 기자와 국제전화

경찰관의 모습은 없고 군대·학생이 치안유지

아사히(朝日)신문사는 27일 아침 국제전화로 AP 경성지국 호시노(星野) 기자를 연결해 오늘 아침 경성의 모습을 들었다.

27일 아침 경성의 거리는 모두 평상으로 돌아갔고 시내 택시도 달리기 시작했다. 다만 특이한 것이 있다면 경찰관의 모습이 전혀 보이지 않는 것이다. 사거리에 서서 교통정리를 하고 있는 것은 군대와 학생이다. '아마추어 경찰'의 익숙지 않은 손 신호에도 시민은 호의의 시선을 보내고 있고 정리도 잘 되고 있다. 경성은 군대와 학생의 협력으로 치안이 지켜지고 있다고 느껴진다. 경찰관이 없는 경찰서에는 각 대학생이 배치되었다. 다만 앞으로 경찰이 어떻게 될 것인지 하는 불안도 남아 있다.

한편 시내의 역 앞 광장이나 국회 앞 광장은 학생들의 손으로 깨끗하게 청소되었다. 발행정지 되었던 경향신문이 27일부로 재간되어 시민의 손에 전해진 것과 반대로, 지금까지 이(승만) 정권을 대변했던 서울신문은 모습을 감춘 것이 대조적이었다. 신문은 '동방 제2공화국의 여명'이라는 제목으로 '황폐한 조국을 새롭게 바로잡자'라고 국민에게 호소하고 있다.

단지 이승만(李承晩) 씨 개인에 대한 인기는 완전히 사라졌다고는 할 수 없을 것이다. 예를 들면 이(승만) 씨와 회견했던 학생들 가운데서도 '민주정치를 하겠다고 하면 이승만 씨에게 투표할 수 있다'라고 말한 학생도 있었다고 한다. 그러나 '이(승만) 씨가 다시 당선되는 일은 없을 것이다'라고 하는 것이 경성시민 일반의 생각이라는 것도 덧붙였다.

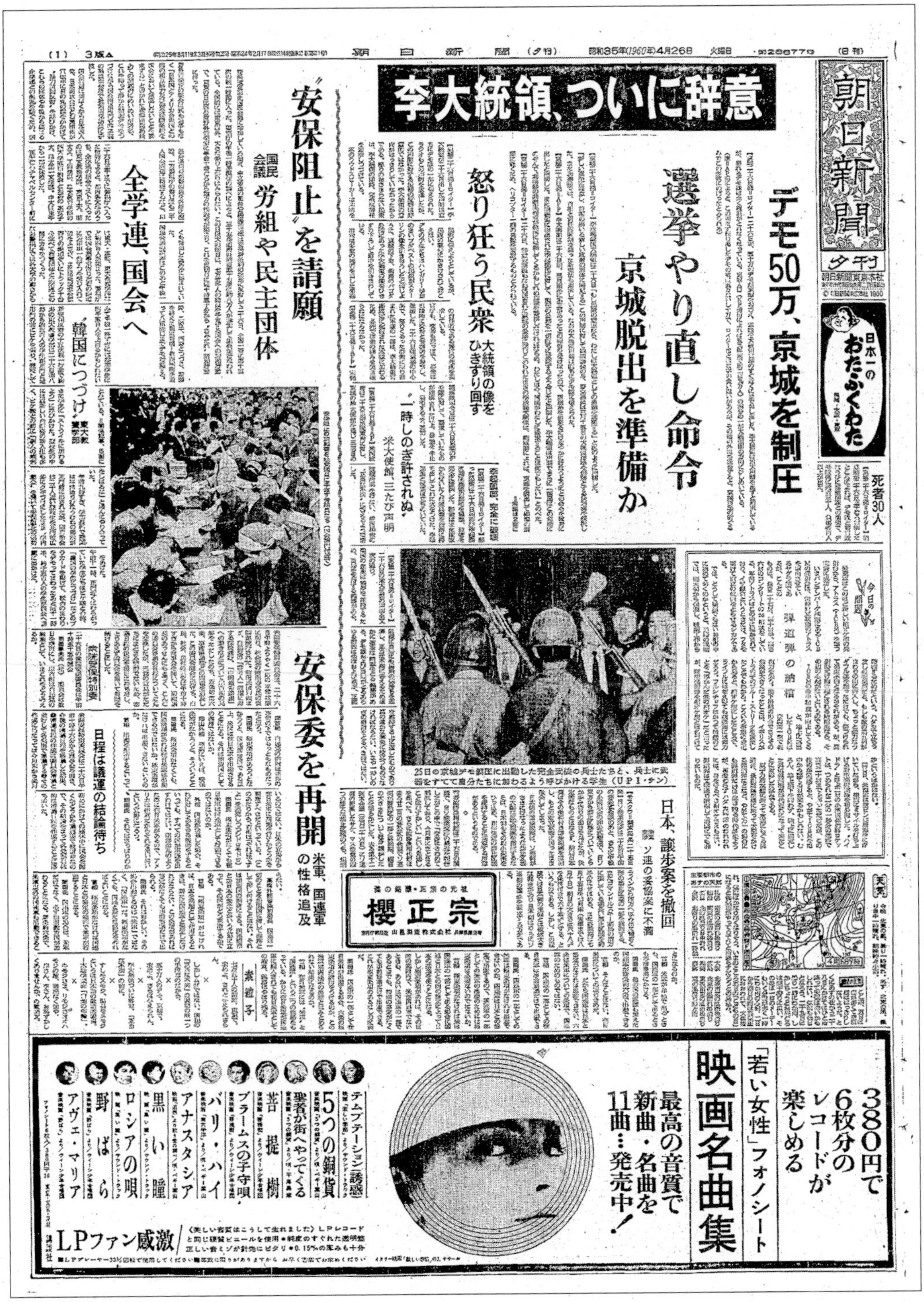

朝日新聞 夕刊

昭和35年(1960年)4月26日 火曜日

李大統領、ついに辞意

デモ50万、京城を制圧

選挙やり直し命令

京城脱出を準備か

死者30人

怒り狂う民衆

大統領の像をひきずり回す

"一時しのぎ許されぬ" 米大使館、三たび声明

25日の京城デモ鎮圧に出動した完全武装の兵士たちと、兵士に武器をすてて自分たちに加わるよう呼びかける学生（UPI・サン）

"安保阻止"を請願

国民会議 労組や民主団体

全学連、国会へ

"韓国につづけ" 東大教養学部

安保委を再開

米軍、国連軍の性格追及

日程は議運の結論待ち

日本、譲歩案を撤回 ソ連の妥協案に不満

1960년 4월 26일 석간 「이 대통령, 드디어 사의」 등, 본문 pp.252–254 참조

제3부 허정 과도정부

(1960.4.28. ~ 1960.8.19.)

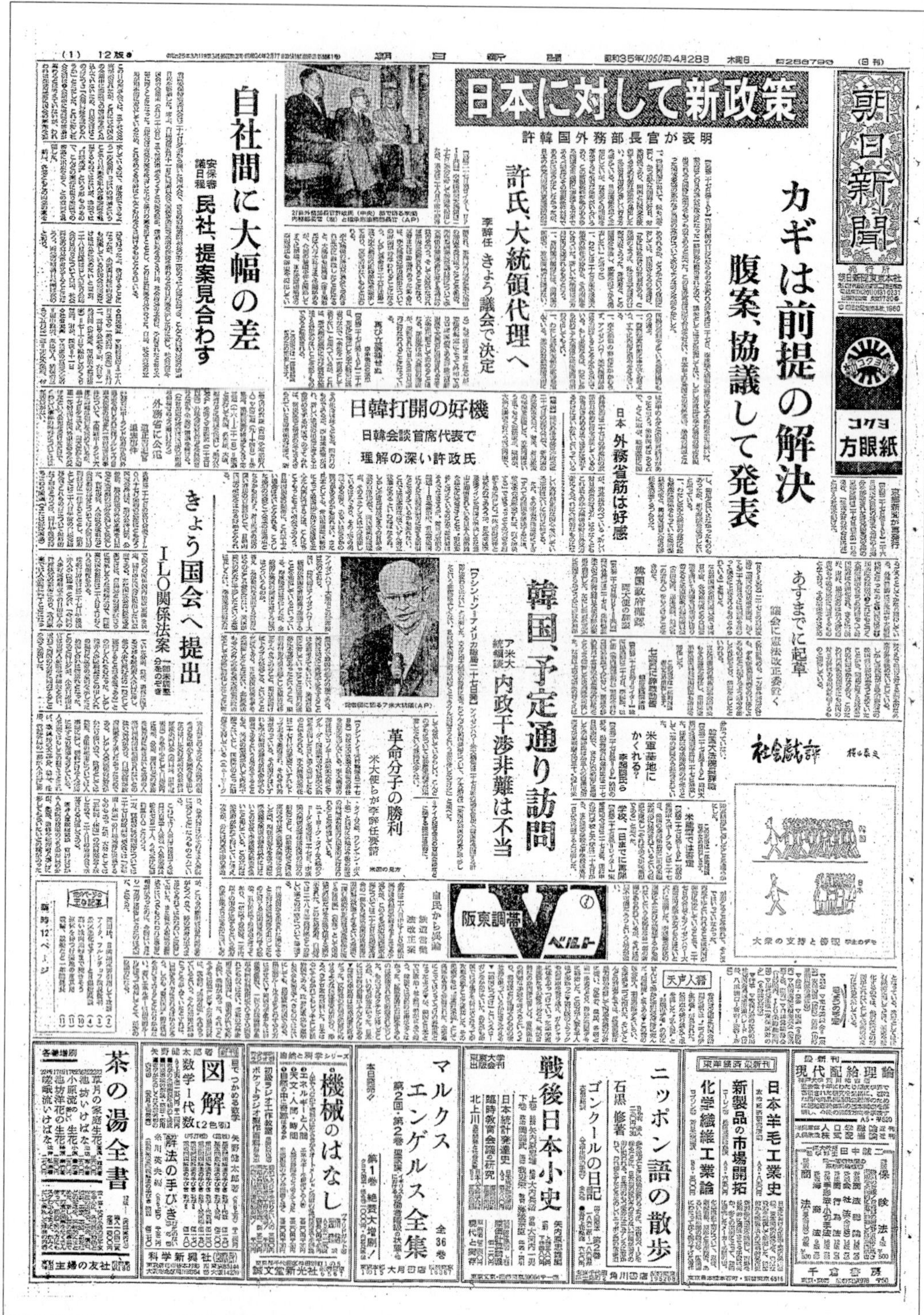

朝日新聞 昭和35年(1960年)4月28日 木曜日

日本に対して新政策

許韓国外務部長官が表明

カギは前提の解決

腹案、協議して発表

許氏、大統領代理へ

李辞任 きょう議会で決定

日韓打開の好機

日韓会談首席代表で理解の深い許政氏

日本 外務省筋は好感

韓国、予定通り訪問

ア米大統領談 内政干渉非難は不当

革命分子の勝利

米大使らが李辞任要請

あすまでに起草

議会に憲法改正委置く

自社間に大幅の差

安保審議日程 民社、提案見合わす

きょう国会へ提出

ILO関係法案

社会戯評

天声人語

1960년 4월 28일 「일본에 대한 신정책」 등, 본문 pp.285–291 참조

1960년 4월 28일(1면)

일본에 대한 신(新)정책, 허정(許政) 한국 외무부장관이 표명

열쇠는 전제(前提)의 해결 – 복안, 협의하여 발표

〈경성 27일발=AP〉 관리내각의 수장이 될 것으로 예상되는 허정 씨는 27일, 이승만(李承晚) 대통령 사임 후에 그 권한을 이어받았다. 사표는 그날 의회가 산회된 1시간 후에 제출되었기 때문에 의회에서는 아직 수리되지 않았다. 그러나 허정 씨는 이 대통령 사표는 제출된 것과 동시에 효력을 발휘하는 것이라고 했다. 이날 허정 씨는 기자회견을 갖고 일본 및 미국과의 관계개선, 폭동의 원인이 된 국가경찰의 개혁 등 당면한 정책에 대해서 다음과 같은 생각을 밝혔다.

▶ 관리내각에게 가장 긴급을 요하고 또 중대한 문제는 대일, 대미관계이고, 양국과의 국교를 개선하기 위해 유효한 대책을 강구하고자 한다. 나는 대일관계에 새로운 방향을 생각하고 있다. 일한관계를 빨리 정상화하고 싶지만, 역시 많은 문제를 해결하기 위해서는 필요한 조건이 여러 가지이고, 그 전제조건이 다른 모든 문제를 자동적으로 해결하는 열쇠이다(그는 그 전제조건이 무엇인지는 밝히지 않았지만, 일본 외교대표부의 경성(京城) 설치가 허락될 것인가의 질문에 대해서는 직접 답하는 것을 피하면서 "나에게는 나름대로의 계획이 있다. 아시다시피 나는 일한회담의 수석대표였다. 새 정부와 그 문제를 협의해 결정한 뒤 발표하고자 한다"라고 말했다).

▶ 나는 27일 아침, 이승만 대통령의 사임 시점부터 이 권한을 승계했다. 새 대통령은 3개월 이내에 선출되리라고 생각한다.

▶ 새 내각의 각료에는 전 내각의 각료나 정당관계자는 뽑지 않는다. 국민의 신뢰를 얻고 있는 무소속인 사람을 뽑는다.

▶ 경찰이 정치적으로 중립을 지키도록 이미 내상(內相)에게 지시를 하였다.

▶ 이 대통령 사임에도 불구하고 아이젠하워(Dwight David Eisenhower) 미 대통령이 한국을 방문하는 것을 진심으로 바라고 있다. 만약 필요하다면 내가 다시 아이젠하워 대통령에게 한국방문 초대를 할 수도 있다.

▶ 나는 대미관계의 개선을 바라고 있다. 미국의 대한원조계획에는 약간의 낭비와 부적당한 조치가 있었다고 생각한다. 미한(美韓)관계는 어떤 점에서 특히 군사, 경제원조에 있어서 만족스럽다고 말할 수 없던 점이 있었으나 상호이해를 개선하기를 바란다.

▶ 나는 이(승만) 대통령의 정책과 가장 밀접한 관계를 가지고 있었던 양유찬(梁裕燦) 주미대사와 유태하(柳泰夏) 주일대사의 사임을 승인하는 바이다.

일본 외무성 관계자는 호감

외무성 당국은 27일 허정 씨의 담화가 구체적으로 무엇을 의미하고 있는지 확인되기까지는 아직 논평할 수 없다고 말하면서도, 허정 씨가 말한 "새로운 대일정책의 방향"은 적어도 지금까지의 이(승만) 대통령의 대일외교방침에 비하면 합리적인 것이 되리라는 상당한 기대를 하고 있다. 외무성 당국은 허정 씨가 대통령대리가 된 후 ①헌법개정 ②민의원 총선거 ③그것에 기초한 대통령선거의 3단계를 거쳐 한국정계는 합리화되고 거기에 언론계, 재계, 민주당 외 여당인 자유당도 이번 개혁에 동참할 것으로 보고, 그 결과를 지켜보면서 한국에 대한 기본적인 외교방침을 결정하려고 하고 있다.

그러나 허정 씨가 일한 전면회담의 한국 측 수석대표를 지냈다는 점 때문에 그에 대한 정부 내의 신뢰는 상당하고 높고, 이 때문에 관리내각 기간 중에도 한국의 대일방침은 어느 정도 나아질 것으로 기대하고 있다.

일한 타개의 호기(好機)
- 일한회담의 수석대표로 이해가 깊은 허정 씨

[해설] 한국 외무부장관 허정 씨는 27일 기자회견에서 신내각의 외교정책을 설명하면서 대미, 대일 정책의 전환을 시사했다. 허정내각은 말할 필요없이 헌법개정, 총선거, 대통령선거를 치르는 잠정내각으로, 그 생명은 길어야 3~4개월이다. 이(승만) 독재정권이 쓰러지고 새로운 한국 출발의 토대를 다지는 내각이라는 점에서 본다면, 새로운 정부가 과거 반감과 증오로 막혀있던 일한관계의 타개에 정상적인 관심을 표했다는 사실을 크게 주목할 만 하다.

그러나 그 주장이 지나치게 추상적이어 "모든 문제를 해결하기 위한 전제조건이 해결되면 바로 해결된다"라는 말로는 그 진의를 이해하기 어렵다. 과연 전제조건이라 하는 것은 무엇인가? 일본 측은 이승만 라인을 원만히 해결하고 또한 부산에 억류되어 있는 일본인 선원을 조속히 귀환시키는 것을 '전제조건'이라고 생각하고 있으나, 한국 측은 그렇지 않은 것 같다. 대일청구권 문제 - 일본통치 중 일본이 한국에 끼친 각종의 손해에 대한 배상 등을 생각하고 있는지 모르겠다. 그렇다면 기본적인 점에서는 여전히 대립상태라고 말하지 않을 수 없다. 그러나 허정 씨는 최근까지 일한회담의 수석대표로서 양국 관계의 문제점, 그 뉘앙스를 충분히 이해하고 있을 것이며, 그런 상황에서의 발언이라고 본다면 아마도 무엇인가 확신을 가지고 행한 발언이라고 생각할 수도 있다. 또한 일본으로서도 30여년간의 한국통치에 의해 한국민에게 끼친 피해를 허심탄회하게 반성하기에는 이번이야말로 가장 좋은 기회일 것이다. 일한 양(兩)민족의 제휴에 더 이상 좋은 기회는 없으리라 보인다. 이러한 감정의 교류야말로 회담의 출발점이 될지도 모르며, 대일 이해가 깊은 허 씨가 수장(首長)일 때야말로 일한 양국민의 융화를 이룰 수 있는 좋은 기회라고 생각된다.

허(許) 씨, 대통령대리에 - 이(승만) 사임, 오늘 의회에서 결정

〈경성 27일발=로이터 · UPI · 공동〉 이승만 한국 대통령은 27일 의회에 사표를 제출하였고, 의회는 28일 오전 10시 재개되어 사무국 당국자가 이(승만) 대통령의 사표를 접수했다고 보고, 이재학(李在鶴) 부의장이 의장석에 앉아 이(승만) 대통령의 사표수리에 대한 의원의 찬부를 물었다. 그리고 반대가 없으면 사표를 수리하는 것으로 하고, 반대 또는 동의가 있는 경우에는 이(승만) 대통령의 사표제출에 대한 토론이 이루어지게 된다. 그러나 의회는 26일 만장일치로 이(승만) 대통령의 즉시사직을 요구한 바 있어 반대자는 없을 것으로 생각된다.

이(승만) 대통령의 사표가 의회에서 수리되어 정식으로 사직하게 되면, 대통령도 부통령(주(注): 장면(張勉) 씨는 8월 15일까지 임기가 남아 있으나 이번의 폭동사건과 관련하여 이미 사표를 제출하였다)도 공석이 되나, 헌법의 규정에 따라 외상이며 수석각료인 허정(許政) 씨가 새로운 선거로 대통령이 선출되기까지 대통령대리직을 수행하게 된다. 새로운 선거는 이(승만) 대통령의 사표가 수리된 날로부터 3개월 이내에 치러지게 된다.

내일까지 기초(起草) - 의회에 헌법개정위 설치

〈RP=도쿄(東京)〉 27일의 경성방송은 "한국의 헌법개정안은 늦어도 29일까지는 기초를 마치고 의회에 상정될 것으로 보인다"고 보도했다.

또한 한국 의회 운영위원회에서는 이날 오전 각 당파 대표와의 합동회의를 열고 내각책임제로 바꾸기 위한 헌법개정기초위원회(자유당 4명, 민주당 4명, 무소속 1명, 계 9명)를 설치할 것을 결정하였다.

7의원에게 사직 권고 - 한국 민의원 결의

〈경성 27일발=로이터〉 한국 민의원(民議院)은 27일 이기붕(李起鵬), 최인규(崔仁圭 · 전 내무부장관) 양씨를 포함한 자유당 의원 7명에 대하여 의원을 사직하고, 3월 15일 부정선거의 책임을 질 것을 권고하는 결의안을 가결하였다. 또한 이상의 7명 의원의 행방은 알려지지 않고 있다.

한국 대법원장 사직

〈경성 27일발=AP〉 한국 대법원장 조용순(趙容淳) 씨가 27일 사직하였다. 조용순 씨는 이승만(李承晩)정권의 앞잡이로 일부 신문의 비난을 받고 있었다.

미 육군에서는 부정

〈경성 27일발=AP〉 경성의 미 육군 대변인은 27일 한국의 이기붕 씨가 인천(仁川)의 미 육군기지에서 보호를 받고 있다는 보도를 부정하면서 "이는 완전히 사실무근이다"라고 말하였다.

1960년 4월 28일(1면)

한국, 예정대로 방문
- 아이젠하워 미국 대통령, 내정간섭 비난은 부당

〈워싱턴=아메리카총국 27일발〉 아이젠하워 미국 대통령은 27일 아침 기자회견에서 "한국을 방문하는 계획에 변화가 없다"고 밝혔다. 또한 이(승만) 대통령의 사임에까지 이른 이번의 한국 폭동에 대하여 아이젠하워 대통령은 "미국이 한국의 내정에 간섭하였다는 비난은 옳지 않다. 나는 이(승만) 대통령에게 현 상태가 계속된다면 트러블이 일어난다는 충고를 했을 뿐이다"라고 말했다.

아이젠하워 대통령과의 문답 요지는 다음과 같다.

문: 한국 측은 아이젠하워 대통령이 한국을 계획대로 방문하기를 희망한다고 말하고 있다. 이승만(李承晩) 씨는 사임하였지만, 전반적으로 미국의 한국에 대한 역할은 어떠한 것인가?

답: 내가 한국을 방문하는 계획은 현재 변함없다. 미국이 한국의 내정에 간섭하였다는 비난은 옳지 않다. 이승만 씨는 위대한 애국자이며 한국을 만든 사람이다. 미국이 한국에 내정간섭하는 것은 전혀 생각할 수 없다. 미국이 한국에 대해 말한 것은 3월의 선거에 부정이 있었다는 점, 현재의 정세를 일으킨 원인은 시정되어야 한다는 점, 현 상태가 계속된다면 트러블이 일어난다는 점뿐이다. 또한 미국은 조금도 데모를 선동하지 않았다. 북경(北京)방송도 모스크바방송도 이(승만) 대통령이 정치가로서 훌륭히 사임한 것에 대해 실망하고 있는 것 같다. 이번의 데모에 대하여 공산주의자가 선동했다는 증거는 전혀 없다.

혁명분자의 승리 - 미국 대사 등이 이(승만) 사임 요청, 미국의 견해

〈워싱턴=가와무라(河村) 특파원 27일발〉 미국은 이승만(李承晩) 대통령의 사임을 단적으로 반기고 있다. 이(승만) 대통령의 사임은 매카나기 주한 미 대사와 매그루더 유엔군사령관이 이(승만) 대통령을 방문하였을 때 강력하게 요청했다고 전해지고 있다. 이(승만) 대통령의 사임은 27일자의 신문 모두 톱기사로 보도되어 각각의 논설이 실려있다. 그 논조는 모두 이(승만) 대통령의 사임이 혁명분자의 승리라는 견해를 취하면서, 미국의 태도가 결코 내정간섭이 아니며 국무성이 취한 태도를 지지함(뉴욕타임스, 워싱턴포스트)과 동시에 각지는 앞으로의 한국의 재편성이 순조롭게 민주적으로 이루어질 것을 희망하고 있다.

뉴욕타임스지의 죠던 기자는 27일, 이승만 대통령의 사임은 미국의 압력의 결집이라면서, 주한 미 대사와 유엔군사령관이 이승만 대통령을 만나 현재의 혼란을 해결하는 길은 이승만 대통령의 사임 밖에는 없다는 점으로 이승만 대통령을 설득했다고 보도하고 있다. 이러한 입장은 미국 정부가 여러차례 가지고 있던 생각이나, 공식적으로는 내정간섭의 비난이 일어날 것을 우려해 지금까지는 말하지 않았다.

내정간섭이라고 지적당하는 것은 미국이 매우 염려하는 것으로, 27일의 회견에서 아이젠하워 대통령은 내정간섭이 아니라고 장황하게 설명했다. 이승만 씨가 다음의 선거에 다시 입후보할지 모른다고 일부 신문은 걱정하고 있으나, 그것은 불가능하다는 견해가 강하다.

1960년 4월 28일 석간(1면)

이기붕(李起鵬) 씨 일가 자살 - 장남 이(李) 소위(少尉) 손으로

〈경성 28일발=AP〉 경성(京城) 계엄사령부는 28일, 지난번 부통령으로 당선한 이기붕 씨, 부인, 자식 2명이 같은 날 오전 5시 40분 대통령 관저 내 건물 안에서 자살했다고 발표했다. 이 발표에 의하면 4명의 사체는 육군병원으로 옮겨져 4명 전부의 사망이 확인되었다. 계엄사령부 발표문은 다음과 같다. 28일 오전 5시 40분경, 이기붕 씨, 부인 박(朴)마리아, 장남 이강석(李康石) 소위, 차남 이강옥(李康玉=이강욱(李康旭)의 오기로 보임: 역자)의 4인이 세종로 1번지 대통령 관저 내 제36호 관사에서 자살했다. 4명의 사체는 자살 현장에서 검찰관과 의사에 의해 검시, 확인되었고 육군병원으로 옮겨졌다. 현재 공식조사가 진행되고 있다.

〈경성 28일발=AP〉 한국의 동화(同和)통신이 28일 이호(李澔) 내무부장관이 언명한 것으로 전한 바에 의하면 이승만(李承晩) 씨의 양자가 28일 아침 생부(生父)인 이기붕 씨와 생모, 동생 등 3명을 사살하고 이어서 자살했다. 이 내무부장관의 말은 동화통신사로부터 AP 경성지국에 전화로 급보된 것.

육군병원에 밀집 - 경성(京城) 시민

〈신아(新亞)=도쿄(東京)〉 28일의 경성방송에 의하면 이날 아침 대통령 관저 별관에서 동반 자살한 이기붕 민의원의장 일가의 시체는 검사와 의사의 검시를 끝내고 육군병원에 안치되었다.

계엄사령부에서도 이것을 확인했고, 시민에게 알렸기 때문에 시민은 그 사실을 확인하려고 육군병원 앞에 모여들었고, 군 당국은 병원 앞에 바리게이트를 쌓고 일절 통행을 금지하고 있다. 한편 이(기붕) 의장은 며칠 전부터 자결 의사를 굳히고 측근에게도 이것을 알렸다고 한다.

유복한 가정 – 사망한 이(기붕) 씨 일가

이기붕(李起鵬 · 64) 씨는 이조(李朝) 말 명문 출신. 고학으로 미국 아이오와주의 대학을 졸업, 재미 중부터 이(승만) 대통령에게 인정받아 측근 넘버원으로 한국 정계에 명실상부한 존재였다는 점은 잘 알려진 사실. 부인 마리아 여사(54)도 개성(開城) 호수돈(好壽敦)여학교, 이화여전(梨花女專)을 졸업하고 미국에도 유학하였다. 현재 이화여자대학의 부교장, 대한부인회의 회장으로서 대통령 부인 다음인, 한국의 '세컨드 레이디'로서 일려져 있다. 1929년 뉴욕시의 크리스마스 파티의 연극회에서 두 사람이 주연을 맡은 것이 인연이 되어 열렬한 연애 끝에 1932년 결혼하였다.

이렇게 유복한 가정의 장남으로 태어난 이강석(李康石 · 22) 군은 경성고교 졸업 후 육군사관학교에 재학 중 1957년 이승만가(李承晩家)의 양자가 되었다. 그 후 경성대학교 법과대학 3학년으로 입학하였다. 당시 법대생은 대통령 아들이라도 불법 편입은 일체 인정할 수 없다고 동맹휴학을 하였으나, 정부 측의 무리한 이례(異例)조치로 간신히 입학하여, 졸업 후 미국에 유학하였고, 6개월간의 군사교육을 받고 귀국 후 현역 육군소위로 복무 중이었다.

사대사상이 강한 한국에서는 강석 군의 이름을 사칭하여 지방관리를 속여 향응을 제공받거나 금품을 요구하는 사건이 발생하여 한때 화제가 되기도 했다. 강석 군은 최근 며칠간 우울한 얼굴로 계속 권총을 만지작거려 감시를 받아왔다고 말하고 있어, 강석 군이 각오를 행동으로 옮긴 것으로 보여져 권세를 누리던 일가의 처참한 최후는 이(승만) 정권의 말기를 상징한다고도 말할 수 있다.

“걸어서 이사하겠다” 고집, 이승만(李承晩) 씨

〈경성 28일발=AFP〉 이승만 씨는 28일 관저에서 사저(私邸) 경성(京城) 동쪽 3km로 이사하기로 되었으나, 이사는 “내가 한사람의 시민이 되었음을 국민에게 보여주고 싶으므로 자동차를 사용하지 않고 걸어 가겠다”고 말하여 여당 자유당원이 이에 놀라 민의원의 의사진행을 중지하고 관저로 달려가 노인을 설득하는 소동이 벌어졌다.

이들은 이 씨에게 사저까지 걸어가는 것이 위험한 이유는 나이를 든 것뿐 아니라 정정(政情)불안과 더욱이 이날 아침 이기붕(李起鵬) 씨 일가의 자살사건 등으로 신경이 예민해져 이(승만) 씨가 매우 쇠약해졌기 때문이라고 말하고 있다.

오늘 중에 조각 완료 - 한국, 지사·경찰국장은 경질

〈신아(新亞)=도쿄(東京)〉 28일의 경성(京城)방송에 따르면 한국정부의 수장 허정(許政) 외무부장관은 28일 “과도내각의 각료 인선은 여당, 야당 간부와의 협의가 끝났으며, 그 구성을 초당파적 인사로 조각하여 오늘 중에 발표한다”고 말했다.

또한 3·15선거 당시의 각 도지사와 경찰국장은 전원 경질하고 정치범의 석방도 조속히 실현하겠다고 말하였으나, 공산계 정치범의 석방이 포함되어 있는지 여부는 특히 밝히지 않았다.

한국 경제원조 일시 정지- 미 국무성 언명

〈워싱턴=아메리카총국 27일발〉 미 국무성 당국자는 27일, 한국에 대한 경제원조 작업을 일시 정지할 것을 명백히 했다. 한국에 대한 경제원조는 경제력 이상으로 군사병력을 가지고 있는 국가에 대하여 미국이 제공하는 방위지지원조로서, 일시 정지한 이유는 한국의 정정(政情)이 안정되어 새로운 내각이 구성될 때까지 교섭할 상대가 없다는 기술적인 이유로서 원조 중단은 생각하고 있지 않다고 설명하고 있다.

그러나 미국은 경제원조가 정치적으로 유용되는 것을 경계하여 원조의 조건을 종래보다 다소 엄격하게 할 가능성은 있다.

한국 정변은 민주적 발전 - 유엔 조선통일부흥위가 성명

〈경성 27일발=로이터〉 유엔 조선통일부흥위원회는 27일, 한국의 사태에 대하여 다음과 같은 성명을 발표하였다.

위원회는 한국의 최근 사태를 깊은 관심을 가지고 지켜보아 왔다. 위원회는 유엔총회에의 연차보고서 속에서 한국민 자신의 일치된 노력으로 진전시켜온 이번의 민주적인 발전을 보고하였다. 이러한 한국민의 노력은 그들의 위신을 최고로 높이고 있는 것이다.

1960년 4월 29일(1면)

허정(許政) 한국 신내각 성립 - 새로운 여섯 각료를 지명

공석 셋은 무소속의 명사 중에서

〈경성 28일발=AP〉 허정 대통령대리는 28일 한국 신내각 각료 6명을 지명했다. 이승만(李承晩) 씨로부터 대통령 권한을 이어 받은 허정 씨를 수반으로 하는 내각은 새로이 6명을 추가해 9명이 되었다. 새로운 각료는 무엇보다 무소속인 저명한 교육자나 실업가, 기타 일반 시민으로 유명한 의사도 포함하고 있다. 그리고 연령은 모두 50대에서 60세를 넘었다. 아직 공석인 자리는 국방, 농업, 통신 각 부 장관이다.(주(注): 지금까지 결정된 각료는 허정 외무부장관, 이호(李澔) 내무부장관, 권승렬(權承烈) 법무부장관의 3명)

▶ 신각료의 명단

새로이 지명된 6각료의 이름은 다음과 같다.

재무부장관: 윤호병(尹皞炳·69), 전 경성은행 총재, 충청남도 출신, 도쿄고상(東京高等商業学校: 역자) 졸업

문교부장관: 이병도(李丙燾·64), 경성국립대학 대학원장, 전라남도 출신, 와세다대(早稲田大) 졸업

부흥부장관: 전예용(全禮鎔·51), 한국은행 부총재, 경성 출신, 규슈제대(九州帝国大学: 역자) 졸업

상공부장관: 전택보(全澤珤·59), 덴마크 명예영사, 회사 사장, 함경남도 출신, 고베상대(神戸商大) 졸업

보건사회부장관: 김성진(金晟鎭·55), 개업의, 충청남도 출신, 경성제대(京城

帝国大学: 역자) 졸업

교통부장관: 석상옥(石常玉 · 51), 전 교통부차관, 조선공사 이사장, 경성 출신, 양성고등(養成高等) 졸업

한편 국방부장관에는 현 계엄사령관 송요찬(宋堯讚) 중장을 지지하는 목소리가 높다.

부패, 혼란을 일소 - 3개월 이내에 새 내각으로, 허정 수반 발표

〈경성 28일발=UPI · 공동〉 한국 잠정내각 수반인 허정 외상은 28일 잠정내각이 당면한 임무를 다음과 같이 발표했다.

▶ 새 내각의 임무는 국가행정 전 분야에 걸쳐 뿌리 깊은 불법, 뇌물, 혼란을 일소하는 것이다. 4월 19일 폭동에서 나타난 국민의 요구에 따라 입법과 사법기관의 밀접한 연결 위에 국가제도, 나라의 현재 상태를 개선하여 국민의 한마음을 재건으로 향하게 하는 것이다.

▶ 과거에 잘못을 범한 자에 대해 국민이 관대할 것을 희망하지만, 한편 3월 15일 불법적인 대통령 선거에 관한 책임자들은 엄격히 처벌되지 않으면 안 된다.

▶ 모든 정당으로부터 완전히 무관한 중립적 경찰을 조직하는 것이 현재 급무이다. 이 문제와 행정제도의 개선은 국회에 맡겨져야 할 것이다.

▶ 새 내각은 불법선거에 관한 책임의 소재를 밝히고, 국민의 요구에 따라 관계자를 엄벌에 처할 것을 약속한다. 잠정내각을 대신하는 새 내각이 성립되면 국가재건의 제1단계가 완료되지만, 내외 다난한 정세 속에서 3개월 내에 이 목적을 달성하고자 한다.

5명이 일본에서 교육 - 청신하고 중립적인 새 각료

[해설] "한국을 진동시킨 10일간" - 지난 19일 경성(京城)에서 대폭동이 일어나고 정확히 10일간, 28일의 허정 관리내각 성립은 이번 폭동의 종지부를 의미함과 동시에 한국의 민주적 출발에 새로운 제1보를 내딛는 것으로서 주목되고 있다. 허정씨가 "오늘 중에 각료의 선고(選考)를 마치겠다"고 말한 28일은 이기붕(李起鵬) 씨의 일가자살에 따라 정계는 커다란 충격을 받아 의회도 등원 의원이 정족수를 채우지 못하였으며, 더욱이 이재학(李在鶴) 부의장의 인책사직 등이 있었으나, 성명발표 후 10시간이 못 되어 발표된 각료의 면면들은 안팎을 깜짝 놀라게 할만한 신인의 발탁으로, 그 인선(人選)의 신속함과 청신함은 허 내각의 자세를 분명히 표명하는 것으로 관심을 모았다.

새 내각 중 이호 내무부, 권승렬 법무부 두 장관은 이미 허정 외무부장관과 함께 이(승만) 대통령으로부터 임명되었고, 이전에 각료 경험도 있어 청신하다고는 할 수 없으나, 28일 발표된 6명의 각료는 이들과 달랐다. 이를 한마디로 평한다면 모두가 중립파로 이른바 정치꾼이 전무하며 과거의 경력에 전혀 흠이 없는 점, 일본에서 교육을 받은 사람의 진출이 눈에 띤다는 점을 들 수 있을 것이다.

윤 경성은행 총재의 재무부, 경성대학 대학원장 이 박사의 문교부, 전 한은 부총재의 부흥부 등 모든 장관은 무엇보다도 한국 지성의 최고 수준을 보여주는 인사들로 특히 윤 재무부장관은 도쿄고상(東京高商), 전 부흥부장관은 규슈제대(九州帝大), 이 문교부장관은 와세다대(早稲田大), 전 상공부장관은 고베상대(神戸商大), 김 보건사회부장관은 경성제대(京城帝大)로 6명 중 5명이 일본의 대학을 졸업했다는 점은 큰 특징이라고 할 수 있다. 이(승만) 정권 시대의 모든 각료 중에서 일본에서 교육을 받은 몇 명 안되는 사람들이 어깨를 펴지 못하던 시대와는 실로 격세지감을 느낀다. 새 각료가 일본색 일색이라고 말하는 것은 지나치지만, 한국으로서도 일본에 있어서도 앞으로의 장래를 크게 기대해도 틀림이 없으리라 생각된다.

대통령 사임의 승인 연기, 한국 국회

〈경성 28일발=로이터〉 28일의 이기붕 씨 의원(議院) 의장 일가의 자살로 한국 의회의 정상화는 완전히 실패했다. 이날 의회는 출석의원이 부족하여 열리지 못했고, 의원들은 29일에 재개하고자 한다고 말하고 있다.

재개 의회에서는 이기붕 씨의 후임 의장과 사임한 이재학 부의장의 후임을 선출하고, 동시에 이승만 씨의 대통령 사임을 정식으로 승인, 발표하게 된다.

또한 의회는 임철호(任哲鎬) 부의장(자유당)에의 사임권고 후 이재학 부의장만이 남았는데 이 부의장도 28일 사임하였고, 대법원도 조용순(趙容淳) 원장이 27일 사임하였다.

한국 정치범을 석방

〈경성 28일발=UPI · 공동〉 이승만 한국 대통령의 암살을 기도하였다 하여 부산(釜山)형무소에서 8년간 투옥되었던 김시현(金始顯), 유시태(柳時泰) 두 사람은 28일 권승렬 법무부장관의 명령으로 석방되었다.

최(崔) 전 내상(內相)에 체포장

〈경성 28일발=AP〉 한국의 대검찰청은 28일, 최인규(崔仁圭) 전 내무부장관 외 6명에 대해 3월 15일의 부정선거 책임자로 체포장을 내었다. 이중에는 한희석(韓熙錫) 자유당 선거대책위원장, 이강학(李康學) 치안국장이 포함되었다.

대한 원조는 정치와 무관계로, 주한 미 대사관 성명

〈경성 28일발=AP〉 경성의 미국대사관은 28일, 미국의 앞으로의 대한 원조에 대하여 다음의 공식성명을 발표했다.

미국은 한국에 대한 원조지출이 한국의 정치적 영향에 좌우되지 않도록 하기 위해 더욱 노력한다. 이 조치는 이승만 정권이 전복되기 얼마 전부터 검토되어 새로운 원조계획의 승인도 동결되어 있었다. 원조지출을 최종적으로 승인하는 미한(美韓)합동경제위원회의 앞으로의 회의는 일시적으로 연기될 것이지만 조속히 재개될 것이다.

허(許) 성명을 환영, 후지야마(藤山愛一郎: 역자) 외상 담화

한국 관리내각의 수장이 된 허정(許政) 씨가 27일 일한 양국간의 국교개선 등 당면의 정책을 말한 것에 대하여 후지야마 외상은 28일 저녁 다음과 같이 담화를 발표하였다.

▶ 제4차 전면회담의 한국 측 수석대표였던 허정 씨가 국정을 담당하게 되었고, 27일의 성명에서 조속히 일한관계를 개선하고자 한다고 말한 것은 진심으로 반가운 일이다.

▶ 쌍방이 조속히 국교정상화가 실현되도록 최선을 다하고자 한다. 국교정상화를 이루기 위해서 양국의 우호친선관계 증진을 위한 가능한 노력을 다할 생각이다.

이승만 씨, 관저를 떠나다

〈경성 28일발=AP〉 이승만 씨는 28일, 대통령 사직 이후 처음으로 자동차로 관저를 떠났다. 이에 앞서 허정(許政) 대통령대리가 이승만 씨와 회견한 후 말한 바에 따르면 이승만 씨는 새 저택까지 걸어서 갈 결심을 하였다. 자동차가 이사하는 이화장(梨花莊)에 가까워지자 수백명의 군중이 몰려들었으나, 군중은 문 안으로 들어가는 것은 금지되었다. 이날 이(승만) 씨는 시무룩한 표정이었음에 비해 부인은 즐거운 듯이 보이기도 하였다.

1960년 4월 29일(11면)

정계에 '군림' 12년 - 관저를 떠난 이승만(李承晩) 씨

지프가 지키고 - 보내는 시민, 복잡한 기분

사임한 이승만 한국 대통령은 28일, 경성(京城) 경무대(景武臺) 관저에서 시내 동쪽 사저로 옮겼다. 늙은 "독재자"는 12년 전 민중의 환호 속에 들어갔던 그 관저로부터 병사를 태운 3대의 지프에 호위되어 떠났다고 외신은 전했다. 어쨌든 이로써 3월 대통령선거 이래 격동을 거듭한 한국에 새로운 길이 열린 것이다. 떠나는 노인과 그를 보내는 한국인의 모습을 28일 밤 경성 장기영(張基榮) 한국일보 사장은 국제전화로 다음과 같이 전했다.

▶ 이승만 씨는 당초 걸어서 사저로 이동하겠다고 고집하였다. 그것은 "한 시민으로써 대로를 걷고 싶다"는 마음과 "되돌아봐도 꺼림칙한 바는 없고 위해를 입을 두려움은 없다"라는 강한 자신이 있었기 때문은 아니었을까. 그러나 누군가의 충고로 결국 자동차로 이동하기로 되었다.
계엄사령부는 시민이 도로에 나오지 않도록 포고를 내렸는데, 역시 10만명 정도 군중이 모였다. 그 가운데는 손을 흔드는 자도 있었고 여성 중에는 울면서 배웅하는 사람도 있었다. 이제 와서 돌이켜보면 인정이라는 것도 있고 복잡한 감정이었을 것이다. 이승만 씨가 걸어갔다고 해도 민중에게 습격 받는 일은 없었을 것이라 생각한다.
▶ 의회에서는 29일 이승만 씨에게 예우할 것을 결정할 것으로 보이나, 야당인 민주당은 이후의 생활비를 그에게 준다는 제안을 할 듯하다. 이것이 제안된다면 아마 만장일치로 가결될 것이다.

이러한 움직임은 이기붕(李起鵬) 전 의회의장 일가의 자결사건에 영향 받아 일어난 것은 아니다. 역시 이승만 씨에게는 특별한 감정을 가지고 있기 때문이라고 생각한다. 그러므로 이승만 씨가 국외로 망명하리라고는 생각하지 않는다.

▶ 이기붕 씨 일가의 죽음은 정치가의 비극이며 일반의 동정을 받고 있는 듯하다. 그것은 장남인 강석(康石) 군이 제멋대로 한 것이 아니라 일가가 상담하여 결행했을 것이다. 강석 군은 우수한 청년장교로 최후까지 훌륭한 태도였다고 한다.

최(崔仁圭: 역자) 전 내무부장관이나 이승만 씨 측근에 대한 일반의 반감은 아직 냉각되고 있지 않는데, 머지않아 사그러들지 않을까?

▶ 거리는 평온하고, 한 때 모습을 감추었던 경찰관도 6, 7할은 복귀했다. 학교도 국민학교는 28일 이미 수업을 시작했는데, 대학은 29일, 고등학교는 다음 달 2일부터 개교하기로 되었다. 어쨌든 28일은 이승만 씨의 관저퇴거, 이기붕 씨의 죽음 등 한국에서는 기억될 날이 되었는데, 이후는 우선 신문발행이나 집회의 허가제 폐지, 경찰의 정치적 중립화 등의 조치가 이어지고, 35일 이내에는 헌법의 개정, 그로부터 30일 후에는 의회의 해산, 총선거, 내각책임제 새 정부 탄생, "상징"인 새 대통령의 선출 등, 사태는 빠른 속도로 진행될 것이다. 우리는 이것을 "제2공화국"의 탄생이라고 부르고 있다.

▶ 미국이 대한 경제원조를 일시적으로 중지할 방침을 가지고 있다는 것인데, 정치상황이 빠르게 안정화되고 있으므로 내일이라도 원조재개의 회담이 진행되지 않을까 기대하고 있다. 일한관계에도 새로운 발전은 있겠지만, 한국민의 대일감정은 급히 바뀌지는 않으므로 사태가 바로 호전되지는 않을 것이다.

1960년 4월 29일 석간(1면)

이(승만) 대통령의 사표 수리 지연, 한국 국회

〈신아(新亞)=도쿄(東京)〉 29일 경성(京城)방송에 의하면 한국 국회는 29일 오전 10시부터 운영위원회를 열고 ①29일부터 헌법개정기초위원회를 열 것 ②30일의 본회의를 휴회할 것 ③정·부의장 선거를 1일에 할 것 ④이승만(李承晩) 대통령의 사표수리는 정·부의장 선거 후에 할 것, 등을 결정한 뒤, 본회의를 열고 이들 결정을 보고하고 즉시 산회했다.

한편 3·15 부정선거로 국회로부터 책임을 추궁받고 있는 자유당 의원 간부 8명 전원은 의원직을 사임했다.

1960년 4월 30일(1면)

일본도 대표부를 - 외무성, 한국에 요청할 의향

일한회담은 한국에서 일어난 사태로 인해 사실상 중단되었고 언제쯤 재개될지 전망이 불명확한데, 정부로써는 앞으로 회담재개에 있어서 한국 측이 재일대표부를 지금까지 그대로 설치할 방침이라면 일본 측도 경성(京城)에 재한대표부의 설치를 요청할 것으로 보인다.

정부는 지금까지 한국정부에 대해 대표부의 설치를 몇 번이나 신청해 왔는데, 한국 측은 반일기운이 강하므로 대표부원의 생명, 재산의 보호가 보증될 수 없다는 이유로 거부해왔다. 이 때문에 한국 측은 도쿄의 대표부를 통해 일본 국내사정을 직접, 판단하는 것이 가능했지만, 일본 측은 주로 한국에 대사관을 둔 미국으로부터 간접적으로 정보의 제공을 받는 정도로 불리한 상태에 놓여 있었다.

후지야마(藤山愛一郎: 역자) 외상은 지난 달 제4차 회담을 재개할 때에도 대표부 설치를 요청했으나 한국 측은 변함없이 난색을 표하면서 회담이 재개되었다.

1960년 5월 3일(1면)

한국, 신정책을 결정 - 정치에 학생의 목소리를

쌀 수출, 즉시 대일회담

〈경성 2일발=AFP〉 한국의 허정(許政) 내각은 2일 각의(閣議)에서 이승만(李承晩) 전 정권의 결점을 시정할 광범한 정책을 결정했다. 주된 내용은 다음과 같다.

1. 현재 한국의 정치적 동요를 이용하려는 공산당 간첩의 침입을 막기 위해 연안경비를 즉시 강화한다.
2. 이(승만) 정권의 보호 아래 사익을 취했던 자에 대한 엄벌과 부패 세무공무원 추방정책을 확인.
3. 은행대출에 의한 중소기업 발전을 장려하고, 이(승만) 정권이 해왔던 대기업에 대한 대규모 대출은 앞으로 하지 않는다.
4. 일본으로 한국 쌀을 조속히 수출하기 위해 즉시 회담을 연다.
5. 진정으로 민주적인 경찰조직을 만들기 위해, 각 경찰서에 대중의 고충을 듣기 위한 위원회를 두고, 또한 이(승만) 정권 아래에 만연한 지하폭력조직을 일소한다.
6. 학생지도자의 의견을 정치에 반영시키기 위해 그들과 빈번히 접촉한다.
7. 아이젠하워(Dwight David Eisenhower) 미 대통령의 6월 22일 한국방문을 준비하기 위한 위원회를 만든다.

1960년 5월 3일 석간(1면)

선원 28명을 송환 - 형기만료자, 한국 외무부가 발표

〈경성 3일발=로이터〉 최규하(崔圭夏) 한국 외무차관은 3일 기자회견을 열어 "한국 외무부는 지난 4월 9일에 형기를 끝낸 28명의 일본인 선원을 즉시 일본으로 송환할 준비를 시작하였다. 이들 선원은 수송, 기타 준비가 완료되는 대로 송환하겠다"라고 말했다. 여전히 그 외에 19명의 일본인 선원이 아직 복역 중인데, 이들에 대해서 그는 "현재 바로 송환할 계획은 없다"라고 말했다. (AP통신에 의하면 한국정부는 이미 내무, 법무, 외무, 보건사회부 네 부처에 필요한 조치를 즉각 취하도록 지시했다. 다만 송환의 일시는 일본정부와 협의한 후 결정된다).

이번에는 믿을 수 있다 – 나카가와(中川) 외무성 북동아시아과장 인터뷰

한국 잠정내각의 대일 신(新)정책과는 별개로 해결해야 하는 문제이므로, 즉시송환은 당연한 것이다. 지금까지 억류자 송환의 경우와 달리 이번에는 저쪽이 말하는 것을 그대로 믿어도 좋을 것이다. 일본 측으로써는 부산 수용소에 남아 있는 47명 선원 전부를 돌려보내라고 주장하고 있지만, 형기를 끝낸 사람부터 순차적으로 돌려보낸다고 한다면 어쩔 수 없다. 우리가 조사한 바로는 4월 9일에 형기를 마친 사람은 29명, 그리고 5월 2일에 2명의 형기만료자가 있으므로 모두 31명이 돌려보내져야 한다.

1960년 5월 7일(1면)

대통령 권한축소, 한국 헌법 개정초안 성립 - 양원 합동의회에서 선출

〈신아(新亞)=도쿄(東京)〉 5일 경성(京城)방송에 의하면, 한국 각 정당대표로 구성된 헌법개정위원회는 5일 오후 회의에서 헌법개정초안 기초를 완성했다. 이 초안에서는 대통령의 권한을 대폭 축소하고, 대통령은 양원 합동회의에서 선출하는 것으로 하고 있다. 초안의 골자는 다음과 같다.

▶ 대통령선거는 양원 합동회의에서 선출하고, 재적의원수 3분의 2 이상 득표자를 당선자로 한다. 2회에 걸쳐 위의 득표자가 없을 경우는 재적의원 3분의 2 이상의 출석과 출석의원 과반수의 득표자를 당선자로 한다.

▶ 대통령임기는 5년으로 하고, 1회에 한해 중임할 수 있다.

▶ 대통령은 정당에 소속할 수 없다

▶ 대통령의 외교, 선전포고, 강화조약체결권, 일정한 공무원 임면권 등은 의례적인 것으로 한다.

▶ 민의원 해산은 내각이 결정하고 대통령의 명으로 행한다.

▶ 수상은 대통령이 지명하여 민의원의 동의를 얻어야 한다. 2회 투표로 민의원 동의가 얻어지지 않고 대통령이 5일 이내에 재지명하지 않을 경우에는, 민의원이 선출하는 자를 수상으로 한다.

▶ 각료는 수상이 임명한다.

1960년 5월 7일(4면)

'일한경제협회' 곧 발족

재계에서는 이전부터 재일한국경제인과 '일한경제협회'(가칭)를 설립하기로 협의를 진행해왔는데, 12일에 최종적인 회의를 열고 협회 수뇌부 인사, 기구 등을 결정하여 머지않아 발족시키기로 합의했다. 이 협의는 일본 측에서는 아다치 다다시(足立正) 일본상공회의소 회두(会頭=회장: 역자), 우에무라 고고로(植村甲午郎) 경단련(経団連) 부회장, 스기 미치스케(杉道助) 오사카(大阪) 상공회의소 회두, 한국 측에서는 김상길(金相吉 · 아이리스사진기계제작소 사장), 박한식(朴漢植 · 신용조합 오사카 상은(商銀) 이사장), 서갑호(徐甲虎 · 사카모토(坂本)방적 사장) 씨 등을 중심으로 추진되었고, 우에무라 경단련 부회장이 회장으로, 아다치 일상(日商) 회두가 최고고문으로 취임하는 것이 내정되었다.

1960년 5월 8일(2면)

[사설] 서광이 비치는 일한관계

한국 정국은 허정(許政) 씨를 수반으로 하는 잠정내각이 헌법개정의 절차를 거친 후 새로운 선거가 실시되기까지 잠정적으로 정권을 담당하는 새 단계를 맞았다. 우리는 한국의 이후 정국에 관련하여, 특히 일한관계의 장래라는 관점에서 매우 큰 관심을 가지지 않을 수 없다.

허정 씨는 대통령 권한을 이어받음에 즈음하여 앞으로 한국의 중요한 과제로써 대미관계와 함께 대일관계의 개선을 들고 있다. 일한관계의 현재 상태는 이승만(李承晩) 정권의 지나친 반일적인 성격으로부터, 고의적으로 악화의 방향으로 박차를 가해온 경향이 있음을 부정할 수 없다. 허정 씨의 발언이 이 점에 주의하면서 일한관계를 본래의 모습으로 되돌리고 양국의 친선을 도모한다는 적극적인 의도에 기초한 것이라면, 우리들은 그것을 진심으로 환영하고자 한다. 또한 일본으로써도 이번 기회에 양국관계의 개선을 위해서 진지하게 노력해야 하는 것은 말할 것도 없는 것이다.

일한 양국민은 본래 지리적으로도 인접해 있고, 또 오랜 역사상으로도 밀접한 관계를 이어왔다. 그러나 36년에 이르는 일본의 한국 통치는 양 민족 간 관계에 복잡하게 얽힌 영향을 초래했다. 전후 독립국가로써 국제사회에 새로운 지위를 차지하게 된 한국 국민으로써는 무엇보다도 먼저 일본의 통치 중에 일어난 양국 간의 부자연스러운 관계를 조정하고 독립국으로써 체제 정비를 중요시하는 것은 당연한 것이다. 그러한 한국의 입장은 일본 국민으로써도 충분히 이해할 수 있는 것이며, 그것을 바탕으로 일한 국교관계의 정상화를 열망해온 것이다.

쌍방에 있어서 이익

그런데 쇼와(昭和) 27년(1952년)에 시작된 일한 전면회담은 이러한 양국 간의 우려를 해결한다는 중요한 임무를 가지고 있었음에도 불구하고, 현재의 제4차 회담에 이르러서도 아직까지 이렇다 할 성과를 내고 있다고는 할 수 없다. 그 원인은 여러가지 들 수 있을 것이다. 그러나 가장 큰 원인이 이승만 씨의 극단적인 반일정책에 있었다는 것은 누구도 부정할 수 없다. 이승만 씨는 오랜 망명생활과 독립운동의 결과 일본에 대한 특수한 증오의 마음을 품고 있었다고 하며, 그 심정도 어쩌면 당연한 점이 있을지도 모른다. 그러나 독재정권을 유지하는 수단으로써의 반일적 정책이라고 한다면, 일한 양국의 우호관계가 성립될 수도 없고, 그렇다면 양국의 행복을 얻을 수도 없다.

일한 양국민이 친선관계를 확립하는 것은 쌍방에 있어서 공통 이익일 뿐만 아니라, 아시아의 평화적인 분위기를 만들기 위해서는 불가결한 요건이라고 우리들은 확신하고 있다. 양국이 우호관계를 수립하기 위해서는 서로 상대를 독립국가로써의 입장을 존중하면서 호혜평등의 원칙 아래에 손을 잡고 가려는 마음이야말로 절대로 필요한 전제조건이라고 생각한다. 일한 양국 간에 해결해야할 과제는 결코 쉬운 것이 아니다. 그러나 서로가 상대의 입장과 어려움에 대해 따뜻한 이해와 동정을 가지고 임한다면 반드시 해결의 방법이 보일 것이라고 생각한다. 그렇게 함으로써 곤란한 안건 하나하나를 풀어나가고 국교 정상화에 한걸음씩 접근해 나가는 것이 양국의 기본적 태도여야 할 것이라고 믿는다.

어업의 안정적 발전을

현안 가운데 종래 양국의 사이에 가장 견해가 달랐던 "이승만 라인"의 문제에 대해서도 위와 같은 기본적인 견해에서 본다면 꼭 해결하기 곤란하다고만은 생각하지 않는다. 일본으로써 이승만 라인과 같은 국제법과 국제관행을 무시한 일방적인 규제를 인정할 수 없는 것은 말할 나위도 없는 것이다. 또한 억류선원의 전원석방은 물론, 이후 이러한 나포행위를 즉시 그만둘 것을 요구하지 않을 수가 없다.

그러나 동시에 한국이 "이승만 라인" 설정의 이유로써 들어 왔던 '어족자원의 보호'에 대해서는 일한 양국의 공통 이익을 지킨다는 목표 하에서 양국 공동으로 어족자원에 대한 과학적 조사를 하면서 어획에 대한 계획적 규제를 하고, 일한 양국 어업의 안정적 발전을 도모하는 것이 필요하며, 또한 그 길은 가능하다. 그것에 대해서 양국이 합의하여 쌍방의 이익이 되는 구체적 조치를 시급히 할 필요가 있는 것이다.

한국 측은 일본 통치시대에 한국에서 일본으로 가져 간 문화재의 반환이나, 종전 전에 재일한국인이 소유하고 있던 저금과 기타 재산권의 청구 등, 일본에 대해서 다양한 요구를 가지고 있다. 전쟁 이전부터 일본에서 살아온 한국인의 법적지위에 대해서도 일본인과 마찬가지로 처우해줄 것을 주장하고 있다. 재산청구권에 대해서는 일본인이 한국에서 소유하고 있던 재산의 청구권만을 일방적으로 방기한다는 것은 인정하기 어렵지만, 쌍방의 입장을 존중한다는 입장에서 이루어진다면 일본도 양보해야 할 것은 양보하면서 해결을 도모해야하는 것은 당연한 일이다.

한국 국민 제군에게 호소한다

한국정부 수반인 허정 씨는 일한회담의 수석대표를 지낸 경험을 가졌고, 또한 항상 현실적인 해결책을 가진 정치가라고 일컬어지고 있다. 허정 씨의 대일정책이 구체적으로 어떤 것인지는 아직 확실하지 않다. 다만 지금까지 억류선원에 대한 일부 석방이 결정된 것이나, 일본인 기자의 입국을 인정한다는 보도는 일한관계 타개에 밝은 전망을 보여주는 것이라 할 수 있다. 그러나 만약 알려진대로 일본이 북조선으로 조선인 귀환을 중단하는 것이 일한관계 타개의 전제조건이라면, 그것은 지금 일본이 직면해 있는 현실에 대해 이해하고 있다고 말하기 어렵다. 이 점에 대해서는 허정 씨의 진심 여부를 주목하고자 한다.

한국에서는 학생시위로 시작된 이번의 정변을 '제2공화국'의 출현, 또는 민주주의 혁명의 성공이라는 표현을 하고 있고, 독재정치로부터 해방되어 무엇이든 새롭게 건설하려는 국민의 의지가 부풀어 올라있다. 한국 국민이 진정한 민주주의로의 궤도를 걷는 것은 일본에 있어서 무엇보다도 반가운 것이다. 새로운 입장에 선 한국 국민이 지금까지의 진행된 경위에 구애받지 않고 일본과 제휴를 하기로 커다란 한 걸음을 내딛는다면 그것은 바로 일한 양국의 무한한 이익과 행복이 될 것이라고 믿어 의심치 않는다.

우리들은 지금이야말로 일한관계 조정의 호기가 찾아왔음을 확인하고 있다. 그리고 오랜 기간 어두운 분위기에 막혀있던 일한관계는 지금 빛을 만난 것이다. 서로 그 기회를 피하지 말고 우호의 손을 내밀어야 한다. 이것을 한국 국민 제군에게도 강하게 호소하고자 한다.

1960년 5월 10일(3면)

미국, 북조선 귀환에 개입

허정(許政) 씨가 언명, 안보개정 추진을 위해

〈경성 9일발=AP〉 한국의 허정 대통령대리 겸 외무부장관은 9일 기자회견에서, 일본의 조선인 북소선 귀환계획에 대해서 "미국은 재일조선인을 북조선으로 대량 이주시키는 계획에 있어서 일본을 원조하기 위하여 그 영향력을 이용했다. 이 귀환계획에 미국이 개입한 배경에는 안보 신조약을 추진하고 있는 기시(岸信介: 역자) 수상, 후지야마(藤山愛一郎: 역자) 외상의 체면을 세워주는 것을 미국이 바랐던 것과 관련이 있다"라고 말했다.

한국정부 당국자가 이 문제에서 미국이 수행하는 역할에 공식논평을 낸 것은 이번이 처음이다(허정 씨는 작년 8월 이래 일한회담의 한국 측 수석전권을 맡고 있다). 이어서 허정 씨는 다음과 같이 말했다.

나는 매카나기(Walter P. McConaughy) 주한 미국대사에게 재일조선인을 북조선으로 추방하는 것을 멈추도록 하기 위해 국무성을 움직여 주도록 노력해 줄 것을 요구했다. 나는 그에게 재일조선인의 추방이 정치적 의도를 가지고 부정하게 결정된 이상, 미국 국무성은 이 문제를 해결할 책임을 가지고 있음을 통고했다. 나는 4월 말부터 3회에 걸쳐 이러한 요구를 미국대사에게 전달했다.

허정 씨는 또한 일본의 재일조선인 귀환계획을 강한 어조로 다음과 같이 공격했다.

일본은 36년 동안이나 조선을 착취했으면서 이것을 후회하기는커녕 공산진영과 협력해서 수많은 재일조선인을 추방하고 있다. 우리가 일본으로부터 무슨 협조를 기대하겠는가? 일본이 이렇게(재일조선인 북조선 귀환) 우리들을 깔

보고 있는데, 어떻게 일본이 우리와 관계를 정상화하는 것을 기대하겠는가? 미국과 적십자사 국제위원회는 북조선의 김일성 정권과 일본 사이에 만들어진 재일조선인 송환계획에 어느 정도 역할을 맡는 것을 처음부터 반대하고 있었다. 일본은 워싱턴에 만약 이 추방계획이 실패한다면, 기시 수상과 후지야마 외상은 체면을 잃고, 일미안보 신조약은 위험해진다고 하소연했다. 그 결과 허터(Christian Herter) 국무장관이 타협적 입장을 취해서 그 문제에 개입했던 것이다.

미 국무성 반론

〈워싱턴=아메리카총국 9일발〉 미 국무성 대변인은 9일 정오 기자회견에서 허정 한국 대통령대리가 미국은 재일조선인의 북조선 대량이주를 장려하고 있다는 요지의 담화를 발표한 것에 대해 ①미국이 그러한 행동을 하고 있다는 비난은 모두 거짓이다 ②일본·북조선 간에 맺고 있는 귀환협정 내용에 있어서 대량이주라는 표현은 바르지 않다는 성명을 발표했다.

국무성 성명의 내용은 다음과 같다.

허정 대통령대리의 성명에 대해서는 신문보도를 봤을 뿐이므로, 아직 담화의 내용을 확인할 입장은 아니다. 그러나 미국이 북조선으로 대량이주를 시작하는 것을 장려하고 있다는 비난은 모두 거짓이다. 그리고 미국은 귀환협정 체결에는 전혀 관계하지 않았다. 이 협정은 적십자사 국제위원회의 승인 아래 북조선과 일본적십자사 사이에 맺은 것이다. 대량이주라는 말도 오해를 일으킬 위험이 있다. 그 협정은 적십자사 국제위원회의 감독 아래 개인적인 선택에 의해 귀환할 것을 요구하고 있다. 이 협정에 위반하는 행위가 이뤄지고 있다는 증거를 미국은 가지고 있지 않다. 미국은 자발적 귀환의 원칙을 지지한다.

1960년 5월 11일 석간(2면)

'북조선 송환 중지'가 절대조건은 아니다 - 일한회담 재개, 허정(許政) 씨 성명

〈경성 11일발=AFP〉 허정 한국 대통령대리는 11일 공식성명에서 재일조선인의 북조선 귀환에 관한 이전의 태도를 누그러트려 "북조선으로 송환 중지는 일한회담 재개의 절대적 조건이 아니다"라고 다음과 같이 말했다.

그러나 재일조선인 북조선 송환 중지는 일한 외교관계 정상화를 위해 불가결한 요소이다. 일본에 대한 앞의 나의 제안에 대해 도쿄(東京), 워싱턴 어느 쪽이든 오해가 있다. 한국의 혁명으로 일련의 개혁이 이뤄지기 때문에, 이미 북조선행을 결정했던 사람들은 한국 귀환으로 마음을 바꿀 것이다. 일한 양국 사이에 가장 긴급한 문제는 우호감정과 상호신뢰를 만들어 나가는 것이다. 그를 위해서는 일본이 조선에 대한 낡은 감정을 없애고, 북조선 송환을 중지한다면 이것은 새로운 호의의 정신을 가지고 교섭을 시작할 수 있는 기초가 될 것이다.

재일조선인 문제는 인도적인 입장에서 해결하지 않으면 안 된다. 우리들은 이 문제를 다른 현안이나 분쟁과 연결시켜서는 안 된다. 앞서 나의 제안에 대한 일본의 반응은 일본이 조선에 대한 오랜 감정이나 사고방식을 바꾸고 있다는 인상을 받았다.

[주(注)] 허정 씨는 5일의 기자회견에서 일본이 재일조선인 북조선 귀환을 중지한다면 일한회담의 재개에 응할 것이라고 했다.

1960년 5월 14일(2면)

이승만(李承晩) 라인은 유지, 허정(許政) 대통령대리가 언명

〈경성 13일발=AFP〉 허정 한국 대통령대리는 일본문제 등 당면한 제 문제에 대해서 AFP 통신으로부터의 질문에 대해 13일 다음과 같이 회답했다.

▶ 한국은 결코 일본의 경제적 종속국이 되지 않는다. 일본과 무역은 반드시 경제적 의존을 의미하는 것이 아니며, 나는 결국에는 호혜를 기초로 하는 통상관계가 확립될 수 있다고 믿고 있다. 만약 우리나라의 경제적 독립이 위협받는다면 적당한 대항조치가 취해질 것이다.

▶ 현재 정세 아래에서는 특히 평화선(이승만 라인)은 유지되어야만 한다. 그 문제는 다른 일한 사이의 기타 문제와 마찬가지로 반드시 회담이 재개될 경우에 협의되어야 할 것이다.

▶ 나는 일한 양국이 어느 쪽이든 어느 정도 완고한 점이 있다고 생각한다. 우리는 일본정부로부터 더욱 성실한 증거, 한국의 주권과 평등에 대한 한층 적극적인 승인을 바라고자 한다. 우리들은 일본의 중립적 경향에 관심을 가지고 있고, 일본이 재일조선인 북조선 송환을 인정하는 것은 뜻밖으로 여기고 있다.

▶ 우리는 북조선 송환을 유감스럽게 생각하면서, 정치적 고려는 별개로 하고 공통의 인도주의에 의해 북조선 송환을 중지할 것을 주장한다.

▶ 이번 정변은 한국의 군사적 입장을 결코 약화시키지 않는다. 유엔군 부대는 충분히 준비를 하고 있고 공산 측의 어떠한 군사적 모험에도 대항할 수 있다.

일한회담, 경성(京城)에서 개최를 바란다 - 허정 씨 언명

〈경성 13일발=로이터〉 13일 밤 경성방송에 의하면 허정 한국 대통령대리는 이날 한국 의회 외교위원회에서 "한국정부는 도쿄(東京)보다도 오히려 경성에서 전반적인 일한회담을 열 것을 희망하고 있다. 한국정부는 일본에 대해 이 제안을 수락할지 어떨지 공식으로 문의할 예정이다"라고 했다. 그러나 이 방송은 일한회담 개최의 시기에 대해서는 언급하지 않았다.

1960년 5월 15일(3면)

"경성(京城)회담 희망한다"는 말은 오보, 허정(許政) 대변인 언급

〈경성 14일발=AFP〉 허정 한국 대통령대리 대변인은 14일, 허정 씨가 일한회담을 경성에서 개최하고자 한다고 말했다는 보도를 부정하고 다음과 같이 말했다.

한국 의회 외교위원회에서 허정 씨 발언은 오보이다. 허정 씨는 송환문제와 기타 분쟁문제에 대한 토의를 위해 일본 대표를 경성으로 부른다고 한 것은 아니다.

1960년 5월 15일(4면)

"긴급수입을 늘린다" - 한국무역대표단이 방일

지난달 말 일한 무역회담을 중단하고 귀국했던 한국무역대표단 김송환(金松煥) 한국 상공부 상역국장, 김봉관(金鳳官) 농림부 양곡국장(양정국장의 오기: 역자) 등 일행 3명은 14일 오후 4시 50분 하네다(羽田) 도착 노스웨스트(Northwest)기로 다시 방일하여 일한 무역회담을 한국의 신 정세를 배경으로 이번 주부터 재개하기로 하였다. 김 상역국장 등은 하네다에서 앞의로의 일한 무역회담 전망 등에 대해서 대략 다음과 같이 말했다.

▶ 재개하는 회담은 한국 쌀 3만톤에 대한 대일수출이 중심인데, 동시에 이후 일한 무역확대의 실마리를 발견하기 위함이다. 이미 앞의 회담에서도 한국상품의 대일수출 증가 등에 대하여 신청을 한 바 있다.

▶ 한국에서는 물자부족이 심하기 때문에 일본으로부터 긴급수입을 늘릴 방침이 정해졌다. 다만 그것이 외신이 전한 것처럼 2개월간에 3천만 달러가 될지는 알 수 없다. 앞으로의 교섭에서 어느 정도를 한국정부 보유의 외자로 구입하고, 어느 정도를 일한 청산계정에서 구입할지를 이야기해봐야 할 것이다. 한국에서는 아직 청산계정에 의한 수입권제도를 유지하고 있다.

▶ 그러나 약 4400만 달러에 달하는 청산계정의 회수불능 채무의 처리나 청산계정 자체를 폐기할지 여부는 나의 권한 이외인 것이므로 경성(京城)에서의 정식 일한회담에서 협의하게 될 것이다.

결제, 달러현금이 어떨까

[주(注)] 일한회담의 재개를 기다렸던 정부, 무역업계가 가장 주목하고 있는 것은 전해지는 긴급구매가 달러현금으로 이루어질 것인지 여부이다. ICA(미국 국제협력국) 자금에 의한 경우는 전혀 걱정이 없지만, 민간무역에 의한 경우 청산계정을 통한다면 일본의 회수불능 채권이 늘어날 위험이 있다. 특히 현재 일본의 무역행정은 한국이 국내조치로써 자주적으로 하고 있는 수입권(일본에 수출한 업자만 청산계정을 사용해서 수입할 수 있는 권리)제도를 신뢰하지만, 만약 한국이 수입권제도를 폐지하고 대일 긴급수입의 일부를 청산계정을 통한다면, 일본으로부터 사고자 하는 것이 많기 때문에 일본의 회수불능채권이 급증할 우려가 있다. 정부의 일부에서는 "그 경우에는 결제제도를 다시 생각해야할 필요가 있다"라는 목소리가 강하다.

1960년 5월 17일 석간(5면)

경성(京城)에서 시민의 목소리를 듣다

자유의 성장을 지켜본다 – 일본의 경제공세에 두려움

〈경성=야노(矢野) 특파원 17일발〉 이달부터 서머타임을 채용하고 있는 한국에서는 아침 6시 지나야 밤이 밝았다. 경성 도심에 있는 숙소인 반도호텔 옥상에 올라가 보면 남으로는 신록의 남산, 북으로는 대통령 관저인 경무대를 품고 있는 삼각산이 눈앞에 들어오고 그 사이를 동서로 기다랗게 시가지가 펼쳐져 있다. 조금은 싸늘하게 느껴지는 날씨이다. 지프의 경적, 버스의 차장의 목소리가 조용한 아침 공기를 깨우고 거리는 활발하게 움직이기 시작하고, 삼엄한 분위기는 전혀 없어 계엄령 하라고는 생각할 수 없는 평온한 느낌이다. 곧장 거리로 뛰어들어 데모대의 발걸음을 따라가며 다양한 문제에 대한 민중의 목소리를 들어보았다.

현실적으로 엄밀히 보면 앞날에는 아직 큰 곤란이 놓여있지만 한국이 새 출발하는 발걸음 소리는 다가오고 있음이 느껴진다. 반도호텔에서 북으로 중앙청 앞을 거쳐 대통령 관저가 있는 경무대로. 우선 눈에 들어온 것은 데모대에게 불태워진 반공청년단 본부, 앞뜰에 있는 맥아더(Douglas MacArthur) 원수의 동상은 그대로지만 3층 건물의 철근콘크리트의 빌딩은 하얀 벽에 검게 그을린 자국이 남아있어 흉한 모습을 드러내고 있다.

중앙청 내에는 지금도 많은 탱크가 배치되어 있다고 하는데, 길에서는 보이지 않는다. 민중을 자극하지 않으려는 배려 때문일까. 그 중앙청을 옆으로 돌면 경무대가 나온다. 지난 달 데모대가 몰려들었을 때는 바리게이트를 사이에 두고 최루가스가 가득했고, 실탄이 난무하여 젊은 피가 흘렀던 곳이지만, 지금은 콘크리트로 된 넓은 도로가 트여 있어 당시를 기억할 수 있는 것은 구조물을 쌓아 건물을 수리 중인 통의동 경찰파출소뿐이다.

이승만(李承晩) 전 대통령이 떠난 경무대에는 아직 누구도 들어오지 않았다. 그러나 그 주인 없는 관저 입구에는 높이 약 2m의 철조망을 두른 목조 바리게이트가 설치되어 있고 하사관을 장으로 하여 완전무장한 4인의 병사와 1인의 경찰이 경비하고 있다. 카메라를 향하자 하사관이 "여보세요"라고 손을 휘두르며 다가왔다. 사진은 절대로 안 된다고 하는 것 같다.

아름다운 은행나무가 입구부터 안까지 이어져 있는 관저를 뒤로 하고, 서대문에 있는 고 이기붕(李起鵬) 민의원 의장의 저택으로 향했다. 문 앞에는 철조망이 쳐져있고 판자에 못을 박아 폐쇄한 문에는 붉은 글씨로 "출입금지"라고 적혀 있었다. 창문이 깨져있고 안은 조용했으나, 언뜻 보면 도쿄(東京) 주택가에서 흔히 보이는 한식-양식을 절충한 단층주택이었다. 그러나 정치가의 말로를 보여준 것으로 경성 사람들에게는 깊이 기억에 남는 건물이 될 것이다.

여기서부터 경성역 부근으로 오면 인도는 음식이나 일용품을 늘어놓은 노점들로 매우 혼잡한 곳이다. 그 혼잡함에 아랑곳하지 않고 큰 무쇠 솥에 뼈가 붙은 우족탕을 반찬으로 놋쇠 대접의 밥을 먹고 있는 모습에는 역사의 변환을 넘어 씩씩하게 살아나는 생활력이 느껴진다.

"다방" 사람들과 이야기하다

그런데 경성에는 여하튼 찻집이 많다. 한국말로는 다방이다. 대중의 오아시스 같은 장소로써 경성시민에게 각별히 사랑받고 있는데, 학생들이 반정부시위 계획을 도모한 곳도 이 다방이라고 한다.

가톨릭계 경향신문, AP계 동화통신사, 여기에 옛날 쵸지야(丁字屋)였던 미도파백화점이 있는 사무실 거리인 소공동의 다방에 들어가 봤다. 가운데에는 분수를 설치해 금붕어가 헤엄치고 있다. 타일을 붙인 연못이 있고, 천정에는 적, 황, 녹의 전구가 빛나며 고음질의 샹송이 끊임없이 흐르고 있다. 가게는 거의 만원, 말쑥한 양복을 입은 신사가 많다. 한 잔에 150원(한국의 통화, 환율은 1달러에 650원인데, 실제로는 일본의 약 50엔)의 홍차를 홀짝거리며 열심히 이야기하고 있다. 여기에 실업가, 언론인이라는 사람들에게 한국의 현재 상황, 일한관계 등에 대해서 질문하니 열심히 이야기를 해주었다.

그 말에 의하면 한국 민중은 청년까지 피를 흘려 얻은 자유를 앞으로 어떻게 키워나갈까를 조용히 지켜보고 있다고 한다. 한국이 정말로 민주국가로써 재출발할 수 있을지가 관심의 대상이 되어 있는데, 현재로는 구세력의 반발이 거침없이 표출되기는 도저히 있을 수 없다고 보고 있다. 3월 부정선거 책임자가 어떻게 추급될지 민중의 눈이 주목하고 있나. 정치의 움직임으로써는 내각책임제를 중심으로 한 헌법개정안이 지난 11일에 공고되었다. 민중은 대부분이 헌법개정 이후에 민의원 해산, 총선거가 실시될 것을 바라고 있다고 한다. 그러나 동화통신사 김(金) 편집국 부국장은 "일부에서는 헌법 개정 직후 민의원 해산을 바라지 않는 온건파도 있다"고 한다.

한국 사람들이 특히 관심을 가지고 있는 대일관계에 대해서는 "일본을 증오하는 분위기는 없지만, 어쩐지 아직 친해지기 어려운 느낌이나 일종의 주저하는 마음도 있다. 이러한 것도 이(승만) 전 대통령의 반일정책이 12년 동안 민중들 사이에 침투되어 있기 때문인지도 모르겠다. 한국으로써는 정치적으로 일본으로부터 다시 침략 받는다는 것은 생각조차 수 없지만, 경제적으로 압도되는 것을 걱정하고 있다. 일본의 기술이나 기계는 매우 좋지만 일본 상품이 우르르 들어오면 국내 산업계가 마비되지 않을까 걱정이다"라는 의견이 강했다. 그것과 동시에 북조선과의 관계에서 일본의 움직임에 매우 민감한 것이 눈에 뜨인다. 북조선과의 경쟁의식은 상상 이상으로 강하고, 일본이 북조선과 다양한 형태로 접촉하는 것이 이쪽에 충격을 줘 "일본이 북조선에 가까워진다면 그만큼 일한 양국의 사이는 멀어진다"라고 모두 한 목소리로 호소하였다.

일반인들의 생활은 지난달 데모 이후 경제계 지도자 일부가 물러나고 은행이 지금까지 대출했던 과잉융자분을 회수하기 시작했기 때문에 생산이 정체되어 약간 어려워진 듯하다. 중심가에는 최근 지어진 근대적인 빌딩이 여기저기 보이고, 5년 전에 비해 부흥도 조금씩 나아지고 있는 듯 느껴지는데 경제적으로 한국의 앞길은 아직 매우 어려울 듯하다.

그러나 한국으로써는 일본과 무역재개에 몹시 기대를 하고 있는 듯하며 "일본과 마음을 열고 충분히 대화해 보자"라는 사람이 많았다.

1960년 5월 18일(10면)

경성(京城)의 데모 참가 학생과 이야기하다

학원의 자유를 갈망 – 정부의 움직임을 보고 있다

〈경성=야노(矢野) 특파원 17일발〉 한국의 이번 "민주혁명"에 주역을 맡았던 학생들은 영웅으로 경성시민으로부터 큰 존경을 받고 있다. 부상당한 학생은 익명의 시민들로부터 '대한간성 · 민주원훈'(大韓干城 · 民主元勳)이라고 예찬하는 문구를 넣은 와이셔츠를 받았다. 지금까지 전국에서 사망자 183명, 부상자 650명 이상의 귀중한 희생을 치렀다. 그에 대한 위령제를 지난 달 24일 임흥순(任興淳) 전 경성시장(당시 재임중)이 거행했을 때, 일부 학생이 "관제(官製)의 위령제는 필요없다"라며 보이콧 했는데, 이번에는 '4.19의거학생대책위원회'(한국 전국의 대학생, 중 · 고교생의 학생단체의 연락기관) 주최 위령제가 19일 정오 경성운동장에서 열린다. 이 위령제는 한국학생의 앞으로의 동향을 보여주는 것으로 주목을 모으고 있다. 나는 17일 오후 경성역 앞 기독교가 운영하는 세브란스병원에 부상당해 입원중인 학생을 방문하고, 위문 온 몇 명의 학생들과도 이번 시위의 배경, 현재 학생들의 생각 등에 대해서 이야기했다.

이 병원 제1병동 102호실에 왼쪽 허벅지에 관통상을 입은 동국대학 법과 2학년 이정인(李正仁) 군(20)이 누워있었다. 지난 달 19일 낮, 대통령 관저가 있는 경무대 앞에서 경관에게 M1 소총으로 피격 당했다고 한다. 그가 태어난 고향은 북조선의 평양. 9년 전 조선동란 당시 북조선에서 후퇴하는 유엔군과 함께 남하해서 경성에서 살게 되었다. 할머니와 두 명의 누이는 지금도 평양에 남아 있고, 그는 부모와 2명의 형제와 함께 살고 있다. 47세인 아버지는 병으로 입원중이며, 42세인 어머니가 동대문 시장에서 포목점을 하고 있는데 생활은 어렵다. 특히 학비만으로도 등록금은 반년 간에 4만3200환(환율 1달러: 650환), 노트나 책값이 매월 6, 7천환, 통학하는 교통비가 월 1500환은 든다. 그는 일요일 이외에는 매일 2, 3시간씩 두 사람의 소학생을 상대로 가정교사 아르바이트를 하여 한 달에 1만환을 받고 있다. 그렇기 때문에 강의에 출석할 수 없고, 자주 친구의 노트를 빌리기도. 생각대로 공부할 수 없어 고민이 많다. 그런 만큼 '국민의 피를 빨아 자기 배를 불린 이(승만) 정부의 여당인 자유당에게는 마음 속 깊은 분노를 느꼈다'라고 한다.

게다가 대학에는 사복을 입은 경찰이 배치되어 있고 정치개론 등 강의에는 눈에 보이지 않는 압력이 가해져서 교수도 학생도 자유롭게 말하는 분위기는 없었다고 한다. 대학신문에 정부비판의 의견을 쓰는 것만으로 퇴학처분을 받은 학생도 있다. 거기에 반공, 반일 데모, 이 전 대통령 생일이나 외국 중요인사 환영대회 등 정부주최 행사에 매월 2, 3회씩 강제 동원되는 등, 정치의 도구로 쓰이는 것은 자주. 학생 가운데에는 자유당과 관계가 있는 사람도 있어서 일반학생을 마구 휘두르기 때문에 학내의 분위기는 공부를 할 수 있는 상황이 아니었다고 한다. 그래서 우선 '학원에 자유를'이라는 슬로건으로 데모에 나섰던 학생들은 진지했다. 유서를 쓰고 데모에 참가했던 여학생이 있다. 이(李) 군도 죽음을 각오하고 데모대의 선두에 섰던 것이라고 한다.

그 이(李) 군의 곁에는 가슴에 두 발의 관통상을 입고 아직 반신마비 상태인 홍익대학 미술과 4년의 나영주(羅永柱) 씨(25)가 여윈 몸을 침대에 기대고 있었다. 역시 지난 달 19일 경무대에서 당한 것이라고 했다. 상태가 나빴기 때문에 10분간 만 인터뷰하겠다는 약속을 하고 이야기를 들었다. 나(羅) 군도 지난 3월 부정선거나 경찰이 정치의 도구가 되어 야당을 탄압하는 것에 분노를 느껴 데모에 참가했다고 한다. '불구의 몸이 되었는데 첫 번째의 바램은'이라고 묻자 나(羅) 군은 약해진 몸의 힘을 쥐어짜듯이 말을 이었다.

"우선 경찰이 중립화되어 학원의 자유를 침범하지 않도록 했으면 한다. 다음으로는 지금까지 이(승만) 정권에 영합했던 정치가나 어용학자 등을 철저하게 숙정했으면 좋겠다. 거기에 정치가에 대해 한마디 하고 싶다. 민주당은 신구 양파가 나누어지려는 움직임도 있는데, 더욱 단결했으면 좋겠다. 어쨌든 정치가 더욱 나아지는 것을 바라고 있다, 자유당은 새로운 보수정당으로 거듭났으면 좋겠다"라고 있는 힘을 다해 희망을 말했다.

일본에 대한 생각을 들으면 "이승만 전 대통령의 철저한 반일정책을 좋아하지 않았다. 이것은 바뀌면 좋겠다. 더욱 일본 책 등도 자유롭게 들여오고, 충분히 공부하도록 했으면 한다고 생각한다. 같은 동양의 인접국이므로 피가 통하는 것이 있지 않을까"라고 답했다.

이 나(羅) 군의 친구인 이상호(李相鎬) 씨도 옆에서 "일한우호가 하루라도 빨리 실현되어, 서로 협력하게 되길 바란다"라고 입을 보탰다.

그때 경희대학, 한양대학 등 학생들이 병문안을 왔다. 한양대학에서는 17일 자유당 선거대책위원으로써 있던 김(金連俊: 역자) 총장의 퇴진 등을 요구하며 모든 학생이 일제히 동맹휴업을 하였다고 했다. 바로 지금 대학의 분위기를 물으니, 사복경찰이 대학을 사찰하거나 학생을 강제로 행사에 동원하는 일은 없게 되었는데, 아직 수많은 부상당한 학우가 입원해 있기 때문에 분위기가 가라앉지 않았다고 한다.

지금 한국의 학생은 앞으로의 정치의 움직임에 대해서 두 가지 의견으로 나뉘어있다. 하나는 현재 민의원은 헌법개정을 할 자격이 없으므로 즉시 해산, 총선거를 치러야 한다는 의견, 그것에 대해 반대론도 있지만, 즉시 해산론이 훨씬 우세하다고 한다.

다른 하나는 대통령선거 방법을 둘러싼 문제로 이후 헌법개정안에서는 간접선거를 하는 것으로 되어 있는데, 지금처럼 그대로 직접선거를 하자는 의견. 이것을 둘러싸고 찬반양론으로 나뉘어 있다. 그리고 지금 학생들은 다시 데모를 해야 할지 두가지의 생각이 있지만 대다수 학생은 지금은 움직이지 말고 임시정부의 시책, 국회의 움직임 등 정치의 흐름을 일단 지켜볼 생각이다. 학생들이 정말로 움직이는 것은 당분간 지켜본 후부터일 것이다.

나는 이번 "민주혁명"의 원동력이 된 학생들은 앞으로의 새로운 한국에서도 큰 열쇠를 쥐고 있다고 강하게 느꼈다.

1960년 5월 19일(10면)

송(宋) 계엄사령관에게 듣다 - 야노(矢野) 특파원 단독회견

정부, 학생 사이의 중재자– 경찰력 회복 후 계엄 푼다

〈경성=야노(矢野) 특파원 18일발〉 한국 계엄사령관인 송요찬(宋堯讚) 중장은 한국민 사이에서는 "맹우"(猛牛) 재한 미국인 사이에서는 "타이거"라는 별명으로 알려져 있다. 올해 42세인 중장은 조선동란(朝鮮動亂)이 일어난 1950년, 32세의 젊은 사단장으로 수도사단을 이끌고 북조선 청진(淸津)까지 공격해 올라가서 각지를 전전, 이후 제3군단사령관, 제1군단사령관(제1군사령관의 오기: 역자)을 역임했고 작년 2월 육군참모총장에 취임한 야전형 무인이다. 지난 달 19일 계엄사령관으로 임명되면서 학생들을 이해하는 자세를 보이며 격동하는 당시 정세를 말끔히 처리했다. 이 때문에 경성(京城) 시민 사이에서는 송 중장의 인기가 크게 높아졌다.

그 송 계엄총사령관을 나는 18일 오전 11시반 용산 계엄사령부를 방문, 약 40분에 걸쳐 단독회견 했다.

튼튼하고 넓은 어깨, 100kg의 당당한 체격은 맹우(猛牛)라는 이름에 걸맞았지만, 매우 온화한 느낌으로 지난달의 데모에 대한 심경, 현재의 정세, 장래의 예상 등을 진지하게 이야기해주었다. 돌아가는 길에서 나의 손을 세 번이나 잡으며 "2년 전 도쿄(東京), 하코네(箱根), 아타미(熱海) 등을 방문하고 아주 아름다운 나라였다는 인상이 깊었다"라고 붙임성 있게 배웅해주었다.

회견의 내용은 대략 다음과 같다.

문: 매우 바쁘신 것으로 생각되는데...

답: 전선에 있을 때 공산군으로부터 이른 아침 공격을 자주 받았었기 때문에, 아침에 일찍 일어나는 버릇이 생겨 매일 아침 4시 반에는 일어난다. 6시 반에는 가족과 아침을 먹고 7시에 출근, 밤에는 11시 반이나 12시에 잔다.

문: 계엄령이 내려진 지난달 19일 경의 심경을 듣고자 한다.

답: 전날 18일은 부산에 있었는데 학생 데모의 보고를 받고 19일 이른 아침 경성으로 돌아왔다. 그러나 계엄령이 내려질 것은 예상했고 마음의 준비는 되어 있었다. 기본방침으로는 학생에 대해 관용주의를 가진다기보다 정부와 학생 사이 중재자로써 활동하려고 생각하고 있었다. 요컨대 정부 명령에는 따르지 않을 수 없지만, 한편 학생 요구는 정당하다고 생각했기 때문이다.

문: 그래서 이승만(李承晩) 전 대통령이 사임하기 직전 학생대표를 경무대까지 데리고 가서 이승만 대통령과 만나게 한 것인가?

답: 이승만 대통령과 학생대표를 만나게 한 것은 전날인 20일경부터 생각하며 준비했는데 대통령을 둘러싼 비서단에게 가로막혀 쉽지 않았다.

문: 학생들은 지금 만족하고 있다고 생각하는가?

답: 학생 요구는 전부 수용된 것이다. 지금 단계에서는 만족해야 한다고 생각한다.

문: 현재 데모가 재발할 위험성은 없는가?

답: 아주 어려운 질문인데, 다시 데모가 일어나지 않을 것을 희망한다.

문: 만일 일어날 경우는 지금까지와 다른 태도를 취할 것인가?

답: 만일 공산주의자의 선동으로 일어난 것이라면 물론 진압한다. 그러나 데모가 일어났어도 이것이 모두 공산주의자의 선동에 의한 것이라고 단정할 수 없고 순수한 학생들의 데모도 있을 수 있는 것이므로 하나하나 경우를 잘 검토한다.

문: 계엄령 선포 후 1개월째인 19일에는 경성운동장에 학생들이 자주적으로 계획한 데모인, 사망자 합동위령제가 열리는데, 계엄사령부로써는 어떠한 태도를 취할 것인가? 17일에 송 사령관은 학생대표와 만나서 그 문제를 논의했다고

하는데...

답: 학생대표는 평화적으로 질서정연하게 위령제를 개최할 것을 약속했다. 행사 절차에 대해서도 상담을 했다. 학생들은 행사장소인 운동장 바깥에서는 데모 등을 하지 않고, 대열을 만들어 평화적으로 귀교(歸校)할 것이다. 그러나 만일에 대비해 경계 조치는 할 것이다.

문: 계엄령은 언제까지 계속 될 것인가?

답: 가능한 빨리 폐지될 것이라 생각하는데, 경찰력이 회복된 다음일 것이다.

문: 경찰은 아직 본래의 활동을 하고 있지 않은가?

답: 그렇다.

문: 일본에 대해서 뭔가 말하고 싶은 것이 있다면?

답: 일본 문제에 대해서는 말하면 정치문제로 되므로 말하지 않겠다. 민주주의 국가의 군인으로써 정치문제에는 일절 개입하고 싶지 않다. 정치적인 야심은 전혀 없다.

1960년 5월 20일 석간(7면)

부산(釜山) 외국인수용소를 방문하다

건강한 억류선원들 – "수준 낮은 재판"을 호소하다

〈경성=야노(矢野) 특파원 20일발〉 일본인 기자들은 20일 아침 7시 55분 부산에 도착해서 곧바로 부산시 괴정동(槐亭洞) 부산외국인수용소를 방문했다. 4층 높이 철조망과 콘크리트 담으로 둘러싸여 바깥에서 내부는 전혀 보이지 않는다. 경상남도 경찰국 사찰계의 전(全) 외사계장 안내로 내부로 들어갔다. 2m 높이 철조망과 콘크리트 담으로 된 문으로 들어갔다. 거기에 망으로 된 담장 안에 숙사(宿舍)가 있었다. 즉시 안으로 들어갔다. 맞이하는 자는 건강한 억류선원의 얼굴, 얼굴.

다른 동의 집회장에서 탁구를 치고 있는 사람들도 우르르 방으로 모여들었다. 제5야하타마루(八幡丸)의 야마모토 가즈마(山本数馬) 기관장 등 11명, 다이코마루(大光丸)의 다니카와 하츠타로(谷川初太郎) 선장 등 2명과 불법입국 1명, 일본여성 1명, 합계 15명이 수용되어 있다. 통로를 사이에 두고 넓이 약 30장(다타미 30장: 역자) 넓이의 방이 마주보는 블록건물이었다. 우리들 앞에 그 15명이 우르르 늘어섰다. 동그란 목의 흰 셔츠, 제5야하타마루가 소속되어 있던 나가타(永田)수산회사의 마크를 단 작업복, 모두 청결한 모습이다. 환자는 한명도 없다고 한다. 우선 야마모토 제5야하타마루 기관장에게 이야기를 들었다. 그 모습을 동행한 한국 보도기자가 실황방송을 하고 있다.

제5야하타마루는 지난 2월 12일 이른 아침 나포당할 때 한국 경비정과 충돌해 가라앉은 배. 그 배가 잡힌 곳은 농림(農林) 245어구–나가사키현(長崎県) 고토(五島)와 제주도의 중간에서 고토에 가까운 곳. 그곳으로부터 한국 해상경비정 867호로 제주도로 연행되어 그대로 4일 동안 그 경비정 안에서 지낸 이후에 16일 오후 3시 부산에 와서 해상경비대 본부 유치장에 14일간 수용되어 취조를 받았다. 재판은 지난 9일에 제1회 공판, 16일에 판결이 있어 가스가노 하루우메(春日春梅) 선장과 나가타 미쓰오(永田光夫) 통신장 2명은 금고 10월을 언도받고 지금 부산에 있는 형무소에서 복역 중이라고 한다.

야마모토 기관장 등 11인은 모두 금고 8월, 집행유예 2년의 판결로 16일에 수용소로 옮겨져 왔다. 한국 해상경비대 본부에서의 취조와 재판 모습에 대해서 야마모토 기관장은 다음과 같이 말했다.

특별히 조사받은 것은 제5야하타마루 침몰 원인이었다. 나는 한국 경비정이 충돌해서 좌현 선미부 취사실과 기관실의 중간이 파손, 침수된 것이 원인이라고 했고, 함께 온 한국 경비정 승조원에게 "당신들도 보고 있었잖소"라고 동의를 구했다. 그런데 "네놈들은 일본인 주제에 거짓말을 하지마라. 묻는 말에 답하라"라고 말하면서 "약을 먹여 몸을 쇠약하게 만들겠다"라고 협박했다. 그래서 동료 승조원들의 사정도 생각해 "제5야하타마루 기관실의 킹스턴 코크(엔진을 냉각시키기 위해 해수를 넣는 코크)를 열어 침몰시켰다"라고 진술하였다. 이것을 경비대본부에서 녹음하려고 하여 거절하였는데, 4번 얼굴을 구타당하고 녹음을 강요당했다.

그러나 공판 자리에서는 그 진술을 뒤집어 "배는 충돌했기 때문에 가라앉았다. 기관실에 3명의 한국 해상경비대원이 올라타서 감시하고 있었는데 스스로 침몰시키는 것은 가능한 일이 아니다"라고 진술했다.

한국 국선변호인은 침몰 원인은 언급하지 않았지만, 나포된 위치에 대해서 "제5야하타마루는 방향탐지기를 갖추고 있다. 한국 경비정은 조류, 풍속 방향 등에 의한 지문(地文)항법과 천측(天測)으로 위치를 측정할 뿐이다. 이승만 라인의 바깥인지 안인지 분명하지 않으니 증거불충분이다"라고 전원 무죄를 주장해주었다.

다이코마루의 다니카와 선장 등 3명은 작년 7월에 나포된 이래 1년 가까이 부산에 있다. 일본여성은 시즈오카현(静岡県) 출신의 다카야마 히데코(高山秀子 · 43) 씨로, 작년 이후 여기에 있다고 했다. 이 수용소에서는 외출이 불가능할 뿐 행동은 자유롭고 아침 7시와 9시, 저녁 9시에 1일 3회의 점호가 있을 뿐, 강제노동 같은 것은 전혀 시키지 않는다.

식사는 아침 · 점심 · 저녁 모두 쌀 7, 보리 3으로 된 주식에 멸치, 배추를 넣은 된장국. 매주 1회씩 돼지고깃국 반찬이 주어진다. 계란 같은 것은 위문품을 판 돈으로 사먹고 있다. 식사량은 충분하다고 한다. 운동은 탁구, 오락은 바둑, 장기 등. 밤에는 갈색 군용모포를 아래에 5장씩 깔고 위로 5장 덮고 잔다. 야마모토 제5야하타마루 기관장은 "우리들은 모두 건강하기 때문에 부디 걱정말라"고 했다.

김영춘(金英春) 소장은, 억류선원의 취급방침에 대해서 "수용소 내에서는 가능한 자유롭게 행동을 하게하며, 귀국할 때까지 건강에 유의시키고 있다"라고 말했다.

1960년 5월 22일(10면)

부산(釜山)에 억류되어 있는 우리 국민을 찾아가다

조기 귀국을 믿으며 건강 – 수용소에도 "새로운 바람"

〈부산=야노(矢野) 특파원 21일발〉 부산 서부 교외의 외국인수용소에 억류되어 있는 15명의 사람들은 뜻밖에도 발랄했다. 누구의 얼굴에도 어두운 빛은 없었다. 한국 수용소 직원이나 경찰이 옆에서 듣고 있는데도 제5야하타마루(八幡丸)의 야마모토(山本) 기관장 등은 우리 일본인 기자의 질문에 답하며 억류의 경위, 한국 해상경비대 본부에서의 취조 상황, 재판 모습 등을 어떤 두려운 기색도 없이 이야기해주었다. 그것을 수용소의 직원은 가만히 듣고 있었다.

당연하다고 할지도 모르지만 높은 콘크리트의 담과 철조망, 그 외측에 우뚝 솟은 감시용 망루가 상징하는 풍경에 의한 압박감, 그것으로 인해 비굴해지고 참기 어려운 분위기는 전혀 느껴지지 않았다. 그럴 수 있는 것은 "조기귀국의 실현"을 양쪽 모두 믿고 있었기 때문인지도 모른다. 정변 이후 새로운 분위기가 그 수용소에서도 느껴졌기 것일까.

1960년 5월 23일

그 이후의 이승만(李承晩) 전 대통령 - 호위 받으며 교회 나들이

방문하는 사람도 없이 "조용한 날들"

〈경성=야노(矢野) 특파원 22일발〉 22일 경성(京城)은 아침부터 깨끗하고 맑은 좋은 날씨. 일요일이고 학생, 군인, 여자아이, 노인 등 많은 사람이 교회로 향하는 길을 서두르는 모습이 여기저기 보이고, 도심부 덕수궁(이(李)왕조 말기의 왕궁) 근처에 있는 제1감리교회에도 7, 8백 명 신자가 모였다. 그곳으로 아침 10시 반 경, 4, 5명 병사를 태운 선도 지프에 이어, 앞뒤를 2대의 군용 지프로 호위 받는 검은 패커드(Packard)가 미끄러져 들어왔다. 가운데에는 백발의 노부부가 2명. 이승만 전 대통령과 오스트리아 출생의 프란체스카(Francesca) 부인이었다. 지난 달 28일 경무대 관저를 뒤로 하고 시내 동부 교외의 사저로 옮긴 후 25일만의 모습-반공, 반일의 투사로써 세계에 이름을 드높인 노인은 이제 어떤 생활을 하고 있을까. 그리고 그 사람을 품은 한국 사람들의 감정은-

이승만 전 대통령은 회색 모자와 양복에 검은 구두. 같은 회색의 두루마기(일종의 코트)를 입은 프란체스카 부인과 손을 잡고 붉은 벽돌의 대회당으로 들어섰다. 조금도 85세의 노인이라고는 보이지 않았다. 발걸음도 흐트러지지 않았다. 교회 사람과 손을 잡고 제단 가까이 특별석 소파에 앉은 모습에는 건국의 아버지라고 불리면서 과거 12년간 정계에 군림했던 위엄이 보였다. 한 권의 찬송가집을 프란체스카 부인과 사이좋게 들고 찬송가 '만유(萬有)의 주'를 부르는 이승만 씨에게 일본인 뉴스카메라맨이 계속 카메라를 향했다.

이(승만) 전 대통령은 이 교회 장로인데, 사퇴 후로는 매주 빠지지 않고 이 교회에 출석하고 있다고 한다.

사저는 이화장(梨花莊)이라고 불리며 도심으로부터 자동차로 약 5분인 이화동에 있다. 낙산(駱山)이라는 낮은 돌산 아래 한적한 숲속 산기슭의 주택지구. 이화장은 곡선의 지붕, 흰 석회로 연결된 기와, 두껍고 하얀 벽 - 순한국식 건물이었다. 집은 그다지 크지 않은데, 마당은 넓고 소나무나 라일락 등 정원수가 울창하게 심어져 있다. 여기에 지휘관으로 보이는 철모를 쓴 중위, 대검을 끼운 카빈총의 병사가 1명, 문 옆의 초소에도 카빈총을 손에 든 경찰이 1명 등 3명이 조용한 이 집을 경비하고 있다.

이 중위에게 물어보니 이(승만) 전 대통령은 이 사저로 옮겨 살면서 거리에는 전혀 나가지 않고 매일 정원수를 보살피는 것에 열심인 모습이라고 했다. 방문하는 사람도 거의 없다고 한다. 만일의 사태를 위해 준비되었는지 문 앞의 한쪽 구석에는 바리게이트가 준비되어있고 집 안에는 경관의, 밖에는 병사의 텐트가 각각 설치되어있었는데, 이곳 분위기는 '조용함' 한마디로 표현되는 듯 했다.

이(승만) 전 대통령은 이곳으로 옮겨 살면서 바로 한국 제일의 야당계 신문인 동아일보를 구독하기 시작했다고 한다. 이것을 들은 이 나라 인텔리는 "재임 때부터 좀 더 신문을 보았으면 민중의 목소리가 들렸을 것을…"이라고 한탄. 이(승만) 대통령에 대한 감정을 물으면 "독재정치 타도의 염원이 이루어진 지금으로써는 건국의 애국자로써 이후에도 존경하고자 한다. 바라건대 여생을 편안하게 보냈으면 좋겠다"라고 하는 사람이 많았다. 이것이 많은 한국 사람들이 이(승만) 전 대통령에 대해 가진 현재 기분일 것이다.

1960년 5월 20일 석간(7면)

신생 한국의 대일감정

의외로 따뜻 – 젊은 세대는 백지 상태

〈경성=야노(矢野) 특파원 30일발〉 한국은 이미 정권의 좌에서 물러난 이승만(李承晩) 씨가 다시 해외로 '망명'할 길을 찾지 않으면 안될 정도로 새로운 길을 향해서 요동치고 있다. "예컨대 이승만정권이 바뀌어도 한국인의 대일감정은 바뀌지 않는다"라는 것은 일찍이 도쿄(東京)를 방문한 한국 지식인으로부터 들어왔지만, 신생 한국의 대일 감정은 어떨까? 경성(京城)에 도착한 이래 체험이나 느낌을 정리하면서, 학생, 교수, 회사원, 실업가, 언론인 등 가능한 많은 사람에게 솔직한 질문을 던져봤다.

한국을 방문하여 10일 남짓, 기자는 의외로 따뜻한 한국의 사람들의 분위기를 접하고 어리둥절함마저 느낀 것이 여러 번이었다. 숙소인 반도호텔에는 27통의 편지가 도착했는데, 거의가 '수고많다'는 내용이었다. 모르는 사람으로부터 안부 전화나 방문을 받은 것도 적지 않았다. 한국의 신문편집자협회나 내각 기자단으로부터는 다른 14명의 일본인 기자와 함께 환영파티에 초대받았다. 지난달까지는 시내 음식점 등에는 '왜어(倭語) 금지' '일본가요곡 금지'의 포스터가 붙어 있었다고 하는데, 경성의 긴자(銀座)라고 하는 명동(구 메이지쵸(明治町)) 근처를 걸으면, 미하시 미치야(三橋美智也)의 노랫소리도 들려온다. 서점에는 '일본어 초보'라는 책도 놓여 있는데 인기는 나쁘지 않다고 한다.

5년 전 유엔군 종군기자로써 경성에 1년 정도 있었을 때도 민중의 격렬한 반일감정은 거의 보지 못했지만, 거리에는 일본인과의 만남을 꺼리는 차가운 분위기가 남아 있었다. 그것이 이번에는 싹 변해 여유있고 밝은 분위기가 우리를 감싸고 있다. 이것을 그대로 현재 한국 사람들의 일반적인 대일감정이라고 받아들여도 좋을지 어떨지 - 이것에 대해서 어느 유력지 간부는 이렇게 말했다. "36년간 일제시대를 잊어버린 것은 아니지만, 그것이 머릿속에 붙어있어 아직도 일본을 원망하는 자는 매우 적다. 현재 일본은 과거 군국주의적인 일본이 아니다. 과거는 과거로써 현재와는 분명히 선을 긋고, 앞으로는 한일 양국이 대등한 독립국가로써 사이좋게 해나갔으면 한다. 이것이 지금 한국인의 기본적인 대일감정이라고 단언할 수 있다"라고.

말하자면 매우 적극적이고 전향적 자세를 가지고 있다는 것인데, 이것은 기자가 접촉할 수 있던 사람들로부터 예외 없이 들은 것이다. 그러나 그것도 깊이 들어가 보면, '이미 과거의 한은 잊어야 할 때가 왔다'라고 친근감 있는 손을 내미는 사람으로부터 '일본인은 지금도 한국인에게 대해 매우 우월감을 가지고 있지 않나'라는 의심을 품고 '그것이 완전히 없어질 때까지는 터놓고 상대할 수 없다'라는 매우 거리를 두는 태도를 보이는 사람까지 다양하다. 번화가에 흐르는 일본의 유행가에 대해서도 '민중에게는 일본에 대한 원한이 남아 있지 않다는 증거다'라는 사람도 있는가 하면 '지금까지 이(승만) 정권에 눌려 있던 자유를 되찾은 해방감에 지나지 않는다. 개인적으로 일본을 그리워하는 사람도 있지만 민족감정은 다르다'라는 사람도 있다.

또한 일본어를 할 줄 아는가를 경계로 하나의 단층이 있고, 세대에 따라 크게 다른 점도 많은 듯하다. 어느 대학교수는 "일본과 대등하게 교류할 자신은 있지만, 역시 젊은 학생에게는 이길 수 없다. 일본 교육을 받은 우리들은 우열의 문제를 둘러싸고 미묘한 기분을 아무리 해도 씻어낼 수 없지만, 젊은 세대는 자연스럽고 여유있는 자신감에 차 있다"라고 말했다. 일본시대를 체험하지 않고, 게다가 밝은 자신감이 싹트고 있는 젊은 사람들이 일본에 대해서도 백지의 태도로 임하는 것은 당연할 것이다. 부산(釜山)에서 우연히 만난 5, 6명의 남녀 대학생은 실로 밝은 태도로 "일본을 알고 싶다"라고 기자에게 말했다. 이후 이 중 한 명으로부터 '전후 일본의 경제발전 과정에 대해서 대학의 학생 써클에서 이야기해달라'는 편지를 받았다. '젊은 사람들은 일본시대의 격렬한 독립운동에 대한 역사교육도 받고 있기 때문에, 오히려 나이든 세대보다 더 엄격한 대일감정을 가지고 있는 자도 때때로 있다'라는 의견도 있는데 이것은 일반적인 학생에게 통하는 분위기는 아닐 것이다.

어찌되었든 일반의 대일감정이 매우 부드러워지고 오히려 적극적으로 협력을 바라는 목소리가 강해지는 것은 역시 전후 15년이라는 오랜 시간과 이 정권붕괴 이후의 자유로운 분위기를 느끼게 한다. 이러한 변화에 대해서 어떤 은행원은 "한국도 점차 발전하고 이번 민주혁명으로 제법 자신을 가졌기 때문이다"라고 설명했다.

그러나 현실 외교라는 관점에서 이번에는 특별히 대일국교정상화를 바라는 의견도 있다. "이승만의 배일정책은 이(李)왕조 말기의 대원군의 쇄국정책과 같다. 한국이 일본을 멀리하는 사이에 일본은 국제적 지위를 높이고 경제력도 점점 강화되어 가는 형세다. 이렇게 되면 한일 양국 간의 현안을 해결하는 데에도 한국은 점점 불리한 입장에 서게 된다. 현안을 빨리 해결하고 국교를 정상화하는 쪽이 한국에게 유리하지 않을까 하는 의견이 언론계나 지식인 사이에서 제법 강하다"라고 말했다.

이렇게 다양하지만 새로운 대일감정이 이후 움직임을 예측하는 과정에서 분명히 말할 것은 두 가지이다. 하나는 일본이 과거에 대한 반성을 잊고 무의식적으로 과거의 우월감을 가지고 한국을 상대한다면 즉시 격렬한 반발에 부딪히게 될 것이다. 한국 사람들의 국민적인 긍지는 매우 높아져있다. 다른 하나는 공산진영 특히 북조선과 일본 관계이다. 조선동란으로 심각한 고난을 겪은 한국 민중은 이유 물문하고 공산주의를 싫어하고 있다. 일본이 북조선이나 중공 등과 왕래가 활발해진다면 이러한 한국인의 반발은 강해질 것이다. 이런 의미에서 한국 사람들은 이후 일본의 향방을 주목하고 있다.

1960년 5월 31일 석간(2면)

다시 대학생 데모 - 경성(京城), 반대파와 마이크 싸움

〈경성 야노(矢野) 특파원 31일발〉 31일 낮, 경성 단국(檀國)대학 학생 200여 명이 허정(許政) 대통령대리 퇴진, 의회 해산 등을 요구하며 시내 중심가를 데모행진하고 민의원의사당 앞에서 선언문을 발표하며 기세를 올렸다. 현재 이러한 데모를 하고 있는 것은 단국대학 학생뿐이지만 그것이 다른 대학으로 파급해나갈지 어떨지 주목된다.

이 데모는 지난 17일 일본인 기자가 한국에 도착한 이래 수도 경성에서 일어난 데모다운 데모. 학생들은 모두 '단대'(檀大)라고 붉은 글씨로 쓴 하얀 머리띠에 검은 제복 모습. '독재 이승만(李承晩)의 망명을 도운 허정 수반은 퇴진하라' '의회를 해산하라' '구세대는 각성하라. 우리는 감시한다' '청년학도여 궐기하라' 등을 크게 쓴 현수막을 들고, 마이크를 단 지프를 선두로 구호를 외치면서 오전 11시 경(한국시간, 일본시간은 오전11시 반) 민의원의사당 앞에 도착했다. 여기서 구호를 제창하고 모여든 민중에게도 외쳤다.

오후 1시 반 고려대학 학생이 선전차로 달려와 '지금 무질서하게 행동하면 어떡하는가. 질서를 지켜라'라고 시위대에 외쳐서 마이크 소리 대결장이 되었다. 이 때문에 의사당 앞은 아주 많은 사람들이 모여 시내 전차도 2, 3대 정도 움직이지 못하는 상황. 경성은 현재 경계계엄령이 내려져있는데, 데모대에 대해서는 조재미(趙在美) 계엄사무소장이 무장병을 동반하고 학생지도자와 대화하러 왔을 뿐 군대의 모습은 보이지 않고, 몇 명의 제복경찰이 조용히 상황을 지켜보고 있다.

1960년 6월 2일 석간(2면)

한국 중앙산업 공장을 돌아보다

순조롭지 못한 경영 – 근면하게 일하는 종업원

〈경성 야노(矢野) 특파원 1일발〉 한국을 방문 중인 일본인 기자단은 최근 경성(京城)의 어떤 주간지사(週刊誌社)의 소개로 서독의 기술원조로 경영되고 있는 중앙산업 종암동(鍾岩洞) 공장과 미국, 영국, 독일, 터키인 등이 사는 경성 시내의 '외인촌'(外人村)을 견학했다.

종암동 공장은 한국정부 특별융자로 정비된 대공장의 하나. 미국, 독일, 덴마크 등으로부터 수입한 기계가 돌아가고 있는데, 경영면에서는 아직 순조롭지 못하다. 이 나라 경제 불균형을 어떻게 시정할지가 가장 큰 과제인데 이 견학에서 그것이 엿보였다.

경성 도심에서 지프로 동북쪽으로 25분쯤 달리면 종암동 공장에 도착한다. 낮은 산 아래에 하얀 공장 몇 개 동이 자리 잡고 있고, 널찍한 부지에는 제품인 콘크리트 블럭, 콘크리트관 등이 쌓여있었다. 근처는 4·19 데모로 유명한 고려대학이다. 이 공장에서는 콘크리트 전주(電柱)나 철도 침목(枕木) 등도 만들고 있다. 생산능력은 1일 24시간 작업으로 전주 120본, 콘크리트 블럭 2만개였다고 한다. 종업원은 400명. 급여는 일반 공원(工員)이 2만 6천환부터 7만환(환율 1달러 650환, 실제 1달러 약 1400환). 대학 출신의 초임급여는 기술계통이 4만 2천환이며, 사무계통보다 2천환 높다. 그 외 자녀수당으로 소학생 1인당 5천환, 중·고교생 7천환, 대학생 1만환의 장학금이 나오고 있다.

공장 옆에는 150세대를 수용하는 저임대료의 아파트가 있다. 방 둘에 부엌과 수세식 변소. 창문을 화분을 놓아 장식한 것과 이불을 널은 것까지 일본의 공단 아파트 풍경과 똑같다. 기술지도를 위해 서독에서 이 공장에 와서 3년이 되었다는 알프레드 마이어(Alfredo Mayer)씨는 "나는 25개국을 돌았지만 일하는 걸로는 한국 노동자가 제일이다"라고 칭찬했다. 모래를 옮기는 사람, 기계를 작동하는 사람, 모두 열심히 일하고 있다.

이 공장이 건설된 것은 조선동란이 일어난 해. 처음에는 구멍가게 정도였지만 한국정부가 보유한 외자 약 150만 달러 융자를 받았다. 그때는 정부도 한국의 목재를 절약하고, 산림보호에 힘쓴다는 관점에서 전주도 철도 침목도 콘크리트제품을 사용하려고 했다. 그런데 제품이 나오기 시작했는데도 교통부나 국유철도 등의 성부기관이나 전력회사, 수리조합 등은 쉽사리 제품을 구입하지 않아서 회사 간부는 불평하였다. 그것은 예를 들면 철도 침목의 경우 목제(木製) 침목을 외국에서 수입하면 하나에 4달러인데, 이 콘크리트제품은 하나에 10달러였기 때문이다. 그래서 회사는 "일관된 경제정책을 취했으면 좋겠다"고 정부에 부탁했다고 한다.

별천지인 '외인촌'

외인촌은 경성의 남동을 흐르는 한강을 내려다보는 약간 높은 언덕 위에 있다. 깔끔한 단독주택이 106호, 아파트가 2동으로 한국정부가 건설, 관리하고 있다. 경성 거리와는 전혀 분위기가 다른 미국적인 별천지이다. 종암동 공장에서 기술지도를 하고 있는 알프레드 마이어씨도 가족과 함께 여기에 살고 있다. 그는 본국에 송금하는 1000마르크의 급료 외에 차를 가지고 있고 한국 생활비로 30만 환을 지급받고 있다고 한다.

1960년 6월 6일(2면)

이(승만) 라인 침범하면 나포 - 허정(許政) 씨, 한국 입장 재확인

〈경성 5일발=AP〉 허정 한국 대통령대리는 5일 "한국은 이(승만) 라인을 침범하는 일본어선의 나포를 계속한다"라고 말했다. 이것은 한국이 이(승만) 라인 침범의 일본어선 나포를 중지한다는 신문보도에 대해서 논평을 요구받고, 허정 씨가 한국 입장을 재확인한 것으로 허정 씨는 다음과 같이 말했다.

한국정부는 이(승만) 라인에 관한 정부 방침을 바꾸지 않았으며, 또한 나는 보도된 것처럼 일본어선 나포를 중지하도록 연안경비대에 지시한 바도 없다. 이(승만) 라인에 대한 한국정부의 태도는 과거와 마찬가지이며 당분간 어떤 변화도 있을 수 없다.

한편 해무청(海務廳)에서는 연안경비정에게 일본어선에 대한 경계보다도 밀수선 나포에 더욱 주력하도록 명령했다고 한다. 그러나 이것은 정부의 이(승만) 라인 정책이 달라졌기 때문이 아니라 일본으로부터 밀수가 지난 4월 혁명 이래 심해지고 있기 때문이며, 동시에 정부로써도 이(승만) 라인 문제로 일본을 자극하지 않으려고 하기 때문이다.

1960년 6월 10일 석간(2면)

심각한 한국의 정세 - 헌법개정안을 제출

개혁의 템포 둔화 – 정계와 국민감정의 격차

〈경성=야노(矢野) 특파원 발〉 한국 헌법개정안은 9일, 1개월간의 공고기간을 끝내고 10일 국회에 상정되었다. 국회는 형식적인 토론을 할 뿐이며, 11일에는 원안대로 가결할 것이라는 관측이 압도적이다. 지난달까지는 '지금 국회는 헌법개정 자격이 없다'며 국회 즉시 해산을 요구하는 목소리도 높았지만, 현실 정치를 움직일 정도의 힘은 되지 못하고 대통령 중심제를 내각책임제로 교체하는 정치제도 개혁이 기성 정치가의 손으로 실현되는 정도였다. 이후에는 이 신헌법 아래에서 7월말이나 8월초에 총선거, 신내각 탄생이라는 코스로 정치 일정이 움직일 것이다.

급격한 정당의 이합(離合)

이승만(李承晩) 정권을 쓰러트린 학생이나 민중의 강력한 에너지는 일단 흩어졌고, 이후 처리는 허정(許政) 잠정내각과 국회에 맡겨져서 결과를 지켜보고 있는데, 이 정국은 어떻게 움직일지, 또한 민주화를 바라는 이 나라 '혁명적 정신'은 어떻게 실현되어 갈 것인가?

현재 단계에서 일단 말할 수 있는 것은

①허정 내각의 개혁은 국민이 기대했던 만큼 순조롭지 않고 질서유지에 중점을 둔 사무관리 내각 성격이 점점 분명해지고 있다.

②총선거를 앞두고 각 정당 주도권 다툼과 이합집산이 격렬하게 되었다.

는 두 가지로 정치의 정점에 있는 정부나 국회의 움직임과 정치쇄신을 바라는 국민감정 사이에는 큰 차이가 눈에 띄고 있다. 그것을 통해 이승만 정권 타도 후 밝은 해방감과는 달리 무거운 분위기도 엿보이는 것이다.

숙정정화(肅正淨化)에도 한계

허정 내각이 탄생할 때, 국민은 그 강직한 인품과 개혁을 약속한 취임 일성에 뜨거운 박수를 보냈다. 이러한 배경 하에서 진행된 개혁 가운데 지금까지 가장 잘 추진되고 있는 것은 지난 3월의 부정선거 책임자에 대한 추급이다.

전 각료급, 자유당 간부 등 23명이 체포, 기소되었다. 또한 이(승만) 정권의 큰 지주였던 경찰 간부도 쇄신되었다. 게다가 이(승만) 정권 아래 사욕을 채웠던 사람들의 조사도 어느 정도 진척되고 있다. 그러나 그 적발은 총선거 이후 신정부에서 담당하게 될 것이고, 공무원의 규율의 숙정이나 한국군의 정화 등에도 매우 좁은 한계가 존재하고 있는 것이 분명해지고 있다.

이렇게 개혁 템포는 뚝 떨어졌고, 질서 유지에 중점을 둔다는 방향이 분명해졌다. 허정 정권은 지금까지 질서 유지는 국민의 자제심을 기대한다는 온건한 태도를 취해왔는데, 8일 성명에서는 이후 학원이나 노사 간의 분규 등은 단호하게 처리하겠다는 태도를 밝혔다. 소식통 사이에는 "허정 내각은 혁명정권이 아니라 보수진영에서 속하기 때문이다"라고 말하고 있다.

허정 씨에 대한 답답함

허정 씨는 민주당 구파 전신인 한국민주당 간부였던 관계도 있고 민주당 구파와 가까운 것은 사실이다. 어쨌든 '행정력에 한계가 있는 잠정내각으로써는 누가 하더라도 마찬가지다'라는 동정론이 있는 한편, '더욱 과감한 혁신정책을 취하면 허정 씨는 신생한국의 영웅이 될 텐데'라는 답답함을 보이는 사람도 많다.

그러나 허정 씨 퇴진을 바라는 목소리는 약해지는 상황이다. "국민이 바라면 언제라도 그만둔다"라고 허정 씨가 말하자 민중도 침묵하고 말았다. 그렇게 되는 것도 허정 씨 사임 이후 혼란을 어떻게 할 것인지, 누구도 자신이 없기 때문일 것이다. 그러한 불안이 허정 잠정내각을 이어가도록 하는 하나의 원동력이 되고 있음은 분명하다.

한편 국회는 선거법, 지방자치법, 정부조직법 등 개정안이나 경찰중립화법안 심의에 쫓기고 있는데, 의원의 관심은 총선거 대책과 세력다툼에 집중되고 있다. 국회 정수는 233명인데, 사망 4명 결원 외에 자유당 11명이 부정선거에 대한 책임을 지고 제적되었기 때문에 현재는 218명, 민주당 70명, 무소속 10명인데, 자유당의 정치적 발언력은 약화되어 국회 주도권은 지금 민주당이 쥐고 있다.

민주당 양파도 대립

민주당은 신구 양파로 나뉘어져 있는데, 이렇다 할 지도자가 없는 구파에 비해, 전 부통령인 장면(張勉) 씨가 이끄는 신파가 수적인 면에서도 약간 우세에 있다. 이 양파가 총선거 후보자의 공천을 둘러싸고 치열하게 대립하고 있으나, 선거전과 그 이후의 주도권 쟁탈로 대립은 점점 격화될 것으로 보이고 있다.

또한 정치적으로 큰 타격을 입은 자유당(自由黨)에서는 8일 밤, 101명이 탈당해서 바로 동지회(同志會)라는 새로운 원내교섭단체를 결성했다. 그에 비해 잔류한 '복고파'(復古派)는 세력 재건에 전념하고 있으며 12일에는 임시전국대회까지 열 예정이다. 이러한 기성정당 움직임에 대해 "부패한 세력이 다시 날뛰기 시작하여 한국은 다시 어둠 속으로 전락하고 있다"라는 격렬한 비판을 외치는 단체가 차례로 생겨나고 있다. 그 가운데는 혁신적 단체나 민주주의를 간판으로 단 파쇼적인 세력도 있는 듯한데, 구 진보당(進步黨)을 주축으로 한 사회대중당(社會大衆黨)이나 그보다 조금 오른쪽으로 보이는 한국사회당(韓國社會黨) 등도 결성 준비를 하고 있다. 그러나 결당은 총선거 이후로 넘어갈 듯하지만, 당세확장 활동은 더욱 활발해질 것 같다. 하지만 기묘한 것은 이들 정당도 아직 분명한 성격을 드러내고 있는 경우는 없다. 그 가운데 주목할 것은 민주당이 혁신세력에 대처하기 위해서 혁신세력의 주장과 유사한 경제정책을 내놓으려 하고 있는 것이다. 이 당은 지금까지 자유주의 경제를 주장하고 있었는데, 이번에는 계획경제적 정책도 받아들이는 외에 군대도 현재의 63만명에서 50만명으로 줄이는 것도 고려하고 있다고 한다.

꿈틀거리는 민중의 불만

민중 사이에서는 계속 다양한 불만이 나오고 있고 "많은 학생이 흘린 피를 헛되이 하지 마라"는 목소리가 강력한 가운데 선거전을 앞두고 각 정당도 신중하게 정책을 검토하고 있는 듯한데, 총선거 이후 신정책이 국민 요구에 부응하기 위해서는 오랜 노력이 필요할 것으로 보인다.

1960년 6월 23일(10면)

경찰도 보통 인간 - 한국의 경우

굴욕감과 불만폭발 – 국회 앞에서 연좌 농성 – 그러나 강한 비난

〈경성=야노(矢野) 특파원 22일발〉 연일 이어지는 데모나 연좌농성으로 도쿄(東京)의 경찰은 지쳐버린 상태인 것 같지만, 가까운 한국에서는 드디어 경찰이 국회 주변에서 연좌농성을 벌여 화제가 되었다. 계기는 한국을 방문한 아이젠하워(Dwight David Eisenhower) 미국 대통령을 경비하고 있던 한 경찰이 국회의원에게 구타당한 사건을 계기로 제복 입은 경찰이 21일 낮 국회에서 연좌농성 했다. "경찰도 사람이다"라는 탄식은 사태의 심각성을 보여준다.

'데모 반대'와 대학생

연좌농성에 참가한 것은 아이젠하워 대통령 경비지원을 위해 전국 각지에서 올라온 3000명 가운데 약 300명. 경찰간부가 필사적으로 제지하는 것을 뿌리치고 트럭에 나눠 타고 국회로 왔다. 그랬더니 육군이 출동해서 해산시킨다고 경고가 있었고, 그 외에도 일부 대학생이 '경찰의 데모 반대' 데모를 전개한다는 소문이 있었기 때문에 '사죄를 요구'하는 연좌농성을 약 3시간 동안 하고 각각 근무지로 돌아갔는데, 이 연좌농성은 동정을 얻기는커녕 오히려 차가운 비판을 받았다.

"이승만(李承晩) 정권 시대에는 민중을 괴롭히고 지난 4월 '혁명'에서는 데모대에게 무차별 발포를 해서 많은 학생을 죽였으면서 겨우 얻어맞은 것을 가지고 – 경찰은 공무원법에 의해 데모가 금지되어 있지 않는가"라는 것이다.

경시된 경찰력

한편 데모에 참가하지 않은 경성(京城)의 경찰도 경찰 데모대의 기분은 잘 알겠다면서 다음과 같이 말했다. "과거 12년간 이승만정권 시대에는 이런저런 이유로 국민을 엄격하게 단속한 적도 많았다. 그렇기 때문에 많은 민중의 반감이나 원한을 샀는데, 그것은 상사의 명령에 어쩔 수없이 따랐을 뿐이다. 정부와 민중 사이에서 고통스러울 때가 많다. 그것을 언제까지나 참을 수는 없다. 집에서도 불평이 많다"라고.

4월 혁명 이후 경찰의 태도가 싹 변했고 민중으로부터 거의 무시될 정도로 무력화하고 있는 것은 사실이다. 4월까지는 항상 카빈총을 가지고 있었는데 아무 것도 없이 권총도 휴대하고 있지 않다. 아이젠하워 대통령 경비 당시에는 카빈총을 가지고 있었지만 민중을 통제하는 힘은 놀라운 정도로 약해져 있었다.

"바뀐 것이다. 경찰은 '혁명' 이후 많은 시민으로부터 경멸의 눈초리를 받고, 지금 무력감과 쓰라린 굴욕감에 빠져있다"라고 말하는 사람이 많다.

낮은 월급을 한탄하다

이전에는 음식점, 바, 고물상, 여관 등에 대한 영업허가권을 힘으로 위세를 부리던 경찰도 이제는 신청이 있으면 바로 다음 날에 허가를 내주도록 바뀌었다. 한국에서는 보신탕 판매는 금지되어 있고 4월까지는 엄격하게 단속했었지만 지금은 방임한 상태다. 교통 단속도 상당히 완화되었다고 한다.

이러한 변화는 경찰의 생계에도 문제가 되고 있다. 어떤 경찰은 "가족 다섯 명이 한달 살려면 8만환(환율 1달러 650환, 실제 1달러 1450환)정도 생활비가 필요하다"라고 하는데, 월급은 순사가 약 3만5000환, 경부(警部=경감에 해당: 역자) 계급이 4만5000환 정도이다, 부족분은 요리점, 다방 등이 매월 1점포마다 1만환에서 2만 환정도 경찰에게 내고 있는 '찬조금' 등으로 채우고 있었다. 그것이 4월 이후에는 거의 줄어들어서 경찰의 생활은 아주 어려워졌다고 한다.

경찰 한 명이 구타당한 것만으로 경찰의 데모라는 보기 드문 사건이 일어난 것도 경찰 사이에 쌓여있는 일종의 굴욕감과 그런 가운데 질서유지의 책임을 져야한다는 불만이 폭발했기 때문이라고 보는 사람이 많다.

1960년 6월 25일 석간(2면)

조선전란(朝鮮戰亂)으로부터 10년 - 판문점을 둘러보다

아직도 끊이지 않는 격렬한 대항 – 남북분단 해소의 꿈은 멀어

〈경성=야노(矢野) 특파원 24일발〉 25일은 조선전란 10주년 기념일. 10년 전 그 날, 조선반도를 3년 1개월에 걸쳐 격렬한 전화(戰火)로 몰아넣어 한없는 '민족의 비극'을 만든 동란이 시작되었던 것이다. 이승만(李承晩) 정권 아래 한국에서는 매년 이 날이 가까워지면 '북진통일'의 구호가 걸리고 국민의 결기를 촉구하는 요란한 집회가 열렸는데, 올해에는 어마어마한 분위기는 전혀 없고 군악대가 시내행진을 하는 정도였다.

'4월 혁명' 이후 한국은 아이젠하워(Dwight David Eisenhower)–허정(許政) 공동성명에서도 분명하게 밝힌 바와 같이 지금까지의 무력통일론을 버리고 평화적인 남북통일론으로 전환했다. 그러나 전란이 이 나라 민중의 마음에 남긴 상처는 아직 깊어서 "당분간 통일될 기미는 없다. 어려웠던 전란 당시를 생각하기도 싫다"라는 사람이 많다. 확실히 전란 때문에 오히려 고착화되어 버린 '남북분단'을 해소하는 것은 간단치 않고, 군사경계선 양측에서는 진지를 쌓고 유엔군과 북조선군이 대치하는 판문점에서는 군사휴전위원회의 양쪽 대표가 매월 몇 차례 격렬한 논쟁을 하고 있는 것이다.

이 판문점을 기자는 최근 방문하였다. 경성(京城)에서 판문점까지 약 2시간. 미군 기병(騎兵) 제1사단의 콘셋트 막사가 완만한 언덕에 있고 먼지투성이가 된 탱크가 늘어선 전선풍경을 보면서 북으로 달리면 '흡연엄금, 사진촬영금지'라고 쓴 팻말이 서 있고 미군이 엄중히 경비하고 있는 철교가 나온다. '자유의 문'라고 쓴 다리에서 몇 분 떨어진 곳에 폭 약 4.5km의 비무장지대가 시작된다.

그 남쪽 끝을 표시하는 하얀 테이프가 숲 속을 길게 동서로 쳐져 있다.

이 일대도 과거의 격전지로 지금까지도 지뢰가 여기저기 남아 있다고 한다. 완전한 '무인지대'로 사슴이나 꿩 등 동물천국이다. 울창한 숲 속에서 활기찬 작은 새의 울음소리가 들리고 있었다.

군사휴전위원회 회담이 진행되는 건물은 이 비무장지대 한 가운데에 있는 판문점의 언덕 위에 있다. 약 7년 전 휴전협정조인식이 거행된 곳으로, '평화의 집'에서 수 백 미터 떨어진 곳에 있는 블록 건물로 사방에 낮고 긴 창문이 있어 바깥에서 내부를 들여다 볼 수 있도록 되어 있다. 이날은 군사휴전위원회 비서장(대령급) 회담이 진행되었고 견학 온 미국 여성들은 열심히 회담 풍경을 사진 찍고 있었다.

북조선군 임(林) 대좌가 "지난 16일 유엔군 포탄 한 발이 북조선 영토 내로 날아왔다. 휴전협정위반이 아닌가"라고 항의한 것에 대해서, 유엔군의 메세크 대좌는 "우발적인 사고였다. 책임자를 처벌하고 이후에는 주의하겠다"라고 답해서 약 45분 만에 끝났는데, 양쪽 24~25명이나 되는 수행원을 이끌고 자리에 앉으면 인사도 없이 긴장된 얼굴로 서류를 읽어대는 세상에서 보기 드문 회담이었다.

이러한 회의가 이 7년 간 고위급대표 회담까지 포함해 326회나 열렸다. 군용기 침범, 간첩의 침투 등 서로 휴전협정위반을 격렬하게 항의할 뿐인데, 안내해 준 미군장교는 "북조선측은 한 번도 휴전협정을 인정한 적 없이 유엔군을 비난만 하여 판문점을 '선전의 장소'로 하고 있다"라고 했다.

이 회의장 부근은 유엔군과 북조선군의 공동경비지구이므로 양쪽 병사가 얼굴을 마주 보고 있는데, 대화는 절대로 나누지 않는다. 차가운 공기가 흐르고 있는데 북조선의 민주청년동맹의 기관지 기자라는 청년이 다가와서 "재일조선인의 북조선 귀환에 협력해 준 일본에 감사하고 있다"라고 북조선 모습을 소개하는 잡지나 팜플렛을 4~5권 주었다.

미군장교는 "이것 또한 항상 하는 북조선측의 선전이다"라고 내뱉듯 말했다.

지금은 뉴스의 초점에서 완전히 멀어진 판문점이지만, 여기에서는 변함없이 양쪽이 선전전으로 각축을 벌이고 있다.

1960년 6월 28일(1면)

즉시 석방을 요구 - 외무성, 이(승만) 라인 나포에 항의

나가사키현(長崎県) 제22료세이마루(漁生丸)가 26일, 이승만 라인 수역에서 한국 경비정에 나포된 사건에 대해서 이세키(伊関佑二郎: 역자) 외무성 아시아 국장은 27일 오후 5시 재일한국대표부 이(李載沆: 역자) 대표대리를 외무성으로 불러 우선 구두로 항의하면서 잡힌 선원의 즉시석방을 요구했다. 정식 항의문은 오늘 내일 중으로 보낼 예정.

이 자리에서 일본 측은 일본 어선이 이(승만) 라인 수역에서의 조업을 자숙하는 것을 조건으로 한국 측이 일본 선원을 체포하지 않도록, 일한 간에 잠정협정을 맺으면 어떨지 제안하면서 한국 측에서도 검토해줄 것을 요청하였다.

또한 외무성에도 해상보안청, 수산청 등 관계 당국과 같은 날 이 잠정협정에 대해서 협의했던 것으로 보인다.

한국, 선원을 재판할까

〈경성 27일발=AP〉 27일, 한국 연안경비대에 따르면 이(승만) 라인 침범 혐의로 26일 나포된 일본어선 제22료세이마루(37톤, 真浦榊(마우라 사카키) 선장 등 7명)는 악천후 때문에 제주도 어느 항구에 정박했다. 이 배는 날씨가 좋아지는 대로 부산으로 연행되어 조사를 받을 예정.

경비대에서는 한국의 이(승만) 라인 문제에 대한 태도에 변함은 없다고 재차 언명하였고, 제22료세이마루는 이(승만) 라인 침범이 당국에 의해 확인될 경우에는 종래대로 재판에 회부될 것이라고 한다.

모든 어선, 이(승만) 라인 벗어나

〈長崎(나가사키)〉 제22료세이마루가 26일 이(승만) 라인에서 나포된 사건에 대해서 나가사키현(長崎県) 양조망어협(揚繰網漁協 · 中部悦良(나카베 에쓰로) 조합장)에서는 이번 달 30일, 가맹 80업체 회원을 나가사키시(長崎市)에 모아 안전조업, 자주적인 조업규제 등에 대해서 협의하기로 27일 결정했다. 또한 26일의 사건 당시 약 20척의 어선이 이(승만) 라인 해역에 출어하고 있었는데 27일은 모든 배가 라인으로부터 멀리 벗어났다고 한다.

1960년 6월 29일(3면)

'생활안정'에 관심 - 한국 총선거전 시작

〈경성=야노(矢野) 특파원 28일발〉 한국 총선거는 28일부터 민의원(民議院), 참의원(參議院)이 함께 입후보 접수를 개시, 다음 달 29일 투표일까지 뜨거운 선거전의 막을 올렸다. 이승만(李承晩) 독재정권이 붕괴한지 2개월, 한국은 새로운 길을 내각책임제라는 정당정치에서 찾고, 그 기초가 될 민의를 묻는 것이다. 지금까지 선거는 알려진 대로 경찰의 격심한 간섭으로 얼룩져왔지만, 이번 선거는 다양한 문제가 있겠으나 종래보다 훨씬 자유로운 분위기에서 치러질 것이다.

허정(許政) 수상은 27일, 모범적인 선거가 되도록 국민의 협력을 바라는 담화를 발표했다. 그러나 선거에 임하는 일부 정치가의 움직임은 반드시 국민 기대에 부응하지는 않을 듯하여 "'4월혁명'의 의의를 잊지말라"며 반성을 촉구하는 목소리도 강해지고 있다.

민의원은 이번 선거에 한해 투표 전날까지 해산하지 않고 의원은 그 신분을 잃지 않고 입후보할 수 있도록 되었는데, 현재 민의원 세력분포는 218의석 가운데 민주당 70, 자유당 55, 자유당 이탈자인 헌정동지회 43, 무소속 50석으로 되어 있다. 이승만 씨가 이끌었던 자유당이 분열했기 때문에 예전부터 '만년야당'이었던 민주당이 바로 제1당이 되어 민의원 주도권을 쥐고 있는데, 이번의 총선거에서 의석이 대폭 늘어날 것이라는 예상이 상식이 되고 있다.

그러나 민주당 내 신구 양파의 파벌-장면(張勉) 씨가 지도하는 신파와 고(故) 조병옥(趙炳玉) 씨 계통인 구파 간 항쟁은 총선거가 가까워질수록 점점 격렬해지고 있고, 선거 후에는 분열도 피하기 어려울 것으로 보인다.

이 때문에 민주당 인기는 떨어질 기미가 있고 과반수를 획득하는 것은 어려울 것이라는 목소리도 강해지고 있다. 자유당은 '4월 혁명' 이후 국민으로부터 냉엄한 비판을 받고 완전히 기세가 꺾였는데, 최근에는 한때 탈당했다가 다시 복당하는 사람도 꽤 있고 이번 선거에서도 제법 입후보를 할 모양이어 실지회복에 나서고 있다. 이들이 선거 이후 민주당 구파와 결합해서 민주당 신파에 대항하는 하나의 보수세력이 될 가능성도 강해 보인다.

한편 혁신세력은 구 진보당(進步黨) 계통을 중심으로 한 사회대중당(社會大衆黨), 그보다는 다소 오른쪽인 한국사회당(韓國社會黨), 혁신총연맹(革新總聯盟) 등이 있지만 신통치 않은 모양새로 어느 정도의 연합전선을 결성하여 일부지역에서는 통일후보를 세워 보수진영을 추격하고 있다. 경성(京城) 등 대도시 주변부나 경상도, 전라도 등 남부지역에서는 만만치 않은 세력을 넓히고 있다고 말하고 있으나, 이(승만) 정권 아래에서 철저하게 탄압받아 정당도 결성하지 못했었고 공개적으로 총선거에 출마하는 것은 이번이 처음이므로 아직 보수진영에 대항할 수 있을 만큼 힘은 없을 듯하다.

그런데 각 정당은 무엇을 주제로 싸우고, 무엇을 국민에게 호소하고 있는 것일까? 선거공약에 관한 한 보수, 혁신 양 진영 사이에서 성격상 차이는 뚜렷하지 않다. 자유, 민주 양당의 보수진영이 대결했던 지금까지 선거에서는 자유당 타도를 목표로 하는 민주당이 내각책임제를 제창하고, 이 정권의 부패를 공격하는 등 주로 정치제도의 시비를 둘러싼 논의가 많았다. 독재정치가 타도된 현재 국민의 관심은 생활안정 문제에 집중되어 있기 때문에, 각 당에서도 경제, 사회복지, 노동정책에 중점을 두는 것은 당연하다고 할 수 있는데, 보수진영도 과감한 혁신적인 정책을 내놓고 있다.

이러한 경향에 대해서 식자(識者) 중에는 "국가재정의 실정에 맞춰보면 너무나 실현 가능성이 없는 것이 많고, 국민을 속이는 것이다"라는 비판도 많으며, 연합신문(聯合新聞)은 이러한 관점에서 "각 정당의 공약은 미숙한 관념론이다"라고 논평했다. 어찌되었든 이번의 선거는 혁신정책을 내건 각 당의 분열을 불러와 이합집산이 크게 있을 것으로 보는 경향이 많은데, 그것도 민주화를 위해서는 필요한 과정일지도 모르겠다.

1960년 6월 30일 석간(7면)

이(승만) 라인 해역 - 또 두 어선 나포되다

자숙을 경고중에 - 억류 어부는 29인

〈모지(門司)〉 30일 아침, 제7관구 해상보안본부에의 긴급통신에 의하면 이(승만) 라인 해역의 제주도 북동쪽에서 조업 중이던 일본 어선, 나가사키현(長崎県) 미나미마쓰우라군(南松浦郡) 나라오쵸(奈良尾町) 이와세우라(岩瀬浦)의 다이후쿠(大福)어업의 제76다이후쿠선단(大福船団) 부속선 제7다이후쿠마루(大福丸, 19.83톤, 6명 승조)은 같은 날 아침 5시반 경, 그리고 시모노세키시(下関市) 다케사키쵸(竹崎町) 이노우에(井上)어업의 마키아미(巻網) 운반선 제35깃쇼마루(吉粧丸, 90톤, 다나카 마사오(田中正雄) 선장 등 10명 승조)는 같은 날 6시경, 모두 한국 경비정에 나포되었다.

그보다 앞서 같은 날 3시 40분 경, 같은 해역에서 나가사키현 기타마쓰우라군(北松浦郡) 이키쓰키쵸(生月町) 다테우라(館浦) 가네코구미(金子組)의 마키아미(巻網) 대형 목선(木船) 제20겐푸쿠마루(源福丸, 79.95톤, 후지타 고키(藤田孝器) 선장 등 35명 승조)도 조명을 끈 한국 경비정 2척에게 추격당했지만, 승조원은 배를 버리고 동료 선박으로 옮겨 타고 도망갔기 때문에 나포는 면했다. 현장은 지난 26일 나가사키현 기타마쓰우라군 오지카쵸(小値賀町)의 마키아미 운반선 제22료세이마루(漁生丸)가 나포되었던 곳과 같은 해역. 30일 아침 현장 부근에서는 마키아미 어선 170-180척이 조업하고 있었고, 같은 날 오전 2시경 제주도 기지에서 한국 경비정 2척이 출동하여, 같은 날 3시 순시선이 부근해역에 대피 경보를 보냈다.

지난 26일 제22료세이마루가 나포됨으로 한국정부의 이(승만) 라인 대책은 이(승만) 정권 시대와 바뀌지 않은 것이 분명하다고 7관구 본부에서 판단하여 "깊이 들어간 조업은 위험"하다고 서(西)일본 어업기지에 자숙경고를 하고 있다. 그러나 위험을 무릅쓰는 영세업자의 '빠져나가기식 출어'는 끊이지 않고, 30일도 파도를 헤치고 170-180척이 출어했다. 7관구에서는 이(승만) 라인 경계 순시선을 4척에서 7척으로 증강, 경고를 무시하는 어선에게는 직접 순시선이 접근하여 대피하도록 하는 적극책을 쓰려고 하려던 참이었다.

현장은 한국 경비정의 제주도 기지와 매우 가까운 거리에서 "이렇게 접근하는 것은 나포해 달라고 배를 기다리는 격이다. 이렇게 되면 경비정의 출동을 확인하고 경보를 울려도 도망갈 수 있는 여유는 없다. 이(승만) 라인 해역에서의 안전조업은 경보를 지키는 것 이외에는 방법이 없다"라고 7관구는 주장했다. 7월 총선거 이후 한국 신정부에서 이(승만) 라인 문제가 어떻게 처리될지는 이후의 일한회담까지 기다려야 할 것으로 보이고 있는데, 적어도 그때까지는 허정(許政) 임시정부의 이(승만) 라인 대책은 변하지 않는다고 7관구에서는 보고 있다. 이로 인해 한국에 억류된 일본인 어부는 29명이 되었다.

외무성이 항의

이(승만) 라인 구역에서 어선 2척이 나포된 사건에 대해 외무성은 30일 아침, 재일한국대표부에 대해 강력히 항의하는 뜻을 전화로 전했는데, 이후 해상보안청 자료를 기초로 조속히 정식항의할 것이다.

이(승만) 라인 수역에서의 일본어선 나포사건은 한국정변 이후 한동안 없었는데 지난 26일 제22료세이마루(漁生丸) 사건을 시작으로 다시 촉발된 것이다.

한국정부가 재일조선인 북조선 귀환에 강력히 반대하고, 29일 외무성에 "북조선귀환협정 연장에 반대한다"라는 뜻을 전해와, 이번의 어선 나포사건은 한국측의 이러한 의향과 관계가 있는 것은 아닐까라고 외무성 소식통은 보고 있다.

1960년 7월 1일(10면)

머리 아픈 협정 연장, 북조선 귀환 업무

희망자 아직 10만? – 한국 측은 저지에 전력을
일본적십자사 등 연장을 바라다

재일조선인의 북조선 귀환 업무는 작년 말 이래 순조롭게 진행되고 있는데, 최근 예상되는 현재 협정의 연장을 둘러싸고 다시 갈등이 일어날 조짐이 있다. '인도주의'를 내걸었으므로 아직 많은 귀환 희망자가 있는 이상, 기한이 끝났다고 해서 중단할 수는 없다는 것이 외무성이나 일본적십자사 관계자 생각인 반면, 연장으로 이어진다면 한국 측에서 다시 시작된 어선나포 등 강경조치를 더욱 강화할 것이고, 국내에서는 재일한국거류민단을 중심으로 반대운동이 일어날 것도 확실하므로 귀환문제 관계자는 이를 어떻게 처리해야 할지 머리를 싸매고 있다.

귀환업무는 지금까지 모두 순조롭게 진행되었다. 한 번의 사고, 결항도 없이 매주 1회 약1000명씩 니가타(新潟)항에서 청진(清津)항으로 귀환하였다. 지난달 24일에 제27편이 끝났는데, 그때까지 승선자는 합계 2만8066명. 귀환업무가 시작될 때, 치안당국 일부가 "귀환자는 많아야 2-3만 명"이라고 예상했던 수치는 이미 넘어 버렸다.

그런데 귀환 희망자는 아직 많다. 현재 니가타 일본적십자사 센터에서 제28차 승선을 기다리는 사람과 이미 각 귀환업무 지방대책본부에 등록을 마치고 승선지시를 기다리고 있는 사람은 1만2188명이며, 조선총련(朝鮮総連)의 말로는 그 외에 10만 명 가까이가 귀환을 바라고 있다는 것이다.

그런데 현재의 귀환협정은 규정에 따라 협정이 실효되기 3개월 전, 다시 말하면 8월 12일까지 기한연장의 절차를 밟지 않으면, 11월 12일에 종료되게 된다. 현재 귀환등록자 수는 1만2천여 명으로 11-12선분(船分)에 해당되기 때문에, 실효 시기까지는 충분히 수송을 마칠 수 있지만, 지금까지 사례를 보면 이 승선대기자 수는 조선총련이 귀환자들 사이에 혼란이 일어나지 않도록, 그리고 일본적십자사 측의 사무가 순조롭게 되도록, 어느 정도 통제를 한 결과이므로, 이것이 귀환 희망자 전부의 숫자라고는 도무지 말할 수 없다는 것이다. 현재 조선총련 간부는 "사람 수가 적기 때문에 종료하겠다고 한다면, 연내에 처리할 수 없을 정도로 많은 숫자를 한꺼번에 등록할 수도 있다"고 말하고 있다. 그렇게 되면 협정을 다시 체결할 수밖에 없어지는 것이다. 재협정에 대한 최종적 결정은 당연히 정부가 할 일이지만 외무성, 일본적십자 관계자는 "연장은 필요"하다는 생각이다. 이유는 ①일단 귀환을 시작한 이후 여전히 많은 귀환 희망자가 있는데도 중단한다는 것은 부당하며 ②정치를 떠나 순수한 인도주의적 문제로써 이 귀환업무가 개시된 이상, 안팎의 정치정세가 변화했다고 해서 중지한다면 문제다 ③만약 중지한다면 큰 치안문제가 된다는 것이 중요한 점들이다.

이러한 생각에 기초하여 관계당국은 곧 협의를 하여 연장을 할 경우의 예산조치 등 구체적인 준비를 진행기로 하고, 적십자사 국제위원회의 듀란 재일대표단장도 1일, 도쿄(東京)을 들렸으며, 제네바로 돌아가서 협의를 하고 돌아오기로 했다. 한편 귀환에 강력히 반대하는 한국거류민단은 연장을 저지하기 위해서 다시 전력을 다하겠다고 말했다. 민단(民団) 측에 의하면 "북송은 자유진영에 대한 배신일 뿐만 아니라 '인도적 견지'에서도 용서할 수 없다"라는 것이다.

민단의 박준(朴準) 총무국장의 말로는 "일단 북한으로 들어갔으나 너무도 비인간적인 생활로 인해 다시 도망쳐 돌아오는 사람도 있다"라고 하며, 최근 급격히 늘어나고 있는 귀환의사 변경을 들며 "북조선 실정에 정이 떨어진 결과"라고 강조했다. (주(注): 귀환의사 변경은 2월말 경까지는 월 100명 미만정도였는데, 3월부터 급증, 4월은 150명, 5월은 250명, 6월은 265명이 되었다. 이것은 한국의 정세

변화의 영향으로 보는 경향도 크다.)

반대투쟁은 작년과 같은 힘 대 힘의 표면적인 방법보다도, 우선 생활곤란자에 대한 취직알선, 생활비 보조라는 견실한 수단을 취하는 한편, 북조선으로부터의 탈출자를 통한 실태폭로 등을 하여, 재일조선인 뿐만 아니라 일본인에게도 '실정'을 알리고 차분한 가운데 강력한 저지운동으로 나아가는 것이 중심이라고 하는데, "경우에 따라서는 실력으로 호소할 수도 있다"라고 단호함을 보이기도 했다.

1960년 7월 3일(2면)

[사설] 북조선 귀환에 대한 이해를

한국정부는 최근 계속해서 '이승만(李承晩) 라인' 부근에서 조업 중인 일본어선을 나포하고 있을 뿐만 아니라, 재일조선인의 북조선 귀환 문제에 대해서는 일조(日朝) 귀환협정 연장에 반대의향을 표명하는 등, 우리나라에 대해 강경한 태도를 보이기 시작했다. 지난번 한국 정변 후, 잠정정부가 대일관계의 개선을 외치며 일한 양국민에게 밝은 희망을 갖게 해주었는데 다시 이렇게 강경한 자세로 돌아간 것은 몹시 유감이다.

허정(許政) 잠정정부는 일한관계 개선을 위해서, 우선 일본인 신문기자의 한국입국을 허가하고 그 다음으로 대일무역제한 철폐를 추진한다는 방침을 정했다. 또한 한국쌀 3만 톤을 수출하기 위한 교섭도 타결되어, 최근 일한 양쪽에서 조인되었다. 이러한 것을 토대로 양국 간의 인적왕래나 문화교류, 경제협력 등도 진행되리라 기대를 가지게 되었는데, 이러한 한국 측의 변화는 모처럼 좋은 분위기에 찬물을 끼얹는 것이 될 우려가 있다.

무엇보다도 허정 씨는 잠정정부 발족 당초부터 '북송반대'를 언명하고 있었다. 그 배후에는 북조선과 대립하는 한국의 복잡한 국민감정도 있을 것이다. '이승만 라인'에 관한 문제에 대해서도 한국의 어업관계자의 이익을 무시할 수 없는 사정도 있다고 생각된다. 또한 잠정정부로써는 이러한 정책결정은 다가올 총선거 결과로 탄생될 신정부의 결정에 따라야 한다는 견해일 것이라고도 생각한다.

우리들도 이런 문제에 대한 본격적인 토의는 신정부와 해야 할 것이며, 지금 간단하게 해결 될 수 있는 일이라고는 생각하지 않는다. 다만 이 시점에서 한국 국민의 이해를 구하기 위해서 다음 사실을 강조해 두고자 한다.

'이승만 라인' 문제에 대해서는 우선 몇 번이나 말했듯이 이것을 철폐하더라도 일한 양쪽의 협력을 통해 어업자원을 보호하고 한국의 어업을 진흥할 방법은 얼마든지 있다는 것이다. 또한 북조선으로의 귀환은 재일조선인의 자유로운 의사를 확인한 위에 귀환업무를 실시하고 있다는 것이며, 일본 측에서 그것을 이리저리 바꿀 수 있는 사항이 아니다. 일조(日朝) 귀환협정에 따라 현재까지 2만8천 명의 조선인이 북조선으로 귀환했는데, 여기에 10만 명 가까운 귀환 희망자가 더 있다고 재일조선인총연합에서는 예상하고 있다. 10만 명이라고 해도 1개월 4천 명이라는 현재의 수송상태라면 앞으로 2년간을 필요로 하는 것이다. 다가오는 8월 12일로 기한이 끝나는 일조 귀환협정의 연장수속은 당연하다고 생각하지 않을 수 없다.

그러나 여기서 무시할 수 없는 것은 북조선으로의 귀환의사를 변경하는 사람이 한국 정변 이후 늘어나고 있다는 점이다. 그것은 한국 민주화에 희망을 가지고 북조선으로의 귀환을 단념하는 사람이 많다고 볼 수 있을 것이다. 그러나 한편에서는 한국에서 일본으로의 밀입국자는 정변 이후 한때는 줄어들었지만, 최근에는 다시 증가하고 있다. 이러한 사정은 일본 입장에서는 이른바 샌드위치 상태라고 할 수 있어, 실로 곤란한 것이다. 이점에서 한국 측의 양해를 바라지 않을 수 없다.

우선 한국의 정치, 경제가 안정화되고 한국으로부터의 밀입국자가 없게 되기를 바란다. 그렇다면 북조선으로의 귀환도 또한 자연히 줄어들 수 있고, 더 나아가 재일조선인이 한국으로 돌아가는 일도 있을 수 있다. 북조선으로의 귀환은 정치와 전혀 관계없이 한사람 한사람의 조선인의 생활의 문제이다. 거듭 말하지만 전적으로 인도적 문제라는 것을 이번 기회에 다시 이해해주었으면 하는 것이다.

1960년 7월 7일(1면)

늘어난 '이(승만) 라인 나포' - 대책에 고심하는 외무성

이승만 라인 수역에서의 일본어선 나포사건이 최근 다시 늘어나기 시작했는데, 외무성을 비롯하여 일본 측은 이렇다 할 유효한 대책도 세우지 못하는 가운데 점차 고심하는 기색이 짙어지고 있다.

경성(京城)으로부터의 보고에 따르면 한국정부는 6일, 다수의 일본어선이 이(승만) 라인 해역을 '침범'하고 있는데 대해서 일본정부에 강력한 경고를 한다는 방침을 정했다고 전해지고 있고, 더욱이 "'침범' 어선은 전부 나포한다"라는 한국정부의 강경책을 전하는 신문보도가 나왔다.

외무성 소식통은 이 신문보도(한국일보)에 대해서는 "지금 정세에서는 있을 수 없다. 만일 한국정부가 그런 방침을 정한다면 일본 측도 당연히 보복조치를 할 터인데…"라며 처음부터 신용하지 않는 태도였는데, 어쨌든 이 소식은 한국내의 대일 강경방침을 나타내는 것으로 이 라인 해역의 사태는 앞으로도 낙관하기 어렵다.

잇따른 어선 나포사건의 근본적 해결은 8월경 출범할 한국 신정권을 상대로 한 일한회담을 기다릴 수밖에 없는데, 그렇다고 해서 그때까지 방관할 수는 없고 일본 측은 우선 일본어선의 이(승만) 라인 내에서의 조업을 자숙하는 것을 조건으로 한국 측에 어선나포 중지를 바란다는 잠정방침을 가지고 조속히 한국 측과 대화의 장을 마련하려 하고 있다.

어선 나포사건이 최근 이어지는 것은 ①전갱이, 고등어 잡이가 6월 이래 최성수기에 들어갔기 때문에 그 어장이 있는 이(승만) 라인 해역에서 조업하는 일본어선이 눈에 띄게 늘어났다는 점 ②이에 대해 한국 측은 허정(許政) 수반이 들어선 이후도 이(승만) 라인을 고집하는 태도를 바꾸지 않고, 반면 일본 측이 북조선 귀환협정을 연장하려는 것에 저항하는 자세를 취하고 있다는 점 등에 기인한 것으로 보인다.

이에 대해 외무성이 앞서 한국대표부에 대해 이(승만) 라인 잠정협정의 체결 교섭을 제안하는 등, 한국 측과의 접촉에 열심인 이유의 하나는, 전갱이, 고등어잡이 철이 9월경까지 이어지기 때문에 영세어선 등은 계속해서 이 해역에 들어갈 가능성이 높으므로 방치한다면 나포사건을 유발하게 된다는 것, 둘째로는 한국 신정권 성립을 앞두고 어선나포문제로 인해 양국관계를 얽히게 하고 싶지 않다는 강한 배려에 따른 것이다.

외무성은 지난번 주일대표부를 통해 이(승만) 라인 문제가 근본적으로 해결되기까지 일본 측은 이(승만) 라인 내에서의 조업을, 한국 측은 어선나포를 서로 자숙한다는 잠정협정체결을 검토하자고 한국 측에 요청했는데, 재일대표부 공사인 이재항(李載沆) 대표대리가 경성으로부터 귀임하는 것을 기다려 다시 한국정부의 의향을 타진하려고 하고 있다.

1960년 7월 7일 석간(1면)

항의 구상서(口上書)로 응수 - 이(승만) 라인 정면 대립

재일한국대표부 이원경(李源京) 참사관은 7일 오전 10시, 외무성으로 미야케(三宅) 아시아국 심의관을 방문해 한국정부의 훈령에 따라 이(승만) 라인 내에서의 일본어선의 조업에 항의하는 구상서를 전달했다. 이 구상서는 일본 측 해상보안청 순시선의 '한국영해침범', 150척의 일본어선 '불법어업' 등의 사례를 들어 항의하면서, 만약 같은 사건이 이후에도 일어나면 "한국은 일본어선을 나포하고 선원을 재판에 세우기 위해 모든 조치를 취한다. 그 결과에 따라 발생하는 사태에 대하여는 일본정부가 모든 책임을 져야 한다"고 했다.

여기에 대해 미야케 심의관은 한국에 의한 일본어선의 불법나포에 항의하고 즉시 석방을 요구하는 일본 측 구상서를 이원경 참사관에게 전달하고, 이어서 이원경 참사관이 전달한 한국 측 구상서에 대해서도 구두로 그 내용을 하나하나 반론, "일본 측의 조사에 의하면 순시선의 '영해침범' 사실은 없고, 또한 일본 어선의 '불법어획'이라는 한국 측 주장은 전적으로 받아들일 수 없다"고 한국 측의 항의를 정면으로 반박했다.

그 결과 이승만 라인 어업에 대해서 일한 양쪽의 입장은 명확히 대립하는 형국이 되었고, 대화를 통해 해결할 전망은 현재로서는 없는 상황이다.

▶ 7월 6일 한국 해군함정은 목도(木島·부산 서남쪽) 연안으로부터 남서쪽으로 2마일 부근에서 일본순시선을 발견했다. 또한 같은 달 5일 밤, 약 110척의 일본어선이 해상보안청 순시선의 호위 아래 제주도와 거문도 사이의 해상에서 불법어업에 종사하고 있었다.

▶ 이러한 사건은 한국의 주권에 대한 중대한 침해이다.

▶ 일본정부가 이와 같은 사건의 재발을 방지하기 위해 가장 유효한 조치를 취해줄 것을 요구한다.

▶ 앞으로도 같은 사건이 재발할 경우, 한국은 일본어선을 나포하고 승조원을 재판에 회부하기 위해 모든 조치를 취한다. 그 결과 발생하는 사태에 대하여는 일본정부가 모든 책임을 져야 한다.

이 구상서에 대해서 미야케 심의관이 한 반론요지는 다음과 같다.

▶ 한국 측이 말하는 해상보안청 순시선이라는 것은 '기타카미'를 가리키는 것으로 보이는데, 일본 측에서 7월 6일 오전 0시부터 9시까지 '기타카미'의 항적을 조사한 결과, 한국 연안에 가장 근접한 지점이라 해도 목도 연안 6마일로 영해를 침범한 사실은 없다. 이(승만) 라인 내에서의 일본어선의 조업이 '불법행위'이며 '한국 주권의 침해'라는 한국 측의 주장은 국제법상으로도 인정되지 않는 것으로, 이상의 사안에 대한 항의는 일본 측으로서는 받아들일 수 없다.

▶ 일본정부로서는 한국 측이 다수의 일본어선이 한국에 가까운 해역에서 조업하는 것은, 한국에 대한 자극이 강하므로 자제해주었으면 좋겠다는 것이라면 고려할 의향이 있다.

▶ 일본어선은 현재 전갱이, 고등어의 어획기이기 때문에 4월경에 비하면 조금 많이 출어하고 있지만, 작년보다 늘어난 것은 아니며, 일본 측에서는 현재 자제시키려는 조치를 강구하고 있다.

▶ 이(승만) 라인의 국제법적 문제는 차제하더라도 이러한 분쟁을 없애기 위해서 일본 측은 이미 어업잠정협정안을 제시하였고, 또한 잠정적 양해안도 제안한 바 있으므로 "모든 책임은 일본정부가 져야 한다"는 말에는 조금도 승복할 수 없다.

1960년 7월 26일(3면)

다가오는 한국 총선거 - 정책 논쟁 이루어지지 않고

초점, 민주당의 주도권 경쟁

〈경성=야노(矢野) 특파원 25일발〉 한국 총선거는 29일 투표일을 며칠 앞두고 마지막 레이스에 들어갔다. 이번 총선거에는 혁신정당이 한국역사상 처음으로 출마했는데, 아직 갓 태어난 세력으로 세력이 약해, 보수 대 혁신의 대결은 초점이 되지 못하고, 정책논의도 비교적 저조하다. 국민의 관심은 이승만 정권의 여당이었던 자유당을 대신해서 보수 제1당으로 차기 정권장악이 확실시 되는 민주당 내의 신구 양파의 주도권 다툼에 집중되어 있다.

그렇게 된 것은 양쪽의 파벌다툼이 선거전을 통하여 분열의 위기를 초래할 정도로 격화하고 있기 때문이다. 이 때문에 양파를 둘러싼 보수계 무소속 후보의 향방도 주목된다. 선거 이후에는 보수세력 이합집산에 따른 정국불안은 피할 수 없는 형세이며, 민주당 간부의 입에서도 벌써부터 차기 정권 단명설이 튀어 나오고 있다. 지금까지 선거전을 보면 보수, 혁신 모두 각 정당은 일단 많은 공약을 내걸고 있지만, 실질적으로 정책논쟁은 거의 없다. 이에 대해 언론계에서 출마한 어느 무소속 후보는 "한국이 직면하고 있는 제일의 문제는 국민생활의 안정인데, 미국의 원조에 크게 의존하고 있고 재정도 빈약한 현재 상태에서 그럴듯한 정책만을 내걸어서는 의미가 없다"고 말하였지만, 식자(識者) 가운데는 "그렇다고는 하지만 구체적인 조사자료에 기초하여 착실한 정책논쟁을 더욱 해야 한다"라며 답답해하는 사람도 많다.

그런데 7월 중순, 돌연 보수, 혁신 사이에 남북통일문제를 둘러싼 논쟁이 전개되어, 한때는 이번 선거가 남북통일문제를 중심으로 대결하는 듯한 모습을 드러냈다. 통일방법에 관한 각 당의 공약을 보면 민주당, 사회대중당(社會大衆黨), 한국사회당(韓國社會黨)은 다소 색깔이 다르지만 모두 유엔 감시 아래 자유선거, 혁신총연맹(革新總聯盟)은 통일위원회 구성에 의한 정치적 해결을 주장하고 있다.

보수, 혁신 사이에 큰 차이가 없기 때문에 혁신세력은 "이승만 정권 하의 민주당은 북진통일론에 찬성했으면서-"라며 민주당의 아픈 곳을 공격하는데, 혁신총연맹 간부는 이에 덧붙여 "통일달성을 위해서는 중공의 유엔가맹을 인정해도 좋다'고 발언했다. 이것이 파문을 일으켜 민주당은 많은 국민의 강한 반공의식을 배경으로 '용공론(容共論)이다'라고 반격하는 등, 보수, 혁신 내부에서도 각각 논의가 속출. 같은 혁신세력이라도 한국사회당, 사회대중당은 혁신총연맹을 비판하는 등 혼전상태가 되었다.

결국 통일문제는 선거 후, 각 정당마다 협의기관을 두고 국론을 모으기로 하여 마무리 되었다. 그러나 혁신세력은 이 논쟁에서 '용공' 딱지가 붙여져서 점점 불리한 입장으로 몰리게 되었다고 볼 수 있다. 남북통일은 '민족의 비원(悲願)'이며 국민의 강한 관심을 끄는 것인데, 한국에서는 '국제적으로도 국내적으로도 아직 통일의 계기는 무르익지 않았으며, 우선 북조선 사람들이 남쪽에 대해 호감을 가질 만큼 실력을 키우는 것이 선결과제'라는 생각이 압도적. 이러한 입장에서 선거전에서 통일문제가 주목받게 된 것은 당면한 문제에 대한 정책의 빈곤을 보여주는 것이라고 혹평하는 사람도 있다. 지금까지 신문을 떠들썩하게 했던 정책논의로서는 민주당의 주요한(朱耀翰) 정책위원장이 외교문제에 대해 대일(對日) 국교정상화 방안을 내놓았으며, 국내문제에 대해서 '경찰관이나 공무원을 대폭 줄여 급료를 개선하고, 군대도 현재의 약 60만 명을 40만 명으로 축소해 국군을 근대화한다'라고 한 것 등이다.

정책논의가 부진한 반면, 민주당 신구 양파의 다툼은 더욱 격렬해지고 있다. 초점은 어느 쪽이 내각책임제의 첫 국무총리 자리를 차지하여 신정권의 주도권을 쥐는가 하는 것이다. 신헌법에 의하면 민의원, 참의원의 양원 합동회의에서 선출되는 대통령이 국무총리를 지명하고 민의원의 동의를 구해야 하는데, 민의원은 동의를 거부하고 스스로 국무총리를 선출하는 것도 가능한 것으로 되어 있다. 따라서 승패는 민의원(정수 233) 선거에서 결정되는 것인데, 현재 양쪽의 세력은 거의 백중세라는 것. 민주당 민의원 후보는 신파 113명, 구파 106명인데, 양쪽 모두 많은 선거구에서 상대편의 공인후보를 무시하고 비공인후보를 내세워 표를 잠식하고 있다. 같은 선거구에서 양파가 각각 지부를 두고 있는 곳도 많다.

이러한 대립을 배경으로 이번 달 중순, 구파 일부는 공공연히 분당론을 끄집어냈고, 신파에게 '절연장(絶緣狀)'을 내밀었다. 이 분당론도 투표일이 가까워지면서 국민의 비판을 고려해서 일단 자취를 감췄지만 선거결과 여하에 따라 다시 불거질 가능성도 크다. 양파를 합쳐 겨우 과반수를 상회하는 정도의 의석밖에 얻지 못하고 분열한다면, 정권을 빼앗기는 경우는 논외로 하고, 어느 쪽이든 한 파가 보수계 무소속 의원을 포섭해서 정권을 획득할 수 있을 정도로 의석을 확보할 경우에는 분열할 것으로 예상하는 경우가 많다.

이에 대해서 어느 변호사는 "양파 대립의 뿌리는 깊고, 이조(李朝)시대에 때때로 정변을 일으켰던 붕당(朋黨 · 유력한 인물을 중심으로 도당(徒黨)을 만들어 자당(自黨)의 권력확충과 다른 파의 배격을 목적으로 하는 당파적 결합)의 싸움과 유사하다"며 다음과 같이 말했다.

구파는 민주당 전신인 한국민주당-민주국민당 흐름을 이은 사람들의 그룹으로, 전라도, 경상도, 경기도, 충청도, 경성(京城) 등 남한 출신자가 많고 성격은 점잖다. 여기에 비해 장면(張勉) 씨가 이끄는 신파는 평안도에서 만들어진 수양단체인 흥사단(興士團)에 속한 사람들을 중심으로 기질이 과격한 북한 출신자가 많았다. 지금은 남한 출신도 상당수 신파에 들어와서 출신지별 당파감정은 많이 줄었지만 완전히 해소되지는 않았다. 이것이 주도권 쟁탈이 계속되는 가운데 서로가 맞지 않다는 것을 강하게 느껴 생리적으로 피할 수 없는 대립감정이 생긴 것이 아닐까?

이러한 당파적 감정에는 "정책 이외 문제로 대립하는 것은 고쳐야 한다"라는 비판이나 반성도 높아지고 있는데, 거기에는 아직 시간이 걸릴 것으로 보인다. 동아일보에 의하면 주요한 민주당 정책위원장은 "민주당은 정권획득의 자신은 있지만 이번 가을 예상되는 정계 재편성과 재정위기 때문에 신정권은 반년 내지 1년 정도의 단명 내각이 될 수 있다"라고 말했다고 한다.

1960년 7월 28일(2면)

[사설] 북조선 귀환에 합리적 배려를

재일조선인 북조선 귀환 문제에 대해서 북조선적십자사의 김(金應基: 역자) 사장이 먼저 일본적십자사 시마즈(島津忠承: 역자) 사장에게 귀환협정 연기방안을 제안해 왔다. 이를 두고 일본적십자사는 관계 각성(各省)과 협의한 결과, 귀환업무의 신속한 처리를 포함한 협정연장 문제를 협의하기 위해 북조선적십자 대표를 니가타(新潟)에 파견해달라는 요청을 하였다. 문제의 성격이나 당면한 정세를 생각할 때, 일본 측으로서는 당연한 조치라고 해도 좋을 것이다.

북조선적십자사의 제안은 협정을 수정하지 않고 기한만을 연장하고자 한다는 것이었다. 작년 11월부터 시작된 귀환업무에 따라 현재까지 3만2000명의 조선인이 북조선으로 돌아갔는데, 현재 귀환을 희망하는 조선인은 10만 명이 넘는다고 한다. 지금까지 한 번에 1000명, 1개월마다 4000명씩의 수송상태라면 10만 명을 돌려보내려면 향후 최소 2년이 필요한 셈이 된다. 한편, 협정 연기의 기한은 8월 12일로 다가오고 있으므로 어쨌든 그전까지 연기 절차를 마무리하는 것은 상식적으로 타당하다고 할 수 있다.

그러나 일단 1년 간 협정을 맺고 실시한 결과, 이만큼 귀환희망자가 많은 것을 알게 된 이상, 귀환의 실시를 신속히 처리하는 것을 이제 진지하게 다루어야 하는 것이 아닐까? 일본 측으로서는 니가타항의 시설을 강화하여 매회 1500명씩 보낼 수 있도록 하는 것을 생각하고 있는데, 다른 항구도 이용한다거나 하여 적어도 향후 1년 정도로 수송을 완료할 방법을 고려할 필요가 있을 것이다. 이에 대해서는 북조선 측의 배선(配船) 문제도 있을 것이기 때문에 이런 문제를 협의하기 위해서 북조선으로부터 대표가 파견되는 것을 간절히 바라고 있다.

귀환협정 연장에 대해 한국정부는 강력하게 반대하는 태도를 보이고 있다.

새삼스럽게 말할 것도 없이 우리들은 한국정부와 선린우호 관계를 쌓고, 하루라도 빨리 국교를 정상화하고자 염원하고 있다. 또한 한국이 북조선과의 특수한 관계나 국민감정으로 인해 북조선 귀환에 대해서 찬성하기 어려운 사정이 있는 것도 또한 무시할 수 있는 것은 아니다. 그러나 일본으로써는 이 귀환업무에 착수한 이래, 이것을 자유의사에 맡겨 귀환시킨다는 인도상의 문제라고 확신해 왔다. 이 확신은 정치적 압박에 의해 뒤집힐 성질의 것이 아니다.

만약 일본적십자사나 관계기관이 이 귀환업무를 그만둔다고 해도 외국인이 자신의 의사로 귀환하는 것을 막을 법률은 어느 나라에도 없다. 귀환을 희망하는 조선인은 틀림없이 자비로 니가타로 집결할 것이고, 북조선으로부터는 계속해서 니가타항으로 배선을 요구받을 것이다. 일본정부가 일방적으로 이것을 저지하는 것은 사안의 성질상 무리일 것이다.

북조선으로 귀환은 인도적 문제로써 어디까지나 정치와 관계없이 해결하지 않으면 안 된다. 그러기 위해서는 북조선 측은 조기 귀환 완료에 협력해주었으면 한다. 동시에 한국 측에는 거듭 이해를 바라고자 한다.

1960년 7월 30일 석간(1면)

민주당의 압승 확실, 한국 민의원 선거 개표

자유, 혁신은 참패

〈경성=야노(矢野) 특파원 30일발〉 29일 투표가 이뤄진 한국 총선거는 먼저 하원인 민의원(民議院)의 결과가 잇따라 판명되고 있는데, 이(승만) 정권 시대 야당이었던 민주당이 예상 이상으로 압승, 이승만(李承晩) 씨가 이끌었던 자유당은 몰락, 혁신세력 참패는 결정적이다. 그러나 자유당은 경상남도에서는 아직 굳건한 세력을 남겼고, 또한 혁신세력은 사회대중당(社會大衆黨) 간부인 서상일(徐相日) 씨 등 몇 후보가 당선했으나 자유, 혁신 모두 궤멸 상태가 되었다. 민주당 가운데 공인후보를 보면 신파가 약간 우세한데, 무소속으로 출마한 비공인후보는 오히려 구파가 약간 우세하여, 양파는 격렬하게 경합하고 있다. 현재 투표율은 중앙선거위원회 발표에 따르면 제주도 선거구를 빼고 82.6%에 달한다고 한다.

〈신아(新亞)=도쿄(東京)〉 30일 정오 경성(京城)방송에 의한 한국 민의원 총선거 개표결과 보도에 따르면 당선자 내역은 민주당 90, 무소속 21, 헌정동지회(전 자유당) 1, 사회대중당 1, 통일당 1, 합계 114이다.

즉 민주당 최고대표위원인 장면(張勉) 씨가 용산갑구에서, 최고위원 윤보선(尹潽善), 김도연(金度演), 외교위원회 의장인 주요한(朱耀翰) 씨 등이 경성 시내 16개 선거구 가운데 15석을 차지한 것을 시작으로, 부산에서도 민주당 최고위원 박순천(朴順天) 여사 등이 당선되었다. 사회대중당도 서상일 당수, 통일당도 김준연(金俊淵) 당수가 각각 당선했다. 또한 무소속 가운데 이 정권의 심계위원장으로 3·15 부정선거로 현재 수감된 최하영(崔夏永) 씨가 경기도 이천군에서 당선되었다.

〈경성 30일발=AP〉 166개 선거구의 개표결과는 보수계인 민주당이 민의원에서 적어도 120의석을 획득할 것으로 보인다. 민의원 총의석수는 233석, 과반수는 117석인데, 민주당은 과반수를 이미 획득했다.

1960년 7월 31일(2면)

한국 신정권, 다가오는 시련 - 경제정책 확립이 시급

대일미(對日美) 외교조정을 축으로

〈경성=야노(矢野) 특파원 30일발〉 한국 총선거는 국민이 민주당에게 압도적인 기대를 걸고 있는 것을 보여줬다. 신정권은 늦어도 다음 달 20일까지는 출범할 것이다. 허정(許政) 국무총리는 "앞길을 축복하며 권력을 이양한다"라고 말했는데, 한국의 현실은 '압도적 승리'를 대놓고 기뻐할 수 없을 만큼 냉엄하여 신정권은 많은 시련에 직면할 것으로 보인다. 신정권이 짊어진 가장 큰 과제는 국민생활 안정을 도모할 경제정책을 강력하게 추진하는 것이라고 한다. 허정 내각은 발족 당시 경제의 민주화와 경제계의 정화를 강조하며 ①농산물 적정가격 작성 ②대일무역 정상화 ③세제개혁과 세율인하 ④국가관리 기업체의 독립채산제 실현과 민간불하 촉진 ⑤경제개발 3개년 계획 실시 등 많은 시책을 내걸었는데 이 가운데 어느 정도 실시로 옮겨진 것은 대일무역관계뿐이며 국민생활은 날이 갈수록 어려워지고 있다.

4월 정변 이후, 정국불안으로 기업가가 위축된 데다 전력사정의 악화, 수송력 약화, 금융 침체 등 나쁜 요인에 의해 생산은 부진하고 식료, 의료품 연료 등 필수물자 가격은 지난 4월 중순에 비하면 1할 이상이나 올라갔다. 일반국민의 소득이 낮아지고, 110만 명 이상의 실업자가 거리에 쏟아져 나온 현재 이러한 물가 상승은 국민생산에 대하여 큰 위협이 되고 있다. 신정부는 이러한 생산부진, 물가 위기를 뚫고나가 한국경제를 궤도에 올려놓아야 하는데, 이를 위한 적극적인 시책을 추진하는 것을 어렵게 하는 두 가지 큰 문제가 기다리고 있다.

하나는 이승만 정권과 결탁해 폭리를 취했던 '부정축재자'의 처벌문제. 이것은 4월 정변의 뒤처리로서 허정 내각이 손을 댔지만, 조사에 많은 시간이 걸려 실제 처리는 신정권으로 넘어가게 되었다. 그런데 대상에 오른 부정축재자는 모두 한국 유수의 기업가들뿐이다. 이것을 철저하게 조사한다면 한국경제를 근저에서부터 뒤흔들어 생산불능에 박차를 가하는 결과가 되고, 미지근한 태도를 취한다면 국민감정이 허락하지 않는다. 민주당 정부는 가능한 한 원만한 처리 방안을 수립할 것으로 보이는데, 이 모순을 어떻게 조정할지 주목된다.

다른 하나는 올 가을부터 겨울까지 예상되는 재정상의 위기. 한국의 회계연도는 1월에 시작해서 12월에 끝나는데, 금년도 예산은 지난 3월 대통령 선거 당시 이승만 정권이 선거자금으로 대부분 사용했고, 각종 산업진흥 보조금 등은 거의 남아있지 않다고 한다. 그렇다고 세입을 늘리기 위한 증세는 가능한 상황이 아니다. 이러한 어려운 재정으로 적극적인 경제정책이 가능할지 걱정되는 분위기도 많다.

또한 민주당은 기강확립과 행정능률 향상을 위해 공무원이나 경찰관의 급여개선을 공약하였다. 현재의 급여는 중앙정부 국장급에 월 약 9만환(일본의 약 2만3000엔), 과장급에 약 7만 환으로 생활비의 절반 정도라고 한다. 급여개선도 시급한 문제가 되고 있는 만큼 신정부는 재정 운영이 더욱 어려울 것으로 보인다.

이러한 문제에 대처하기 위해 경제외교 확립이 신정부의 급선무라는 목소리도 매우 강하다. 그 첫째는 대미외교. 미국은 지금까지 무상원조를 가능한 한 차관공여 등의 유상원조로 바꾸려는 방침을 가지고 있으므로, 한미 양국 사이에는 원조방식, 환 대 달러의 공정환율 개선 등 조정을 필요로 하는 문제가 많다. 그러나 한국으로써는 경제위기 완화를 위해 미국에 '도움'을 요구할 필요가 있다는 의견도 많으며 경제사절단 미국파견이 벌써 제기되고 있다.

그 둘째는 대일외교. '일본은 지리적으로 가깝기 때문에 기계나 원료를 수입할 경우에도 구미와 거래하는 것에 비해 기간이나 운임 등에서 훨씬 유리하다'라는 것은 일반적으로 인정되고 있다. 민주당은 이러한 관점에서 대일국교정상화 방침을 내놓을 것이다. 또한 미국 원조가 점차 감소하는 경향에 대응하여 한국에서는 외화획득을 위해 수출을 진흥할 필요가 제기되고 있고, 대일수출 증가에도 기대하는 바가 크다. 그러나 일한관계는 재일조선인의 북조선 귀환문제 등과 얽혀서 최근 미묘한 단계에 들어가 있어, 일본 측과 마찬가지로 한국 신정부도 더욱 고심을 필요로 하는 외교문제 가운데 하나가 될 것으로 보인다.

1960년 8월 2일(1면)

"과거는 흘려보내고 일한관계 정상화를"
- 장(張)·윤(尹) 두 사람, 본사 기자에게 말하다

〈경성=야노(矢野) 특파원 1일발〉 한국 총선거는 민주당 압승으로 끝났는데, 이 당의 내분 때문에 내각책임제 하에서의 초대 국무총리와 대통령 자리를 누가 차지할까? 아직 예단하기 어렵다. 민주당 신구 양파의 쟁점이 되고 있는 국무총리에 대해 신파가 장면(張勉) 민주당 대표최고위원(당수 격)을 추대하고 있는 것에 대해, 구파는 일부에서 김도연(金度演) 전 국회부의장을 추대할 움직임도 있지만 대세는 윤보선(尹潽善) 민주당 최고위원을 지지하여, 신구 양파 모두 한 걸음도 물러서지 않을 태세를 보이고 있다. 그러나 이러한 충돌은 정책상 의견 차이에 의한 것이 아니다. 따라서 민주당이 분열하든 하지 않든, 또한 어느 쪽이 주도권을 잡는다하더라도 신정부 정책 방향은 선거 결과로써 이미 정해졌다고 해도 좋다. 기자는 1일, 장면, 윤보선 두 사람을 각각 자택으로 방문, 앞으로의 대일정책, 국내문제에 대해 똑같은 질문을 하고 의견을 들었다.

문: 민주당은 대일 국교정상화를 선거공약으로 내세웠는데 그 기본방침에 대해서

윤보선: 신정부가 조직되면 우선 대일 국교정상화에 손을 대고자 한다. 과거 감정적 앙금을 씻어 버리고, 서로 상대방의 명예를 존중하고 선린우호의 마음을 갖게 된다면 국교정상화는 가능하다. 일본 측에서도 공정한 태도로 한국과 이해관계의 조정에 임하고 현안 해결에 노력해주기 바란다. 재일조선인의 '북송'은 한국민 전체가 반대하고 있으므로 하루라도 빨리 중지해주기를 바란다. 그러나 사적인 의견으로는 이 북송문제와 일한회담 재개와는 관련시키지 말

고, 각각 별개로 다뤄도 좋지 않을까 생각한다. (주(注): 허정(許政) 내각은 북송을 중지하지 않으면 일한회담 재개는 곤란하다고 했다) 한국으로서는 첫째로 북송문제의 해결, 둘째로 재일한국인 법적지위와 재산권문제의 해결, 셋째로 일한 무역문제에 중점을 둔다. 이승만(李承晩) 라인 문제는 종래 양쪽에 감정의 골이 있었으므로 최선의 방법으로 해결하고자 한다. 어업협정만으로 완전히 해결될지 모르겠지만 협정을 맺는 것은 좋다.

장면: 일본이 취했던 식민지정책에 원한을 가졌던 사람은 많지만, 언제까지나 그것에 얽매여 있다면 국교정상화는 불가능하다. 과거는 흘려보내고 현실적으로 문제를 해결할 생각이다. 일본도 과거를 반성하고 우월감을 가지고 한국을 바라보는 것 같은 태도를 바꾸면서, 이해관계에 대해 너무 이득을 따지지 않는 넓은 도량을 보여주었으면 한다. 북송문제를 일본에서는 인도적 문제라고 하지만, 사실은 귀찮은 사람들을 내보내버리고 있는 것 아닌가? 북조선에 인적자원을 제공하고 있다는 의미에서 우리들은 이적행위라고 생각한다. 북송 중지를 일한회담 재개의 전제조건으로 하는 것까지는 아니지만 일본도 신중히 재고했으면 한다.

문: 일본정부는 8월 하순이나 9월에 경성(京城)에서 일한회담을 재개했으면 한다는 보도가 있었는데.

장면: 가능한 한 빨리 재개하겠다. 장소는 경성이 좋다.

윤보선: 조속히 열고자 한다. 장소도 일본이 경성을 희망한다면 그것도 좋다.

문: 고사카(小坂善太郎: 역자) 외상은 대한경제협력을 강조하고 있다는 보도가 있었는데 어떻게 생각하는가.

윤보선: 호의는 고맙지만, 현재 미국으로부터 받고 있는 것 같은 원조를 일본에 기대하는 것은 물론 아니다. 바라는 것은 정상적인 무역관계를 넓혀가는 것이다. 한가지 예를 들자면 한국은 쌀이나 김을 수출해야만 하는 경제사정이므로, 호혜적인 입장에서 일본이 이 상품에 대한 수입을 늘리도록 노력해주었으면 좋겠다.

장면: 전문가 의견을 들어 검토하겠지만, 정부 간 정식교섭을 시작하기 전에 일본의 민간실업가가 경제사절로 방한하여 의견을 교환하는 것이 바람직하다. 기술협력은 환영한다. 또한 재일한국인 자본가가 기술자를 데리고 와서 사업을 하여 실업자를 흡수하며 산업진흥에 힘쓰도록 희망하는데, 이것이 실현되도록 일본정부가 재일한국인의 자산 반출을 허가해 준다면 고맙겠다.

문: 국내문제는 무엇부터 손을 댈 것인가? 이번 가을에는 생산부진과 물가상승에 의한 경제위기가 닥칠 것이라는 견해가 많은데.

장면: 이승만 정권이 미국 원조를 헛되게 사용했기 때문에 경제적 파탄이 나타나고 있으나, 생산부진, 금융침체 등 현상을 타파하고 국민생활 안정을 꾀하겠다. 또한 특권계급의 횡포를 막고, 대중적인 융자 방안도 열겠다. 그리고 부정축재자의 탈세액을 추징하겠다.

윤보선: 경제위기에 대해서는 미국에 대한 원조요청, 무역 정상화, 국민의 낭비 억제를 통해 대처하겠다. 그러나 가장 중요한 것은 국민의 도덕심을 향상시키고 민주주의에 대한 마음가짐을 확립하는 것이다. 그것이 이루어지지 않으면 어떤 정책을 써도 실패하는 것은 분명하며, 경제 재건도 불가능하다. 그러므로 단순히 내핍생활이나 국산품 애용을 강조하는 것뿐만 아니라, 다른 민족의 장점을 받아들이고 한민족의 단점을 고치고자 하는 신생활운동을 펼쳐나가려고 한다.

문: 민주당은 결국, 분열하는지 어떤지? 전망은-

윤보선: 아직 아무것도 말할 수 없다. 그러나 일당독재를 막기 위해 보수 2대 정당을 만들려는 생각에는 찬성이다.

장면: 분당론자는 겨우 일부이며, 대부분의 민주당원은 여기에 응하지 않을 것이다. 유권자는 안정적인 세력이 출현하기를 바라고 민주당에 투표했기 때문에 분열한다면 국민에게 면목이 없다. 분열하지 않고도 당내에는 이미 신구 양파가 있고 서로 견제하고 있으므로 독재에 빠질 위험은 없다.

1960년 8월 2일(1면)

한국군 20만 삭감, 장면(張勉) 씨 언급

〈신아(新亞)=도쿄(東京)〉 경성(京城)방송에 의하면 민주당 대표최고위원으로서 신정부 국무총리로 지목되고 있는 장면 박사는 31일, 자유당 정권 12년간에 걸친 부패정치로 한국 경제는 큰 곤란에 직면해있다고 하면서, 제반 문제에 대해서 다음과 같이 말했다.

민주당은 경제부문에서 인플레이션의 위협을 방지하기 위해, 현재 한국이 보유하고 있는 60만 군대를 점차로 3분의 1을 감축할 것을 약속하면서, 정부에 반환하기로 한 이승만 정권 재산 청산을 주장했다.

1960년 8월 5일(1면)

다음 주 말까지 기다린다 - 북조선적십자와 니가타(新潟) 회담

'12일의 기한' 탄력적 해석

북조선 귀환을 위한 일본·북조선 양 적십자의 니가타 회담은, 4일 니가타에 입항한 귀환선에 일본적십자사로부터 방일을 요청받은 북조선적십자 대표가 승선하지 않았기 때문에, 외무성이 기대했던 '이번 주 중의 니가타 회담'은 연기되었지만, 외무성 관계자는 북조선적십자의 반응을 다시 다음 주 말까지 기다려 보겠다는 태도다.

외무성은 일조(日朝) 양 적십자 간 회담에서 북조선 귀환을 신속화 함으로써, 한국 총선거 이후 일한교섭을 원만하게 재개하려는 기대가 강했다. 그만큼 '니가타 회담'이 조속히 개시되리란 기대를 하고 있었는데, 북조선 측이 아직 회담 요청에 대해 회답하지 않은 것에 대해서 당분간은 상황을 지켜보기로 하고, 그때까지는 일본 측에서 회답을 재촉하는 것은 피하기로 했다.

외무성 관계자는 북조선 측이 전면적으로 일본적십자 제안을 거절한다면, 이미 그러한 내용의 회신이 있었을 것으로 보고, 지난 달 29일의 일본적십자 제안에 대해서 아직껏 회답이 없는 것은 북조선 측이 현재 태도를 검토 중이라는 것을 의미하는 것으로 보고 있다. 한편 일한교섭 재개는 만일 한국에 민주당 정권이 탄생한다 해도, 북조선 귀환 문제가 어느 정도 타결의 실마리가 보일 때까지는 기대하기 어려운 것으로 보는 경향이 강한데, 이와 관련해서 북조선 측이 회답을 지연시키고 있는 것은 미묘한 일한관계에 찬물을 끼얹으려는 속셈도 있는 것이 아닐까 하고 보는 쪽도 있다.

북조선 귀환 협정을 11월 12일 협정기한에서 더 연장하려는 것은 3개월 전인 이달 12일까지 일조 양 적십자사 간에 협정의 갱신을 하도록 되어 있는데, 일본 측은 이 갱신기한의 해석을 "8월 12일까지 일조 양적십자 간에 협정갱신에 관한 교섭이 시작되면 충분하다"라는 견해를 취했고, 게다가 양 적십자 간에 협정연장에 대한 '교섭'이라고 할 만한 의사표시를 이미 교환했다고 보고도 있다. 따라서 반드시 8월 12일까지 교섭을 타결할 필요도 없고, 또한 그 날까지 대표 간 실제 회담을 개시해야만 하는 것도 아니라고 해석하고 있다.

이러한 해석에 대한 북조선 측 생각이 주목되는데, 4일 아침 니가타에 도착한 북조선 귀환선에 승선한 적십자대표단장인 김주영(金珠榮) 씨의 말로는 북조선 측도 같은 해석을 하고 있는 것으로 보이기 때문에 양 적십자사 간 교섭은 8월 12일이라는 기한에 구애받지 않는다고 하는 것으로 이 사안은 더 이상 문제가 되지 않을 것이다.

1960년 8월 5일(1면)

한국과 회담 수락 - 이번 달 중 도쿄(東京)에서

일본적십자사 가사이(葛西嘉資: 역자) 부사장은 4일 저녁, 한국적십자사 김신실(金信實) 사무총장에게 "일한 적십자회담을 환영한다"라는 편지를 보냈다. 이것은 지난 달 29일, 김(金) 사무총장이 "재일조선인 일반에 대해 인도적 관점에서 회담하고자 한다"라고 요청해 왔던 것에 대한 회신이다. 일본적십자는 정부와 협의했는데, 회담은 북조선 귀환에 대한 한국 측의 오해를 풀 좋은 기회라는 판단에서 이것을 수락했다고 한다.

편지는 회담을 환영하면서도 "회담은 인도적 이익에 관한 문제로 한정되어야 하며, 정치적 고려에 의해 영향 받지 않아야 하는 것이 중요하다"라는 점을 강조했고, 또한 지금까지 일본적십자나 적십자 국제위원회가 일본, 한국, 북조선의 3적십자사 회담을 제창하였음에도 불구하고, 한국 측이 이것을 거부하고 "귀환은 강제송환이다"라고 일방적인 비난을 가했던 것은 완전히 근거없는 것이라고 지적했다. 한편 일본 측에서는 회담의 기간, 장소 등은 추가로 정하기로 했는데, 대체로 도쿄에서 하게 될 전망이며, 또한 북조선적십자사와의 교섭 진척 상황을 감안하여 이르면 이달 중에도 회담을 할 용의를 보이고 있다.

일본적십자 이노우에(井上益太郎: 역자) 외사(外事)부장의 말: 북조선적십자사는 국제적십자로부터 정식으로 인정받았고, 일본적십자도 그 단체와 자매사인 관계에 있으므로 앞으로도 협력해 가고자 한다. 특히 인도적 견지에서 이루어진 귀환협정에는 충실하게 임할 것을 약속한다. 한국적십자와는 주로 한국 측 국내사정 때문에 회담 기회가 없었던 만큼, 이것을 계기로 양 자매사 간의 친밀한 관계가 이루어지기를 희망한다. 귀환협정 연장문제가 회담에 의해 영향을 받지 않을까 우려하는 사람도 있지만 그런 일은 있을 수 없다.

1960년 8월 6일(1면)

북조선, 니가타(新潟) 회담에 동의 - 수정없이 연장을 주장

일본적십자사에 회답, 귀환협정

일본적십자사는 5일 밤 9시 50분, 북조선적십자사 김응기(金應基) 사장으로부터 시마즈(島津忠承: 역자) 일본적십자사장 앞으로 "니가타 회담을 수락한다"라는 전보를 받았다. 이는 지난 달 29일 일본적십자가 "귀환 신속화를 포함해 귀환문제를 협의하고자 대표를 니가타에 파견해주었으면 한다"는 요청에 대한 회신이다. 이에 따라 회담은 이르면 다음 주 중이라도 열릴 전망인데, 북조선 측은 이 전보에서도 변함없이 '협정의 무수정(無修正) 연장'을 강하게 주장하였고, 일본적십자사 측의 구상인 '신속화' 협의가 타결되기까지는 많은 곡절이 있을 것으로 보인다. 전문의 요지는 다음과 같다.

▶ 우리는 재일조선인 귀환에 관한 협정을 수정하지 않고 현재 귀환방법에서 그 기한만을 연장할 것을 이미 제안했다. 귀사도 인정하고 있듯이 현재 실시되고 있는 협정이 현 질서에 적응하고 있는 조건 하에서, 우리의 이 제안은 실제적이고 합리적인 것이다. 그러나 귀사는 7월 29일부의 전보를 통해 협정 기한연장에 관한 회담을 열 것을 제안했다. 본사는 협정 기한연장의 필요성을 인정하는 귀사의 태도표명에 유의하면서, 아직 귀환하지 못한 다수 재일조선인의 귀환희망을 계속해서 실현하고자 하는 진지한 바램에서 귀환협정 기한연장문제를 협의하기 위해 조일(朝日) 양 적십자 간 회담을 니가타에서 여는 것에 동의한다.

▶ 본사는 귀사가 우리 대표단원과 동행할 기자들의 입국문제와 통신연락

보증을 포함한 국제회담 대표에게 일반적으로 적용되는 다양한 활동조건을 보증해 주리라는 기대를 표명하는 바이다.

11일경 개시될까 – 신속화, 상당한 곡절을 예상

북조선적십자사는 지난 달 23일, 일본적십자에 대해 "현 협정은 현실적 합리적이다. 협정은 변경하지 않고, 기한만을 연장하고자 한다"라고 제안해 왔다. 그러나 일본적십자사 측은 외무성 등 관계당국과 협의한 결과 '신속화'안을 역제안하여 회신했다. 이것은 귀환희망자는 빨리 돌려보내는 것이 인도적이고, 일한관계 타개라는 점에서도 바람직하다는 관점에서 이루어진 것이다.

그런데 북조선 측은 4일까지 이 요청에 침묵을 지키다가 이날 급히 '수락' 태도를 밝혔다. 이에 대해서는 회담에 임할 경우 북조선 측 내 의견통일을 이루기 위한 것이라고 보이는데, 전날 일본적십자사가 한국적십자사와 회담을 수락한 것도 일종의 자극이 되었고 보는 견해도 있다.

이 수락전보에 의해 회담 전망은 열렸지만, 북조선 측은 다시 '무수정 연장'을 강조하고, 한편 일본적십자측은 "신속화는 꼭 하고자 한다. 연장은 신속화를 하여도 협정 기간 내에 끝내지 못하게 될 경우에 한다"라고 주장하고 있어, 양쪽의 생각에는 큰 차이가 있기 때문에 간단히 합의가 이루어지기 어렵다고 보는 편이 좋다.

일본적십자 측은 이 전보에 대해서 외무성 등 관계당국과 협의한 뒤, 전보로 대표단의 명단 등을 확인하고 회담개시 절차를 정하게 되는데, 회담 장소는 경비(警備)관계 문제로 일단 니가타 일본적십자사센터를 예정하고 있다.

회담은 빠르면 제34차 귀환선이 니가타항에 들어오는 11일 경부터 시작될 전망인데, 일본적십자사, 북조선적십자사 모두 "지금까지 전보교환에 의해 협의는 이미 시작되었기 때문에 협정갱신을 할 경우 기한인 12일까지 반드시 협의를 타결할 필요는 없다"라고 폭 넓게 해석하고 있으므로, 일본적십자사는 회담 시기는 다소 지체되어도 상관없다고 한다.

한편, 일본적십자사는 회담의 대표단장에 북조선적십자사 이일경(李一卿) 부사장급의 출석을 예상하고 있고, 이 경우 일본적십자 측에서는 가사이(葛西嘉資: 역자) 부사장이 출석할 예정이다.

기자단 입국, 정부에 요청

가사이 부사장의 말: 공식전보는 아직 보지 못했는데, 정부와 협의해 빨리 회담을 시작하고자 한다. 회답이 늦어진 것에 대해서는 다양한 의견이 나오고 있는데, 나는 어쨌든 정식 회답이 있을 것으로 생각하고 있었다. 어쩌면 조선 측으로서도 신속화의 경우에 대비하여 시설, 배편 등을 검토했을 것이다. 대표단, 수행기자단 입국에 대해서는 호의적인 조치를 취해 줄 것을 정부에 요청했다.

1960년 8월 7일(3면)

민주당(한국), 사실상의 분열 - 구파, 의원총회 보이콧

〈경성=야노(矢野) 특파원 6일발〉 이번 총선거에서 압승하고 차기 정권을 담당하게 된 민주당은 7일 의원총회를 열기로 되었는데, 이 당의 신구 양파는 6일 밤 각각 '당선자대회'를 열어 이후 방침을 협의했다. 그 결과 양파 모두 신정부 수립에 있어 주도권을 주장하는 기존 태도를 바꾸지 않았고, 구파는 7일 의원총회를 보이콧하기로 정했기 때문에 당내의 조정이 절망적으로 되어, 이 당은 사실상 분열상태에 빠졌다. 8일부터 국회에서는 양파가 본회의에서 정면충돌하게 되어 당의 분열은 피할 수 없을 것으로 보인다.

'분당'을 전제로 국무총리, 대통령의 독점을 주장하고 있는 구파는 6일 오후 7시(일본시각 6시 반)부터 95명(민의원의원 83명, 참의원의원 12명)이 모여, 앞서 구파 간부 20명이 정한 분당 방침을 만장일치로 승인, 7일 의원총회는 "무의미하다"며 출석하지 않기로 정하고, 이 당의 전신인 한국민주당을 이끌어 온 김성수(金性洙), 신익희(申翼熙), 조병옥(趙炳玉) 씨 등의 묘소를 참배하기로 정했다. 또한 국무총리, 대통령, 민의원, 참의원 양원 정·부의장에 대해서는 23인의 구파 소위원회를 설치하고, 최종적 인선을 위임하기로 했다.

한편 신파는 같은 날 5시(일본시각 4시 반)부터 84명(민의원의원 74명, 참의원의원 10명)이 모여, ①분열 회피 ②양파 연합정부 수립이라는 방침을 재확인하고, 13인의 신파 소위원회를 설치하고, 국무총리, 대통령, 양원 정·부의장 인선을 위임했다. 신파는 구파가 7일 의원총회를 보이콧해도 과반수 의원이 출석한다면 총회는 성립되므로 예정대로 총회 개최에 합의했다.

6일 밤 양파의 '당선자대회'에 출석한 의원 외에, 구파는 7명, 신파는 24명이 각각 결석했다고 주장했지만 형세는 혼돈 상태다.

1960년 8월 7일 석간(2면)

뿌리 깊은 양파의 대립 - 한국 민주당, 안정세력은 불가능한가?

〈경성=야노(矢野) 특파원발〉 민주당 신구 양파의 주도권 다툼은 이 당이 분열할 것인가 말 것인가의 최후 단계까지 다다랐다. 이승만(李承晩) 정권 하의 자유당을 훨씬 상회하는 압도적 다수의 국회세력을 쉽게 획득한 민주당은 양파의 균열이 깊어지기만 하고, 일단 분열을 피하더라도 안정세력으로서 하나로 단합하기에는 어려울 전망이다. 민주당 이외 정치세력이 아직 약하기 때문에, 한국의 정국은 앞으로도 이 양파의 항쟁을 중심으로 움직일 것으로 보인다. 민주당의 역사를 살펴보면서 신구 양파 대립의 경위를 살펴보자.

민주당의 전신인 한국민주당이 탄생한 것은 1945년의 '해방' 직후. 당시 좌익적 색채가 짙다고 하던 건국준비위원회(독립운동의 지사(志士)였던 고(故) 여운형(呂運亨) 씨를 중심으로 결성)나 남조선노동당 등에 대항하기 위해, 지주세력을 배경으로 보수적인 지도자들이 한국민주당을 결성했다. 그리고 처음에는 이승만 씨와 연계하여 좌익세력의 제압에 성공했다. 그러나 이승만 씨는 이 당을 '친일분자의 모임이다'라고 내심으로 환영하지 않았기 때문에, 1948년 수립한 한국정부에 민주당에서는 겨우 2명밖에 입각시키지 못했다. 이러한 불만에서 이 당은 점차로 이(승만) 전 대통령으로부터 벗어나 야당이 되었다고 한다.

1949년 한국민주당은 고 신익희(申翼熙) 씨의 대한국민당과 합병해서 민주국민당으로 발전했다. 이 민주국민당은 이승만 씨의 독재와 싸우기 위해 1952년 가톨릭 세력의 대표로 흥사단(興士團 · 일본시대에 독립운동단체로 발전했던 하나의 수양단체)에 속했던 장면(張勉), 당시 무소속클럽 소속의 국회의원인 곽상훈(郭尙勳), 대한부인회 대표인 박순천(朴順天) 등과 일부 좌익세력 등 광범위한 당 외의 야당세력과 제휴해서 '호헌동지회'(護憲同志會)라는 야당연합을 결성했다. 당시 자유당은 원내자유당과 원외자유당 두 파로 나뉘어있었는데, 원내자유당은 의회주의정치를 제창하며 이승만 씨 독재에 반대하여 이 야당연합에 참가했다. 후일의 자유당은 원외자유당이 이승만 씨에 의해 육성되었던 것이다.

1955년 민주국민당은 일단 발전적으로 해소하고, 야당연합 가운데 좌익세력을 뺀 대부분의 유력자와 제휴해서 현재의 민주당을 조직했다. 이 당에 신구 양파의 파벌의 소지가 생긴 것은 이 때이다. 구파라는 것은 한국민주당-민주국민당 시대부터의 당원으로 남한 출신자가 압도적으로 많고 민주당 정통파를 자임하고 있다.

이에 대하여 신파는 민주당 발족에 즈음해서 새롭게 입당한 사람들로 ①장면, 주요한(朱耀翰), 정일형(鄭一亨) 등 평안도 출신의 홍사단 계통 ②오위영(吳緯泳) 참의원 의원(신파의 자금관계 참모라고 함) 등 원내자유당계 ③곽상훈, 박순천 등 세 계열로 대별되고 있다.

특히 작년 10월 제4대 대통령선거의 민주당 후보를 결정하는 전국당대회가 열렸을 때, 장면 씨를 미는 신파와 고 조병옥(지난 3월 사망) 씨를 지지한 구파가 격렬하게 다퉜고, 감정적인 대립을 깊게 했다. 이러한 상황이 4월 정변에서 당면한 정적이었던 이승만 씨가 물러나면서 민주당에 의한 정권 획득이 확실해졌기 때문에, 양파는 격렬한 주도권 다툼을 시작하여 사사건건 대립하게 되었다.

신파는 현재 장면 씨를 중심으로 결속을 다지고 있는데 반하여, 구파는 신익희, 조병옥 씨 등 유력한 지도자를 잃은 것이 어려움의 원인이 되고 있다. 또한 한국에서는 "신파는 머리로, 구파는 가슴으로 정치를 한다"라고 한다. 신파는 이론가가 많고 이치를 따지기 좋아하는데 비해, 구파는 어느 쪽인가 하면 이론보다 동지적인 인간관계에 중점을 두고 있다는 의미이다. 개인적인 예외는 있지만 집단으로서는 서로 성격이 달라 감정적인 대립이 심해지면 험악한 상태가 될 것이라고 보는 사람이 많다.

1960년 8월 8일(2면)

한국 국회 오늘 개원 - 대통령, 총리의 자리다툼

〈경성=야노(矢野) 특파원 7일발〉 내각책임제 하의 첫 국무총리, 대통령을 정하는 한국의 국회는 8일 개회한다. 오전 10시(일본시각 9시 반) 민의원(民議院), 참의원(參議院) 양원의 정·부의장을 선출하고, 오후 3시부터 양원 합동으로 개원식을 할 예정이다.

신헌법에 의하면 국회는 개회로부터 5일 이내에 양원 합동회의를 열어 재적의원 3분의 2 이상 다수결로 대통령을 선출해야 하고, 또한 국무총리는 대통령이 취임한 후 5일 이내에 지명하여 민의원 동의를 얻어야 한다. 민의원이 동의를 거부할 경우 대통령은 그로부터 5일 이내에 다시 한 번 지명할 수 있는데, 민의원은 이것을 거부하고 스스로 국무총리를 선출할 수도 있다.

따라서 대통령은 12일까지, 국무총리는 늦어도 20일 경까지 정해질 것인데, 민의원에서 3분의 2를 넘는 다수를 점한 민주당이 차기 정권의 주도권을 둘러싸고 내부에서 격렬하게 대립하고 있기 때문에 이 두 자리를 누가 차지할지 전혀 예상할 수 없다.

민의원의장에 곽상훈(郭尙勳) 씨 확실

〈경성=야노(矢野) 특파원 7일발〉 민주당은 8일 국회개회를 앞두고 7일 오후 의원총회를 열어, 민의원의장에 신파의 곽상훈 전 민의원의장, 부의장에 구파 이영준(李英俊) 의원과 무소속 의원 한 명을 추천할 것 등을 정했다. 출석자는 민의원은 신파 78명, 중간파 3명, 구파 2명, 참의원은 10명으로 총계 93명. 구파는 대부분이 출석하지 않았는데 민의원의장에 대해서는 구파도 곽상훈 씨를 추대하고 있으므로 곽상훈 씨의 의장 취임은 문제없을 것으로 보인다.

이 회의는 장면(張勉) 민주당 대표최고위원이 소집한 당의 정식집회였는데, 구파가 이 총회를 보이콧, 민의원 쪽은 거의 과반수를 확보했기 때문에 정·부의장 인선을 확정했다. 그러나 참의원 쪽은 과반수에 미치지 못했기 때문에 정·부의장 인선은 하지 못했다.

1960년 8월 9일(2면)

구파가 다소 유리한가? - 새 총리 두고 경합하는 민주당 양파

〈경성=야노(矢野) 특파원 8일발〉 민주당 신구 양파 가운데 어느 편이 국무총리 자리를 차지하여 차기 정권의 주도권을 쥘지, 아직 예단을 허락지 않는 상황인데, 8일 의장단 선거 결과로 볼 때 구파가 유리한 지위를 점해가고 있다는 견해가 강하다.

그 바로미터가 된 것은 민의원 부의장 선거였다. 민의원의장에 곽상훈(郭尙勳 · 신파) 씨, 부의장 가운데 한 사람으로 이영준(李英俊 · 구파) 씨를 밀기로 한 것에 대해서는 신구 양파 모두 이견은 없었는데, 다른 한 명의 부의장에 대해서 구파는 서민호(徐珉濠 · 무소속) 씨, 신파는 이재형(李載瀅 · 무소속) 씨를 각각 밀어 두 사람의 결전이 되었다. 그 결과 서 씨는 114표, 이 씨는 99표로 구파측이 15표정도 우세했다. 구파에서는 이 정도 차이가 국무총리 선출 때에도 나오지 않을까, 크게 자신하고 있다.

한편 신파는 급히 간부회의를 열어 향후 방침을 검토한다는데, 문제의 부의장 선거에서 패배한 원인은 ①부의장 자리는 그만큼 중요하지 않으므로 후보에 대한 개인적 호불호의 감정이 작용했다 ②서민호 씨는 1952년 이래 8년간 옥중생활을 했고, 4월 정변 이후 출옥했기 때문에 동정표를 모은 것이라고 보고, 형세는 아직 알 수 없다고 주장했다.

양파는 현재 이십 수 명의 준(準) 무소속 의원을 둘러싸고 '피투성이'의 쟁탈전을 벌이고 있다. 이 때문에 무소속의 주가는 상승일로로 한편으로 한 사람당 2000만 환(약 500만 엔)정도의 '실탄'이 오가고 있다고 할 정도이다.

일단 구파가 유리한 형세지만 이후 정세가 어떻게 움직일지 아직 결정적인 것을 말할 단계는 아닌 것도 사실이다. 그러나 이러한 정세 가운데 신파 소장의

원 그룹의 리더격 이철승(李哲承) 의원은 "신파는 주도권 싸움에 질 경우에도 당내 야당이 될 뿐 분당은 하지 않는다"라고 말해서 주목되고 있다.

1960년 8월 9일(2면)

한 주(週)에 최고 3000명까지 – 북조선 귀환, 일본 측의 3가지 안

일본적십자사와 외무, 후생(厚生), 법무, 내각심의실 5부서는 8일 오후 도쿄도(東京都) 치요다구(千代田区) 산반쵸(三番町) 가유카이칸(霞友会館)에서 곧 열릴 니가타(新潟) 회담을 앞두고 최종 협의를 했다. 이날 회의에는 일본 측 대표가 된 가사이(葛西嘉資: 역자) 일본적십자 부사장, 다카기(高木) 사회부장, 이노우에(井上益太郎: 역자) 외사부장 3명이 출석하여, 회담의 구체적인 운영방식 등에 대해 상당히 구체적인 검토가 이루어져, 일본 측으로써는 귀환의 신속화를 전제로 교섭을 진척시킬 것, 연장문제는 이 결론이 나온 이후에 검토에 들어간다는 기본입장을 확인했다.

회담은 기자단 입국문제에 차질이 없는 한, 빠르면 11일 경부터 시작될 전망인데 일본 측은 우선 신속화를 제안하기로 하였다. 신속화의 방식으로써는 현재 매주 1000명인 귀환자 수를 1500명, 2000명, 3000명으로 늘리는 세 가지 안(案)을 준비하였다.

이 경우 1500명안이라면 니가타 일본적십자센터를 약간 개조하는 정도로 충분하고, 2000명안이라면 숙소 증축과 니가타항 정비, 3000명안이라면 니가타항 외에 다른 하나의 송출항이 필요하게 된다.

물론 이를 위해서는 상당히 대폭적인 경비가 필요한데, 그럼에도 현재의 찔끔찔끔하는 귀환방식에 비해 결국에는 싼 것이 될 것이며 외교적으로도 바람직하다는 것이 회의의 결론이었다.

문제는 여기에 대한 북조선 측의 반응인데, 북조선 측으로서도 상당한 유연한 태도를 보일 것으로 예상하고 있다.

북조선 측은 지난 달 23일 '협정의 무수정(無修正) 연장'을 제안한 이래, 일단

이 주장은 변하지 않았는데, 지난 5일 '연장을 위한 회담은 불필요'라는 당초의 입장을 버리고, 신속화를 기조로 한 일본적십자의 니가타 회담을 수락한 것은 그 하나의 조짐이라고 보고 있다.

일본 측으로서는 신속화를 제안함에 있어, 우선 "귀환희망자는 빨리 돌아가게 하는 것이 바람직하다"는 기본적 이유를 설명하기로 했는데, 북조선 측이 승복하지 않을 경우에는 작년 제네바 교섭 당시 북조선 측이 몇 명이라도 받아들일 용의가 있다고 말했던 것 등을 인용해서 반론할 생각이다.

그러나 실제문제로서는 북조선 측에서 배 조달이 불가능할 경우, 일본 측에서 안도권(安導券)이 없는 일본 선박을 제공할 수는 없으므로, 신속화라고 해도 결국은 현재의 주 1000명을 1500명으로 늘리는 정도에 그칠 것으로 판단된다.

1960년 8월 14일(1면)

한국에 친선사절 - 고사카(小坂) 외상이 고려

빠르면 월말에 – 수석에 각료급의 인물

고사카(小坂善太郎: 역자) 외상은 한국의 신대통령 취임, 신내각 성립을 기회로 단절상태에 있는 일한관계를 타개하기 위해, 일본 측에서 한국에 '친선사절'을 파견하는 것을 고려하고 있다. 사절단의 인선은 미정이지만 파견의 시기는 한국의 신내각이 성립된 후 가능한 빠른 시기를 생각하고 있어, 빠르면 이달 말에도 파견할 수 있을 것이다. 외상은 이 사절단 파견에 대해서 이미 이케다(池田勇人: 역자) 수상과 협의를 마쳤다.

사절파견을 생각하기에 이른 이유는 대략 다음과 같다.

1. 올 봄, 한국의 정변으로 대일강경정책으로 시종일관했던 이승만(李承晩) 정권이 무너지고, 한국 내에 일한관계의 호전을 기대하는 분위기가 생겨났다.
2. 경성(京城)으로부터 전하는 바에 의하면, 이번에 취임한 윤(尹潽善: 역자) 대통령은 "일한관계를 조속히 정상화하고자 한다. 일본의 경제원조를 기대한다"라고 말해 대일정책 전환을 수용할 방침을 밝혔다.
3. 올 가을 치러질 우리나라의 총선거 전에 한국에 억류되어 있는 일본인 어부의 송환을 포함해 일한관계를 궤도에 올려놓게 되면, 정부, 자민당으로써도 총선거 대책상 유리하다.

다만 외무성 당국에서는 일한관계는 지금까지 오랜 기간, 약간 호전되었다가 곧바로 악화되는 관계를 반복되어온 경위가 있으며, 또한 현재 재일조선인의 북조선 귀환 희망자를 북조선으로 송환하는 문제로 한국 측에 대일불신감이 아직 남아있다는 점, 일한 양국 간에는 아직 정식 국교관계가 없다는 점 등에서 사절단 파견의 절차에 대해서는 신중하게 움직여야 한다는 의견도 상당하다. 따라서 외상으로서도 이번 사절단의 임무는 일한 양국 간의 현안을 한 걸음에 해결하려는 것은 처음부터 기대하지 않고, 한국 신정권에 대해 일한우호관계를 빨리 수립하고자 하는 정부의 열의를 전달하는 의미에서의 '친선 한가지'만으로 하려고 생각하고 있다.

사절단의 구체적인 인선에 대해서는 자민당 측과의 조정도 필요하므로 검토 중인데, 외상은 실질적으로 정부를 대표하는 정도의 각료급 인물을 수석으로 하고 여기에 종래부터 일한회담에 관계하여 한국 요인과도 친분이 깊은 전 유엔대사 사와다 렌조(沢田廉三) 씨 등도 사절에 포함시키려고 생각하고 있는 듯하다.

1960년 8월 15일(1면)

일본사절단 시기상조 – 한국 민주당 양 수뇌 말하다

〈경성=야노(矢野) 특파원 14일발〉 14일 한국 각 신문에 "일본정부는 대한(對韓) 국교정상화에 적극적인 태도를 보이며, 9월경에 특사의 경성(京城) 파견도 고려하고 있다"라는 도쿄(東京)로부터의 보도가 전해졌다. 여기에 대해 민주당 유력 간부 가운데에는 "특사 파견 등 거창한 것보다는 통상적인 외교노선을 통해 통상, 어업 문제 등을 해결하여 우선 실리를 얻는 착실한 노력을 기울이는 편이 좋다"라는 의견도 나오고 있다.

그러나 민주당 신구 양파에 의해 국무총리 후보로 꼽히고 있는 장면(張勉) 민주당 최고대표위원과 김도연(金度演) 중앙위원회의장은 이 날 밤 모두 자택에서 "특사 내한(來韓)은 좋다고 생각한다. 다만 9월은 시기가 이르지 않을까"라며 다음과 같이 말했다.

◇ 김도연 씨=한국으로서도 일한회담을 가능한 한 빨리 열어 현안을 해결하고 양국 국교를 정상화할 것을 기대하고 있다. 특사 내한은 일한회담 성공의 계기를 만들게 될 것이라고 생각한다. 사전에 충분히 협의를 하여 사안을 진척시킨다면 특사 내한이 역효과를 초래하리라고 생각하지 않는다. 시기는 9월도 좋지만 내년 봄쯤도 좋지 않을까.

◇ 장면 씨=조속히 국교를 정상화하고자 하므로 원칙적으로 특사 내한은 좋다고 생각한다. 그러나 그 목적, 구성 등이 구체적으로 정해지지 않으면 명확한 의견은 말할 수 없다. 다만 신정부 탄생 직후는 몹시 바쁠 것이므로 9월은 너무 이르다. 거기에 특사를 맞으려면 양쪽에서 사전준비 협의를 해야만 한다. 이런 협의에 어느 정도 시일이 필요하지 않을까. 어쨌든 내 생각

으로는 우선, 민간 또는 반관반민의 사절이 내한하여 서로 의향을 타진한 뒤에 정부 간 정식교섭을 시작하는 것이 하나의 유력한 국교정상화 방법이라고 생각한다.

사절단, 환영한다 - 윤(尹) 대통령 언급

〈경성 14일발=공동〉 윤보선(尹潽善) 한국 대통령은 14일 "일본정부는 한국에 대해 친선사절과 경제사절단 파견을 준비하고 있는데, 어떻게 생각하는가"라는 일본인 기자의 질문에 답하며 "몇 번이고 말했듯이 일한관계의 정상화를 위해 친선사절을 환영한다. 또한 경제사절도 일한무역증진을 위해 크게 환영한다"라고 했다.

또한, 윤 대통령은 재일동포 60만 가운데 북조선으로 귀국을 바라는 사람이 많았던 것은 이승만(李承晩) 정권시대, 재일동포에 대한 본국의 대책이 불충분했기 때문이며, 앞으로 일본과 외교관계 정상화를 통해 재일동포의 경제적, 법적 지위의 향상을 도모하고자 한다고 말했다.

1960년 8월 16일 석간(1면)

한국, 국무총리에 김도연(金度演) 씨 지명 - 민의원 표결은 내일

〈경성=야노(矢野) 특파원 16일발〉 윤보선(尹潽善) 한국 대통령은 16일 오전, 구파가 국무총리로 밀고 있는 민주당 중앙위원회의장인 김도연 씨를 국무총리로 지명, 민의원에 동의를 구하는 요청서를 제출했다. 민의원은 17일 정오(일본시각 오전 11시 반) 본회의를 열어 김 씨 지명에 대한 동의여부를 표결한다.

현재 민의원 재석의원수는 227명으로 과반수 114명 이상의 찬성투표가 있으면 김도연 씨가 국무총리로 확정되고, 신정부의 주도권은 민주당 구파가 쥐게 된다. 이러한 정세에 대해 민주당 신파는 어디까지나 장면(張勉) 민주당 최고대표위원의 국무총리 실현을 목표로 민의원 본회의에서 김도연 씨 지명에 대한 동의가 거부되도록 전력을 다할 것으로 보인다.

김 씨의 약력: 김도연 씨는 경성(京城)에서 태어나 게이오대학(慶應大学) 이재과(理財科)를 졸업한 뒤, 미국으로 유학, 경제학박사 학위를 받았다. 전쟁 중 조선어학회사건에 연루되어 2년가량 복역했으나 종전된 해에 석방되었고, 제헌의회 이래 계속 민주당으로 입후보하여 국회의원에 당선(50년 5월의 선거에서만 낙선), 48년 8월에는 초대 재무부장관을 지냈고, 한미경제협정 교섭의 한국대표도 역임했다. 민주당에서는 구파에 속하여, 올해 4월 이승만(李承晩) 타도운동 이후 국회 부의장이 되어 민주당 최고위원의 일원으로 이름을 올렸다. 좌담을 좋아하며 호방한 반면, 엄격한 사람이라고도 알려졌다. 한국전쟁에서 장남이 북조선으로 납치되어 현재 그 며느리, 손자와 함께 경성 충정로(忠正路)의 넓은 저택에 살고 있다. 66세.

1960년 8월 17일(4면)

한국, 처음으로 허락 - 일본 상사원(商社員)의 입국

미쓰비시상사(三菱商事)는 이전부터 한국정부에 대해 무역을 위해 입국을 허가해주도록 활동해왔는데, 16일 이 회사 업무부원 구레 간지(吳完治), 이노우에 노조미(井上望) 두 사람에 대해 재일한국대표부로부터 "17일 입국사증을 교부한다"라는 정식 통지가 있었다. 일본 상사원의 정식 입국허가는 한국 독립 이래 처음이며 한국의 새 대통령선거 이래 대일 무역정책이 완화된 최초의 큰 수확이라고 무역업계에서는 보고 있다.

두 사람은 오는 23일, 한국으로 건너갈 예정이며, 9월 중순까지 한국 물자의 수입을 중심으로 무역협상에 임한다.

1960년 8월 18일 석간(1면)

장면(張勉) 씨를 총리로 지명 – 한국 대통령, 전격적 조치

〈경성=야노(矢野) 특파원 18일발〉 윤보선(尹潽善) 한국 대통령은 18일 오전 10시 20분(일본시각 9시 50분), 장면 민주당 대표최고위원(신파)을 국무총리로 지명, 민의원에 동의를 요청했다. 국무총리로 제1차 지명을 받은 김도연(金度演) 민주당 중앙위원회의장(구파)가 민의원 표결에서 패배했기 때문에, 이번에는 장면 씨가 지명될 공산이 크지만, 지명은 2, 3일 뒤에 있을 예정이어서 대통령의 전격적 조치에 놀란 사람이 많다.

구파 간부회인 23인위원회는 17일 오후 긴급회의에서 작전을 논의한 결과, 윤(尹) 대통령에게

1. 국무총리 선출을 민의원 직접선거로 가지고 가서, 장면, 김도연 두 사람 결선투표로 승패를 가리는 쪽이 구파에 유리하기 때문에 제2차 지명은 하지 않는다.
2. 장면 씨를 지명해도 민의원에서 부결될 가능성이 있다면 지명하고, 부결의 자신이 없으면 무소속인 서민호(徐珉濠) 민의원 부의장을 지명한다.

는 두 가지 안을 일단 건의하기로 합의하고, 김도연 씨 등 9명의 구파 간부가 윤보선 대통령을 방문하여 약 3시간에 걸쳐 협의했다.

한편, 민의원은 19일 오후 1시(일본시각 12시 반)부터 본회의를 열어, 장면 씨의 국무총리 지명 동의 여부를 표결한다.

1960년 8월 19일(11면)

'원폭증(原爆症)'의 공포 안고 - 조선으로 돌아가는 3남매

부모의 사망도 의문

〈니가타(新潟)〉 19일 니가타를 출항하는 제35차 북조선 귀환자 중에 '방사능의 공포'를 안고 낯선 부모의 나라로 돌아가는 고아 3남매가 있다. 이바라키현(茨城県) 시모다테시(下館市) 사쿠라마치(桜町)에서 온 강영식(姜英植 · 19) 군, 영호(英浩 · 16) 군, 옥련(玉蓮 · 11) 양 3남매로 전전(戰前)에서부터 10수년간 히로시마(広島) 부근에서 살았었다. 부모가 수년 전 잇달아 원인 모르게 사망 — 영식 군도 최근 몸 상태가 나빠져서 "혹시나…" 하는 불안에 싸여 있다.

영식 군에게 어렸을 때의 기억은 없다. 기억하고 있는 것이 25년(1950년), 10살 전후 경부터다. 히로시마현 아사군(安佐郡) 후루이치쵸(古市町)에서 살았고, 당시 아버지 덕신(德信) 씨는 건강이 나빠 거의 누워있었으며, 어머니 순이(順伊) 씨도 몸이 약했으나, 그래도 1일 노동으로 일해 왔다. 30년(1955년) 봄, 덕신 씨가 사망하고 이어서 수개월 후에 어머니 순이 씨가 사망한 뒤 영식 군의 고생이 시작되었다. 학교는 가지 못하고 히로시마시 역 앞의 상점에서 일하면서 생활보조를 받으며, 바닥의 생활을 하였다.

32년(1957년) 2월, 큰어머니가 되는 시모다테시 사쿠라마치의 김순택(金順澤) 씨에게 맡겨졌으나, 그 뒤부터 영식 군은 급격히 건강이 나빠졌다. 복통이 생기고, 코피가 났다. 때때로 통증, 그 때마다 시내의 의사에게 갔었으나, 원인을 확실히 알 수 없었다. 성장함에 따라 공포의 원폭(原爆)을 의식하게 되었다. 부모의 사인(死因)에도 의문이 갔다.

순이 씨의 이야기로는 20년(1945년) 8월 6일 아침, 영식 군의 부모는 집밖에 있었고 히로시마의 상공에 강한 섬광이 번뜩인 것을 멀리서 보고 있었다. 그리고 그 후에도 폐허의 정리에 동원되어 히로시마 시내에서 일하기도 했다. 그 후 영식 군 일가는 후루이치로 이사했는데 후루이치는 히로시마와 매우 가깝다. 이러한 이유로 강한 불안을 안고 있는데, 귀환을 앞두고 '원폭증'인지 여부를 확인받으려 했으나 결국 하지 못했다. 부모의 사인이 원폭이 원인인지 확인되지 않았고, 영식 군 자신의 건강에 대해서도 원폭증이라고 단정하기는 어렵다고 한다. 그러나 원폭증이 아닐까 하는 의문은 영식 군이나 주위의 사람들도 지금도 가지고 있으며, 조선총련(朝鮮総連)에서는 귀환 후 3남매를 철저하게 진료해주도록 북조선 적십자사에 의뢰하기로 했다.

순택 씨의 말: 나는 아직 일본에 남아 있으므로 부근의 먼 친척이 되는 사람이 후견인이 되어 데리고 가준다. 영식이뿐 아니라 옥련이도 의심 가는 점이 있지만, 종전 당시의 상황을 알 수 없으므로 원폭증의 걱정이 크다.

제4부 장면 정권 전기

(1960.8.19 석간 ~ 1960.12.31)

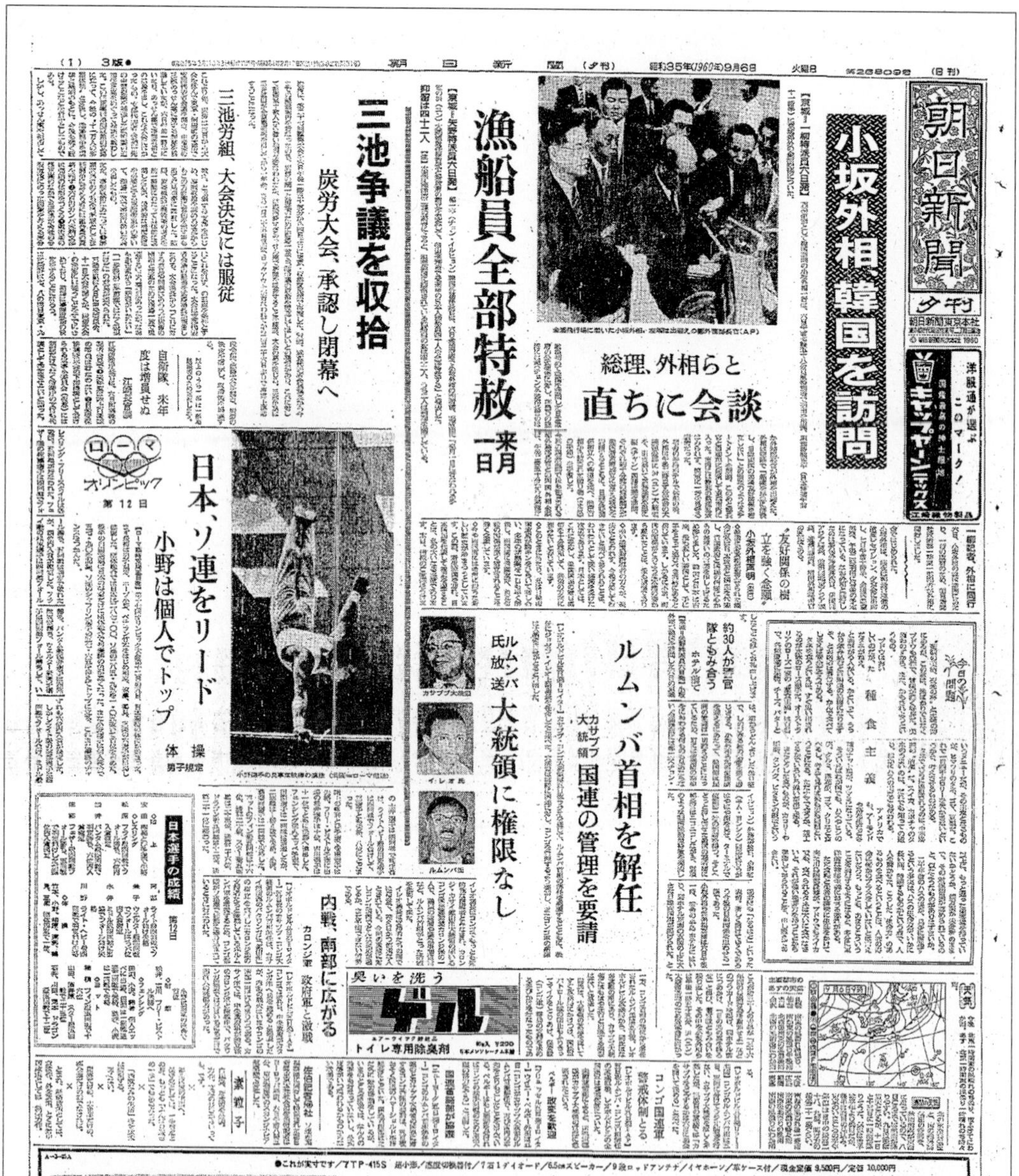

朝日新聞 夕刊

昭和35年(1960年)9月6日 火曜日

小坂外相、韓国を訪問

総理、外相らと 直ちに会談

漁船員全部特赦 来月一日

三池争議を収拾

炭労大会、承認し閉幕へ

三池労組、大会決定には服従

自衛隊、来年度は増員せぬ

ローマ オリンピック 第12日

日本、ソ連をリード

小野は個人でトップ

体操 男子規定

日本選手の成績

ルムンバ首相を解任

カサブブ大統領 国連の管理を要請

ルムンバ氏放送 大統領に権限なし

内戦、南部に広がる

今日の問題 種食主義

1960년 9월 6일 석간 「고사카 외상, 한국을 방문」 등, 본문 pp.469–472 참조

1960년 8월 19일 석간(1면)

장면(張勉) 총리를 승인, 한국 민의원(民議院)

〈경성=야노(矢野) 특파원 16일발〉 한국 의회 하원인 민의원은 19일 오후 본회의에서 장면 민주당 대표최고위원(신파)의 국무총리 지명에 동의했다. 이로써 장면 씨의 국무총리 취임이 확정, 민주당 신파가 신정부의 주도권을 쥐게 되었는데, 신구 양파의 세력이 백중세이기 때문에 순수 무소속의원은 이후에도 아주 큰 발언권을 가지게 될 것이다. 신정부는 무소속, 구파계도 입각시켜 가능한 거국내각의 모습을 갖추어 정국불안의 해소에 노력할 것으로 보인다.

표결 결과는 출석의원 225명 가운데 찬성 117, 반대 107, 무효 1. 재적의원 228명의 과반수인 115를 간신히 2표 넘어선 아슬아슬한 가결이었다. 그때 김도연(金度演) 씨는 즉시 다가와서 장면 씨와 굳은 악수를 나눴고, 총리 취임 결정을 축하했다. 숨막히는 분위기 가운데 결정된 새 국무총리의 탄생이었는데, 결정 직후 장면, 김도연 두 사람의 굳은 악수는 긴장된 의사당에 하나의 멋진 광경이 되었다.

장면 총리 약력: 수원고등농림학교에서 미국으로 유학한 가톨릭 신자로 법학박사이며, 1946년 민주의원 의원, 48년 제헌국회 의원을 거쳐, 49년 초대 주미대사가 되었다. 51년 이승만(李承晩) 정권의 국무총리가 되었지만 55년 민주당을 창설하여 최고위원이 되었다.

56년 야당(민주당)으로 부통령에 당선되었지만, 60년 3월 '부정선거'에서는 낙선했다. 이승만 시대부터 야당 지도자로 일했고, 이번 내각책임제인 제2공화국의 초대총리가 되었다.

민주당 내에서 약간 진보적 · 국제적인 '신파'의 대표자로 교수타입의 외유내강형이지만 경제건설과 외교에 독특한 구상을 가지고 있다. 전쟁 중에는 오랫동안 동성상업학교 교장을 지냈다. 60세.

1960년 8월 20일(2면)

[사설] 장면(張勉) 총리의 취임과 일한관계

한국 국회는 앞서 신헌법 하의 초대 대통령으로 윤보선(尹潽善) 씨를 선출했고, 윤(尹) 대통령에 의해 국무총리로 지명된 장면 씨는 19일 민의원의 승인을 얻어 장면 씨를 수반으로 한 신정부가 수립되었다. 신헌법에 따라 대통령은 상징적, 의례적 지위에 머물고, 정국을 담당하는 책임은 오로지 국무총리를 수반으로 한 국무원의 손에 넘어갔다. 따라서 종래의 허정(許政) 잠정정부의 뒤를 이어, 처음으로 실권을 가진 행정부가 한국에 생겨난 것이다.

한국의 정국은 이른바 4월혁명으로 시작되어 총선거, 대통령 선출 등 분주한 움직임을 보였는데, 장면 신정부의 성립으로 한국민의 염원이었던 '이승만(李承晩)체제'로부터의 탈피는 일단락을 고하게 되었다. 한국이 민주국가로서 힘찬 전진의 한걸음을 내디딘 것은 이웃국가인 일본국민에게도 큰 기쁨이다.

장면 씨는 새 국무총리의 중책에 어울리는 인물로 일컬어진다. 장(張) 씨는 한국정계의 원로이면서 오랜 야당 지도자로서 이승만 정권에 대해서는 비판적인 입장을 취했고, 또한 그 청렴한 인품을 국민이 신뢰하고 있다. 국무총리로 결정되기까지 우여곡절이 있었지만 결국 국민의 장면 씨에 대한 신뢰가 이 결과를 이끌어낸 것이라고 보고 싶다.

장면 총리가 현실에서 어떠한 정책을 취할지는 곧 발표될 시정방침을 기다려야 한다. 그러나 지금까지 기회있을 때마다 장면 씨가 밝혀 온 견해를 종합하면, 현실적인 정책을 취하고 외교적으로도 유연한 방침을 취할 것으로 기대할 여지가 많다고 생각한다. 특히 장면 씨가 외교에서 풍부한 경험을 갖고, 일한관계 타개에 성의를 가지고 있다고 보이는 것은 환영하는 바이다.

한국 신정부 수립에 즈음해 우리가 무엇보다도 바라는 것은 일한관계가 이승만정권 시대의 어두운 골짜기에서 벗어나서 본래의 선린우호 관계로 돌아가는 것이다. 이케다(池田勇人: 역자) 내각은 한국의 신정부 발족을 기회로 친선사절단을 파견할 방침이며, 곧 각료급의 인선을 결정할 것이라고 한다. 그렇게 함으로써 서로 이해를 깊게 하고 우호를 쌓아가는 것이 무엇보다 중요하다. 한국 측에서도 사절단 등을 일본에 파견해서 양국 간의 교류를 도모해야한다고 믿는다.

다만 알려졌듯이 양국 간에는 '이승만 라인' 문제를 시작으로 해결해야 할 현안이 많이 남아 있다. 이를 해결하기 위해서는 중단된 상태에 있는 일한회담을 재개하여 양국의 상호 이해와 신뢰를 바탕으로 인내심을 가지고 협의를 해나가야 한다.

이승만 정권 시대의 일한교섭은 무엇보다 한국 측의 강한 대일 불신감이 회의의 진행을 방해했다. 그것은 이른바 일한 양국 관계의 불행한 과거에 사로잡힌 태도였다고도 할 수 있다. 장면 총리는 일한관계의 과거는 흘려보내고 현실적으로 일한관계 정상화를 도모하겠다고 말했다. 이것은 충분히 곱씹어야 할 말이라고 생각한다. 물론 일본으로서도 한국민의 기대를 충분히 이해하면서 새로운 양국 간의 친선관계를 만들어 가야 한다고 생각한다.

한국 신정부의 수립을 기회로 일한 양국의 국교정상화가 한걸음 나아가기를 한결같은 마음으로 바란다.

1960년 8월 20일(3면)

[클로즈업] 한국 새 국무총리 장면(張勉) 씨

장면 씨의 정치생활은 한국 해방 다음 해인 1946년에 시작되었다. 그 정치생활 10여년간의 전반기는 46년 2월 미군정 하의 민주의원 의원, 같은 해 말 과도입법의원, 48년 5월 제헌국회의원으로 각각 당선. 이승만(李承晩) 대통령 아래에서 제3회 유엔총회 한국대표(옵저버), 초대 주미대사, 50년 국무총리로 '양지바른 자리'를 역임했다.

수원고등농림학교를 졸업한 후, 미국으로 건너가 1925년 맨해튼(Manhattan) 대학 문과를 졸업했다. 이 학교를 시작으로 포덤(Fordham), 세인트폴(Saint Paul) 등, 미국 3개 대학에서 학위를 받았으며 독실한 가톨릭 신자이고, 해외에 많은 유력한 친구들을 갖고 있다. 55년 이(승만) 정권 하에서 출판된 '한국의 동란'이라는 책에도 "세계의 외교무대에서 그 인격, 덕망, 웅변에서 특색 있는 매력적인 존재"라고 평가받은 점에서도 그의 능력은 실증될 것이다.

국무총리 당시부터 행정면에서 이승만 대통령과 의견 충돌이 있었는데, 52년 제2차 대통령 선거전에서 미국이 그를 후보로 밀었기 때문에 두 사람의 사이에 큰 틈이 생겼고, 55년 9월 민주당의 창립 이래 장면 씨는 재야의 투사로써 항상 이(승만) 정권에 과감히 도전해왔다. 특히 56년 9월 민주당 전국대회에서 등단 중 괴한에게 습격을 받은 적이 있는데, 그 범인도 여당의 사주를 받은 것은 아닐까 라며 '4월 정변' 후 한국에서 문제가 되고 있다.

이렇게 그의 정치생활 후반은 이(승만) 폭정 하에서 몸을 던져 '민주주의의 등불'을 사수하고자 가시밭길을 걸어왔는데, 명실공히 민주한국을 호령하는 수상의 자리를 획득한 현재 그의 기쁨은 상상할 수 없을 것이다.

절개를 지켜온 재야의 당수가 국무총리에 오른다는 지극히 당연한 코스가 이리저리 휩쓸려 대통령의 두 차례 지명과 민주당 내 신구 양파 간 무대 뒤의 치열한 공작에 의해 간신히 마무리 된 것을 생각하면 '민주당 신구파, 무소속을 규합한 거국내각'이라는 장면 내각의 장래가 용이하지 않을 것은 명백하다.

그러나 모든 시책의 근원이 미국의 대한원조에 달려있는 한국의 현재 상태에서는 미국에 발이 넓은 그는 수상으로서 가장 좋은 조건을 갖추고 있다고 할 수 있다. 대일정책에 대해서도 "감정적 반일외교를 배격하고 과거를 씻어버리고 조속히 양국관계의 정상화를 도모해야한다"는 것이 그의 변하지 않는 신념이며, 상호주의 정신에 의한 주한일본대표부 설치문제의 해결, 외교적 타협에 의한 이승만 라인 해결(국제사법재판소에의 제소도 가능), 전면적인 통상재개, 재일한국인 북송 중지를 일한회담 재개의 전제조건으로 고집하지 않는 등 온당한 의견을 공표하고 있어서 지금이야말로 일한관계 타개의 절호의 기회를 맞이했다고 할 수 있을 것이다.

1960년 8월 21일(3면)

한국 '분당' 다시 검토 - 민주당 구파 '원내교섭단체'로

〈경성=야노(矢野) 특파원 20일발〉 장면(張勉) 국무총리의 조각 작업은 민주당 구파의 협력이 전혀 없어서 20일에는 거의 진전이 없었다. 장면 총리는 다시 구파 간부와 개별적으로 만나서 협력을 간청한다고 하는데, 구파는 이날 오후 구파 의원총회에서 '구파민주당'이라는 원내교섭단체를 만들 것을 정식으로 결정하고, 신파와는 행동을 같이 하지 않는다는 태도를 확인함으로서 양파 균형을 맞춘 거국내각 실현은 절망적으로 되었다.

장면 총리는 20일 오후, 조각 방침을 협의하기 위해 민주당 대표최고위원 자격으로 민주당 확대간부회의를 소집했는데, 구파 간부가 이것을 보이콧했기 때문에 유회되었고, 21일 재소집하기로 했다.

한편 구파는 이날 오후 두 개의 회의를 열었다. 하나는 구파 원외당원총회로 약 370명이 출석. 다른 하나는 구파 의원총회로 민의원, 참의원 양원 의원 약 90명이 출석했다.

원외당원총회로부터 즉시 분당 등의 건의를 받은 의원총회에서는 ①우선 국회에 원내 구파민주당 명칭으로 원내교섭단체 등록한다 ②지금까지 구파간부회의였던 23인위원회를 해산하고 7인위원회를 설치한다 ③즉시 분당하고 새로운 야당을 조직할지, 아니면 당내 야당 위치를 취할지는 7인위원회에서 다시 검토할 것 등을 결의했다.

이는 분열할 경우, 누가 정통파로써 '민주당' 간판을 달 것인가라는 본가(本家) 다툼도 있을 것이므로, 여론의 움직임을 신중하게 지켜보기 위한 것으로 보인다.

1960년 8월 22일(1면)

한국 장면(張勉) 내각, 오늘 성립될까 - 민주당 신파의 양보로 진전

〈경성=야노(矢野) 특파원 21일발〉 장면 한국 국무총리는 끝까지 거국내각 실현의 꿈을 버리지 않고 조각 작업 3일째인 21일, 민주당 구파에 ①12개 각 부 장관(각료)의 자리 배분을 신구 양파 각 5, 무소속 2로 한다 ②구파에 제공할 5명 장관 인선은 모두 구파에 맡길 것을 제안, 구파의 각내 협력을 요청했다.

구파는 신파 측의 파격적인 양보에 크게 동요하여 결속이 흐트러지기 시작했고, 21일 밤 열린 구파 긴급의원총회에서 "앞으로도 야당적인 입장은 지키되 입각하여 일단 협력한다. 장관 인선은 구파 간부에게 일임한다"는 태도를 정했다.

〈경성=야노(矢野) 특파원 22일발〉 민주당 구파의 간부인 김도연(金度演) 중앙위원회 의장, 백남훈(白南薰) 최고위원, 유진산(柳珍山) 민의원 의원 3인은 22일 오전 0시반(일본시각 0시) 경 장면 국무총리를 자택으로 방문하여, 구파의 입각후보자 7명의 명단을 전달하고 그중에서 5명을 고를 것을 요구했다고 한다. 조각은 22일 중에 완료, 신정부가 발족할 것으로 보인다.

경제재건에 노력 - 장면(張勉) 한국 국무총리 방송

〈신아(新亞)=도쿄(東京)〉 21일 밤 경성(京城)방송에 의하면 한국의 장면 신임 국무총리는 이날 취임 후 처음으로 '전국민에게 호소한다'라는 제목의 방송에서 "성심성의, 모든 힘을 다해 경제재건을 위해 노력할 것을 맹세한다"고 말하고, 또한 대외문제로는 대일관계 정상화와 유엔외교를 강화할 것을 주요 임무로 한다고 말했다.

1960년 8월 22일(8면)

북조선 귀환 올해도 난항?

파란 안은 니가타(新潟) 회담 – '협정연장'을 둘러싸고

난항이라는 말이 항상 붙어 다니는 북조선 귀환 문제 교섭은 올해도 초반부터 심상치 않은 형세다. 협정연장 문제를 협의하는 정식회담은 25일경부터 니가타에서 열리기로 정해졌지만, 이 회담을 실현시키기 위한 예비회담을 앞두고 파생적인 기자입국 문제에 대해 "양보하라, 양보할 수 없다"라며 아홉 번이나 전보(電報) 싸움. 협의가 시작되기 전부터 일찌감치 난항을 보이고 있어, 본회담은 더욱 힘들 것으로 예상되고 있다. 회담 개시를 앞두고 그 내막을 들여다보았다.

너무 닮은 은밀연장방식

귀환협정연장 문제가 일조(日朝) 양 적십자사 사이에 정식으로 다루어진 것은 지난 달 23일, 북조선적십자가 "협정을 수정 없이 그대로 연장하고자 한다"고 요청해 온 것이 발단. 제안받은 일본적십자 측은 매우 놀랐다. 왜냐하면 일본적십자 측은 처음부터 현 협정이 기한 내에는 수송 완료할 수 없을 만큼 귀환 희망자가 남아 있는 이상, 협정의 연장은 당연하다고 생각하고 있었는데, 이 요청 직전 정부 관계자로부터 "기다려라"는 지시가 있었고, 신속화 안으로 방향 전환 했기 때문이다. 그때 일본적십자의 마음을 꿰뚫어 본 듯한 이 전보. "전보로 OK를 주면 협정은 연장된 것으로 간주한다"라는 말투까지 이전부터 일본적십자가 생각하고 있었던 '은밀한 연장방식'과 완전히 그대로. 일본적십자는 너무나 똑같은 방식 때문에 '비밀누설'설까지 튀어나온 전말.

그러나 일본적십자로서는 정세변화도 있었고, 조선 측의 요청을 그대로 받아들일 수는 없었다. 관계 당국과 협의한 결과, 지난달 29일 답장을 통해 "신속화를 포함해 귀환문제를 협의하자"라는 표현으로 니가타 회담을 요청했다. 이렇게 시작부터 상대의 속셈 파악에 들어갔는데, 거기에 또다시 성가신 '기자입국 문제'가 발생했다.

기자입국 문제에 시달리다

일본 측의 회담 제안에 대해 조선 측은 일주일이 지난 5일 회담개최에 "신문기자 동행을 허락하라"는 조건을 붙여 동의했다. 조선 측의 명분은 "국제회담에 기자 동행은 상식"이라는 것인데, 그것이 노리는 것은 전쟁 이후 한번도 북조선인의 정식 입국을 허락지 않은 일본 측의 두꺼운 벽을 이 기회에 한 번에 무너뜨리겠다는 속셈인 것이다. 이 요청은 금년 봄 일조 기자교환의 이야기가 있었을 때 "도쿄(東京) 입국은 곤란하지만 니가타만이라면 입국을 허락하자"라는 정부의 입장이 내심 드러났던 사정도 있어서 논란 없이 해결될 것으로 보였지만, 외무성은 이를 딱 잘라 거절했다. 거부의 공식적 이유는 "회담은 양 적십자사가 하는 것이며, 신문기자는 관계없다"라는 것.

이런 태도에 놀란 일조협회, 귀국협력회 등은 "기자 교환 당시의 정부 견해와 모순된다"라며 외무, 법무성 관계자를 물고 늘어졌는데 정부 측은 강경하다. 이 거부 이유는 다소 억지스럽지만 정부의 진짜 생각은 기자 입국이 전례가 되는 것은 곤란하고, 호전되려는 일한관계가 이 일 때문에 금이 가는 것도 곤란하다는, 대한(對韓)관계가 고려된 것 같다.

왕복 아홉 차례 전보 싸움을 전개

이렇게 6일 일본적십자는 '기자입국은 불가'라고 회답했는데 조선 측은 7일 다시 입국요구 전보. 그리고 일본적십자가 8일에 다시 거부 의향을 전달했고, 조선 측은 만나서 결말을 짓자라며 예비회담을 제안. 그러나 예비회담에서도 합의되지 못하고 계속 전보 왕복 아홉 차례의 '전보 싸움'이 되었던 것.

기자 문제는 결국 지난 19일, 북조선측이 기자를 적십자의 '임시직원'으로 만들어 수행원으로 동행시키겠다고 나왔기 때문에, 일본 측으로서도 거절할 이유가 없어서 입국을 허가하기로 결정했다. 그때 북조선 측은 자신들의 정당성을 널리 알려서 일본국민에게 북조선에 대한 관심을 높이고, 또한 일본 측은 한국에 대한 배려와는 동등하지 않은 점을 보여줘서 한국 측의 점수를 땄다는 견해도 있다.

협정연장의 협정기한은 흐지부지

이런 소동이 일어나는 와중에 몇가지 진기한 이야기도 나왔다. 그 중 하나는 협정연장의 협정기한이 어느 새에 흐지부지 되어버렸던 것. 현재 협정에 의하면 협정실효 3개월 전에 양 적십자가 협의하여 연장 여부를 결정한다고 되어 있다. 상식적으로 해석하면 12일까지 연장을 매듭지어야 하는데, 일본적십자와 각 부처 연락회담에서도 이 점은 큰 문제가 되었지만 언제부터인지 서로 "12일까지 협상을 시작하기만 하면 된다"라는 대체적인 해석이 통용되었다. 정식회담도 아직 열리지 않았기 때문에 '협의의 개시'가 있었는지 여부는 의문이라고 보는 쪽도 있지만 양쪽은 이 문제를 거의 다루려고 하지 않는다. 사사건건 의견대립을 벌이는 양쪽도 이 문제만큼은 완전히 합의하고 있다.

준비부족이었던 대표숙소 문제

다른 하나는 대표단의 숙소문제. 니가타 회담을 제창한 것은 일본 측으로 당연히 북조선 측 대표단의 숙소는 마련해두었어야 하는데, 공교롭게도 니가타 불꽃놀이축제와 겹쳐 여관은 모두가 만원. 예비회담에서 김주영(金珠榮) 북조선대표는 불같이 화를 냈다. 국제회담으로는 보기 드문 준비부족의 케이스였다.

앞으로 니가타 회담은 어떻게 될까 - 일본적십자 측은 당초 방침대로 우선 신속화를 제안, 이것이 일단락되면 연장문제 토의로 들어간다는 방침인데, 현재 방식이 가장 합리적이라고 주장하는 북조선 측이 이를 그대로 받아들일 수 있을까?

1960년 8월 22일 석간(2면)

한국 조각 작업, 다시 난항 - 민주당 신구 양파, 막판에 타협 무너져

〈경성=야노(矢野) 특파원 22일발〉 장면(張勉) 국무총리의 조각(組閣) 작업은 민주당 신구 양파의 타협이 막판 단계에서 무너져 정세는 다시 급변하여 난항하기 시작했다.

구파는 21일 장면 총리로부터 "구파로부터 신파와 같은 수인 5명의 입각을 받아들일테니 협력해 달라"는 요청을 받아들여, 같은 날 밤 긴급 구파 의원총회를 열어 협의한 결과 "야당적 입장은 버리지 않고 의회교섭단체인 구파민주당은 기존 방침대로 결성하되, 일단 입각하여 협력한다"라는 태도를 정했다.

이것을 구파 간부인 김도연(金度演) 민주당 중앙위원회 의장, 유진산(柳珍山) 의원 등이 장면 총리에게 통고했는데, 신파 측은 "구파가 야당적 입장을 버리지 않는다면 구파 입각의 의미가 없다"라며 22일 오전 1시 경 구파의 회답을 거부했다.

이 때문에 조각을 둘러싼 양파의 교섭은 결렬상태에 빠졌고, 신파 측은 "신파를 중심으로 무소속과 구파 탈락자를 대상으로 조각을 진행한다"는 방침을 세우게 되었다.

그러나 신구 양파가 다시 정면으로 대립하게 된 현 단계에서는 구파 탈락자가 입각하기 어려운 정세이므로, 어떻게 내각이 탄생할지 지금으로써는 예단하기 어렵다.

1960년 8월 23일 석간(1면)

장면(張勉) 씨, 조각을 완료 - 외상(外相)에는 정일형(鄭一亨) 씨

〈경성=야노(矢野) 특파원 23일발〉 장면 한국 국무총리는 23일 신내각 조각을 완료하고 14명(12명은 각 부 장관, 내각관방 장관에 해당하는 국무원 사무소장, 무임소 장관 각 1명) 각료 명단을 발표한 즉시 윤보선(尹潽善) 대통령에게 제출했다. 12년에 걸쳐 독재권력을 휘둘렀던 이승만(李承晩) 정권이 무너지고 119일 만에 헌법개정, 총선거를 거쳐 현재 내각책임제 하에서의 첫 정부가 탄생했다.

새로운 각료는 거의 이승만 정권 하에서 힘든 야당생활을 견뎌 이겨내며, 독재를 온몸으로 체험한 사람들로, 각료 경험은 모두 처음이며 미 군정시대에 각료와 동격이던 부장(部長)을 경험한 사람이 한 명 있을 뿐이다. 그런 의미에서는 모두 참신한 인물들이다.

〈신아(新亞)=도쿄(東京)〉 23일 경성(京城)방송에 의하면 한국의 장면 국무총리는 이날 오전 신임 각료 명단을 다음과 같이 발표했다.

▷외무=정일형 ▷내무=홍익표(洪翼杓) ▷재무=김영선(金永善) ▷법무=조재천(曺在千) ▷국방=현석호(玄錫虎) ▷문교=오천석(吳天錫) ▷부흥=주요한(朱耀翰) ▷농림=박제환(朴濟煥) ▷상공=이태용(李泰鎔) ▷보건사회=신현돈(申鉉燉) ▷교통=정헌주(鄭憲柱) ▷체신=이상철(李相喆) ▷국무원 사무소장(사무처장의 오기: 역자)=오위영(吳緯泳) ▷무임소=김선태(金善太). 이 가운데 교통부장관인 정헌주 씨만이 민주당 구파에 속하며, 문교부장관 오천석, 농림부장관 박제환 등 2명이 무소속이다.(오천석은 국회의원이 아님: 역자)

정(鄭) 신 외상(外相) 약력

〈경성 23일발=로이터〉 정일형 외상은 56세. 1935년 미국 뉴저지주 드루(Drew)대학 대학원 사회학과 졸업, 동 대학에서 철학박사 학위를 취득했다. 1945년까지 협성(協成)신학교 교수를 역임, 1945년부터 48년까지 미군정부 인사행정소장, 1948년 유엔총회 한국대표, 1950년 민의원 의원에 당선, 1951년에는 외무위원회 위원장이 되었다.

신파의 정예내각 - 지일파(知日派)가 많은 것도 주목

〈경성=야노(矢野) 특파원 23일발〉 장면 내각 성립으로 한국은 이른바 '제2공화국' 건설에 본격적인 첫 걸음을 뗐다. 완성된 신 내각의 당파별 내역은 14명의 각료 가운데 신파 11명, 무소속 의원 1명, 비정당인 1명, 구파 1명으로 실질적으로는 신파 단독정권이라고 할 수 있다.

구파 출신으로 입각한 정헌주 교통부장관도 물론 구파로부터 파견된 것이 아니라, 구파를 이탈해서 입각한 것이므로 구파는 '완전야당' 입장을 취하기로 된 것이다. 이것이 이후 한국 정국에서 갖는 의미는 중대하다.

신구 양파의 국회세력이 백중세이므로 구파는 현 정권의 '단명내각설'을 대대적으로 내세워 결속을 단단히 하기에 힘쓸 것으로 보인다. 여기에 대해 신파는 정권을 장악했다는 유리한 입장에서 구파를 분열시키고 무소속 의원 포섭을 꾀하는 한편, 신파세력을 지방조직에의 침투작전도 전개하여 안정세력 획득에 전력을 다할 것이다. 양파 사이에 정책상 차이는 없다고는 하지만, 이후에는 인사문제, 행정운영면을 둘러싸고 의견 대립이 격화하지 않을까 보고 있다.

그러나 신 내각의 인물들은 신파의 거물급이 죽 늘어선 정예진용이라고 할 수 있다. 정일형 외무부장관은 전 민의원 외교위원장이며 민주당에서 으뜸가는 외교통. 조재천 법무부장관은 민주당 선전부장, 현석호 국방부장관은 민주당 조직부장, 주요한 부흥부장관은 민주당 정책위원회 의장을 역임해, 모두 민주당의 중진으로 활약하였다. 또한 참의원에서 오로지 혼자 입각한 오위영 국무원 사무소장(사무처장의 오기: 역자)은 은행가 출신으로 신파의 자금면의 참모격으로 일했고, 내각의 총지배인으로써는 최적임자로 보인다.

원래 신파에는 학구파가 많아 일본시대에 고등문관시험을 패스하고 검사나 판사로 일했던 사람도 상당히 많다. 새로운 각료도 생각하는 방식도 합리적으로 정책맨으로서는 모두 수준이 높다고 알려졌다. 또한 일본의 고등교육을 받은 사람이 조재천 법무부장관을 비롯하여 14명 가운데 11명이나 되는 것은 주목할 만하다. 이는 신정부 내에 지일파가 많은 비중을 차지하고 있음을 보여주는 것으로 일본으로서는 환영할만한 일이다.

1960년 8월 24일(1면)

일한 외상(外相)회담을 - 정일형(鄭一亨) 신 외상이 제창

〈경성=야노(矢野) 특파원 23일발〉 정일형 외무부장관은 23일 취임 직후 "장면(張勉) 국무총리 승인을 얻어 7개 항목의 기본적인 외교방침을 24일에 발표한다. 그때까지는 상세한 이야기는 할 수 없다"라고 운을 떼면서, 일한관계 정상화 문제에 대한 기자의 질문에 다음과 같이 말했다.

▶일한회담을 재개하기 전에 우선 양국 외상회의 개최를 제창하고자 한다. 일한관계를 개선하기 위해서는 사무당국이 다룰 기술적인 문제를 뒤로 돌리고, 먼저 정치적으로 큰 틀의 해결을 꾀하는 것이 좋다. 외상급의 작은 '정상회담' 개최는 단순히 생각한 것이 아니라 본인이 갖고 있는 지론(持論)이다.

▶일본에서 친선의 특사가 방한하는 것은 대찬성이다. 그 시기에 대해서는 역시 검토해야만 한다.

▶일한 양국의 경제제휴는 대대적으로 연구해야 할 문제이다. 신정부로서는 지금까지 미국에 편중된 외교를 지양하고 가능한 한 많은 우호국과 협조하고자 노력할 것이다.

1960년 8월 24일(1면)

일본·북조선 양 적십자, 내일부터 니가타(新潟) 회담

이(李) 씨 등 입국을 허가

재일조선인 북조선 귀환협정 연장문제를 협의하는 일조(日朝) 적십자회담은 내일 25일부터 니가타현청(新潟県庁)에서 열린다.

북조선 측 대표단은 당일 아침 니가타에 입항하는 제36차 귀환선으로 방일, 즉시 일본 측 대표단과 회담을 시작하는데, 첫째 날은 인사 정도로 끝내고 실질적인 협의는 26일 경부터 이루어질 모양이다.

대표단 구성은 일본 측이 가사이(葛西嘉資: 역자) 일본적십자사 부사장, 다카기(高木) 사회부장, 이노우에(井上益太郎: 역자) 외사(外事)부장과 직원 1명, 북조선 측은 이일경(李一卿) 적십자사 부사장, 허석신(許錫信) 조직기획부장, 김주영(金珠榮) 국제부 부부장의 3대표와 직원 5명. 이(李) 단장은 북조선정부의 교육문화상을 겸하고 있다. 일본 측 대표는 작년 제네바회담 당시와 똑같으며, 북조선 측도 이일경, 허석신 두 사람은 이 교섭에 대표로 출발(출석의 오기로 보임: 역자)하고 있다.

일행에 대해서는 회담이 끝나기까지 기간 동안 기항지 상륙 형식으로 상륙, 체재를 허락하는 조치가 취해졌는데, 정부가 북조선인의 입국, 체재를 공식적으로 인정한 것은 이것이 전후 최초의 사례이다.

1960년 8월 24일 석간(1면)

일한회담, 경성(京城)에서 - 한국 측에서 정식으로 제안

〈경성 24일발=로이터〉 한국의 정일형(鄭一亨) 외무부장관은 24일 기자회견에서 한국정부가 일한관계정상화에 대한 회담을 경성에서 열자고 정식으로 제안한 사실을 확인하면서 다음과 같이 말했다. 개회 날싸에 대해서는 아직 구체적으로 제안하지 않았다. 한국은 고사카(小坂善太郎: 역자) 외상의 방문을 환영한다. 나는 본격적 회담에 앞서 일한관계를 전면적으로 검토하기 위해 소수의 회담을 열 것을 주장하고자 한다.

정일형 장관은 또한 이 기자회견에서 다음 7개항으로 이루어진 외교방침을 발표했다.

1. 조선의 평화통일에 대한 유엔결의안을 지지하며, 북선(北鮮)으로의 진격을 주장했던 이승만(李承晩) 정부의 정책을 포기한다.
2. 한국의 유엔가입을 추진한다.
3. 유엔과의 관계를 개선한다. 그 가운데에는 한국군의 지위에 대한 협정의 조기체결을 위한 노력이 포함된다.
4. 대일외교관계를 개선한다.
5. 대 비(非)공산국관계를 개선한다.
6. 국내의 실업, 인구문제 해결책의 하나로 이민을 촉진한다.
7. 국민외교를 촉진한다.

1960년 8월 25일(1면)

일한회담 전망이 섰다

방한사절이 발판 – 정일형(鄭一亨) 담화에 긴급준비

한국 신정부를 기다리기 위해 4개월여 공백이 계속된 일한교섭은 고사카(小坂善太郎: 역자) 외상 등의 한국 방문을 계기로 드디어 재개될 전망이다.

한국의 정일형 외무부장관이 24일 기자회견에서 한국정부가 일한관계정상화에 관한 회담을 경성(京城)에서 열 것을 정식으로 제안했다는 사실을 확인한 것으로 전해졌으므로, 외무성은 하루이틀 사이에 재일한국대표부를 통해 이 제안이 전달될 것으로 보고, 고사카 외상이 친선사절로 한국을 방문하는 문제에 대해서도 '정일형 담화'에서 환영의 의향을 분명히 밝히고 있으므로, 이에 관한 한국 측의 태도도 곧 일본 측에 정식으로 전해질 것이라고 보고 있다.

한국 측이 즉시라도 외상 등의 방한사절을 받아들인다는 태도를 보인다면 정부는 다음 달 상순에는 외상 등의 방한을 실현하고, 이후 현안 해결을 토의할 '경성회담'으로의 본격적인 준비에 착수할 생각이다. 또한 이 '경성회담'의 정식제안은 이번에 한국 측으로부터 처음 나온 것이므로, 일본 측으로서는 지금까지 재한일본대표부 설치가 인가되지 않았으나 경성회담에 파견하는 일본대표단을 발판으로 삼아 장래 일본대표부 설치가 설치되도록 상호주의를 전제로 관철시켜 나갈 생각이다.

한편 정일형 외무부장관은 일한회담 재개 이전에 외상급의 '작은 정상회담'을 열고, 그 다음에 양국 사무당국에 의한 현안절충에 들어가려는 생각인 듯한데, 외무성 당국은 이번에 고사카 외상이 한국을 방문할 때 한국 측이 이번 기회에 바로 고사카·정일형 회담을 열고자 하는 입장이라면 여기에 응하는 것도 좋다고 보고 있다.

고사카 외상의 방한 시기는 한국 측이 빨라도 상관없다는 방침이라면, 외상은 워싱턴으로 출발하는 다음 달 10일 이전에 가능하다면 5일에서 8일 사이에 추진하려는 의향이다. 앞으로 열릴 경성회담 시기에 대해서 정부는 한국 측 제안을 따르는 것이 좋다고 하고, 한편 한국 측도 북조선 귀환문제에 강경한 태도를 보이지 않고 있어서, 현재 회담재개를 지연시킬만한 장애요인은 딱히 예상되지 않는다.

우선 정상회담으로 타개 - 정일형 장관, 일한문제에 대해 말하다

〈경성=야노(矢野) 특파원 24일발〉 정일형 회무부장관은 24일 오후 일본인 기자단과 회견을 갖고 일본의 친선특사를 받아들이고, 일한 양국의 정상회담 개최를 제안하는 등 국교정상화 방침에 대해 한국정부의 생각을 분명히 밝혔다. 이 가운데 정(鄭) 장관은 "양국 국민의 일치된 희망이다"라고 현안의 조기 해결 방침을 거듭 강조하면서 "한국정부로서는 가능한 한 초당적 태도로 대일문제 처리에 임한다"고 하여 주목을 끌었다. 중요한 일문일답은 다음과 같다.

문: 고사카 외상의 친선특사는 다음 달 6일 경까지 방한하려는 의향이라는 보도도 있는데 시기는 언제가 적당한가?

답: 아직 결론을 내리지 못했지만 26일 경까지 주일대표부를 통해 일본정부에 회답할 것이다. 가능한 일본 특사에게 사정이 편리하도록 하고자 한다.

문: 일한정상회담 개최를 제안한다는데 개최 시기, 장소 또는 그 목표는-

답: 시기와 장소는 아직 정하지 않았다. 또한 고사카 외상이 친선특사로서 방한했을 때 그러한 회담을 할 의향은 없다. 그러나 가능한 한 빨리 구체안을 정해 제안하겠다. 일한 양국 사이에는 북송문제, 이승만 라인 문제 등 다양한 난제가 있는데, 그 해결의 큰 틀에 대한 합의가능한 선을 찾기 위해 우선 수상 또는 외

상 회담을 여는 것이 좋겠다고 생각한다. 즉 문제를 정치적으로 해결하고 나서 지금까지와 같은 일한회담을 열어 기술적인 문제를 취급하자는 것이다.

문: 재일조선인 북조선 귀환협정이 연장될 경우는 어떻게 하는가?

답: 불행히 연장될 때는 일한회담에서 이 문제를 거론하여 해결되도록 노력한다. 일본 측도 한국과 원만한 해결을 희망한다면 신중히 고려했으면 좋겠다.

문: 현안 해결은 하나씩 하나씩 풀어나가는 개별방식이 좋은가, 아니면 모든 문제를 한꺼번에 풀어나가는 일괄방식이 좋은가?

답: 어업문제나 문화재 반환 등 개개의 문제를 따로 떼어 해결하는 것은 어렵다. 그렇다고 일괄처리 방식을 취하는 것도 부적당하다고 생각하므로, 현안을 몇 개 그룹으로 나눠서 그룹별로 해결해가고자 한다. 일한회담은 경성에서 열려도 좋지만 장소는 그다지 중요하다고는 생각하지 않는다.

문: 해결 방식에 대해서 국회의원 사이에 이론이 나올 가능성도 있다고 하는데…

답: 외무부장관 자문기관인 외교위원회를 정비 확충하여 광범하게 정계, 학계, 언론계, 실업계 등 대표를 참가시켜 그 의견을 듣고 초당파적 외교를 추진하고자 한다.

문: 주한일본대표부 설치 가능성은…

답: 지금까지 한국만이 주일대표부를 두고 한국에 일본대표부가 없었던 것은 국제관례에서 보면 유감이었다. 일한회담이 열린다면 적당한 시기에 설치될 것이라고 생각한다.

문: 동북아시아기구(NEATO) 결성을 희망한다는데 그 구상은…

답: 한국, 일본, 국부(国府=타이완 정부: 역자), 필리핀, 미국의 5개국을 포함한 새로운 국제협력조직을 만들고자 하는 것이다. 이것은 하나의 목표로서 친서방적인 일본과 우호관계가 증진된다면 실현되리라고 생각한다.

문: 이후 한국방문을 희망하는 일본인이 늘어날 것이라고 생각하는데…

답: 국교정상화 이전에도 언론관계자나 특수한 사명을 가지고 오는 사람의 입국에는 가능한 편의를 봐줄 생각이다.

1960년 8월 25일 석간(1면)

적십자 니가타(新潟) 회담 내일부터

협정연장, 무수정(無修正)을 – 이일경(李一卿) 북조선대표 인사

〈니가타〉 재일조선인의 북조선 귀환협정 연장문제를 협의할 이일경 북조선 적십자사 부사장 등 대표단 일행 8명은 25일 아침 니가타항에 도착했다. 이(李) 단장은 부두에서의 환영회에서 지금까지처럼 "협정은 무수정으로 연장해야 한다"는 주장을 반복하면서, 신속화안을 주장하는 일본적십자 측과 큰 차이를 보여, 이후 회담의 파란을 예상시켰다. 이날은 "휴식을 취하고 싶다"는 북조선 측 의향에 따라 구체적인 협의는 전혀 이루어지지 않았고, 회담 진행방식 등 사무 협의도 26일 이후로 미루어졌다.

대표단을 태운 제36차 귀환선 크릴리온(Krylion)호는 오전 7시 니가타항 중앙 부두에 접안, 트랩을 내려온 대표단은 환영하러 나온 조선총련, 이 지역 노조, 귀국협력회, 일조(日朝)협회 등 약 500명의 박수 속에서 가사이(葛西嘉資: 역자) 일본적십자 부사장, 다카기(高木) 사회부장, 이노우에(井上益太郎: 역자) 외사(外事)부장 세 대표와 굳은 악수를 나누고, 부두에서 열린 귀국대표환영 실행위원회 주최의 환영회에 참석했다. 실행위, 조선총련의 꽃다발 증정, 환영진의 인사가 있었고, 이 단장은 성명을 발표했다.

조선 측은 이날 예정되었던 니가타현청(新潟県庁), 니가타시역소(新潟市役所=니가타시청: 역자)에의 인사와 일본적십자센터 시찰도 연기하고 숙소에 도착했는데, 같은 날 저녁 6시 반부터 일본적십자 주최의 리셉션에는 출석할 예정. 또한 북조선 측 대표에 대한 한국계 재일거류민단의 항의가 예상되었으나 방해는 전혀 없었다.

◇이(李) 단장의 성명(요지): 작년 12월에 귀환이 시작된 이후 현재까지 청진(清津)과 니가타 사이를 귀환선이 매주 왕복하여 지금까지 3만 6000명 이상의 재일조선인이 귀국했다. 귀환자는 모국에서 희망찬 생활을 하고 있다. 재일조선인이 모국으로 돌아가려는 것은 정당하며, 또한 자연스러운 희망을 들어주기 위해서 협정은 무조건 연장되어야 한다. 우리들은 이 문제는 전보교환에 의해 처리되리라고 생각했지만, 일본적십자 측이 양국 적십자 회담을 제안해 왔으므로 귀환을 원활하게 이행하도록 한다는 일관된 원칙에 기초를 두고 여기에 동의했다. 우리들은 회담이 성공적으로 끝날 것으로 확신한다.

1960년 8월 26일(2면)

[사설] 일한관계 타개의 근본은 무엇인가

한국의 정일형(鄭一亨) 외무부장관이 취임 후 처음 가진 기자회견에서 일한 관계 타개에 대한 포부를 밝힘으로써 일한 양국 사이에 교섭 재개 분위기가 구체화될 것 같은 단계에 이르렀다. 일한교섭 재개에 의해 현안해결의 호기가 찾아온다면 크게 환영할 만한 일이다.

종래 일한교섭은 '이승만 라인' 문제를 시작으로 재산청구권이나 재일조선인의 법적지위 등, 문제별로 위원회로 나뉘어 토의가 이루어졌기 때문에, 자칫 전체의 보조가 맞추어지지 않는 경향도 있었다. 그것이 이번에는 우선 양국 외상급 회담에 의해 현안에 대한 대강의 합의를 하고, 그 노선에 따라 개별 문제에 관한 토의를 사무당국이 진행한다는 것이다. 그것도 하나의 방법일지 모른다. 그러나 회의 형식이나 절차 문제에 앞서, 일한관계 타개를 위한 근본은 무엇인가 하는 문제를 중시하지 않으면 안 된다는 점을 차제에 강조해두고자 한다.

한국 측은 일본에 대해 여러 가지 요구를 가지고 있는데, 그 중에는 양국의 역사적 사정이나 장래 친선을 위해 일본이 어느 정도는 고려한다 해도 문제되지 않을 것도 있다. 그러나 종래 현안 가운데에는 일본으로서도 전혀 양보할 수 없는 문제가 있다는 것을 잊어서는 안 된다고 생각한다.

그것은 다름 아니라 '이(승만) 라인' 문제이다. 이른바 '이(승만) 라인'은 이제 와서 반복할 필요도 없지만, 1952년 1월 당시 이승만(李承晩) 대통령이 완전히 일방적으로 선언한 것이다. 그 범위는 서쪽으로는 거의 황해 중앙부까지 이르고, 동쪽으로는 우리 시마네현(島根県)의 다케시마(竹島=독도: 역자)를 포함하고 있는 등, 한국 연안으로부터 넓게는 180해리에 이르고 있다. 이(승만) 전 대통령은 이 광대한 공해상에 '라인'을 긋고, 자국의 어족자원 보호를 명분으로 자국 내에서만 통용되는 법률을 만들고, '라인'을 '침범'한다는 구실로 평화로운 어업을 하는 일본인 선원을 체포해왔다. 이것은 국제법에 대한 명백한 위반일 뿐만 아니라 인도상으로도 절대로 방치할 수 없는 문제이다.

'이(승만) 라인' 철폐는 문제의 본질상 당연히 이루어져야 한다. 그것은 이리저리 흥정할 대상이 될 수는 없고, 더구나 무엇인가 대가를 요구받아야 하는 것도 아니다. 그것은 또한 '이승만체제'를 근본적으로 개혁하려는 한국의 현 정부가 당연히 해야 할 일이라고 믿는다. 이 '이(승만) 라인'문제가 해결되어 양국의 상호신뢰를 바탕으로 한 평등호혜의 제휴가 이루어질 것이라고 믿는다.

장면(張勉) 정부의 성립 이래, 한국이 일한관계 타개를 중시하고 있는 것은 우리 일본국민이 이전부터 염원하던 것과 완전히 일치하는 것이다. 이 점에서 지금이야말로 양국 사이에 현안해결을 위해 공통의 기반이 이루어졌다는 확인해도 좋다고 생각한다. 그러므로 양국 국교정상화의 첫 번째 전제는 '이(승만) 라인' 문제 해결에 있음을 이 기회에 특히 강조하고자 한다.

1960년 8월 27일 석간(1면)

국제적십자에서 검토? - 북조선 송환, 한국의 저지 요청

〈경성 27일발=로이터〉 경성(京城)을 방문 중인 마르셀 주노(Marcel Junod) 적십자 국제위원회 부위원장은 27일 기자회견에서 다음과 같이 말했다.

한국정부 및 한국적십자사와 재일조선인의 북조선 귀환문제나 남북조선 간의 편지교환 문제에 대해서 대화했다. 나는 이 문제를 적십자 국제위원회 집행위원회에서 거론할 예정이다.

또한, 남북조선 간의 편지교환에 대해서 한국적십자사는 찬성하지만 장면(張勉) 수상은 정치적 이유로 반대하고 있다.

타개를 위해 전원회담 - 니가타(新潟) 회담 신문전보로 여전히 대립

〈니가타〉 일조(日朝) 양 적십자의 니가타 회담은 전보타전(電報打電) 문제로 대립하고 있는데, 27일 오전 9시 반부터 약 1시간 반, 다시 이 문제에 대해 일본적십자 측 이노우에(井上益太郎: 역자), 북조선 측 허석신(許錫信) 양 대표 사이에 예비절충을 가졌다. 이 자리에는 일본적십자 측에서 가사이(葛西嘉資: 역자) 단장, 다카기(高木) 대표도 옵서버로 출석했다.

북조선 측은 전날, 일본적십자 측이 내세운 재일통신기관을 경유하는 타전방식을 분명히 거부, 의견이 대립했다. 이 때문에 일본적십자 측은 국면타개를 위해 쌍방 모든 대표에 의한 협의를 제안, 조선 측도 여기에 동의했다. 전원회담은 29일 오전 9시 반부터 열린다.

이날 예비절충에서 북조선 측은 우선 일본적십자 측의 대안은 수락할 수 없고, 북조선 측의 주장을 받아들이고 27일 오후 3시부터 정식회의에 들어가자고 주장했다. 여기에 대해 일본적십자 측은 북조선 측의 주장은 받아들이기 어려우며 일단 이 문제는 보류해두고 정식회담으로 들어가자고 반박했다.

그러나 북조선 측은 이것을 거부했다. 여기서 일본적십자 측은 전원이 출석하여 협의하면 혹시 해결의 실마리가 찾아질까 하여 전원의 예비절충을 제안, 조선 측도 여기에 동의한 것이다.

일본적십자 측으로서는 이 이상 양보는 있을 수 없으며, 모든 대표에 의한 예비절충에서도 이것을 주장했는데, 일본적십자 측의 대안은 실질적으로는 조선 측의 요구에 대답한 것이라는 견해를 가지고 있어, 이 단계에서 한꺼번에 해결될 수도 있다고 보고 있다.

한편, 조선 측의 허(許) 대표는 이날 오후 12시 지나서부터 숙소인 시노다(志の田)여관에서 기자회견을 열고 성명을 발표했다. 허 대표는 이 성명에서 "회담의 장소를 제공한 일본 측은 조선 측이 회담에 응하여 일본에 온 것을 기회로 하여, 회담에 관한 보도활동에 인위적인 장애를 만듦으로 우리 측에 불평등한 회담을 강요하고 있다"고 말했다.

회담보도를 위해 조선 측 보도원을 대표단의 수행원으로 한 것은 김(金)·이노우에 양 대표 간 예비회담에서 합의한 결과이며, 보도원에 의한 회담보도라는 조선 측 제안이 보장되지 않는 한 본회의에 응하지 않는다는 강경한 태도를 보였다.

1960년 8월 27일 석간(1면)

장면(張勉) 총리 취임 인사

〈경성=야노(矢野) 특파원 27일발〉 장면 국무총리는 27일, 민의원(民議院) 본회의에서 취임 인사를 하고 당면한 외교, 내정문제에 대한 한국정부의 방침을 8항목에 걸쳐 밝혔다. 이 가운데 장 총리는 재일한국인에 대한 지원 강화, 한국군 내 파벌방지 등을 강조하여 주목을 끌었다. 또한 내년 1월부터 시작될 내년도 예산안은 다음 달 중에 제안되는데, 본격적인 시정방침 연설은 그때 있을 예정이라고 한다. 이날 발표된 긴급기본방침 요지는 다음과 같다.

1. 9월 유엔총회에 대표단을 파견하고 유엔감시 하의 자유선거에 의한 남북통일 달성과 한국의 유엔가입 희망을 강조한다. 또한 일한회담을 재개하여 양국관계 정상화를 도모한다. 아울러 현재 긴급업무인 재일한국인에 대한 경제적 지원과 교육에 관한 지도를 적극적으로 추진함과 동시에 재일한국인의 자본을 국내로 도입하는 길을 연다.
2. 지난 국회에서 심의 미완료된 경찰중립화법안을 조속히 성립시키고, 정치적 혁신을 이루어야 하며, 이와 함께 공무원 인사행정의 공정화, 집무능률의 강화 등에 최선의 노력을 다하고, 고급공무원의 재산등록법안도 기초한다.
3. 부정축재자 처단은 산업경제를 마비시키지 않을 정도로 제한한다. 또한 고액 탈세자에 대한 적발 처벌도 단기간 내에 완료한다.
4. 경제건설을 촉진하기 위한 투융자 확대, 세제 개혁, 농민부담 경감을 도모한다.
5. 미국의 1961년도(본년 7월-내년 6월) 대한 원조를 가능한 한 획득하도록

노력한다.

6. 내년도부터 한국군 삭감, 장비 개선을 도모하는데, 이와 동시에 군의 정치적 중립을 확보하고 군내 파벌방지에 특별한 노력을 경주한다.
7. 가을 전염병 방역과 태풍피해 구호책을 항구화한다.
8. 전몰장병 유가족 등에 대한 연금을 조속히 지급하고, 내년도 이후 매년 증액한다.

1960년 8월 28일 석간(1면)

무수정(無修正) 연장을 지지하나? 귀환협정

마르셀 주노(Marcel Junod) 부위원장, 이노우에(井上) 대표와 회담

극동지역의 적십자 사업을 시찰 중인 주노 적십자 국제위원회 부위원장 부처는 27일 오후 방일했는데, 이날 밤 니가타(新潟) 회담에 참가하고 있는 일본 적십자 이노우에(井上益太郎: 역자) 대표와 도쿄(東京) 데이코쿠(帝国)호텔에서 만나 귀환협정 연장문제에 대해 협의했다. 이 협의에서 주노 부위원장은 "국제위는 현재의 북조선 귀환 방식에 만족하고 있다 귀환희망자가 남아 있다면, 업무를 계속하는 것은 당연하다"라고 넌지시 협정의 '무수정연장'을 지지하는 듯한 발언을 했다고 한다.

주노 부위원장은 현재의 협정조인 직후인 작년 8월 24일 방일, 같은 해 가을까지 머물면서 현재 귀환방식의 추진을 담당했다.

일본의 조치는 부당 - 보도문제, 북조선 언론이 공격

〈RP=도쿄〉 28일 아침 평양방송에 의하면 이날 북조선노동당 기관지 '노동신문'은 일조(日朝) 양 적십자 니가타 회담에 관해 "일본 측은 회담을 하려는 성의가 있는가?"라는 제목으로 논평을 냈는데 요지는 다음과 같다.

▶ 일본 측은 조선적십자 대표단의 수행원으로 동행한 조선 기자들이 대표단의 활동에 관한 기사를 전보로 조선중앙통신사로 보내는 것을 금지한다

는 부당한 조치를 했다. 이 때문에 조선 기자들은 통신기사를 타전할 수 없었다. 조선대표단 활동의 일부인 조선기자들의 정상적인 행동에 대해 이러한 부당한 조치가 취해지고 있는 조건 하에서 조선 대표단이 그 임무를 원만히 수행하지 못할 것은 분명하다.

▶ 조선 대표단을 수행하고 있는 조선 기자가 니가타 적십자회의에 대해 자유롭게 보도하는 것은 지극히 단순하고 당연한 것이다. 오늘날 그것이 정치적인 회의인지 비정치적인 회의인지를 불문하고 어떤 국제적 회의에서도 기자가 수행하여, 그 회의에 관해서 자유롭게 보도하는 것은 공인된 국제적 관례이다. 또한 이것은 지금까지 몇 차례에 걸쳐 이루어졌던 일조 양국의 적십자회의에 비추어 봐도 지극히 자연스러운 일이다.

▶ 도쿄로부터의 외신전보에 의하면 조선 기자들의 통신보도활동을 방해하는 부당한 조치는 일본 외무성 당국의 직접 지시에 의한 것이었다. 이것은 일조 적십자회의의 성공을 방해하는 일본 당국의 공연한 음모이며, 조선 대표단에 대한 노골적인 모욕행위이다. 기자들의 통신보도활동에 대해서까지 당초부터 이렇게 부당한 방해책을 쓰고 있는 사실을 보건대, 우리는 회의의 성공에 대해 장래 일본 당국이 어떠한 태도를 취할 것인지, 또한 재일조선공민을 귀국시킬 의무를 완수하는 것에 어느 정도 관심을 가지고 있는지 의문을 가질 수밖에 없다.

1960년 8월 30일(1면)

'북송' 협의 - 고사카(小坂) 방한으로 한국이 결정

〈경성=야노(矢野) 특파원 29일발〉 한국 외무부는 29일 오후, 정일형(鄭一亨) 장관을 중심으로 간부회의를 열고, 고사카(小坂善太郎: 역자) 외상 등 일본 사절단이 방한했을 때 다루어야 할 문제와 방한 중의 스케줄을 협의했나. 이 간부회의는 이날 아침 일본 외무성으로부터 주일한국대표부를 통해 "일본 측은 재일조선인의 북조선 귀환 문제를 협의하는 등, 현안해결의 원칙에 대해 비공식으로 토의할 용의가 있다. 또한 한국 측이 동의한다면 방한에 즈음하여 공동성명을 발표할 용의도 있다"고 통보했기 때문에 긴급히 개최된 것.

그 결과 한국 측으로써는 ①북송문제와 현안해결의 원칙에 대해서 협의하려는 것에는 응한다. ②정(鄭) 장관으로서는 공동성명을 발표할 의향은 없지만, 일단 국무회의(각의)에서 논의한다는 것 등을 정했다. 또한 일한회담 재개의 시기와 장소에 대해서도 국무회의에서 논의하기로 했는데, 이것에 관해서도 사절단과 의견교환이 있을 것이라고 한다. 비공식이라고 해도, 이러한 문제가 논의된다면 사절단의 방한은 단순히 의례적인 것에 그치지 않는 것으로, 앞으로의 일한관계 전개에 한층 큰 의미를 갖게 될 것으로 보인다. 이날 결정된 사절단의 방한 스케줄 원안은 다음과 같다.

▷다음 달 6일 도착할 때는 정 외무부장관, 이재홍(李在鴻=이재항(李載沆)의 오기(誤記)로 보임: 역자) 주일한국대표부 대표 등이 김포비행장에서 맞이한다. 여기서 사절단의 성명발표 ▷바로 경성(京城) 시내로 들어와 먼저 경무대(景武臺)에서 윤보선(尹潽善) 대통령을 방문, 다음으로 중앙청에서 장면(張勉) 국무총리를 방문 ▷정 외무부장관과 회담. 여기에는 외무부차관, 관

계국장도 출석, 이후 기자회견 ▷저녁에는 반도호텔에서 외무부장관 주최 만찬과 칵테일 파티. 반도호텔에서 숙박 ▷7일 오전 경성 교외 한국군 묘지에 참배한 뒤 출국.

처음으로 일본 국기 게양을 결정하다

〈경성 29일발=AFP〉 한국 외무부는 29일, 고사카 외상이 경성을 방문하는 9월 6일에는 한국이 15년 전에 일본으로부터 독립한 이후 처음으로 일본 국기를 게양하기로 결정했다.

1960년 9월 1일(1면)

사절단 방한 - 현안 해결의 길, 장면(張勉) 총리 언급

〈경성 31일발=AP〉 장면 한국 국무총리는 31일 "일본의 방한사절단은 현안의 문제해결에 대한 정식교섭의 길을 열게 될 것이다"라며 다음과 같이 말했다.

▶ 9월 6일에 예정된 고사카(小坂善太郎: 역자) 일본 외상의 한국방문은 의례사절이며, 한국 측이 초대한 것은 아니다. 그러나 우리는 성의를 가지고 맞이한다.

▶ 이승만(李承晩) 정권은 일한교섭 조건에 관해서는 유연성 없는 태도를 가지고 있었지만, 우리는 약간은 양보를 할 생각이다.

▶ 일본의 장기자본을 들어오는 것에는 불안을 나타내는 경향도 있지만, 우리는 일본 자본을 환영한다.

"기꺼이 초대를 받아들인다" - 정(鄭) 외무부 장관

〈경성 31일발=로이터〉 우희창(禹熙昌) 한국 외무정무차관은 31일, 기자단 질문에 답하며, "정일형(鄭一亨) 외무부장관은 초대된다면, 고사카 외상의 경성(京城) 방문 후 기꺼이 일본을 방문할 것이다"라고 밝혔다.

1960년 9월 2일(1면)

북조선 측 새로운 제안
- 신문전보 문제, 니가타(新潟) 회담 원점으로

〈니가타〉 북조선 귀환문제를 협의하는 일조(日朝) 적십자회담은 수행보도원의 신문전보 타전문제로 얽혀 본격적인 협의에는 들어가지 않았는데, 조선 측은 1일 밤, 일본적십자 측과 전원회의를 요구하며 "더 이상 협의해도 의미가 없다. 보도원의 활동조건이 보증된다는 회답이 2일 정오까지 오지 않으면 이날 오후 니가타 출항의 제37차 귀환선으로 귀국한다"라고 전해왔다.

여기에 대해 일본적십자 측은 시마즈(島津忠承: 역자) 사장과 협의하여 가능한 한 빨리 회답하겠다고 답했는데, 지금까지 정부 관계자의 의향에서 볼 때, 조선 측의 요구가 받아들여질 가능성은 거의 없고 니가타 회담은 사실상 원점에 돌아온 상태로 되었다.

1일 밤의 회담은 일본적십자 측 가사이(葛西嘉資: 역자) 단장 이하, 다카기(高木), 이노우에(井上益太郎: 역자) 양 대표, 조선 측은 이일경(李一卿) 단장 이하, 허석신(許錫信), 김주영(金珠榮) 양 대표가 참가하여 조선 측 대표의 숙소에서 열렸다. 조선 측은 조선 측의 정당한 요구에 대해 일본 측은 문제해결 의사는 보이지 않았다면서

①수행보도원이 신문전보를 직접 타전하는 것을 인정하여 본회의를 즉시 연다 ②이것을 인정할 수 없다면, 쌍방이 평등한 조건에서 활동할 수 있고, 기자활동이 용인될 수 있는 장소로 회의장을 옮긴다 ③조선 측은 당초 회담의 필요가 없다고 생각했으므로, 7월 23일에 조선 측이 제안한대로 전보교환 방식으로 협정을 무수정(無修正) 연장한다- 중의 하나를 받아들이도록 제안했다.

이것에 대해 일본적십자 측은 "일본적십자 안은 현재 생각할 수 있는 가장

합리적인 것이고, 조선 측 수행원이 신문전보를 직접 타전하는 것과 같은 효과를 가지는 것이다. 이러한 일본적십자 안을 거부하는 조선 측이야 말로 부당한데, 조선 측 제안의 중요성을 생각해 즉시 시마즈 사장에게 전한다. 그러나 시간적으로 조선 측이 요구한 2일 정오까지 회답할 수 있을지는 알 수 없다"라고 답했고, 협의는 쌍방이 지금까지 주장을 되풀이한 채로 결렬되었다.

귀환의 신속화를 주장한 일본적십자 측은 일관하여 회담의 필요성을 강조하고 있으므로, 이후 회의가 진행될 경우에는 조선 측의 제2안인 '다른 장소' 즉 중립적 제3국이 회의장으로 될 가능성이 높은데, 우선 회의를 열지 어떨지에 대해서 쌍방이 협의를 해야만 하며, 또한 쌍방이 모두 만족하는 회담장을 고르기까지 상당한 시간이 걸릴 것으로 보이므로, 회담의 개최는 현 협정의 기한인 11월 12일 전후가 될 가능성도 있다고 보인다.

1960년 9월 2일 석간(1면)

'전보' 극적 해결되다 - 니가타(新潟) 회담, 일본 측이 대폭 양보

하루 이틀 사이에 본회담 열릴까?

〈니가타〉 일조(日朝) 양 적십자의 니가타 회담은 1일 밤 조선 측이 마지막 통고와 같은 제안을 내놓았고, 이것을 즉시 일본적십자 측이 수락하지 않으면 2일 오후 니가타에서 출항하는 귀환선으로 귀국한다는 강경한 태도를 보였다. 일본적십자 측도 일단 이것을 거부한다는 견해를 내놓아 회담은 결렬될 것으로 보였으나, 2일 정오가 되어 전보문제에 대해 편법을 고려하겠다고 정부 측의 태도가 급히 유연해져서, 가사이(葛西嘉資: 역자) 일본적십자 대표단장은 2일 정오 지나 이일경(李一卿) 조선 측 대표단장에게 정부 측 의향을 전하며 일단 귀국할 생각을 중지해줄 것을 요청하였다. 한편 오후 3시, 이 회담에 있어서 "신문보도를 용인한다"라고 전면적으로 조선 측의 요구를 받아들였기 때문에 북조선 측도 이것을 승낙, 전보문제는 극적으로 해결되었다.

정부는 북조선 귀환문제를 협의하는 니가타 회담의 답보상태를 타개하기 위해 2일 관계 각 성(省)과 협의한 외에, 오전부터 오후에 걸쳐 외무성과 니가타에 있는 일본적십자 가사이 부사장 사이에서 몇 차례에 걸쳐 전화연락을 했는데, 그 결과 일본 측은 북조선 보도원의 신문전보 타전(打電)에 대해 조건부로 북조선 측의 의향을 대폭 수용해도 좋다는 태도를 정했다. 이것에 의해 니가타의 일본적십자 대표단은 2일 오후 북조선 적십자 대표단과 이러한 선에서 협의를 진행했는데, 이에 따라 이날 아침까지 원점으로 되돌아갈 것으로 걱정되었던 니가타 회담은 한 번에 '신문전보' 문제가 해결되어, 하루 이틀 사이에도 본회담이 열릴 것으로 예상된다고 외무성에서는 보고 있다.

니가타 회담이 귀환문제에 관한 실질적인 대화로 들어가지 못하고 갈등을 보인 것은 모두 북조선 측 수행보도원의 신문보도 타전문제를 둘러싼 양 적십자의 대립에 의한 것이었는데, 북조선 측이 수행보도원에게 신문보도 타전을 용인한다면, 보도원이 반드시 취재 등 기자활동을 하지 않을 수도 있다는 탄력적인 태도를 보였기 때문에, 정부는 일본적십자와 상의하여 "취재활동을 바로 하지 말고, 또한 송고(送稿)를 회의내용에 한정하겠다는 조건이라면 수행보도원에게 신문전보 타전을 용인해도 좋다"라는 태도를 2일 오후가 되어 정했다.

이것이 국제전기통신조약의 규정 등 법적으로 보자면 예외를 만드는 것이지만, 수행보도원을 신문기자로 인정하지 않는다는 전제가 한편으로는 인정될 수도 있다는 유연성이 있는 해석을 취한 것이다.

1960년 9월 3일(1면)

북조선 귀환, 모레 본회담 - 신문전보, 특례 인정하다

〈니가타(新潟)〉 수행보도원의 신문전보 타전문제로 얽혔던 일조(日朝) 적십자의 니가타 회담은 1일 밤, 조선 측이 최후통고와 같은 제안을 하고 일본적십자 측이 이것을 거부하여 결렬되었는데, 2일 오후 일본적십자, 정부가 "니가타 회담의 보도에 한해 수행보도원의 신문전보 타전을 인정한다"라고 대폭 양보, 조선 측 요구를 전면적으로 수용했기 때문에, 이날 3시 지나 문제는 극적으로 해결되었다. 이에 따라 일본적십자 측 가사이 요시스케(葛西嘉資), 조선 측 이일경(李一卿) 양 대표단장은 공동성명서를 발표, 귀환문제를 협의할 본회담은 5일 오전 10부터 열리게 되었다.

1일 밤, 조선 측이 수행원의 신문보도 타전을 인정하고 즉시 본회담을 열 것 등 3가지 안을 제시하면서, 이것이 받아들여지지 않는다면 2일 오후 니가타항에서 출발하는 귀환선으로 돌아가겠다고 한 것에 대해, 일본적십자 측은 '현재 생각할 수 있는 가장 합리적인 일본적십자 안을 받아들이지 않는 조선 측이야말로 부당'하다고 반론, 협의는 결렬되었다. 그러나 2일 아침, 일본적십자 시마즈(島津忠承: 역자) 사장은 외무, 후생, 우정(郵政), 법무, 내각심의실 등 귀환문제 관계 당국에 대해 이 문제를 재고해달라고 요청했다. 이날 오전 열린 각 성(省) 연락회의의 입장은 여기서 크게 유연화하여 "최후통고적 요구를 들이댄 것은 부당하지만 이것을 철회한다면 조선 측 요구에 응하도록 노력한다"라고 크게 양보했다. 이러한 태도변화는 "만약 조선 측 대표단이 귀국하여 이후 회담이 열리지 않게 되어 귀환협정 연장이 불가능해질 경우 치안문제로까지 발전될 우려가 있다. 이번의 신문전보 타전은 인정해야 한다"라는 후생성 의견이 반대 의견을 눌렀다고 한다.

이에 따라 가사이 단장, 다카기(高木) 대표는 이날 조선 측 대표단을 방문, 그 취지를 설명하고 “귀국은 일단 생각하지 말아 달라”고 요청했다.

조선 측은 여기에 대해 “일본 측 제안내용이 분명하지 않다”라고 일단 그것을 거부했지만, 일본적십자 측이 다시 정부와 협의하여 “수행원으로 입국한 전인철(田仁澈), 목종상(睦鍾相) 두 사람은 신문기자로써 활동이나 그 권리는 인정할 수 없지만, 회담에 관한 기사를 신속히 본국으로 타전하기 위해 신문전보를 이용해 직접 타전하는 것을 인정한다”라고 새로운 안을 제시했고 조선 측도 여기에 완전히 합의, 협의는 해결되었다.

한편 신문기자가 아닌 수행원에게 신문전보의 취급을 인정한 것에 대해서는 절차적으로 문제가 있지만, 우정성에서는 특례로써 인정한 것으로 전례로 삼지 않기로 했다고 한다.

1960년 9월 3일(10면)

왜 옥신각신했나? 전보문제, 북조선 귀환

한국에 대한 배려 – 발단은 환영파티에서의 잡담

〈니가타(新潟)〉 하마터면 결렬될 뻔 했던 일조(日朝) 니가타 회담의 신문전보 타전문제는 2일 오후, 갑자기 해결되었다. 지난 달 26일부터 전후 다섯 차례, 옥신각신 했던 이 협의는 타결의 순간까지 어느 쪽으로 결정될지 알 수 없었다. 그렇다 치더라도 대수롭지 않은 전보문제로 이렇게 옥신각신 한 것은 도대체 어디에 원인이 있는 것인지, 그 배경을 살펴봤다.

난항의 애초 원인은 미묘한 '이노우에(井上) 발언'의 '오해'에 있었다. 문제의 '이노우에 발언'이라는 것은 지난 달 11일, 니가타에서 열렸던 북조선 적십자 김주영(金珠榮) 씨와 일본 적십자 이노우에 마스타로(井上益太郎) 대표 사이에 이루어진 예비회담 뒤 리셉션에서 이노우에 대표가 김 대표에게 귓속말로 전한 다음 발언이다.

"나는 지난 31년(1956년) 일조(日朝) 평양회담 당시, 일본 통신사에 원고를 보냈던 적이 있다", "신문기자로서는 곤란하지만 수행원으로라면 입국할 수 있다."

이때 예비회담은 신문기자의 입국문제를 절충하기 위해 열렸던 것인데, 일본 측은 신문기자의 입국은 거부한다는 태도를 바꾸지 않았기 때문에, 이 회담에서는 합의가 이루어지지 않았다. 그런데 이노우에 대표가 슬쩍 흘렸던 이 두 가지 발언. 회담을 보도하고 싶고, 신문기자 입국의 새로운 전례를 만들고 싶은 김 대표는 이 두 발언에 매달렸다. 김 대표는 이 두가지를 연결시켜 "직함을 바꾼다면 일본에서 신문기자 활동이 가능하다"라고 해석했던 것이다.

이노우에 대표에 의하면 "기자입국은 불가능하다"라고 몇 차례나 상대방에게 전달한 이상, 기자활동이 가능하다고 오해한 쪽이 나쁘다고 하지만, 이 발언은 확실히 미묘한 것이다.

이런 이유로 수행보도원으로 입국한 조선 측이 신문전보를 타전할 것을 요구한 것은 조선 측으로서는 당연한 것. 그러나 일본 입장에서 보면 아무리 해도 이것을 받아들일 수는 없었다. 이노우에 발언의 해석이 완전히 다를 뿐 아니라, 외무성은 "신문전보를 인정하는 것은 기자활동을 인정하는 것이고, 결과적으로는 기자입국을 인정하는 것과 같지 않은가"라는 의견이다. 그래서 "약속이 다르다", "그쪽의 오해다"라고 입씨름이 벌어졌다. 그러나 어째서 일본 측, 특히 외무성은 북조선 기자의 입국을 싫어하는가? 표면적으로는 "회담에 기자는 관계없다"라는 것이지만, 본뜻은 한국에 대한 배려다. 작년은 북조선 귀환 교섭을 진행함으로써 한국을 자극하여 일한교섭을 촉진시킨다는 계산이 있었는데, 외무성 입장에서 보면 현재 긴급문제는 일한관계의 타개. 게다가 곧 고사카(小坂善太郎: 역자) 외상이 방한한다. 이러한 때에 북조선 기자를 입국시킨다면 한국을 화나게 할 뿐이라는 생각이 앞섰기 때문일 것이다.

한편, 조선 측에서 보면 이노우에 발언을 일본 측과 완전히 반대로 해석하였고, 일본 측의 속이 훤히 들여다보였으므로 어떻게든지 요구를 '관철'시키려고 한 것. 게다가 참을 수 없는 요소가 몇 개나 더 나왔다. 우선 '차별'이다. 지난 7월 말, 중국에서 방일한 유영일(劉寧一) 대표단의 가운데에는 신화사(新華社)의 기자가 있었고, 이 경우는 신문전보를 인정하지 않았는가? 그런데 같은 공산권인 북조선만 차이를 두는 것은 무엇인가라는 것이다. (일본 적십자의 말로는 중국대표단은 신문전보를 취급에 있어서, 기사를 보내지 않았다고 한다) 더구나 경이적인 부흥에 성공한 북조선 사람들에게는 강한 '자신'과 '긍지'가 있다. 지난 31일 제4차 예비회담에서 허석신(許錫信) 대표가 공언했던 "15년 전의 조선과는 다르다"라는 언사는 '차별'에 대한 울분을 토로한 것으로 봐도 좋을 것이다.

그 외에 "신문보도 문제로 이러쿵저러쿵 한다면 국외퇴거시킨다"라고 외무성 당국이 말한 것이 일부에 전해졌던 것, 일본적십자 측이 대안을 제시할 당시 "일본에 있는 조선통신, 조선총련의 기관지를 각각 북조선의 조선중앙통신, 노동신문의 파견기관으로서…"라고 예시한 것도 "주제넘다"라고 조선 측에게 자존심을 내세우게 한 원인이 되었을 것이다.

1960년 9월 4일(2면)

[사설] 니가타(新潟) 회담의 본격 토의를 바란다

재일조선인의 북조선으로의 귀환을 촉진하기 위해 열린 니가타 회담은 개시한 이래 한 1주간 이상이나 기술적인 문제로 공전했고, 간신히 5일부터 실질적인 토의가 시작되게 되었다.

회담이 시작한 이래 얽히게 된 원인은 북조선 측 대표 수행원으로 방일한 보도원에게 신문전보의 타전을 허락할 것인지 문제였다. 일본정부는 처음에 북조선 신문기자의 입국을 거부했으나, 같은 인물이 '수행원'으로 입국하는 것을 용인했다. 다음으로 이 수행원이 기자로서 활동하는 것을 거부했으나, 결국 양보해서 상대편에서 요구한 신문전보의 타전을 특례로 허락하기로 하였다.

그 결과로 말할 수 있는 것은 일본정부도 북조선 측도 원래 이런 지엽적인 문제로 끈질기게 매달려서는 안 된다는 것이다. 이런 본론에서 떨어진 문제로 처음에는 강하게 나왔다가 상대방의 강경한 태도에 부딪히자 갑자기 양보하는 일본정부의 태도는 정책적인 필요에서 나온 것인지 모르겠으나, 내외에 결코 좋은 인상을 준 것은 아니다.

문제의 초점은 11월 12일 기한으로 끝나는 북조선 귀환협정을 연장하는 것과 귀환의 신속화를 어떻게 실현할 것인가였다. 북조선 측은 협정의 연장에 대해서는 이론이 없으나, 현재 협정의 변경에는 반대하는 의향이었다. 그러나 지금까지 경과에서 보면 1회 1천명, 1개월 4천명이라는 속도로는 현재 10만명으로 추정되는 북조선으로의 귀환희망자를 운송하기에는 2년 이상의 시일을 필요로 하게 되는 것이다.

일본 측으로서는 그 촉진책으로 1회 1500명과 1회 2000명 내지 3000명으로 다양한 안을 준비했고, 북조선 측이 받아들일 수 있는 체제에 맞춰 운송 인원을 결정할 의향이었다. 만약 1회 인원을 2천명으로 늘린다면, 거의 1년 사이에 대체로 운송이 완료될 것이다. 우리로서는 거주지 선택의 자유라는 인도적 현안을 해결하기 위해서 이번 기회에 운송인원의 대폭 증대를 바랄 수밖에 없다.

물론 여기에 대해서는 북조선 측에서도 수용하기 위한 시설의 건설이나 선박의 문제 등, 다양한 사정이 있을지도 모른다. 그러나 귀환을 희망하는 조선인 입장에서 보면, 자녀의 학교 문제로 귀환을 서두르거나, 생계에 쫓기는 사람들도 많아서, 귀국을 서두르고 있는 것이 실정이다. 이러한 사람들의 희망을 이루어주기 위해서도 북조선 측의 이해있는 태도를 바라고자 한다.

말할 것도 없이 북조선 귀환문제는 정치와 관계없이 인도적 문제로서 해결되어야 한다. 또한 북조선 측은 한국에 대한 정치적인 고려로 일본과의 사이에 귀환업무를 장기적으로 끌고 가려는 의도를 가져서도 안 된다. 일본 측으로서도 사안의 본질을 잊어서는 안 된다.

1960년 9월 4일(3면)

일본의 성의 타진 - '작은 정상회담'의 목적, 한국 외상 기자회견

〈경성 3일발=공동〉 정(鄭一亨: 역자) 한국 외상은 3일 오전 10시부터 정례기자회견을 갖고 '작은 정상회담'은 일본의 성의를 타진하기 위한 것이며, 또한 재개될 일한회담에서는 예비회담 후에 본회담으로 들어갈 것 등을 밝혔다. 발언요지는 다음과 같다.

▶ 양국 외상의 '작은 정상회담'은 일본 측이 일한회담을 진정으로 바라는지, 그 성의를 타진하는 성격이다.

▶ 일한회담 재개의 시기는 일본정부와 협의하여 결정한다. 일본의 11월 선거는 일한회담에 큰 영향을 미칠 것으로는 생각하지 않는다. 재개될 일한회담은 예비회담을 거쳐 본회담으로 들어가는 것으로 하고자 한다.

1960년 9월 5일(1면)

고사카(小坂) 외상 내일 방한 - 한국, 구체적 제안할까

친선사절로서 한국을 방문하는 고사카(小坂善太郎: 역자) 외상은 가쓰마타 미노루(勝俣稔) 외무정무차관, 이세키(伊関佑二郎: 역자) 아시아국장 등을 동반하고 6일 오전 7시 하네다(羽田) 출발 특별기로 경성(京城)으로 향하여, 같은 날 오후 한국의 윤보선(尹潽善) 대통령, 장면(張勉) 국무총리, 정일형(鄭一亨) 외무부장관을 차례로 방문한다. 이번 외상의 방한은 한국 신정권의 성립에 대해 경축의 뜻을 표명하는 것을 기본적인 사명으로 하고 있지만, 정(鄭) 외무부장관과의 양국 외상회담에서는 일한회담 재개 등, 국교정상화를 위한 준비에 대해서도 논의하게 될 것으로 보인다.

외상의 방한 중 일정, 한국 신정권 수뇌와의 회담내용 등에 대해서는 외무성 사무당국과 이재항(李載沆) 재일한국대표부 공사 사이에 일단 합의를 끝냈고, 이(李) 공사는 일본 측의 의향을 본국 정부에 전달하기 위해 3일 귀국했다. 외무성에서는 한국정부가 이 공사의 보고를 받고 양국 외상회담에서 취할 태도를 정할 것으로 보고 있는데, 지금까지 경성으로부터의 외신보도에 의하면 정 장관의 발언 등으로 미루어 보아, 한국 측은 일한회담 재개의 일정, 방법에 대해서 상당히 구체적인 제안을 제시하지 않을까 예상하고 있다.

제안의 내용으로서는 ①한국이 신정권 수립 직후이고, 또한 일본 측이 총선거를 앞두고 있는 등 양국의 정세를 고려하여 일한회담의 정식재개, 이것과 관련한 양국 외상에 의한 '작은 정상회담' 개최 등은 총선거 이후로 한다 ②다만 종래 일한회담의 경과도 정리하고, 문제점을 검토하는 등의 사무당국 레벨의 예비적 절충의 길은 조속히 구축한다는 정도가 아닐까 예측하고 있다.

고사카 외상으로서는 정부, 여당 내부에서 외상 파견이 결정된 경위를 고려하여 의례적 친선방문의 영역을 벗어나지 않도록 신중한 태도이지만, 한국 측에서 구체적 제안이 있다면 일본정부의 생각을 설명하고, 정 외무부장관의 방일도 초청할 것으로 보인다. 또한 일한회담의 재개 전에 예비적 절충을 진척시키게 된다면, 일본 측으로서는 상호주의 원칙에서 경성에 일본대표부를 설치하고자하는 희망도 표명할 것으로 보인다. 외상 일행은 7일 오전 9시 김포국제공항 출발, 오후 2시 하네다 도착 예정이다.

경성(京城)에서의 개최에 반대? - 일한회담, 한국 측의 의향

〈경성=야노(矢野) 특파원 4일발〉 조선일보의 보도에 따르면 한국 외무부는 6일에 방한하는 고사카 외상과 회담에서 일한회담 재개의 기일과 장소, 주한 일본대표부 설치 문제, 이승만 라인 문제의 원칙적 해결책 등이 화제가 될 것으로 보고 준비를 진행시키고 있는데, 한국정부로서는 현재 ①일한회담의 경성 개최는 반대한다 ②일본대표부의 설치는 거절한다는 의향을 굳히고 있다고 한다.

경성에서의 일한회담 재개에 반대하는 이유로는 ①회담이 난항에 빠질 경우 장소가 경성이라면 한국민에 대한 모욕이 커져, 장면 내각은 큰 정치적 공격을 받게 된다 ②회담이 장기화될 경우는 사실상 일본대표부가 설치되는 것과 같은 결과가 된다는 2가지를 들고 있다.

또한 일본대표부의 설치에 반대하는 것은 "국교정상화를 하는 즉시 정식으로 외교사절을 교환하는 쪽이 한국의 국제적 위신을 높이는 것이 된다. 또한 일본과의 우호관계를 진척시키기에도 효과가 있기 때문이다"라고 한다.

1960년 9월 5일(1면)

귀환촉진, 격론? - 오늘부터 일조(日朝) 적십자 본회담

〈니가타(新潟)〉 북조선 귀환문제를 협의할 일·조 적십자 본회담은 모든 대표가 출석하여 오늘(5일)부터 니가타현청(新潟県庁)에서 열린다. 협의는 회담개최를 제창한 일본적십자 측이 먼저 입을 열어 "귀환희망자는 빨리 돌려보내는 것이 인도적이다"라고 귀환의 신속화를 제안하는 것으로 될 것이다. 문제는 이에 대한 상대방의 태도인데 조선 측은 지금까지 매번 "현재의 귀환방식은 현실에 알맞은 합리적인 것이고, 협정은 무수정(無修正)으로, 기한만을 연장해야 한다"라고 주장하고 있으므로, 아마도 일본적십자 안에 반대할 것으로 보이며, 신속화의 필요성을 둘러싸고 격렬한 논의가 이루어질 것으로 보인다.

1960년 9월 5일 석간(1면)

일·조(日·朝) 적십자 본회담 열리다

귀환에 1년의 기한 – 일본적십자 측에서 중요제안

〈니가타(新潟)〉 북조선 귀환문제를 협의하는 일조(日朝) 적십자 본회담은 5일 오전 10시부터 니가타현청(新潟県庁)에서 열렸다. 회담출석자는 일본적십자 측에서 가사이(葛西嘉資: 역자) 단장, 다카기(高木), 이노우에(井上益太郎: 역자) 두 대표와 수행원 1명. 북조선 측은 이일경(李一卿) 단장, 허석신(許錫信), 김주영(金珠榮) 대표와 수행원 2명. 정각 조금 전에 회담장에 들어온 양 대표단은 협의의 원만한 진행을 바라며 악수, 곧바로 본격적인 협의에 들어갔다. 일본적십자 측은 "귀환희망자가 아직 상당수 남아있는 현재, 앞으로도 일조 적십자의 협력과 적십자 국제위원회의 원조에 의한 귀환업무방식을 취할 방침이다. 그러나 귀환희망자의 실제 숫자를 확인할 수 없다면 협정연장의 기간, 배선(配船)계획 등을 결정할 수 없으므로 ①귀환희망자의 일제 등록을 행한다 ②1년 이내에 귀환업무를 마치겠다는 목표로, 귀환의 신속화를 하고, 이후 귀환희망자는 경비의 자기부담에 의해 자유귀국 한다"라는 제안을 했다. 이에 대해 조선 측은, 제안 가운데 의미가 불명확한 점에 대해서 설명을 요구한 후 "중대한 내용이므로 충분히 협의한 후에 회답한다"라고 답했고, 이날 협의를 마쳤다. 제2회 본회담은 6일 오후 3시부터 같은 회담장에서 열린다.

이 일본적십자 측 제안은 7월말 경부터 일본적십자와 후생, 외무, 법무, 내각심의실 등 귀환문제 관계 당국이 협의한 후에 결정한 것. 이 협의에서 외무성 관계자는 미묘한 일한관계를 위해 귀환업무의 조기 종료와 신속화를 해야 한다고 주장했다. 한편, 후생성 관계자는 이에 대해 난색을 표시했지만, 질질 끄는 귀환은 예산조달 기타 문제에서 바람직하지 않다는 의견이 강해서 신속화 방침이 결정되었다. 그 결과, 기간, 신속화의 내용을 구체적으로 정하기 위해 일제 등록을 실시하기로 된 것이다.

그러나 ①적십자의 손에 의한 귀환업무를 이후 1년 기한으로 종료하고, 이후에는 자유귀국으로 한다 ②이것을 위해 일제등록을 하고, 귀환업무의 신속화를 꾀한다는 것은 "협정은 무수정(無修正)으로 연장하고, 귀환희망자가 있는 한 적십자 방식을 계속해야 한다"라는 이전부터의 북조선 측 주장과 근본적으로 대립하는 것이기 때문에 협의의 타결까지는 상당한 난항이 예상된다.

일본적십자의 제안요지

적십자에 의해 돌아가고자 하는 사람이 상당수 있고, 그 자유의사가 확보된다는 조건이 계속되는 한, 일조 적십자와 적십자 국제위원회의 원조에 의한 귀환을 계속할 방침이다.

현 협정의 기한만료가 되는 올해 11월 12일까지는 약 5만명이 귀환할 수 있지만, 이후에는 협정이 없다. 현재 예상으로는 귀환희망자는 그 숫자를 상회하는 것으로 거의 확실하며, 당연히 협정연장을 할 필요가 있는데, 귀환희망자의 숫자가 불확실하기 때문에 어느 정도 필요할지 판단이 되지 않는다. 이것은 귀환희망자 입장에서도 언제 돌아갈지 알 수 없고, 또한 일본적십자로서도 예산조치, 배선계획 등을 하기에 불편하다. 다행히 처음 1년간은 차질없이 귀환업무를 진행할 수 있었지만, 협정연장을 해야만 하는 단계인 오늘에는 이 업무를 언제까지, 어떤 규모로 해야 할지를 분명히 정할 필요가 있다. 이를 위해 다음과 같은 원칙을 제의한다.

① 이번 기회에 귀환희망자에 대해 어느 일정기간까지 신청을 하도록 요청한다. 이것은 일본적십자가 할 국내수속상의 문제인데, 업무가 중요하므로 북조선 측의 이해를 바란다.

② 그 결과 그 사람들이 가능한 한 짧은 기간에 돌아갈 수 있도록 신속화를 하려는 목적을 가지고 양 적십자가 다시 협의한다. 이 기간은 적어도 1년 이내가 바람직하다.

◇ 부대조항

(가) 신청이 끝나는 기일은 이 원칙이 확정된 후 3개월로 한다. 신청은 처음 1개월간을 준비기간으로 하고, 이후 2개월간을 본 등록 기간으로 한다.

(나) 특별한 사정으로 기일까지 신청할 수 없는 경우(환자, 가족이 떨어져있는 경우)에 대해서는 불가피한 경우에 한하여 특례를 인정한다.

(다) 적십자에 의한 귀환업무 종료 후의 귀환희망자에 대한 조치는 자신의 책임과 그 부담으로 배편으로 귀환할 수 있도록, 길을 열어주기 위한 협의를 통해 결정한다.

가사이 단장의 말: 지금과 같은 질질 끄는 귀환은 여러가지 불편한 점이 있으므로 새로운 제안을 했다. 상대방이 귀환자를 받아들이는 태세, 우리 쪽의 보내는 사정 등도 있어서 1년이라는 기간에 반드시 구애받지는 않는다. 그러나 조선총련 등에 타진했던 바로는 이 정도 기간이 적당한 것으로, 일본적십자 측의 제의는 결코 무리한 제안이 아니라고 생각한다.

북조선 안 내일 제출

〈니가타〉 제1회 일조회담을 끝낸 북조선 대표단은 5일 오후 12시 반부터 숙소에서 기자회견을 갖고 다음과 같이 성명을 발표했다.

일본 측은 귀국협정의 연장을 수용하면서 3개월 이내에 귀국희망자를 전부 등록, 적어도 1년 이내에 귀국시키고, 이후 귀국희망자는 자기 책임과 부담으로 귀국시키고자 제안했다. 그리고 이번 회의의 중심은 이 등록기간 문제를 토의하는 것에 있다고 말했다. 우리 대표단은 연장문제에 대한 우리 쪽의 제안과 일본 측 제안에 대한 의견을 6일 제2회 회담에서 말하겠다.

1960년 9월 5일 석간(1면)

고사카(小坂) 방한에서 공동성명을 준비 – 한국 외무장관 언급

〈경성=야노(矢野) 특파원 5일발〉 한국정부는 5일 오전 8시부터 국무회의(각의)를 열고, 6일 방한하는 고사카(小坂善太郎: 역자) 외상 등 친선사절단을 맞이할 태도를 최종적으로 검토했는데, 이후 정일형(鄭一亨) 외무부장관은 일본인 기자와의 회견을 갖고 질문에 답했다. 이 가운데 특히 주목된 것은 양국 국교정상화에 대한 한국 측의 기본적인 태도에 변화는 물론 없으나, 일한회담 재개 장소에 대해서 지금까지는 "경성(京城)이라도 좋다"라고 밝혀왔는데, 이 노선을 약간 후퇴시킨 점과 고사카 사절단의 출국시 공동성명을 발표할 준비를 하고 있다고 하는 점이다.

1960년 9월 6일(5면)

한국, 신중한 환영 - 고사카(小坂) 방한, 일부에서 반대 데모

〈경성=야노(矢野) 특파원 5일발〉 6일 한국을 방문하는 고사카(小坂善太郎: 역자) 외상 등 친선사절단 일행을 한국 사람들은 상당히 복잡한 기분으로 맞이하고 있는 듯하다. 아무튼 일본의 고관이 경성(京城)에 찾아오는 것은 최근까지는 상상도 할 수 없었던 것이었다. 또한 일행의 특별기가 도착하는 김포국제공항과 숙소인 반도호텔에는 일장기가 걸리는데 이것도 15년 만의 일이다.

4월 정변 후, 한국에서 일고 있는 일한 양국 국교의 정상화를 바라는 대세에는 약간의 변화도 없었지만, 역시 예상한대로 막상 현실로 다가오면서, 지금까지의 감정 정리를 하지 않을 수 없는 데다, 일한교섭에서 불리한 입장으로 밀리고 싶지 않은 마음으로부터 지금까지 표면화되지 않았던 미묘한 것도 나타나고 있다. 이러한 분위기를 반영하여 고사카 외상을 맞이하는 한국 측의 일반적인 태도는 '신중한 환영'이 될 것 같다.

친선사절단의 방한이 결정된 지난 달 말 이후, 일본에 대한 일반인의 관심은 점점 높아졌고, 대일외교에 대한 연설회 등도 열렸는데, 이러한 정세 가운데 두드러진 것은 신중론이 상당히 강하게 나오고 있는 것이다.

이러한 신중론은 우선 언론계나 학계 일부에서 생겨나서 일반 여론과 서로 반영하면서 미묘한 분위기를 만드는 것 같은데, 이것은 주로 앞으로의 일한교섭을 가능한 한 한국 측에 유리하게 전개하기 위한 고려로부터 나오는 것이라고 보인다. 경성에서의 일한회담 재개에 반대하여 "한국정부는 준비 부족한 태세로 일을 서두르고 있다"라는 식자(識者)도 상당히 있는데, 이것도 한 가지 예다.

이러한 신중론의 저변에는 아직 감정적인 요소가 없다고는 할 수 없는데, 언론계의 어떤 원로는 "이성적으로는 국교정상화의 필요를 통감하면서도, 기분으로는 석연치 않은 것이 남아 있다. 이것은 역시 지난 36년의 일본통치 시대의 기억이 아직 지워지지 않았고, 북송문제에 대한 악감정이 있기 때문에, 이것은 많든 적든 한국의 인텔리에게 공통되는 것이 아닐까"라고 말했다.

40~50명의 사람들이 "재일한인의 북송을 중단하지 않는 일본 사절단의 방문은 거절한다"라는 플랜카드를 들고 경성 중심가를 거쳐 외무부까지 데모행진 했다. 이것을 보고 있는 시민의 다수는 "정체를 알 수 없는 사람들의 데모다"라고 냉랭한 태도였지만 북송반대에는 공감했다.

또한 수산업계에서는 최근 대일어업대책위원회라는 조직을 만들어 업계의 의향으로 "이승만 라인 폐지에는 절대반대"라는 입장을 강하게 내놓기 시작했다. 이 주장에는 흥정이라는 점도 상당히 포함되어 있다고 보이는데, 역시 정부 관계자나 일반 여론에 어느 정도 영향을 주고 있는 듯하다.

여기서 주목되는 것은 일한무역의 추진을 책임져야할 실업계로부터는 적극적인 의견이 전혀 나오지 않고 있다는 것이다. 무역에 의한 이익에 직접 연결되는 만큼, 일한관계의 조기 타개에 대한 희망을 공공연히 주장하기 어려운 미묘한 입장에 있기 때문이라고 한다.

그러나 여러가지 미묘한 움직임은 있지만, 일한양국의 국교개선을 바라는 저류는 뿌리 깊어, "지리적으로도 가까운 일한 양국이 접근해서 경제적으로도 문화적으로도 교류를 깊게 하는 것은 당연하다"라는 의견에 반대를 하는 사람은 거의 없다. 그러한 것도 일본의 대한경제협력에 큰 기대를 걸고 있기 때문이다. 사설에서는 상당히 강경한 신중론을 주장하고 있는 유력 신문의 논설위원도, 사석에서는 "일한양국도 정치적으로는 서로 대등한 입장을 유지해야 하지만, 경제적으로는 가능한 한 국경을 없애고, 언젠가는 유럽공동시장과 같은 것을 만들어야 하지 않을까"라고 강조했다.

1960년 9월 6일 석간(1면)

고사카(小坂) 외상, 한국을 방문 - 총리, 외상과 곧바로 회담

〈경성=이치야나기(一柳) 특파원 6일발〉 친선사절로서 한국을 방문한 고사카(小坂善太郎: 역자) 외상 일행은 6일 오전 7시 50분 일본항공 특별기로 하네다(羽田)를 출발, 현지시각 정오(일본시각 오전 11시 반)에 경성(京城) 교외 김포공항에 내렸다.

전후 처음으로 한국을 방문한 일본정부의 공식사절에 대해 엷은 구름이 낀 공항에는 정(일형) 외무부장관 외에 외무부 고위관료가 외상을 영접했다. 외상은 공항에서 "현안을 조속히 해결하고, 일한 양국의 선린우호 관계를 수립하고자 한다"라고 별항과 같은 성명을 낭독, 이후 정 장관과 자동차에 동승하여 경성 시내로 들어갔다. 시내에는 특별한 환영모습은 보이지 않았고, 신중히 일행을 지켜보는 표정이었다.

숙소인 반도호텔에서 휴식 후, 외상은 오후 2시, 먼저 경무대 대통령 관저로 윤(보선) 대통령을, 이어서 국무총리 관저로 장(면) 국무총리를 방문, 각각 약 10분간 짧은 시간이지만 한국 신정부 수립에 대한 축하를 표명하면서, 일한 우호관계 수립에 대한 희망을 말하고, 이케다(池田勇人: 역자) 수상의 선물(칠기 상자)을 전달했다.

이번 친선방문에서 가장 주목되는 정 외무부장관과의 양국 외상회담은 오후 2시 50분부터 외무부 청사에서 시작되었다.

고사카 외상은 이날 밤에는 정 장관이 주최하는 환영 만찬회에 출석하고, 7일 오전 10시 반, 김포국제공항 출발, 오후 2시 하네다에 도착할 예정이다. 한편 외상을 동행한 사람은 가쓰마타(勝俣稔: 역자) 외무정무차관, 이세키(伊関佑二郎: 역자) 외무성 아시아국장, 마에다(前田利一: 역자) 아시아과장, 곤도(近藤) 과장,

마스다(増田) 외상 비서관 등 5명이다.

"우호관계 수립을 강력히 염원" – 고사카 외상 성명(요지)

◇ 한국에서 신정권이 수립된 기회에 나는 일본정부와 국민을 대표하여 귀국정부와 국민 여러분께 마음으로부터의 축하의 말씀을 드리고자 방문하였습니다. 한국과 일본은 예부터 가장 가까운 이웃 국가로서 손에 손을 잡고 나아가야 할 사이라고 믿고 있습니다. 그런데 불행히 양국 관계가 이러한 본연의 모습에서 벗어나게 된 것은 매우 유감입니다.

◇ 다행히 한국 신 지도자들이 앞으로는 과거에 얽매이지 않고 나아가겠다고 말씀해주신 것은, 우리로서는 깊은 감명을 받았습니다. 일본으로서는 여기에 호응해서 한국 국민의 대일감정을 충분히 존중하고 공영의 방향으로 나아가려고 생각합니다.

◇ 이 시점에 있어서 나는 일한 양국 정부가 흉금을 터놓고 협의하여 오래된 여러 현안을 하루라도 빨리 해결하여, 양국 간에 선린우호, 상호신뢰의 관계가 굳건히 수립되기를 강력히 염원하고 있습니다.

◇ 지금, 양국 간에는 희망으로 가득한 새로운 역사가 시작되려고 하고 있습니다. 이런 시기에 신생 한국을 방문하여, 일본국민을 대표하여 축하를 표하는 것은 나의 큰 감격입니다. 오늘 여러분이 환영해 주심에 깊은 감사를 드립니다.

약 30명이 경찰과 몸싸움 – 호텔 앞에서

〈경성=야노(矢野) 특파원 6일발〉 고사카 외상이 한국을 방문한 6일 경성은 아침부터 잔뜩 찌푸린 날씨였는데, 어느 새 다가온 가을의 기운이 강하게 느껴졌다. 고사카 외상 등 친선사절단을 맞이하면서, 한국 측은 민간의 환영을 전부

자제하였기 때문에 거리에는 사절단의 방한을 알리는 어떠한 것도 보이지 않고, 김포공항에는 정일형(鄭一亨) 외무부장관, 김용식(金溶植) 차관 등이 일찍부터 얼굴을 보였고, 터미널에서 사절단 일행의 도착을 기다렸다. 그곳으로 몰려든 한국의 기자단에게 정 장관은 싱글벙글 웃으며, 별항의 억류선원 특별사면을 발표했다.

기자단도 '역시'라는 표정. 새롭게 열리고 있는 앞으로의 일한관계를 생각하게 하는 장면이었다.

고사카 외상 등 친선사절단은 6일 오후 1시, 숙소인 반도호텔에 들어갔는데, 호텔 정면의 현관 위에 커다란 일한 양국기가 걸렸다. 그런데 약 30명의 청년이 "36년간의 침략행위를 사죄하라" 등 플래카드를 들고, 호텔 앞으로 몰려들어 "일본 국기를 내려라"고 외치며 경찰과 몸싸움을 벌였다. 그 가운데 고사카 외상 등은 오후 1시 55분, 윤(尹) 대통령 방문을 위해 경무대로 향했다.

1960년 9월 6일 석간(1면)

선원 전부 특별사면, 다음 달 1일

〈경성=야노(矢野) 특파원 6일발〉 정일형(鄭一亨) 한국 외무부장관은 6일 김포공항에서 고사카(小坂善太郎: 역자) 외상 도착 전, 기자단에게 "다음 달 1일에 이루어질 예정인 윤(보선) 대통령 취임 축하식과 신정부 수립을 기념하여, 부산 형무소에 수형 중인 일본인 선원 40명을 전부 특별사면한다"고 발표했다.

억류는 42명

[주(注)] 수산청 해양2과의 조사에 의하면 현재 한국에 억류된 선원 수는 42명, 그 가운데 2명은 형기를 만료했다.

1960년 9월 7일(1면)

새로운 관계 수립 - 일한 양국이 공동성명

모든 현안의 해결을 약속하다.

한국 신정부에 대한 일본정부의 경축과 친선 의사를 표명하기 위해 6일 한국을 방문한 고사카(小坂善太郎: 역자) 외상은 윤(보선) 대통령, 장(면) 국무총리를 예방하고 정(일형) 외무부장관과 회담했는데, 이 회담에서 '일한공동성명'을 발표하기로 합의, 이날 오후 7시(일본시각) 경성(京城)과 외무성에서 동시에 이것을 발표했다. 공동성명 내용은 "평등과 주권존중의 기초 위에 상호이해의 정신을 가지고 양국 간의 제 현안 해결을 약속하고, 협조의 기초 위에 새로운 일한관계를 수립하기 위해 노력한다"라는 원칙적 생각을 담는 정도로, 현안의 일한회담 재개 등 구체적인 문제에는 언급하지 않았다. 공동성명 내용은 다음과 같다.

고사카 일본국 외상은 한국 신정부의 수립을 경축하기 위해, 1960년 9월 6일부터 7일까지 대한민국 수도 서울(경성(京城))을 방문했다. 서울에 체재 중, 고사카 외상은 대한민국 윤보선(尹潽善) 대통령, 장면(張勉) 국무총리 및 정일형(鄭一亨) 외무부장관을 방문했다.

고사카 대신(大臣)은 대한민국이 민주혁명을 통해 신정부를 수립한 것에 대해 일본국 정부 및 국민의 축의를 표명하였고, 한국정부 지도자들은 여기에 대해 사의를 표했다. 고사카 대신은 또한 한국민에 대한 일본국민의 우호와 경애의 뜻을 전달하고, 앞으로의 일한 친선관계를 수립, 증진하고자 하는 일본국 정부 및 국민의 희망과 결의를 표명했다. 한국정부 지도자들도 일한 우호관계의 중요성을 인식하여, 이를 위해 함께 노력하는 것이 필요하다는 신념을 피력하였다.

양국 외상은 평등과 주권존중의 기초 위에, 또한 상호이해의 정신을 가지고 양국간에 개재하는 제반 현안의 해결을 약속할 것, 그리고 양국 간에 협조의 기초 위에서 새로운 관계를 수립하기 위해 노력할 것을 합의했다. 고사카 대신과 정 장관은 이번 고사카 대신의 방한이 양국간 이해증진과 새로운 친선관계 수립을 향한 첫걸음으로 깊은 의미가 있음을 확인했다.

이승만 라인 문제는 낙관할 수 없다 - 일본정부 견해

한국의 정(일형) 외무부장관이 6일 "부산형무소에 억류중인 일본인 선원 전부를 특별사면한다"라고 발표한 것에 대해서 외무성은 억류선원을 전부 특별사면한다는 것은 처음있는 조치라면서 호감을 가지고 받아들였다. 외무성에서는 7일 오후, 고사카 외상 등이 한국방문에서 귀국하면 억류선원의 석방 시기나 송환 절차 등이 구체적으로 확인될 것이라고 한다.

그러나 정 장관이 6일 기자회견에서도 언명했듯이 이번의 선원 특별사면 조치는 고사카 외상 방한에 대한 하나의 '선물'로 보이며, 현안인 이승만 라인 문제가 해결되었다고 할 수는 없으므로, 이 문제는 10월 하순 재개될 예정인 일한회담에서 다루게 될 것이다. 따라서 일본어선이 이승만 라인을 침범할 경우, 한국 측이 붙잡지 않으리라는 보장은 없다고 보고, 외무성은 이 점에 대해 경고를 하고 있다.

다음 달 하순, 도쿄(東京)서 개최 - 일한 예비회담으로 의견일치

〈경성=이치야나기(一柳) 특파원 6일발〉 고사카 외상은 6일 2시(현지시각)부터 3시까지 외무부 청사에서 정(일형) 외무부장관과 회담한 결과, 오는 10월 하순 도쿄에서 일한회담의 예비회담을 열기로 의견을 모았다. 이에 따라 지난 4월 한국정변 이래 중단되었던 일한 양국 간의 외교교섭이 반년 만에 재개되게 되었다.

이 예비회담에서는 당면한 종래의 일한 양국 간의 주장을 정리하면서, 한국 신정부 수립 후 새로운 정치정세 위에서 어떻게 토의를 진척시킬지 협의하게 될 것이다. 그런 의미에서는 예비회담이라고는 하지만 실질적으로는 일한회담의 새로운 출발이라고 해도 좋을 것이다.

정 외무부장관은 고사카 외상과 동행했던 일본인 기자단과의 기자회견 석상에서 "예비회담은 진척 상황에 따라 큰 성과를 거둘 수 있을 것이다"라고 말했다.

또한, 한국 측은 예비회담에는 새로운 대표단을 편성하여 도쿄로 보내게 될 것이다.

초청이 있다면 방일 - 정 장관 말하다

〈경성=이치야나기(一柳) 특파원 6일발〉 정일형 한국 외무부장관은 고사카 외상과의 회담 후, 오후 4시반부터 외상의 한국방문에 동행했던 일본인 기자단과 회견했다. 일문일답은 다음과 같다.

문: 고사카 외상으로부터 일본방문 초청이 있었을 것이라 생각하는데, 어떤가?

답: 정식 초대가 있다면 방일할 용의가 있다. 오늘 회담에서는 비공식 초청이 있었을 뿐이다.

문: 오늘 외상회담에서 일한관계 정상화를 위한 준비가 결정되었는가?

답: 10월에 도쿄에서 예비회담을 열기로 했다. 예비회담은 진척상황에 따라 장래 큰 의의를 가지게 될 것이다.

문: 당신은 동북아시아기구(NEATO) 설립을 희망하는가?

답: 미국, 필리핀, 한국, 자유중국, 일본 5개국이 중심이 되는 것을 생각하고 있다. 일본이 참가에 어려움이 있는 것을 알고 있다.

문: 일본정부는 경성에 일본대표부의 설치를 희망하고 있는데, 어떻게 생각하는가?

답: 어떠한 공식 요청도 없고, 이쪽에서도 아무것도 결정하지 않았다.

문: 이른바 '북송문제'에 대해서 한국 측은 일본이 성의를 보이라고 주장하고 있는데 구체적으로 어떻게 하면 좋겠는가?

답: 11월 12일에 기한만료가 될 캘커타(Calcutta)협정을 연기하는 것에 반대한다.

문: 일부에서 평화라인(이승만 라인)을 어업협정에 추가하면 어떨지 말하고 있는데 어떻게 생각하는가?

답: 이 문제에 대해 일본 측이 중대한 관심을 가지고 있는 것을 알고 있는데, 결국 일한회담 본회담에서 공존공영이라는 입장에서 토의하게 될 것이다.

문: 부산 억류선원을 석방한다고 했는데.

답: 10월 1일 한국 신정권 경축일에 즈음해서 현재 복역 중 또는 미결인 자를 포함해 전원 석방한다. 이것은 고사카 외상 방한에 대한 선물이다. 그러나 이것은 평화라인에 대한 한국민의 결의를 바꾸는 것은 아니다.

경제적 공영이 중요 - 고사카 외상 말하다

〈경성 6일발=공동〉 정(일형) 한국 외무부장관과의 회담을 마친 고사카 외상은 6일 오후 5시(일본시각 오후 4시반)부터 약 1시간에 걸쳐 숙소인 반도호텔에서 내외 기자단과 회견했다. 이 회견에서는 한국인만 질문이 허용되었는데, 고사카 발언의 요지는 다음과 같다.

1. 일한관계: 지금까지 일한관계는 반드시 좋았다고는 할 수 없었는데, 이번에는 점차 양국 간의 냉랭했던 관계를 녹였다고 생각한다. 한국 수뇌부와의 회담에는 매우 만족한다.
2. 북송문제: 이 문제에 대한 한국국민의 희망도 알고 있고, 이것이 일한관계에 나쁜 영향을 주고 있다는 것도 인정한다. 따라서 조속히 결론을 내고자 한다.
3. 경제협력: 일한 양국에서 현재 가장 중요한 것은 양국이 경제적으로 번영하는 것이라고 생각한다. 경제발전이야 말로 공산주의에 대한 가장 좋은 대책이다.
4. 일한회담: 양국 정부가 각각 정부 내 의견을 정리하여 예비회담을 열기로 했다. 총선거 전에 회담을 여는 것에 대해서는 어떠한 방침의 변경은 없다.
5. 이승만 라인 문제: 양국 어민에게 중요한 문제로 쌍방이 번영한다는 경제적 기초에 서서 어족자원보호문제를 포함해 생각하고자 한다.

1960년 9월 7일(1면)

일본적십자 제안을 거부, 니가타(新潟) 회담 - 북조선, 무수정 연장을 요구

〈니가타〉 일조(日朝) 적십자 제2회 본회담은 전날에 이어서 6일 오후 3시부터 니가타현청(新潟県庁)에서 열렸는데, 조선 측은 전날 일본적십자 측이 제안했던 ①귀환희망자를 일세등록하고 ②이것에 기초하여 귀환을 신속화, 1년 한정으로 적십자 방식 귀환을 마무리하고, 이후로는 개별적 자유귀환으로 하자는 제안을 정식으로 거부, 재차 "현재 협정을 무수정(無修正) 연장한다"라는 반대 제안을 했다. 이 제안에 대해서 조선 측 이일경(李一卿) 대표단장은 "일본적십자 제안을 실시할 경우, 귀환희망자는 귀환하는 날까지 생활의 위협을 받고, 큰 혼란이 일어난다. 협정변경을 필요로 하는 일본적십자 측의 설명은 전혀 납득할 수 없고, 그 이면에는 일한관계를 고려한 정치적 흥정의 냄새가 다분하다"라고 일본적십자 측을 날카롭게 비난했다.

여기에 대해 일본적십자 측은 "충분히 검토하여 7일에 일본적십자의 견해를 밝히겠다"라고 답하여, 이날 회담은 불과 30분 만에 끝났다.

일본적십자 측은 조선 측의 이 제안에 대해 이날 저녁부터 일본적십자 시마즈(島津忠承: 역자) 사장을 통해 외무, 후생성 등 귀환문제 관계당국과 협의했는데, 7일의 제3회 회담에서는 "일본적십자 제안은 인도적 입장에서 나온 것이며, 정치적 의도는 전혀 없다"라고 설명하여, 일본적십자 측 제안이 구체적인 협의로 이어지도록 호소할 것 같다.

일본적십자 안과 조선 안은 얼핏 보면 완전히 대립하는 것처럼 보이지만 "협정연장은 필요"하다는 점에서는 쌍방의 견해가 합치하고 있는 것이며, 일본적십자 측은 대화의 여지는 충분히 있다 판단하고 있다.

1960년 9월 7일(2면)

[사설] 억류선원 전원 석방을 환영한다

한국 정(일형) 외무부장관은 10월 1일 예정된 신임 대통령 취임 축하를 기념하여 부산형무소에 억류되어 있는 일본인 선원 41명을 전원 석방한다고 발표했다. 마침 이것은 고사카(小坂善太郎: 역자) 외상이 한국을 친선방문한 날의 낭보였는데, 우리들은 한국정부가 일한 양국의 친선을 위해 성의를 보인 것으로 이것을 높이 평가해야 한다고 생각한다.

현재 부산에 억류되어 있는 일본인 선원은 이미 '형기'를 마친 사람 2명을 포함해 전원이 일본으로 송환되는 것으로 판단해도 좋을 것이다. 석방의 명목은 '특사'라는 것인데, 이른바 '이승만 라인'이 설정된 이래 억류자 전원이 석방되는 것은 처음이라고 해도 좋은데, 그만큼 한국정부의 '이승만 라인'에 대한 태도도 크게 변화하고 있는 것이다.

'이승만 라인'이 일방적으로 설정된 지 8년 반이 되었는데, 그동안 이 방면의 해역으로 출어한 선원은 물론, 일본국민 일반에게 마음이 편할 날이 없었다고 해도 좋을 것이다. 특히 이승만정부는 쇼와(昭和) 29년(1954년) 이후부터는 '형기'를 마친 선원조차 송환하지 않고, 심지어는 이를 일한교섭의 '인질'로 이용하는 경향마저 보였다. 이것은 일본국민으로서 조금도 이해하기 어려운 것이었다.

그러나 이(승만) 정권의 붕괴 후에는 한국정부의 태도가 상당히 부드러워졌고, 특히 장면(張勉) 신정부의 성립 후에는 나포는 한 차례도 없었다. 이에 대해 우리들은 밝은 기대를 하고 있다. 이번 발표는 이 기대를 사실로 만드는 것이며, 이것이 더더욱 한 걸음 나아가 '이승만 라인' 철폐로 발전된다면 조선해협에 드리운 어두운 구름을 씻어내게 될 것이다.

그러나 번번이 말했듯이 억류 일본인의 석방 자체는 인도상 당연한 것이고, 이것이 어떠한 거래의 재료가 될 수는 없다는 것은 재차 강조할 필요도 없다. 이른바 '이승만 라인' 문제의 해결은 바로 이것을 무조건 철폐하고, 완전히 새로운 입장에서 양국의 어업 제휴를 도모하는 것으로서 달성되어야 하는 것이라고 생각한다. 한국이 '이승만 라인'을 철폐하고 양국 간의 어업제휴에 의해 이 해역에서 자원의 유지와 쌍방의 어업 발전을 도모한다면 서로 이익이 되는 것은 당연하다. 일본은 이 수역의 어족자원을 보호하기 위해 어업 규제조치를 강구할 용의가 있음은 물론이고, 한국 어업을 진흥하기 위해 어업자재를 제공하거나 수산물 시장에 대해서도 적당한 방법을 취할 수 있다.

마침 6일 저녁 일한 양국 외상은 공동성명을 발표하여 양국이 서로 '평등과 주권존중의 기초'에서 또한 '상호이해의 정신'를 가지고 새로운 관계를 수립하여 제 현안의 해결에 힘쓸 것을 강조했다. 이것은 양국관계에 처음으로 밝은 빛이 비추고 있다고 해도 좋을 것이다. 선원석방은 양국 우호관계의 회복의 첫걸음이라고 생각하고 싶다.

1960년 9월 7일(3면)

시민, 차가운 환영 모습 – 고사카 사절단 맞이한 한국

'히노마루'(=일장기·일본국기: 역자)에 불쾌한 표정

〈경성=야노(矢野) 특파원 6일발〉 고사카(小坂善太郎: 역자) 외상 등 친선사절단은 6일 오후 윤보선(尹潽善) 대통령, 장면(張勉) 국무총리를 예방하고 신정부 발족에 대한 축하인사를 한 후, 정일형(鄭一亨) 외무부장관과 회담했다. 이들 한국 수뇌부와의 회견은 우선 선물을 교환하고, 매우 따뜻한 분위기 속에서 이루어졌는데, 한국의 민중은 친선사절 일행을 어떤 눈으로 맞이했을까.

경성(京城)의 거리에서 눈에 띄는 고급차를 몰고 도심부를 돌아다니는 일행을 지켜보는 시민들의 태도에는 환영의 뜻을 나타내는 사람은 한 명도 없었다. 뿐만 아니라 숙소인 반도호텔에는 소수의 '북송 반대' 등 데모대가 나타나 경찰과 부딪히기까지. 또한 외무부청사 앞 대로에는 상당한 수의 군중이 몰려들어 경비하는 경찰 뒤에서 고사카 외상 등의 도착을 끈기 있게 기다렸는데, 일행의 차량이 외무부 옆문을 통하여 앞뜰로 미끄러지듯 들어갈 때도 복잡한 눈빛을 던질 뿐 전부 말이 없었다. 알 수 없는 침묵은 보통 생각되는 '친선'과는 다른 풍경이었다.

일한우호를 외치는 일본의 외교 책임자를 현실에서 맞이한 한국 사람들의 마음속에는 어떤 생각이 있었을까. 고사카 외상 등이 도착한 직후 반도호텔에 몰려든 2, 30명의 데모대는 바로 경찰에게 보도 위까지 밀려나서 구경하러 모인 군중 가운데 뒤섞여 버렸다. 그러나 '북송반대', '10억 달러 이상 배상금을 지불하라', '이승만 라인을 사수하자' 등의 플래카드는 어느새 반도호텔 2층 창문 벽에 걸려 지나가는 사람들의 주목을 끌었다. 데모대는 '4월혁명학생동지회'를 자칭했는데, 이 동지회의 간부에게 물었더니 "5일 간부회에서는 이러한 데모는 하지 않는 것으로 결정되었는데"라며 의아한 기색.

플래카드를 들고 있던 고교생은 "플래카드를 들 사람이 없기 때문에 자기가 들고 있을 뿐"이라고 해서 의외로 태평스러운 풍경도 있었고, 전체적으로는 살기가 가득한 분위기는 없었다.

"데모를 했다고 해서 문제가 해결되는 것은 아니다. 지나치면 오히려 사회의 반감을 사지 않을까"라고 비판적. 데모대의 행동이 그대로 한국 국민의 감정을 대변하고 있다고는 볼 수 없지만, 그 주장하는 것은 일반의 강한 의견을 반영하고 있고, 그것을 지켜보는 시민의 감정에는 상당히 미묘한 것이 있는 것 같다..

그러나 가장 미묘한 감정을 자극하는 것은 역시 반도호텔에 걸렸던 일장기(日章旗). 호텔의 옥상에는 커다란 태극기(한국의 국기)가 높이 걸려 있었다. 그 바로 아래 현관 위에 일한 양국기가 사이좋게 걸려 있었는데, 15년만에 한국에서 하나 걸려진 일장기였다. 이것을 보고 대부분의 시민들은 아무래도 받아들이기 어려운 감정을 느꼈을 것이다.

"묘하게도 아련한 향수를 느껴 히노마루를 보러 왔는데, 그것을 보니 역시 지난날의 유쾌하지 않은 생각이 뭉클 되살아났다. 차라리 일한 양국기 함께 내려버리는 것이"하는 사람이 많았던 것이다. "국교 개선은 바라지만, 일장기를 걸어놓은 것은 조금 이른 것이 아닐까"라는 것이 대부분의 사람에게 공통된 감정인 것 같다. 평소에는 숨어있던 감정적인 면이 자극되어 표면에 나온 것으로 이러한 분위기는 친선사절단을 맞이하는 태도에 강하게 나타난 것으로 봐도 좋은 것은 아닐까.

6일 한국 각 신문은 '일본의 친선사절단의 방한을 기회로 양국 교역 증진할까', '일본 친선사절단의 방한은 환영하지만, 이승만 라인의 양보설은 잘못'과 같은 기사나 논설을 내고 다양한 각도에서 일한관계의 타개에 적극적인 자세를 강하게 나타냈다.

한국의 소식통 가운데에는 "사절단을 맞이한 한국의 민중은 차가웠다고 하는 것이 일본에서 어떤 반향을 불러올 것인가"라고 걱정하는 사람도 있었다. 그러나 "일한관계 가운데 한 번은 이러한 과정을 거치는 것은 어쩔 수 없다. 고사카 외상의 방한 결과, 한국 국민이 좋은 인상을 받았는지가 첫 번째 문제이고, 좋은 인상을 남기고 갔다면 이후 국교개선에서 큰 플러스가 되는 것이 아닐까"라고 말했던 어느 언론 관계자의 의견은 상당히 넓은 층을 대표하는 견해라고 생각된다.

1960년 9월 7일 석간(1면)

고사카 외상, 방한 마치고 귀국

고사카(小坂善太郎: 역자) 외상 등 방한 친선사절 일행은 7일 오후 1시 35분 도쿄(東京) 하네다(羽田) 도착 일본항공 특별기로 귀국했다. 공항에서는 야마다(山田久就: 역자) 외무차관 등 외 일한어업대책본부 등 관계자가 나와서 환영했다. 불과 1박의 친선방문이었지만 외상은 6일 오후, 윤보선(尹潽善) 대통령, 장면(張勉) 국무총리, 정일형(鄭一亨) 외무부장관 등 한국 신정부 수뇌부를 예방하고, 다음 달 하순에 일한회담 예비회담을 개최하기로 합의하는 등, 일한관계 타개에 실마리를 찾아 당초 희망을 달성하였다.

외상은 하네다 공항에서 기자회견을 갖고 방한성과에 대한 생각을 밝혔다.

한편 동행하였던 아사히(朝日)신문의 이치야나기(一柳) 기자도 외상 일행과 함께 귀국하였다.

국민의 협력을 요망 - 외상 귀국 회담

외상의 기자회견에서의 담화 내용은 대략 다음과 같다.

▶ 이번 한국방문은 정부 인사로서는 15년 만인데, 한국정부의 성의있는 환영과 함께 일한 양국우호 친선의 첫 페이지를 열수 있어서 매우 기쁘다.

▶ 나의 방한에서 첫 페이지가 열렸다고 해도 양국 국민 서로의 따뜻한 마음이 통해야 비로소 친선의 성과가 있는 것이기 때문에, 이후 국민이 더욱 가까운 이웃나라인 우방 한국에 대해 우애와 친선의 마음을 키워갔

으면 좋겠다고 생각한다. 첫 페이지를 열었다고 해도 친선은 한 사람이나 두 사람 만의 힘으로 가능한 것은 아니다.

▶ 10월 하순에 일한 예비회담의 개회를 결정했는데, 이후 일한교섭은 매우 순조로워지지 않을까 기대하고 있다.

1960년 9월 8일(2면)

일한관계 호전의 기초가 만들어졌다, 장(張) 한국 총리 발언

〈경성=야노(矢野) 특파원 7일발〉 장면(張勉) 한국 국무총리는 7일 저녁, 한국 기자단과 회견에서 고사카(小坂善太郎: 역자) 외상 등 친선사절의 방한 성과에 대해 "일한 양국관계에 호전의 기초가 만들어졌다"라며 다음과 같이 말했다.

▶ 한국으로서는 고사카 외상과 회의에서 국교정상화를 희망하는 일본 측의 의향을 직접 확인한 것에 의의가 있고, 양국관계에 밝은 전망이 열리고 있다.

▶ 일본은 성의를 가지고 대한 경제협력을 할 것이 분명해졌다. 구체안이 제시되면 검토하여 수락할 용의가 있다.

그러나 장 국무총리는 "한국 연안경비대는 일본어선이 이승만 라인 안쪽으로 들어오는 것을 막기 위해 순찰을 계속하는가"라는 질문에 답하여 "물론이다"라고 답했다.

1960년 9월 8일(3면)

한국, 4각료가 사임 - "거당내각의 기회 만든다"

〈경성=야노(矢野) 특파원 7일발〉 장면(張勉) 내각이 발족하고 겨우 15일 만인 7일 오후, 유력한 각료 4명이 돌연 사표를 제출했다. 장 총리는 한국 기자단과의 회견에서 이것을 수리할 것이라고 말했다고 한다.

사실상 민주당의 신파 단독정권으로 발족했던 장(張) 내각은 의회 내에 안정세력을 확보하지 못하여 정국불안의 모습이 짙어졌는데, 신파로서는 구파에 재차 입각을 요구하여 이런 치명적 약점을 보강하기 위해 과감한 방법을 쓰게 된 것으로 보인다.

이에 대해 구파의 내부사정도 주류파와 소장파로 나뉘어 복잡한데, 구파 간부는 "각료 자리를 미끼로 구파 와해공작이 시작되었다"라며 강하게 반발하였고, 한국 정계는 내년도 예산 심의를 앞두고 크게 요동칠 것으로 보인다.

사표를 제출한 각료는 오위영(吳緯泳) 국무원 사무소장(사무처장의 오기: 역자)과 홍익표(洪翼杓) 내무, 현석호(玄錫虎) 국방, 이태용(李泰鎔) 상공 등, 세 장관으로, 4명은 공동성명을 발표하여 "민주당 신구 양파의 대립 격화에 따른 정치불안으로 정책수행에 지장이 적지 않음을 통감, 이 시기에 민주당의 거당내각 조직에 의한 정국수습의 기회를 만들기 위해 사직을 결의했다"라고 말했다.

문제의 세 장관 자리는 중요 포스트인데 특히 오위영 씨는 신파의 참모장 격으로 신정부를 움직이는 총지배인(장(張) 내각은 실질적으로는 오(吳) 내각)이라는 평판도 있을 정도인데, 이번 사표제출은 일반에 상당한 충격을 줄 듯하다.

여기에 대해 "신파는 참신한 수를 썼다. 왜냐하면 구파 측이 가장 눈엣가시로 생각하는 오 씨를 사퇴시켜, 구파가 협력을 거부하기 곤란한 입장으로 몰아갈 수 있기 때문이다. 구파가 각내(閣內) 협력을 하게 된다면 안정정권이 가능하고, 협력을 거부한다면 정국불안의 책임을 구파에게 씌워 세론을 신파에게 유리하게 전개시킬 수 있다"라는 분석도 있는데, 현 내각이 어려운 상황에 있다는 것은 틀림이 없다.

1960년 9월 9일(2면)

대일 악영향 없을 듯 – 한국 전 각료의 사의, 외무성의 견해

한국 장면(張勉) 내각의 전 각료가 8일 사의를 표명했다는 보도에 대해서, 외무성은 이것이 고사카(小坂善太郎: 역자) 외상 방한의 직후인 만큼 이번 사태를 주시한다는 태도인데, 지금은 "이에 따라 일한관계가 악화되는 것 아닐 것이다"라는 판단이다.

외무성 관계자에 의하면 한국의 전 각료가 사임의 의향을 표명한 것은, 오직 민주당 구파(야당)에 각내(閣內) 협력을 요구하기 위한 장면 내각의 타개책으로, 이 내각을 구성하는 신파로서는 이것에 의해서 신구 양파로 된 내각을 조직하여 정국을 안정시키고자 하려는 것으로 보인다.

신구 양파는 내정, 외교를 통하여 특히 대립하고 있는 점은 보이지 않기 때문에, 이번 사태의 결과가 어떻게 되느냐와 상관없이 민주당이 정권을 확보하는 한, 한국의 대일외교 기본노선은 변함없을 것으로 보고 있다.

오히라(大平正芳: 역자) 관방장관은 한국의 전 각료 사임 문제에 대해 8일 저녁 기자회견에서 다음과 같이 말했다.

▶ 자세한 것은 듣지 못했지만, 고사카 외상 방한과는 직접관계 없다고 생각한다. 또한 일한관계도 큰 변화는 없을 것으로 봐도 좋다.

▶ 일한 양국의 정식교섭 개시는 총선거 후가 될 것으로 생각하는데 그때까지 사무당국에서 현안 문제에 대해 검토를 거듭해 사전 준비를 마칠 것으로 생각한다.

1960년 9월 11일(2면)

일본공산당 비합법화 등 요구. 한국 보수파그룹 성명

〈경성 10일발=AP〉 장면(張勉) 한국정부의 여당인 민주당에 대항하는 신보수 정당의 결성을 계획하는 보수파그룹은 10일 일본문제에 관한 7항목의 성명을 발표하면서, 그 가운데 일본공산당의 비합법화 등을 요구했다.

이 새로운 그룹은 '시국간담회'라고 이름 붙여졌는데, 성명서는 사실상 이승만(李承晩) 전 대통령의 대일정책과 거의 다르지 않다. 이 간담회에는 변영태(卞榮泰) 전 수상, 김병로(金炳魯) 전 대법원장, 유명한 독립운동 지도자 이갑성(李甲成) 씨 등 요인이 가담하고 있다.

대일 7요구는 다음과 같다.

① 40년에 걸친 조선에 대한 제국주의적 통치를 사죄할 것.
② 강제적으로 가져간 한국의 국보 기타 자산을 반환할 것.
③ 제2차 대전 중 징집한, 또한 사망한 조선인에 대한 보상.
④ 재일조선인의 정치, 사회, 경제활동의 자유를 보장할 것.
⑤ 조선에 대한 정치적, 경제적 침략을 기획하지 않을 것을 약속.
⑥ 재일조선인의 북조선송환을 조속히 정지할 것.
⑦ 일본공산당의 비합법화.

1960년 9월 11일(2면)

이승만(李承晩) 라인 타협 없다, 정(일형) 장관 발언

〈경성 10일발=AFP〉 한국의 정(鄭一亨) 외무부장관은 10일 의회에서 "한국은 계속해서 이승만 라인을 주장하며, 일본과 이 문제에 대해서 타협하지 않는다. 이승만 라인은 남선(南鮮=한국: 역자) 어민의 생명선이다"라고 증언했다.

1960년 9월 11일(2면)

한국대표단 단장에 유진오(兪鎭午) 씨, 일한 예비회담

〈경성 10일발=로이터〉 한국 외무성 관계자는 10일 "도쿄(東京)에서 10월에 열리는 일한 예비회담에 출석할 한국대표단의 단장으로는 유진오(兪鎭午) 고려대학 총장이 임명될 것이다"라고 말했다.

유진오 씨 약력: 52년 및 작년 8월 일한회담 대표, 작년 3월에는 재일조선인 북조선귀환저지 민간대표로 제네바에 갔다. 52년부터 고려대학 총장. 구 경성대 법학부 졸업. 1906년 출생.

1960년 9월 11일 석간(1면)

일한관계에 깊은 관심 - 고사카(小坂) 외상 맞이한 미 당국

〈워싱턴=가와무라(河村) 특파원 10일발〉 고사카(小坂善太郎: 역자) 외상은 11일 오전 워싱턴에 도착, 12일 허터(Christian Herter) 국무장관 등 국무성 수뇌, 13일 뮐러(Frederick H. Mueller) 상무장관과 회담하는데, 미국 측에서는 이 회담에서 국제정세에 대해 의견을 교환하는 한편, 이케다(池田勇人: 역자) 신내각의 외교방침, 고사카 외상의 한국방문 성과에 대해 직접 외상으로부터 듣는 것을 기대하고 있다. 12일 허터 장관과의 회담은 국무성 내에서 해당 부처 수뇌부와의 오찬회 뒤에 계속되었는데, 미국 측에서는 파슨즈(J. Graham Parsons) 국무차관보(극동 담당), 9일 귀국했던 맥아더(Douglas MacArthur II) 주일대사(딜런(C. Douglas Dillon) 국무차관은 남미출장으로 불참) 등이, 일본 측에서 아사카이(朝海浩一郎) 주미대사 등이 동석할 예정이다.

고사카 외상도 허터 장관도 만나는 것은 이번이 처음으로, 미국 측에서는 우선 서로 상대방을 인간적으로 생각하면서 '친해지는' 것이 눈에 보이지 않는 큰 목적이라고 하고 있다.

외상은 허터 장관과 회담에서 현재 국제정세, 특히 미소관계, 이번 유엔총회 등에 대해 직접 국무장관으로부터 미국의 입장과 태도를 들으면서, 동시에 이케다 내각의 외교방침(특히 미국과의 관계, 중공에 대한 태도), 안보 신조약 성립 후 일본의 정세를 설명할 의향이라고 한다. 외상은 또한 일본이 깊은 관심을 가지고 있는 저개발국 원조 문제에 대해서도 토의할 의향이 있는 듯하다.

미국으로서는 고사카 외상이 거론하는 문제에는 모두 응한다는 태도이며, 위와 같은 문제는 미국도 깊은 관심을 가지고 있는 만큼 솔직하게 속을 터놓고 대화가 이루어질 듯하다.

미 당국은 그 외 구체적 문제로서 고사카 외상의 한국방문의 경과와 일한관계 전망에 대해서 외상으로부터 듣는 것에 큰 기대를 하고 있다. 지금까지 미국의 머리를 아프게 했던 일한 양국의 관계가 최근 개선되는 경향을 보이고 있는 것을 미국은 기뻐하고 있고, 전날도 허터 장관은 특히 이것을 세계정세에 대한 연설 가운데 집어넣을 정도이다. 이케다 수상, 고사카 외상이 취임 이후 말해왔던 '국제신용의 회복'을 어떤 방법으로 이행할 것인가라는 점도 미국 측이 외상으로부터 듣고자 하는 것의 하나이다.

외상은 13일, 뮐러 상무장관과 회담하는데, 외상은 대미수출의 확대와 그 규제에 대해 견해를 말하고 미국 측의 협력을 구할 의향인 듯하다.

1960년 9월 12일 석간(1면)

중공·한국문제도 협의 - 외상, 워싱턴에서 말하다

유엔총회에서 제안하지 않는다

〈워싱턴=아메리카총국 11일발〉 11일에 워싱턴에 도착한 고사카(小坂善太郎: 역자) 외상은 이날 재미대사관에서 기자회견을 갖고 허터(Christian Herter) 미국무장관과의 12일 회담에 임하는 태도 등에 대해 다음과 같이 말했다.

▶ 허터 장관과의 회담에 앞서, 그 회담에서 무엇을 말할지를 자세하게 밝힐 수는 없지만, 일미 상호간의 이해를 깊게 하기 위해 공통의 관심사에 대해 의견을 교환하고자 한다. 이케다(池田勇人: 역자) 수상의 메시지를 가지고 왔는지 여부는 허터 장관과의 회담 전에는 밝힐 수 없다.

▶ 아이젠하워(Dwight David Eisenhower) 대통령의 방일 중지 이후, 아직 일본정부에서 누구도 여기에 오지 않았는데, 이것에 대해 유감의 뜻을 표명할 예정이다. 동시에 일본으로서는 국내정세를 바로잡아 신뢰할 수 있는 우방으로서의 태도를 갖춘다는 우리들의 의향을 전달하고, 실제로 그 방향으로 나아가고 있다는 것을 사실을 들어 설명하고자 한다. 일본에서는 질서도 회복되고, 반성도 나오고 있는데, 자민당의 생각이 국민 대다수의 지지를 받고 있다는 것이 11월 총선거 결과로 나타날 것으로 확신하고 있다.

▶ 허터 장관과 대화할 공통관심사로서 중공문제를 들 수 있는데, 우리의 생각을 말하고 상대방의 생각도 듣고자 한다.

▶ 일한문제는 당연히 거론될 것이다. 한국과의 관계는 타개될 수 있을 것

이라 믿고 있다. 미국 등에서는 이웃끼리 어째서 그렇게 사이가 나쁜지 이해할 수 없는 면도 있을 것이다.

▶ 워싱턴 방문 후 캐나다로 가서 일본의 대캐나다 수출이 늘어나도록 조치를 요구하고자 한다.

▶ 유엔총회에서는 특별한 제안을 할 계획은 없다. 일본은 종래와 같이 유엔 중심주의를 취하고 있고, 이것을 앞으로도 어떻게 강화해 나갈지에 대해서 일본의 태도를 밝히고자 한다. 흐루시초프(Nikita Sergeevich Khrushchyov) 소련 수상과 만날 계획은 없다.

1960년 9월 12일 석간(1면)

구파, 타협안 수용 - 한국 내각 개조, 궤도에 오르다

〈경성=야노(矢野) 특파원 12일발〉 장면(張勉) 국무총리의 내각 개조 작업은 12일 오전 민주당 구파 측이 각료 포스트 분배에 대해서 불만을 표시하며 일단 입각을 거부하는 태도로 나왔기 때문에 결렬되는 듯하였다. 그러나 장면 총리는 구파 측에 제2안을 제시해 재고를 요구했고, 구파 간부는 이것을 수락해 내각 개조는 실현되게 되었다.

12일 아침, 장(張) 총리는 민주당 구파 동지회로부터 입각후보자에 대해 "나용균(羅容均)을 무임소 각료, 박해정(朴海楨)을 국무원 사무처장, 신각휴(申珏休)를 체신부, 권중돈(權仲敦)을 국방부, 김우평(金佑枰)을 부흥부 각 장관"의 안을 제시해 5명에게 각각 입각을 교섭했다. 그런데 구파측은 "구파로부터 5명 입각이라는 것은 12부 장관의 포스트를 신구 양파 각 5명, 무소속 2명의 비율로 나누는 것으로 되는 것으로 이해하고 있다. 구파 5명 가운데 2명을 국무원 사무처장과 무임소 각료로 하는 것은 약속이 틀리다"면서 모두 입각을 거부했다.

그에 대해 장 총리는 나용균 씨를 보건사회부 장관, 박해정 씨를 교통부 장관으로 돌리는 안으로 타협을 요구했던 것.

1960년 9월 14일(1면)

이승만(李承晩) 라인 내의 어선 엄중히 단속한다, 정(일형) 한국 외상 발언

〈경성 13일발=공동〉 정(鄭一亨) 한국 외상은 13일 기자회견에서 "이승만 라인을 침범하여 불법조업을 하는 일본 어선은 즉시 나포하는 등 엄중히 단속한다"라고 말했다. 이 발언은 최근 일한관계의 호전으로 인해 일본 어선이 대거 이승만 라인을 침범하고 있다는 보도에 대한 발언으로, 연안경비를 담당하고 있는 해무청(海務廳)도 정부로부터 이 지시를 받은 것으로 확인되었다.

1960년 9월 14일(1면)

송환, 다음 달 1일에 - 억류선원 전부, 한국 측 통고

재일한국대표부의 이(李載沆: 역자) 공사는 13일 오전, 외무성으로 이세키(伊関佑二郎: 역자) 아시아국장을 방문하여, 부산형무소에 수용중인 일본인 선원 42명(전원)을 10월 1일 아침 부산에서 출발하는 한국 선박을 통해 일본으로 송환한다는 계획을 공식적으로 전달했다. 부산형무소에 이승만 라인 침범을 이유로 수용되어 있는 일본인 선원은 현재 형기만료자 2명, 형기미만료 및 미결인자 40명, 합계 42명이다.

일본인 선원의 송환에 대해서는 지난 6일 고사카(小坂善太郎: 역자) 외상이 한국을 방문했을 때, 정일형(鄭一亨) 외무부장관이 "10월 1일에 치러질 예정인 윤(보선) 대통령 취임축하식과 신정부의 수립을 기념하여 일본인 선원을 전부 특별사면한다"라고 발표했는데, 이(李) 공사는 이것에 따른 송환 일정을 공식적으로 전달한 것이다. 외무성에서는 선박이 시모노세키(下関) 항에 도착할 것으로 보고 있는데, 최종적으로는 이후 주일한국대표부와 연락하여 시모노세키항인지 나가사키(長崎) 항인지 확정할 방침이다.

새로운 일한어업협의회, 다음 달부터 발족

일한어업대책본부(위원장 오바마 하치야(小浜八弥) 씨)는 13일, 도쿄(東京) 아카사카(赤坂)의 산카이도(三会堂)에서 합동회의를 열고, 새로운 일한관계에 대응하는 어업계의 태도를 협의했다. 그 결과 이 본부를 확대 개조하여 '일한어업협의회'로 하고, 새로운 규약에 기초하여 10월 초부터 발족시키기로 했다. 또한 협의회는 일한어업의 우호를 기조로 다음과 같은 사업을 하기로 했다.

①일한어업제휴에 대한 정부의 시책에 협력하고 이를 추진한다. ②일한어업의 분쟁(이승만라인 문제를 포함)의 해결. ③일한어업의 진흥, 이를 위한 어업기술, 자재의 교류를 촉진한다.

한편, 장래에는 한국에 어업협력을 위한 민간사절단을 파견하거나, 한국으로부터 어업대표를 초청하는 방안 등을 검토할 방침이다.

1960년 9월 15일(1면)

현 협정 내에서 귀환 촉진, 니가타(新潟) 회담 북조선이 제안

일본적십자, 타협의 의향 – 정부도 외무성 외에는 동조

이케다(池田勇人: 역자) 수상은 15일 오전 7시 반, 도쿄(東京) 시나노마치(信濃町)의 자택에서 일본적십자 시마즈(島津忠承: 역자), 가사이(葛西嘉資: 역자) 정·부사장과 이노우에(井上益太郎: 역자) 외사(外事)부장과, 정부 측에서는 고지마(小島徹三: 역자) 법상(法相), 야마자키(山崎巖: 역자) 자치상(自治相), 이시다(石田博英: 역자) 노동상(労働相), 오히라(大平正芳: 역자) 관방장관(官房長官), 자민당 측에서 마스타니(益谷秀次: 역자) 간사장(幹事長)이 출석하여, 북조선 귀환협정 연장문제를 둘러싸고 대립하고 있는 일조(日朝) 적십자회담의 타개책을 협의한다. 이 회의에서 정부, 일본적십자는 귀환문제에 대한 최종 입장을 정하는데, 14일 열렸던 제7차 본회담에서 조선 측이 조금 타협의 움직임을 보여 왔으므로 일본적십자 측도 지금까지의 주장에 구애되지 않고, 회의를 원만히 궤도에 올릴 방침이다.

지난 5일부터 시작된 일조 적십자 본회담은 일본과 북조선 어느 쪽이 양보하지 않는 한, 협의의 진전을 기대하기 어려운 사태가 되었다. 이 때문에 일본적십자 시마즈 사장은 귀환문제에 대해 정부의 최종 입장을 확인하고, 이것을 기초로 회담의 난관을 타개하고자 이케다 수상 등 정부 지도부와의 협의를 요청했는데, 정부는 15일 아침 귀경하는 일본적십자 대표단의 가사이, 이노우에 두 사람을 포함시켜 정부 및 일본적십자 회의를 열었던 것.

이 회의에서는 가사이, 이노우에 두 대표가 니가타 회담의 경과와 전망을 설명하고 타개책을 협의하게 되는데, 일본적십자로서는 ①회의가 결렬되면 북조선계의 재일조선인이 전국 시쵸손(市町村=기초자치단체: 역자)에 설치된 일본적십자 창구로 들이닥치는 사태도 예상되어, 치안문제로 번질 우려가 있다. ②지난 일본적십자 안으로는 타결될 가능성은 전혀 없었던 점 등을 강조하여, 14일 제7차 회담에서 조선 측이 내놓은 '현 협정의 범위 내에서 귀환촉진'안에 따라 교섭을 진척시키는 것에 대해 정부의 이해를 바라는 입장이다.

이 안을 받아들일 경우 '협정 무수정(無修正) 연장'이라는 조선 측 주장에 전면적으로 굴복하는 것처럼 보일 수 있는데, 반면 일본적십자 측의 '신속화 계획'을 실질적으로 충족시키는 것이기도 하기 때문에 일본적십자로서는 양보하는 것으로도 보이는 이 조선 측 발언을 바탕으로 사태를 수습하려는 생각이다.

한편 정부는 오히라 관방장관이 14일 오후, 외무, 후생 당국 등 관계 각 성(省)의 의향을 타진했는데, 외무 당국을 제외하고는 일본적십자 측의 양보에 의한 원만해결을 지지했다. 외무 당국은 여전히 '일제등록'까지 양보하는 것에는 난색을 표했는데, '일제등록'을 양보할 경우에는 북조선 측에서 귀환희망자의 실제 수를 일본 측에 보고하는 등, 귀환업무에의 협력을 조건으로 해야 한다는 태도를 취하고 있다.

그렇기 때문에 15일, 정부와 일본적십자의 회담에서는 외무 당국의 주장도 고려하면서, 일본적십자 측의 양보에 의한 타협책이 검토될 것인데, 결국 북조선 측이 14일 제7차 회담에서 보였던 "귀환의 신속화에도 응할 여지가 있다"라는 의향을 중심으로 구체안을 검토할 것으로 보인다. 귀환 신속화에 대해서는 현행 협정 이외의 교환공문이나 의사록의 형태로 약정을 하고, 이 안에서 종래의 일본적십자의 주장을 살려보자는 의견도 나오고 있다.

현 협정의 제5조로 촉진가능 - 북조선 측의 주장

〈니가타(新潟)〉 14일 오후 3시부터 니가타현청(新潟県庁)에서 열린 일조(日

朝) 적십자 제7차 본회담에서 조선 측 이(李一卿: 역자) 단장은 현행 협정으로도 귀환 촉진은 가능하다는 주목되는 발언을 하여 회담의 결렬은 피할 수 있을 것 같다. 이날 회담에서 조선 측은 우선 귀환업무가 파탄될 경우에는 일본 측의 책임이고, 이것에 의해 생겨날 결과의 책임은 일본 측이 져야한다며 지금까지 주장을 되풀이하면서도 귀환의 촉진은 현행 협정 제5조 3항과 4항의 범위 내에서 해결될 수 있다고 제의했다. 이 점에 대해서 일본적십자 측 가사이 단장의 질문에 이 단장은 ①현행 일본적십자의 신속화안은 정치적인 것이므로 응할 수 없고, ②앞으로 귀국희망자가 늘어나는 실제적 조건이 발생한다면 응하겠다고 답했다.

일본적십자 측은 이 발언에 대해서 연구해보겠다는 뜻을 전했는데, 조선 측은 일본적십자가 협정의 무수정 연장을 거부한 이상, 합의의 여지는 없다며 회의 중단을 주장했으나, 결국 17일 오전 11시부터 제8차 본회담을 여는 것에 동의했다.

한편, 제5조의 3항과 4항에서는 귀국희망자의 증감에 따라 배선문제는 양 적십자가 협의해 변경한다, 필요할 경우에는 협의하여 시설, 수송의 증강을 도모하기 위한 필요한 조치를 취할 것이 규정되어 있다.

1960년 9월 15일 석간(1면)

"결렬은 피하고 싶다"
- 정부 여당, 내일 결론, 북조선 귀환협정 교섭

북조선 귀환협정 연장문제를 둘러싸고 대립하고 있는 일조(日朝) 적십자회담을 타개하기 위한 정부, 자민당, 일본적십자 지도부의 3자회동은 15일 오전 7시 반부터 나가타쵸(永田町)의 수상 관저에서 열려, 일본 측 태도에 관해서 약 2시간에 걸쳐 협의했는데, 이날 회담에서는 결론이 나지 않아 16일 오전 9시부터 관계 각료와 자민당 3역이 회합해서 정부의 최종 입장을 정하기로 했다.

15일의 회담에서는 우선 이날 아침, 니가타(新潟)에서 귀경한 가사이(葛西嘉資: 역자) 일본적십자 부사장으로부터 지금까지 일조 적십자 본회담의 경과와 북조선 측의 주장에 대한 상세한 보고가 있었고, 이어서 관계 각료로부터 여기에 대한 질의와 의견 진술이 있었다. 일본적십자 측으로서는 적십자라는 입장에서 회담의 결렬을 피하고 싶다는 의향을 강조했고, 여기에 반해 외무성 측이 귀환업무의 신속화나 '일제등록'을 양보할 수 없는 이유를 설명했는데, 대세로서는 회의결렬을 피하는 방향으로 사태의 수습에 임해야 한다는 분위기였다. 16일 정부, 여당 회의에서는 이러한 흐름에 따라 최종적인 입장을 도출할 것 같다.

15일 회담에는 정부 측에서 이케다(池田勇人) 수상, 고지마(小島徹三) 법상(法相), 야마자키(山崎巌) 자치상(自治相), 이시다(石田博英) 노동상(労働相), 오히라(大平正芳) 관방장관(官房長官), 야마다(山田久就) 외무차관, 가쓰마타(勝俣稔) 외무성 정무차관, 이세키(伊関佑二郎) 외무성 아시아국장, 다카다(高田正巳) 후생차관, 자민당(自民党) 측에서 마스타니(益谷秀次) 간사장(幹事長), 일본적십자에서 시마즈(島津忠承), 가사이 정·부사장과 이노우에(井上益太郎) 외사(外事)부장, 오카다(岡田) 총무부장이 출석했다.

1960년 9월 16일 석간(1면)

북조선에 '신제안' - '귀환촉진을 전제로 협정연장'

정부, 안(案)을 일본적십자에게 전달

정부, 자민당(自民党)은 16일 오전 9시부터 수상관저에서 수뇌회의를 열고, 일조(日朝) 적십자회담에 대한 일본 측의 최종 입장을 협의했다. 그 결과 난관에 봉착한 회담을 궤도에 올리기 위해 일본 측에서 새로운 제안을 하기로 결정하고, 같은 날 11시, 일조 적십자회담의 일본적십자 대표단장인 가사이(葛西嘉資: 역자) 일본적십자 부사장을 불러 정부 측의 의향을 전달했다. 신제안의 내용은 분명하게 알려지지 않았지만 15일 정부, 자민당, 일본적십자 3자 협의 당시, 일본적십자 측이 내놓은 해결안에 가까운 것인 듯하며, 회의 후 오히라(大平正芳: 역자) 관방장관(官房長官)은 "이 안으로 타결되리라 믿는다"고 말했다.

이날 회의에는 정부 측에서 고지마(小島徹三: 역자) 법무, 나카야마(中山マサ: 역자) 후생, 야마자키(山崎巌: 역자) 자치 등 3대신(大臣), 오히라 관방장관, 가쓰마타(勝俣稔: 역자) 정무, 야마다(山田久就: 역자) 사무 양 외무차관, 자민당에서 마스타니(益谷秀次: 역자) 간사장(幹事長)이 출석하여 전날 3자협의에서 나왔던 일본적십자 안을 중심으로 타개책을 검토, 각 성, 자민당 모두 결렬회피를 위하여 어느 정도의 양보도 어쩔 수 없다는 결론에 도달해, 지난 제1차 일본적십자 안을 보류해두고, 일본적십자 측에서 신제안을 하기로 했다. '전안(前案) 철회' 혹은 '양보'가 아니라 신제안이라는 형식을 취한 것은 조선 측에 완전히 밀렸다는 인상을 주는 것을 피하기 위한 것으로 보인다.

전날의 3자협의에서 도출된 일본적십자 안이라는 것은 '현 협정은 무수정(無修正)으로 연장한다. 그러나 최근 귀환희망자의 등록수가 점증하는 경향이 있고, 현재 약 1만4천명이 승선을 기다리고 있는 상태에 있으므로, 이들을 빨리 돌려보내기 위해 현 협정의 범위 내에서 별도 협의를 통하여 귀환의 촉진을 도모한다'라는 것.

이날 정해진 신제안의 내용은 극비로 되어 있는데, 전날 일본적십자 안을 약간 손질하여 원안인 '협정 무수정 연장, 귀국촉진은 별도 협의'라는 부분을 '귀환촉진협의를 조건으로 협정연장'이라는 형식으로 바꿔 일본 측의 입장을 좀 더 강하게 주장하는 것이라고 알려졌다.

가사이, 이노우에(井上益太郎: 역자) 일본적십자 대표는 이 안을 17일 오전 11시부터 니가타현청(新潟県庁)에서 열리는 제8차 회담에서 조선 측에 제안, 동의를 구한다.

1960년 9월 18일(1면)

니가타(新潟) 회담, 결렬 위기

일본적십자 6개월 연장제안, 북조선 측은 전면 거부

〈니가타(新潟)〉 북조선귀환 문제를 협의하는 일조(日朝) 적십자 제8차 본회담은 16일 오후 5시부터 니가타현청(新潟県庁)에서 열렸는데, 일본적십자 측은 난관에 봉착한 회담을 타개하기 위해 15~16 양일 정부 및 자민당과 협의하여 작성한 '신제안'을 제시하여 조선 측의 동의를 구했다. 신제안의 요지는 ①현 협정을 6개월 연장한다. ②이 기간에 귀환업무가 완료되지 않을 경우 재연장할 용의가 있다. ③신속화에 대해서는 현 협정에 기초하여 긴급협의를 개시하도록 한다는 것으로 '현 협정은 수정하지 않고 기간만 연장하고, 신속화는 현 협정의 범위 내에서 처리해야 한다'라는 조선 측의 주장을 거의 전면적으로 수용한 것이다. 그러나 조선 측은 "단기간 연장과 신속화를 골자로 하는 신제안은 귀환업무를 파탄시키려는 정치적 의도에서 나온 것으로, 종래의 일본적십자 안보다도 더 후퇴하고 있다"라고 바로 이것을 거부하면서 "이제 더 이상 협의는 필요없으므로, 23일 출항하는 귀환선으로 귀국한다"라고 발언, 회담은 결렬의 위기에 직면했다. 일조 양 대표단은 각각 "상대방이 재고한다면 다시 대화에 응하겠다"라고 했는데, 쌍방 모두 양보의 기색은 보이지 않고, 해결의 가능성은 거의 없다.

이날 회의에서 일본적십자 측 가사이(葛西嘉資: 역자) 대표단장은 조선 측에 신제안을 설명하면서 "이것은 인도적 견지에서, 조선 측의 의견을 고려하여 작성한 최종적인 것이다"라고 수락을 요청했다. 그러나 조선의 이일경(李一卿) 단장은 "신제안을 전면적으로 거부한다"라고 선언, 그 이유로서 ①현 협정을 무수정(無修正)으로 1년 3개월 연장할 수 없다는 이유가 없다. ②귀환희망자가 격증하여 빨리 귀국하고자 하는 물적 증거가 확실해지면 신속화에 응할 용의가 있으나, 현재는 그럴 필요가 없다. 일본적십자 측의 신속화 안의 이유가 박약하다. ③정부, 자민당에서 협의하여 내놓은 신제안이 정치적인 것이라는 것은 분명하다. 일본 측은 남조선과의 정치적 흥정으로 이 문제를 이용하고 있고, 귀환업무를 파괴하려고 하고 있다. ④귀환업무는 이로서 파괴에 직면하여, 재일조선인은 또다시 비참한 상태에 놓이게 되었는데, 그 모든 책임은 일본정부가 져야 할 것이다 - 라는 이유를 들었다.

여기에 대해 가사이 단장은 "성의를 다하여 만든 이 안이 거부당한 것은 유감이다. 정부, 자민당과 협의한 끝에 만든 안이기 때문에 거부한다는 조선 측의 태도야 말로 정치적인 것 아닌가. 단기간 연장은 귀환희망자의 실제 수가 측정되지 않기 때문에 생각해낸 방식이며, 신속화도 귀환희망자를 빨리 돌려보내려는 입장에서 나온 것이다. 거부된 이상 일본 측에서도 이제 대안은 없다. 귀환업무 파탄의 책임은 오히려 조선 측에 있다"라고 격렬하게 조선 측의 태도를 비난했는데, 이(李) 단장은 "귀환업무 파괴의 책임은 사람들이 판단할 것"이라고 발언, 가사이 단장도 "조선 측의 태도야 말로 언어도단"이라고 강렬히 응수하며 협의는 이날 7시 결렬되었다.

일조 적십자회담은 이로서 결렬되어 23일까지 양보가 없다면 협정의 연장도 사실상 불가능하게 되어, 현재 귀환협정도 11월 12일로 종료되는데, 이 점에 대해서 가사이 단장은 종료일까지 귀환등록을 마친 사람에 대해서는 이후에도 계속해서 귀환업무를 계속하겠다고 말했다.

23일까지 기다린다 - 일본 측의 재제안, 이(李) 단장 발언

니가타(新潟)〉 회담을 마친 조선 측 이일경(李一卿) 단장은 이날 밤 8시경 숙

소 시노다(志の田)여관에서 기자회견을 갖고 다음과 같이 말했다.

일본 측은 우리가 제안한 무수정(無修正) 연장안을 받아들이지 않는 이유를 분명하게 말하지 못했는데, 배에 오르는 23일까지 언제든 일본이 제안한다면 협의에 응할 용의는 있다.

재고려를 바란다, 시마즈(島津忠承: 역자) 일본적십자 사장의 말

일본적십자가 새로운 제안을 했는데 그 협의가 합의에 이르지 못했다는 것은 실로 유감으로 생각한다. 그러나 배가 떠나는 23일까지는 아직 시간이 있으므로, 그 사이에 다시 한 번 상대방이 생각을 바꾸었으면 하는 바람이다.

결렬이라고 생각하지 않는다, 외무성의 견해

북조선 측이 17일 밤, 일본적십자의 신제안을 전면적으로 거부한 것에 대해서 외무성 관계자는 다음과 같은 비공식 견해를 밝혔다.

- ▶ 북조선 측이 '무수정(無修正) 연장'을 고집하여 일본적십자의 신제안을 거부한 것은 하나의 가능성으로서 예측하고 있었는데, 일조(日朝)회담이 여기서 결렬되었다고 생각하지 않는다.
- ▶ 북조선 측은 일본적십자 신제안을 '정치적 의도', '한국에 대한 배려'라고 하지만, 귀환업무 종료 시기에 대한 목표를 정하고자 한 것은 이러한 일에 계획성을 가지게 한다는 의미에서 당연한 것이다. 한국에 대한 영향이 있다고 한다면, 그것은 결과적으로 그렇게 되는 것이지 결코 일본 측이 미리부터 배려를 하고 있는 것은 아니다.

1960년 9월 20일(2면)

[사설] 북조선적십자의 재고를 요청한다

북조선으로의 귀환문제를 협의하는 일조(日朝) 양 적십자 대표에 의한 니가타(新潟) 회담은 일본 측에서 내놓은 마지막 제안을 북조선 측이 전면적으로 거부함으로서 사실상 결렬상태가 되었다. 북조선 측은 일본에서 다시 새로운 제안을 제출하지 않는 한, 23일 귀환선으로 귀국할 예정이라고 한다. 우리들은 이러한 북조선 측의 태도에 대해 반성을 요구하지 않을 수 없다.

일본 측의 제안 내용은 현 협정을 6개월 연장하고, 귀환업무의 신속화에 대해서는 현 협정의 규정에 기초하여 협의하고자 한 것으로, 6개월이라는 기한에 대해서도 귀환업무가 완료되지 않을 경우에는 재연장할 용의가 있다는 것을 포함하고 있다. 여기에 대해 북조선 측은 무조건 1년 3개월 연장할 것을 주장하며 양보하지 않았다. 그러나 일본 측으로서는 그 안이 한 편에서는 북조선 측의 무수정(無修正) 연장의 요구를 받아들이면서, 다른 한편으로 귀환업무를 가능한 촉진시키려는 본래의 목적을 관철시키는 최종적 안이었다고 해도 좋다.

이번 니가타 회담의 경과를 보면서 이상하게 생각하는 것은 일본 측이 지난 5일 처음 제안을 한 이래, 북조선 측은 이것을 전면적으로 거부만 할 뿐, 적어도 건설적인 제안을 시도하려고 하지 않았다는 것이다.

작년 일조 양 적십자에 의한 제네바회담 당시에 북조선 측은 처음에는 강경한 주장이었으나, 인도상 배려에서 적십자 국제위원회의 사실상 개입에 대해서 양보를 하는 등 상당히 유연한 태도를 보였다. 그런데 이번 북조선 측의 강경 태도에는 일본 측의 제안에 한국과의 국교 조정을 위한 정치적 의도가 포함되어 있다고 단정하고 있는 듯한 모습이 보였다. 그것은 말할 것도 없는 오해이며 몹시 유감인 것이다.

귀환협정의 연장이 당면한 문제가 된 당시에 우연히 한국에서 신정부가 성립되고 일한관계가 새롭게 각광을 받게된 것은 사실이다. 그러나 그것과 귀환문제와의 사이에는 조금도 관련이 있을 수 없다.

일본 측 제안의 진정한 의도는 6개월로 귀환을 끝내려는 것이 아니라 귀환을 바라고 있는 조선인을 그만큼 빨리 또한 많이 귀국시키려는 것이 가능한지, 그 방법을 찾아보기 위해 협의하고자 한다는 것에 있다. 작년에 협정을 맺고 1년간에 약 5만 명을 귀국시켰지만 아직 10만 명 내외의 귀환희망자가 남아 있다고 하고, 심지어 그 정확한 실제 숫자도 알 수 없는 상태로 협정을 그대로 연장하자는 주장은 아무리 생각해도 북조선 측이 오히려 정치적인 고려에 얽매여 있다고 생각할 수밖에 없는 것이다.

만약 회의의 결렬을 피할 수 없게 되어 일조 귀환협정이 종료된다면 어떻게 될 것인가. 재일조선인의 귀환 신청은 다가오는 11월 12일에 마감되고, 전국 도도부현(都道府県=광역자치단체: 역자)에 설치된 3천600개의 귀환신청 창구는 문을 닫고, 일조 양 적십자에 의한 귀환업무는 종료된다. 이후 귀환희망자는 자유귀국의 방법을 선택할 수밖에 없는데, 그러한 결과가 된다면 실제 문제로서 재일조선인의 거주지 선택의 자유가 제한될 수밖에 없다.

북조선 측이 진정한 인도상 배려로부터 깊은 고려를 거듭하기를 요망하는 바이다.

1960년 9월 25일(2면)

대일 불신으로 인한 오해 - 결렬로 끝난 니가타(新潟) 회담

[해설] 일조(日朝) 적십자회담은 결국 아무런 성과도 없이 끝나버렸다. 양쪽에서는 결렬의 책임을 상대방에게 미루고 있는데, 제3자적 시각에서 보면 조선 측의 대일 불신감에 근거한 오해와, 쌍방의 교섭기술의 부족이 회담을 파국으로 몰고 갔다고 할 수 있을 것이다.

일본적십자 측이 처음 내놓은 일제등록 등 4안을 조선 측은 바로 정치적이라는 이유로 거부했다. 이 제안의 동기는 '일제등록으로 숫자를 정확히 파악하여 계획적으로 업무를 진행하고자 한다'는 것인데, 조선 측은 '일제등록을 한다면 귀환희망자는 약점을 잡혀 재산을 헐값에 팔게 되는 등 많은 압박을 받는다. 그런 것이 계속되면서 재일조선인은 신청을 단념한다. 그 결과 귀환을 억제하는 것이 된다. 일본적십자 안은 귀환 파괴안과 같다'라고 오해했다.

제8차 회담 당시 일본적십자 양보안에 대해서도 조선 측은 같은 오해를 했다. '6개월 연장이라는 것은 결국 6개월만에 끝내는 것을 노리는 것이다'라고 봤던 것이다. 일본적십자 측에서는 재연장도 충분히 고려하고 있다고 설명했는데, 끝끝내 오해는 풀리지 않았다.

이 교섭에 들어가기 전이나 중간에 고사카(小坂善太郎: 역자) 외상의 방한이나, 외무성 관계자의 '실언' 등도 조선 측의 태도를 강경하게 만든 것 같다. 그러나 이 교섭에도 타개의 기회는 있었다. 일본적십자 측이 신제안을 했을 때가 그것인데, 조선 측이 이것을 일축했기 때문에 일본적십자와 정부를 오히려 강경하게 만들어버렸다. 조선 측으로서는 과거의 많은 일조회담의 예에서 보듯이, 강경하게 나가면 일본적십자 측이 대폭 양보해 올 것으로 판단한 모양인데 결과적으로는 이것이 큰 착오였던 것이다.

1960년 10월 5일(11면)

부산을 출항, 한국 억류선원

〈모지(門司)〉 모지 해상보안부 순시선 '이스즈'로부터 제7해상보안본부에 들어온 보고에 의하면 한국 윤보선(尹潽善) 대통령의 취임으로 '특별사면'된 부산의 일본인 선원 40명을 태운 한국정부의 귀환선 이리(裡里)호(558톤)는 4일 오후 5시 38분 부산을 출항하였다. 간몬(關門)항 밖의 무쓰레지마(六連島) 검역 정박지(碇泊地)에 도착하는 것은 5일 아침 4시경으로 예정.

1960년 10월 6일 석간(5면)

북조선 귀환협정 - 지방의회 속속 연장요청

조선총련의 진정 공세로 사무도 스톱

북조선 귀환협정의 만료일을 앞두고 각 지방의회에 '귀환업무 계속', '현 협정 부수정(無修正) 연장 요청' 등 의결이 잇따라 이루어지고 있다. 일본적십자와 조선총련(朝鮮総連)의 조사를 종합하면 5일까지 이러한 의결을 한 곳은 9개 도부현(都府県=광역자치단체: 역자), 26개 시(市)인데, 그 숫자는 계속해서 늘어날 것으로 보인다.

일조(日朝) 적십자회담이 결렬되었기 때문에 귀환업무는 조속히 연장수속이 취해지지 않는 한 다음 달 12일 현 협정 만료일에 중단되게 된다. 그런데 현재 귀환등록신청을 완료하고 승선을 기다리고 있는 사람이 약 1만 5천명이고, 이후 예상되는 신청을 고려하면 중단될 경우 1만명 이상이 승선할 수 없다는 계산이며, 당연히 미등록 귀환희망자는 귀환의 기회가 없게 된다.

이 때문에 북조선계인 조선총련, 귀환협력단체는 중앙에서 외무성, 일본적십자 등에 진정, 데모 등을 하는 한편, 지방에서 중앙을 '압박한다'는 목적으로 지방의회에 대한 활발한 운동을 계속한 결과, 이러한 의결로 나타났다고 관계자는 보고 있다.

5일까지 의결한 의회는 가나가와(神奈川), 아오모리(青森), 도치기(栃木), 교토(京都), 도쿄(東京) 등 9도부현과, 기와구치(川口), 아야베(綾部) 등 26개 시(市)인데, 미에현(三重県)도 곧 의결할 모양이며, 그 외 시장회(市長会), 쵸손(町村)의회에서도 마찬가지 움직임이 나타날 것으로 보인다.

일본적십자 본사에의 보고에 따르면 각 지방의회, 도부현청, 시청에 대한 움직임이 상당히 격렬하고, 가와사키시(川崎市)에서는 직원들이 연일 2, 30명의 조선인의 진정 공세에 대응하고 있어서, 집단진정 때문에 사무가 스톱된 사례도 있고, 오미하치만시(近江八幡市)에서는 운동에 항복한 시장이 지난 4일, 조선인과 함께 상경해서 일본적십자 본사에 선처를 요청하기도 했다.

일본적십자, 후생성은 이것에 대해 대책을 고민하고 있는데, 조선총련은 임시국회 전 이달 중순경에 더욱 운동을 활성화시킬 계획이므로 지방의회로의 움직임은 더욱 격렬해질 것으로 보인다.

1960년 10월 9일(1면)

북조선 귀환, 금주 중에 대책검토

일본적십자 등에서 수습론 – 외무성은 양보에 난색 – 내달 12일, 기한종료

북조선 귀환문제는 일조(日朝) 양 적십자에 의한 니가타(新潟) 회담이 지난달 17일 결렬된 이후, 일본 측은 '북조선 측의 재고를 기다린다'는 입장으로 조용히 지켜본다는 태도를 유지하고 있는데, 현행 귀환협정의 기한종료가 내달 12일로 다가왔기 때문에 일본적십자 및 외무, 후생 등 관계 각 성(省)은 금주 중에라도 연락회의를 열고 앞으로의 대책을 검토할 생각으로 보인다.

외무성은 현재 이전과 같이 '단기간 연장, 신속화'라는 귀환협정 연장에 관한 일본적십자의 신제안이 일본 측의 최종적 제안으로 나온 이상, 만약 일조 쌍방이 관망을 유지하고, 귀환협정이 이대로 기한종료 된다고 해도 어쩔 수 없다는 강경한 태도이지만, 일본적십자를 시작으로 정부 내의 일부에서는 쓸데없이 일본적십자 최종제안을 고집하기 보다는, 북조선 측과 협정연장을 논의할 '접촉의 장'을 만들고, 재차 상대방을 설득하는 것에 의해서 어떤 연장조치를 하는 쪽이 상책이라고 생각하는 쪽도 나오고 있다. 때문에 일본 측의 협정연장에 대한 최종적 태도가 결정되기까지는 여전히 분규는 피할 수 없을 것 같다.

귀환협정이 이대로 연장되지 않을 경우에도 일본 측으로서는 협정기한이 끝나는 11월 12일까지 귀환신청을 한 사람은 전원 귀환시킨다는 생각인데, 현재 귀환신청을 한 사람이 1만 5천 명 정도를 넘고, 게다가 협정기한이 끝나는 날까지 신청이 이어질 것으로 보이기 때문에, 신청을 하고도 협정기한 내에 귀환할 수 없는 사람은 1만 명을 넘을 것으로 보인다. 이들을 협정종료 이후 계속해서 귀환시키기 위해 일본적십자는 관계 각 성과 협의하여 금주 중에 북조선 측에 대해 이를 위한 배선을 요구할 것으로 보인다.

일본적십자와 정부는 이러한 배선요구는 귀환협정의 연장문제와는 전혀 별개로 '잔무정리'이며, 일부에서는 이 배선요구를 위해 북조선 측과 접촉을 하면서, 귀환협정 연장문제를 타개하기 위해 거듭 북조선 측을 설득한다는 생각도 나오는 듯하다. 이것은 일본적십자 최종안을 일부 수정하여, 이것에 의해 북조선 측의 양보를 얻어내려는 것으로, 북조선귀환의 당초부터의 전제인 '인도주의'의 입장, 내지는 협정연장이 이루어지지 않을 경우에 예측되는 '치안문제'를 고려한 결과로도 보인다.

여기에 대해 외무 당국은 일본 측이 북조선 측에 먼저 '양보'하는 형태를 취하는 것은 절대로 피하고자 한다는 의향을 바꾸지 않았다. 이러한 강력한 태도의 이면에는 북조선 측이 일본적십자 최종안을 거부한 정당한 이유가 전혀 없다는 생각이 있는 한편, 일본 측이 북조선 측의 강경태도에 이유 없이 굴복한다면, 호전되고 있는 일한관계에 악영향을 줄 뿐만 아니라, 우리나라의 대공산권 외교의 '취약성'을 내외에 보여줄 지도 모른다는 생각이 강하게 작용하는 듯하다.

일본 측은 지난 일본적십자의 신제안을 결정하면서 정부, 자민당 수뇌부 회담에서는 이것을 '최종안'으로 정한만큼, 앞으로 북조선 측에 제안하는 것이 상당히 어려운 입장에 있는 모습이다. 외교상의 입장과 내정(內政)상의 요청 사이에서 정부의 최종적 태도 결정은 상당히 납득하기 어려운 점을 남길 공산이 클 듯하다.

1960년 10월 11일 석간(1면)

데모 학생, 한국 민의원(民議院)에 난입

〈신아(新亞)=도쿄(東京)〉 11일 경성(京城)방송에 의하면 4월혁명 당시 발포 명령자 등에 대한 판결에 불만을 가진 데모대 약 1만 여명은 11일 오전 10시, 국회 앞에서 국회의원을 규탄하면서, 약 30명의 4월혁명 부상 학생이 개회 중인 민의원에 난입하여 의장석을 점거했다가, 약 30분 후 철수하였다. 이때 국회의 기능은 완전히 마비되었다.

현재 이 데모는 전국적으로 확대될 우려가 있고, 4월혁명 이후 최대 데모가 벌어진 것으로 생각된다.

〈경성 11일발=AP〉 11일 소란을 일으킨 데모대의 주력은 지난 4월의 혁명에서 사망한 학생들의 가족과 부상 학생들로, 지난 8일 경성지방법원이 학생 사상사건의 책임자에게 내린 판결이 너무 가볍다면서 데모를 하고 있다. 데모대의 다수는 아직 병원의 환자복을 입고 있었고, 목발을 든 사람도 보였으며, 손수레로 참가한 사람도 한 명 있었다.

민의원에서 시위대는 "우리들은 국민의 의사를 배반한 자, 전원의 퇴진을 요구한다. 우리들은 국가의 앞길을 걱정하고 있다"고 외쳤다.

민의원 본회의는 오후 12시 20분 재개되었다. 데모 소동은 야당 대표가 정부는 전 정권 수뇌 처벌에 관한 특별입법조치를 지연시키고 있다고 비난하고 있을 때 일어났다.

1960년 10월 12일(1면)

한국 국회, 특별법 제정을 결의 - 4월 정변, 발포책임자 엄벌

정의로운 데모에 대해 책임 불문 – 장면(張勉) 수상이 담화를 발표

〈경성 11일발=UPI · 공동〉 11일 한국 국회에서 학생 데모대가 난입하기 직전, 국회는 헌법을 개정하여 이승만(李承晩) 정권 시대의 관리를 엄중히 처벌하는 특별법을 제정하기로 하는 결의를 만장일치로 채택했다.

〈신아(新亞)=도쿄(東京)〉 11일 밤의 경성(京城)방송에 따르면 지난 8일 경성지방재판소가 4월혁명 당시 학생 데모대에 발포한 경관들에 대한 판결이 지나치게 가벼운 것에 분개하여, 11일 1만여 명의 학생 데모가 일어났던 것에 대해서 윤(보선) 한국 대통령은 이날 민, 참 양원 의장에게 서한을 발송해 "나 자신도 그 판결에 매우 충격을 받았다. 국회는 조속히 헌법을 개정하여, 특별법을 제정해 완전히 새로운 사건으로 처리해야 한다"고 말했다. 또한 장(면) 국무총리도 담화를 발표하여 다음과 같이 말했다.

그 판결은 의외였다. 4월혁명에서 흘린 학생의 피에 보답하기 위해 국회는 특별법을 제정해야 하며, 그때까지 임시조치로 지난 8일 밤, 석방시킨 대한반공청년단장 신도환(辛道煥) 등 11명을 재구속할 방침이다. 그들은 당연히 벌을 받아야 할 민주반역자이기 때문이다. 그들의 재구속 규정이나 부정선거범 등의 공판을 특별법 제정까지 연기하는 조치가 12일 국회에서 통과될 것으로 확신하고 있다. 그런 민주반역자들을 심판하기 위해 특별재판소를 구성해야 한다. 나는 11일 국회 앞 데모사건에 대해 행정부로서도 책임을 느낀다. 오늘의 데모대의 국회난입사건은 학생과 유가족이 재판소의 판결에 불만을 표명한 정의로운 것이기 때문에 그 책임을 묻지 않는다.

데모대는 유가족이나 부상학생

〈경성 11일발=AP〉 11일 소동을 일으킨 데모대의 주력은 지난 4월혁명에서 사망한 학생들의 가족과 부상 학생들로, 지난 8일 경성지방재판소가 학생 사상 사건의 책임자에게 내린 판결이 너무 가볍다고 데모를 일으켰다. 데모대의 다수는 아직 병원의 환자복을 입고 있었고, 목발을 들고 있는 사람도 보였으며, 손수레로 참가한 사람도 한 명 있었다.

[주(注)] 4·19 발포 책임자로서 기소된 홍진기(洪璡基) 전 내무부장관 등 47명의 피고 다수는 사형을 구형받았으나, 8일 1심 판결에서 홍(洪) 피고의 징역 9월을 시작으로, 신도환 반공청년단장이 무죄가 되는 등, 일반적인 예상보다 훨씬 가벼운 판결을 선고받았다. 이 때문에 마산에서는 이날부터 사법부에 대한 퇴진요구 데모가 일어난 것을 비롯하여, 정부, 국회에 대해서도 4·19혁명 관계 특별법의 제정을 게을리 한 책임을 묻는 목소리가 높아졌고, 11일이 되어 수도 경성에서 큰 반정부 데모로 폭발한 것. 그러나 한국 정부 당국은 1심판결에 불만을 표시하고 즉시 항소를 약속했다.

데모에 박수치는 국민

〈경성=야노(矢野) 특파원 11일발〉 한국 국회는 11일 오전 11시 반부터 약 20분간, 분노한 학생 데모대에게 점거당하여, 당시 개회 중이었던 민의원 본회의는 엉망진창이 되었다. 4월정변 당시 데모대에 참가하여 부상당한 학생 약 50명이 "경찰 발포책임자들에 대한 재판의 판결이 너무 가벼운 것은, 국회가 이들을 엄벌에 처하기 위한 혁명입법을 게을리 했기 때문이다"라고 의원의 태만을 추궁하여 의회로 난입했던 것이다. 수 백명의 경찰과 수위(守衛)는 멍하니 그들을 지켜볼 뿐. 결국 출석 중인 전 의원이 데모대에게 "정쟁으로 일관한 것을 반성하고, 즉시 혁명입법을 제정하겠다"라고 서죄했기 때문에 소동은 수습되었다.

이날 국회의사당 앞은 수 천명의 군중이 모였다. 최근에는 상이군인, 교원단체 등의 데모가 유행해서 시민은 데모에 식상한 느낌을 가지고 있었지만, 이날만큼은 학생에게 박수를 보내는 경우가 많았다. 그러한 것도 국민의 사이에 다양한 불만이 쌓였기 때문이다.

국민의 불만의 첫째는 민주당 신구 양파의 파벌다툼으로 정치가 국민으로부터 멀어지게 된 것이다. 장면(張勉) 내각은 지난 달 중순의 내각 개편으로 일단 정치적 파국을 피했지만, 정계는 87명의 민주당 구파동지회가 신파와의 합작론자(31명)과 신당결성론자(56명)으로 나뉘어 신파와 3파를 이루어 미묘한 줄다리기가 계속되어 혼미상태를 이어가고 있는 모양. 싸움의 중심은 정책문제보다 인사문제를 둘러싼 것이 많고, 국영기업체나 은행의 간부인사도 해결되지 않고 공석 그대로인 것이 상당하다. 현재, 문제가 되고 있는 것은 도지사의 인사이동이다. 지난 달 말, 도지사의 선임방법을 임명제에서 선거제로 바꾸는 지방자치법 개정안이 민의원을 통과, 참의원에서 심의중인데, 정부는 최근 도지사의 전면적 이동을 강행하여 신파 일색으로 굳혔다.

이러한 상태에서 '혁명재판'을 비판하는 데모대도 "정치가는 지금까지 국민을 위해 무엇을 했는가. 내각은 퇴진하고, 국회는 해산하라"고 외쳤다.

불만의 두 번째는 국민생활이 경제활동의 침체, 특히 가혹한 자금부족으로 4월정변 이전보다 오히려 어려워진 것이다. 이것은 부정축재자에 대한 처단이 진척되지 않아서 경제계가 불안으로 동요하여, 재산의 분산은닉에 열심이고, 적극적인 활동을 삼가는 사업가가 많은 것, 또한 은행이 과거의 부정융자의 회수가 불가능하고, 대출을 모두 중단하고 있는 것 등이 큰 원인이다.

1960년 10월 18일(1면)

배선(配船), 다음달 18일 이후에도 - 일본적십자, 북조선에 타전

일본적십자 시마즈(島津忠承: 역자) 사장은 17일 오후 7시 북조선적십자사 김응기(金應基) 사장에게 "일조(日朝) 양 적십자는 귀환협정 연장문제에 대해 다음달 12일까지 원만한 해결을 이루도록 최대한의 노력을 해야만 한다. 그러나 만일 그날까지 연장 절차가 이루어지지 않을 경우에 대비, 귀환 대기중의 사람들을 위해 다음 달 18일 이후라도 배선을 하고자 한다"는 취지의 제안을 타전했다.

일조 적십자회담이 지난 달 17일 결렬되었기 때문에 다음달 12일까지 현행 협정에 대해서 아무런 연장 절차가 취해지지 않으면 귀환업무는 그날로 종료되는데, 이 경우 귀환등록을 마치고도 승선하지 못하는 사람들이 다수 나올 것이 예상되기 때문에, 이날 오후 일본적십자와 외무성, 후생성, 입국관리국 등 귀환문제 관계당국이 협의한 결과, 이런 응급조치를 제안한 것이다.

암초에 부딪친 귀환문제에 대해서는 일본적십자, 후생성 쪽이 인도주의라는 전제에서 시작된 사업인 이상, 귀환업무는 중단되어서는 안 되고, 이를 위해서는 일본 측이 어느 정도 양보할 필요가 있다는 견해를 취하는 한편, 외무성 쪽은 일한관계에 줄 악영향 등 외교적 입장에서 기존의 태도를 바꿀 수 없다는 강경론을 견지하여, 지난 14일 각의에서 이케다(池田勇人: 역자) 수상은 관계 사무당국에서 다시 해결안을 만들도록 지시하였는데, 그날까지 견해는 일치하지 않았다.

이 때문에 그날 오후 열린 각 성 연락회의에서도 협정 연장문제를 어떻게 처리할 지에 대해서 본질적인 검토에는 들어가지 못했으나, 우선 조선 측의 반응을 살펴볼 목적도 겸해서 '승선하지 못한 귀환희망자' 대책으로 이 전보만을 타전하는 것으로 결정되었던 것이다. 전보요지는 다음과 같다.

① 일본적십자로서는 니가타(新潟)에서의 제1차 회담에서 밝혔듯이 상당수의 귀환희망자가 있는 이상 귀환업무를 계속하고자 하는 방침을 가지고 있다. 따라서 협정 연장문제에 대해서는 11월 12일까지 원만히 해결하도록 쌍방에서 최대한 노력을 해야 한다고 생각한다.
② 그러나 11월 18일 이후의 니가타 출항에 대비하여 개개의 귀환희망자에 대해 확정통지를 해야만 하는 시기에 있기 때문에, 우선 다음달 13일 이후 귀환희망자의 수송문제에 대해서 다음과 같이 제안한다.

"10월 11일 현재 귀환을 신청하고 대기 중인 사람의 수는 1만 4912명이며, 다음달 12일까지 상당수의 신청이 있을 것으로 예상되는데, 이들의 귀환에 관한 업무는 인도문제로서 처리해야만 할 사안이므로, 일본 측으로서는 종래대로 송출업무를 이어나갈 방침이다. 귀측도 종래의 방식에 따라 배선되도록 미리 요청한다."

1960년 10월 20일 석간(1면)

교섭 제의, 북조선 귀환
- 오늘 아침 니가타(新潟)에 도착한 김(金) 씨

협정을 자동적으로 1년간 연장, 김 씨 발언

20일 아침 니가타에 도착한 제43차 귀환선으로 일본에 온 북조선적십자 김주영(金珠榮) 씨는, 입항과 동시에 일본적십자 니가타현 지부를 통해 일본적십자사 본사 다카기(高木) 사회부장과 귀환협정 연장문제에 대하여 협의하고자 한다고 제의하였다. 김(金) 대표는 협의 목적은 분명히 하지 않았으나, 다카기 대표는 이날 오후 우에노(上野) 발 열차로 니가타로 향했다.

김 씨는 이전 일조(日朝) 적십자회담 대표로 지난 13일에도 다카기 사회부장과 사적인 회담을 가진바 있으며, 또한 지난 사적 회담 당시 "일본적십자 측이 현행 협정의 무수정(無修正) 연장을 받아들이면, 신속화에 대해서는 고려할 용의가 있다"라고 흘렸다고 한다.

이번 교섭에서도 동 대표는 전날 공식전보와는 별개로 협정의 무수정 연장을 주장하는 동시에 신속화에 대해서 조선 측의 구체적 대책을 제시할 것으로 예상된다.

〈니가타〉 제43차 북조선 귀환선으로 20일 아침, 니가타에 도착한 김주영 북조선적십자 대표는 "일본 측과 재차 현 협정의 자동적 연장과, 협정 제5조 3항에 근거한 신속화 문제를 교섭할 용의가 있다"며 다음과 같이 말했다.

13일 다카기 일본적십자 사회부장과의 사적 회담에서 다시 한 번 만나서 얘기하기로 약속했다. 다카기 씨는 아직 니가타에 오지 않았지만, 약속대로 협의하고자 한다. 우리들은 현행 협정을 자동적으로 1년간 연장할 것, 기타 조건에 대해서 책임 있는 태도로 발언하려고 생각한다.

다카기 사회부장은 13일 회담에서 김 대표에 대해 협정의 제5조 3항에 따라 신속화에 응할 용의가 있는지 물었으나, 김 대표는 이번 그 대답을 준비하고 있음을 분명히 했다는 점, 또한 지금까지 주장에서는 '귀환자가 있는 한 무수정 연장'이라는 말을 하고 있는데, 새롭게 '1년간 자동적 연장'이라는 보다 저항이 적은 표현을 쓰고 있는 것이 주목된다.

북조선에 탄력적 태도를 요구한다 - 오히라(大平) 장관 발언

오히라(大平正芳: 역자) 관방장관(官房長官)은 20일 오전 기자회견에서 재일조선인의 북조선 귀환문제에 대해서 "북조선 측은 현행 협정의 1년간 무수정(無修正) 연장을 고집하고 있는데, 정부로서는 북조선 측이 일본과 협력하여 조금더 탄력적인 제안을 했으면 하고 생각한다"며 다음과 같이 말했다.

▶ 재일조선인의 송환문제에서 정부는 어려운 입장에 서 있다. 일본과 북조선이 협력하지 않으면 귀환업무는 원만히 진행될 수 없는데, 북조선 측이 변함없이 무조건 북조선 측의 요구를 밀어붙이면 곤란하다. 조금은 일본 측의 방침에 가까워지도록 탄력적인 안을 제시했으면 한다.

▶ 북조선 측으로부터의 회답에 의하면 귀환협정 연장문제는 11월 12일 이전에 해결되어야만 하는데, 현행 협정이 끝나는 11월 12일까지 등록된 사람은, 현 협정 종료 후에도 송환할 수 있을 것으로 생각하므로 이 점을 잘 고려하고자 한다.

1960년 10월 21일(2면)

[사설] 북조선 귀환에 대국적 해결을

재일조선인의 귀환문제와 관련해 시마즈(島津忠承: 역자) 일본적십자사사장은 북조선적십자에 대해 협정기한이 끝나는 11월 12일 이후에도 니가타(新潟)에 배선(配船)되도록 요구했다. 이것에 대해 북조선의 김(金應基: 역자) 조선적십자사장으로부터 19일 일본적십자 앞으로 타전된 회답은 철저하게 현 협정의 무수정(無修正) 연장을 주장하고 응급적 배선에는 응하지 않는다는 것이었다. 그러나 북조선적십자 대표는 20일 니가타에 도착, 귀환협정 연장문제에 대한 협의를 일본 측에 요청했고, 교섭은 재개될 조짐을 보였다.

니가타 회담 결렬의 원인이 북조선 측의 비타협적인 고자세에 있다는 것은 부정할 수 없다. 일본 측은 재일조선인의 귀환촉진을 도모하자고 주장한 것에 대해 북조선 측은 현행 협정의 무수정을 주장했다. 일본 측이 양보해서 6개월간의 무수정 연장까지 다가간 것에 대해서도 매몰차게 그것을 거절한 모양새였다. 현재 수송상태로는 이미 귀환의 등록을 마친 1만 5천명의 조선인이 협정기한이 끝난 뒤에도 일본에 남아 있게 되는데, 여기에 대해서 북조선 측이 배선하지 않게 되면, 집을 정리하고 직장을 떠난 다수의 조선인이 귀국할 방법을 잃게 된다. 이것은 재일조선인에게 견딜 수 없는 사태가 된다.

지금 단계에서 우리들이 통감하는 것은 북조선 귀환문제의 근원을 보지 않으면 안 된다는 점이다. 누차 강조했듯이 그것은 재일조선인이 스스로 그리워하는 북조선으로 돌아가고자 하는 희망을 이뤄주기 위해 인도적 입장에서 실시된 조치라는 것이다. 재일조선인의 다수는 생활이 어렵다. 그 실태를 다시 반복할 필요는 없지만, 지금까지 귀환한 4만 3천명 가운데 35%인 1만5천명이 일본정부로부터 생활보호를 받고 있었다. 이 사실을 봐도 그들의 생활이 결코 넉

넉하지 않다는 것을 일 수 있을 것이다.

이러한 사람들이 살아갈 수 있는 희망을 고국의 땅에 찾으려고 하는 이 때, 그 길을 틀어막는 것은 어떻게 해서든 피해야 할 것이 아닌가. 협정의 효력 상실을 앞두고 일조(日朝) 양 적십자 모두 깊이 고려해야 한다는 것은 말할 필요도 없다. 일본정부에서도 대국을 그르치지 않는 판단이 요망되는 것이다.

우리들은 북조선 측의 경직된 태도를 환영하지 않는다. 그러나 한편 국제간의 협정이 없는 상태 아래에서 소련선을 니가타로 보내도록 하는 것에는 상당히 위험이 따른다는 것도 고려한다면, 북조선 측의 배선 거부를 한 마디로 비난할 수도 없다. 그런 입장에서 어떤 방법으로 현 협정을 연장하는 것이 최선책인가 하는 점에서, 북조선 측에도 타협적 태도를 바라고자 한다.

일본 측으로서도 북조선의 '1년 연장'에 대해 '6개월 연장'이 아니면 응하지 않겠다고 해서 협정의 효력 상실이 된다면, 그것에 따른 희생이 상당히 크지 않겠는가. 적십자 국제위원회의 부와지에(Pierre Boissier) 위원장이 시마즈 일본적십자 사장에게 보낸 서한 가운데, 귀환업무의 계속을 희망하는 것도 이렇게 배려하는 것 말고는 없다고 생각한다.

정부의 내부에서는 북조선에의 양보에 강경하게 반대하는 의견이 없지는 않다. 그러나 그것은 아마도 정치적인 고려이겠지만, 북조선으로의 귀환은 어디까지나 인도상의 문제로 처리해야 할 것이고, 사안의 근원을 혼동해서는 안 될 것이다.

1960년 10월 22일(1면)

'해결을 서두른다'로 일치 - 정부 연락회의, 북조선 신제안을 검토

정부는 21일 오후 2시부터 도쿄(東京) 고지마치(麹町) 가유카이칸(霞友会館)에서 북조선 귀환문제에 대한 관계당국 및 일본적십자 연락회의를 열고 "현행 협정을 연장한다면 귀환 촉진에 응한다"라는 북조선 측 새로운 제안에 관한 일본 측 방침 결정에 대해 협의했다. 이 회의에서는 북조선의 새로운 제안의 가부 등 구체적 결론은 유보되었지만, 북조선안의 내용이 귀환 신속화에 응하는 등 종래의 북조선의 주장에서 보면 상당한 진전이라는 점에는 일치했고, 일본 측으로서도 이 기회에 문제의 원만해결을 서두르자는 의견의 일치를 봤다.

연락회의에는 정부에서 오가와(小川平二: 역자) 관방부장관(官房副長官), 이세키(伊関佑二郎: 역자) 외무성 아시아국장, 하타케나카(畠中順一: 역자) 후생성 인양원호(引揚援護)국장, 일본적십자에서는 가사이(葛西嘉資: 역자) 부사장과 다카기(高木) 사회부장이 출석하여, 우선 일본적십자 측에서 부와지에(Pierre Boissier) 적십자 국제위원장의 서간, 20일 밤 니가타(新潟)에서 있었던 다카기 씨와 북조선 대표 김주영(金珠榮) 씨의 회담내용을 보고받고, 일본적십자 측으로서는 다음 귀환선이 니가타에 입항하는 27일까지는 대략 북조선안의 내용에 따라 해결할 의향이 있음을 밝히기로 했다.

정부 측 출석자도 이번 북조선 측의 '양보'를 계기로 해결을 서두르는 것에는 이견은 없지만 ①북조선 제안과 일본 측의 지난 번 최종안 사이에는 아직 1년간 무수정(無修正) 연장인지 잠정적 반년 연장인지 차이가 있다 ②한국 측이 협정의 연장에 강경하게 반대하고 있으므로, 25일부터 시작될 일한 예비회담에 대한 영향을 신중하게 고려할 필요가 있다는 등으로 일단 결론은 보류하고, 다시 관계당국 간 의견조율을 하기로 했다.

그러나 일한관계에 대한 우려 등에서 협정의 무수정 연장에는 강경하게 반대해 온 외무성 내부에서도, 북조선의 '양보'에 대응해서 어떻게든 해결할 방법을 취해야 한다는 의견이 강해지고 있고, 며칠 안으로 정부로서도 실질적으로는 북조선안과 큰 차이 없는 해결안을 제시할 것이라는 의견이 강하다.

1960년 10월 24일(2면)

일한회담, 대국적 견지에서 타결 - 유(兪) 수석대표 오늘 방일

〈경성 23일발=공동〉 일한 예비회담에 출석하는 한국대표단은 24일 정오, 비행기 편으로 일본으로 향하는데, 유진오(兪鎭午) 수석대표는 23일, 경성(京城)에서 일본인 기자단과 회견, 회담에 임하는 한국 측의 태도, 이승만 라인 문제, 북조신귀환 문제 등에 대해 다음과 같이 말했다.

▶ 이번 일한회담은 4월혁명 이후, 양국의 관계가 개선되고 있는 분위기에서 열리는 만큼, 어떻게든지 성공시키고자 한다. 일본인 억류선원도 석방되었고, 지금까지 회담을 방해했던 장애는 한국 측에 관한 한 제거되었다. 양국의 이해관계에서 보면 다양한 문제가 제기되겠지만, 대국적 견지에서 국민감정이 납득하는 범위 내에서 합리적으로 해결하고자 한다. 가능하면 반년 이내에 마무리했으면 한다.

▶ 회담의 진행방법은 가능한 한 빨리 국교정상화를 실현하기 위해 우선 장애를 제거하는 것이 필요하다. 분과위원회도 동시에 열고자 한다. 모든 문제가 해결되었을 때 일괄해서 조인할지, 분과위에서 결정된 것을 하나하나 조인할지는, 그때에 따라 탄력성을 갖고 임하고자 한다.

▶ 북조선 귀환협정이 연장된다면 회담의 분위기가 저해되는 것은 사실이다. 협정이 연장될 경우 회담을 결렬시킬지 여부는 협의된 것은 없지만, 예상되지 않은 사태가 일어나지 않으리라고는 잘라 말할 수 없다.

▶ 이승만 라인 문제는 서로 이해에 얽매이지 말고 납득할 수 있는 합의점을 발견하고자 한다. 이승만 라인 같이 어업자원의 보호를 위해서 선을 긋는 것은 국제법상 문제는 없다. 한국이 영해권을 주장하고 있다고 전

해지고 있는 것은 오해이다.

▶ 청구권 문제는 한국은 전쟁배상적 요구를 하고 있는 것은 아니다. 청구권은 과거의 관계의 청산적 성격인 것으로, 일본 측에서 응할 마음만 있다면 해결될 수 있는 문제다. 일본 측이 장기차관으로 대신한다는 말도 있지만, 청산과 차관은 구별해야 한다고 생각한다. 재일한국인의 법적 지위의 문제도 취급 방법에 변화는 있으나, 합리적으로 해결하고자 한다. 북조선 송환문제는 이 법적지위의 안에 포함되며, 새로운 의제가 되지는 않는다.

1960년 10월 25일(2면)

오늘 일한회담 열리다 - 양국의 여러 현안 해결에

제5차 일한 전면회담의 예비회담이 25일 오전 11시부터 외무성에서 열린다. 일한 양국의 국교정상화의 전제가 되는 여러 현안을 해결하기 위한 일한 전면회담은 4월의 한국정변 이후 중단되었으나, 9월 고사카(小坂善太郎: 역자) 외상이 한국을 친선방문하여 장면(張勉) 한국 수상과 회담한 결과, 예비회담 형식으로 양국 정부 간의 교섭을 재개하기로 결정했다.

25일에는 일본 측 수석대표 사와다 렌조(沢田廉三) 대사, 한국 측 수석대표 유진오(兪鎭午) 씨 이하 양쪽의 대표단 전원이 출석해서 교섭개시 인사를 교환했다.

회담의 구체적 진행방법은 금주 말로 예정된 제2차 회담에서 협의할 예정인데, 종래 일한회담의 형식을 따라 기본관계, 청구권, 어업 및 평화라인(이승만 라인), 재일한국인의 법적 지위의 4분과위원회를 설치하여 현안을 개별적으로 검토하게 될 것이다.

다만 외무성에서는 북조선 귀환문제의 경과가 일한회담에 미칠 영향을 우려하고 있으며, 일본적십자, 후생성 측의 희망대로 정부가 가까운 시일 중에 북조선 귀환협정의 1년 연장에 합의할 경우에는, 협정연장으로 일한우호에 대한 일본정부의 열의가 변한 것이 아니라는 것을 한국대표단에게 설명하고, 일한회담의 계속을 요청할 생각이다.

1960년 10월 25일(2면)

"북송문제 재연은 유감"
- 유(俞) 수석대표, 하네다(羽田)에서 기자회견

25일부터 도쿄(東京)에서 열릴 일한 예비회담에 출석하는 한국정부대표단이 24일 오후 3시 50분 하네다 도착의 한국항공 특별기로 방일했다. 일행은 수석대표 유진오(兪鎭午) 고려대학 총장 이하 11명으로 한국기자 16명이 동행, 일본 측에서는 가쓰마타(勝俣稔: 역자) 외무 정무차관, 이세키(伊関佑二郎: 역자) 외무성 아시아국장 등이 영접했다. 유 수석대표는 공항에서 기자회견을 갖고, 예비회담에 임하는 한국 측의 태도를 다음과 같이 말했다.

▶ 대일관계 개선은 한국 신정부의 기본정책의 하나인 것으로 한국으로서는 열의를 가지고 회담에 임한다. 가능한 한 빨리 마무리하고 싶다. 그러나 일본의 총선거에 겹쳐지면 본격적인 대화는 그 이후가 될지도 모르겠다.

▶ 재일동포의 북송(북조선 귀환)문제가 재연되고 있는 것은 유감이다. 북송이 계속된다면 일한회담의 분위기가 나빠질 것이다. 그렇다고 일본 측이 북송을 중지한다고 회담에 특히 플러스가 되는 것은 아니고, 다만 회담이 본래의 출발점으로 돌아가는 것이다.

▶ 평화라인(이승만 라인) 문제에 대해서는 현재 새로운 제안을 할 용의가 있는지는 말할 수 없다. 오히려 일본 측에서 합리적으로 성실한 제안이 있을 것으로 기대하고 있다. 전체로서 우리들은 이 회담에서는 탄력성 있는 방침으로 임하고자 한다.

1960년 10월 25일 석간(1면)

일한 예비회담 열리다 - 양국 대표 회동

제5차 일한 전면회담의 예비회담은 25일 오전 11시 5분부터 약 40분간 외무성에서 이루어졌다. 이날 회담은 일본 측 사와다 렌조(沢田廉三) 수석대표, 한국 측 유진오(俞鎭午) 수석대표가 각각 양쪽의 대표단을 소개하고 인사를 교환했을 뿐, 실질적인 협의에는 들어가지 않았다.

이후 회담의 운영에 대해서는 사와다 · 유진오 양 수석대표가 내일 모레 중에 만나서 구체적으로 정하는데, 종래대로 기본관계, 청구권, 어업 및 평화라인(이승만 라인), 재일한국인의 법적지위의 4분과위원회를 설치하는 것에 대해서는 이미 양국 사무당국 간에 비공식으로 합의를 본 것으로, 이것을 확인하는 동시에 이번 주말이나 다음 주초부터 각 분과위원회의 토의를 개시하는 등의 사항을 정하게 될 것이다.

유 수석대표는 회담에 앞서 이날 오전 9시 반 외무성에서 고사카(小坂善太郎: 역자) 외상을 방문하고, 방일 인사를 하면서 이번 일한회담을 꼭 마무리하고 싶다는 적극적인 의향을 표명했다.

일한 양국 수석대표의 인사(요지)는 다음과 같다.

사와다 대표 인사

지난번 대한민국에 신정권이 수립된 이후 일한 양국간에는 우호친선의 기운이 높아졌다. 일본국 정부가 지난 9월 상순, 고사카 외무대신을 대한민국에 파견해서, 직접 신정권 수립에 대한 일본국민의 경축의 마음을 전한 것도 조속히 일한 양국 간에 항구적인 우호관계를 수립시킨다는 일본국 정부의 열의의 표현이었다는 점을 여기에서 다시 강조하고자 한다.

말할 것도 없이 일한 양국 간에는 많은 어려운 문제가 있다. 이러한 여러 현안을 해결하는 것은 본 회담을 담당하는 우리들에 부과된 과제이다. 물론 나는 이 임무가 쉽지 않다는 것을 잘 알고 있지만, 동시에 나는 일한 쌍방이 흉금을 터놓고 대화하고, 서로의 입장을 존중하고, 호의의 정신을 가지고 해결에 힘쓴다면, 그 우호적 해결이 불가능한 문제는 아무 것도 없을 것이라고 깊이 확신하고 있다.

이번 회담이 모두 원만하게 진행되어 가까운 장래 양국 간에 흔들림 없는 우호친선관계의 기초가 확립되어, 함께 번영하고, 함께 손잡고 국제평화의 유지에 노력하게 되기를 마음 깊이 희망한다.

유 대표 인사

과거 10년 가까운 기간, 한일 양국 정부는 과거 역사에 유래한 제 현안 문제를 해결하려고 4차례에 걸친 회담을 열었지만, 불행히도 그 전면적인 해결을 보지는 못했고, 그 가운데 재일한국인 문제는 그 본질적인 해결을 보지 못했을 뿐 아니라 북송(북조선 귀환)이라는 새로운 요소가 가미되어 더욱 복잡한 양상을 띠게 된 것은 유감이다.

4월혁명의 결과 수립된 한국 신정부는 한일관계 정상화를 그 주요 시정목표의 하나로 정하고, 양국 간에 개재된 여러 문제를 평등과 상호존중의 원칙의 아래 합리적으로 해결하려는 의사를 표명했다.

여기에 호응해서 일본의 신내각이 한일관계를 새로운 방침 하에서 성의를 가지고 해결하고자 한다는 점을 분명히 했고, 또한 고사카 외상 각하가 대한민국의 신정부 수립을 경하하기 위해 한국을 방문한 기회에 본 예비회담 개최의 합의를 보기에 이른 것은, 이 회담의 앞길에 큰 희망을 가지게 하는 것이다.

따라서 한국대표단은 일본 측의 새로운 성의의 표시에 큰 기대와 희망을 가지고 이 회담에 임하고 있다. 나는 이 회담에 있어서 진지한 토의와 성의있는 대화를 통해 여러 현안 문제를 해결하고, 이해와 우정과 협력의 기초에서 양국의 새로운 관계로의 첫발을 내딛을 수 있기를 진심으로 희망한다.

1960년 10월 26일(1면)

내일 니가타(新潟) 회담 재개 - 귀환으로 양보 회답인가

북조선 귀환문제에 대해서 일본적십자는 "25일 오전 6시, 시마즈(島津忠承: 역자) 사장 명의로, 27일 니가타에 입항하는 제44차 귀환선으로 방일하는 북조선적십자 대표에게 일본 측의 결론을 회답하겠다는 점과 이 문제에 대해 협의하고자 한다는 내용을 북조선적십자 김응기(金應基) 사장에게 타전했다"고 25일 오후 3시 반 발표했다. 이에 따라 지난 달 17일 결렬 이래 중단되고 있는 일조(日朝) 적십자회담은 27일 재개되게 되었는데, 일본 측은 북조선적십자의 주장을 대폭 수용할 방침을 정했으므로, 이르면 귀환선이 출항하는 28일 중으로 합의가 타결될 가능성도 있다.

김(金) 사장에게 보낸 전보는 다음과 같다.

19일자 귀하의 전보 끝부분(협정기간 연장문제에 대한 구체적 회답을 요구한 부분을 지칭한다)에 대해, 20일 니가타에서 김주영(金珠榮) 대표로부터 본사 다카기(高木) 사회부장에게 전한 제안에 의거해, 다가오는 27일 제44차 귀환선으로 니가타에 오는 귀 대표에게, 우리 쪽 대표로부터 회답을 드리고, 또한 협의하고자 한다.

일본 측의 회답내용은 문구의 문제 등, 세부에 대한 조정이 끝나지 않았기 때문에, 분명하지는 않으나 "현 협정을 1년간 연장하는 것에 동의하고, 그것과 관련하여 귀환업무의 신속화를 조속히 한다"는 취지로 결정될 것으로 보인다.

한편 재개되는 일조회담의 일본 측 대표는 이전의 회담에 대표로 출석했던 다카기 사회부장과 이노우에(井上益太郎: 역자) 외사(外事)부장 2인으로, 26일 중에 니가타로 향할 예정. 회담 장소는 미정이지만 귀환선 내 혹은 일본적십자 니가타지부에서 열릴 것으로 보인다.

1960년 10월 27일(1면)

일한회담의 양(兩) 수석, 교섭의 진행방법을 협의

일한회담의 일본 측 수석대표 사와다 렌조(沢田廉三) 씨는 26일 오후 도쿄(東京) 고지마치(麹町) 가유카이칸(霞友会館)에서 한국 측의 유진오(俞鎭午) 수석대표와 만나, 일한 전면회담 예비회담의 앞으로의 진행방법에 대해 협의했고, 제2회 예비회담 본회의를 11월 2일경에 열고, 여기서 이후 분과위원회의 진행방법 등을 협의할 것을 결정했다.

1960년 10월 27일 석간(1면)

협정연장에 합의할까 - 일조(日朝) 적십자, 오늘 저녁 조인?

〈니가타(新潟)〉 북조선 귀환협정 연장문제를 협의하는 제2차 일조 적십자회담은 27일 오전 10시부터 니가타시 중앙부두에 정박 중인 귀환선 토볼리스크(Tobolsk)호 도서실에서 시작되었고, 점심식사 이후 오후 3시부터 다시 일본적십자 니가타현 지부에서 협의를 계속하기로 했다. 협의는 매우 원만하게 진행되었고, 오전 중의 협의에서 거의 실질적인 합의점에 도달한 것으로 보인다. 순조롭게 진행된다면 27일 저녁이라도 조인이 이루어질 것으로 보인다. 이 회담에는 일본적십자 측에서 다카기(高木) 사회부장, 이노우에(井上益太郎: 역자) 외사(外事)부장 두 대표와 수행원 1명, 조선 측에서 김주영(金珠榮) 대표와 수행원 2명이 출석했다. 일조 적십자회담은 지난 달 17일, 쌍방의 주장이 대립하면서 결렬, 조선 측 대표는 같은 날 23일 귀국해버렸는데, 최근 일조 양쪽에서 타협의 움직임이 나오기 시작했고, 이날 회담 재개가 이루어진 것.

이날 8시경 니가타항에 도착한 김(金) 대표는 마중 나온 다카기 대표와 선내에서 사전협의를 하고, 정각 오전 11시부터 협의에 들어갔는데, 지난 13, 20일 양일 이루어진 다카기, 김 대표의 사전절충에서 상당히 깊은 협의가 진전되어, 원만해결을 위한 어느 정도의 이해가 갖춰졌기 때문에, 결렬 이래 40일만의 이번 공식접촉의 분위기도 상당히 부드러웠다.

이 회담에서 일본적십자 측은 신속화문제를 협의하는 조건으로 협정을 1년간 자동적으로 연장하자는 제안을 했다.

북조선 측은 이것에 대해 연장 후, 신속화 문제에 대해 협의하고자 한다고 발언, 미묘한 차이점을 보였으나, 쌍방은 사실상 큰 차이 없는 문제라는 견해로, 오후 회의에서 더욱 세부의 조정을 할 것으로 보인다.

오전 중의 회담을 끝낸 김 대표는 "일본적십자 측의 회답은 어떤가"라는 기자단의 질문에 "그럭저럭 될 것 같습니다. 언성을 높일 필요는 없었다"고 답했다.

1960년 10월 28일(1면)

'북조선 귀환' 해결 - 일조(日朝) 적십자, 합의서에 조인

현 협정을 1년 연장 – 신속화 내달 다시 협의

〈니가타(新潟)〉 난항을 거듭하고 있던 북조선 귀환협정 연장문제는 27일 니가타에서 열린 제2차 일조 적십자회담에서 극적 해결, 이날 오후 5시 40분 '현행 귀환협정을 1년간 그대로 연장한다. 신속화 문제에 대해서는 11월 10일부터 니가타에서 협의를 개시한다'라는 합의서와 관계문서가 일본적십자 니가타지부에서 정식으로 조인되었다. 지난 7월 23일, 북조선적십자사가 전보로 '협정연장'을 제의한 이후 3개월만이다. 이에 따라 귀환업무는 중단하지 않고 11월 13일 이후 1년간 이어지게 되었다.

이날 오전 11시부터 니가타항에 정박 중인 귀환선 토볼리스크(Tobolsk)호에서 시작된 회담에서 일본적십자 측은 우선 '현행 협정을 1년 연장한다면 신속화 협의에 들어갈 용의가 있는가'라고 조선 측에 물었다. 이에 대해 조선 측은 '일본 측의 발언을 확인한다'라고 답했기 때문에 조선 측이 요구하는 현행협정 자동연장문제와 일본 측이 주장하는 신속화문제는 동시에 합의를 본 것으로 되었다.

이후 정오 무렵까지 세부 의견 차이의 조정과 교환문서의 작성을 하고 잠깐 휴식, 오후 4시 무렵부터 일본적십자 니가타현 지부에서 문서에 대해 최종적인 손질을 하고 5시 35분부터 '협정연장에 관한 합의서' '귀환촉진에 대한 일본적십자 제안과 그것에 대한 조선 측의 회답' '공동코뮤니케'의 순으로 조인을 마쳤던 것이다.

신속화의 협의 방법 등에 대해서는 양 적십자에서 다시 합의하는 것으로 정해졌는데, 일본적십자로서는 귀환선으로 방일하는 조선적십자 대표와 매주 1

회 협의를 계속하는 것으로 하고 있다.

합의서

일본적십자사와 북조선적십자사는 1959년 8월 13일 캘커타에서 조인된 재일조선인의 귀환에 관한 협정의 갱신에 관해 다음과 같이 합의에 도달했다.

1. 일본적십자사와 북조선적십자사 간의 재일조선인의 귀환에 관한 협정을 기한만료일인 1960년 11월 13일로부터 1961년 11월 12일까지 그대로 연장한다.
2. 생략
3. 본 합의서는 조인된 날로 효력을 발한다.

귀환촉진에 대해서

일본적십자사는 귀환협정 제5조 제3항의 규정에 기초해 수송의 증가에 관한 협의를 오는 11월 10일부터 니가타에서 개시할 것을 제안했고, 북조선적십자사는 여기에 동의했다.

공동코뮤니케

일본적십자사 및 북조선적십자사는 거주지 선택의 자유와 적십자의 제원칙에 기초해 재일조선인이 자유롭게 표명하는 의지에 따라 귀환할 수 있도록 현안을 해결하는 것에 대해 완전한 합의에 도달했다.

오히라(大平正芳: 역자) 관방장관(官房長官) 담화

북조선 귀환문제는 인도적 입장에서 처리되어야 할 것이며, 정부는 이후에도 이 입장을 지켜갈 방침이다. 동시에 이번 귀환업무는 일조 양국의 협력에 의해서만이 수행될 수 있는 것이므로, 이런 의미에서 이번 일조 양국이 서로 양보해서 이렇게 원만타결을 보기에 이른 것은 진심으로 기쁜 일이다.

1960년 10월 29일(2면)

귀환협정 연장되었어도 일한 정상화에 노력, 장(張) 총리 발언

〈경성 28일발=로이터〉 한국의 장면(張勉) 국무총리는 28일 기자회견에서 "재일조선인의 북조선으로의 귀환협정이 1년간 연장되었지만, 한국은 일한관계 정상화를 위해 더욱 노력한다"라고 말했다.

귀환연장에 대해 한국공사에게 양해를 요청, 야마다(山田) 외무 사무차관

재일한국대표부의 엄(嚴堯燮: 역자) 공사는 28일 오후 외무성으로 야마다(山田久就: 역자) 차관을 방문, 북조선 귀환협정 연장에 대해 강력히 항의하는 내용의 구상서를 전달했는데, 이 구상서의 취지는 일본정부가 귀환협정을 연장하고, 더욱이 일한회담이 열리고 있는 시기에 이러한 조치를 취한 것은 매우 유감이다. 이에 한국은 일본의 조치에 강력히 항의하면서 이 문제가 한국 측에 어떤 사태를 야기할지는 한국 측에서도 보장할 수 없다. 그것은 모두 일본 측의 책임이라는 내용이다.

여기에 대해 야마다 차관은 "귀환업무를 가능한 범위에서 단기간에 끝내고자 하는 입장에서 신속화를 하는 것을 조건으로 협정을 1년 연장한 것이다. 한국 측에서도 이러한 일본 측의 뜻이 의미하는 바를 이해하고, 대국적 견지에서 가능한 한 신중히 대처해줄 것을 희망한다"고 말했다.

1960년 10월 31일(1면)

모레 다시 본회의 - 일한 예비회담, 궤도에

일한 전면회담의 제5차 예비회담은 다음 달 2일, 외무성에서 제2회 본회의를 열고, 종래대로 기본관계에 관한 분과위원회 등 4분과위원회의 설치를 결정함과 동시에 앞으로의 운영에 대해 논의할 예정으로 있어, 이로서 예비회담은 궤도에 오를 예정이다.

지난 4월 한국 정변으로 중단되었던 일한회담은 한국 신정부의 수립과 고사카(小坂善太郎: 역자) 외상의 친선방문 등으로 일한 양국 간의 분위기가 호전되었고, 지난 25일, 한국 측에서 유진오(俞鎭午) 씨를 수석으로 하는 대표단을 맞아 제5차 예비회담을 열었다.

그런데 올해 여름부터 일본, 북조선 양 적십자 간에 갈등을 계속해온 재일조선인의 북조선귀환에 관한 협정의 연장문제가 지난 27일 니가타(新潟) 회담에서 일본 측이 협정을 1년 연장하는 것에 양보하여 타결되었기 때문에, 종래부터 '연장 절대반대'를 주장해온 한국 측을 자극하고, 모처럼 열린 예비회담을 한국 측이 중단시킬지도 모른다는 걱정이 한 때 외무성 당국에서도 강했다.

그러나 이후 한국 측에서는 엄(嚴堯燮: 역자) 공사가 외무성에 대해 항의문을 전달했을 뿐, 장(면) 국무총리도 "협정은 연장되었지만 일한 양국의 정상화에는 노력한다"는 뜻을 언명하는 등, 한국 측의 반응이 차분하기 때문에 외무성 당국은 지금으로서는 안도하는 표정이다.

이러한 정세에서 2일에는 예정대로 일한 쌍방의 대표단이 외무성에서 예비회담의 제2회 본회의를 열고 ①기본관계 ②청구권 ③어업 및 평화라인(이승만라인) ④재일한국인의 법적지위의 네 분과위원회를 설치하고, 이어서 각 분과위원회의 구성, 회담의 용어, 의사록 등을 정하고, 거기에 각각의 분과위원회의 개회시기 등 운영방법에 대해 토의한다.

일본 측으로서는 각 분과위원회 토의의 우선순위 등에 대해서는 일단 어업, 평화라인 위원회의 토의를 서둘러 시작하고자 하는 의향은 가지고 있으나, 이 점을 특히 고집할 생각은 없는 것 같으며, 한국 측이 만일 북조선 귀환문제를 고려하여 재일한국인의 법적지위에 관한 위원회의 토의를 우선적으로 다루자고 제안할 경우에는 여기에 응할 용의를 보이고 있는 것 등 전반적으로 상당히 탄력적인 태도를 보이고 있다. 그러나 일본 측에서는 총선거를 고려하는 등 국내의 정치정세도 있어, 중요사안의 본격적인 토의는 사실상 총선거 후에 이어지게 될 것 같다.

한편, 일한 전면회담과는 별개로 지난 8월에 한국적십자로부터 일본적십자에 요청한 재일조선인의 제문제에 대한 회담에 대해서는, 최근 일본적십자, 외무성 양 당국 간에 협의하는 것을 '응낙한' 것으로 양해되어, 금주 중에 일본적십자에서 한국적십자에게 이런 뜻을 회답할 예정이며, 일한회담과 병행하여 쌍방의 적십자 간의 회담도 열리게 되었다.

대표의 즉시 철수 - 한국 신문, 일한회담에 주장

〈경성 30일발=공동〉 한국의 유력지 한국일보(중립계)는 20일 석간 제1면으로 이(李) 경성문리대학 교수의 '일한 예비회담의 한국대표단을 즉시 철수하라'는 논설을 8단에 걸쳐 게재했다. 이 논설의 요지는 다음과 같다.

도쿄(東京)에서 일한회담을 여는 것과 때를 같이하여 일본이 화려하게 북조선과의 정치회담을 공개선전하고 있는 것에 놀라지 않을 수 없다. 한국의 대표단은 도쿄에서 곤란한 입장에 처해있고, 한국의 체면은 전 세계가 주시의 가운데 형용할 수 없을 만큼 무시와 모욕을 당하고 있다. 대표단과 장면(張勉) 수상이, 이것은 회담에 영향이 없다고 성명을 발표한 것은 이해할 수 없다. 이러한 언명은 일본 측이 변명 내지 희망으로 말해야 하는 것이다. 대표단은 변명이나 항의의 필요는 없고, 아무리 미련이 있어도 묵묵히 철수하는 것이 당연하다.

1960년 11월 2일(2면)

순조로운 일한회담 기대 - 북송으로 결렬은 시키지 않아

정(鄭) 한국 외무부장관 기자회견

한국 정부의 정일형(鄭一亨) 외무부장관은 유엔총회에 참석하기 위하여, 1일 오후 5시 5분 하네다(羽田)에 도착하는 노스웨스트기로 일본에 들렀다. 정 장관은 2일 오전 0시 25분 하네다 출발 팬아메리칸기로 뉴욕으로 향했다. 정 장관은 공항에서 기자회견을 갖고, 기자단의 질문에 답하여 다음과 같이 말했다.

▶ 우리는 과거는 일단 접어두고 일한 양국의 국교정상화를 실현시키고자 생각하고 있으며, 일한회담의 성공을 바라마지 않는다. 현재 시작된 일한회담은 상호평등과 상호신뢰의 입장에서 순조롭게 진행되리라 생각한다.

▶ 재일한인의 북송(북조선귀환)협정 연장에 대해서는 한국이 분노하고 있는 것은 사실이다. 그러나 국민적 분노가 있다고 해서 현재의 일한회담을 결렬시키는 것은 생각하지 않는다. 일본 측이 성의를 가지고 회담에 임하기를 희망하고 있는데, 북송문제로 한국민의 일부에서는 격렬한 의견도 나오고 있는 것을 이 기회에 말해두고자 한다.

▶ 일한 경제협력에 대해서는 일한회담의 진전에 따라, 그 안에서 구체적으로 협의가 이루어지게 될 것이다.

▶ 유엔에서의 귀국길에 고사카(小坂善太郎: 역자) 외상과 회담할 예정은 없지만, 회담을 하는 것은 바람직한 것이므로 다음 기회에 일한관계, 극동평화에 대해서 협의하고자 한다.

1960년 11월 8일(2면)

위원회 토의 시작하다
- 일한회담, '재일한국인의 법적지위'에 대하여

제5차 일한 전면회담 예비회담은 7일 오후 3시부터 외무성에서 일본 측 다카세(高瀨侍郎: 역자) 법무성 입국관리국장, 히라가(平賀健太: 역자) 동 민사(民事)국장 등, 한국 측 엄요섭(嚴堯燮) 재일대표부 공사 등이 출석하여, 재일한국인의 법적지위에 관한 위원회의 첫 회의를 열었다. 이 위원회는 일한 사이의 여러 현안 가운데 재일한국인의 국적, 처우문제를 분담하고 있는데, 7일 회의에서 이번 토의의 진행방식을 협의한 결과, 14일 오후 3시부터 제2회 회의를 열고, 우선 재일한국인에게 영주권을 주는 문제부터 토의하기로 합의했다.

재일한국인의 일본에서의 재주권(在住權)은 현재, 일한 국교정상화까지 잠정적 조치로서 정해져 있을 뿐으로, 여기에 명확한 영주권을 주도록 한다는 것이 교섭의 목표다. 동 위원회와 함께 예비회담 본회의 아래에 설치되어 있는 다른 분과위원회도 금주 중으로 첫 회의를 여는데, 그 일정은 다음과 같다.

▷ 어업 및 '평화라인'(이승만 라인) 위원회(9일 오전 11시)

▷ 한국청구권위원회 일반청구권소위원회(10일 오전 11시)

▷ 동 선박소위원회(11일 오전 11시)

▷ 동 문화재소위원회(11일 오후 3시)

1960년 11월 9일(3면)

구파가 신당 설립대회 - 한국, 보수 2대 정당시대로

〈경성=마사키(真崎) 특파원 8일발〉 한국의 민주당 구파동지회는 전부터 신당 설립운동을 계속해왔는데 8일 경성(京城) 시내에서 결성대회를 열어 보수신당으로 정식 발족할 것을 결정했다. 이날의 결성대회는 실질적으로는 설립대회로 볼 수 있다. 이전에 총리지명에서 패한 김도연(金度演) 씨를 중심으로 민의원 62명, 참의원 17명의 의원이 참가, 신정책과 강령을 채택했다. 이로써 한국 제2공화국은 보수계 2대정당의 대립이라는 새로운 형태를 보이게 되었다.

정식 결당대회는 내년 초에 열린다. 현재 의원정수는 민의원 233명, 참의원 58명으로 신당은 연내에 있을 지방선거에서 당면 목표로 당세확장을 도모하여, 중간파 끌어안기에 힘을 모으고 있는데, 신당에 참가한 의원의 수는 앞으로 약간 늘어날 것으로 보인다. 또한 현재 장면(張勉) 내각에 입각해 있는 구파 각료의 진퇴도 주목되어, 일부가 신당에 참여하게 되면 내각의 개조보강이 이루어질 것이다.

신당은 지금까지 최고위원에 의한 집단지도체제를 대신하여 위원장, 부위원장, 간사장의 3역제를 취하기로 결정했다. 이날 대회에서는 23명의 선고위원(選考委員)을 선출, 이후 위원장을 비롯하여 각 위원을 선고한다. 또한 정식 당명의 결정은 이 선고위원회에 위임되었다. 만장일치로 채택된 강령과 신정책은 다소 진보적인 뉘앙스를 가졌으며, 특히 기본적인 노선으로 자유와 민주적 수단에 의한 남북통일, 유엔중심의 집단안전보장체제의 추진, 전국민의 중산계급화, 계획경제와 자립경제체제의 확립 등을 포함하고 있다.

1960년 11월 10일 석간(1면)

한 번에 1500명 귀환
- 일본적십자 측에서 제안, 일조(日朝) 적십자회담

〈니가타(新潟)〉 북조선 귀환업무의 신속화 문제를 협의하는 일조 양 적십자의 협의는 10일 오전 10시부터 이날 니가타항으로 들어온 제46차 송환선 토볼리스크(Tobolsk)호 안에서 열렸는데, 일본적십자 측 다카기(高木) 사회부장은 주1회 1편 현행 1000명의 송환자수를 내년 4월 10일부터 1500명으로 늘릴 것을 제안했다.

여기에 대해 조선적십자의 김주영(金珠榮) 국제부 부부장은 "일본적십자 측의 입장을 존중하여 신속화에는 응하지만, 인원은 최대한 1200명으로 한다"는 반대제안을 내놓아, 오전 중에는 양쪽 제안의 설명으로 그쳤다. 오후는 4시부터 일본적십자 니가타현 지부에서 협의를 계속하고 있다.

일본적십자 측의 제안 이유는 ①귀환을 희망하는 재일조선인은 아직 상당히 많은 수가 남아 있다고 인정된다. ②현재 귀환신청을 마치고 승선을 기다리고 있는 재일조선인이 1만 2천 수백명이나 있는데, 이들을 전부 돌려보내려면 3개월이나 걸린다. 신청 이후 빨리 승선하려는 것은 당연한 요구이다. ③쌍방의 수용시설에 그다지 무리가 되지 않는 인원을 선택하였다는 3가지.

여기에 대해 조선 측은 "일본적십자 측의 제안에는 현재 수송량을 왜 늘려야만 하는지 구체적인 근거가 없다. 인도주의적 입장이라면 돌아간 사람들이 어떤 삶을 살고 있는가 하는 점이 가장 중요하다"라며 신속화에서 오는 부담의 증대를 비추면서도 "현재의 크릴리온(Crillon), 토볼리스크호 두 배를 개조해서 1200명 전후를 수송한다"라는 생각을 밝혔다.

신속화의 실시 시기에 대해서는 4월 10일부터 하자는 일본적십자 측의 제안에 동의하고 있다.

1960년 11월 13일 석간(2면)

한국 학생층에서 높아지는 중립화 논쟁

'무시할 수 없는 힘'으로 – '케네디 씨 등장'이 자극

〈경성=마사키(真崎) 특파원 12일발〉 미국의 차기 대통령으로 민주당의 케네디(John Fitzgerald Kennedy) 씨가 선출된 것은 한국 내의 학생층에 높아지고 있는 '중립화' 논쟁에 자극을 주었고, 앞으로 한국의 정치정세에 큰 영향을 줄 것 같다. 일본에서도 총선거의 큰 테마로 중립문제가 거론되고 있으며, 한국 내의 유식자는 이 논쟁에도 주목과 강한 관심을 보이고 있다. 물론 바로 한국의 중립화운동이 격화할 조짐은 적지만, 앞으로 이러한 경향이 무시할 수 없게 되리라는 것은 충분히 예상된다.

한국에서 중립론의 큰 특징은 그것이 민족의 비원인 '남북통일' 문제와 강하게 연결되어 있는 점이다. 일본의 중립론자가 '안보체제 찬반'의 형태로 논쟁하고 있는 것과 달리, 한국의 경우에는 '통일'의 수단으로서 '중립'이 거론되고 있다. '남북통일'은 말하자면 '논쟁의 여지가 없는 것'으로 누구라도 반대할 수 없다. 여기에 '중립화론'이 큰 반향을 불러일으켜질 소지가 있다.

중립논쟁의 경위를 보면, 지난 9월 고려대학에서 열린 전국대학생 토론대회에서 처음으로 크게 거론되었다. "지금까지 논의된 통일은 거의 일방적인, 현실성이 없는 것이다. 우리는 미소의 이해관계를 없앰으로서, 진정한 민족적 자주성을 확립시켜야한다. 중립주의에 입각한 외교정책에 따라 평화통일을 이루어야 한다"라는 주장이 나왔다. 이후 미국 민주당의 맨스필드(Michael Joseph Mansfield) 의원이 오스트리아 방식에 의한 남북통일을 거론한 것이 큰 반향을 불렀다. 한국정부는 즉시 여기에 반대하는 의향을 표명하였고, 장면(張勉) 국무총리는 선거전의 와중에 있는 케네디, 닉슨(Richard Milhous Nixon) 양 후보에게 중립론에 반대한다는 편지를 보낼 정도였다.

정부를 비롯한 각계의 입장은 처음부터 이러한 학생의 움직임은 유치한 이상론에 불과하고, 중립화에 의한 통일이라고 해도 결국 한국이 무혈공산화되는 것이다, 어린 학생은 공산주의의 무서운 실체를 모른다며 처음부터 무시하는 태도였다. 그런데 그 후의 진전이 의외로 반향을 일으켜 경시할 수 없는 정세가 되자 당황하여 대책에 착수했다. 4월혁명 이후 학생에 대해서는 수세적으로, 오히려 조심스러운 태도였던 정부가, 처음으로 고자세로 바뀌어 "학생의 배후에는 위험한 요소가 있다"라며 이후에는 학생의 실제 행동을 강력하게 단속할 방침을 정한 것이다.

한국에서의 이러한 통일논쟁이 학생층의 사이에서 일어난 것은 중요하다. 4월혁명이 주로 학생들의 젊은 에너지에 의해 달성되었기 때문에, 이후 정치정세에서 점하는 학생층의 의향과 발언력은 결코 무시할 수 없다. 물론 학생이라고 해도 전부가 정치운동에 투신하고 있는 것은 아니고, 조용히 공부해야 한다고 생각하는 학생의 수가 많다. 그러나 한국이 처해온 과거의 역사와 불합리한 현상을 진지하게 생각할 때, 젊은 학생층이 '기성세대'에 반발해서 어떻게든 활로를 찾고자 하는 것은 당연하다. 조선전란(朝鮮戰亂) 당시나 그 이전의 많은 경험에서 공산주의의 위협을 설명하면서 학생들을 억눌렀지만 이제 와서는 그런 설득만으로는 수습할 수 없는 것이 오늘의 정세인 것이다.

이러한 움직임이 미국 대통령 선거의 결과와 관련을 가지는 것은 쉽게 상상된다. 이미 신문의 논설 등에서는 미국의 극동정책이 언젠가는 변해갈 것이라고 하면서, 한국의 이에 대한 대책 수립을 강력히 주장하는 목소리가 일어났다. 또한 그 가운데에는 소련이 조선의 군사적 중립화에 의한 남북통일을 제창하고 있는 것은 아닌가 하는 예측기사도 나오게 되었다. 대통령 선거의 결과가 판명된 10일에는 즉시 부산시내에서 학생들이 중립화운동으로 움직이기 시작했다는 이야기도 흘러나왔다.

이러한 정세에 대해 11일의 어느 신문논설에서는 "미국의 대한정책이 앞으로 일본, 한국의 비핵무장론과 중립화통일안으로 변한다면 이것은 실로 중요한 문제이다. 그러므로 한국은 과거의 이승만(李承晩) 정권과 같은 반공일변도의 정책이 아니라, 국민여론을 선도해 통일의 실현을 촉진시키는 구체적인 방책을 제시하고, 외교적으로 기선을 제압하는 것이 타당하다. 그 구체적인 일례로서 한국의 중립화보장책으로 만주와 연해주의 비무장지대 요구 등은 자유세계에게 큰 이익이 될 것이다"라는 흥미로운 제안을 하고 있다.

학생운동이라 해도 이론적으로는 얼마나 깊은 연구가 이루어지고 있는가라고 하면 다분히 의문이다. 또한 같은 학생 사이에서 중립론에 반대하는 움직임도 있다. 그러나 특히 학생의 움직임을 무시할 수 없는 한국에서 중립화논쟁이 지금까지 급속히 발전하고 있는 것은 주목해야 할 것이다. 실제문제로서는 중립에 의한 통일의 가능성은 한국 내부보다는 오히려 국제정세의 추이에 따라 정해질 문제일지도 모른다. 그러나 적어도 앞으로 이 문제가 한국의 국내정치를 흔드는 커다란 요소가 된 것은 틀림없을 것이다. 반공을 강한 국시로 하는 한국 내에서도 이러한 새로운 움직임이 자라났다는 의의는 결코 작은 것이 아니다.

1960년 11월 17일(1면)

21일, 한국으로 송환 - 불법입국 246명

외무성이 16일 밝힌 바에 따르면, 정부는 오무라(大村)수용소의 불법입국 한국인 246명을 21일 오무라 출항의 간사이키센(関西汽船) '산스이마루(山水丸)'로 한국으로 송환한다. 부산 도착은 22일 아침 예정.

1960년 11월 19일(11면)

한국 정계 충격
- 장경근(張暻根) 전 내무부장관, 중형 걱정한 도망인가

〈경성=마사키(真崎) 특파원 18일발〉 장경근 씨가 일본에서 체포되었다는 소식은 18일 한국의 석간 마감 즈음에 전해졌고, 각 신문사에서는 최종판을 새로 만들어 보도하면서, 이를 시내 게시판에 내붙였다. 또한 경성(京城)의 방송국에서도 일본의 NHK방송을 인용하여 이날 밤의 톱뉴스로 전했고, 다방이나 거리에서는 "역시 일본으로 갔구나"라는 표정으로 열심히 뉴스에 귀를 기울였다. 장경근 씨는 이승만(李承晩)정권 아래에서는 내무부장관을 지냈고, 자유당의 정책위원장으로 활약했다. 특히 이(승만) 정권의 각종 정책입안에 참가한 거물 중 한 사람이었다. 4월혁명 이후에는 반민주행위의 원흉의 한 사람으로 지난 5월 23일 경성지검에 체포되었다.

이후 당뇨병을 이유로 7월 16일, 보석금 300만환을 내고 석방을 허락받았고, 8월 8일 경성국립대학병원에 입원, 치료 중이었다.

지난 13일 밤 6시경, 간호하고 있던 부인과 함께 병실을 빠져나가, 가지고 있던 자동차로 어디론가 모습을 감춰 큰 문제가 되었다. 한국정부 당국은 사태를 중시하고 경찰력을 동원해 수사하는 한편, 해공군에도 지시하여 해안선을 감시하는 등 대책을 취했지만, 어디로 갔는지 알 수 없었고, 정보에 의하면 밀수선으로 일본으로 도주한 것으로 보였다.

한국에서는 현재 4월혁명의 공고화를 도모하기 위해 부정선거 관계자나 반민주행위자, 부정축재자 등을 처벌하는 특별법안과 이를 위한 헌법개정안이 심의되고 있다. 이들 법안은 곧 성립될 예정인데, 이 경우 장 씨도 상당한 중형에 처해질 가능성이 크고, 그는 이것을 두려워해 도주한 것으로 보인다.

한편, 장(張) 씨의 도주는 정계에 큰 충격을 주어, 국회에서는 정부 당국의 책임을 추궁하는 목소리가 컸다. 이 때문에 정부는 현재 보석 중인 다른 거물 피고 몇 명의 보석도 서둘러 취소하고, 재수감하는 등, 기타 보석자도 엄중감시하기로 했다.

◇ 장 씨의 약력: 메이지(明治) 44년(1911년) 5월 출생. 평안북도(북조선) 출신, 49세. 쇼와(昭和) 11년(1936년) 도쿄(東京)대 법학부 졸업. 12년(1937년) 경성지방법원 판사, 20년(1945년) 해방 후 경성지방법원장, 24년(1949년) 내부부차관, 25년(1950년) 국방부차관, 28년(1953년) 일한회담 한국대표, 29년(1954년) 제3대 민의원 의원에 당선, 32년(1957년) 내무부장관, 그해 3월 자유당 정책위원장, 33년(1958년) 2월 제4차 일한회담 대표, 그해 5월 민의원 의원 재선, 34년(1959년) 6월 자유당 정책위원장. 장 씨의 가족은 강만순(姜萬順 · 39) 부인과 전처의 사이에 자녀 5명씩, 전부 10명이고, 경성시 남산동 1가 20의 현 주소에는 아이들 7명이 가정부 1명과 함께 집을 지키고 있다.

신병 처리는 일본의 자유

히토쓰바시대학(一橋大学) 교수 오히라 젠고(大平善梧) 씨(국제법)의 말: 장 씨의 신병의 처리는 완전히 일본 측의 자유라고 생각한다. 장 씨는 한국에서 재판을 받고 있다고 해도, 그것은 이승만 정권에 대한 일종의 쿠데타에 의한 것으로, 넓은 의미의 정치범이라고 할 수 있다. 그리고 정치적 망명자의 보호는 국제법상 일단 인정된다는 원칙이기 때문에, 한국 측에서 신병인도의 청구가 있어도 일본은 그것을 거절할 수 있다.

만약 장 씨가 정치범이 아니라고 해도, 한국과의 사이에는 범죄인 인도조약도 체결되지 않았기 때문에 신병인도의 의무는 없다. 또한 장 씨는 밀입국으로 일본의 법령을 어겼다. 이 점에서 불법입국을 인정할 수 없다고 하여 돌려보내는 것도 일본의 자유다.

1960년 11월 24일(2면)

오늘 회담 재개 - 북조선 귀환자의 증원문제

〈니가타(新潟)〉 일본적십자의 다카기(高木) 사회부장과 북조선적십자의 김주영(金珠榮) 국제부부장은 오늘 24일, 니가타에서 북조선 귀환자의 증원수송문제에 대해 세 번째 협의를 갖는다. 이 회담은 이날 이른 아침 니가타항에 들어온 귀환선 내에서 9시반부터 지난주에 이어 열렸는데, 지금까지 두 차례의 협의에서 일본적십자 측은 현행 귀환자 1주 1회 1000명을 1500명으로 늘리자고 제안했다. 그러나 북조선 측은 1200명 이상이 되면, 돌아간 사람들에게 안정적인 생활을 보장할 수 없다고 거절하면서 "1200명이라면 내년 3월1일부터 실시할 수 있다. 이미 수용시설의 확충에도 착수했다"고 주장했다.

23일 밤 세 번째 회담을 위해 니가타에 도착한 다카기 일본적십자 사회부장은 이번 회담의 전망에 대해 "개인적 견해이지만, 이번 협의가 너무 길어진다면 사실상 신속화의 효과가 없어지므로 서둘러 동의에 이르도록 할 셈이다"라고 말했다.

오늘 협의는 오후부터 일본적십자 현(県) 지부로 장소를 옮겨서 계속된다.

48차 귀환자 수 격감

〈니가타(新潟)〉 25일에 니가타를 출항하는 제48차 북조선 귀환자는 22일부터 23일에 걸쳐 센터로 들어왔는데, 많을 때는 1172명을 기록했던 귀환자가 이번에는 불과 880명에 불과했다. 이것에 대해 23일 다카기(高木) 일본적십자 사회부장은 니가타에서 다음과 같이 말했다.

현재 센터에 들어오는 사람들은 귀환협정의 연장문제가 해결되기 직전에 신청한 사람들로, 불안 때문에 돌아갈 준비가 충분하지 않았기 때문이 아닐까. 그러므로 제49차에서는 더욱 감소할지도 모른다.

1960년 11월 24일 석간(1면)

북조선 귀환의 촉진교섭 타결
- 주(週)당 1200명씩, 실시는 3월 1일부터

일본적십자 양보, 성명을 발표

〈니가타(新潟)〉 북조선귀환의 신속화문제를 협의하는 일본적십자와 북조선적십자의 제3회 회담은 24일 오전 10시부터 이날 니가타에 입항한 귀환선 토볼리스크(Tobolsk)호의 선내에서 재개, 북조선 측은 1주간 1회 1200명이라는 안을 제시했는데, 일본적십자 본사는 오전의 협의 이후, 회담에 출석하고 있는 다카기(高木) 사회부장에게 "신속화에 관한 북조선 측의 성의를 인정하고, 1200명안에 동의해도 좋다"고 지시했다. 이에 따라 오후 1시반, 재개된 협의에서 교섭은 타결, 이날 2시에 "북조선적십자사와 일본적십자사는 귀환협정 제5조 제3항의 규정에 기초해, 수송증가에 대해 협의를 거듭한 결과, 1회의 수송인원을 1200명으로 증가하고, 이것을 1961년 3월 1일부터 실시할 것을 합의하였다"라고 공동코뮤니케를 발표했다.

이날 오전의 협의에서는 지난번 17일 협의 결과, 본국에서 검토해 온 북조선 측이 "신속화의 필요성을 인정하지 않는 우리 쪽에서는 1주 1회 1200명, 내년 3월 1일부터 실시한다는 것이 최대한의 양보였고, 이미 준비를 시작하고 있다"라고 여전히 1200명안을 강하게 주장, 일본적십자 측의 재고려를 촉구했다.

이 때문에 일본적십자의 다카기 사회부장은 불과 10분 정도로 협의를 끝내고, 바로 일본적십자 본사로 연락한 결과 "불만이지만 1200명안에 동의한다"라는 지시를 받았기 때문에, 오후 협의에서는 이 방침으로 임하게 된 것이다.

일본적십자 측은 동의의 이유로 ①일본적십자는 신속화의 실시기일을 내년

4월로 예정했는데, 북조선 측이 3월 1일로 앞당기는 성의있는 제안을 했고 ② 북조선 측에서 수용할 능력이 없는데 무리하게 증원을 한다면 인도주의의 입장에서 내외의 비판을 받을 걱정이 있다는 2가지 점을 들었다.

1960년 11월 25일(2면)

이승만(李承晩) 라인 해결은 곤란
- 일한 예비회담, 연내에는 타진 정도일까

일한 예비회담의 일환으로 설치된 '어업 및 평화라인' 위원회는, 현재까지 2차례밖에 회합을 열지 않았지만, 농림성 수산청의 내부에서는 지금까지 한국 측의 태도나 한국정부 당국자의 일련의 발언 등에서 짐작할 때 평화라인(이승만 라인)의 해결은 곤란할 것이라고 일찍부터 걱정하는 분위기도 나오고 있다.

정부는 이 회의에 임하면서, 일한 양국간의 어업문제의 중심은 '평화라인'이며, 따라서 회담 당초는 일한 양쪽 모두 이 라인의 철폐인지 존치인지에 구애되지 않는 태도를 취하는 것이 서로를 자극하지 않기 위해 필요하므로, 이 점에서 세심하게 신경을 썼다. 어족자원의 보호, 또는 한국어업의 보호라고 하는 한국 측의 입장을 고려하여, 새로운 어업조정구역을 설정할 경우에도, 그것은 '평화라인'을 '대신'하는 것으로 설명하고 있는 것도 그 때문이다.

그런데 한국 측은 지난 16일 일본에 들른 정(일형) 외무부장관이 "'평화라인'에 대한 한국 측의 생각은 지금까지와 다르지 않다"고 기자회견에서 밝힌 것을 비롯하여 장(면) 총리나 김(金溶植: 역자) 외무부차관 등도 여러번에 걸쳐 "원칙적으로는 '평화라인'에서 양보하지 않는다"는 취지의 발언을 한 것으로 외전은 전하고 있다. 더욱이 일본 측은 지난 33년(1958년) 일한 전면회담에서 '평화라인' 내에 금지 · 조정의 두 구역을 설정하는 '잠정어업협정안골자'를 제시한 바 있고, 이에 대해 한국 측은 "토의의 여지가 없다"고 거부한 경위가 있다. 이번에도 한국 측은 먼저 일본 측으로부터 협정안을 제시받고자 하는 의향을 보이고 있다. 그러나 일본 측 특히 수산청으로써는 "재작년의 제안에 대해서 아무런 토의도 하지 않은 현재, 새로운 제안을 할 근거가 없다"라는 분위기가 현재 강하고, 고사카(小坂善太郎: 역자) 외상도 한국 기자단에 대해 "신제안의 생각은 없다"고 말했다. 이 때문에 현재에서는 '어업 및 평화라인'위원회의 진행방법 자체에 대해서도 예상이 되지 않는 상황이다.

수산청에서는 이번 회담이 일한의 국교정상화를 목적으로 열린 것이고, 어업문제의 해결도 단순히 어업적 입장에서뿐만 아니라 오히려 재산청구권 기타 제 문제의 행방에 따라 더욱 좌우될 것으로 보고 있다. 따라서 지금까지의 한국 측의 입장에도 다른 제 문제에 대한 정치적 계산이 포함되어 있는 것이 아닐까 하는 생각도 있어, 수산청은 적어도 이승만 정권 시대의 일한회담 때보다는 상대방의 태도에 탄력성이 있으므로 완전히 희망을 버리지는 않고 있다.

그러나 지금으로써는 조급히 신 협정에 대한 실질적 토의로 들어가는 것은 곤란하고, 연내에는 우선 서로 상대의 진의를 타진하는 정도로 그친다는 것이 수산청의 예상이다.

1960년 11월 26일 석간(1면)

한국, 진전을 기대 - 일한 예비회담, 일본의 태도 기다린다

재산청구권에 주목

〈경성=마사키(真崎) 특파원 25일발〉 일본의 총선거가 끝난 것을 계기로 한국정부를 비롯해 각계에서는 일한 예비회담의 진전을 강하게 기대하는 목소리가 높다. 한국 측은 지금까지 선거 전이라는 일본의 특수사정을 고려, 비교적 유연한 태도로 회담에 임해왔다. 그러나 이제부터는 일본 측이 '성의'를 보이며, 현안해결의 구체적 교섭에 들어가도록 노력해야 한다. 이것이 지금 현지의 일반적인 주장이다.

앞서 업무협의를 위해 귀국했던 엄요섭(嚴堯燮) 주일공사는 24일 도쿄(東京)로 귀임, 바꾸어 유진오(俞鎭午) 수석대표가 귀국, 한국정부는 교섭 본격화에 대비하여 이번에 대표와 전문위원의 보강을 결정했는데, 유(兪) 대표의 귀국보고를 기다려, 앞으로의 회의에 임할 구체안을 정하게 될 것으로 보인다. 지금까지 외무부 당국이나 정부관계자가 밝히기로는 이번의 회담에서 한국 측이 가장 중시하고 있는 것은 재산청구권문제인 듯하다. 지난번 위원회에서 한국 측은 8항목의 제안을 했는데, 이에 대한 일본 측의 회답을 큰 관심을 가지고 기다리고 있다. 한국 측의 생각으로는 지금까지 한국은 가능한 한 성의를 보였다. 억류일본인선원의 석방, 평화라인(이승만 라인) 침범의 사실상 묵인 등이 이를 보여주고 있다. 북조선 귀환의 연장에 대해서도, 특히 보복조치를 취하지 않고 있다. 이러한 것들은 모두 일본의 선거를 고려한 한국 측의 '성의'였다고 한다. 그렇기 때문에 이에 대해 이번에는 일본 측이 보답해야 하며, 그것은 재산청구권문제에 있어 어떠한 해결의 자세를 보일지에 걸려 있다는 것이다.

한국 측은 특히 그중에 선박반환청구를 중시하고 있다. 일본 측이 종래대로 이 요구를 인정하지 않고 선박증여의 형태로 대신하자고 한다면, 오히려 한국의 태도는 경직될 것으로 보인다. 적어도 이 문제의 법적 근거를 일본 측이 인정할 것을 매우 중요한 조건으로 내걸고 있다고 할 수 있다. 이에 비해서 문화재, 일반청구권 문제에서는 해결이 빠를 것으로 낙관하고 있다. 일반청구권에서는 과거와 같이 '조선병합 당시로 거슬러 올라간다'는 주장은 가지고 있지 않다. 기껏해야 '대동아전쟁' 발발 당시부터라는 생각인 듯하다.

일본 측에 있어서 중요시되는 어업문제에서, 한국 측은 반드시 평화라인을 고집할 생각은 없다고 보아도 좋을 것 같다. 타협안으로 '양국의 어민의 이익을 가져올' 제안을 일본 측이 제시한다면, 한국 측은 이것을 받아들일 생각을 가지고 있다고 해도 좋을 것이다. 앞서 김(金溶植: 역자) 외무부차관은 "어업문제의 해결이 재산청구권문제의 선행조건이 될 수는 없다"고 말했다. 그러나 이것은 현지의 관계자의 사이에서도 "어업과 재산권이 동시에 해결되어야 한다"라는 일본 측의 주장을 거부하는 것은 아니라고 하고 있다. 다만, 이 경우에도 한국 측에서 어업문제와 평화라인에서 양보를 얻어내는 것은 전혀 생각하고 있지 않다. 한국 측이 일본 측의 제안을 기다린다는 태도는 변하지 않은 듯하다.

재일한국인의 법적지위문제에서도 한국 측은 해결이 빠를 것으로 보고 있다. 또한 북조선 귀환협정의 연장에 대해서 한국 측으로써는 손 쓸 도리가 없는 것이 실정이다.

1960년 11월 27일(2면)

법적지위 문제(?) - 예비회담에서 합의, 정(鄭) 장관 언급

〈경성=마사키(真崎) 특파원 26일발〉 정(일형) 한국 외무부장관은 26일 한국 기자단과의 회견에서 일한관계, 남북교류 등 한국정부가 당면한 제문제에 대해 정부의 견해를 밝혔다. 이 회견에서 정 장관은 평화선(이승만 라인) 수역의 어족 조사에 대해서는 '노 코멘트'라고 답하고, 또한 전날 야당의 양(梁) 의원이 언급한 '일본정부로부터의 7억 달러 대한 경제원조 제안'의 건에 대해서는 일단 공식적으로는 "사실무근이다"라고 부정했지만, 기자단의 추궁에 괴로워하는 모습이었다. 정 장관의 기자회견의 내용은 다음과 같다.

▷ 일본의 총선거 결과, 다시 이케다(池田勇人: 역자) 내각이 정권을 유지하게 되어, 현안의 한일문제의 해결에 대해서는 낙관하고 있다. 지난 1개월에 걸친 예비회담에서 하나의 큰 문제에서 양쪽의 합의를 이루었다(이 문제의 내용은 밝히지 않았지만 소식통에 의하면 재일한국인의 법적지위에 관한 문제로 보인다).

▷ 남북교류문제에 관해서는 반공과 교역은 분리해야만 하지만, 현재의 실정에서는 불가능하다. 그러나 북한동포에게 확실히 전달된다는 확신이 있다면 쌀, 면포 등의 생활필수품을 원조할 용의가 있다.

▷ 북한에 대한 선전강화를 위해 각 정보기관의 책임자회의를 소집해, 의견을 모아 구체책을 세우겠다. 또한 지금까지 북한으로 연행된 사람의 송환, 남북의 서신교환 등은 현재 국제적십자를 통해 교섭중이다.

▷ 장경근(張暻根)의 신병 인도는 요구중인데, 일본정부는 2, 3개월 이내로 법무성의 조사를 끝내고 결론을 내릴 것으로 생각한다.

1960년 11월 28일(1면)

일한회담 초점, 북조선과의 관련 – 현안은 내년으로 미뤄지나?

10월 25일부터 시작된 제5차 일한 예비회담은 이달 중순부터 이승만(李承晩) 라인, 재산청구권 등 개개의 현안별로 실질적인 토의에 들어갔는데, 지금까지의 상황을 보면, 연내에 큰 진전은 예상하기 어렵고, 어떤 현안이라도 내년 1월부터 예정된 본회의에 그대로 넘어가게 될 것이다. 회의의 최종목표인 일한 양국의 국교정상화에 도달하기까지는, 예비회담에서 본회담에 이르기까지의 양국 사무당국 간의 기술적 절충과는 별도로, 몇 가지 면에서 정치적 해결을 해야 할 필요가 있는 것으로 보이는데, 이 경우 일한 사이에서 현안이 해결되더라도 장래에 북조선과의 관련을 어떻게 해야 하는지의 문제가 최대 초점으로 부상하게 될 것으로 보인다.

현재 진행되고 있는 예비회담에서는 (1)이승만 라인 및 이 수역에서의 어업 문제의 처리 (2)한국의 선박, 문화재, 기타 일반재산에 관한 대일청구권의 해결 (3)재일한국인의 처우, 국적문제 등 세 가지에 대해서, 두 개의 분과위원회와 세 개의 소위원회를 열어 주로 기술적 검토를 하였으나, 그 가운데 선박, 문화재 등의 재산청구권 문제에 관해서는 일본 측에서 반환할 의무가 있는지의 법률적 논의는 과거 9년간의 일한회담에서 거의 토의되었고, 사실상 남은 문제는 선박, 문화재 등의 반환을 어느 정도의 선에서 결정할지에 대한 정치적 해결밖에 없는 듯하다.

이것에 대해서는 정식 분과위원회와는 별도로 이미 양국 대표에 의한 비공식 회의가 병행하여 열렸는데, 이것이 정치적 해결을 요하는 첫 번째 문제로 봐도 좋을 것이다.

둘째로 개개의 현안을 처리함에 있어서, 한편으로는 회담 전체의 조정이 문제가 될 것이다. 한국의 대일청구권의 해결, 재일한국인의 처우개선이 말하자면 우리나라로부터의 '부담'인 반면, 이승만 라인의 철폐와 이에 따른 일한어업협정의 체결은 한국 측에서 보면 한국의 '부담'으로 된다고 할 수 있는데, 이러한 대립 양상도 양국의 정치적 결단에 맡겨지게 될 것이다.

셋째로 이들 현안을 처리할 때 '북조선과의 관련'이 끊임없이 따라다니게 될 것이다. 한국의 대일청구권문제가 해결된다면 북조선의 대일청구권은 장래에 유보될지 여부, 또한 재일한국인의 처우에 관한 협정을 맺을 경우, 북조선 계의 재일조선인에게도 이것이 적용될지 여부 등의 문제이다. 일한의 국교정상화의 단계에서 이러한 문제는 더욱 단적으로 드러날 것으로 보인다.

종래의 제4차 회담까지는 문제가 여기까지 논의되지 않았기 때문에, 대한교섭의 최대 요점이라고 할 수 있는 남북조선을 둘러싼 문제는 지금까지 표면화되지 않았고, 국내에서도 야당에 의해 정면으로 거론된 적도 거의 없었다. 정부는 이 문제에 대해 남북조선 가운데 같은 자유진영에 있는 한국정부를 '정통정부'로 인정하는 것을 대전제로 하고 있고, 이 기본적 태도는 이번에도 변하지 않는 방침인데, 다만 국교정상화의 단계에서는 예컨대 국부(國府=타이완의 국민당정부: 역자)와의 일화(日華)평화조약과 같이 그 적용을 실제로 그 정부가 지배하고 있는 지역-한국의 경우로 말하면 38도선 이남으로 한정하려는 속셈으로 보인다. 청구권 등의 각 현안에 대해서도 이러한 입장에서 조정을 해보려는 생각으로 보이지만, 한국 측의 이에 대해 어떻게 나올지 하는 점이 문제이며, 결국 다른 문제점들이 이에 영향을 받게 됨에 따라 이 문제를 둘러싼 외교절충이 최대의 초점이 될 것이다.

1960년 11월 29일(2면)

국교정상화에 의욕 - '재산청구권'이 선결, 김(金) 외무부차관 시사

〈경성=마사키(真崎) 특파원 28일발〉 일한 양국의 국교정상화에 대해 한국 측은 지금까지의 기본적인 방침을 일부 바꾸어, 현재 예비회담에서 논의 중인 네 가지 안건 가운데 '하나의 중요한 문제'가 해결되면, 그 단계에서 국교정상화에 응해도 좋다는 생각을 정한 것 같다.

이것은 28일, 외무부에서 이루어진 정(鄭一亨: 역자) 장관, 김(金溶植: 역자) 차관, 유(俞鎭午: 역자) 수석대표 등의 협의에서 확인된 것인 듯, 김 차관의 설명에 의하면 하나의 중요문제라는 것은 지금까지 한국 측이 가장 중시하고 있는 재산청구권 문제를 가리키는 것으로 되고 있다.

이날의 회의 뒤에 유 대표는 "법적지위 문제가 비교적 빨리 합의될 가능성이 많다. 이것만이라도 해결된다면 즉시 서명 발효시키고 싶다" 또한 "평화선 문제에서는 어업협정을 맺어야만 한다는 것은 사실이다. 그러나 한국의 국가적 이해를 해치는 해결책은 있을 수 없다. 재산청구권 문제에서는 일본 측이 경제협력을 아끼지 않는다는 태도로 나오고 있는데, 정부로서는 우선 청구권의 해결이 필요하다. 그러나 문제가 어느 정도 성숙되었을 때에 정치적 회담을 열어 해결하는 방법도 있다"라고 주목되는 의향을 밝혔다.

이후 김 차관은 "원칙적으로는 모든 현안이 일괄 해결되었을 때, 비로소 국교회복이 가능하다. 그러나 하나의 중요문제-재산청구권-이 해결된다면, 국교회복의 가능성은 있다"라고 말했고, 법적지위 문제에서는 "마찬가지로 중요한 문제이지만, 이 문제만으로 국교회복을 서두를 정도는 아니라고 생각한다"라고 말했다.

김 차관과 유 대표의 담화에는 약간의 입장차이가 보였는데, 한국 측이 ①종래의 주장에서 일보 나아가 국교정상화를 서두르는 체제를 굳힌 것 ②재산청구권 문제를 가장 중시하고 있는 것을 분명히 표명한 것 ③법적지위 문제의 협의가 상당히 진척되고 있고, 합의될 것으로 낙관하고 있는 것 ④회담이 마지막 단계에 왔을 때에는 정치적 타협을 도모할 용의가 있다는 것 ⑤어업협정체결의 필요성을 정식으로 인정한 것 등을 시사한 것으로 주목된다.

이렇게 한국 측이 국교정상화와 회담의 촉진에 적극적이 자세를 보이는 것은, 국내의 정세가 이케다(池田勇人: 역자) 내각의 조각을 기다리느라 회담이 진전되지 않고, 총선거에서 예상 이상으로 진출한 사회당이 국교정상화에 비판적이라고 알려져있기 때문에, 앞으로의 회담의 진전을 강하게 추진하려는 의도에서 나온 것으로 보인다.

빨리 궤도로, 정(鄭) 외무부장관 언급

〈RP=도쿄〉 28일 경성(京城)방송에 의하면 정(일형) 외무부장관은 이날, 일한회담에 관해 다음과 같이 말했다.

일한회담에 있어서는 주로 일본 측의 국내사정, 즉 총선거를 앞두고 있었으므로, 일본 측이 결정적 태도를 제시하지 못해 회담의 진행도가 비교적 완만했다. 그러나 자유민주당(=自民党: 역자)이 승리한 이상, 일본 측에서 더욱 구체적 태도가 보일 것으로 기대하고 있고, 회담이 정상 궤도에 오르는 것도 멀지 않았으리라 생각한다.

1960년 12월 3일(2면)

입국을 거부, 방한 경제사절

〈경성=마사키(真崎) 특파원 2일발〉 일한무역협회 회장 단 이노(団伊能) 씨를 단장으로 하는 제1차 방한경제사절단의 입국에 대해 한국 상공부는 2일 맞이할 준비가 아직 충분하지 못하다는 이유로 입국을 허락하지 않기로 방침을 정하고, 이날 아침 외무부로 다음과 같은 의향을 전했다.

동 사절단의 방한은 한국 측의 경제사절단과 교환의 형태로 이루어질 예정이었지만, 한국 측 사절단의 방일이 인선문제 등이 순조롭게 이루어지지 않아 아직 실현되지 않은 점, 더욱이 일한회담의 진행상황과의 문제 등도 얽혀, 현 단계에서의 방한은 시기상조라는 결론을 내리게 되었다.

단 이노 씨의 말: 협회에서도 한국 측에서 맞이할 준비가 되지 않았다는 통보가 있었다. 따라서 한국 경제의 시찰을 목적으로 하는 경제사절단의 파견을 일시 연기하기로 했고, 12, 13일 경 귀국할 방일 한국학생단의 대표에게 이 뜻을 한국 측에 전하도록 부탁했다.

1960년 12월 5일(2면)

한국, 경계심 높아지다

미국의 달러 방어 – 일한관계에의 영향

〈경성=마사키(真崎) 특파원 4일발〉 미국의 달러방어책이 향후 대한 경제원조에 어떤 영향을 미칠지는, 현재 한국 정 · 재계에서 가장 큰 관심사이다. 특히 대한 방위지원비의 일부가 앞으로 경제협력의 이름으로 일본에게 떠맡겨지는 것은 아닐까. 그 때문에 미국으로부터 한국에 불리한 압력이 더해지는 것은 아닐까 - 이러한 불안과 경계가 현재 높아지고 있다. 4일 아침 동아일보가 전한 바에 의하면 정부의 모 고위관료는 "매년 약 2억 달러에 달하는 미국의 대한 경제원조의 일부가 장래 일본이 부담하게 될지도 모른다는 조짐이 서서히 표면화하고 있다. 한국정부로서는 미국의 정책에 순응하여 일본의 경제 원조를 받을지를 결정하게 될 경우, 일본의 경제적 압력 아래에 놓이는 것에 반대하는 국민감정과의 사이에서 매우 큰 시련에 부딪치게 될 것이다"라고 전했다.

이러한 경계와 불안은 최근 맥아더(Douglas MacArthur II) 주일 미대사의 견해로서 "극동 각지의 방위를 위해 미국이 부담하고 있는 비용의 일부를 일본이 공동부담하면 좋다"라는 말언이 전해지면서 한층 자극되고 있는 듯하다.

이러한 미국 측의 의향이 앞으로의 일한회담의 진행에 관련을 가지고 있음은 충분히 생각할 수 있다. 특히 일본 측이 제창하는 경제원조와, 한국이 중시하고 있는 재산청구권 문제와의 관련이 한국에 있어서는 큰 문제가 된다. 한국으로서는 청구권이 해결된 후에 비로소 경제협력의 내용이 검토의 대상이 된다는 기본적 태도를 가지고 있다. 그러나 미국이 일한 양국의 국교회복을 바라고, 일본이 대한 경제원조의 일부를 부담하게 되는 것을 기대하는 이상, 회담의 촉진에 어떤 압력을 가해올지도 모른다. 그리고 일본 측이 경제협력의 구체적 내용을 제시해 올 경우, 교섭이 일본의 페이스에 휘말리게 될 지도 모른다는 우려가 커지고 있다.

그럴 경우, 국민감정이 어떤 반응을 보일지가 현재의 정부당국으로서는 가장 머리 아픈 점이다. 이러한 '바람직하지 않은 경향'이 최근 미국의 달러 방어책에 의해 점점 강해지고 있다는 것이 관계자의 일반적 견해이다.

1960년 12월 9일(2면)

일한, 1월경 본회담 - 고사카 외상, 소신을 표명

고사카(小坂善太郎: 역자) 외상은 8일 첫 각의가 끝난 뒤 기자회견에서 앞으로의 외교방침에 대해 소신을 표명하면서, 기자단의 질문에 답하여, 다음과 같은 점을 밝혔다.

▷ 향후 경제외교의 중요성이 더욱 높아지는데, 일단 몇개 년 계획이라는 목표를 세워 계획적으로 추진하고자 한다.

▷ 미국의 신정권은 내년 1월에 탄생하는데, 현재 일본 측에서 신정권에 대한 사절단을 파견할 계획은 가지고 있지 않다.

▷ 중국대륙과는 당면한 민간의 경제교류를 추진해 간다. 정부가 중국대륙과의 현실적 타개를 위해 중국대륙과 직접 접촉하는 것은, 현재 생각하고 있지 않다.

▷ 일한회담에 있어서는 지금까지의 교섭경과에서 볼 때 발판이 상당히 단단해지고 있는데, 당분간은 현재의 예비회담의 형태로 그대로 추진해 나간다. 내년 1월경에는 예비회담을 본회담의 형태로 전화할 것을 고려하고자 한다.

이케다(池田) 내각 환영, 한국 외무부장관

〈경성=마사키(真崎) 특파원 8일발〉 한국의 정일형(鄭一亨) 외무부장관은 제2차 이케다(池田勇人: 역자) 내각의 성립에 대해서, 8월 저녁 한국 정부의 공식 견해를 다음과 같이 밝혔다.

한국정부는 일본의 총선거의 결과 자민당이 승리를 거두어 제2차 이케다 내각이 성립되고 고사카(小坂善太郎: 역자) 외상이 유임하게 된 것을 환영한다. 앞으로 이 두 사람의 지도자의 노력에 의해 자유진영이 더욱 긴밀한 관계를 강화해 나가기를 희망한다. 또한 한일회담에 있어서도 성심성의로 회담의 성공을 위해 노력해 줄 것을 기대하고 있다.

1960년 12월 12일(1면)

우선 국교정상화 - 일한회담 타개를 위해 외무성 검토?

이승만(李承晩) 라인은 보류

10월 하순부터 시작된 제5차 일한 전면회담 예비회담은 21일에 제3회 본회의를 열고 연내 교섭을 마칠 예정인데, 외무성 관계자는 종래의 교섭경과에서 볼 때 회담의 전망을 비관하는 분위기가 강해지고 있고, 내년 1월부터 본회담 개최를 앞두고 외무성으로서는 중요 현안의 해결을 일부 보류시킨 상태에서의 국교정상화도 검토하는 것으로 보인다.

9월에 이루어졌던 고사카(小坂善太郎: 역자) 외상의 한국 친선방문을 계기로 열리게 된 제5차 일한 전면회담에서는 일한 양국 정부 모두 이승만 라인, 한국 재산청구권, 기타 양국 간의 현안 사항을 전부 해결한 뒤, 기본조약 체결, 대사 교환 등의 국교정상화를 실현할 방침을 가지고, 국교정상화의 시기로서는 내년 4, 5월경으로 한 다는 것이 '암묵적 이해'가 되고 있었다.

이를 위해 예비회담에서는 제4차 회담까지와 마찬가지로, ①기본관계 ②평화라인(이승만 라인) ③한국 재산청구권 ④재일한국인의 법적지위의 네 분과 위원회를 설치하고 문제별로 일한 쌍방의 주장을 협의하는 교섭이 진행되어 왔다.

그러나 현재까지 교섭상황을 보면, 조기타결을 기대할 수 있는 것은 재일한국인의 법적지위 문제와 재산청구권 문제 가운데 문화재 및 선박관계 부분뿐이며, 회담 전체의 초점인 이승만 라인, 일반재산청구권(선박, 문화재를 제외한 일본의 조선통치시대의 예·저금, 증권, 상사재산 등에 대해서 한국이 반환 혹은 보상을 요구하고 있는 것)에 대해서는 교섭이 전혀 진전되고 있지 않다.

오히려 한국정부 관계자는 이승만 라인을 철폐할 생각은 없다는 태도를 굳히고 있고, 한편에서는 재산청구권 문제에서 일본의 양보를 회담 진전을 위한 선결조건으로 하고 있다고 외무성 관계자는 보고 있다. 이 때문에 이승만 라인 문제를 어업조약체결이라는 방향에서 해결하려는 일본 측의 의향도 현재로서는 전혀 가망이 없다.

그러나 외무성 내에서도 이러한 상황을 타개하고, 일한 국교정상화를 실현하기 위해서는 오히려 현안해결을 미뤄두고 국교정상화를 우선으로 하는 방식을 검토해보자는 의견이 나오고 있다. 현재, 유력한 안은 내년 4월을 목표로 일한회담은 재일한국인의 법적지위와 선박, 문화재에 관한 재산청구권 문제의 해결만으로 일단 끝내고, 서울(경성)에 일본 측의 대표부 개설을 한국 측에 허가하도록 해서, 재외공관의 상호교환을 실현한다는 것이다.

이 경우, 기본조약의 체결은 이후 문제가 되는 것으로, 본격적인 국교정상화라고는 할 수 없지만, 상호 대표부를 두고 대 · 공사를 보낸다면 이른바 준국교정상화라고 할 수 있는 만큼, 이승만 라인, 일반재산청구권 문제의 교섭은 이후의 외교교섭의 과제로 남겨두는 것이다.

문제는 이러한 '준국교정상화'에 일한 쌍방의 국내 여론이 어떠한 반응을 보일지, 외무성으로서도 내년 1월부터의 본회담 개최를 앞두고 공식적으로는 기존방침 그대로 신중한 태도로 임할 것이지만, 금주로 예정되어 있는 사와다 렌조(沢田廉三), 유진오(俞鎭午) 일한 쌍방의 수석대표에 의한 비공식회담에서는 현안의 일부를 보류하는 국교정상화 안에 대해서도 타진이 이루어질 것으로 보인다.

1960년 12월 12일(1면)

일본이 6억 달러 원조 제안설, 한국 신문의 보도

〈경성=마사키(真崎) 특파원 11일발〉 한국의 대일재산청구권과 일본의 경제원조의 관계가 최근 현지에서 크게 소문으로 돌고 있는데, 11일 저녁 동아일보는 한국정부의 고위 관계자의 이야기로서 "일본은 한국이 재산청구권을 포기하는 것을 전제로 6억 달러의 자본·기술원조를 제공할 용의가 있다는 뜻을 제시해 왔다"라는 기사를 크게 보도하고 있다. 동 소식통이 밝힌 바로는, 이와 아울러 "일본의 경제원조 제의에 관련해서, 미국이 한국정부에 대해 재산청구권을 포기하고 일본의 원조를 수락하도록 종용하고 있다. 또한 이 건은 정부의 관계 각료 사이에서 비공식으로 검토된 바 있다"고 전해지고 있다.

일본 외무성은 부정

일한 예비회담에서 진행되고 있는 한국재산청구권 교섭에서는 한국 측의 청구물건 전체를 금액으로 평가하는 협의도 없었고, 외무성 관계자는 6억 달러의 자본·기술원조 제공이라는 한국 고위 관계자의 담화는 단순한 추측에 불과한 것이라면서, 11일 사실을 부정했다.

1960년 12월 13일(1면)

정(鄭) 장관도 긍정적으로 시사 - 일본의 경제협력

〈경성=마사키(真崎) 특파원 12일발〉 한국정부 고위관리의 이야기로 "대일재산청구권의 포기를 전제로 일본으로부터 6억 달러의 경제협력을 제안이 있었다"는 신문보도는 12일 이곳에서 관계 분야에서 커다란 반향을 불렀다. 이 기사를 게재한 동아일보는 이날 해당 고위관리의 설명을 덧붙여서 "일본 측으로부터의 원조는 3% 내지 3.5%의 저금리 자금으로 20년간 분할상환에 의한 장기차관 형식이다"라고 제안내용을 밝히면서, "이러한 비공식 제안은 미국의 달러 방어정책과 관련하여 매우 절박한 중대문제로 되고 있다"고 전하고 있다.

이 정부 고위관리는 일반에서 주(朱耀翰: 역자) 상공부장관으로 알려지고 있다. 이 보도에 대하여 12일 정(鄭一亨: 역자) 외무부장관은 공식적으로는 근거 없는 것으로 일단 부정하였다. 그러나 금액, 조건 등의 내용에 대하여는 언급을 피하면서, 일본으로부터 경제협력의 제안이 있었다는 사실에 대하여는 긍정적인 시사를 주었다고 말했다. 또한 현지의 미 대사관에서는 "한국정부가 공식적으로 부정하고 있는 이상, 아무 것도 코멘트할 수 없다"고 논평을 거부했다.

1960년 12월 16일(2면)

1월 25일부터 재개 – 일한 '예비회담' 방식으로

제5차 일한 예비회담은 15일 오후 열린 일본 측의 사와다(沢田廉三: 역자), 한국 측의 유(俞鎭午: 역자) 양 수석대표에 의한 비공식회담의 결과, 연내에는 21일 제3회 본회의에서 토의를 끝내고, 내년 1월 25일부터 재개하기로 했다.

이날 비공식회담은 정오부터 약 2시간에 걸쳐, 도쿄(東京) 고지마치(麹町)의 가유카이칸(霞友会館)에서 열려, 양국 수석대표 외에 일본 측에서 이세키(伊関佑二郎: 역자) 외무성 아시아국장, 한국 측에서 엄(嚴堯燮: 역자) 재일대표부 공사가 출석했다.

우선 10월 하순부터 열린 현재의 예비회담을, 신년 연휴가 끝나는 시기를 기점으로 내년 1월부터 본회담으로 전환하는 것은 어떨까 하는 일본 측 제안을 검토했는데, 한국 측은 "예비회담에서의 현안 토의가 더욱 진전되고, 해결에 대한 전망이 보이면 전환하는 쪽이 좋겠다"고 하여, 결국 한국 측의 경성(京城)으로부터의 훈령을 기다려 정하기로 하였다. 일본 측은 본회담 전환에 구애받을 생각은 없어 보이므로, 결국 한국 측의 의향대로, 당분간은 예비회담의 형식으로 이어지는 것으로 될 전망이다.

이후 회담의 진행방식에 대해서 상당히 깊은 의견을 교환한 것으로 보이는데, 그 결과 당분간은 현안의 전면 해결에 노력한다는 방침에 합의한 외에, 한국 측의 유 대표는 회담의 초점이 되고 있는 어업문제에 관해서 특별히 발언하여, "일한 어업협정의 체결에 의해, 일본 측과 함께 한국 측도 이익을 얻도록 하고자 한다. 이를 위해서는 일본 측에 의한 어업관계의 기술지도, 통조림공장의 건설 등을 고려해주었으면 한다"라고 말했다. 어업문제에 관해서 한국 측이 이러한 발언을 한 것은 처음이라고 전해지고 있다.

1960년 12월 20일 석간(2면)

한국 '2개의 정부' 중시 - 이케다(池田) 발언의 조사를 지시

〈경성=마사키(真崎) 특파원 20일발〉 한국정부는 이케다(池田勇人: 역자) 수상이 19일 중의원에서, 사회당의 질문에 대해 "일본정부는 한국에 2개의 정부가 있다는 인식을 기초로 일한회담에 임하고 있다"라고 답변했다는 보도를 중시하고, 20일 아침 주일대표부에 수상답변의 진의를 조사하여 즉시 보고하도록 긴급지령을 내렸다.

한국 외무부 당국은 20일 아침, 이 보도에 대해 다음과 같은 코멘트를 발표했다.

1. 대한민국은 유엔으로부터 승인된 한국반도에 있어서의 유일한 합법정부이다. 유엔 내부에는 한국에 2개의 정부가 있다는 전제는 없다.
2. 1952년 일한회담의 개시 당시부터 일본은 한국이 유일합법정부라고 인정해서 회담에 임해온 것이다. 이제 와서 이런 2개의 정부가 있다는 인식을 주는 발언은 이해하기 어렵다.

외무부 당국자는 "만약 이케다 발언이 사실이라면, 회담에 미칠 영향은 어떻겠나"라는 질문에 대해 "그것은 아직 언급할 시기가 아니다"라고 답했다.

1960년 12월 22일(1면)

국교정상화 가능하다 - 현안을 일부 보류

일한교섭, 고사카(小坂) 외상이 밝혀

고사카(小坂善太郎: 역자) 외상은 21일 오후 참의원 외무위원회에서 사회당의 모리 모토지로(森元治郎) 씨의 일한문제에 관한 질문에 답하여, "일한회담에서는 양국 간의 현안을 일부 보류하고, 국교회복을 우선할 수도 있다"며 다음과 같이 밝혔다.

일한회담의 최종적 목표는 국교회복인데, 이것은 물론 양국 간의 현안을 전부 해결한 뒤에 하고 싶다. 그러나 양국의 현안에는 해결하기 매우 곤란한 것도 있으므로, 현안 중에 일부를 해결한 시점에서 우선 국교를 회복하고, 그 뒤에 나머지 현안을 해결해 가는 경우도 있을 수 있다는 점을 부정하지 않는다.

1월 25일 재개, 일한예비회담

제5차 일한 예비회담은 21일 오전 11시, 일본 측 사와다(沢田廉三: 역자) 수석대표 일행, 한국 측 유(俞鎭午: 역자) 수석대표 일행이 외무성에 모여, 제3회 본회의를 열었다. 그 결과 본회의 및 각 분과위원회에서의 연내 토의는 이날로 끝내고, 1월 25일부터 재개하는 것으로 합의했다.

유 수석 등 한국 측 대표단은 23일 경성(京城)으로 출국하는데, 회담의 휴회 중에도 외무성과 주일한국대표부의 사이에서 비공식 접촉이 이루어질 전망이다.

"일본, 주장을 철회" - 영해 3해리, 유(兪) 한국대표 발언

〈AP=도쿄〉 유진오 일한교섭 한국수석대표는 21일, 도쿄(東京) 주재 외국인 기자단과 회견의 자리에서, 일본은 머지않아 이승만(李承晩) 라인을 준수할 것을 자발적으로 표명할지도 모른다면서 다음과 같이 말했다.

일본은 어업에 대해서는 3해리 영해설만을 인정한다는 종래의 제안을 철회했다. 우리는 일본의 새로운 제안이 나올 것을 기다리고 있다. 나는 일본 정부가 일본어선이 이승만 라인을 넘어서 조업하는 것을 자발적으로 금지시킬 것을 기대한다.

이승만 라인, 수락 않는다, 외무성 관계자 발언

일한회담의 한국 측 수석대표 유진오 씨가 21일 도쿄 주재 외국인 기자와의 회견에서 "일본 측은 이승만 라인을 받아들일 것이다"라고 말했다는 보도에 대해서, 외무성 관계자는 놀라고 있다. 일본 측으로서는 이승만 라인은 국제법상 인정할 수 없다는 입장을 현재에도 견지하고 있으며, 알려진 유 대표의 발언은 완전히 의외이며 '이승만 라인 보류에 의한 국교회복' 방식의 문제와 관련된 일종의 오해로 관측하고 있다.

1960년 12월 24일 석간(1면)

사실로 인정하고 정상화 - 일한문제, 수상·외상 발언의 의미

일한 국교정상화 문제를 둘러싼 특별 국회에서의 외교논의에서, 이케다(池田勇人: 역자) 수상, 고사카(小坂善太郎: 역자) 외상은 각각 "38도선 이북을 사실상 지배하고 있는 정권의 존재를 염두에 두고 있다"라는 취지의 발언을 했는데, 외무성 관계자에 의하면, 이것은 한국에 대해 '유엔결의에 기초한 합법정부'라는 지위를 인정하면서도, 그 반면에 한국이 사실상은 남조선만을 시정범위로 하고 있다는 점을 명확하게 한다는 입장에서 국교정상화를 추진한다는 정부의 기본방침을 보여주는 것인 듯하다.

수상 및 외상의 발언에 대해 한국 측은 "2개의 한국정부의 존재를 인정하는 것"이라고 강하게 반발하고 있는데, 정부로서는 남북조선의 분열이라는 현실에 입각해서 일한 국교정상화를 추진한다는 방침은 어디까지나 변함없는 생각이고, 외무성도 내년 1월 하순부터 재개될 일한 예비회담에서의 현안해결, 국교정상화를 위한 기본조약의 검토에 있어서도, 이러한 입장에서 한국 측과 교섭을 진행할 방침이다.

일한 국교정상화는 남북조선 문제와 관련하여 다음 통상국회에서는 더욱 논전이 활발화되리라 예상되는데, 정부로서는 북조선정부를 배제한 한국과만의 국교정상화의 타당성을 1948년의 제3회 유엔총회에서 선택된 '조선독립 문제에 관한 결의'에서 찾고 있다. 이 결의에는 '대한민국 정부는, 조선의 대다수의 인민이 거주하는 지역에서 이루어진 자유선거의 결과로서 수립된 유일한 합법정부이다'라는 취지가 적시되어 있고, 이 결의 이후 조선문제에 관한 유엔의 각종 보고류는 북조선정부에 대해서는 '정부'라고 부르는 것을 피하고 북조선을 지배하는 오소리티(authority · 권위있는 당국)이라는 표현을 쓰고 있다.

그러나 이 유엔결의도 북조선정부를 '비합법'이라고 단정하지 않고, 실제문제로서도 북조선귀환의 실시 등 사실상 일본과 북조선 간의 관계도 있기 때문에, 정부로서는 한국정부가 '유엔결의에 의한 합법정부이다'라는 것은 인정하면서도, 한국정부의 '조선반도 전 주민을 대표하는 것이다'라는 '정통성'의 주장은 인정하고 싶지 않은 생각이다.

따라서 이승만 라인 문제와 함께 일한 예비회담의 최대 안건인 재산청구권 문제에 대해서도 외무성은 일본 측의 한국에 대한 재산청구권의 포기(32년(1957년)에 방기했다)는 북조선 구역에는 관계가 없고, 또한 한국으로부터의 일본에 대한 재산청구권의 처리도 남조선에 한정되는 것이라는 견해를 취하고 있다.

또한 재일한국인의 법적지위 문제에서도, 일한 국교정상화에 있어서 재일한국인 전부에게 한국국적을 강요하는 것은 피하고, 본인의 자유의지에 의해 희망하는 자만을 한국국적으로 할 방향으로 해결하고자 하고 있다.

1960년 12월 25일(1면)

내일 유(柳) 전 한국대사에게 통고 – '정치망명' 불허

출국준비에 1개월 유예

외무, 법무성 당국은 26일로 여권의 유효기간이 끝나는 전 한국 주일대표부 대사 유태하(柳泰夏) 씨에 대해, 정치망명자로서 향후에도 계속해서 일본 체류를 인정할지를 검토했는데, 최근 "체류연장은 불허한다. 그러나, 제3국으로의 출국준비기간으로 1개월의 특별체재를 인정한다"는 조치를 취하기로 결정하고, 26일 유 씨에게 통고하기로 하였다.

이승만(李承晩) 씨 직계로 알려진 유 씨는 한국의 4월 혁명 결과 입장이 난처해져서 4월 27일에 사표를 제출했는데, 그는 한국으로 귀국할 경우 책임추궁을 우려하여 일본 체재의 허가를 요청했으나, 당시에는 일본 측으로서도 특별히 거부할 이유가 없었기 때문에 '재연장은 안 된다'는 조건으로 12월 26일까지 체재허가 조치를 했다.

그런데 6월 중순 경부터 한국 내에서 부정축재자 추궁의 여론이 높아졌고, 한국정부는 일본정부에 대해 유 씨의 신병을 정식으로 요구해 왔다.

이 때문에 외무·법무 당국에서는 그로부터 '정치망명'으로 체재기간 재연장의 신청이 있을 경우의 처리방식을 연구하기 시작했는데, 그의 경우는 반드시 순수한 정치망명이라고 하기 어렵고, 또한 일한관계가 미묘한 단계에 있는 현재, 한국 여론을 무시하고 '숨겨', 전후 최초로 정치망명의 사례를 만들 만한 가치가 있는가의 여부, 그리고 그의 경우를 망명으로 인정하면 장경근(張暻根) 씨 등 유사한 케이스의 망명요청을 거부할 수 없게 되는 – 등의 점에서 그 처리에 고심한 결과, 가능하면 원만하게 출국할 것을, 유 씨의 지인들을 통해 제3국으로 출국하도록 권장하고 있었다.

한편 유 씨는 당초 일본체류를 강하게 희망하고 있다고 알려졌으나, 최근 갑자기 "미국으로 간다"라는 의사표시가 있었기 때문에, 일본 측으로서도 이것을 환영하여 '원만출국'의 방향으로 결말짓게 된 것이다.

그가 갑자기 출국하기로 결정한 이유는 분명하지 않지만, 일본의 국내여론이 유 씨에 대해서는 반드시 호의적이지 않은 점, 북조선계의 조선총련(朝鮮総連)이 '유 씨의 본국 강제송환요구'의 성명을 냈고, 한국계의 대한민국거류민단에서도 협박이 있는 등, 불안 요소가 많은 것을 고려했기 때문으로 보인다.

현재 그에 대한 미국 측의 입국허가는 아직 나지 않았는데, 관계 당국의 말로는, 유 씨는 미국이 받아들이지 않는 경우에 대비해서 홍콩으로 입국허가를 취하고 있다고 알려졌다.

1960년 12월 28일(1면)

10일경 한국에 제시 –'법적지위'의 일본 측 요강

제5차 일한 예비회담은 연말연시 휴가 이후, 1월 25일에 재개될 예정인데, 정부는 이 회담 재개와 함께 우선 재일한국인의 법적지위에 관한 문제를 가능한 한 빨리 타결시켜, 이것을 '마중물'로 이후 회담의 급속한 진전을 도모할 의향을 굳혔다. 이 방침에 기초해서 일한회담의 일본측 대표인 이세키(伊関佑二郎: 역자) 외무성 아시아국장, 나카가와(中川融: 역자) 동 조약국장, 다카세(高瀬侍郎: 역자) 법무성 입국관리국장, 히라가(平賀健太: 역자) 동 민사(民事)국장 등은 27일 오전 외무성에서 향후 방안을 협의했다.

그 결과 재일한국인의 법적지위에 관한 협정에 대한 일본 측의 입장을 조속히 정리하여, 회담의 휴회 중, 가능하면 다음달 10일경을 목표로 한국 측에 제시할 일본 측 요강의 방침을 정했다.

일본 측이 제안을 준비하고 있는 협정안 요강은 (1)영주허가 (2)강제퇴거 (3)처우의 3가지를 중심으로 이루어졌고, 처우 항목에서는 재일한국인에 대하여 일본인에 준하는 생활보호, 업무교육, 한국으로 가지고 갈 수 있는 재산·송금 등의 세목을 결정하기로 했다.

이러한 현안을 둘러싼 교섭은 제4차 회담 이래, 재일한국인의 법적지위에 관한 위원회에서 이루어졌고, 양쪽 모두 상당히 접근하였는데, 앞으로는 성문화된 일본 측 요강을 기초로 '영주허가를 부여하는 범위' 등 아직 양쪽의 쟁점으로 남아 있는 문제에 대해서 한층 절충이 계속될 것으로 보인다.

1960년 12월 28일(1면)

일본, 토의에 응하나? - 재개(再開) 일한회담에서 재산청구권 문제

〈경성=마사키(真崎) 특파원 27일발〉 일한회담의 중요현안인 대일재산청구권 문제는 일전 귀국한 유진오(俞鎭午) 수석대표에 의하면, 내년 1월 25일부터 재개되는 예비회담에서 일본 측이 이 문제의 토의에 응할 것이라고 전해지고 있다. 현지의 동아일보는 이에 관해, 27일 한국 외무부의 모 고위관료 말을 통해, 일본 측은 한국인 피징용자에 대한 미지급 임금, 한국인의 우편저금 및 종전 직후 태워버려진 일본은행권, 국채, 공채 등의 반환에 합의할 가능성이 높아졌다고 보도하였다.

이 신문에 의하면 제2차 대전 중 피징용자에 대한 미지급 임금은 종전 당시에 엔화로 3억 5000만 엔으로 이것에 대해서는 일본 측은 이미 그 반환에 동의했다. 그 외에 일본은행권은 15억 엔, 국채 · 공채 등으로 한국이 반환을 요구하고 있는 것은 총액 약 47억 엔에 달한다. 또한 종전과 동시에 당시 조선은행에서 일본으로 반출된 6억 엔분의 금 · 은괴가 있고, 여기에 대해서는 15억 엔에서 6억 엔을 상쇄하는 대신에 금 · 은괴의 현물반환을 주장하고 있다고 전하고 있다.

다만 문제는 종전 당시 엔 가치와 미국 달러의 환산율을 얼마로 하느냐이다. 종전 직후 실제 비율은 7대1 또는 10대1이었는데, 만약 7대1을 적용하더라도 미지급 임금 3억5000만 엔은 5000만 달러, 현재 가치로 180억 엔에 해당하는 것이 된다. 따라서 재산청구권의 내용과 함께 환산율 문제가 이후 교섭에서 중요한 테마가 될 것이라고 지적하고 있다. 한편, 재산청구권의 구체적 내용이 일반에게 보도된 것은 이것이 처음이다.

1960년 12월 29일(3면)

대일 국교회복 반대 17.7% - 한국정부가 여론조사

〈경성=마사키(真崎) 특파원 28일발〉 한국 국무원 사무소(사무처의 오기: 역자)는 28일, 앞서 실시한 국민여론조사 결과를 공표했다. 여론조사라고 해도 일종의 앙케이트 조사인데, 전국에서 추출한 3천명에게 37항목에 걸친 질문서를 보내어 회답을 받았다. 회답자는 2393명. 주요한 회답은 다음과 같다.

▷ 대일국교회복=반대 17.7%, 시기가 너무 이르다 24.6%, 즉시 국교개시 18.5%, 모름 38.9%, 무응답 0.3%

▷ 통일방법=북진통일 6%, 중립화 5.3%, 유엔 감시 하 남북총선거 19%, 중립국 감시 하 남북총선거 3.1%, 유엔 감시 하 북한만 총선거 4.4%, 남북연방제 0.3%, 기타 0.8%, 모름 61.6%

▷ 최근의 데모=지겹다 36.6%, 지겹지 않다 18.8%, 모름 44.2%, 무응답 0.4%

▷ 최근 학생의 동향=조금 지나치다 28.2%, 잘하고 있다 27%, 모름 44.7%, 무응답 0.1%

▷생활상태=혁명 전보다 나쁘다 14.5%, 같다 73.1%, 혁명 전보다 좋다 11.7%, 무응답 0.7%

1960년 12월 31(1면)

재산청구권에 유연함 - 한국, 일한회담의 전망 낙관

〈경성=마사키(真崎) 특파원 29일발〉 일한회담의 전망에 대해 한국 측에서는 현재 낙관적인 견해가 강하다. 그것은 일본 측이 1월 25일부터 재개될 예비회담에서 재산청구권 문제의 토의에 응하기로 약속한 것이 직접적인 계기이다. 이번 회담에서 논의가 과열되기는 했지만, 양쪽이 합의에 도달하는 것은 틀림없다고 한국 측에서는 확신하고 있는 것 같다. 이것은 바꿔 말하면 한국 측에서 가장 중시하고 있는 재산청구권 문제에서 반드시 전부 요구한다는 생각이 아니라, 상당히 유연한 태도로 임할 의향으로 풀이된다.

한국 외무부 당국은 앞서 귀국한 유진오(俞鎭午) 수석대표 등의 말을 종합하면, 지금까지의 예비회담, 문화위원회의 토의에서 선박, 문화재의 반환문제는 상당히 협의가 진전되어 조기에 해결될 수 있다는 예상이 강하다고 전해지고 있다. 재일한국인의 처우, 법적지위 문제의 해결도 비슷한 것으로 전해져서, 한국 측에서는 이번 휴회 중에 일본 측으로부터 구체적인 제안이 있을 것으로 기대하고 있다.

어업 및 평화선 문제에서는 일본 측에서 합리적인 제안이 있다면 성의를 가지고 검토하겠다고 말하여, 한국 측이 평화선(이승만 라인)에 대한 태도를 바꿀 의향을 가지고 있는 것이 확실하다. 다만 이 문제는 한국이 일방적으로 양보한다는 것이 아니라, 새로운 어업협정과 그 운용을 통해 일한 쌍방의 어민이 이익을 얻도록 하려고 한다. 이를 위해서는 일본의 협력으로 어업기술이나 어업시설의 근대화를 도모하고자 하는 것으로 일려졌다..

이러한 취지를 국내 여론, 특히 관계 어민에게 납득시킬 필요가 있기 때문에, 완전한 해결까지는 약간의 시일이 걸릴 것으로 보인다. 따라서 유(俞) 대표의 개인적 견해로서는, 만약 어업문제만을 분리하여 별개 회담으로 하는 것이 가능하다면, 회담 자체는 상당히 촉진될 수 있을 것이라고 말하고 있다.

가장 문제가 되는 일반청구권은, 한국 측의 주장으로는 새로운 요구가 아니라, 독립에 따른 자연스러운 청산관계이다. 따라서 이것을 애매하게 한 상태로는 국교를 회복하더라도 의미가 없다. 그러나 여덟 항목에 걸친 요구를 전부 만족할 수 있는 형태를 취하지 않더라도, 적어도 국민여론이 납득할 수 있는 수준에서 해결이 가능하다면, 정치적인 타협을 도모할 용의는 있다고 한다.

재산청구권과 밀접한 관계가 있는 일본으로부터의 경제협력에 대해서, 한국 측은 일단 형식적으로는 별개로 하고 있지만, 실세로는 서로 큰 관계가 있다는 것을 부정하지 않는다. 그러므로 청구권의 포기라고 하는 것이 전제가 된다면 경제협력은 전혀 문제가 되지 않지만, 청구권이 어느 정도 인정된다면, 일본의 협력을 받아서 한국경제의 향상에 기여하도록 한다는 생각은 강하다.

이 건에서는 이미 일본 측으로부터 비공식적 의향타진이 있었다고 하며, 한국정부 당국에서도 구체적인 검토를 시작한 것 같다.

이러한 문제의 해결에는 앞으로 상당한 시일이 걸릴지 모르나, 회담의 전반에 걸쳐 본질적으로 해결을 방해하는 요소는 보이지 않는다. 특히 일본이 청구권의 토의에 응하게 된 이상 더욱 그렇다.

1960년 12월 31일(3면)

한국 정국의 총결산
- 수습되지 않은 사회 불안, 곤란한 '경제자립체제'

〈경성=마사키(真崎) 특파원〉 1960년은 한국에게 격동의 해였다. '4월혁명'으로 이승만(李承晩) 정권이 붕괴된 뒤 허정(許政) 잠정내각을 거쳐, 지난 8월 내각책임제에 의한 장면(張勉) 내각이 성립했다. 그로부터 약 4개월, 한국의 국내정국에서는, 어떤 변화와 어떤 성과가 나타났는가? 한 마디로 말하면 민권이 신장한 외에는 아무런 보이는 성과 없이 중요문제의 해결은 모두 새해로 넘겨졌다고 해도 좋을 것이다.

국정의 근본이 되는 신년도 예산만큼은 가까스로 연말인 28일에 성립되었다. 그러나 혁명의 뒤처리라고 할 수 있는 특별입법은 일부가 성립했을 뿐, 중요한 법은 모두 해를 넘길 가능성이 높다. 경제계는 불경기로 산업활동은 부진하고, 인플레이션의 증진, 전력사정의 악화, 농촌의 피폐, 사회불안의 격증 등 전반에 걸쳐 지난 정권시대보다 오히려 악화되었다고 지적하는 사람까지도 있을 정도다.

그 가운데서도 사회불안은 혁명 이후 8개월이나 지났는데도 수습되지 않았다. 최근에도 데모, 난투, 신문사 습격사건 외에, 장경근(張暻根) 씨 도주사건, 여객선에 의한 집단탈출 미수사건 등, 정치의 약체화를 보여주는 중요사건이 잇따랐다. 지난달부터 연속적으로 치러지고 있는 각종 지방선거에서도 국민의 관심은 매우 저조하다고 한다. 더욱이 여기에 더해서 남북의 교류, 통일을 둘러싼 논의가 강하게 일어나고 있지만, 여기에 대해서 정부는 적절한 대책과 방침을 가지고 있지 못한 실정이다.

이러한 현상에 대해서 국민 사이에서는 장면 내각이나 현재 정치에 기대는 커녕 불만을 가진 자가 많다. 최근 지방선거에서도 무소속 의원의 당선이 많은데, 여기에서도 정당정치에 대한 국민의 불신이 엿보인다. 그 중에는 민주정치의 미숙을 지적하며 한국의 현상에서는, 내각책임제, 양원제도, 완전한 지방자치 등은 모두가 시기상조가 아닐까라고 비판하는 사람들조차도 있다. 특히 장면 총리를 비롯하여 현 정부각료에 대한 야당의 공세는 강하고, 국회에서는 사사건건 정부당국의 책임을 추궁하고, 각료의 사임을 요구하는 일이 되풀이되고 있다.

이러한 가운데 장면 내각은 일단 '경제제일주의'라는 원칙을 내걸고, 신생 제2공화국으로서의 청사진을 준비하고 있다. 그러나 그것을 실현할 만큼 기초가 확고하지 않기 때문에, 아직 새로운 시책에 손을 댈 수 없는 어려운 입장에서 있다.

야당의 공세에 대해서도 지금은 준비하는 시기이므로, 당분간은 시간을 달라고 하고 있다. 분명히 신정부 수립 이후, 불과 4개월만에 신년도예산을 짜고, 헌법개정과 그에 따른 혁명특별입법을 준비했기 때문에 그만큼 힘에 부친 것은 분명할 것이다.

특히 모든 것의 기초가 되는 경제문제가 하루아침에 호전될 수 없는 것을 생각하면 누가 정권을 잡더라도 용이하게 문제를 해결하는 것은 기대하기 어렵다. 유식자는 이 점을 생각해서 현 정권에 조급한 결론을 내려서는 안 된다고 말한다. 그렇다면 언제 사태는 좋아질지, 언제까지 기다려야 하는지라는 점에는, 누구라도 답하기 어려운 것이다.

이러한 너무나도 복잡하며 곤란한 한국의 국내정세는 과연 어디에서 기인하는 것일까? 일반적으로는 이승만 정권 시대의 오랜 악폐의 누적에 있다고 말하고 있다.

그러나 보다 근본적으로는 한국의 실력 이상으로 부과된 군사적 짐이 있다. 그리고 이에 대한 미국의 원조가 반드시 충분한 효과를 발휘하고 있지 않고, 지금까지의 국내정치가 국민생활의 희생 위에 이루어져 왔다는 점에 큰 문제가 있다. 그러므로 '혁명'으로 정권 담당자가 바뀐 것만으로는 본질적으로 어떤 변화도 없고, 또한 그 '혁명'의 뒤처리마저도 아직 충분히 이루어지지 않았다고 한다면 지금의 사태도 오히려 무리는 아니다.

특히 4월혁명이 '혁명'이라고 불리고 있지만, 실제적으로는 과연 '혁명'이라고 불릴만한 것인가는 다분히 의문이며, 여기에도 큰 문제가 있는 것이다. 여당인 민주당, 야당인 신민당이라고 해도 구정권시대의 자유당과 본질적으로는 큰 차이는 없고, 헌법개정과 혁명특별입법이라 해도 데모와 여론의 힘에 밀려 겨우 세상의 빛을 보게 된 것이다. 또한 경제면에서는 기댈 곳이었던 미국의 원조가 점차 합리화되고, 더욱이 최근의 달러방어책이 점점 한국의 대미의존태도의 청산을 재촉하고 있는 실정인 것이다.

결국 모든 문제의 근본은 한마디로 말하면 간단하지만, 사실 가장 곤란한 '경제자립체제'를 조속히 구축하는 것, 이를 위해 모든 노력을 경주하는 것 외에는 없다는 것이다. 일본과의 국교회복, 외국무역의 확대, 국내산업의 개발 등 중요한 시책은 모두 초당파적으로 실현시키려는 노력이 필요할 것이다. 이를 위한 국민지도가 장면 내각에 부과된 최대의 실무라고 할 수 있다. 4월혁명을 참다운 혁명으로 의미있는 것으로 만드느냐의 여부는 한국국민 전체의 책임이며, 특히 새해의 장면 내각의 과제인 것이다.

제5부 장면 정권 후기

(1961.1.8 ~ 1961.5.16)

(1) 12版 朝日新聞 昭和36年(1961年)4月24日 月曜日 第27037号 (日刊)

来月中にも妥結か

在日韓国人の法的地位

日韓交渉、残るは表現

総評の運動方針草案まとまる

現実的姿勢に転換

合理化問題 抵抗から事前協議へ

日米会談の議題に

沖縄の施政権返還

パリで反乱側のテロ

非常事態下 駅、空港で爆発事件

降下部隊によるパリ奇襲

ド大統領 特別権限発動か

国会、今週ヤマ場に

衆院 防衛二法、農基法大詰め

総裁直属の立案機関

自民党 組織近代化の試案

本国右翼紙も反乱軍部批判

社会戯評

アルジェリア仏軍反乱

1961년 4월 24일 「재일한국인의 법적지위, 다음 달 중에 타결될까」, 본문 pp.695–697 참조

1961년 1월 8일(1면)

어업협력에서 일본안(日本案) - 한국에 2~3일 내에 제시하나?

연초 휴가에 들어갔던 일한 예비회담은 25일 재개되는데, 이에 앞서 정부는 일한 양국 간의 어업면에서의 경제·기술협력에 대한 일본 측의 구상을 한국 측에 제시할 방침이다. 외무성은 7일 한국 측에 제시할 구상에 대해 수산청 당국과 협의했는데, 그 결과 외무성은 가능하다면 2~3일 내에 이것을 재일 한국 대표부을 통해 제안할 방침으로 준비를 하고 있다. 정부가 이번 한국 측에 어업면에서 협력을 제안하는 것은, 이를 통해 회담의 본론인 일한어업협정 체결에 있어서 한국 측의 양보를 기대한다는 생각에 따른 것인 듯하다.

작년 가을부터 시작된 제5차 예비회담에서 어업문제의 토의를 통해 일본 측은 ①이승만 라인 철폐에 따른 어업협정을 맺을 것 ②이 협정은 대등한 양국 간의 상호 이익을 목적으로 한다는 것, 2가지를 골자로 일본 측의 입장을 제시해 왔다.

이에 관련해서 한국 측은 휴회에 들어가기 직전인 지난 달 15일, 사와다(沢田廉三: 역자), 유(俞鎭午: 역자) 양 수석대표 간의 비공식회담에서 "협정체결에 의해 한국 측도 일본 측과 같은 이익을 얻기 위해서는, 일본 측이 어업관계 기술지도, 통조림공장의 건설 등을 고려해 주었으면 한다"라고 말했다.

이번 일본 측 제안은 이러한 한국 측의 요구를 수용할 용의가 있음을 회답하는 형태가 되는 것으로, 일단 일본 측으로서는 정부에 의한 기술지도 방식, 민간에 의한 경제협력 방식의 두 가지를 생각하고 있다는 태도를 밝힌 것으로 보인다.

이것과 함께 정부는 2~3일 내로 재일한국인의 법적지위에 관한 협정안 요강을 한국 측에 제시하려는 생각인데, 정부가 이렇게 적극적으로 움직임을 보이고 있는 것에 대해 한국 측도 깊은 관심을 가지고 있을 듯하다.

1961년 1월 12월(2면)

한국, 입국을 허가하다 – 일본의 방한경제시찰단

〈서울(경성)=마사키(真崎) 특파원 11일발〉 후지정밀(富士精密) 사장 단 이노(団伊能) 씨를 단장으로 하는 제1차 방한경제시찰단은 작년 연말 한국 측으로부터 입국을 거부당해 연기되었는데, 11일 저녁 박(朴商雲: 역자) 상공부 차관은 "정부는 동 시찰단의 입국을 인정하기로 했나. 일행은 16일경 항공편으로 방한할 것이다"라고 말했다.

시찰단은 단(団) 단장 등 23명으로, 주요 은행·상사가 이름을 올렸고, 한국 측에서도 김용주(金龍周) 참의원의원 등이 중심이 되어 환영준비위원회를 만들어 맞이할 준비를 하고 있다.

1961년 1월 12월(2면)

이(승만) 라인에 대한 태도 변함없다, 장(張) 총리 언명

〈신아(新亞)=도쿄(東京)〉 11일 서울(경성) 방송에 의하면, 장(면) 국무총리는 11일 오전 기자회견에서 평화선(이승만 라인) 문제에 관한 한국정부의 태도에는 변함이 없다고 강조하며 다음과 같이 말했다.

평화선을 침범하는 일본어선은 용서 없이 체포한다. 이를 위해 정부는 쾌속정 4척을 투입함과 동시에 낡은 경비정을 수리하여 경비에 만전을 기한다. 그러나 일한문제 해결을 위해 자중을 바라는 한국정부의 의도를 일본 측이 어느 정도 존중하여, 최근 일본어선의 평화선 침범은 크게 줄고 있다.

한국 측, 일한 예비회담의 방침을 협의

〈서울(경성)=마사키(真崎) 특파원 11일발〉 한국 외무부는 11일 오후 귀국한 엄요섭(嚴堯燮) 주일공사를 맞이해 일한 예비회담의 대표자 회의를 열고, 25일부터 재개되는 예비회담에 임하는 방침을 협의했다. 엄 공사는 정(일형) 외무부 장관에게 일본 측으로부터 건네받은 재일한국인의 법적지위에 관한 각서를 전달하고, 일본 측의 의향을 설명했다.

1961년 1월 12일 석간(1면)

내일 귀환을 재개 - 북조선, 승선 계속 감소

올해 재일조선인 귀환업무는 13일 니가타(新潟)를 출항하는 제52차 선편으로 재개되는데, 작년 말 이래, 승선자의 급격한 감소가 두드러져, 일본적십자, 후생성 등 관계당국은 최근 그 원인과 대책의 검토를 시작했다.

재작년 말부터 시작된 귀환업무는 작년 10월 중순까지는 순조롭게 진행되었는데, 작년 10월 14일 출발한 제42차 선편까지 승선자는 매회 900명을 넘었고, 귀환확정통지에 대한 승선률은 거의 90% 이상, 80%대는 34, 39, 40차의 3번 뿐.

그런데 11월 6일 제46차 선편부터 승선을 보류하는 사람이 서서히 늘어났고, 승선률은 46차가 83%, 47차가 84%, 48차가 79%, 49차가 88%로 하향세를 보였고, 50, 51차 선편에서는 각각 76%, 73%로 귀환이 시작된 이래 최저 승선률을 기록했다.

새해 첫 번째 선편의 승선자는 11일까지 881명이 니가타의 일본적십자센터에 집결을 마쳐 '집합'률은 87%가 조금 못되어 승선률은 다소 회복되었지만, 높았을 때에 비하면 아직 낮다. 이 때문에 관계당국은 이런 흐름이라면 수송기관, 시설이 남아돌게 될 뿐 아니라, 앞으로의 시설공사도 재고할 수밖에 없어 지방의 관계기관을 통해 조사를 시작했다.

감소의 원인에 대한 지방에서의 보고는, 아직 종합되지 않았지만, 관계자의 사이에서는 ①북조선은 현재 한겨울이기 때문에 귀환의 시기를 늦추고 있다 ②귀환협정 연장문제로 생긴 논란의 영향으로 인한 일시적 현상이라는 견해와, 반대로 ③북조선에 돌아가면 일본에 재입국 할 수 없는 '편도귀환'이지만, 한국과는 비교적 편하게 왕복가능하고, 일한회담의 결과에 따라서 또는 그 외에도 유리한 조건이 기대된다-라는 점에서 열렬한 귀환희망자는 이미 모두 돌아갔고, 남아 있는 자는 일한회담의 경과 등을 지켜보는 쪽이 많아, 귀환등록도 점점 내리막이 되지 않을까 하는 예상도 서서히 강해지고 있다.

1961년 1월 14일(10면)

어선, 한국에 나포되다 - 이(승만) 라인 바깥에서

〈모지(門司)〉 13일 오후 3시경 이승만(李承晩) 라인을 경계 중인 순시선 '오키(おき)'로부터 제7관구 해상보안본부(모지)로 들어온 연락에 의하면, 이날 오후 1시경 나가사키현(長崎県) 쓰시마(対馬), 주낙어선 이리에마루(入江丸 · 10.6톤)=후지카와 노리마쓰(藤川德松) 선장 등 승조원 5명=이 쓰시마의 미쓰시마(三島)등대 북방 7.2km(농림 211어구(漁区)의 우중(右中))에서 동료 어선 5, 6척과 조업 중, 한국 보조경비정에 약 30분 간 쫓기다 나포되었다.

7관본부의 조사로는 이리에마루는 이승만 라인 바깥에서 조업하고 있었고, 이 때문에 가까이 있던 '오키'는, 연행 중인 한국 경비정의 앞을 가로막으며 확성기와 신호기로 세 차례 "공해에서의 나포는 부당하다. 즉시 석방하라"고 석방 요구를 계속했다.

그러나 한국 경비정은 응하지 않고, 다른 경비정의 지원을 받아 부산으로 직행, '오키'는 오후 4시 즉시 교섭을 중단했다.

7관본부에서는 이날, 외무성을 통해 한국정부에 항의했다. 이리에마루가 나포된 것은 작년 7월에 곤피라마루(金比羅丸)가 나포된 이래 반년만이다.

강경하게 석방 요구

이리에마루의 나포 소식에 외무성에서는 '완전히 의외'라는 표정으로 13일 저녁 주일한국대표부를 통해 한국정부에 해당 어선의 석방을 강하게 요구했다. 외무성 관계자는 "장면(張勉) 정부가 발족한 지난 8월 이래, 일한 양쪽에서 암묵적으로 나포는 이루어지지 않았고, 이승만 라인 해역의 평화는 지켜지고 있었다. 그것이 깨어질 기미는 지난 가을부터 시작된 일한 예비회담에서도 보이지 않았는데, 만약 이번 나포가 한국 중앙정부의 방침에 의한 것이라면, 일한관계의 앞길에 상당한 영향을 줄 것이다"라고 우려했다.

한편, 이승만 라인 해역 부근에서 조업하는 수산업자 단체도 일한관계 타개의 기운으로 최근 간판을 '일한어업대책본부'에서 '일한어업협의회'로 바꾸고, 업무의 중점도 나포방지대책에서 어업협력방식의 연구로 바꾼만큼 놀라움도 컸고, 14일 간부가 모여서 정세를 검토, 대책을 협의한다고 한다.

1961년 1월 15일(1면)

국제법상 곤란 - 이(승만) 라인 조업거부, 한국 총리 성명

〈서울(경성)=마사키(真崎) 특파원 14일발〉 장면(張勉) 한국 국무총리는 14일 민의원 본회의에서 일한회담의 경과를 중심으로 한국정부의 입장을 보고하고, 야당의원의 질문에 답했다. 그 가운데 장(張) 총리는 "단순히 평화선을 주장하는 것은 국제법상의 문제도 있어 어렵다"라는 취지의 발언을 하여, 한국 측은 평화선을 바꿀 의향임을 처음 공식적으로 밝혔다. 또한 선박반환 문제에서도, 일본에서 새 선박을 제작하여 일괄 반환한다는 제안이 있었다는 사실을 밝혔다.

이날 본회의에서는 야당 측은 최근 장면 정부의 대일외교 방침은 한국의 자주적인 입장을 망각하고 있으며, 대일 추종외교라며 격렬히 정부를 공격했다. 장 총리의 보고와 답변 요지는 다음과 같다.

▷ 일반청구권=한일 양국의 주장에 차이는 있지만, 과거 8년간 의제로 상정될 수도 없었던 것이 협의되게 되었다. 이것은 일본의 태도가 완화되었다는 것으로 봐도 좋다.

▷ 선박청구권=종전(終戰) 당시 일본으로 가져간 선박은 노후화되어 사용불능이다. 그 선박의 총 톤수가 문제인데, 일본 측은 일괄해서 새 선박을 제작하여 돌려준다고 하고 있다.

▷ 문화재=일본정부 소유 문화재는 반환하는 것에 동의하였다. 민간 소유인 것은 어렵다고 하는데, 그 가운데는 자진해서 반환을 신청한 일본인도 있고, 그 문제의 해결도 곤란하지 않다.

▷ 법적지위=한국이 바라는 무제한 영주권에는 일본 측이 난색을 표하고

있다. 그러나 샌프란시스코평화조약 체결 당시 일본에 살고있던 한국인에게는 영주권을 주겠다는 태도이다.

▷ 평화선=평화선을 침범하는 일본 어선을 전부 나포하기에는, 한국 경비선이 노후화하고 있고, 속도도 느리기 때문에 어렵다. 13일 오랜만에 한 척을 나포했다(전원 폭소). 평화선을 지킨다는 기존 방침에는 바뀐 것이 없다. 그러나 평화선 내에서 일본 어선이 어로하는 것은 일체 안된다는 단순한 주장을 하는 것은 국제법상의 공해 문제도 있어서 약간 곤란하다.

▷ 경제원조=국교정상화 이전에 일본정부나 단체로부터 차관이나 원조를 요청할 의향은 없다. 그러나 현재 계속되고 있는 통상은 막지 않는다.

▷ 경제시찰단=정부로서는 경제사절을 초청한 적은 없다. 이번에 방한한 것은 민간실업인의 시찰단이다. 이러한 시찰단의 상호 왕래는 이후에도 얼마든지 가능하다. 정부로서도 이러한 단체에는 국교 전이라도 얼마든지 여권사증을 발행할 방침이다.

1961년 1월 23일(1면)

일한 예비회담, 25일 재개 - 정치절충의 단계로, 조기타결을 위해

제5차 일한 예비회담은 연말연시 휴식을 끝내고 25일, 약 1개월 만에 재개된다. 작년 10월말부터의 교섭을 통해서 '정지(整地)' 작업은 거의 마무리된 것으로 보이며, 따라서 회담은 재개됨과 함께 조기타결을 위한 '정치절충'의 단계로 넘어갈 것으로 보인다. 일한 양국 정부 모두 '정치적 해결'을 비장의 카드로 삼고, 재개 회담을 조속히 타결 짓겠다는 열의를 갖고 있으나, 단지 일한회담 그 자체에 반대 입장인 사회당 등이 재개되는 통상국회를 무대로 정부를 추궁할 방침을 결정했기 때문에, 이번 회담이 그 영향으로 난항할 경우도 예상되어 양국의 국교정상화로의 길은 여전히 험난할 듯하다.

일본 측 사와다 렌조(沢田廉三) 수석대표, 한국 측 유진오(俞鎭午) 수석대표를 비롯한 양국 대표단은 25일 오전 11시 외무성에서 제4회 본회의를 열고, 각 현안이 충분한 토의를 마칠 때까지 당분간은 본회의에 들어가지 않고, 예비회담의 상태로 교섭을 진행한다는 기본방침에 합의할 것이므로, 이후 계속하여 분과위원회별로 토의를 재개하게 될 것이다.

여기에 대비하여 유 수석 등 한국 측 대표단은 장면(張勉) 국무총리 등 본국 정부 수뇌부와의 협의를 마치고, 24일 서울(경성)에서 귀임(歸任)할 예정이다.

정부는 재개 회담을 처음부터 순조롭게 진행하기 위해, 앞서 휴회 중임에도 불구하고 재일한국인의 법적지위 및 이승만(李承晩) 라인을 포함한 어업문제의 두 현안에 대해 일본 측 생각의 요지를 한국 측에 제시했기 때문에, 정부는 한국 측이 여기에 대한 반응을 가장 주목하고 있다. 특히 일본 측에 있어서 가장 중요한 현안인 어업문제에 대해 일단 한국 측이 어떠한 회답을 하는 지를 정부는 매우 기대하고 있는 듯하다.

어업문제에 관해 정부가 제시한 방안은,

▷ 양국 어업의 번영을 도모하는 것을 목적으로 이승만 라인 수역의 어업보존을 위한 일한어업협정을 체결한다. 어업규제는 과학적 근거에 기반하여 시행하고, 이를 위한 양국 전문가로 구성된 어업위원회를 설치한다.
▷ 이 어업협정은 일한 양국의 특수사정에 얽매이지 않고, 동종(同種)의 국제협정에 준하는 내용을 반영하기로 한다.
▷ 협정체결 후, 일본 측은 한국 측에 대해 어업면에서의 경제, 기술협력을 고려한다.

는 세 가지를 골자로 하는 것으로, '이승만 라인 철폐에 대신하는 어업협정'이라는 연말의 방침에 기초한 것이다.

한편, 한국 측은 종전 시의 미지급 임금, 미지급 연금, 재일재산 등에 관한 대일청구권을 가장 중시하고 있는데, 정부는 어업문제를 우선 해결하기 위해서라도 이 청구권문제에 적극적으로 논의하려는 생각으로 보이며, 이번에는 공개적인 회의의 진행과는 별개로, 비공식 정치절충에 힘을 쓸 방침으로 보인다.

재일한국인의 법적지위의 확립, 선박·문화재의 한국으로의 반환 등 남은 현안은 어업과 청구권 문제를 타개하기 위한 '마중물'로도 이해되고 있으므로, 정부는 이들의 해결에 있어서도 '정치적 흥정'의 위력을 보여주려는 생각인 것 같다.

1961년 1월 25일(2면)

[사설] 일한회담의 재개에 바란다

휴회 중이던 제5차 일한 예비회담은 25일부터 재개된다. 작년 10월 예비회담의 개시 이후, 사무적인 절충은 상당한 진전을 이루었는데, 재개 회담에서는 조기타결을 목표로 정치절충의 단계로 들어갈 것으로 보인다. 특히 한국의 유(兪鎭午: 역자) 수석대표는 재개를 앞두고 본국 정부 수뇌와 협의를 끝냈고, 일본 측도 현안에 대한 구체안을 가지고 임하는 등 이승만(李承晩) 정권 당시와 다르게, 회담을 둘러싼 분위기는 양국의 노력에 의해 상당히 밝아지고 있다.

여러 현안의 가운데 우리가 가장 중시하는 것은 말할 것도 없이 '이승만 라인'의 문제이다. 일본어업의 안전을 위협하는 '이승만 라인'의 설정이 부당하다는 것은 반복할 필요도 없다. 그래서 일본 측은 '이승만 라인'의 철폐를 요구하는데, 동시에 일한 양국 간에 어업협정을 체결하고, 양국이 경제·기술적으로 협력하는 것을 골자로 하는 구체적 구상을 한국 측에 제시하고 있다. 그것은 일한 양국 사이에 과학적 근거에 기반한 어업의 규제조치를 실시하고, 동시에 정부·민간의 양쪽에 의한 어업협력을 진행하고자 하는 것으로, 한국 측이 '이승만 라인' 설정의 이유로 드는 어족자원보호의 목적에 부합하는 동시에, 양국 공통의 어업상의 이익을 가져오는 것을 목표로 하고 있다. 이 일본의 제안에 대해 한국 측이 어떻게 나올지, 크게 주목되고 있는 것이다.

이것에 관련하여 장면(張勉) 국무총리가 최근 민의원에서 '이승만 라인' 내의 일본 어선의 조업을 금지하는 것은 국제법상 곤란하다는 뜻을 밝힌 것은 환영할 만한 것이다. 그러나 한편 한국정부 부내에서는 '이승만 라인'을 군사적인 입장에서 철회할 수 없다는 견해를 강하게 가지고 있는 쪽도 있다고 한다. 이러한 주장을 용인하면 다케시마(竹島=독도: 역자)가 '이승만 라인' 내에 있는 것을 이유로, 한국의 불법점거를 시인하는 것이 될지도 모른다. '이승만 라인'에 대해서는 한국 측에서 이러한 강한 존속론이 있는 것은 쉽게 상상되지만, 이번 기회에 장면 총리의 생각을 기본으로 반드시 해결을 도출해 냈으면 한다.

대일 재산청구권의 문제나 재일조선인의 법적지위의 문제는 한국 측이 중시하는 것인데, 일본으로서도 과거에 생겨난 부자연스러운 관계를 조정하기 위해서 충분한 고려를 해야 하는 것은 물론이다. 그 외에 선박이나 문화재의 반환 등에 대해서도 한국 측의 정당한 요구에 대해서는 일본 측으로서도 양보해야 할 것은 양보해야 한다.

회담 재개에 대해서 약간 우려가 되는 것은 최근 한국 내의 분위기이다. 한국 방문을 예정하고 있던 우리 민간경제시찰단은 돌연 방한을 무기한 연기했는데, 그것은 한국 야당 측에서 반대 목소리가 높기 때문이라고 한다. 이러한 것은 작년 말, 한국의 학생문화사절단이 일본을 방문하여 각지에서 대환영을 받은 것과 대비되어, 조금 기이한 느낌을 금할 수 없다. 양국 간의 이해를 깊게 하기 위해서는 각 계층의 사람들이 서로 왕래하는 것이야 말로 바람직한 것이며, 여기에 반대하는 움직임이 한국 내에 있는 것은 어떠한 사정에 의한 것인지 알 수 없지만 양국의 친선을 위해 유감이다.

일한 양국은 서로 손을 잡고 상호 번영을 도모하는 좋은 기회에 있다고 할 수 있다. 회의의 진전에 따라 양국이 조속히 정상적 관계를 수립하는 것을 바라면서 한국국민의 이해를 바라고자 한다.

1961년 1월 25일(3면)

한국 신문이 정부공격 - 일본경제시찰단의 초청 취소

〈서울(경성) 24일발=AP〉 24일 한국 유력지는 한국정부가 일본경제사절단의 방한 초청을 출발 직전에 취소한 것을 부끄러워해야할 처사라고 비난했다.

▷ 한국일보(신민당계)=정부는 일본사절단을 초청하는 것에 대해서 야당과 적절한 협의를 하지 않았다. 우리는 이 사건이 일본에 대해서보다도 제3국에 줄 나쁜 인상을 생각하지 않을 수 없다.

▷ 서울신문(중립)=일본사절단의 방한이 취소된 것은 한국이 지금 당장이라도 일본의 경제적 식민지가 된다는 부당한 공포심에 의한 것이다. 한국정부의 위신은 상처입고, 너그러운 국민의 권위는 더럽혀졌다. 일본과의 경제협력에 대해 신중한 검토와 초당파적 합의가 필요하다.

1961년 1월 25일 석간(1면)

일한회담 재개되다 - 내일, 양 수석의 비공식회담

제5차 일한 전면회담 예비회담의 제4회 본회의는 25일 오전 11시부터 외무성에서 일본 측 사와다 렌조(沢田廉三) 수석대표, 한국 측 유진오(俞鎭午) 수석대표 등 양국 대표단이 출석하여 열렸다. 이날은 회담의 진행방식을 협의했고, 가능한 조속한 시기에 예비회담을 본회담으로 전환한다는 기본방침을 확인하고, 26일 오후 3시부터 양 수석대표 사이에 비공식회담을 열고, 다음 주부터 각 분과위원회를 연다는 일정을 결정했다.

이 자리에서 사와다 대표는 "휴회 중에도 쌍방에서 현안해결을 위해 준비를 했던 것도 있고, 이 회담이 원활하게 진행되어 하루라도 빨리 정식회담으로 전환하고, 현안이 해결되는 것을 기대한다"고 말했다. 유 대표는 "여러 현안을 해결한다면, 대일감정은 호전될 것이다. 중요문제의 기술적 검토를 진행하여, 정식회담으로 빨리 전환하고자 한다"고 답했다.

1961년 1월 29일(3면)

당파싸움이 우선 - 격렬히 요동치는 한국정계

대일문제도 소용돌이로

〈서울(경성)=마사키(真崎) 특파원 28일발〉 최근 한국 국내정국은 여전히 격렬한 움직임을 보이고 있다. 의회에서는 야당의 정부 공격이 매우 격렬하고, 정부의 대책은 중심이 없이 불안정함을 폭로하고 있다. 현재 당면한 논의의 대상은 국교회복 전의 대일 경제교류 문제이다. 지난번 민간경제시찰단의 방한 연기, 대한중석회사의 텅스텐 수출금지 등 일련의 사건은 모두 이러한 정쟁의 영향에 휘말린 것이라고 해도 좋다. 이것을 대일감정이 급격히 악화된 증거라고 지적하는 사람도 없지는 않지만, 사실은 결코 그렇지 않고, 모두가 복잡한 국내정국의 특수성에 기인한 것으로 보는 것이 타당할 것이다.

한국의 국내정치의 특징은 우선 첫째로 당파의 싸움이 격렬함에 있다. 그 중에서도 한국에서는 출신별 계층별 등에 따른 파벌의 정쟁이 전통적으로 격렬하다. 최근 정당 내부의 움직임도 이것을 그대로 드러내고 있다. 민주당의 신·구파가 일단 민주·신민 양당 대립이라는 형태로 되었다. 그러나 그것도 완전히 정리된 것은 아니고, 각각 당내에서 노장파, 소장파, 합작파라는 그룹이 있어서 주도권 다툼을 계속하고 있다.

그 중에서 소장파가 최근 민주당에서는 신풍회(新風會), 신민당에서는 청조회(清潮會)로 이름을 붙이고 독자활동을 하기 시작했다. 여러 가지 결쳐 말 많은 것만으로도 어려운데, 작은 일도 곧잘 커다란 정치문제로 발전한다.

결국 이러한 정쟁의 격렬함으로부터 정국 움직임의 진폭이 필요 이상으로 커지는 것이다. 일관된 절차를 따라 사태가 진전되기보다, 좌우로 크게 흔들리다가 결국은 평범한 결론으로 결정되는 것이 많다. 그때그때의 과정에서는 당면한 하나의 일만이 크게 취급되고, 기타 중요한 문제는 때로는 거의 망각된다는 폐해가 있을 정도다. 최근까지는 혁명특별입법, 남북통일과 상호교류, 경제정책 등이 널리 논의되었다. 그것이 현재에는 모두 그림자를 감추고 오로지 대일 경제문제만이 최대의 관심사가 되어 있다.

이러한 정치의 움직임이 그대로 신문보도의 모습에도 반영되기 때문에, 국민의 관심도 항상 하나의 일에 강하게 쏠려지는 것이다. 이러한 점이 한국의 정치를 구성하는 큰 특징이다.

그러나 여당과 야당의 사이에는 원래 본질적으로 큰 차이가 있는 것은 아니다. 현재 논의되는 대일 경제문제에 있어서도, 본질적인 의견의 대립보다 오히려 방법론적인 차이에 있다. 정부의 방침이 보다 적극적인 것에 비해 야당이 이것을 견제하여 브레이크를 거는 것이 실제 모습이다.

야당인 신민당에서도 대일 국교회복과 그것에 따른 경제협조에 기본적으로는 찬성이다. 오히려 추진해야 한다고 생각하고 있는 사람도 많다. 정부·여당의 방침에 반대하는 것은 기술적인 방법과 시기의 문제로, 어디까지나 국교회복 전에는 경제협력과 유사한 일을 할 수 없다는 것이다. 물론 여기에서는 일한회담을 한국 측에 유리한 형태로 타결하기 위해서는 사전에 깊은 경제관계를 맺지 않아야 한다는 냉정한 주장도 있다.

그러나 국교가 정상화되지 않은 상태에서는, 실제문제로 일본 측이 과연 얼마만큼의 경제협력을 할지, 일본의 민간이나 정부의 자본이 얼마만큼 투자될지는, 객관적으로 생각해서 대규모 형태로는 이루어지지 않을 것이라는 것은 야당이라도 충분히 알고 있다. 그럼에도 불구하고 이러한 문제가 대대적으로 다루어져, 정부와 여당의 정책을 공격하기 위해서 이용되고 있는 것이다.

민간경제시찰단이 정치적인 성격을 띤 것이고, 이것을 계기로 일본의 경제진출이 강화되는 것이라는 반대의 주장도 그러한 것으로부터 나온 것이다. 이

점을 지적하여 최근 신문논조에서도 "일본자본 도입논의를 더욱 정리하라"는 주장이 드디어 보이기 시작했다.

1961년 1월 30일(2면)

민주당의 단독내각 - 한국, 장(張) 총리의 제2차 개조

〈서울(경성) 29일발=공동〉 장면(張勉) 한국 국무총리는 29일, 제2차 내각개조를 거의 완료, 윤(尹潽善: 역자) 대통령의 승인을 얻어 30일 정식으로 임명한다. 이 개조로 국방부장관에 현석호(玄錫虎), 부흥부장관에 태완선(太完善), 보건사회부장관에 김판술(金判述), 체신부장관에 한통숙(韓通淑), 무임소장관에 오위영(吳緯泳) 씨 등이 각각 입각할 것으로 예상되며, 민주당 단독내각이 성립한다.

1961년 1월 31일(2면)

대일 적극책 이어질 듯 - 한국의 제2차 내각개조

〈서울(경성)=마사키(真崎) 특파원 30일발〉 한국의 장면(張勉) 내각은 30일, 구파 출신 4장관의 사임에 따라 제2차 개혁을 단행했고, 민주당 단독내각으로서 재발족하게 되었다. 구파 출신 장관은 작년 9월, 신구파 제휴에 의한 정국안정을 위해 입각했지만, 이후 구파가 신민당을 결성, 양당 대립의 형태가 되어, 신년도 예산이 성립하고 나서는 그 거취가 문제 되고 있었다. 이번 개혁으로 장면 내각은 구파와의 관계를 청산하고, 과반수를 점한 의회세력을 배경으로 민주당 내각으로서의 정책을 강력하게 실행하려는 의지를 보이고 있다.

새롭게 입각한 5인의 장관 가운데 김판술(金判述) 보건사회부장관은 교토제대(京都帝大), 오위영(吳緯泳) 무임소장관은 고베고상(神戸高商), 나머지 3명은 모두 경성제대(京城帝大) 또는 경성법전(京城法專) 출신으로 장면 내각의 이른바 '지일(知日)내각'으로서의 성격과 대일 적극방침은 종래대로 변함없을 것으로 보인다.

이번 개조에 대해 야당인 신민당은 특별히 강한 관심을 보이지 않고, 구파 장관의 사임도 너무 늦은 것이라고 하고 있다. 장면 총리는 각료의 인선에 대해서는 당내 각파 세력의 균형을 첫째로 생각하고, 특히 소장파인 신풍회(新風會)와의 협의에 고심했다. 결국 소장파로부터는 각료를 내지 못하고 정무차관의 임명에 그쳐, 전체로서는 역시 노장파가 주도권이 강화되었다.

합작파(合作派)로부터는 김판술 보건사회부장관이 입각했지만, 소장파·합작파 모두 내부에는 상당히 강한 불만이 가득하여, 장면 내각이 이것으로 과연 강력하고 안정된 것이 될지 여부는 의문시하는 견해도 많을 듯 하다.

1961년 2월 1일(2면)

기존방침을 재확인 - 일한회담의 일본 측 대표

사와다 렌조(沢田廉三) 수석대표 등 일한 예비회담의 일본 측 대표단은 31일 오후 3시 외무성에 모여 앞으로의 회담에 임하는 일본 측의 기본태도를 검토했다. 이 회합에서 개개의 현안에 관한 생각에 대하여 의견을 교환하고, 한국 측의 일한회담을 둘러싼 국내여론, 정계의 움직임 등에 대해 정세를 분석했다.

그 결과 한국 측도 회담 타결에 대한 열의가 높아지고 있다고 보이므로, 일본 측은 시기가 무르익을 때를 기다려 조속한 타개를 시도하는 한편, 쓸데없이 해결을 서두를 것이 아니라는 기존의 방침을 확인하였다.

1961년 2월 3일 석간(7면)

전염 두려워 배선 중지, 북조선 귀환선

일본적십자는 3일 아침, 북조선적십자사로부터 "일본의 인플루엔자가 북조선에서 유행하지 않도록 당분간 귀환선의 배선을 중지한다"라는 전보를 받았다.

선문은 "제54차 귀환선(1월 29일 니가타(新潟) 출항, 751명 승선) 가운데 몇 명의 악성 인플루엔자 환자가 발생했다. 우리는 일본의 신문보도나 귀환자로부터 들은 바로, 일본에서 인플루엔자가 유행하고 있다는 것을 알았다. 인플루엔자가 귀환자를 통해 우리나라로 확산되는 것을 우려한다. 따라서 당분간은 유행 중인 악성 인플루엔자가 진정될 때까지 귀환선의 파견을 중지할 것을 결정했다"라는 것으로, 이미 니가타의 일본적십자센터에 집결 중인 제55차 귀환자에 대한 배선도 하지 않기로 하였다.

이 때문에, 일본적십자, 후생성은 같은 날 긴급회의를 열고, 일단 다음의 조치를 취할 것을 결정했다.

① 현재 니가타센터에 집결 중인 469명에 대해서는 조속히 예방백신을 주사함과 동시에 귀환선 배선을 요청한다.

② 제56차 귀환선(7일 센터 입소, 10일 출발 예정)에 대해서는 배선이 기대되지 않으므로 현재의 거주지를 출발하지 않도록 통지한다.

③ 제57차 이후의 귀환자에 대해서는 귀환준비를 보류하도록 통지한다.

④ 이번 조치에 대해서는 인플루엔자의 유행상황을 살펴가며 북조선 측과 협의, 결정한다.

1961년 2월 4일(2면)

전면국교는 '점진'으로 – 대일관계, 한국 민의원(民議院) 결의

〈서울(경성)=마사키(真崎) 특파원 3일발〉 한국 민의원은 3일 본회의에서 네 항목에 걸친 '일한관계에 관한 결의안'을 외무위 수정안 그대로 가결했다. 이 결의는 야당인 신민당 제출 원안을 외무위에서 문구 수정을 한 것으로, 이미 경제문제 등 논의가 활발했던 일한관계에 관해 민의원의 공식적 태도를 밝힌 것이다. 결의의 요지는 다음과 같다.

1. 복잡한 내외정세에 비추어 대일국교는 '제한'에서 점진적으로 '전면국교'로 진전되어야 한다.
2. 평화라인(이승만 라인)은 국방 및 수산자원 보존과 어민보호를 위해 존중되며 지켜져야 한다.
3. 정식 국교는 양국 간의 역사적 중요현안 문제의 해결, 특히 일본의 지배에 의해 입은 손해와 고통의 청산이 있은 후에 성립된다.
4. 현행 통상을 제외한 일한경제협력은 모든 정식국교가 개시된 이후, 국가통제 아래 우리들의 경제발전계획과 대응하여 국내 산업이 피해 받지 않는 범위에서 실시되어야 한다.

1961년 2월 4일(12면)

희망자 씨가 말랐다는 이야기도 – 현저히 줄어든 북조선 귀환자

북조선으로 돌아가는 조선인의 수가 근래 현저히 줄어들고 있다. 작년 가을까지는 매회 1천 명을 밑돌지 않았으나, 최근에는 예정의 반수 이하일 때도 종종 있으며, 일조(日朝) 양 적십자의 사이에서 결정된 '3월부터 신속화'도 이 상태로는 당분간 실시 불능으로 예상된다. 이 때문에 3일 아침 북조선적십자 측의 배선중지 통보에 대해서도 '태세를 정비하기 위한 시간 벌기가 아닌가'라는 목소리가 나올 정도이다. 귀환자 격감의 이유는 도대체 어디에 있는 것일까.

작년 가을까지 귀환업무는 매우 순조로우며, 재작년 12월의 제1차선부터 작년 11월 18일 출항한 제47차선까지 귀환자가 900명대를 밑돈 적은 거의 없었다. 그런데 11월 25일 출항한 제48차선부터 감소가 두드러졌고 12월에 들어서면서 제50차가 668명, 제51차가 653명인 형편. 제52차는 약간 회복되었으나, 제53차는 다시 600명대로 떨어졌고, 현재 니가타(新潟)에 집결 중인 제55차 귀환자의 경우에는 당초 1181명의 승선을 예정하고 귀환통지를 한 것인데, 출발이 임박해서 의사변경이 속출, 실제로 니가타에 도착한 사람은 겨우 469명인 상태.

한편, 귀환희망자의 수도 감소하는 경향이다. 작년 9, 10월경에는 승선통지를 기다리는 명단은 항상 1만 5천 명 전후를 유지하고 있었지만, 최근에는 신규등록자가 줄어들어 명단의 수가 줄어드는 한편, 2월 1일 현재 9710명으로 1만 명대가 깨졌다. 이 때문에 3월 3일부터 실시예정인 신속화도 사실상 불가능할 것으로 보이며, 이 때문에 약 2천만 엔을 들여 곧 완공 예정으로 있는 니가타센터 확장공사도 당장은 '일부는 빈집'이 될 형편. 귀환희망자 감소, 의사변경 속출의 원인에 대한 관계자의 분석은 각각이다. 우선 실질적으로 귀환자의 동향을 좌우하고 있는 조선총련(朝鮮総連)은 '추위'만이 원인이라고 한다. "북조선의 추위는 상상 이상으로 심하다. 그러나 귀환희망자의 다수는 가난한 사람들. 충분한 의복·방한구를 가지고 있을 리가 없다. 그러므로 따뜻해지면 천천히 돌아가려고 하는 것이다. 최근의 경향은 일시적인 것으로 머지않아 회복된다"라고 한다.

그러나 일본적십자·후생성 쪽은 총련 측의 견해를 일단은 긍정하면서 "그 외에도 원인이 있다"고 본다. "절실히 귀환을 희망하는 사람들은 이미 전부 돌아가지 않았을까. 남아 있는 사람들은 다소 생활에 여유가 있는 사람들로, 일한관계가 돌아가는 형세, 귀환할 경우의 득실 등을 신중히 고려하고 있는 것이다"라는 것으로 단적으로 말하면 "귀환자의 씨가 말랐다는 이야기"다.

한편 공안관계 당국의 견해는 더욱 분명한 '귀환 제한설' - "지금 귀환자가 무제한으로 돌아가 버리면 귀환협정 연장교섭이 시작되는 금년 여름경에는 귀환자가 씨가 마르게 된다. 이 경우 북조선적십자 측은 불리한 입장에 처하게 된다. 그러므로 봄까지 귀환자 수를 조작하고 있는 것으로, 이번 배선중단도 그런 일환인 것은 아닐까"라고 한다.

일본적십자·후생성 등 관계당국은 4일 긴급회의를 열고, 앞으로의 대책을 세우는 한편, 이번 달 말까지 전국의 실태조사를 하고, 구체적인 자료를 수집하기로 하였는데, 관계당국의 일부에서는 벌써부터 귀환업무 종료설이 나돌고 있다.

1961년 2월 7일(2면)

어업협정에서 성의 보여라 - 일한 예비회담, 일본 측의 의향전달

일한 예비회담의 어업 및 평화라인에 관한 분과위원회는 6일 오후 양국 대표에 의한 비공식회담을 열었는데, 이 자리에서 일본 측의 다카하시(高橋) 수산청 차장은 길항진(吉恒鎭) 한국 측 대표에게 "한국 측이 어업협정 체결교섭에 성의를 보이지 않으면, 다른 현안에 관한 토의를 진행할 수 없다"라는 정부의 의향을 전달했다. 이것은 지난 3일, 한국 민의원(民議院)에서 결의된 '일한관계에 관한 결의'의 가운데 '평화라인(이승만 라인)은 국방 및 수산자원보존과 어민보호를 위해, 존중되고, 지켜야만 한다'라고 이야기 되고 있는 것에 대해, 일본 측으로부터 특히 주의를 전달한 것.

길(吉) 대표는 이 분과위원회의 한국 측 주사(主査) 김윤근(金潤根) 대표가 이번 주 중에 일본에 오기 때문에 회담이 보류된 것 같으나, 이 분과위원회는 앞으로 일본 측의 희망에 따라 문제를 어업협정 하나로 집중시켜 협의할 것으로 보인다.

또한 이날 오전에는 청구권 관계의 선박소위원회에서도 비공식 회담을 연 결과, 다음 위원회를 10일에 열기로 했다.

일본 측의 입장은 이해할 수 없다 - 한국 외무부 차관 인터뷰

〈서울(경성)=마사키(真崎) 특파원 6일발〉 한국 외무부의 김(金溶植: 역자) 차관은 6일 아침 기자단과 회견, 지난 3일 민의원이 채택한 대일외교정책에 관한 결의가 일본 측에 준 반향에 대해 다음과 같이 말했다.

국회결의의 내용은 종래 정부 및 대표단이 주장하고 있는 것과 다른 것이 아니고, 역사적 사실에 비추어 한국 의회가 국민의 의사를 솔직하게 표명한 것이다. 일본이 일한문제 해결에 관해 한국정부가 방침을 바꾼 것처럼 생각하는 것은 의외다. 한국이 양국관계의 개선에 힘쓰고 있음에도 불구하고, 일본 측이 전망을 비관하고 있는 것은 이해할 수 없다. 교섭의 여지는 아직 많이 남아있다.

1961년 2월 8일(1면)

4월부터 본회담으로 - 일한회담 이후 방침에 일치

일한 예비회담의 한국 측 수석대표인 유진오(俞鎭午) 씨는 이천상(李天祥) 대표, 문철윤(文哲潤) 대표와 함께 7일 오후 3시반부터 도쿄(東京) 고지마치(麹町) 가유카이칸(霞友会館)에서 일본 측 수석대표인 사와다 렌조(沢田廉三) 씨 및 외무성의 이세키(伊関佑二郎: 역사) 아시아국장, 우야마(宇山) 참사관과 만나, 예비회담의 앞으로의 진행방향에 대해 비공식으로 협의한 결과, 예비회담을 4월부터 본회담으로 전환할 것을 목표로 3월 말까지 각 분과위원회의 교섭을 마무리 짓기로 합의했다.

따라서 3월의 한국 민의원(民議院)의 '일한관계에 관한 결의'를 계기로 중단 상태로 들어가는 것이 아닌지 우려되었던 일한회담은 다시 궤도에 오를 전망이며, 회의의 초점인 일반재산청구권, '이승만(李承晩) 라인 및 어업'의 두 문제에 대해서도 곧 막바지 절충에 들어갈 것으로 보인다.

7일의 비공식회담은 한국 측의 요청에 의해 열린 것으로, 한국 측 대표는 6일 '어업 및 평화라인에 관한' 분과위원회에서 일본 대표가 "한국이 어업협정 체결 교섭에 성의를 보이지 않는다면 다른 현안의 토의를 진행할 수 없다"고 말한 것에 대해 일본 측의 진의를 확인하고, 일한회담 타결을 희망하는 한국 측의 생각에는 변함이 없음을 강조했다.

여기에 대해 일본 측은 한국 민의원 결의나 이리에마루(入江丸)사건 등이 일본의 국내여론을 자극하고 있다는 사실을 말하고, 회의의 촉진을 도모하기 위해 일반재산청구권과 '이승만 라인 및 어업'의 두 문제에 대해 신속히 본격적인 교섭에 들어갈 필요가 있다고 한국 측의 협력을 요구했다.

그 결과 4월부터 본회담으로 전환할 것을 목표로 하여 예비회담을 진행하는 것에 의견이 일치한 것으로, 일본 측은 한국 측이 본격적인 교섭에 들어가는 것에 난색을 표시해 온 '이승만 라인 및 어업문제'에 대해서는, 일단 어족자원의 공동조사 등을 실마리로 삼아 협의에 들어갈 것을 제안한 모양이다.

이승만 라인 견지를 강조 - 정(鄭) 외무부장관

〈서울(경성) 7일발=공동〉 정(일형) 한국 외무부장관은 7일 참의원에서의 답변에서 "일본어선의 나포, 경제사절단의 방한중지 요청, 민의원의 대일결의 등으로 일한 예비회담은 난관에 직면하고 있지만, 정부는 국회결의를 존중하여 이승만 라인에 대해서는 군사상, 어족보존상 양보하지 않는다"고 말했다.

1961년 2월 8일 석간(5면)

배선(配船) 중지, 당분간 변함없어 - 북조선적십자로부터 회담

북조선적십자사로부터 일본적십자 본사로 8일 아침 "북조선 귀환선의 배선을 당분간 중지한 방침은 바꿀 수 없다"라는 전보가 있었다. 이것은 지난 3일 북조선적십자 측에서 "일본에서 유행 중인 악성독감을 북조선으로 들어오지 못하도록 배선을 중지한다"라는 연락이 있었고, 일본적십자가 같은 날 "독감은 악성이 아니다"라면서 배선을 계속하도록 요구한 것에 대한 회답이다.

전보는 변함없이 "악성독감…, 독감이 없어질 때까지 중지…"라는 표현을 쓰고 있고, 이것으로 귀환선의 결항은 길어질 것으로 보는 예상이 우세해지고 있다. 이 때문에 일본적십자·후생성 등 귀환문제 관계당국은 이날 긴급대책을 협의, 이날 중으로 북조선적십자 측에게 현재 니가타(新潟)의 일본적십자센터에 집결해 있는 귀환희망자(735명)에 대해서 우선 한 척만이라도 배선을 요구하는 전보를 보내기로 결정했다.

1961년 2월 9일(2면)

예비회담에서 결론을 - 한국 수상 등, 일한 본회담 언급

〈서울(경성)=마사키(真崎) 특파원 8일발〉 장면(張勉) 한국 국무총리는 8일 오전 기자회견에서 한국정부가 당면한 여러 문제에 대해 소신을 밝혔는데, 특히 일한관계에 대해 다음과 같이 말했다.

1. 일본 측이 민의원(民議院)의 대일정책결의에 불만을 보이고 있다고 하는데, 이 결의는 전혀 일본 측을 자극하려는 내용을 포함하고 있는 것으로 생각되지 않는다. 일한회담이 어려운 상태에 빠졌다는 것은 사실이 아니며, 외교교섭상 있을 수 있는 일시적 현상이다. 일본 측도 시간이 지나면 국회결의의 진의가 이해될 것이다.
2. 일본어선 이리에마루(入江丸)를 석방한 것은, 의식적으로 평화선을 침범한 것이 아니라 풍랑에 밀려 부득이 선 내로 들어온 것이 분명하기 때문이다. 석방은 일본 측을 자극하지 않으려는 것은 아니다. 정부는 결코 대일외교에 굴욕적인 자세로 임하고 있는 것이 아니다.

또한 이 회견에 동석한 정(일형) 외무부장관은 장면 총리의 말을 보충하여 "양국 수석대표단에서 합의되었다고 전해지는 정치적 타협을 위한 4일 본회담 개최설은 정부의 방침에 의한 것이 아니다. 한국정부로서는 예비회담에서 구체적인 결론을 얻는 뒤에 본회담을 연다는 방침은 변함없다"라고 말했다.

일본 측 협의

사와다 렌조(沢田廉三) 수석대표를 비롯한 일한예비회담의 일본 측 대표단은 8일 오후 4시 반, 외무성에서 협의회를 열었다. 그 결과, 전날 일한 양 수석대표에 의해 열린 비공식회담의 합의에 따라 예비회담을 4월부터 본회담으로 전환할 것을 목표로 실질토의를 촉진할 방침을 합의했다.

1961년 2월 9일(3면)

미한(美韓), 신(新)경제협정에 조인

〈서울(경성)=마사키(真崎) 특파원 8일발〉 한국과 미국의 사이에 현안이 되고 있는 신(新)미한경제원조협정이 8일 오후, 한국 외무부에서 정(일형) 외무부장관, 매카나기(Walter P. McConaughy) 주한 미 대사 사이에 정식으로 조인되었다. 이 협정은 지금까지 양국 간에 있었던 네 종류의 협정을 수정, 단일화한 것으로 ①환율에 관한 신규정 ②대충(對充)자금(보상자금) 관리규정 ③예산의 한미공동연구 ④기술원조사업비의 한미공동부담 ⑤이 원조기관직원에 대한 면세조항, 등이 주된 내용이다.

이 가운데 특히 면세조항을 둘러싸고 양국 간의 의견이 달라 협의가 난항을 겪었으나, 결국 원조관계기관의 직원이나 관계상사(商社)에 대한 상당히 광범위한 면세조치가 취해지게 되었다. 그러나 이 협정은 전반에 걸쳐 한국의 경제주권을 해치는 것으로, 대미종속을 심화시킨다고 반대하는 목소리도 크다.

특히 신민당이나 사회대중당은 장면(張勉) 정부를 이런 측면에서 강력히 공격, 또한 구체적으로는 통일민주청년동맹이라는 단체가 서울 시내를 선전차량으로 반대를 외치며 도는 광경도 보였다.

1961년 2월 9일 석간(2면)

이(승만) 라인 내의 어업협정 맺어도 좋다, 한국 측에서 언명

〈서울(경성)=마사키(真崎) 특파원 8일발〉 한국 외무부의 대변인은 8일, 한국인 기자의 질문에 대해 평화선(이승만 라인) 문제에 대해 다음과 같이 말했다.

평화선의 수호를 강요하고 있는 민의원 결의는 평화선 내에서의 적당한 어업협정체결을 금지하는 것이 아니다. 기타 현안문제의 해결과 병행하여 평화선 내에서의 한일 양국 간의 적당한 어업협정을 맺는 것은 빠르면 빠를수록 양국을 위하는 길이다.

1961년 2월 11일(2면)

[사설] 북조선 측에 배선의 부활을 요구한다

북조선적십자사는 일본에서 유행하고 있는 인플루엔자가 없어질 때까지 귀환선을 파견할 수 없다고 거듭 통고해 왔다. 이 때문에 니가타(新潟)의 일본적십자센터에 집결해 있는 735명의 귀환희망자는 언제 고국의 땅을 밟을지, 예정이 서지 않는 상태가 되었다.

북조선 측이 배선을 중지한 것은 1월 말의 귀환선 안에서 몇 명의 인플루엔자 환자가 발생했기 때문에 방역 상의 이유에서 나온 것인 듯하다. 그러나 일본적십자가 북조선 측에 전보로 말하고 있듯이, 현재 니가타에서 대기 중인 조선인의 가운데에는 인플루엔자 환자가 없고, 또한 예방주사를 맞은 후 잠복기간인 2일이 지나면 발병의 위험도 없으므로, 북조선 측이 배선을 거부하는 근거로서 유력하다고는 할 수 없다.

그보다도 의심스럽게 생각되는 것은 최근 귀환희망자의 감소라는 사태와, 이번 북조선의 조치와의 사이에 어떠한 관련이 있는 것은 아닐까 하는 것이다. 귀환희망자는 매회 1천 명이었는데, 작년 말 이후 6, 7백 명으로 감소, 최근에는 1회 5백 명을 밑도는 상태이다. 이러한 상황에서 갑자기 배선중지의 통고가 이루어진 것이다. 귀환희망자의 감소에 대해서는 계절적 현상이라는 설이나, 일한회담의 진전과 관련하여 한국으로의 희망자가 늘어났는지, 일본의 고용관계의 호전을 예상하는 자가 상당히 있는 등, 다양한 이유가 제시되고 있으나, 진실은 확실하지 않다.

그러나 어쨌든 이러한 감소경향이 계속되고 있는 것은 사실이며, 이 때문에 북조선 측은 인플루엔자의 방지를 명목으로 일시 배선을 중지하고, 앞으로의 상황을 살펴보려고 하는 것은 아닐까 하는 관측도 있다. 만약 그렇다면 이것은 매우 유감인 것이고 다수이든 소수이든 귀환희망자는 그의 자유의사에 의해 스스로가 원하는 쪽으로 송환되어야 한다.

북조선 측에 대해 반드시 고려를 요구하고자 하는 것은, 니가타에 이미 집결한 사람들을 귀환시키는 일은 일조(日朝) 쌍방에 있어서 인도 상의 의무라는 것이다. 이 사람들은 이미 직장을 떠났고, 재산을 정리했고, 고국으로 돌아가는 이외에는 생계의 방법이 전혀 없는 것이다. 북조선으로부터의 배선이 없다면 언제까지라도 일본적십자센터에서 기다릴 수밖에 없다. 여러 명을 수용하는 임시 숙소에서 기약 없이 생활을 시키는 것은 귀국자들에게 있어서 견디기 힘든 고통일 것이다. 이미 이 사람들의 사이에는 선물할 물건까지 팔아버린 사람도 있다고 한다. 이러한 상황을 배려하여 북조선 측이 신속히 배선을 하여 니가타의 귀환희망자를 송환하도록 희망하는 바이다.

더욱 요망하려는 것은 북조선 귀환의 업무에 대해 일관된 태도를 지켜주었으면 하는 것이다. 작년 가을의 니가타 회담의 결과, 북조선으로의 귀환을 신속화하기 위해 1회 승선자를 1천 명에서 1천 2백 명으로 증가시키는 것으로 교섭이 타결되었고, 이를 위해 니가타의 일본적십자센터의 증축공사가 서둘러져 3월부터 실시될 예정이었다. 그런데 사실은 귀환자의 감소와 배선의 중지라는, 예상외의 결과가 되었다. 우리들은 북조선 측에 배선의 부활을 요구하는 동시에, 이번 기회에 귀환희망자가 얼마나 있는지를 확인하고, 귀환업무를 조기에 달성하도록 일조 쌍방이 노력할 것을 특히 바라고자 한다.

1961년 2월 13일(10면)

북조선적십자의 배선 중지 - 귀환을 고대하는 사람들

질서 지키며 노래나 영화 – 푼돈으로는 어려운 분위기

북조선적십자사가 귀환선의 배선을 중지했기 때문에, 귀환업무는 현재 완전히 마비된 상태다. 배선중지에 대해 조선적십자 측은 "독감을 막기 위해서"라고 하고 있지만, 현재 니가타(新潟)의 일본적십자센터에는 제55차 승선예정자가 2주 가까이 발이 묶여있다. 이 사람들의 가운데에는 용돈도 부족한 사람이 나오고 있으며, 전국 각지의 거주지에서 대기하는 사람들 가운데에는 숙소도 부족한 사람도 있다고 한다. 업무재개를 기다리는 귀환희망자들의 표정은-.

니가타에 발이 묶인 그룹

니가타의 일본적십자센터에는 현재 735명이 귀환선의 입항을 기다리고 있다. 그 가운데 469명은 지난 달 31일에 입소했던 55차선 예정자로, 나머지는 7일 입소한 56차 그룹. 55차 그룹은 지난 2주간 센터 생활을 하고 있다는 것. 지금 재소자의 불만이라면 "식사의 식단이 단조롭다"는 것 정도이며, 다행히 큰 문제는 일어나지 않고 있다. 매일 배구, 영화관람 등의 레크리에이션 외에, 조선어나 조선 노래의 연습으로 시간을 보내고 있다. 그러나 용돈이 부족해진 것은 분명하여, 센터 내의 매점의 매상도 최근 확실히 줄었으며, 곧 조선총련(朝鮮総連)으로부터 받을 1인 700엔 씩의 송금을 기다리고 있다.

배선을 중지한 본국에 대한 생각은 '호의적'인 듯하다. 성태환(成泰煥) 제55차 귀환단장은 "불만을 보이는 사람도 있지만, 이야기를 나눠본 결과, 이렇게 많은 귀환자를 보내면서 방역조치를 강구하지 않은 일본 측이야 말로 비난받아야 할 것임을 확인했다. 우리들은 일본에서 얻은 병을 조국으로 가지고 돌아갈 수는 없다. 일본에서 독감이 수습될 때까지 질서를 지켜갈 자신이 있다"라고 했다. 그러나 배선중지가 길어지고, 외부로부터의 원조가 끊어지면, 과연 이 질서가 유지될지-센터의 직원의 가운데에는 걱정하는 사람도 있다.

거주지에서 대기하는 그룹 – 불만, 모두 일본 측으로

각지의 발이 묶인 그룹의 표정은 가지각색이다. 주위의 사람들의 호의로 도움을 얻었고, 계약이 끝났던 셋집도 출발의 날까지 사용할 수 있게 된 가족도 있다(이시카와(石川)). 그 반면, 숙소로 어려움을 겪고 있는 사람도 있다. 나가노현(長野県) 고모로시(小諸市)의 실업대책사업 대상 노무자(63)의 일가 3명은 출발이 가까워지면서 집을 팔았지만, 출발연기로 부득이 여관에서 살고 있다. 시의 복지사무소에 울며 호소하자 현(県)과 상담, 저렴한 방을 찾고 있다. 이바라키현(茨城県)의 다카하기시(高萩市)의 4인 가족도 비슷한 케이스. 56차선으로 돌아가기로 되었으므로 가재도구를 니가타로 보내고, 집도 집주인에게 돌려준 상황에서 이번의 중지 통지. 생활보호도 중단되어 방도가 막막하다고 한다.

이 외에 친구로부터 침구를 빌리고 있거나(다카사키시(高崎市)), 아는 사람의 집을 전전하며 묵고 있거나(미에현(三重県)), 가재도구를 처분하면서 겨우 끼니를 이어가는(구마모토현(熊本県)) 등.

이러한 딱한 사례가 있음에도 귀환희망자들의 동요는 의외로 적고, 니가타의 일본적십자센터의 경우에도 마찬가지로 조선적십자 측에 대한 비난도 눈에 띄지 않는다. 견해는 다양한데, "귀환자들은 원래 가난한 사람들이 대부분으로, 주변의 처리가 간단하기 때문이다"라거나 "조선총련 등 조직으로부터의 설득이 철저하기 때문"이라는 쪽도 많다.

비교적 평온한 귀환자들이라고 하지만, 이러한 분위기는 과연 언제까지 이어질까. 일본적십자·후생성은 지난 8, 9일 이틀간 조선적십자 측에 '긴급배선'을 호소했는데, 만약 이것이 거부되면 업무의 중단은 상당히 길어질 것 같다.

이 경우, 귀환자들의 동향이 주목되는데, 총련 계의 '책임은 일본 측'이라는 선전이 철저하기 때문에, 비난은 일본 측으로 향할 것 같다.

기후현(岐阜県), 후쿠오카현(福岡県) 등에서는 현(県), 시(市) 등으로 "귀환하는 날까지 생활비를 지급해 달라"는 요구가 슬슬 나오기 시작했고, 총련 본부도 "귀환자에 대한 적절한 원호조치를 바란다"는 성명을 내놓은 만큼, 이 요구 운동은 각지에서 확대되지 않을까 일본적십자 등 관계당국에서는 걱정하고 있다.

1961년 2월 16일(3면)

대일 청구권, 양국의 협상으로 - 한국일보, '미국의 견해'를 게재

〈서울(경성)=마사키(真崎) 특파원 15일발〉 일한회담의 중요 테마인 대일 재산청구권에 대해, 지난 쇼와(昭和) 32년(1957년) 12월말 미국정부가 제시한 '청구권 해석에 관한 미국 정부의 견해'가 최근 일본의 국회에서 문제가 되었는데, 15일 아침 한국일보는 이 견해의 전문을 인용, 크게 보도했다. 이 각서는 "샌프란시스코평화조약에 의해 일본은 재한(在韓) 재산을 포기하며, 이에 대한 보상요구는 할 수 없다. 그러나 이 재산이 한국 측에 귀속됨에 따라 어느 정도 한국의 대일청구권도 상쇄된다고 생각된다"라는 취지였던 것이다.

이 보도에 대해 같은 날 저녁, 김(金溶植: 역자) 외무부 사무차관은

① 한국정부는 종래부터 이 각서의 공표에 반대했던 것은 아니다.
② 일본 측은 이 내용이 공개되면 한국 측의 입장이 어려워진다는 인상을 일본국민에게 주고 있는데, 이 각서야 말로 한국의 대일청구권의 주장을 유리하게 이끄는 것이다.

라며 한국정부의 공식적인 태도를 밝혔다.

〈서울(경성)=마사키(真崎) 특파원 15일발〉 문제의 '청구권해석에 관한 미국정부의 견해'라는 각서가 밝혀진 것은 이번이 처음이 아니라, 지난 쇼와(昭和) 33년(1958년) 2월 공동통신사 발행 「세계자료」에 발표되었고, 당시 일한 양국에서 문제가 되었던 바가 있다. 이번 한국일보가 보도한 것도 같은 자료를 번역 게재한 것으로, 그런 의미에서는 한국 외무부가 말했듯이 새로운 것은 아니고, 관계자의 사이에서는 '알려진 비밀문서'였다.

이 견해의 내용은 주로 세 문단으로 되어 있는데, 첫째 문단은 "미국정부는 한국에 있는 재산에 대해서, 일본 및 일본국민 모두의 권리, 권한 및 이익이 처분되었다는 견해를 가지고 있다. 그러므로 일본은 자산, 이익에 대한 유효한 청구권을 주장할 수 없다." 둘째 문단은 "평화조약 기초자는 일본국 및 일본국민에 대한 한국 측의 청구권이 문제가 되었을 때, 이 청구가 이미 재한 일본재산의 소속변경에 의해 어느 정도는 충족된 것은 분명하나, - (중략) 일본국과 한국의 사이의 특별한 약속은, 재한 일본재산을 한국정부가 인수함으로써, 어느 정도까지 일본국에 대한 한국 측의 청구권이 소멸하고, 또는 충족되었다고 인정해야 할 것인지, 그것이 어느 정도인지를 결정하게 될 것이다"라고 했다.

그리고 이어서 "평화조약에서 규정되어 있는 특별한 약속의 체결에 있어서, 재한 일본재산의 처리가 양 당사국에 의해, 제대로 감안되었는지에 대해, 합중국이 의견을 말하는 것은 적절하다고는 생각하지 않는다"라고 말했다.

결국 일본의 재산청구는 어느 정도 한국의 청구권을 상쇄하는 것이 되는데, 그 정도에 대해서는 일한 양국의 협의에 달려있다고 하는 것이다.

[주(注)] 일본에게는 '유리'

외무성 관계자는 보도된 '미국정부의 견해'의 내용을 긍정하고 있다. 외무성은 최근 국회에서 고사카(小坂善太郎: 역자) 외상이 답변한 대로, 이 '견해'의 내용을 공표할지 여부에 대해서 한국 측에 문의하던 중이었다고 한다.

그것은 특히 '한국의 대일청구권은 우리나라의 대한청구권 포기를 감안하여 결정한다'는 미국정부의 견해가 이번 한국국민에게 처음으로 알려진 것으로, 일한회담에서 청구권문제를 토의함에 있어 오히려 우리나라에 있어서 '유리'한 재료가 된다고 외무성 관계자는 보고 있다.

1961년 2월 19일(3면)

미국의 중개도 기대 - 한국, 일한회담을 촉진

〈서울(경성)=마사키(真崎)특 파원 18일발〉 일한 예비회담은 지난달 25일 재개 이래, 두드러지는 진전이 없이 답보 상태를 보이고 있다. 한국정부는 이 상태를 타개하기 우해 고심하고 있는데, 정(일형) 외무부장관은 18일 "회담에 임하는 종래의 방침을 완화하고, 조속한 해결을 도모하고자 한다. 이를 위해 필리핀 방문 도중, 도쿄(東京)에서 유(진오) 수석대표와 충분 협의하고, 새로운 방책을 준비하려고 한다"고 말했다. 또한 이러한 분위기를 반영하여 한국정부 당국자의 사이에는 최근, 일한교섭 촉진을 위해 미국정부의 중개를 기대한다는 목소리도 나오기 시작했다.

정(鄭) 장관은 한비(韓比=한국 · 필리핀: 역자) 통상협정 조인을 위해, 오는 20일 마닐라로 향할 예정이다. 일한회담에 관한 정 장관의 언급은, 17일에 귀국했던 한국 측 대표의 보고를 중심으로 외무부 당국에서 장시간 협의한 결과인데, 그 구체적 내용은 알려지지 않았다.

그러나 소식통의 견해로는, 특히 일본 측이 해결을 강하게 희망하고 있는 평화라인, 어업문제에 대해 진전된 태도로 임할 것으로 보이며, 이 문제에 대한 정부의 훈령을 가진 대표가 가까운 시일 내 일본으로 향할 예정이다.

미국정부의 중개를 바라는 생각은 지금까지도 관계자의 사이에서 전해지고 있는데, 정부 대변인인 정헌주(鄭憲柱) 국무원 사무처장은 17일 밤, 한국인 기자의 질문에 답하며 "평화선 문제에 한정하지 않고 국교정상화를 위해 한일회담 전반에 결쳐 미국 측의 중개를 기대하고 있다"고 말했다.

1961년 2월 21일(3면)

한국에서 신민당(新民黨) 발족

〈서울(경성)=마사키(真崎) 특파원 20일발〉 한국의 신민당은 20일 오전 10시부터 서울시 공회당에서 결당대회를 열고, 보수 제1야당으로 정식으로 발족했다. 작년 가을, 민주당으로부터의 분리를 선언한 이후 약 반년 만에, 발족준비대회를 연 이후 3개월 만이다.

이날 대회에서는 전국의 대의원 873명이 출석. 선언문, 강령, 각종 메시지 등을 채택한 후, 당 위원장에는 김도연(金度演) 씨, 전당의장(全黨議長)에 백남훈(白南薰) 씨를 선출했다.

신민당은 특히 결당의 정신으로 "한국독립의 선구인 3·1운동의 정통 계승자로서, 4월혁명의 정신을 존중하여, 제2공화국의 기초를 공고히 한다"라는 취지를 선언하였고, 정치이념으로는 자유민주주의, 경제에서는 혼합경제를 내세워 차기 정권을 목표로 발족하게 되었다. 기본정책 가운데 대일관계와 국토통일의 개요는 다음과 같다.

▷대일관계=①현안문제는 공평한 원칙에 의해 상호 성의있는 태도로 해결한다 ②평화선(이승만 라인) 문제는 국방상 고려와 우리들에게 실리를 가져올 어업협정을 체결함으로써 해결한다 ③양국 간의 외교는 호혜평등의 원칙에 따라, 점진적으로 전개한다. 특히 양국 간의 경제호조(互助)는 상호의 국내산업의 육성, 발전에 지장이 없도록 국가적 계획과 통제 하에 실시한다.

▷국토통일=정부에 통일부를 설치하고, 대북조선 전문방송국을 건설하며, 또한 당내에 통일문제연구기관을 설치한다. 북조선에 억류된 사람들의

구출, 구원(救援) 식량, 의약품의 제공 등은 국제기관을 통해 실현되도록 노력한다.

현재 신민당의 국회세력은 이날 현재 민의원 62명(정수 233), 참의원 17명(정수 58).

1961년 2월 27일 석간(1면)

2일부터 토의 재개 - 일한회담, 양 수석이 의견일치

일한 예비회담의 일한 양국 수석대표의 비공식회담이 27일 오전 10시반부터 도쿄(東京) 고지마치(麹町) 가유카이칸(霞友会館)에서 열려, 3월 2일부터 이승만 라인, 일반재산청구권의 두 문제를 중심으로 각 분과위원회의 토의를 재개하기로 했다. 이에 따라 지난 7일 이래, 중단상태였던 예비회담이 다시 궤도에 오를 전망이다. 일본 측으로서는 3월 2일 이후 회담에서 사무 레벨에서의 일한 간 협의는 실질적인 진전을 보일 것으로 기대하고 있다.

27일 비공식회담에서는 일본 측은 사와다(沢田廉三: 역자) 수석대표, 이세키(伊関佑二郎: 역자) 외무성 아시아국장, 한국 측은 유진오(兪鎭午), 이천상(李天祥) 대표가 출석했다. 유(兪) 한국 수석대표는 본국으로부터의 훈령을 기초로 지난 7일 비공식회담에서 일본 측으로부터 제안된 '어업 및 일반재산청구권의 두 문제에 대해 실질적 토의로 들어간다'에 대해 인정한다는 태도를 밝혔고, 협의의 결과 3월 2일부터 각 분과위원회를 열기로 했다.

어업문제는 '평화라인(이승만 라인) 및 어업문제에 관한' 분과위원회에서 토의되는데, 우선 어족자원공동조사부터 협의가 진정될 것이다. 또한 일반재산청구권에 있어서는 앞서 한국 측으로부터 제안된 8항목의 재산청구에 대해 사실상, 법률상 검토가 진행될 모양이다.

한편, 지난 7일의 비공식회담에서는 일본 측이 4월부터 예비회담을 본회담으로 전환할 것을 희망하였지만, 이 점에 대해서는 이미 약 3주 간 회의가 공전하였으므로 3월 1달 동안에 논의를 매듭짓는 것은 곤란하다는 판단에서, 본회의로의 전환에 대해서는 특별한 목표를 정하지 않고, 우선 예비회담을 충실히 진행할 것을 쌍방에서 노력하기로 했다.

1961년 3월 1일(3면)

한국, 전국에 특별경계

〈서울(경성) 28일발 UPI=공동〉 한국 경찰은 3월 1일을 기해 대규모 반정부 데모가 일어날 우려가 있으므로 전국에 특별경계태세를 하고 있다.

대구(大邱)에서 고교생들 4만 명의 데모

〈서울(경성)=마사키(真崎) 특파원 28일발〉 28일 대구시에서 열린 2·28의거 기념식은 시내 중, 고교생 약 4만 명이 참가하여 성대히 열렸다. 이는 작년 2월 28일 학원 자유를 요구하며 대구의 학생이 일어섰고, 이것이 계기가 되어 전국에서 부정선거 추궁의 목소리가 커져, 4월혁명이 된 것.

이날 대회에서는 '2·28정신을 상기하라'는 선언에 이어 '한미 행정협정을 즉시 체결하라' '조국통일을 완수하자' '학원의 민주화와 학원의 자유를 보장하라' 등을 결의, 플래카드를 내걸고 시내 행진했는데, 이렇다 할 소동은 일어나지 않았다.

1961년 3월 1일(3면)

민의원(民議院), 조건부 승인 – 신 미한(美韓)경제원조협정

〈서울(경성) 28일발 UPI=공동〉 한국 민의원은 28일, 신 미한경제원조협정을 다음 3가지 조건부로 승인했다.

▷ 신 협정의 조항의 적용 또는 해석에 대해 한국 주권의 '충분한 존중'을 보증한 26일자의 매카나기(Walter P. McConaughy) 주한 미국대사의 서간과 모순되지 않도록 할 것.

▷ 미국의 주한경제원조기관의 직원 가운데, 외교특권을 부여받은 자의 수를 미한 양국 정부 간의 협의에 의해 제한할 것.

▷ 주한경제원조기관의 직원에 대한 면세특권의 범위는 양국 정부 간의 합의에 의해 정할 것.

참의원(參議院)도 승인

〈서울(경성) 28일발=로이터〉 한국 참의원은 28일 밤, 만장일치로 신 미한(美韓)경제원조협정을 승인, 이로서 협정의 국회비준 수속은 전부 완료되었다. 참의원은 또한 민의원에서 채택된 조건을 함께 승인했다.

미 대사관 대변인은 여기에 대해 이들 조건에는 아무런 이의가 없다고 말했다.

1961년 3월 1일(10면)

북조선 귀환 멈춘지 1개월

외출 희망자가 늘어나다 – 니가타(新潟)에 발 묶인 735명

〈니가타〉 북조선적십자사가 일본의 유행성독감을 이유로 귀환선의 배선을 중지한 지 1개월. 니가타의 일본적십자센터에는 55차와 56차 승선예정자 735명이 업무재개를 기다리고 있다.

순조롭게 이루어졌다면 28일에는 신속화 협정에 기초하여 제1진 59차 1200명이 센터 입소를 할 차례였다. 센터에는 세관의 화물검사장 2동과 수용시설 확장공사가 거의 완성되었는데, 일본적십자센터에서는 이것이 사용되는 것은 빨라도 1개월 정도 뒤가 아닐까 보고 있다.

체재가 길어지고, 기후가 좋아지면서 외출 희망자가 늘어나는 것도 고민이다. 시내에 나가서 모처럼 진정된 유행성독감에 감염될까하는 것이 일본적십자센터 관계자나 귀환자 간부들의 걱정이다. 아이들이 울타리를 빠져 밖으로 나가버리기 때문에, 귀환자 측으로부터 "울타리의 철조망을 강화해 달라"고 지금까지와는 완전히 다른 요구가 나올 정도.

후생성 인양원호국(引揚援護局) 출장소에서는 2월 중에 사용하지 않은 57-59차 귀환자용의 수송비용을 3월부터는 현재 센터에 있는 귀환자를 위해 일용품 구입비 등으로 사용하겠다고 대장성의 인가를 요청하고 있다. 어쨌든 현재 센터에 있는 735명만이라도 어떻게든 북조선에서 받아주었으면 한다고 일본적십자센터 관계자는 말했다.

1961년 3월 1일(석간)

'대한청구권' 추궁, 가와카미(川上) 씨

가와카미 칸이치(川上貫一·공산당) 씨: 정부는 샌프란시스코 조약 제4조 B항에 의해 한국에 대한 재산청구권을 포기했다는데, 언제부터 그러한 해석을 하게 되었는가?

조약국장: 32년(1957년) 12월 31일, 일한회담재개에 관한 일한 양국의 결정 이후이다. 그때까지 일본 측은 한국에 대한 재산청구권이 있다는 주장을 해 왔는데, 32년 말이 되어 종래의 주장을 철회했다. 현재에서 본다면 샌프란시스코 조약은 그렇게 해석해야만 했다는 것으로도 된다.

가와카미 씨: 27년(1952년) 5월 당시, 오카자키(岡崎勝男: 역자) 외상은 국회에서 "평화조약 제4조 B항은 일반 국제법의 원칙에 의해야 할 것이므로, 주한미군에 의해 접수된 일본인의 사유재산에 대한 청구권은 소멸하지 않았다"고 언명했다.

조약국장: 미국의 견해는 '각서' 이전에도 나타나 있다. 그러나 일본으로서는 그것을 장기간 검토하여, 32년 말에 미국정부의 '각서'의 해석이 적당하다고 채용했다.

카와카미 씨: 적당하다면 즉시 '각서'를 공개하라.

이세키(伊関佑二郎: 역자) 외무성 아시아국장: 한국과 협의 중이며, 반드시 가까운 장래 공개할 수 있을 것이라 생각한다. 그 내용은 일한 양국 간에 재산청구권에 대한 결정을 할 경우에 한국이 일본재산을 몰수했다는 것을 고려해야 한다는 일종의 상쇄사상과 연결되어 있다.

가와카미 씨: 일본재산의 전면적 접수를 지령했던 20년(1945년) 말의 재조선(在朝鮮)미군의 군령 33호는 전쟁에 의한 사유재산의 몰수를 금지한 헤이그

육전법규(陸戰法規: 국제조약)의 규정을 초월하는 것인가?

조약국장: 초월한 조치이지만 제2차 세계대전에서는 기존 국제법에서는 납득되지 않는 다양한 현상이 일어났다.

가와카미 씨: 미국에서 한국으로의 일본재산 인도는 유상이었는가. 무상이었는가?

아시아국장: 원칙으로 무상이었다.

가와카미 씨: 원칙이 아니라 사실을 묻고 있다. 일본재산이 미국에 의해 어느 정도 몰수되었고, 그 중에 얼마만큼 한국으로 인도되었는가? 유상이었는가, 무상이었는가? - 여기에 대해 아무것도 알지 못한 채로 교섭할 수 있는가?

아시아국장: 대부분은 무상으로 생각된다.

가와카미 씨: 한국은 우리나라에 대해 지금(地金) 2억 4900만 그램, 지은(地銀) 8900만 그램의 반환을 요구하고 있다. 이것은 무엇인가?

아시아국장: 조선은행으로부터 일본은행으로 넘겨진 것이라고 한국 측은 주장하고 있다.

가와카미 씨: 미국은 신라시대의 목걸이, 이(李)왕조의 구슬 등 3만 점을 가지고 간 것을 알지 못하는가?

아시아국장: 대장성에서 알고 있다.

가와카미 씨: 주한미대사관의 건물은 이전에 누구 것이었나?

아시아국장: 알지 못한다.

(사회당 이사(理事)는 "이런 식이라면 질문을 계속할 수 없다"고 위원장석으로 다가가, 잠시 혼란)

오후 12시 59분 휴회.

1961년 3월 6일(1면)

일본 측에서 이번 주 공개 - 일한청구권, 미 국무성의 각서

외무성은 이번 주 초반, 한국정부의 최종적 양해를 얻어 '일한청구권문제에 관한 미 국무성 각서'를 공개하면서, 이것과 동시에 이 각서의 해석에 대한 외무성의 공식 견해를 밝힐 예정이다. 이 견해 가운데 ①외무성은 일본이 재한(在韓) 재산청구권을 포기한 것은 한국의 대일 재산청구액을 결정할 때 충분히 고려되어야 한다 ②그것을 어떤 형식으로 고려할 지는 일한회담에서 협의하여 해결해야할 것이며, 이로서 한국의 대일 재산청구권은 어느 정도 충족되었음을 주장할 듯하다.

외무성은 그 외에도 한국 측의 의향으로 미공개인 '미 국무성 각서의 취급에 대한 일한 쌍방의 합의의사록' 및 한국 측이 11월에 제출한 일반재산청구권에 관한 8항목의 요구 등도 동시에 공개할 예정이며, 잠시 중단되었던 일한 예비회담은 그 최대 현안인 재산청구권과 어업문제로 이번 주부터 드디어 실질적 토의에 들어갈 예정이다.

문제의 각서는 32년(1957년) 12월에 미국정부로부터 일한 양국 정부에 보내진 것으로, 앞부분에서는 "미군정부가 몰수하여 한국정부에 이양된 재한 일본재산에 대해서는 일본정부는 청구권을 주장할 수 없다"라고 되어 있고, 뒷부분에서 "재한 일본재산에 대한 청구권을 일본이 포기한 사실은, 한국의 대일 재산청구권 해결 시에 고려해야 한다"는 것을 밝히고 있다.

한국정부는 종래부터 이 앞부분에 중점을 두고, 일본의 대한 재산청구권은 상실되었다고 강조했고, 이에 따라 한국의 대일 재산청구권이 상쇄된 것은 있을 수 없다는 입장을 표명해 왔다. 이에 대해 일본정부는 각서의 뒷부분을 근거로 일한 쌍방의 재산청구권이 엄밀한 의미에서 상쇄된 것은 있을 수 없는 것이지만, 한국은 일본의 재한 재산을 미군정부로부터 이양 받았으므로, 이것에 의해 한국의 대일재산청구권은 어느 정도 충족되었다는 견해를 취하고 있다.

이 점은 일한 예비회담의 일반청구권 소위원회에서 한국 측이 내세우고 있는 8항목의 요구를 항목별로 토의하는 것에 대해, 중요한 쟁점이 될 것으로 보인다.

일본 측은 6일, 한국 측과 일반청구권 소위원회의 일정이나, 미 국무성 각서의 발표의 절차를 협의하는데, 7일경 동 위원회의 비공식회담을 열기로 했다. 한편 어업문제에서도 7일에 어업 및 평화라인(이승만 라인) 위원회의 비공식회담을 열고, 이승만 라인 철폐, 어업협정 체결의 전제가 된 어족자원공동조사에 대해 토의한다. 일한 예비회담은 당분간 재산청구권과 어업문제의 비공식회담을 중심으로 실질적 토의가 이어지게 될 것이다.

1961년 3월 8일(4면)

접수 정지, 한국으로의 수출

정부는 6일부터 한국으로의 오픈계정에 의한 수출에 대해 승인제를 실시했는데, 6, 7일 이틀 만에 이번 달 말까지 예정하고 있던 양의 배에 가까운 약 200만 달러의 신청이 쇄도하여, 7일 신청 접수를 정지했다. 지금까지 적었던 섬유제품이나 고가품이 많아, '막바지 신청'이 상당히 포함되어 있다고 통산성은 보고 있으며, 이 가운데 수입신용장이 없는 '위장계약'이 탈락될 것이다. 신청접수는 4월 이후에 재개된다.

[주(注)] 오픈(청산)계정이라는 것은 무역거래의 현금결제를 그때그때 하지 않고 정기적으로 결산을 하는 방법으로, 현재 한국, 대만, 그리스 3국과의 사이에 이루어지고 있다.

1961년 3월 8일(4면)

다음에는 어족자원 - 일한 예비회담 '이(승만) 라인'으로

일한 예비회담은 7일 오후, 지난 1월 하순의 회담 재개 이래, 사실상 처음으로 평화라인 및 어업에 관한 분과위원회를 열었다. 그 결과 14일에 열린 다음 회합부터 이승만(李承晩) 라인 수역 주변에서의 어족자원 실태에 대해 토의하기로 합의했다. 이렇게 자원상태에 대한 구체적 협의를 한다는 것은 과거 10년간의 일한회담을 통틀어 거의 처음인데, 자원문제를 토의하는 것 자체가, 한국 측이 이승만 라인 철폐를 대신하는 어업협정체결이라는 일본 측의 계속된 주장에 응하는 것을 암묵적으로 인정하는 것이므로, 그 의의는 크다고 할 수 있다.

이어서 8일 오전에는 한국 측이 가장 중점을 두고 있는 한국 청구권위원회에서 선박, 문화재 관계를 뺀 일반청구권소위원회를 열어 어업문제의 토의와 균형을 맞추는 형태로 일반청구권에 대해 실질토의로 들어가는 절차를 정할 예정인데, 타결의 전망은 아직 이르다.

1961년 3월 8일 석간(1면)

발표는 내일 – 일한청구권, 미국 각서

일한 예비회담의 일반청구권소위원회는 8일 오전 회합에서 '일한청구권 문제에 관한 미 국무성 각서'(쇼와(昭和) 32년(1957년) 12월 31일) 및 이와 관련된 당시의 일한 합의의사록을 9일 일한 양국정부에서 각각 발표하기로 했다.

이것은 지난 1일 중의원 외무위원회에서 야당 측의 요구에 따라 정부가 공표를 약속한 것으로, 이번 청구권문제를 토의하는 가운데 법률적 기초가 될 것이다.

현재 소위원회는 15일의 다음 회합부터 한국 측이 주장하는 청구권에 관한 8항목의 요구에 기초해 실질토의에 들어가게 된다.

1961년 3월 8일 석간(1면)

한국사절단 오늘 방일

〈서울(경성)=마사키(真崎) 특파원 7일발〉 일본의 대한(對韓) 무역제한조치는 한국에 심각한 타격을 주어, 한국정부는 그 대책에 고심하고 있다. 7일 한국 측의 방침이 거의 정리되어, 김영록(金永祿) 재무부 이재(理財)국장을 단장으로 한 대표단은 한국 측의 방침을 가지고 8일 오후 비행기로 일본으로 향하기로 결정했다. 이날 협의에서 결정된 내용에 대해, 이날 밤 대표의 한 사람인 상공부 모 고위관료가 말한 내용을 종합하면 한국 측의 의향은 거의 다음과 같이 보인다.

4500만 달러에 달하는 한국의 회수불능 채무는 일단 보류하는 것으로 하는데, 일한회담에서의 대일 재산청구권과 연결시켜 청구권 문제와 함께 정치적으로 해결을 한다. 그러나 그 해결방법에 대해서는 일본의 주장을 받아들여 정식 문서에 의한 각서를 교환해도 좋다. 이후 초과분의 청산방법에 대해서는 일한 쌍방의 주장을 중심으로 교섭에 의한 타결을 도모하기로 한다는 선에서, 일본이 6일부터 실시하는 것으로 결정한 수출의 사전 승인제를 신속히 철폐하도록 강하게 요구한다는 것이다.

1961년 3월 9일(1면)

일한(日韓)이 정할 문제 - 대일 재산청구권, '미국의 구상서'를 발표

일본, 두 번째 부분을 강조

외무성은 9일 오전 0시, 일한 예비회담에 관련하여 문제가 되고 있는 '일한 청구권문제에 관한 미 국무성 구상서(口上書)'(32년(1957년) 12월 31일자) 및 이와 관련한 당시 일한 합의의사록을 공표했다.

한국정부도 9일 중에 구상서, 합의의사록 및 이에 대한 한국정부의 견해를 공표할 것으로, 이들 자료는 한국 측의 희망에 따라 미공개였으나, 이번 일한 예비회담에서 한국의 대일 재산청구권 문제를 토의함에 있어서 하나의 기초가 될 것이다. 이 미 국무성의 구상서는 일한 재산청구권 문제에 관련한 평화조약 제4조의 해석에 대한 미국 정부의 견해를 표명한 것으로 ①미군에 몰수되어 한국정부에 이양된 재한(在韓) 일본재산에 대해서는 일본은 평화조약 제4조 b항에 따라 청구권은 주장할 수 없다 ②다만 재한 일본재산이 한국 측에 인도된 것은 한국의 대일 재산청구권을 결정할 때 고려해야 한다는 두 가지로 이루어졌다.

앞으로 일한회담에서 문제가 되는 것은, 그 가운데 두 번째 것으로 일본 측으로서는 '고려에 넣어야 한다'는 부분을 최대한으로 해석하여 가능한 한 한국의 청구액을 낮추려고 할 것이고, 한국 측이 이것에 반대할 것은 당연하다. 미 국무성의 구상서에 쓰인 것이 추상적인 만큼 금액 절충의 단계에서 분규의 원인이 될 것 같다.

현재 일한 합의의사록은 32년(1957년) 12월 31일, 당시 후지야마(藤山愛一郎: 역자) 외상과 김(金) 한국대표부 대표와의 사이에 ①미 국무성 구상서에 양국

정부가 동의한다 ②이것은 양국의 재산청구권의 상호포기를 의미하는 것은 아니라는 두 점에 합의한 것이다.

평화조약 제4조의 해석에 관한 미국의 구상서 요지

아메리카합중국 국무성은 1952년 4월 29일 한국대사 앞으로 보낸 서간에서 일본국과의 평화조약 제4조를 다음과 같이 해석했다.

"합중국은 일본국과의 평화조약 제4조 (b) 및 재한국 합중국 군정부의 관련 지령 및 조치에 따라 대한민국의 관할권 내의 재산에 대한 일본국 및 일본국민의 모든 권리, 권원(權原) 및 이익이 소멸되었다는 견해이다. 따라서 합중국의 견해에 의하면 일본국은 이들 자산 또는 이들 자산에 따른 이익에 대한 유효한 청구권을 주장할 수 없다. 특히 일본국이 평화조약 제4조 (b)에 있어 효력을 승인했던 이들 자산의 처리는 합중국의 견해에 의하면 평화조약 제4조 (a)에서 규정하고 있는 약속을 고려함에 있어서 관련이 있는 것이다."

합중국 정부는 위의 견해를 계속해서 유지하고 있다. 이 견해 및 평화조약의 해당 조항의 배후에 있는 이유를 설명하는 것은 유익할 것이다. 조선에 있어서 독립국가의 설립을 위해서는 일본국과의 관계를 깨끗하게 그리고 완전하게 단절하는 것이 필요하다고 생각되기 때문에, 합중국 군정부의 관할권 내인 조선의 부분 내의 일본재산은 소속을 바꾸어 이후 대한민국에 이전되었다.

소속변경 명령 및 이전협정이 의도하는 것은 한국의 당국에 위의 재산을 완전히 지배시키는 것에 있다. 권원의 소속 변경과 보상의 문제를 구별하는 것은 법적 견지에서 가능하다고 인정되지만, 합중국 정부는 일본국의 보상에 대한 청구권은 해당 사정의 아래에 있어서 소속변경명령, 이전협정 및 평화조약 제4조 (b)의 표현, 윤리 및 의도와 양립하지 않는 것이라고 생각된다.

평화조약의 기초자는 일본국 및 일본국민에 대한 한국의 청구권이 문제가 되었을 때에, 그 청구권이 한국 내의 일본재산의 소속변경에 따라 이미 어느 정도 충족된 것이 분명함에도 불구하고, 평화조약이 해결을 규정함에 있어서는 충분한 사실도 또한 적용될 법이론의 충분한 분석도 가지고 있다고 생각하지 않았다. 따라서 다른 일본국의 구 영토의 경우와 마찬가지로 평화조약의 기초자는 이들 문제를 완전히 관계국 간의 결정에 맡겼다. 평화조약의 기초자는 제4조 (a)에서 말하는 특별규정에 있어서 당사국은 한국 내의 일본재산이 전부 소속 변경되었다는 사실을 고려할 것이라고 생각하며, 이 때문에 이러한 처리가 특별규정을 고려함에 있어서 '관련이 있다'는 것으로 위의 견해에 있어서 표명했다. 따라서 한국과 일본국의 사이의 특별규정은 한국 내의 일본재산을 한국정부가 인수함으로서 일본국에 대한 한국의 청구권이 어느 정도까지 소멸되었고, 또는 충족되었다고 인정할 것인지에 대한 결정을 포함하게 될 것이다.

합중국이 1952년 4월 29일, 한국대사 앞으로 보낸 국무성 서간에서 설명한 해석을 제시한 것은 평화조약의 규정에 대한 합중국의 책임으로부터 적당하다고 생각된다. 그러나 평화조약에서 규정된 특별규정의 체결에 있어서, 한국 내의 일본재산의 처리가 당사국에 의해 실제로 어떻게 고려되어야 하는지에 대해서 합중국이 의견을 표명하는 것은 적당하다고는 생각되지 않는다. 특별규정은 관계 양 정부 사이의 문제이며, 그 결정은 당사국 자신 또는 그 결정을 당사국이 위임한 기관만이 당사국이 제시하는 사실과 적용될 법이론을 충분히 검토하여 행할수 있다.

[주(注)] 평화조약 제4조 (b)항=일본국은 제2조 및 제3조에 관계된 지역(조선을 포함) 어느 곳에 있어서도 합중국 군정부에 의해 또는 그 지령에 따라 이루어진 일본국 및 그 국민의 재산의 처리의 효력을 승인한다.

1961년 3월 9일(3면)

한국대통령과 단독회견

일한우호에 열의 – 반공정책추진에는 엄격

〈서울(경성)=마사키(真崎) 특파원 8일발〉 한국대통령의 관저는 서울시의 북쪽, 북악산 기슭에 있는 청와대(구 경무대)로 불리고 있다. 4월혁명으로 이승만(李承晩) 전 대통령이 실각하고 신생 제2공화국의 원수로 윤보선(尹潽善) 현 대통령이 취임했다. 윤(尹) 대통령은 영국에서 교육을 받은 한국 정계 최고의 명문 출신. 작년 8월 취임 이래 다망한 날들을 보내고 있다. 현재 일한회담은 미묘한 단계에 접어들었고 4월혁명 1주년도 가까웠다. 기자(마사키 특파원)는 8일 아침 청와대로 윤 대통령을 방문하여 단독기자회견을 할 기회를 얻었다.

한국 대통령이 일본인 기자에게 단독회견을 허락한 것은 이번이 처음이다. 윤 대통령은 기자의 질문에 답하여 시종 열의있는 태도로 한국의 입장과 주장을 설명했다. 한 마디로 말하면 그것은 일본과의 우호관계를 증진하고, 자유진영으로서 반공체제를 공고히 한다는 것이다. 다만 지난 정권시대의 고립적 반공과는 달리 변화하는 세계정세를 보면서 한국의 입장을 견지한다는 태도로 이해되었다.

일본과의 현안해결에 대해서도 서로의 입장을 존중하는 상호 이해가 매우 중요함을 반복하여 강조하는 태도였다.

문: 일본과의 우호관계 촉진에 대해서.

답: "한일양국은 역사적, 지리적으로 오랜 유대를 가지고 있다. 특히 신생 한국으로서 양국의 우호관계는 외교의 첫 걸음이며, 한국민의 최대관심사이다.

국교의 정상화를 중심으로 무역, 경제, 외교의 모든 것이 잘되어 가고 있다고 생각한다"라고 전제하면서, 일한회담에 대해 다음과 같이 말했다.

"나 개인의 견해이지만 만약 어느 쪽이 양보해야하나 한다면 한국민의 감정으로서는 일본 쪽이 더 많이 양보해야한다는 입장이라고 생각한다." 그 이유로서는 "일찍이 일본은 36년에 걸쳐 한국을 지배했다. 그것은 양국의 실력 때문이었으므로 이제 와서 이러쿵저러쿵 할 일은 아니다. 다만 이후 한국은 남과 북으로 양단되었고, 동란으로 나라는 황폐해졌다. 남북의 분단은 일본군이 종전에 즈음해 북은 소련에, 남은 미국에 의해 무장해제된 것에 기인한다. 그것이 일본의 의지에 의한 것이 아님은 충분히 알고 있다. 그러나 일본군의 무장해제가 결과적으로 오늘의 숙명적인 남북분단을 가지고 온 것은 부정할 수 없는 사실이다." "일본이 패전 후 경제적으로 어려운 입장을 극복하고 오늘날 부흥을 한 것은 일본국민의 위대한 노력의 결과이다. 다만 우리나라에 불행을 가져온 한국동란이 그 직접적인 원인이기도 하다."

어조를 높여 특히 강조하는 태도는 아니었지만, 한 마디 한 마디 분명히 말하며, 말을 끝내면 입을 한일자로 꾹 다물었다. "동란 이후 한국은 예산의 4할 내지 6할을 군사비로 쓰기 때문에, 경제적으로 부흥할 여력이 없었다. 이러한 희생을 참으면서 공산침략을 막아 온 것을 일본국민이 잘 이해하여, 정신적으로도 일단의 협력을 바란다"라고 했다.

문: 세계정세는 움직이는 것이다. 아시아에서도 중공, 인도 등의 존재와 의향을 무시할 수 없는 것이 오늘날의 정세는 아닐까?

답: "우선 우리나라의 주변의 비공산국가들이 단결하고 결속하여 공산침략을 막으려 노력함이 바람직하다. 중공의 유엔가입에 영국은 찬성의 의향이라고 하지만, 그것은 근시안적인 시각에 의한 오산이며 찬성할 수 없다. 일본은 공산침략에 의한 직접피해의 경험이 없어서, 국민이 좋은 생활을 할 수 있다면 그것으로 충분하다고 간단히 생각하고 있는 것은 아닌가. 만약 한국, 대만이 공산침략으로 먹힌다면 다음은 어디일까?, 이 점을 진지하게 생각해주었으면 한다. 공

산침략을 단지 강 건너 불구경으로 생각하는 것은 큰 잘못이다. 일본, 미국, 영국 어느 나라에서도 만약 공산세력이 정권을 잡으면 그 국민은 결코 행복할 수 없다"라며 반공정책에 대한 일보의 타협도 용납할 수 없다는 어투였다.

마지막으로 "아사히(朝日)신문을 통해 특히 일본국민에게 무엇을 호소할 것이 있나?"라는 질문에 답하여 "아시아의 자유진영이 단결하는 것은 단지 한국만이 아니라 아시아를 위해서이다. 특히 경제적으로 발달한 인구, 공업력에서 월등한 일본 국민의 각별한 협력을 가장 바라고 있다"라고 맺었다.

1961년 3월 14일(2면)

[사설] 일한회담은 실질을 취해야

일한 예비회담은 14일 어업문제에 관한 분과위원회에 이어, 15일은 재산청구권의 분과위원회가 열려, 회담의 초점이 되고 있는 2가지의 문제에 대해 드디어 실질적인 토의가 개시되었다. 지난 1월 재개된 이래 거의 정체상태였던 일한회담이 최근 구체적인 전개를 보이려고 하는 것은 늦었지만 환영해야 할 것이다.

어업관계의 위원회에서는 처음으로 어족자원의 문제가 토의 대상이 될 예정이다. 이것은 일한회담에서 지금까지 거의 토의된 적이 없는 문제이며 해저어군이나 부유(浮遊)어군의 분포나 증감의 상태에 대해 일한 쌍방이 자료를 가지고 토의하고, 장래 자원상태를 예측할 수 있도록 하는 것이다. 이것을 바탕으로 일한 양국의 공통의 어장이 될 해역에서의 어획에 대한 부분적 금지나 제한조치가 고려되어, 양국 간의 어업협정이 체결되게 된다. 즉 어족자원의 토의는 양국간의 어업협정의 전제로서의 의의를 가진 것이다. 그리고 자원의 안정적 발전을 고려에서 협정이 맺어진다면 '이승만 라인'이라는 배제적 라인은 무의미해 질 수밖에 없을 것이다.

한국의 민의원은 2월 초 '이승만 라인'은 국방과 수산자원의 보존을 위해 지켜야만 한다고 결의했다. 이러한 생각을 한국 측이 고집하는 한, 일한회담의 진전은 있을 수 없다는 것이 일본 측의 당연한 의향이었다. 그러나 이번 자원론의 토의에 한국 측이 응하게 된 것은 한국 측이 '이승만 라인' 문제를 실질적인 관점에서 고려할 각오를 가진 것으로 생각된다. 그렇다면 한국 측의 태도에는 하나의 진전이 있다고 해야 할 것이다.

한국 측은 재산청구권의 문제를 가장 중시하고 있다. 여기에 대해서는 이미 한국 측으로부터 제출된 재산청구에 관한 8항목에 대해 각각 구체적인 토의가 개시되었다. 이 경우 지난 주 발표된 미국 정부의 견해가 일한 쌍방에서 어떻게 조정되는지가 하나의 문제가 될 것이다. 그것은 다름이 아닌, 일본은 한국에 있는 일본재산에 대한 청구권을 포기하고 있는데, 한국의 대일청구권은 그것과 관련한 것이 있는지 여부에 있는 것이다.

미국 정부의 견해는 첫째로 샌프란시스코 평화조약의 규정에 따라 미군정부는 한국에 있는 일본재산을 몰수했고 한국정부에 이양했다. 그러므로 일본은 재한(在韓) 일본재산에 대해 청구권을 주장할 수 없다고 한다. 그러나 둘째로는 한국은 일본에 대해 재산청구를 함에 있어서 일본이 청구권을 포기한 사실을 고려해야 한다고 말했고, 셋째로는 한국 내의 일본자산을 한국정부가 인수함으로써 한국의 대일청구권이 어느 정도까지 '소멸되고, 또는 충족되었다'고 인정할 것인지에 대해서는 일한 양국의 합의에 따라 결정될 것이라고 보고 있다.

한국 정부는 이 견해의 첫째 내용만을 중시하여, 대일청구권이 일본의 청구권 포기에 의해 아무 것도 상쇄되지 않았다고 하여 일방적인 대일 재산청구를 주장하고 있다. 그러나 미국정부의 견해를 공평한 제3자의 판단에서 존중한다면 견해의 둘째와 셋째 내용으로부터 당연히 일본 측이 포기한 사실을 어떤 의미에서든지 고려해야 하지 않을까.

물론 우리들은 한국 측의 정당한 청구권을 부정하려고는 생각하지 않는다. 다만 스스로의 주장을 관철시키고자 하는 것이 아니라, 호혜정신이 있어야만 타결의 길이 열리는 것이라고 생각한다. 이 점의 이해를 특히 바란다.

1961년 3월 16일(2면)

미국 구상서(口上書) 이미 고려 - 청구권위, 한국 주장

일한 예비회담은 15일 오전 10시 30분부터 외무성에서 일반청구권소위원회를 열고 일한 재산청구권 문제의 실질적 토의를 시작했다. 이날 위원회에서는 우선 한국 측으로부터 먼저 일한 양국 정부로부터 발표된 '일한 청구권문제에 관한 미 국무성 구상서'에 대한 한국 측의 공식견해의 표명이 있었고, 한국 측이 제출한 일반청구권에 관한 8항목의 요구에 대한 실질적 토의에 들어갔다. 한국 측은 다음과 같은 점을 들어 미 국무성 구상서의 취지는 이미 고려가 된 것이며 "재한(在韓) 일본재산이 처분된 사실에 의해 한국 측의 8항목의 요구는 영향을 받지 않는다"는 견해를 밝혔다.

▷ 한국정부는 이전부터 일본에 대해 상당히 큰 금액의 요구를 하고 있는데, 평화조약 제4조 b항에 의해 일본이 재한 일본재산의 처분의 효력을 승인하였으므로, 한국 측으로서는 그 점을 고려하여 당초 생각했던 요구액을 상당히 줄여 8항목의 요구를 제출했다.

▷ 따라서 8항목의 토의를 할 경우, 재한 일본재산이 미군에 의해 몰수되어, 한국정부로 이양된 사실은 고려할 필요가 없다.

이것에 대해 일본 측은 22일 열릴 예정인 다음번의 일반청구권소위원회에서 견해를 표명할 예정인데, 일본 측으로서는 재한 일본재산의 처분에 의해 한국의 대일청구권은 상당한 정도 충족되었고 그 정도에 대해서는 당연 일한회담에서 토의해야 한다는 입장이다.

이날의 소위원회에서는 8항목의 한국 측 요구의 하나인 일본이 반출한 지금

(地金)·지은(地銀)의 반환에 대하여 토의하였는데, 지금·지은의 반출 시기, 반환을 요구하는 법률적 근거 등에 대하여 의견을 교환했다. 다음번에도 지금·지은에 대하여 토의하며, 8항목을 차례대로 협의할 예정이다.

1961년 3월 22일 석간(7면)

북조선 귀환, 배선(配船)의 재개요청
- 일본적십자로부터 조선적십자로 타전

일본적십자는 22일 오후, 북조선적십자사에 "일본 국내의 유행성독감은 거의 수습되었으므로 3월 31일부터 귀환선의 배선을 재개해 달라"고 타전했다.

북조선 귀환업무는 지난 2월 3일 조선적십자 측이 "악성인 일본의 유행성독감이 북조선으로 들어오면 곤란하다"는 이유로 귀환선의 배선중단을 일방적으로 통고하여, 1월 29일 니가타(新潟)를 출항했던 제54차선을 마지막으로 귀환업무는 중단되었다.

일본적십자 측은 이에 대해 이미 니가타에 모여 있는 735명의 귀환희망자의 인수를 두 차례나 요청했지만 북조선적십자 측은 두 번 모두 거부하는 태도를 바꾸지 않았다. 그러나 최근 후생성이 전국적으로 조사한 바에 따르면 유행성독감은 거의 수습되고 있다는 결론이 나왔기 때문에, 일본적십자는 22일 후생성 등 관계당국과 협의하여 귀환 재개요청을 한 것.

문제는 그 요청에 대한 조선적십자 측의 반응인데, 관계 당국이 얻은 정보에 따르면 ①귀환희망자의 사이에 빨리 돌아가고 싶다는 의견이 많고, 조선총련(朝鮮総連)에 상당한 압력도 있다 ②조선총련도 조기 재개에는 찬성이며, 일본적십자의 조치에 협력을 약속하고 있다. 이러한 점에서 일본적십자에서는, 조선적십자 측도 이번 재개요청을 거절하지는 못할 것이라고 말하고 있다.

일본적십자 측으로서는 배선이 재개되면 첫 번째 선박으로는 우선 니가타에 대기중인 사람들을 태우고, 그 이후에는 매회 1200명 씩 승선을 예정하고 있다.

전문(電文) 요지: 일본정부 방역당국은 3월 20일, 일본 국내의 유행성독감의 유행은 이미 거의 종식되었고, 3월 중에는 소멸할 예정이라고 발표했다. 당사는 귀환업무를 재개하고자 하므로 3월 30일 니가타 입항, 31일 출항 예정인 제55차 귀환선을 배선시켜 줄 것을 바람. 여부를 27일까지 회답해주기 바람.

1961년 3월 23일(10면)

북조선 귀환자 줄어들 전망 - 일본적십자·후생성의 조사

등록 5, 6월이 고비 – 이후에는 3만 명 전후인가

일본적십자·후생성은 지난 달 초부터 북조선으로의 귀환을 희망하는 재일 조선인의 동향조사를 하고 있는데, 최근 일본적십자는 그 조선결과를 분석, ① 귀환희망의 등록은 5, 6월경을 고비로 줄어들 것이다 ②앞으로의 귀환등록수는 3만 명 전후로 보인다-는 전망이다.

이 조사는 작년 말부터 귀환희망자의 감소경향이 두드러졌고, 귀환자의 수송계획 등에 여러 가지의 지장이 있었기 때문에 각지의 실정을 파악하여 송출계획을 재검토하려는 것이 주목적이었는데, 금년 여름 귀환협정 재연장이 문제가 될 경우에는 이 조사결과가 일본 측의 태도를 결정할 유력한 자료가 될 것으로 보인다.

조사는 ①최근의 귀환등록수 감소는 어디에 원인이 있는 것인가 ②귀환등록을 끝내고 니가타(新潟)의 일본적십자센터에 오지 않는 사람이나 귀환시기의 변경자 등이 많은 원인은 무엇인가 ③귀환희망자의 앞으로의 예측 등에 대하여, 우선 각 시정촌(市町村=기초자치단체: 역자)의 일본적십자 창구가 받는 인상, 그 지역의 조선인의 움직임 등을 각 도도부현(都道府県=광역자치단체: 역자)의 귀환대책지방본부가 집계, 분석하고, 거기에 일본적십자, 후생성의 담당자가 블록회의를 열어 재검토하는 방법으로 이루어졌다. 조사결과와 그것에 의한 예측은 다음과 같다.

▷귀환등록의 감소, 귀환시기의 변경, 센터 불참자의 원인으로서는 ①강력히 귀환을 희망하는 자는 대부분 귀환하였다 ②북선(北鮮)계 조선인의 동향을

좌우한다고 하는 조선총련(朝鮮總連)이, 최근은 남북조선통일문제에 모든 힘을 쏟아, 귀환문제에 대해 다소 힘을 빼는 모습이 보인다 ③일한회담의 향방을 보면서 태도를 정하려는 눈치족이 상당히 많다 ④북조선으로부터 통신 등을 통해 현지의 사정을 알고 의사를 변경한 사람도 상당히 있다 ⑤최근 호황으로 조선인의 취직, 생활상태도 상당히 호전되었다- 등을 들 수 있다.

그러나 당초 입관(入管=入国管理局: 역자) 등 치안관계 당국의 일부에서 이야기하고 있는 '협정 재연장의 교섭기에 대량으로 등록시켜, 교섭을 북조선 측으로 유리하게 이끌려는 술책'설은 그다지 근거가 약하다.

지금까지 등록수는 7만 4900여명, 귀환자는 5만 4200여명, 등록수속 중인 자가 1만 5700여명인데, 남아 있는 사람들에 대해서는 최근 동향 등을 고려하여 집계해볼 경우, 이후 새롭게 등록할 것으로 보이는 사람은 전국에서 3만 명 전후로 예상된다.

조선총련은 2월 중순부터 신규등록수는 격증, 매주 신규등록수는 1300명 전후가 될 것이라고 하는데, 2월 하순 이후 1000명을 넘는 주는 2회 뿐. 이것은 조선총련의 지도력의 저하로도 풀이되는데, 정보를 종합하면 희망자 수가 한계에 다다른 것으로 보는 쪽이 타당하며 5, 6월을 피크로 등록수는 감소할 가능성이 크다.

다카기(高木) 일본적십자 사회부장의 말: 최근 등록자가 격감하고, 센터에 오지 않는 사람도 많고, 송출계획을 세우기 어려워 이번 조사를 실시했다. 5, 6월경을 피크로 내려간다는 결론이 나왔는데, 중앙 관계당국의 예측도 거의 합치한다. 이후에도 조사를 실시하여 실정에 대응하는 귀환계획을 세우고자 한다.

윤상철(尹相哲) 조선총련 외무부장의 말: 총련(総連)으로서는 최근 특히 실태조사를 한 것이 없으므로 숫자에 대해서는 뭐라고 말하지 않겠다. 하지만 5, 6월부터 줄어든다는 예측은 납득할 수 없다. 우리는 그때부터 오히려 늘어날 것으로 보고 있다. 호황, 일한회담 등이 귀환자의 발을 붙잡고 있다는 분석은 어느 정도 타당하지만, 그렇다고 해도 귀환희망자가 줄어드는 것은 아니다.

1961년 3월 24일(3면)

한국, 반정부 데모 격화할까

〈서울(경성)=마사키(真崎) 특파원 23일발〉 22일 밤 서울에서 일어난 시위는 4월혁명 이래 최대 규모이며 한국의 각지에 강력한 충격을 줬다. 정부는 23일 아침 치안대책 각료 소위원회를 소집, 데모의 책임자와 배후관계의 파악에 힘을 쏟기로 결정했다. 야당인 신민당은 이번 폭동은 장면(張勉) 내각의 실정의 탓으로 국회에서 정부의 책임을 추궁할 태세를 보이고 있다. 또한 데모를 주최한 혁신정당이나 단체는 정부의 탄압에는 단호히 싸운다는 성명을 발표하였고, 이어서 전국 각지에서 대회나 데모를 계획하고 있다. 이러한 정세에서 이른바 '악법반대'를 계기로 하여 정부반대 데모 소란은 이후 더욱 격화할 것이 예상된다.

22일 데모에서는 합계 123명이 경찰에 연행되었고, 또한 경찰의 지프 2대가 파괴되었고, 민간 버스 3대가 시위대에 의해 빼앗겼다. 경찰에서는 연행한 사람들 가운데 우선 30명에게 영장을 집행, 또한 통일사회당, 사회대중당의 간부 2명을 책임자로 검거했다.

정부는 23일 각료 소위원회에서 이번 데모는 공산세력이 배후에서 조종한 것인지 여부를 규명하기로 결정하고 "정부는 사회질서유지와 국민의 안전을 파괴하는 데모에 대해 단호한 조치를 취한다"는 정부담화를 발표했다. 또한 문제의 반공임시특별법에 대해서는 단독입법의 형태를 지양하고 현행 국가보안법의 개정으로 이것을 대신하기로 했다.

이번 데모에서는 장면 정부에 대한 불만과 반대가 노골적으로 표명되었고, 또한 미 대사관 앞에서는 "양키 고 홈"의 목소리도 나왔다. 이런 의미에서는 단순히 '악법반대'만이 아니라 더욱 광범위한 반정부 데모로 볼 수 있다. 그러나 현재 작년의 4월혁명 같은 민중 전체의 격렬한 분노와 공감이 직접 배후에 있는 것은 아니다.

서울에서 또 실업자시위

〈서울(경성) 23일발=AP〉 23일, 다시 서울에서 약 1만 명의 실업자가 장면 수상 반대 데모를 벌여, 이로 인해 서울에는 긴장과 불안이 높았다. 데모 참가자들은 '일을 달라'는 슬로건을 내걸고 도심을 행진했는데, 폭력행위는 없었다.

1961년 3월 26일(2면)

한국 재산청구권의 문제점 - 최후에는 정치절충으로

작년 가을부터 시작된 제5차 일한 예비회담에 관련하여 현재 국회에서는 한국 재산청구권의 문제가 야당 측에 의해 크게 제기되고 있다. 이 청구권문제는 원래 일한교섭의 성패를 가를 최대의 열쇠였는데, 그만큼 이해하기 어려운 부분이 많았다. 예비회담에서의 절충이 드디어 청구권문제의 핵심에 가까워지고 있는 것을 기회로 전망도 포함하여 문제점을 밝혀 본다.

한국의 청구권이라는 것은

문: 한 마디로 말해서 한국청구권이라는 것은 무엇인가?

답: 일본의 조선통치 중 또는 종전 시의 혼란 속에서 일본 측의 손에서 넘어간 한국재산을 이번 기회에 모두 돌려달라는 것이다.

문: 예컨대 어떤 것이 있는가?

답: 1952년 제1차 일한회담이 시작되면서 바로 한국 측은 여기에 대해 8항목에 걸친 요구서를 제출하고, 현재 제5차 회담에서도 이것을 기초로 토의하고 있는 것인데…. 여기에는 일본이 조선통치 중, 조선은행을 통해 일본으로 가져간 지금(地金)·지은(地銀)이라는 것부터, 종전 시에 미지급한 우편저금·연금·국채, 그리고 징용되었던 한국인 노무자의 미지급 임금. 게다가 한국의 회사관계의 재일 자산까지 포함되어 아주 많다. 이 외에 일본 측이 가지고 간 미술품 등의 문화재, 종전 시에 한국의 항구에 선적(船籍)을 두었던 일본의 선박 등도 돌려달라는 것인데 문화재와 선박은 실태를 파악하기 쉬운 실정도 있어 별도로 취급하기로 했다.

문: 대체로 금액으로 하면 어느 정도인가?

답: 총액에 대해서는 아무 말도 없다. 이번 달 중순부터 청구권 소위원회에서 요구에 대해 하나씩 검토하기 시작했을 뿐이다. 다만 27, 8년(1952, 53년)경 대장성(大蔵省) 내부에서 비공식으로 산출한 바로는 종전시의 가격으로 90억 내지 120억 엔이 될 것이라 한다.

문: 대단히 많은 것 아닌가?

답: 아니다. 그 견적은 그쪽의 요구액이고, 일본 측으로서는 예컨대 지금·지은은 당시 유상으로 샀던 것이기 때문에 이제 와서 청구할 근거가 없다는 태도이다. 결국 일본 측으로서는 우편저금이나 임금의 미지급 분을 중심으로 생각해 가지 않을까?

일본의 청구권은

문: 그런데 일본이 한국에 대한 청구권을 버렸다는 것이 국회에서도 문제가 되고 있는 것 같은데?

답: 그렇다. 종전이 되던 쇼와(昭和) 20년(1945년)에 한국으로 진주한 미군이 군령에 의해 일본재산을 '취득'하여 '소유'했다. 결국 몰수한 것이다. 이후 23년(1948년)이 되어 미군은 이것을 한국으로 인도했다. 그런데 일본은 26년(1951년)에 서명한 샌프란시스코 평화조약에서 미군에 의한 이러한 일본재산의 처리를 인정하게 되었다. 평화조약의 제4조 (b)항에서 '미군에 의해 이루어진 재한 일본재산의 처리의 효력을 승인한다'라고 분명히 쓰여 있다. 여기에 서명한 이상, 일본은 대한(對韓)청구권을 정면으로 주장할 수 없는 것이다.

문: 일한회담의 초기에는 정부는 확실히 한국에 대해 청구권을 주장하고 있었던 것 같은데….

답: 그렇다. 실은 50년도 전에 정해진 헤이그의 육전법규(陸戰法規)라는 것이 있는데, 여기에는 점령군이라고 해도 사유재산은 몰수할 수 없다고 했다. 그

러므로 미군은 이 국제법규를 무시하고 재한 일본재산을 몰수할 수 없다는 원칙에서, 위의 제4조 (b)항에서 일본이 승인한 것은 미군에 의한 일본재산의 '관리'의 효력을 의미하는 것에 불과하다. 결국 일본재산의 '관리권'이 미군의 손을 거쳐 한국으로 넘어간 것은 인정하지만, '청구권'은 별개로 주장할 수 있다는 해석을 취했다.

문: 맥락이 통하지 않는가?

답: 그런데 한국 측은 매우 분노했다. 원래 제4조 (b)항은 한국정부의 강력한 요청으로 평화조약에 추가된 것으로, 한국은 이에 따라 일본의 대한청구권을 봉쇄할 생각이었다. 덕분에 4년여, 일한회담은 열리지 않았는데, 32년(1957년) 말이 되어 미국의 중재로 일단 해결을 봤다.

미국이 중간에 있다

문: 미국의 중재라는 것은?

답: 이번 달 초에 공표된 예의 미 국무성 구상서(口上書)다. 이것은 문제의 제4조 (b)항에 대한 미국의 해석을 기술한 것으로 ①일본은 제4조 (b)항에 따라 대한청구권은 포기하고 있다 ②그러나 한국의 대일청구권을 일한회담에서 다룰 때 일본이 대한청구권을 포기한 사실을 고려해야 한다는 취지다. 일한 쌍방 모두 이 해석을 승인하여 33년(1958년)부터 제4차 회담에 들어가게 되었다.

문: 미 구상서의 후단은 일한 쌍방의 청구권을 상쇄하고, 차액 계산의 나머지만큼을 처리한다면 좋다는 의미인가?

답: 그렇다고 할 수 있다.

문: 결국 어느 쪽이 얼마만큼 내면 좋을 것인가?

답: 차액 계산이라고 해도 모두 엄밀한 계산은 할 수 없을 것이다. 아마도 최후는 정치절충으로 일본 측에서 얼마인가를 한국 측에 내는 것으로 될 텐데, 갑자기 대충 계산하여 낼 수도 없는 것이다. 여기서 한국 측이 제출한 요구를 하

나씩 검토하는 사무당국 단계의 작업을 시작한 것이다. 5월 말경에는 이 사무작업을 완료하고 정치절충에 들어가려는 것이 일본 측의 의향인 듯하다.

문: 5월말이라는 것은?

답: 이케다(池田勇人: 역자)수상 방미인 6월 하순까지로 마무리하겠다는 분위기 아닐까?

이승만(李承晩) 라인도 영향있을까?

문: 이승만 라인 등 어업문제는 어떤가?

답: 한국 측이 가장 열의있는 것은 청구권문제의 처리다. 그러므로 일본 측이 여기에 적극적으로 응한다면 자연히 어업문제에서 한국 측이 양보할 것이다 – 이러한 생각에서 현재 청구권문제가 회담의 열쇠가 되고 있다.

문: 열쇠라고 한다면 상당한 지불 없이는 안 될 것 같은데….

답: 일본 측으로서는 선박, 문화재의 반환에서 인심을 쓰거나, 경제협력을 제안하는 등으로 한국 측의 양보를 기대하고 있는 듯하다.

문: 일한 사이에 해결하더라도 북조선의 대일청구권의 문제가 남아 있는 것 아닌가?

답: 그러므로 일한회담에서는 38도선 이남의 것에 한하여 교섭하고 있다. 어쨌든 일본통치시대 조선인이 무엇인가 상처를 받았다고 상대방에서는 말하고 있고, 일본 측으로서도 얼마라도 주어야 할 것은 준다는 태도를 가지고 있다.

1961년 4월 4일(1면)

한국의 정세우려 - 정부, 일한회담에 영향 미칠까

정부·외무성 관계자는 일한 예비회담에 관련하여 '4월 위기설'이 전해지고 있는 최근 한국의 정치정세를 우려하여, 당면한 한국의 혁명 1주년에 즈음한 19일 전후의 사태 추이를 주목해야 할 것이라고 말하고 있다. 이 관계자는 한국 각지에서 이어지고 있는 데모 소동은 일부 혁신계 세력의 움직임에 머무르고 있으나, 장면(張勉) 현 내각은 상당한 '난국'에 직면하고 있다고 관측되고 있으며, 한국 정계의 불안정 상태는 쉽게 해소되지는 않을 것으로 예상되기 때문에, 일한 예비회담이 예정대로 6월부터 본격적인 정치교섭의 단계에 들어갈 수 있을지 여부는 알 수 없다는 비관론도 일부에서 강해지고 있다.

현재 외무성 관계자는 예비회담을 진행중이라는 외교적 입장 상, 공식적으로는 한국의 국내 문제에 대해서 일체 발언을 삼가고 있는데, 일본 측이 관심을 가지고 있는 한국 내부의 주된 동향으로 다음의 요인들을 생각해 볼 수 있다.

▷ 3월 23일에 윤(보선) 대통령을 중심으로 정부, 민주당(여당), 신민당(보수계 야당)의 유력자 회의가 열려 '4월 위기' 극복을 위한 여, 야당 간의 정치휴전이 협의되었다고 전해지고 있다. 이것은 야당인 신민당 세력이 각지의 반정부 데모에 참가하고 있지 않다는 사실과 함께 한국 국회의 대부분을 점하고 있는 보수세력 사이에 난국타개를 위한 협력기운이 강해지고 있다는 것을 나타내는 것으로 보인다.

▷ 그러나 민주당과 신민당 사이에는 각각 민주당의 신파·구파로서 작년 여름 이후 정권을 다투어 온 대립사정이 있고, 민주당 내의 파벌항쟁으로 얽혀 있으므로, 보수세력 내부에서 정권교체의 가능성이 없다고는

할 수 없다.

▷ 3월 24일 대구에서 2만 명 데모 등 각지에서 반정부 데모가 이어지고 있다. 이들 데모는 통일사회당·사회대중당 등의 혁신정당, 학생, 노동조합 등 혁신계 세력으로 한정되어 있으며, 반미(反美)색이 상당히 강한데, 작년 이(승만) 정권을 붕괴시킨 것 같은 국민적 규모로 발전할 가능성은 현재로서는 없다.

▷ 그러나 환율의 변경 등과 관련한 물가의 급속한 상승, 6월 보리 수확기까지 심각화되어 가는 농민의 식량부족, 실업의 심각화 등을 배경으로 한 사회불안은 상당한 것으로, 급격한 경제재건이 곤란한 만큼, 반정부 데모가 확대될 우려도 있다. 혁신세력이 혁명 1주년을 대규모 '행동'의 계기로 하려고 한다는 '소문'이 유포되고 있는 것처럼, 이런 의미에서도 19일 전후를 초점으로 한 4월의 정세가 주목된다.

1961년 4월 6일(3면)

혁명 1주년의 한국

불안과 혼란을 벗어날 수 없어 – 국토의 개발에 운명 걸다

〈서울(경성)=마사키(真崎) 특파원 5일발〉 혁명 1주년을 맞이하여 최근 한국 정세는 여전히 불안과 혼란을 벗어나지 못한 상태이다. 반민주악법 반대를 계기로 하여 반정부 데모가 각지에서 이어지고 있는데, 정부는 강경한 탄압책으로 이를 억누르려고 하고 있다. 4월 19일 혁명 1주년 기념일을 중심으로 한 정국불안도 각지로 퍼지고 있는데, 현재 장면(張勉) 정부가 이른바 '4월 위기'를 어떻게 하든 극복하는 것만큼은 가능할 듯하다.

반정부 데모 소동

최근 데모 소동은 당초는 '악법반대'를 슬로건으로 일어났다. 악법이라는 것은 정부가 이번 국회에서 통과시키려고 서두르고 있는 국가보안법 개정안과 데모규제법안의 2가지이다. 정부의 주장으로는 4월혁명 이후, 해방적 분위기에 편승해서 공산주의적 풍조와 각종 데모가 방임에 가까운 상태가 되었다. 이에 반공대책을 강화하고 엄중히 단속할 대책을 확립하는 한편, 지나친 데모를 억제하여 사회질서를 유지시키는 것이 간절히 요청된다. 이를 위해서는 현행 국가보안법의 허점을 보강하고, 집회, 데모를 규제하는 법적조치가 필요하다는 것이다.

여기에 대해 혁신세력이나 학생층은 이러한 정부의 입법 의도는 많은 국민의 기본적 권리를 침해하고 자유를 빼앗고 야당을 탄압하려는 것이라고 강하게 반대, 3월 중순에는 반대투쟁위원회가 설립되고, 22일에는 서울에서 데모대의 무리가 경찰과 충돌하는 소동으로 되었다.

이후 정부는 강경책으로 전환하여, 이런 종류의 집회나 데모를 사실상 금지하고, 신고하지 않은 데모에는 경찰력을 동원하여 탄압한다는 방침으로 나왔다. 지난 2일 대구역 앞 데모는 이러한 정부의 방침에 정면으로 대결하고, 경찰과 충돌을 각오하여 강행된 것이었다. 이런 의미에서는 이날의 데모 소동은 단순히 '악법반대'뿐만 아니라, 이런 계기에서 보아도 순전한 반정부 데모로 볼 수 있는 것이다.

확대는 없다

그러나 이러한 반정부 데모가 더욱 격화할지는 의문이 많다. 어느 정도 소동은 더 일어난다 해도, 대세는 정부의 탄압책이 효과가 있어 그 이상 확대할 조짐은 적은 듯하다.

그 이유로서는 ①모체가 되어야 할 혁신세력은 일단 혁신진영이라는 이름으로 불리고 있지만, 정계를 비롯해 일반사회에서 점하는 힘은 매우 약하고, 이론적으로도 조직적으로도 약체이다. 그런 가운데 최근 정부의 강경책과 일반국민의 사이에 뿌리 깊은 '반공무드'로 인해 약간 후퇴하는 조짐마저도 보이고 있다 ②학생, 노조원에 대해서도 마찬가지로, 서울에서는 대부분의 대학생이 직접 움직이고 있지 않다. 비교적 움직임이 활발한 대구에서도 지난 2일 소동에서는 고교생이 중심이었다. ③제1야당인 신민당은 대체로는 반공, 데모 2법의 강행통과에는 반대이지만, 정부의 입법취지에 반드시 반대하는 것은 아니고, 오히려 필요하다는 의견도 많다 ④최근 데모 소동에 대해 국민일반의 태도는 냉담하고, 4월혁명의 때와 같이 데모에 공감하여, 대규모 대중동원을 유발할 것 같은 소지가 보이지 않는다 ⑤야당인 신민당은 현재 장면 내각에 대신하여 정권을 담당할 수 있는 실력은 없고, 본격적으로 내각와해를 시도하거나, 나아가 국회해산을 바라지도 않고 있다. ⑥춘휴기(春休期)의 농민이나 실업자의 문제도 심각하지만, 이것도 지금 당장 조직적인 운동이나 대규모 사회문제로 발전할 가능성은 적다 - 등의 점들이 지적된다.

그러나 장면 내각이 예컨대 4월 위기를 벗어나도 그것은 결코 민중의 지지가 있기 때문이 아니며 또한 현재의 위기상태가 조금이나마 해소되어 가고 있는 것은 아니다. 일반 사람들의 생활고는 언제까지도 해소되지 않고, 혁명 이후 신정부에 큰 기대를 걸었던 민중의 기대에 부응하는 실적은 전혀 없다. 따라서 데모에 대한 강경책이 지금 이상 지나치게 된다면 민중의 반감을 불러일으키는 것은 당연하며, 이것이 만성적인 생활불안, 실망감과 이어진다면 그것이야말로 본격적인 '위기'가 찾아오게 될 것이다. 그런 의미에서 극히 불안정한 요소를 내포하면서 간신히 이것을 억누르고 있는 것이 지금의 실정이다.

지도력의 결여

이번 국회의 최대 목표였던 추가경정예산은 지난 3일 민의원을 통과하여 성립될 예정이다. 국회의 회기는 11일까지인데, 정부는 회기를 연장해서라도 문제의 2법안을 성립시키려는 생각이다. 그러나 신민당은 여기에는 반대할 의향이 강하기 때문에 만약 정부가 강행통과를 시도한다면, 그때에는 국회의 내외에서 상당한 긴장을 일으킬 것으로 예상된다.

현재 한국 정부는 한 마디로 말하면 만성적 불안정 상태의 연속이다. 그 원인은 다양하지만 쉽게 이것을 극복할 수 없는 최대의 이유는 결국 장면 내각의 지도력의 부재와 정당 내부의 파벌다툼의 격렬함에 있다고 할 수 있다.

위기는 사라지지 않았다

장면내각이 문자 그대로 "운명을 걸었다"는 대규모 '국토개발사업'이 추가예산의 성립과 함께 드디어 본격화된다. 이것은 총액 400억 환의 예산으로 대규모 농업토목, 도시토목, 댐건설 등을 전국적으로 전개하려는 것이다. 이것이 소기의 효과를 거둘지 여부가 이후 한국을 결정할 하나의 시금석이 될 것이다. 만약 이 사업이 실패로 끝난다면 장면 정권의 실각은 물론이고 한국의 민주정치의 장래에 본격적인 위기를 초래할 것이다.

1961년 4월 6일 석간(2면)

재일한국인의 '처우'를 토의, 일한 예비회담

일한 예비회담은 6일 오전 재일한국인의 법적지위위원회의 제9회 회의를 열고 재일한국인의 재산 지참 귀환, 송금, 생활보호의 적용 등 '처우'에 관한 토의에 들어갔다.

이 위원회는 지금까지 재일한국인의 영주허가 등 주로 '법적지위'에 관한 문제를 검토했는데, 일단 쌍방에서 문제점을 충분히 제기하였으므로 '처우' 문제의 토의로 옮긴 것.

이날은 주로 일본 측 제안을 설명, 13일 다음 회의에서 한국 측이 이 제안을 기초로 생각을 밝힐 예정.

1961년 4월 6일 석간(2면)

일한회담은 무효
- 김일성(金日成) 북조선 수상, 하타나카(畑中) 씨에게 회답

〈신아(新亞)=도쿄(東京)〉 6일 아침 평양방송에 의하면 북조선의 김일성 수상은 5일 일조(日朝)협회 이사장 하타나카 마사하루(畑中政春: 역자) 씨로부터 일한회담과 관련한 일련의 질문에 답하여 전보를 통해 다음과 같이 회답했다.

귀하가 제시한 일한회담에 관한 우리의 원칙적 입장에 대해 말한다면, 우리는 누차 밝힌 대로 거기에 반대한다. 일한회담은 조선인민과 일본인민의 이해를 모두 심각하게 침해하는 것이다. 미 제국주의자의 조종에 의해 전개되고 있는 일한회담은 침략적 군사블록인 동북아시아 군사동맹을 만들려는 음모이다. 그리고 또한 조선의 평화적 통일을 방해하고 조선의 분열을 영구화하고, 남조선을 계속해서 식민지적 종속상태로 붙들어 두려는 음모·책동이다.

귀하의 각 항목별 질문에 대한 우리의 의견은 다음과 같다.

① 일본정부가 대일 재산청구권을 포함한 전 조선인민의 이익과 관련한 문제를 대표할 수 없고, 대표도 하지 않는 남조선 당국과 토의하는 것은 전면적으로 비합법적인 것이다. 우리는 일한회담에서 어떠한 합의에 도달하더라도 그것을 인정하지 않고 무효로 본다.

② 일한회담에서 법적지위 문제를 토론하고 있는 것은 재일조선인민들에 남조선의 국적을 강제하고, 그들을 정치적 거래의 재료로 하려는 음모이다. 그것은 또한 재일조선인민을 정치적으로 이용하고 박해를 더하려는 것이다.

③ 이른바 '이승만(李承晩) 라인' 문제에 대해 우리는 그 라인 자체를 모른다.

④ 조선인민공화국 정부의 대일정책에 대해서는 우리는 한 인접국가의 선린관계를 발전시키기 위해 항상 끊임없이 노력하고 있다. 그러나 오늘 일본정부는 계속해서 우리 정부에 적대하는 정책을 취하고 있다. 우리는 일본인민과 친선관계를 발전시켜 양국 간의 경제, 문화교류의 정상화를 위해 계속 노력할 것이다.

1961년 4월 7일(1면)

재산청구권의 시기적 범위 - 일본, 한국에 해석을 제시

일한 예비회담은 6일 오후 한국의 대일청구권에 관한 일반청구권 소위원회의 제9회 회합을 열고, 계속해서 한국 측의 8항목에 걸친 요구에 대해 토의를 진행했다. 이 소위원회는 지금까지 주로 한국 측의 요구에 대해 항목별로 검토를 했었는데, 이날은 일본 측에서 한국 측 요구에 관련하여 대일청구권의 '시기적 범위'에 대한 일본 측 해석을 표명했다. 이 일본 측 해석에 의하면 현재 한국 측이 요구하고 있는 각종 대일청구권을 사실상 대폭 잘라버리는 것이 되기 때문에 한국 측이 강하게 반발할 것은 당연하다고 보인다.

청구권 문제에 관한 사무절충이 일한 사이에 이렇게 대립하는 것은 이미 예상되었는데, 이러한 대립점은 사무절충의 뒤에 예정되고 있는 '정치절충'에서 타결을 모색하려는 것이 양국 정부의 일치된 생각인 듯하다.

이 소위원회는 한국 측 8항목에 걸친 요구 가운데 6일까지 일단 제3항까지 검토를 마쳤는데, 한국 측은 이 가운데 '쇼와(昭和) 20년(1945년) 8월 9일 이후 재조선 금융기관을 통해 일본으로 송금된 금원(金員=금액: 역자)'을 청구권의 대상으로 하는 등, '8월 9일'을 기준으로 한 것이 많다.

여기에 대해 정부는 이 기준을 재조선 미군령 33호가 공포된 같은 해 12월 6일로 주장하고 있다. 이것은 다음과 같은 해석에 의한 것인데, 이 기준을 12월 6일로 하는 것에 의해 예컨대 8월 9일 이후, 12월 6일까지 '재조선 금융기관을 통해 일본으로 송금된 금원'은 청구권의 대상에서는 벗어나게 된다. 이 일본 측 해석의 요점은 다음과 같다.

▷ 미군에 의한 재한(在韓) 일본재산의 접수를 결정한 미군령 33호는 '20

년(1945년) 8월 9일 이후에 있어서 일본재산은 9월 25일부로 미군정청이 소유한다'라는 내용을 결정하고 있는데, 이 군령이 공포된 12월 6일 현재 실제로 존재하지 않았던 일본재산에 대해서는 미군정청에 의한 접수는 이루어지지 않았다. '8월 9일'이라는 것은 이 군령에서 말하는 재산의 '일본성(日本性)'을 결정하는 기준에 불과하고, 또한 9월 25일도 실은 12월 6일에 접수된 것이 9월 25일 이후부터 미군의 것이라는 의미이며. 접수의 대상이 된 것은 12월 6일 이후의 것으로 한정된다.

▷ 따라서 한국은 28년(1948년) 미한(美韓)협정에 의해 미국 측으로부터 위의 구 일본재산을 이전받았지만, 이 가운데 12월 6일 이전의 것은 포함되지 않는다.

▷ 즉 한국이 문화재, 선박 등을 빼고 일반청구권에 관해 청구할 수 있는 것은 ①미군이 일본으로부터 접수하고 ②그것이 한국에 이전된, 2가지가 입증된 것으로, 그것도 한국이 현재 점유하고 있지 않은 것에 한정되는데, 이것에는 12월 6일 이전의 것은 포함시킬 필요가 없다.

▷ 미군령 33호에 의한 조치는 평화조약 제4조 b항에 의해 우리나라로서도 인정하고 있는 것으로 일반청구권에 관한 '시기적 범위'는 이상과 같은 33호의 해석에 의하지 않을 수 없다.

1961년 4월 9일(1면)

일한 본회담 - 정부, 9월로 연기할 의향

쌍방의 태세를 정비 – 6월 개최, 수상 방미 등으로 곤란

정부는 사무절충을 계속하고 있는 일한 예비회담을 5월 말로 일단락 짓고, 6월부터 본회담으로 들어가 정치교섭에 의해 한꺼번에 타결을 모색하려는 방침이었으나, 8일 외무성 관계자가 밝힌 바에 의하면 일본 측으로서는 본회담을 여는 시기를 9월로 미룰 의향인 듯하다. 이것은 6월부터 8월까지 3개월 간 회담을 휴회하고, 이 사이에 여러 현안의 정치적 해결로 나아가고자 하는 일한 쌍방의 태세를 정비하려는 것으로, 곧 한국 측에 이런 새로운 방침을 전하고, 동의를 구할 듯하다. 일한회담이 이러한 스케줄로 진행된다면 타결의 시기는 당초 예정보다 상당히 늦춰져, 빨라도 금년 10월 이후가 될 수밖에 없다는 전망이다.

일한 예비회담의 사무절충은 3월 중순부터 시작된 재산청구권 및 어업문제의 토의를 중심으로 각 분과회에서의 협상은 일단 순조롭게 진행되었고, 재일한국인의 법적지위 문제 등은 이미 타결에 가까운 상태이다.

그러나 일본 측 대표단이 본회담 개최를 6월부터 9월로 연기하기로 기운 것은 첫째로 6월에는 이케다(池田勇人: 역자) 수상의 방미가 있고, 이후 내각개편이 예상되고 있으므로 중요한 정치판단을 필요로 하는 일한 본회담을 열 시기로는 부적당하다는 판단에 의한 것인 듯하다.

또한 진행 중인 사무절충에 있어서 특히 재산청구권 문제에서는 '일한 청구권문제에 관한 미 구상서'의 해석, 한국의 대일청구권의 시기적 범위의 문제로 일한 쌍방의 의견이 정면에서 대립하고 있고, 또한 이승만 라인 및 어업의 문제도 난항이 예상되고 있으므로, 이들의 대립점을 정치절충에 들어가기 전에 정부로서는 충분히 검토할 시간이 필요하다는 것이다.

또한 최근 한국에서는 이른바 '4월 위기설'이 전해져 한국 정치정세가 좀더 안정되지 않는다면 정치교섭을 진행하기 어렵다는 점도 일본 측의 9월 연기론의 배경이 되고 있는 듯하다.

다만 사무당국 차원에서 진행되고 있는 현재 예비회담은 일본 측으로서는 예정대로 5월 말, 늦어도 6월 초까지 원활하게 끝내려는 생각이며, 그리고 예비회담은 9월까지 휴회하지만 휴회 중에도 필요가 있다면 비공식 절충을 계속할 의향이다.

또한 정부 내에서는 본회담에서는 일부 현안을 해결하지 않은 채로 두고 국교정상화를 모색해야 한다는 의견이 있는데, 이 점에 대해 외무성 관계자는 앞으로 어업문제의 사무절충에서 어업협정 체결, 이승만 라인 철폐문제의 토의가 실질적인 진전을 보여, 정치절충에 의한 타개의 실마리가 생긴다면 일본 측으로서도 한국 측이 강한 관심을 가지고 있는 일반청구권 문제를 호의적으로 해결할 용의가 있고, 9월의 본회담에서는 모든 현안의 해결도 가능하다고 한다.

한편, 이전 한국으로 일시 귀국했다 돌아온 일한회담의 한국 측 수석대표 유진오(兪鎭午) 씨는 최근 일본 측의 사와다(沢田廉三: 역자) 수석대표와 비공식으로 회담했는데, 유(兪) 대표는 이 자리에서 한국의 정치 정세가 긴박하다는 이른바 '4월 위기'는 극복될 수 있다는 견해를 말하여, 회담의 진행에는 영향이 없다고 일본 측의 양해를 구했다고 한다.

한국 측에서도 연기설 - 재산권 문제에서 태도 강경화

〈서울(경성)=마사키(真崎) 특파원 8일발〉 지난 6일 일한 예비회담 일반청구권 소위원회에서 일본 측이 한국의 재산청구권의 시기적 범위 등에 대해 제시한 견해는 한국정부를 크게 자극하여, 특히 외무부 당국에서는 급격히 대일강경론이 높아지고 있는 듯하다. 이에 관해 외무부 모 고위관리는 8일 "일본 측이 한일재산권의 상쇄를 주장하는 등 불성실한 태도라면, 한국 측으로서는 일본에게 막대한 보상을 청구하겠다"라고 강조하며 "이러한 일본 측의 부정한 태도는 한일 예비회담의 진전에 중대한 난관을 불러일으킬 것이다"라고 말했다.

한국 측으로서는 6일 일본 측이 제시한 견해를 ①대일재산권의 상쇄 ②한국의 대일청구권의 불인정 ③38도선 이북의 구 일본재산에 대한 일본 측의 소유권 존속 주장 ④1945년 12월 6일 이후 대일청구권에만 응한다는 취지로 받아들였고, 이들은 모두 "아무런 이유 없는 부당한 것"으로 강하게 반발, 다가오는 12일에 예정된 소위원회에서 한국 측의 주장을 말하여 반론할 것이라고 했다.

이러한 정세로부터 한국 측으로서도 예컨대 5월 중에 예비회담이 끝나더라도 즉시 본회담으로 전환할지 여부는 의문이라는 비관적인 분위기도 강하고, 본회담의 9월 연기설도 관계자 사이에 소문이 돌고 있다.

그러나 한편 한국의 언론계에서는 이러한 사정은 외교교섭에 항상 있는 것으로 회담 자체가 본질적인 위기에 빠졌다고 보는 것은 시기상조다. 본회담의 기일은 약간 늦춰지더라도 결국 합의되지 않을 성질의 것이라고는 생각되지 않는다는 낙관론도 있어, 전반적인 분위기는 앞으로의 교섭경과를 더욱 주의 깊게 지켜 볼 필요가 있다는 신중론이 많은 듯하다.

1961년 4월 11일(3면)

전 내무부장관에 사형 구형 - 한국 부정선거 특별재판

〈서울(경성)=마사키(真崎)특 파원 10일발〉 한국의 특별재판소 대법정은 10일 아침 3·15 부정선거의 원흉으로 기소된 전 내무부장관 최인규(崔仁圭)에게 사형, 전 내무부차관 이성우(李成雨)에게 10년, 치안국장 이강학(李康學)에게 15년을 각각 구형했다.

이 공판은 거물 피고에 대한 첫 구형으로 주목되었는데, 혼란은 일어나지 않았다. 특별입법에 의한 혁명재판이 열린 이후 사형 구형은 이번이 처음이다. 판결은 17일 예정.

부정축재법이 성립, 한국 민의원(民議院)

〈서울(경성)=마사키(真崎) 특파원 10일발〉 한국 민의원은 10일, 참의원(參議院)에서 회부된 부정축재처리법안을 참의원 수정안대로 가결, 이 법은 성립되었다. 4가지의 혁명특별입법 가운데 나머지 3가지는 이미 성립되었고 부정축재관계 만이 심의가 지연되고 있었던 것이다.

1961년 4월 12일 석간(7면)

2개월 만에 니가타(新潟)항으로 - 북조선 귀환선, 청진(清津) 출항

〈신아(新亞)=도쿄(東京)〉 12일 평양방송에 의하면 북조선 귀환선 크릴리온(Krylion)호와 토볼리스크(Tobolsk)호는 11일 오후 청진항을 출항, 2개월 만에 니가타항으로 향했다.

또한 북조선적십자회의 김주영(金珠榮) 국제부 부부장 등 일행도 동행했다.

1961년 4월 14일(2면)

다음달 한국에 시찰단 - 자민당(自民党), 일한회담의 타개를

자민당(自民党)은 한국과의 친선우호를 위해 5월 상순에 시찰단을 파견하기로 하고, 현재 그 인선을 내정했다.

그 시찰단은 다나카 에이이치(田中栄一), 다나카 가쿠에이(田中角栄), 다나카 다쓰오(田中竜夫), 노다 우이치(野田卯一)가 내정되었는데, 그 외 1, 2명이 추가될 것으로 보이며, 당 외교조사회 한국소위원회의 승인을 얻었다.

한국으로 시찰단을 보내려는 움직임은 이전부터 자민당 내에 있었지만, 최근 사토파(佐藤派), 이시이파(石井派)를 중심으로 일한관계를 정치적으로 조기에 해결해야 한다는 목소리가 강해지고 있기 때문에, 이 시찰단 파견이 구체화된 것이다.

최근, 노다 우이치 씨에게 한국 측으로부터 당(党)의 시찰단을 환영한다는 편지가 도착했는데, 시찰단은 이 기회에 단순한 우호친선뿐만 아니라 경제원조 문제나 난항에 빠진 일한회담의 타개 등을 협의할 의향이다.

1961년 4월 14일(2면)

한국 측 강한 반론 - 일한 예비회담, 청구권의 시기적 범위

일한 예비회담의 한국청구권에 관한 일반청구권 소위원회는 13일 제10회 회합을 열고 지난번에 이어 한국 측의 8항목에 걸친 대일청구권 처리요강에 기초하여 토의를 진행했다.

지난번 소위원회에서 일본 측은 한국 측의 대일청구권에 관한 시기적 범위에 대해 일본 측의 해석을 설명함으로써 한국 측의 요구를 대폭 줄이려는 주장을 밝혔는데, 한국 측은 13일 회합에서 이에 강하게 반론하여 "일본 측의 주장은 일한회담의 신속한 진행을 지체시키려는 것이다"라며 일본 측 해석을 격렬히 비난했다.

이 대립은 한국 측의 대일청구권의 시기적 기준에 관한 것으로, 일본 측이 예컨대 종전 후 한국에서 일본으로 가져간 재산에 대해 재조선 미군령 33호(미군에 의한 재조선 일본재산의 접수를 정한 것)가 공포된 1945년 12월 6일을 기준으로 하여, 그 이후에 가져간 재산을 대일청구권의 대상으로 해야 한다고 주장한 것에 대해, 한국 측은 종전 당시 태평양미군총사령관 포고령, 재조선미군령 등을 근거로 "위 기준을 20년(1945년) 8월 9일로 해야 하는 것은 이들 군령에서 명문화되어 있다"라고 하고 있다.

이러한 법률해석상의 논쟁과는 별개로 이날도 8항목에 걸친 한국 측 요구에 대해 검토를 진행하여, 결국 이날까지 조선은행 등의 재일지점 재산(20년 8월 9일 현재)의 반환에 관한 제4항까지 일단 검토를 마쳤다.

1961년 4월 23일(2면)

일한문제를 본격적으로 - 자민(自民), 경제 적극원조도

최근 자민당(自民党) 내에 한국문제에 대한 관심이 급속히 높아지고 있다. 이로 인해 자민당은 당내에 '일한관계추진간담회'를 설치하기로 하고, 이번 주 내로 그 간담회의 멤버, 성격 등을 결정해 조속히 발족시켜, 일한문제에 대해 전반적으로 검토하기로 했다. 또한 이것과는 별개로 5월에는 노다 우이치(野田卯一), 다나카 가쿠에이(田中角栄), 다나카 다쓰오(田中竜夫), 다나카 에이이치(田中栄一) 씨 등 유지의원으로 구성된 시찰단이 방한할 움직임도 있고, 자민당은 일한문제에 본격적으로 대처할 구상을 보이고 있다.

자민당에서는 오래전부터 일한문제를 '외무관료 수준의 협의'에 맡겨두는 것에 대해 상당히 불만이 있었다. "외교관 간의 교섭은 자칫 세밀한 문제에서 어떻게 자국에 유리하게 될지 따지는데 급급한 나머지, 대국적인 시야를 잃기 십상이다"(기타자와(北沢直吉: 역자) 외교조사회 한국문제소위원장)라는 의견이나, 한층 넓고 큰 시야에서 – 즉 자유진영의 일원이라는 한국의 중요성을 잘 인식하여 소(小)를 양보해도 대(大)를 잃지 않도록 한다는 생각이다.

특히 일한 예비회담이 대일 청구권문제 등에서 모두 막혀있고, 또한 장면(張勉) 정권의 '4월 위기'설, 북조선 측에서의 적극적인 제안 등이 전해지기에 이르러, 자민당으로서도 지켜보고 있을 수 없다는 목소리가 당내에서 커지고 있다.

그 반면 최근 왕성히 이루어지고 있는 중공문제에 대한 '전향적 논의'에 대한 반발로 일한문제가 빠르게 당내의 관심을 모은 면이 있는 듯하다. 케네디(John Fitzgerald Kennedy) 미국정권 탄생과 동시에 혁신진영뿐만 아니라 자민당 내의 좌파라고 불리는 사람들로부터도 중공문제를 '전향적인 자세'로 해결하자는 의견이 나오고 있는데, 여기에 대해 당내 대다수를 점하는 '반공론자'는 비판적인 태도를 취하고 있으며, 특히 최근 미국의 대중공정책에 그다지 변화는 없다는 '반격'으로 나오고 있다. 그 구체적인 모습이 일중문제에 대한 신중론과 일한관계의 추진론이다.

한국, 경제원조 바라다

한국 옹호-장면 정권을 지지하는 이들 의원이 생각하고 있는 것은 아무래도 경제원조다. 한국은 경제적으로 곤란한 정세에 직면해 있고, 이런 경제적 문제가 결국은 장면(張勉) 정권에 대한 불만을 만들고 있으므로, 일한교섭과는 별개로 한국에 재정원조, 경제협력을 추진해야 한다는 것이다.

물론 이러한 한국 '이해'는 한국 측으로부터의 움직임에 대한 반영도 있는 듯하다. 한국에서는 지금까지 적어도 공식적으로는 '일본의 경제침략에는 반대한다'는 태도였다. 그러나 최근 한국의 요인이 자민당의 기시 노부스케(岸信介), 사토 에이사쿠(佐藤栄作), 이시이 미쓰지로(石井光次郎), 후나다 나카(船田中) 씨 등을 방문했을 때의 이야기에 의하면 한국은 일본의 경제원조를 상당히 강하게 바라는 정도로 변화되었다고 말하고 있다. 특히 발전소건설이나 주택건설 자금에 대한 희망이 강해 "어쨌든 정계나 재계의 실력자들에게 한국의 실정을 보러 와줬으면 한다"고 바라고 있다. 자민당 의원으로 구성된 시찰단이 가려는 것도 요청에 응한 것으로 자민당 내에서는 재계에 대해서도 '아무쪼록 가달라는 듯'한 요청인 것 같다.

당내의 적극파들

한국문제에 대한 자민당 내의 분위기를 파벌적으로 보면 기시파(岸派)와 사토파(佐藤派)는 기시·사토 두 사람이 한국에 가까운 야마구치현(山口県) 출신인 만큼 매우 적극적이고, 사토 씨 등은 "중국문제는 일본에서 아무리 논의하더라도 어떻게 되지도 않는다. 한국이야말로 우선이다"라고 말하고 있다. 오노(大野伴睦: 역자), 이시이(石井光次郎: 역자) 양 파도 이미 '친한국파'로 이야기될

만큼 열심이고, 이시이 씨 등은 전에 이케다(池田勇人: 역자) 수상과 회담했을 때 '일한문제의 해결촉진'을 제일 강하게 진언했다.

그러나 동시에 최근 움직임이 '친한국파' 중심으로 진행되고, 당 집행부가 귀머거리 처지에 놓여진 것에 대해 이케다 주류파를 중심으로 상당한 불만도 없지 않다. 원래 이케다파로서는 방미 전에 가능한 한 난제를 업고 가고 싶지 않다는 생각이 강하고, 한국문제의 중요성은 인정하지만 굳이 위험을 무릅쓸 필요가 있을까라는 신중한 생각이 많다. 따라서 '일한관계추진간담회'의 설치에 있어서도 외부로부터 급하게 '마지못해' 인정한다는 분위기였고, 시찰단에 있어서도 어느 정도의 인선이 이루어진다고 해서 성과를 기대할 수 있을까라는 냉정한 예상을 하는 사람도 적지 않다.

이케다 수상으로서는 당내의 이러한 분위기를 충분히 고려하여 곧 라이샤워(Edwin Oldfather Reischauer) 주일 미국대사와 대한 경제원조 문제의 논의를 신중히 진행하기로 되었는데, 문제가 큰 만큼 조급히 결말을 지을 공산은 전혀 없을 것으로 보인다. 그러나 어쨌든 자민당 내에 한국문제에 적극적으로 손을 쓰려는 움직임이 나온 것은, 막혀 있는 일한관계의 타개에 플러스가 된다고 외무성 쪽에서는 환영하고 있어, 앞으로 자민당 내의 움직임이 주목될 듯하다.

1961년 4월 24일(1면)

재일한국인의 법적지위, 다음 달 중에 타결될까

일한교섭, 남은 것은 표현

第5차 일한 예비회담은 각 위원회를 열어 사무절충을 서두르고 있는데, 이 가운데 재일한국인의 법적지위에 관한 위원회에서는 최근 몇 차례의 공식·비공식 회의에서 쌍방의 주장이 타협점을 찾아 순조롭게 가면 5월 중순에도 타결될 가능성이 높다. 외무성으로서는 법적지위문제가 해결되면 다른 문제와 분리하여 이 위원회의 일본 측 다카세(高瀬侍郎: 역자) 법무성 입국관리국장, 한국 측 이천상(李天祥), 양 주사(主査) 사이에 '재일한국인의 법적지위에 관한 협정'에서 일단 가조인을 할 방침이다. 이것이 실현된다면 과거 10년 동안 계속된 일한회담에서 최초의 성과일 뿐만 아니라 재산청구나 어업문제 등의 정치적 난문제를 장래로 미루더라도 우선 국교정상화를 시도해도 좋다는 생각이 유력화하는 단서가 될지도 모른다고 외무성에서는 보고 있다.

재일한국인의 법적지위위원회에서는 올해 초 일본 측에서 협정안 요강을 제시했고 이것을 중심으로 재일한국인의 영주권이나 대우 등의 문제에 대해 토의를 계속해왔는데, 최근 일한 양쪽의 주장에 상당히 거리가 있었던 영주권 문제에서 한국 측은 재일한국인의 자손에까지 영주권을 주어야 한다는 주장을 거두어들였다. 그 외에 기타 문제에서도 한두 가지를 빼고 대체로 쟁점은 협정의 자구 표현을 어떻게 할지로 압축되었다. 따라서 일본 측으로서는 이후 두세 차례 회담을 거쳐 타결로 넘어가려고 하며, 한국 측에서도 올해 초에 비해 협정타결의 열의를 보이고 있다고 한다. 협정안 요강을 둘러싼 문제점은 다음과 같다.

▷ 영주권: 전쟁 이전부터 일본에 있던 한국인에 대해 영주권을 주는 것에는 의견일치를 보았는데, 일본 측은 그 자손 가운데 샌프란시스코 평화조약 발효일(27년(1952년) 4월 28일)까지 태어난 사람에 한해 영주권을 주겠다고 주장하고 있는데 반해, 한국 측은 자손 전부에게 영주권을 줄 것을 요구하고 있었다. 이후 일본 측은 발효 이후에 태어난 자손에게 영주권은 주지 않으나, 실질적으로는 마찬가지 대우를 하기로 약속을 하여, 한국 측도 이들 자손이 성인이 되어 귀화할 의지를 가질 경우에는 일본 측이 받아들이는 것으로 합의할 의향을 보이기에 이르렀다.

▷ 강세퇴거: 한국 측은 영주권을 가진 한국인에게는 출입국관리령 제24조의 강제퇴거 조항을 적용하지 않을 것을 협정에 명기할 것을 요구하고 있다. 일본 측은 이것은 출입국관리령의 특례조치가 되어 이 법령의 개정을 필요로 하기 때문에, 이러한 협정에는 응할 수 없고 '강제퇴거는 실시하지 않는다'는 표현으로 하도록 요망하고 있다. 결국 협정의 자구상의 표현을 어떻게 할 것인가 만이 문제이다.

▷ 재일한국인의 대우: 한국 측은 영주권을 가진 한국인에 대해서 내국민 대우 (다만 참정권과 공무원이 될 권리를 제외)를 부여하라고 요구하고 있었다. 일본 측은 종래대로 생활보호 등의 사회보장의 적용과 의무교육의 혜택을 부여하기로 했고, 한국 측도 대체로 일본 측의 의향을 받아들였다. 또한 재일한국인의 취업의 자유 문제에 대해서는 외국인의 취업을 법적으로 규제하고 있는 직종은 한정되어 있으므로 문제는 없다고 일본 측은 말하고 있다.

▷ 귀환 시 지참 재산: 재일한국인이 귀국할 경우 한국 측은 1만 달러까지의 현금의 지참을 허가하도록 요구하고 있는데, 일본 측은 다른 외국인처럼 5천 달러의 선을 주장하고 있다.

▷ 한국적 확인절차: 한국 측은 영주권을 얻은 한국인 전부에게 한국적 확인의 절차를 취할 것을 협정에 포함시킬 생각이다. 일본 측으로서는 북

조선과의 관계도 있어, 실제로 무리한 요구로 협정에 포함시킬 필요는 없다는 태도이다. 다만 한국 측이 이 점을 고집할 경우는 조정이 어려울 가능성이 남아 있다.

1961년 5월 4일(2면)

경제원조 등 중심으로 - 자민당(自民党) 방한의원단의 방침

자민당의 노다 우이치(野田卯一) 씨를 단장으로 한 자민당 한국파견의원단(8명)은 6일 출발하는데, 최근 자민당의 한국방문에 대한 관심은 대단히 높아지고 있다. 방한의원단을 비롯해 당내 한국문제간담회(좌장 이시이 미쓰지로(石井光次郎))에서는 오랜 현안인 양국 간의 인사교류를 이번 의원단파견을 계기로 앞으로도 계속해가면서, 그 사명을 단순한 친선우호관계의 증진에 한정하지 않고, 한국경제에 있어서 절실하게 필요해질 것으로 보이는 우리나라로부터의 경제원조를 구체화하기 위한 발판으로 삼으려고 한다.

방한의원단은 5일, 방한 일정의 최종적 사전협의를 할 예정인데, 경제원조의 전제가 되는 일한회담의 경과, 한국과의 국교정상화에 대해서도 한국 측의 의향을 타진해보려는 생각에서 일한 예비회담의 사와다(沢田廉三: 역자) 수석대표를 불러 의견을 교환하기로 했다.

방한의원단은 윤(보선) 대통령, 장(면) 총리, 정(일형) 외무부장관 등 한국정부 수뇌부를 비롯해 많은 민간 유력자와 간담할 예정인데, 자민당 내에서는

▷ 일한관계는 역사적, 지리적으로 관계가 깊을 뿐만 아니라, 현재에도 자유진영에 속하고, 이로 인해 양국 간의 제휴관계는 서두를 필요가 있다.

▷ 한국경제의 약점은 북조선에 비해 자원의 빈약함에 있고, 이것이 직접 한국의 '정세불안'에 연결되어 있다. 이 때문에 일본으로부터 한국의 경제계획에 필요한 원조를 고려해야 한다.

라는 생각이 강하므로, 이들을 중심으로 한국 측의 생각을 타진하려는 것이

다. 경제원조의 구체적 내용으로는 우선 발전소건설에 의한 전력공급 등 기초산업에 중점을 두고 있는데, 쌀값 안정대책으로 값싼 비료의 공급, 주택건설자금 등도 생각되고 있다. 또한 우리나라의 관세정률법 개정에 따라 한국어민의 큰 수입원이었던 김의 대일본 수출이 종래보다 4배 정도 세율이 높아지게 되었는데, 이것도 대한관계를 배려하여 재검토하고, 다소 완화하려는 의향도 가지고 있다.

의원단과 별개로 일한회담 타진 - 동행하는 이세키(伊関) 국장

6일 출발하는 자민당 방한의원단에는 이세키(伊関佑二郎: 역자) 외무성 아시아국장이 동행하는데, 이세키 씨는 노다(野田卯一: 역자) 씨 등의 자민당 의원 8명과는 일단 별개의 입장에서 주로 일한회담의 향후 나아갈 방향에 대해 한국정부 수뇌부의 견해를 타진하려는 것 같다. 일본 측은 지금까지 현재 제5차 일한 예비회담을 5월말부터 6월 초까지 마무리하고, 이후 3개월 정도의 준비기간을 가진 다음, 9월 무렵 본회담으로 전환하여 여기서 양국 정부에 의한 고도의 '정치해결'을 모색하여, 서둘러 국교정상화를 이루어 보려는 생각이었다. 이세키 씨는 이러한 스케줄에 대해 한국 측의 생각을 다시 알아보고, 한국 측의 의향에 따라 그 절차를 새로이 조정하는 것도 괜찮다고 했다.

1961년 5월 10일(1면)

일한 전면 해결에 노력 - 이세키(伊関)·김(金) 회담에서 일치

새로운 어업협정 체결한다 – 9월 본회담 1, 2개월 내에 마무리

〈서울(경성)=마사키(真崎) 특파원 9일발〉 자민당(自民党)의 의원단과 함께 방한 중인 이세키(伊関佑二郎: 역자) 외무성 아시아국장은 9일 한국 외무부의 김용식(金溶植) 사무차관과 만나 일한 양국의 여러 문제에 대해 협의했다. 작년 가을 예비회담이 열린 이후 양국 외무당국의 사무책임자가 회담한 것은 이번이 처음이다. 이 날 회담에서는 지금까지 일본 측에서 생각하고 있던 현안의 일부를 보류시켜 조기 국교회복을 모색하려는 안을 일단 중지시키고, 어디까지나 전면적 해결을 모색하며, 그리고 한국 측의 태도가 다소 모호했던 어업문제는 이승만 라인을 대신할 새로운 어업협정의 체결에 의해 해결이 가능하다는 점에서 쌍방의 의견이 일치했다.

회담은 약 1시간 반에 걸쳐 상당히 깊이 있는 협의가 이루어졌다. 그 주요한 내용은 다음과 같다.

▷ 현재 이루어지고 있는 예비회담은 이달 말로 종료하고, 9월에 본회담을 개최, 여기서 재산청구권과 평화선(이승만 라인) 문제의 정치적 해결을 모색한다.

▷ 본회담의 장소는 양국 모두 도쿄(東京)라도 서울이라도 좋다.

▷ 본회담은 1, 2개월에 전부를 끝내고, 문제의 전면해결의 형태로 국교를 정상화한다.

▷ 10월 하순 경에 서울에 일본대사관 또는 이것에 대신할 수 있는 것을 설

치하도록 한다.

▷ 일본의 경제협력은 국교회복 이후에 한국의 경제부흥계획을 검토하여 한국이 필요로 하는 부분에 대한 경제협력 내지 경제원조를 고려한다.

외무성, 회담의 진전 기대

외무성에서는 일한회담의 전망에 대한 이세키 외무성 아시아국장과 김(용식) 외무부 차관과의 회담에 대해 9일 밤까지 아직 공식전보를 받지 않았지만, 보도된 내용에 따르면 일한회담을 촉진한다는 점에서 중시하고 있다. 외무성 관계자의 비공식 견해에 의하면 이세키·김 회담에서 새로운 어업협정의 체결에 의해 이승만 라인 문제의 해결이 가능할 것으로 의견이 일치한 점은 오랜 일한교섭에서 처음인 것이고, 이 문제에 대한 한국 측의 생각이 종래보다도 명확해진 것으로 보고 있다.

이 점에서 한국 측의 태도가 확인된다면, 일본 측도 한국 측이 중시하고 있는 청구권문제를 호의적으로 해결할 용의가 있기 때문에, 회담의 진전을 서두르게 될 것으로 기대하고 있다.

따라서 일본 측이 현안의 일부를 보류시켜 조기 국교회복을 모색하는 안을 철회한 것은 어업문제에 대한 한국 측의 태도가 분명해졌기 때문에, 9월에 예정된 본회담에서 모든 현안해결의 가능성이 높아진 결과일 것으로 판단하고 있다.

이세키 아시아국장의 방한에는 예비회담을 이달 말로 마무리하고 9월부터 본회담을 열어 단기간에 정치절충으로 해결을 보려는 안에 대해 한국정부의 의향을 비공식으로 타진할 목적도 있었던 것으로 보인다.

1961년 5월 11일(1면)

일한 항공로 개설에 합의 - 이세키(伊関)·박(朴) 회담, 정식국교 전이라도

〈서울(경성)=마사키(真崎)특파원 10일발〉 일한 양국에 의한 도쿄(東京)-서울 사이의 민간항공로 개설의 논의가 이전부터 진행되고 있었는데, 10일 이세키(伊関佑二郎: 역자) 외무성 아시아국장은 한국정부의 박(朴瓚鉉: 역자) 교통부장관과 만나, 정식국교 회복 이전이라도 민간항공로를 여는데 쌍방의 의견이 일치했다.

이세키 씨는 이 건에 대해서는 일본 측은 거의 태세가 준비되어 있고, 일본항공이 이를 담당하는 것으로 되어 있다고 말했다. 여기에 대해 박 장관은 조만간 회사를 선정하여 조속히 상호 왕래를 실현하고자 한다고 답했다.

한편, 한국에서는 이 항공로 개설에 대해 한국국제항공과 한국항공 2회사가 경쟁하고 있다.

수뇌 회담을 고려 - 장(張) 총리 기자회견

〈서울(경성) 10일발=AP〉 장면(張勉) 한국 국무총리는 10일 기자회견에서 "일한 양국 간의 수뇌 회담은 고려할 가치가 있다"고 다음과 같이 말했다.

방한 중인 일본의원단을 통해 일본이 국교정상화 이전에 수뇌회담을 열 것을 희망하는 것 같은 인상을 받았다. 일본 측으로부터 정식 제안은 없지만, 이러한 회담은 고려할 가치가 있다고 생각한다. 이케다(池田勇人: 역자) 수상으로부터 방일의 초청이 온다면 고려하겠다.

1961년 5월 12일(2면)

일한 타개의 '분위기' - 방한의원단 오늘 귀국

한국도 일본에 의원단

〈서울(경성)=마사키(真崎) 특파원 11일발〉 자민당(自民党) 방한의원단은 7일간의 일정을 마치고 12일 귀국한다. 이번 방문은 한국 측의 실정을 시찰하고 일한관계 촉진의 기운을 북돋우려는 목적이었다. 노다 우이치(野田卯一) 씨를 단장으로 8명의 국회의원과 이세키(伊関佑二郎: 역자) 외무성 아시아국장은 연일 한국 정·재계의 주요 인물들과 만나 허심탄회한 대화를 나누었다. 양국이 이해와 인식을 강화하고 우호적인 분위기를 만들어내려는 점에서는 큰 성과가 있었다고 말해도 좋다.

한국 측의 태도는 극소수의 혁신파나 신문논조 등에서는 비판적인 분위기도 보였지만, 전체적으로 이번 의원단 방문을 기회로 일한회담을 촉진시키고, 앞으로의 양국 관계를 강화하려는 분위기였다. 작년 가을 고사카(小坂善太郎: 역자) 외상 방한 당시에는 반대 데모 등도 있어 반일적(反日的) 분위기도 강했지만, 그때에 비하면 매우 우호적인 분위기로 일관했다고 할 수 있다. 물론 한국 측의 국민감정은 일본에 대한 악감정이 모두 없어졌다고 할 수는 없다. 또한 한국 측이 '말해야 할 것만 분명히 말한다'라는 장면도 때로 보였다. 여기에 대해 일본 측도 상대방의 말에 귀를 기울이는 동시에 일본 측으로서도 주장이나 생각을 전달한다는 태도로 임해, 결과적으로는 이러한 솔직한 대화가 우호적인 분위기를 만들어냈다는 것이 크게 도움이 되었다.

한국 측에서는 이번 일본의원의 방문에 답하여 5월 말 경 국회의원의 시찰단을 일본에 보내기로 했다. 일한 예비회담의 사무절충이 마무리되어가는 현재의 단계에서 이러한 정치가끼리의 교환방문이 이루어지게 된 것은, 한국 측의 국내정세로서도 일한관계의 조기 타개를 바라고 있으며, 이것을 실현시킬 의도와 이것이 가능하다는 객관 정세가 무르익었다고 볼 수 있을 것이다.

의원단은 윤보선(尹潽善) 대통령, 장면(張勉) 국무총리를 비롯해 정부의 각 관료, 민·참 양원의장, 각 정당의 유력자, 경제계 대표 등 광범위한 사람들과 만나 의견을 교환했다. 많은 만남에서 일본으로부터의 경제협력이 화제가 되었고, 한국 측의 희망이나 의견이 제기되었다. 한국으로서는 미국·서독의 원조에 의해 전력, 석탄, 비료 등 기초산업의 확충을 도모하고, 장기 경제계획을 현재 작성중이다. 의원단과의 회합에서는 이러한 한국 측의 사정이 설명되고 중공업 부문 뿐만 아니라 경공업에 대해서도 일본의 협력을 바란다는 의향도 내비쳤다. 쌍방의 사이에 구체적인 약속은 없었지만, 한국의 경제체제 확립을 위하여 국교정상화 이후에 일본으로부터의 경제협력 내지 원조를 받아들이려는 생각과 그때까지에도 양국의 통상을 더욱 확대하려는 한국 측의 방침이 상당히 분명히 제시되었다. 또한 국제적인 문제로서는 '반공'을 위해 한국이 큰 부담을 지고 있다는 점을 일본 측이 충분히 이해해 달라는 주장이 강하게 나타났다.

노다 단장으로부터 장면 국무총리에게 7월 방미 귀국길에 일본을 방문해 달라는 이케다(池田勇人: 역자) 수상의 희망이 전해졌는데, 한국정계의 일반적인 견해로는 장면 총리의 일본방문은 실현되리라 예상하는 쪽이 많다. 의원단과 동행한 이세키 국장과 한국정부 당국과의 사이에도 일한회담의 전망에 대한 합의가 보이는 등, 쌍방 모두 회담의 성공에 확신을 가질 수 있다는 자신을 굳힌 것 같았다. 이런 의미에서도 이번 시찰단 파견은 상당한 성과가 있었다고 볼 수 있을 것이다.

1961년 5월 13일(2면)

누그러진 대일감정 - 자민당(自民党) 의원단이 본 한국

전원(電源)개발에 원조를 기대

12일 귀국한 자민당 방한의원단은 전후(戰後) 처음으로 한국을 방문한 의원단으로 각지, 각 계층의 사람과 접촉에 힘썼다. 다음은 노다(野田) 단장 등이 말한 '의원단의 한국 인상'. 이 의원단(전부 중의원의원)은 노다 우이치(野田卯一), 다나카 가쿠에이(田中角栄), 후쿠다 하지메(福田一), 도코나미 도쿠지(床次德二), 다나카 다쓰오(田中竜夫), 가네코 이와죠(金子岩三), 다구치 쵸지로(田口長治郎), 다나카 에이이치(田中栄一) 등 8명.

무엇보다 놀란 것은 의외일 만큼 대일감정이 누그러지고 있는 것이다. 의원단이 서울(경성)에 도착하니, 라디오 방송에서 '부디 실례되는 태도를 취하지 않도록-'이라고 시민에게 호소하고 있었다. 서울의 중심가에서는 시민이 손을 흔들어 환영했고, 부산시에서는 시민 약 2천 명이 시청 앞 광장에 모여 환영해 주었다. 정 · 재계의 요인들도 처음에는 통역을 두고 회견했지만, 시간이 부족해지면서 통역 없이 봇물 터지듯 일본어로 자유롭게 이야기 한 것이 여러 번이었다. 한국민으로부터 일본의 영화를 상영해 달라는 강한 요청도 있었고, 약간의 일본 붐과 같았다.

이러한 친일감정이 높아진 반면, 차가운 태도를 보인 면이 없지 않았고, 반일투쟁위원회의 대표가 와서 "수십 년간에 걸친 대일 악감정은 아직 사라지지 않았다. 우리의 바람은 물질적인 원조가 아니라 마음과 마음이 이어지는 것이다" 라고 말했는데, 일한친선의 필요성은 인정하고 있었다.

한국에 있어서 반공의 분위기는 일본에서는 상상도 못할 정도로 강했다. 판문점에 가서 보고 과연 그렇다고 생각했다. 38도선을 사이에 두고 양쪽에서 몇십만 명의 군대가 전투준비를 하고 노려보고 있다. 도쿄(東京)에서 제트기로 불과 1시간 남짓인 곳에 이런 분위기가 있으리라고는 조금도 믿을 수 없을 정도였다.

일본이 반공정책에서 철저하지 않은 것에 대해서는 다양하게 비판되었다. 이는 재정난 가운데 국가예산의 40% 가까이의 군사비를 지출하고 있는 입장에서 보면, 일본이 일중국교 회복 등을 문제로 하고 있는 것에 대해서는 복잡한 분위기인 것 같다. 어느 정치가는 "부산의 등대 위에 적기(赤旗)라도 올라간다는지, 그렇게 된다면 일본도 놀랄 것이다"라고 했는데, 어쨌든 자신들이 자유국가 진영의 최선봉에 서서 싸우고 있다는 자부심은 특별한 것이었다.

의료품도, 식량도 생각보다 풍부하고 저렴했다. 백화점에도 예상 이상으로 품목이 갖추어져 있었다. 호텔도 유럽풍으로 아름다웠다. 부산에는 아직 18만 명의 난민이 있고, 농한기에 실업자가 늘어나는 것이 사회문제가 되고 있지만, 국민생활은 전체적으로 최근 몇 년 사이에 상당히 좋아졌다고 한다. 한국은 전국에 걸쳐 오전 1시 이후에는 가무음곡(歌舞音曲)도 교통도 모두 정지. 그러고 그것이 정확히 지켜지고 있었다.

한국의 정세는 일단 소강상태이며, 치안도 우선 걱정은 없을 듯하다. 장면(張勉) 정권으로서는 이후 전향적으로 국토재건에 나서야할 시기에 와있다는 인상이다. 한국은 일한관계의 정상화가 하루라도 빨리 실현되기를 바라고 있고, 한국의 재건에 일본의 원조를 기대하고 있다.

한국경제의 고민은 전력사정이다. 피크에는 36, 7만 킬로와트의 수요에 비해, 공급력은 20만 킬로와트 안팎으로 전압이 떨어진다. 이 때문에 수요자를 4단계로 나누어 소비제한이 이루어지고 있다. 서울의 중심가에는 오전 1시경 까지 번쩍번쩍 불이 들어오지만, 시골에서는 오후 9시 지나서는 양초에 의지하고 있다.

그러나 장면 정부의 국토부흥 5개년 계획도 전력개발이 중심으로 일본의 강력한 원조를 기대하고 있다. 서구 각국의 적극적 원조태세에 비해 '일본도 우물쭈물 할 수 없을 것'이라고 말하고 있다. 그러나 일본으로부터의 경제원조를 '침략'이라고 보는 생각이 있는 것도 사실이며, 일본은 한국의 경제계획에 대응해서 그 가운데 일본의 담당 분야를 정해 원조에 임해야 할 것이다.

농촌경제도 예상 이상으로 좋아졌다. 이모작의 적지가 전 국토의 80%라는 호조건을 가지고 있으며, 유축(有畜)농가의 보급을 촉진함으로써 부흥의 예상은 충분하다고 생각한다.

1961년 5월 13일 석간(2면)

이세키(伊関) 제안을 신중 검토 - 한국 정·재계, 대일청구권에

〈서울(경성)=마사키(真崎) 특파원 12일발〉 12일 귀국한 자민당(自民党) 의원단이 놓고 간 선물로서, 한국에서는 일본의 경제협력과 대일청구권 관련이 큰 논의의 대상이 되기 시작했다. 의원단과 정·재계의 현안에는 늘 일본의 경제협력이 중요한 화제가 되었다. 일행에 동행했던 이세키(伊関佑二郎: 역자) 외무성 아시아국장은 한국정부에 대해 대일청구권을 대신한 무상 경제원조를 제의했는데, 그 내용이 12일 일반에 전해지면서 경제협력 수락의 시비를 둘러싼 논의가 급속도로 확산되었다.

이세키 국장의 제안은 한국의 8항목에 걸친 대일청구권은 이유가 분명한 것을 빼고 나머지는 항목별로 취급하지 않고 일괄하여 정치적 타협으로 결정한다. 그 대신 일본 측은 일정액의 무상원조를 제공할 용의가 있다는 것이다. 그것은 '청구권'이라는 형태의 요구를 한국에 포기시키고, 그 대신 경제협력으로 문제를 해결한다는 이전의 일본의 의향에 기반한 것인데, 기술적으로도 '청구권'이라는 개념으로는 일한 쌍방 모두 대(對)국내적으로 설명하기 어려운 문제점이 많기 때문이라고 이야기된다.

이 이세키 국장의 제안에 대해 한국정부 당국은 신중한 검토를 시작한 것 같다. 민주당의 이(李泰鎔: 역자) 정책위원장은 12일 "지금의 경제위기를 타개하기 위해서는 일본의 경제원조의 수락은 결정적이다"라고 말하고, 또한 대일청구권을 너무 고집하여 일본으로부터의 자금도입을 늦춰서는 안 된다고도 언명, 현안해결을 뒤로 미루더라도 국교정상화를 서둘러야 한다고 말했다. 이러한 주장은 의원단 방문을 계기로 일어난 대일 국교정상화 촉진의 기운과 경제협력을 필요로 하는 한국 측의 진의를 가장 명확히 보여주는 것이지만, 동시에 정치적 해결을 위해 국내여론을 타진해 보려는 목적도 포함되어 있다고 보인다.

이러한 대일적극론에 대해 야당 측으로부터는 바로 강한 반발이 일어나기 시작했다. 신민당, 민생그룹 및 통일사회당 등에서는 일본의 원조를 무조건 수락하려는 정부의 태도는 자주성을 잃어버린 것으로, 이러한 문제를 토의하기 위해 임시국회소집을 예정보다 서두르려는 움직임도 보이고 있다.

1961년 5월 16일(1면)

모든 현안 해결 이후에
- 일한정상화에 일치, 고사카(小坂) 외상 답변

15일 오후 중의원 예산위원회는 보정(補正)예산안에 대한 첫 번째 질문자로 나선 자민당(自民党)의 간바야시야마 에이키치(上林山栄吉)가, 이케다(池田勇人: 역자) 수상의 방미문제 등을 거론하며 정부의 견해를 물었다. 이 위원회는 16일부터 사회당, 민사당의 야당 질문에 들어가기 때문에, 논의가 활발하게 되리라고 예상하고 있는데, 특히 16일은 사회당의 고노 미쓰(河野密), 요코미치 세쓰오(横路節雄) 두 사람이 외교정책, GARIOA · EROA문제를 중심으로 정부를 추궁할 방침이다. 또한 15일 예산위원회에서 사회당이 강력하게 요구한 GARIOA · EROA의 자료제출에 대하여 정부는 대미 교섭 중이므로 문서 자료의 제출은 하지 않기로 결정했으므로, 이 문제를 둘러싸고 16일 위원회가 분규할 것도 예상된다.

15일 오후의 간바야시야마 씨의 국제수지에 관한 질문에 대해 이케다 수상은 "낙관은 하지 않으나 세상이 법석을 떨 정도의 걱정은 없다"고 답했고, 또한 일한문제에 대하여 고사카(小坂善太郎: 역자) 외상은 "앞서 방한한 이세키(伊関佑二郎: 역자) 외무성 아시아국장과 김(金溶植: 역자) 한국 외무차관과의 회담에서 일한의 국교정상화는 모든 현안의 전면해결을 통해 추진하기로 의견이 일치했다. 이승만 라인 문제에서는 양국이 어족보호, 어민의 민생안정 등을 축으로 협정을 만들면, 이승만 라인은 필요성이 없어진다는 방향으로 의견이 좁혀지고 있다"고 답변하였다.

16일의 사회당의 질문에서 고노 씨가 외교문제를 거론하며 수상의 방미, 일한문제, 일중관계, 오가사와라(小笠原)의 시정권(施政權) 반환 문제에 대하여, 또한 요코미치 씨가 GARIOA · EROA 대미(對美) 채무반환 문제에 초점을 두고, 대미교섭의 경과, GARIOA · EROA 원조 중에서 한국과 오키나와(沖繩)에 원조된 부분 등 세부사항에 대하여 질문할 예정.

중의원(衆議院) 예산위원회 질의응답

간바야시야마 씨: 일한 국교회복에 대하여는 모든 현안을 전면적으로 해결한 뒤에 국교정상화를 하기로 합의하였다는 것이 사실인가?

고사카 외상: 이세키 외무성 아시아국장이 앞서 방한했을 때, 한국의 외무차관과 그러한 방향으로 진행시켜 나가자는 것에 의견이 일치했다고 들었다. 예비회담을 이번 달 말로 끝내고, 3개월 간 정치절충을 시도한 다음 9월경 본회담에 들어가고자 한다.

간바야시야마 씨: 이승만 라인, 한국의 대일청구권 등 문제는 협의를 통해 해결될 수 있는 가능성이 있는가?

외상: 이승만 라인은 국제법상 위법이지만, 양국에 있어 과거 사정이 있다. 그러나 최근 어족보호, 양국 어민의 생활안정을 축으로 하는 협정이 이루어지면, 이승만 라인의 필요성이 없어진다는 방향으로 의견이 좁혀지고 있다. 또한 대일청구권에 대해서도 쌍방이 호혜의 정신으로 해나가자는 점에서 원칙적으로 합의가 되어가는 정도이다.

제6부 5·16 이후

(1961.5.16 석간 ~ 1961.5.28)

朝日新聞（夕刊）　昭和36年（1961年）5月16日　火曜日

韓国軍がクーデター

三権の一切を掌握

革命委議長に張中将

反共体制を強化

革命委布告

革命委、戒厳令布く

張都暎中将

十六日トラックに乗ってソウル（京城）市内を行く韓国軍兵士をみる市民

強く張勉内閣を支持

米大使館声明

在韓米軍は警戒体制に

予備会談中断

日本政界に衝撃

張総理ら徳寿宮に監禁

海軍は不協力のうわさ

全国の主要都市を掌握

韓国クーデターの実相

国際電話

内閣の無能に不満

対日関係急変すまい

1961년 5월 16일 석간 「한국군이 쿠데타」 등, 본문 pp.715-723 참조

1961년 5월 16일 석간(1면)

한국군이 쿠데타 - 3권의 일체를 장악, 혁명위원장에 장(張) 중장

반공체제를 강화, 혁명위 포고

〈서울(경성)=마사키(真崎) 특파원 16일발〉 16일 새벽 한국에서 군부의 쿠데타가 일어나 군이 방송국, 경찰 등을 점령함과 동시에 행정, 입법, 사법의 3권의 일체를 장악했다. 쿠데타는 한국 육해공군 및 해병대에 의해 이루어졌고, 오전 4시경 서울 시내에는 기관총 소리가 들렸다. 결기군(決起軍)은 육군참모총장 장도영(張都暎) 중장이 총지휘를 맡고, 바로 군사혁명위원회가 결성되어 장 중장이 의장이 되었다. 혁명위원회는 반공을 국시로 할 것, 부패한 현 정권을 타도하고, 양심적 정치가에게 정권을 넘길 것을 선언, 방송과 전단에 의해 시민에게 사태를 호소하고 있다.

〈서울(경성) 16일발=AFP〉 16일 새벽 헌병대가 김포에서 서울로 진격하는 혁명군의 해병대와 충돌하였으며, 이 때 병사 5명과 시민 1명이 부상당했다.

〈신아(新亞)=도쿄(東京)〉 16일 서울(경성)방송에 의하면 이날 이른 아침 쿠데타를 일으킨 '군사혁명위원회'의 의장 장도영 중장은 전문 다음과 같은 포고문을 발표했다.

친애하는 국민 여러분, 군은 16일 오전 3시를 기해 일제히 행동을 개시하여 국가의 행정, 입법, 사법기관을 모두 장악하고, 군사혁명위원회를 결성했다. 군부가 결기한 것은 부패하고 무능한 현 정권과 기성 정치가에게 국가와 민족의 운명을 맡겨둘 수 없다고 생각하고 조국의 위기를 극복하기 위한 것이다. 군사혁명위원회는

1, 반공을 제일의 사명으로 하고 지금까지 형식적인 반공체제를 재조정해 강화한다.

2, 유엔헌장을 지키고 국제조약을 충실히 이행하고, 미국을 비롯한 자유우방과의 우대(友帶)를 보다 한층 강화한다.

3, 한국사회의 부패와 구악을 일소하고 국민의 도의와 민족의 정기를 재확립하기 위해 충실한 기풍을 세운다.

4, 절망과 기아상태에 있는 민생고를 시급히 해결하고 국가의 자립경제 개선에 총력을 경주한다.

5, 민속적 기본인 국토통일을 위해 공산주의에 대결할 수 있는 실력배양에 전력을 집중한다.

6, 이러한 우리들의 임무가 성취되면 청신하고 양심적인 정치가에게 이양하고, 우리들은 본래의 임무로 복귀할 준비를 갖추겠다.

애국동포 여러분.

여러분은 이 군사혁명위원회를 전폭적으로 신뢰하고, 동요 없이 각자의 직장을 평소대로 유지하기 바란다.

우리의 계획은 우리의 단결과 인내, 용기, 전진을 요구하고 있다.

혁명위, 계엄령 선포

〈신아(新亞)=도쿄(東京)〉 16일 서울방송에 의하면 군사혁명위원회는 명령 제1호로 다음과 같이 비상계엄령을 선포했다.

국내 질서의 유지와 치안확보상 필요한 한도 내에서 온건히 이것을 운영한다. 이를 위해 국민은 국가의 대업인 혁명완수를 위해 다음 사항을 지켜주기 바란다.

▷ 5인 이상의 집회를 금한다.

▷ 해외여행을 금한다.

▷ 언론, 출판, 보도는 사전 검열을 필요로 한다. 치안확보상 유해한 기사, 논설, 만화, 사진 등으로 본 혁명에 관련하여 위법하게 과장해서는 안 된다. 외국통신도 이에 준한다.

▷ 일체의 보복행위를 허락하지 않는다.

▷ 직장의 무단이탈, 파괴행위를 금한다.

▷ 유언비어를 금한다.

▷ 야간통행금지시간(19시-익일 5시)를 엄수하라.

이상의 위반자와 이적행위자는 체포, 구속하고 즉결 처벌한다.

한편, 동 위원회는 포고 제2호에 의해 '16일 오전 9시를 기해 국내의 일체의 금융기관을 동결한다'고 발표했다.

〈신아(新亞)=도쿄(東京)〉 16일 서울(경성)방송에 의하면 군사혁명위원회는 포고 제3호로 16일 오전 9시를 기해 일체의 공항과 항만을 폐쇄하는 명령을 다음과 같이 발표했다.

국내의 모든 공항과 항만은 1961년 5월 16일 오전 9시를 기해 폐쇄하고 다음과 같이 규제한다.

◇ 공항

▷ 국제선의 운항은 제한하지 않는다. 한국적의 항공기의 운항은 일절 금지한다.

▷ 항공기의 이착륙에는 군의 검열을 필요로 한다.

▷ 국내선의 운항은 계엄령이 해제될 때까지 금지한다.

◇ 항만

▷ 외국선박의 출입항은 금지하지 않는다. 외국선원의 상륙과 한국인의 승선을 일절 금지한다.

▷ 국내선박은 계엄령 실시 중, 일절 운항을 금지한다.

장면(張勉) 내각을 강력히 지지 - 미 대사관 성명

〈서울(경성) 16일발=AP〉 주한 미 대사관의 그린(Marshal Green) 대리대사는 16일, 자유롭게 뽑히고 또한 합헌적으로 수립된 장면 수상의 정부를 강력히 지지한다는 성명을 발표했다.

성명의 내용은 다음과 같다.

▷ 주한 미군사령관 매그루더(McGruder) 대장은 유엔군사령관의 지휘 하의 전군에 대해, 장면 수상의 승인된 한국정부 만을 지지하도록 요망했다. 또한 사령관은 한국군의 지휘관들이 즉시 그 통제를 합법적인 정부로 복귀시키고, 군의 질서가 회복되도록 권한과 영향력을 행사할 것을 희망했다.

▷ 유엔군사령관은 자유롭게 선출된 합헌적 한국정부를 지지한다는 입장을 취하고 있는데, 나도 그 입장에 전면적으로 동의한다. 나는 미국이 작년 7월 한국민에 의해 선출되고 작년 8월 수상의 선출을 거쳐 조직된 이 합협적 한국정부를 지지한다는 것을 분명히 지적하고자 한다.

주한 미군은 경계체제로

〈서울(경성) 16일발=AFP〉 매그루더(McGruder) 주한 미군사령관은 16일 미군 5만 명을 경계체제로 전환하고, 앞으로의 사태 검토를 위해 최고군사회의를 소집했다. 기술적으로는 50만의 한국군은 유엔군사령관을 겸임하는 매그루더 사령관의 작전지휘 아래에 있다.

일본정계에 충격

한국군부의 쿠데타는 일본정계에 상당한 충격을 주고 있다. 정부, 외무성 관계자는 현재 신문보도 이상의 정보는 없으며, 일한관계에 대한 영향에 대해서는 속단을 피하는 신중한 태도를 취하고 있지만, 일한국교정상화에 적극적으로 나서고자하던 시기였던 만큼 매우 놀라고 있으며, 당면 일한회담이 일시 중단되는 것 등을 우려하고 있다.

최근 자민당(自民党) 방한의원단은 방한의 인상으로 장면 정권에 대한 일반 민중, 군부의 불만은 남아 있지만, 정권은 일단 4월 위기를 넘겼고, 안정강화의 방향으로 향하고 있다고 판단했다.

따라서 이번 쿠데타 발생은 매우 의외인데, 군사혁명위원회가 과연 군부 전체의 지지를 받고 있는지, 또한 재한 미 대사관이 장면 정권 지지의 태도를 분명히 하는 것이 앞으로의 사태 전개에 어떤 영향을 미칠지를 주시하고 있다.

예비회담 중단

재일한국대표부는 16일 아침, 외무성에 대해 한국군부 쿠데타가 일어났기 때문에 16일에 예정되어 있던 일한 예비회담의 어업 및 이승만 라인에 관한 비공식회담을 취소해줄 것을 요청했고, 일본 측은 이를 승인했다.

또한 일한 예비회담의 일본 측 수석대표 사와다 렌조(沢田廉三) 외무성 고문은 이날 오전 10시 반 한국 측의 유진오(兪鎭午) 수석대표를 외무성으로 불러 한국정세에 대해 물었다.

여기에 대해 유 씨는 “본국의 정세를 하루 이틀 살펴보지 않고서는 회담을 계속할 수 없다”고 말했으며, 사와다 씨의 동의를 얻었다. 이것으로 일한 예비회담은 중단하기로 되었다.

한국 쿠데타의 실상, 국제전화

내각의 무능에 불만 – 대일관계 급변 없다

16일 새벽을 기해 이루어진 한국 쿠데타의 실상을 듣기 위해, 본사는 16일 아침 서울(경성)의 마사키(眞崎) 특파원을 국제전화로 연결해 쿠데타 발발 시의 상황, 군의 동정, 그 의도, 이후 전망, 일한교섭에 대한 영향 등에 대해 들어 보았다.

본사: 쿠데타가 발발했을 때 상황은 어땠는가?

마사키: 엄청나게 요란한 총성에 눈을 떴다. 그때는 무엇이 어떻게 되었는지 정신이 없었다. 오전 4시까지는 통행금지였기 때문에 바깥에는 사람 그림자도 없었고, 다만 엄청난 총소리가 들려왔다. 이것은 공산군이 공격해 온 것이 아닐까 했는데, 이후 반란인 것 같다는 것을 알게 되었다.

본사: 그 상황을…

마사키: 반도호텔의 동쪽은 총탄이 날고 있었다. 여기에는 장면 총리가 머물고 있었는데 노린 것이 아닌가 생각했다.

본사: 장면 내각의 각료들은 현재 어떻게 되었는가?

마사키: 일반의 소문으로는 장면 총리는 쿠데타 직전에 난을 피해 어딘가로 모습을 감추었다고 한다. 체포가 알려진 것은 국방부장관, 체신부장관, 외무부장관, 그리고 반도호텔에 있던 총리의 비서뿐으로, 그 이외에도 있을지도 모르

지만 확실한 것은 모른다.

본사: 혁명군사위원회는 어떻게 하고 있는가?

마사키: 군사위원회는 계속 회의를 하고 있다. 오전 9시에 3가지의 포고를 발표했다. 첫째 포고는 전국에 계엄령을 선포하고 계엄사령관을 임명한 것이다. 제2호는 오전 9시를 기해 국내 전반에 걸친 금융의 동결이다. 포고의 세 번째는 공항과 항만을 폐쇄하는 것이다.

본사: 시민은 어떻게 하고 있나?

마사키: 관청가 등 요소요소는 전부 무장병이 10m 간격으로 경계를 서고 있다. 교통은 일단 통하고 있지만 자동차는 검문하고 있다. 시민도 지금은 상당히 차분해졌다. 평소와 같이 걸어가고 있으며, 군인과 대화를 하고 있는 사람도 있다.

본사: 군을 일단 신뢰하고 있는가?

마사키: 일단 그렇다고 생각한다. 그렇지만 여기에 박수를 보내거나 지지하는 분위기는 아직 보이지 않는다.

본사: 첫째 포고를 보면 반공을 제일의 사명으로 한다, 국민의 도의와 민족의 정기를 재확립한다고 했는데, 이것은 성격적으로는 반혁명적인 느낌이 있는데...

마사키: 지금까지 자주 이야기되었듯이, 4월혁명으로 하나의 혁명을 이루었지만 전혀 생활상태가 좋아지지 않았다. 장면 정부는 너무나도 무능하다는 일반의 불안과 반감이 강했다. 이것을 배경으로 하여 현 정부에서는 어쩔 도리가 없기 때문에, 여기에 변화를 주어보자는 느낌이 있다.

본사: 반공을 대의명분으로 하고 있는데 이것은 장차 남북통일에 어떠한 영향을 줄 것인가?

마사키: 군부로서는 원래 반공을 특히 강하게 주장하는 입장에 있었는데, 장면 정부도 물론 반공은 강조하고 있었지만, 이른바 민주적이라든지 진보적인 단체에 대해서는 어떻게 대하는가 하면 탄압적으로 하고 있었다. 그러나 이전

에 비해 자유롭게 되었기 때문에, 남북통일, 교류라는 것을 요구하는 목소리도 나오기 시작했고, 최근 특히 학생들이 남북의 학생회담을 열자는 것 같은 요구를 내세워 - 그러한 움직임이 상당히 표출되었기 때문에, 역시 여기에 대해서도 지금의 정부의 태도가 미지근하다는 느낌을 가지고 있지 않았을까 한다.

본사: 그렇다면 4월혁명을 추진했던 학생층 등과 앞으로 군이 대립하게 될 것이라고 생각되는가?

마사키: 적어도 연결되는 일은 없을 것이다. 그러나 대립한다고 하면 4월혁명을 추진했던 세력이라는 것은 조직력이 거의 없다. 형태상으로는 일단 대립도 생각되지만, 그것도 심각한 형태로 지금 바로 격렬한 대립상태가 나타날 것인가 한다면, 그것은 좀 의문이다.

본사: 현지 미국 측은 어떤 태도로 나오고 있는가?

마사키: 마샬 그린 미 대리대사는 "자유로운 선거와 헌법의 절차에 의한 한국의 정부를 지지한다"라는 성명을 발표, 유엔군도 같은 취지의 내용을 말하고 있다. 그것은 장면 총리를 미국이 지지한다는 것이다.

본사: 그렇다면 지금부터 미국 측과 군의 관계는 어떻게 되는가?

마사키: 군은 현재 대규모로 움직이고 있는 것 같은데, 조금 더 살펴보지 않으면 뭐라고 말할 수 없다. 만약 미군이 지원하지 않는다면 일시적인 성공으로 보인다 해도 거의 의미가 없다고 생각한다. 한국군의 장비는 미군이 거의 장악하고 있다. 가솔린도 탄약도…. 그러므로 미국의 지지 없이는 대규모 반란은 역시 일으킬 수 없을 것이라고 생각한다. 따라서 미국의 지지가 없이 이 쿠데타가 얼마나 계속될지는 조금 더 사태를 살펴보지 않으면 알 수 없다.

본사: 장면 총리는 어떤 태도로 나올 것인가?

마사키: 여러가지 국내의 큰 문제가 일어났으므로 장면 총리가 책임을 지고 사직하는 것도 있으리라 생각한다. 그 경우 미국 측이 끝까지 장면 총리에게 미련을 가지고 있지는 않을 것이다. 새로운 선거라는 절차로 정부가 정식으로 선출된다면, 그 정부를 지지한다는 생각도 할 수 있다고 생각한다.

본사: 한국의 군대는 60만인데, 이것이 어느 정도 쿠데타에 참가하여 협력하고 있는가?

마사키: 지방의 군대도 대체로 결기군에 협력하고, 각지의 관청을 접수하고 있다는 정보가 들어오고 있다. 물론 그렇지 않은 곳도 있지만, 정부의 모든 하부 기관과 협의하여 접수하러 가겠다고 하여 장악하고 있다. 결기군에게 대체로 동조하고 있는 것으로 보인다. 군의 지령도 비교적, 평온하게 전달되고 있다고 한다.

본사: 이번 쿠데타는 일한교섭에 어떤 영향을 미칠 것인가?

마사키: 적어도 근본적으로는 큰 변화는 없을 것으로 생각한다. 국내정치의 운영방식에 힘이 없으므로 변화를 가한 것 같으므로….

본사: 일본문제에 대해서는 어떤 포고에서도 언급하고 있지 않은 것인가?

마사키: 전혀 언급하고 있지 않았는데 국민 일반의 분위기 상으로는 일한 사이를 진척시켜 나가야 한다는 분위기가 강하다. 그러므로 군도 이것을 무리하게 뒤집는 것은 고려하고 있지 않다고 생각된다. 그러나 약간 저해가 있을지 모르지만, 지금까지의 방향에서 역행하지 않을까 하는 걱정은 없을 것으로 본다.

1961년 5월 16일 석간(2면)

남북통일운동에 반발 - 한국군의 쿠데타

성패, 미국의 입장에 달려

1년 전인 4월 29일 이승만(李承晩) 영구정권을 타도했던 이른바 '한국민주혁명'은 학생이 주도권을 쥔 것이었고, 군대의 역할은 애매한 것이었다. 민중의 데모대와는 맥락이 통하고 정부 마음대로 되지 않았던 것이 당시의 군대의 성격으로 보였다. 군대 내의 열악한 대우, 정치에 대한 비판, 상관에 대한 불만 등등 중견 장교층 이하의 장병에게는 이번 쿠데타와 통하는 요소가 전혀 없었던 것은 아니지만, 군대 상층부에 파벌이 너무 많아서 하나로 모으기 어렵고, 적어도 당시 학생, 민중들과 함께 하기까지에는 이르지 않았다고 이야기되었다. 그로부터 약 1년, 참모총장이 직접 지휘를 하고, 육해공 3군이 하나가 되어 무혈로 3권을 장악한 사태가 된 것이다.

사태가 이렇게까지 된 저류에는 정계의 파벌다툼에 의한 정치의 부패, 경제정책의 실패로부터 온 인플레이션의 악화, 농촌의 피폐 등 사회불안의 확대 · 심각화가 있지만, 더욱 직접적인 원인은 '4월혁명'의 주도력을 쥐고 있던 학생 · 대중층 가운데 남북통일운동이 최근 눈에 띄게 두드러진 것이다. 13일 서울(경성), 부산, 대구에서 남북선(南北鮮=남북한: 역자) 학생의 통일회의 개최 실현을 요구하는 큰 데모가 열렸고, 각지의 대학생이 국경 판문점까지 전국적 대행진을 하려는 움직임 등도 있었다. 민주혁명의 힘을 모두 반대 입장으로 돌릴 지도 모르는 움직임에 한국정부도 당황하지 않을 수 없는 상태였다.

유엔 한국대표로서 도미 중이었던 서민호(徐珉濠) 의원 등도 귀국 이후, 한국이 국제적으로 고립되어 있다는 사실을 인식하고, 이승만 시대로부터의 반공일변도의 통일론으로는 아무 것도 할 수 없음이 인정되고 있던 시대인 만큼, 정부도 탄압 일변도로 이 운동에 대처하는 것은 어려운 단계였을 것이다.

이러한 배경에서 이루어진 이번 쿠데타는 반공과 유엔헌장의 준수를 목적으로 하여, 학생운동에 반성을 요구하고 정 · 재계의 부패의 일소와 민생불안의 제거를 부르짖고 국민의 희망에 답하여, 국토통일에는 북의 공산주의에 지지 않는 실력을 쌓자고 국민을 독려하는 것이다. 그러나 문제는 미국이 어떤 태도로 나올 것인가이다.

한국군은 유엔군의 지휘 아래에 있으며, 가솔린 · 탄약 · 장비까지 규제되고 있기 때문에 미군의 입장 여하가 쿠데타의 사활을 쥐고 있다고 생각된다. 매그루더(McGruder) 유엔군사령관 겸 미 제8군 사령관은 16일, 장면(張勉) 현정부를 지지한다면서, 한국군 각 사령관에게 "선거로 뽑힌 정부에 삼권을 속히 돌려주라"고 지시했다고 하는데, 군사혁명위원회가 이것에 어떻게 대처할까? 이번 쿠데타의 성패는 여기에 달려 있다고 할 수 있지 않을까?

1961년 5월 16일 석간(2면)

한국정세 질문, 고노(河野) 씨(사회당)

16일 중의원예산위원회는 오전 11시 30분 개회.

고노 미쓰(河野 密) 씨: 한국에서 갑작스런 쿠데타가 일어났는데, 쿠데타에 대해 현재 외무성이 파악하고 있는 정보를 발표해주기 바란다.

고사카(小坂善太郎: 역자) 외상: 한국에는 대표부도 대사관도 없고 공식전보가 없다. 신문·라디오의 보도뿐인데, 그것에 의하면 장도영(張都暎) 중장이 군사혁명위원회의 의장이 되었다고 한다. 우리들로서는 쿠데타에 이것저것 비판을 하는 것은 자제하려고 한다. 하루라도 빨리 질서가 회복되는 것을 기대하고 있다. 일한회담에 대한 영향은 무엇이라고 말할 수 없지만, 일정과 기타 등등에 차질이 있을 것이다.

고노 씨: 쿠데타는 극동정세와 무관하지 않다. 존슨(Lyndon Johnson) 미국 부통령이 극동을 방문하였고, 남베트남에서는 군비의 확충에 대해 미국·남베트남의 공동성명이 발표되었고, 또한 변함없이 대만을 지지한다고 성명을 내고 있다. 이것이 이번 쿠데타의 중대한 포인트다.

외상: 이번 쿠데타와 존슨 부통령의 극동방문과 관련이 있다고 보고싶지 않으며, 또한 그렇게 생각하지 않는다.

고노 씨: 이번 쿠데타는 미국의 극동정책의 변화의 방향과 관련이 있는 것은 아닌가?

외상: 관계가 없다고 생각한다.

고노 씨: 조선에서는 최근 남북통일문제가 제기되고 있다. 20일에는 판문점에서 학생의 만남이 있을 예정이었다고 한다. 지난 13일에는 정부의 금지조치

에도 불구하고 경성(京城)에서 데모가 벌어졌다. 이러한 사실과 쿠데타와 관련은 없다고 생각하는가?

외상: 딱히 관계없다고 생각한다.

고노 씨: 현 정권 아래에서는 부정부패가 끊이지 않는다. 농촌을 중심으로 하여 국민의 궁핍이 확산되고 있다고 한다. 그러므로 우리 당은 현 정권의 평가를 둘러싸고 일한회담의 대상으로 하는 것은 위험하다는 취지의 질문서를 마침 어제 정부에 제출하였다. 외무당국은 책임을 느껴야 한다.

외상: 이쪽이 제멋대로 상대의 정세를 판단하여 불안이 있기 때문에 상대하지 않는다고 말할 수는 없다. 쿠데타를 눈치 채지 못한 것이 나쁘다고 하지만, 그것을 알고 있었을 정도의 상태였다면 쿠데타는 성공할 수 없었을 것이다.

고노 씨: 최근 자민당(自民党)은 일중(日中)문제보다 일한문제가 먼저라는 태도를 취하고 있다. 방한사절단은 어떤 의도로 간 것인가?

이케다(池田勇人: 역자) 수상: 이웃나라 정세에 대해 상세히 알아 두어야 한다고 생각했기 때문에 사절단의 방한에 찬성했다. 중공문제는 세계적인 안건이다. 한국문제는 그만큼은 아니다. 일한의 역사적 관계, 작년 말 한국 측의 대일감정의 호전 등으로부터 지금 문제의 해결에 나서는 것이 적당하다고 생각했다. 중공문제를 내려놓고 있었던 것은 아니다.

고노 씨: 자민당이 급히 일한문제에 열중하는 것은 불가사의다. 케네디 정권의 극동정책은 조용한 외교에서 국지전에 대한 대응태세의 강화라는 방향으로 바뀌었다. 즉 라오스의 실패에 의해 남베트남, 한국에 개입하지 않으면 안 된다고 생각하게 되었다. 여기에 자민당도 동조하고 있는 것이다. 다른 사람의 관점에서 보면 안 된다고 생각한다.

수상: 자신의 입장에서 한국을 보고 있다.

고노 씨: 유엔에서의 중국대표권문제에 대해 어떤 태도를 취하는가?

수상: 검토 중으로 결론을 내리지 않았다.

고노 씨: 결론은 언제 내릴 것인가?

수상: 언제 나올지 알 수 없다.

고노 씨: 케네디 대통령에게 중국문제에 대해 어떤 의견을 말할 것인가?

수상: 지금 말할 수 없다.

고노 씨: 방미하여 오키나와(沖縄), 오가사와라(小笠原)의 시정권(施政權) 반환을 제기할 것인가?

수상: 기회를 만들어 대화하고자 한다. 빨리 시정권이 반환될 것을 바라고 있다.

고노 씨: 미국은 평화조약 제3조에 의해 오키나와를 유엔의 신탁통치로 할 권한이 있는데, 미국은 이것을 행사할 의도가 없는 것은 아닐까?

수상: 미국은 그 권한을 행사하지 않을 것으로 보는데, 권한을 포기했다고는 할 수 없다.

고노 씨: 쿠데타가 일어난 현재, 일한회담은 시기적으로 적당하지 않다. 일중, 오키나와 문제도 현재 시기에 방미해서는 좋은 성과가 기대되지 않는 것은 아닐까?

수상: 좋은 대답을 얻기 위해 방미하는 것은 아니다. 일본의 주장을 전하고 미국의 생각을 듣기 위해 가는 것이다.

고노 씨: 정부, 여당은 방미의 결과에 책임을 가지는가?

수상: 수상으로 책임을 진다.

고노 씨: 국회에 방미의 의제를 밝히고 출발하는가?

수상: 5월 24일(이번 국회의 회기말)까지 방미의제, 방미의 태도 등을 표명할 생각은 없다. 그러나 출발 때까지 야당 당수의 생각을 듣도록 노력하겠다.

오후 1시 50분 휴식.

1961년 5월 16일 석간(7면)

판단에 혼란스러운 재일한국인

자동차 라디오로 쇄도 – "일단 지켜본다" 대회에서 일치

한국에서 쿠데타가 발발, 하룻밤 사이 군부 강경파가 수도를 장악했다. 작년 봄 이승만(李承晩) 정권에 대한 '민주화 혁명'이 성공하고 불과 1년, 신정부는 일찍 흔들렸다. 혈기왕성한 소장 군인을 중심으로 '반공강화'를 목적으로 한 결기(決起)라고 한다. 이런 징조는 전혀 없었던 것으로 뉴스가 전해진 순간, 재일 한국인들은 모두 놀랐고, 어떻게 판단해야 좋을지 알 수 없다고 머리를 흔들었다. 다음은 재일한국대표부, 거류민단의 표정, 가스미가세키(霞が関)의 외무성, 그리고 최근 방한했던 히키타(疋田) 전 특파원의 한국군대 인상기.

재일한국거류민단

재일한국거류민단은 마침 13일부터 도쿄도(東京都) 분쿄구(文京区) 묘가다니(茗荷谷)의 다쿠다이(拓大)홀에서 정기전국대회를 연 가운데, 16일은 마지막 날이었는데, 개회를 기다리던 사람들은 대회보다도 쿠데타의 화제뿐이었다. 누군가가 가져온 한 장의 호외를 차 안에서 한자 한구절을 훑듯이 읽었다.

"현 정부는 이승만 시대보다도 부패했다. 군이 나선 것은 북조선의 남북통일 호소를 배격할 의도도 있을 것이다. 올 것이 왔다는 느낌이다"라는 사람도 있다. "어떠한 이유가 있어도 군이 혁명을 일으키는 것은 민주정치에 있어서 좋지 않은 것 아닌가"라고 조국의 쿠데타의 성격을 걱정하는 사람도 있었다. 라디오에서 뉴스가 방송될 때마다 모두는 자동차의 주위로 달려와서 심각한 표정으로 귀를 기울였다.

재일한국거류민단대회는 전국에서 모인 약 300명의 대의원 만장일치 찬성으로 쿠데타에 대한 다음과 같은 견해와 희망을 표명했다.

①상세한 상황을 알 때까지 지켜본다는 태도를 취한다 ②신정부 수립 이후에는 즉시 군정을 해제해 달라 ③혁명위원회가 명시한 반공정책은 환영한다 ④정변이 적대정권의 이익이 되지 않도록 주의해 달라.

대한민국대표부, 노코멘트

16일 아침, 도쿄(東京) 아자부타케야쵸(麻布竹谷町)의 대한민국대표부 앞에는 보도진의 차량이 즐비하게 늘어섰다. 문은 닫혀있고 내부는 조용했다. 입구에 선 직원이 보도진을 보면서 쑥스러운 표정. 그 가운데 미국인으로 보이는 외국인과 한국관계의 요인인 듯한 사람들이 차를 타고 왔다. 그리고 웃음을 띠우며 두세 마디 말을 주고받으며 문안으로 사라졌다.

10시 반이 되어 대표부 직원 한 사람이 나와 "우리들도 당신들과 같은 것밖에 알지 못한다. 저쪽은 보도통제가 이루어지고 있어서 자세한 것은 알 수 없다. 알게 되면 정식 기자회견을 할 테니까…"라고 말했다. "너무 사람들 눈에 띄어서…"라고 씁쓸한 웃음을 띠었다.

새벽의 쿠데타

저변에 민중의 절망 – 한국, 장교도 월급으로 먹고살기 어려워

소다 아키토(曽田哲人)를 서울(京城)로 보내고 기자(히키타(疋田) 전 특파원)은 지난 6일 오후부터 13일 아침까지 1주일간 서울에 있었다. 체재 중, 윤(보선) 대통령, 장면(張勉) 국무총리 등 정부요인과 만났다. "한국을 구석구석 잘 보고 돌아가 달라"고 몇 번이나 되풀이했던 장면 총리의 말이 지금 생각난다. 그러나 얼마간 주의 깊게 봤지만 뜨내기 여행자에게 쿠데타의 징조까지 읽힐 리는 없다. 서울 거리 전체의 느낌은 예상했던 것보다 오히려 평온했다. 작년 4월혁명 이후 한국에서는 "까마귀가 울지 않는 날은 있어도 데모가 없는 날은 없다"는 말을 들었다. 그러나 서울의 1주일 간, 데모대의 모습은 보이지 않았다.

철모를 쓴 헌병이 총을 어깨에 메고 사람들과 섞여 걷는 모습을 자주 보았다. 거리에서 보이는 병사의 숫자는 많았다. 대단한 체격이었다. 모두 기름때가 묻은 전투복을 입고 있었다.

하사관 이상은 밖에서 양복을 입고 다닌다고 시민이 가르쳐주었다. 평일 번화가에서 한낮부터의 인파는 군인이거나 실업자거나 둘 중 하나였다. "말쑥한 양복에 구두가 빛나면 군인, 그렇지 않으면 실업자다. 군인은 정말 많았다. 국가 예산의 5할은 군사비이니까요"라는 것이었다. 아마 그래서 실업자는 지원제의 해·공군에 들어가려고 몰려드는 것이다.

그러나 장교가 되어도 월급은 적다. 월급만으로는 먹고 살 수 없다. 중령 부인이 바에서 일한다는 이야기가 있었다. 같은 맞벌이 육군 대령 부인을 만났다. 잡지의 여성기자였다. "남편의 월급이 7만환. 제 월급은 형편없어요." 7만 환은 일본 엔으로 대략 2만 엔이다. 아이가 3명 있어 겨우 먹고 산다. "그래서 고급 장교 가운데도 군대 내부에서 부정하게 변통을 하는 사람이 있다는 소문이 있습니다."

또한 작년 4월혁명 이후에도 물가상승은 멈추지 않았다. 최근 쌀 한 되가 일본 엔으로 130엔이나 되었다. 일본과는 거의 같은 가격이지만, 한국의 평범한 샐러리맨에게는 너무 비싸다. 그 대령 부인의 집도 매일 조금씩 보리를 섞는 비율이 높아지고 있다. "우리들은 세상일은 잘 모르지만, 시장에서 주부들을 만나면 모두 놀라고 있어요"라며 이것은 심각한 정치불신의 목소리였다. 서울에 약 60곳 있던 카바레가 현재 8곳. 물론 불경기인 탓도 있지만, 사실은 최근 정부가 '사치추방'의 이름으로 강제적으로 52곳의 영업을 중지시켰다고 한다. 소문으로 들은 일본의 섹시한 유행가는 이번에는 전혀 서울의 거리에서 들리지 않았다. 이것도 정부의 최근 강제에 의한 것이다.

이러한 일련의 시책이 의미하는 것은 무엇일까? – 어느 시민은 말했다 – "한국의 정·재계 지도층에는 크리스천이 매우 많다. 국가 재건을 위해, 우선 금욕적인 정책을 내놓는 것이다"라고. 다른 해석도 있었다. "□□□□□□□□□ 공세를 피하기 위해 내놓은 것이다. 나쁜 것은 아니지만, 이것으로 사회의 부패를 일소할 수 있다고는 누구도 생각하지 않습니다"라고.

분명히 그것은 정치가들의 포즈일지도 모른다. 그러나 정부의 단속이나 명령 하나로 금세 캬바레가 모습을 감추고, 민중의 친숙한 음악이 뚝 사라지고 말았다. 지금 일본에서는 도저히 상상할 수 없는 것이다. 이것이 '전시색(戰時色)'인 것일까. 국가통제의 일종의 무서운 압력도 느껴진다. 그리고 한편 '금욕적'인 서울의 거리의 저변에는 있는 위기와 불안, 민중의 절망의 깊이를 생각했다.

1961년 5월 16일 석간(7면)

"2·26사건 같다" - 외무성, 뉴스 분석에 분주

한국 쿠데타 보도로 16일 아침 외무성은 충격을 받은 표정. 자민당 방한의원단과 동행했던 이세키(伊関佑二郎: 역자) 아시아국장이 일한관계 개선에 대해 구체적인 스케줄을 협의하려는 참이었던 만큼 놀라움도 큰 듯하다.

북동아시아과에는 이세키 국장도 모습을 드러내고 시시각각 들어오는 뉴스의 분석에 분주. 이른 아침부터 자택으로 끊임없이 걸려오는 전화 응답으로 세수할 시간도 없었다는 마에다(前田利一: 역자) 과장을 중심으로 분주한 움직임을 보이고 있다.

"한국 정국은 4월위기를 그럭저럭 벗어나 겨우 소강상태를 보이려는 때인 만큼 이번 쿠데타는 한국에 마이너스인 것은 아닐까" "최근 한국군 가운데 한국육사 출신 청년장교의 세력이 강해졌다. 그들의 가운데에는 농촌출신도 많고 농촌의 어려운 사정을 민감하게 느꼈을 것으로 생각된다. 이런 의미에서는 2·26사건과 유사하다" 등 다양한 견해가 나오고 있는데, 앞으로의 일한관계에 대해서는 "개선의 예정은 늦춰질 것이지만, 기본적으로는 지금까지와 그렇게 다르지 않을 것이다. 한국의 경제건설에는 일본의 협력도 필요하다"라는 견해가 강했다.

1961년 5월 17일(1면)

한국 쿠데타, 제2단계로 들어가다

혁명위, 강력한 포고 – "의회해산, 각료는 체포"

〈서울(경성)=마사키(真崎) 특파원 16일발〉 한국 혁명군사위원회는 16일 오후 5시, 포고 제4호로 다음 내용을 발표했다.

①현 장면(張勉) 정권의 모든 정권을 금일 오전 7시로 소급하여 동 위원회가 인수한다 ②금일 오후 8시를 기해 참의원, 민의원 및 지방의회를 해산한다 ③모든 정당, 사회단체의 정치활동을 엄금한다 ④현 국무위원 및 정부위원(각료, 차관)을 전부 체포한다 ⑤국가기관의 모든 기능은 군사위원회가 정상으로 운영한다 ⑥모든 국가시설의 운영은 정상화하고, 어떠한 유혈적 행위도 엄금한다.

이와 같이 엄격한 포고가 이날 저녁에 나온 것은 대통령 관저의 사태 수습책, 또한 주한미군 당국의 수습책이 효과를 나타내지 못하고, 혁명군이 끝까지 목적달성을 위해 결의를 굳힌 것으로 보여, 앞으로의 사태가 주목된다.

모든 물가동결

〈신아(新亞)=도쿄(東京)〉 16일 서울방송에 의하면 한국 군사혁명위원회는 다음과 같이 결정한 바를 발표했다.

▷포고 제5호=포고 제2호에서 공포된 금융동결령의 세부실시 요강의 일부를 다음과 같이 공포한다.

금융기관으로부터 인출한 금액은 1회당 10만 환 이하, 월간 50만 환까지로 제한한다.

▷포고 제6호=물가억제령.

- 모든 물가는 1961년 5월 16일 현재 수준으로 유지시킨다.

- 매점매석행위를 엄금한다. 이상의 위반자는 극형에 처한다.

〈신아(新亞)=도쿄(東京)〉 16일 밤 서울(경성)방송에 의하면 군사혁명위원회는 포고 제7호로 각 지구 계엄사령관은 한국에 주재하는 외국군인과 대사관원의 생명과 재산을 보호하도록 지시했다.

〈서울(경성)=마사키(真崎) 특파원 16일발〉 군사혁명위원회는 16일 밤 9시 반(일본시각 10시), 금융동결령 내 군사비의 동결을 해제한다고 포고.

서둘러 신 각료를 임명

〈서울(경성)=마사키(真崎)특파원 16일발〉 미국 측의 장면 지지 성명에 대해 혁명군사위원회는 16일 오후 5시 포고 제4호를 발령했는데, 여기에 앞서 동일 오후 4시, 내무부 치안국장, 서울 시경국장 및 각도 경찰국장, 서울시내 각 경찰서장에 각각 혁명군의 장교를 임명, 또한 16일 밤중에 신 각료를 임명한다고 발표했다.

이어서 오후 7시에는 한국 재류 외국인의 생명재산을 보호한다, 각 학교는 계엄령 해제까지 휴교한다, 만일에 대비하여 형무소를 경비하고 특별재판의 무기연기 등의 조치를 연속적으로 발표했다.

한편 쿠데타에 의해 체포된 정부 요인은, 이날 밤까지 확인된 바로는, 정(鄭一亨: 역자) 외무, 현(玄錫虎: 역자) 국방, 한(韓通淑: 역자) 체신, 윤(尹宅重: 역자) 문교, 김(金業: 역자) 국방사무차관, 총리비서 2명. 윤(보선) 대통령은 혁명군의 보호를 받고 있다. 또한 부산에 여행 중인 오(吳緯泳: 역자) 무임소, 조(曺在千: 역자) 내무 각 부 장관, 박(朴朱植: 역자) 내무부 치안국장은 현지의 미군기지로 피난했다고 하고, 장면 국무총리를 비롯해 기타 장관, 차관 등은 여전히 소식을 알 수 없다.

야당인 신민당과 혁신계 모든 정당은 모두 문제는 없고, 신민당 간부는 서울 시내의 모처에서 대책을 협의중이라고 한다.

38도선의 체제 불변

〈서울(경성) 16일발=AP〉 한국주둔 유엔군사령관 매그루더 상군의 대변인은 16일, 남북 양 조선을 분할하는 비무장지대의 경계준비체제에는 어떠한 변경도 없다고 말했다.

박(朴) 소장을 지명, 혁명위 부의장

〈서울(경성) 16일발=AP〉 한국 제2군단(제2군사령부의 오기: 역자) 부사령관인 박정희(朴正熙) 소장은 16일, 군사혁명위원회 부의장으로 지명되었다. 서울의 신문 일부는 쿠데타의 진짜 지도자는 박 소장이라고 했다.

박 소장 약력: 만주군관학교, 일본의 육사 졸업 이후 조선전쟁 당시는 작전참모로 종군했는데, 전투부대 지휘관의 경험은 없다. 44세. (로이터)

대통령이 수습공작 - 장(張) 의장과 회담

〈서울(경성)=마사키(真崎)특파원 16일발〉 16일 사태수습의 움직임이 청와대의 윤(보선) 대통령 관저를 중심으로 계속되어, 오전 11시 경부터 대통령이 혁명군 총지휘관 장(도영) 중장, 백(白樂濬: 역자) 참의원 의장, 최(崔斗善: 역자) 동아일보 사장, 장(張基榮: 역자) 한국일보 사장 등 각계 유력자를 불러 선후책에 대한 협의가 이루어졌고, 그린(Marshal Green) 미 주한 대리대사도 윤 대통령과 대책을 협의했다. 이날 5시 경, 이 회의를 끝낸 장 혁명위원회 의장은 "끝까지 혁명의 달성을 위해 직진한다"라고 성명을 발표했다.

"신변보장 할 테니 나와서 노력하라"

윤 대통령, 장면 총리 등에게 호소

〈서울(경성)=마사키(真崎) 특파원 16일발〉 윤(보선) 한국 대통령은 16일 밤 10시 반, 라디오 방송으로 국민에게 다음과 같이 호소했다.

우리나라는 현재 중대한 시기에 놓여 있다. 이 사태를 어떻게 수습할지가 이 나라의 운명을 좌우하게 될 것이다. 현재 전세계는 우리들을 주목하고 있다. 가능한 한 침착 그리고 냉정하게 판단해야 하며, 희생을 내지 않고 최선을 다해 사태가 수습되도록 성의와 노력을 다해야 한다. 장면 총리 이하, 전 국무위원은 한시라도 빨리 사태를 수습해야 하며, 각의에 출석하는 국무위원의 신변은 보장되고 있다고 말했다.

오늘 아침, 장면 내각 총사직 시킨다

〈서울(경성) 16일발 UPI=공동〉 소식통이 16일 전한 바에 의하면 한국의 군사혁명위원회는 17일 오전 9시(일본시각 오전 9시반) 장면 내각의 각의를 개최시켜 총사직을 결정할 절차를 진행하고 있다.

혁명위의 지도자들은 장 내각이 정식으로 총사직하면 미국도 군사혁명위를 승인하게 될 것으로 믿고 있다.

미 당국의 성명으로 강경화 - 혁명위, 목적을 향해 돌진태세

〈서울(경성)=마사키(真崎) 특파원 16일발〉 미 당국이 장면 정권 지지 성명을 낸 뒤, 혁명군은 오히려 태도를 강경하게 바꿔, 16일 저녁 포고 제4호를 발표하여 혁명 목적으로 돌진할 태세를 강화했다. 이것은 미국 측에 있어서도 예상과 다른 것으로, 이날 밤 8시 15분 미 대사관 대변인은 "그린 대리대사와 매그루더 사령관의 앞의 성명은 합법적으로 헌법의 절차에 따른 운영이 민주정치에서 엄수되어야 한다는 미 정부의 관심을 표명한 것이다"라고 앞의 성명을 다소 완화한 내용을 다시 발표, 사태는 혁명군에게 다소 유리한 느낌을 주게 되었다.

미국 측이 처음 장면 정권 지지 성명을 발표한 의도는, 빨리 미국의 의도를 명확히 표시함으로서 그것에 의해 혁명군을 제압하려는 것이었다. 한국군의 실권은 사실상 미군이 쥐고 있으며, 무기 · 탄약 · 가솔린 등의 보급에 있어서 미국의 지원이 없으면 혁명군은 오래 지속될 수 없다는 것이 일반의 견해였다.

그러나 혁명군이 태도를 굳혔기 때문에 미군과 혁명군의 대립상태도 예상되어 사태는 매우 복잡해졌다. 미국으로서는 실력으로 혁명군을 제압하는 것은 도저히 어렵고, 어떻게 하여 사태를 수습할지 매우 고민하고 있는 것 같다. 쿠데타의 성패도 미 당국의 태도 여하 하나에 달려 있다고 할 수 있다.

한국군은 총병력 약 60만으로, 이번 사건을 일으킨 것은 그 가운데 극히 일부일 뿐이라고도 알려지고 있다. 그러나 총지휘관으로 육군참모총장을 업고, 약간의 대령 · 중령급이 매우 과격한 기세로 밀어 붙였다고 한다. 지방의 각 부대는 현재 평온하며 중앙의 정세를 지켜보고 있다고 전해진다.

혁명군의 중심이 군 전체의 통솔력을 완전히 장악하여, 지령이 말단까지 통제하게 되면, 미국 측도 이런 정세를 무시할 수는 없다. 이런 의미에서는 혁명군의 전군에 미치는 통솔력이 그 성패를 결정하게 될 것이라고 할 수 있다.

혁명위파(革命委派), 육군사령부를 포위

〈서울(경성) 16일발 UPI=공동〉 쿠데타에 참가한 한국 군대는 16일 오후, 한국 육군사령부를 포위하고 육군참모부가 쿠데타 지지의 성명을 내지 않으면 포격한다고 위협했다. 한국 육군사령부의 참모장교들은 주한미군사령관 겸 유엔군사령관인 매그루더 대장의 장면 정부 지지의 성명을 듣고 쿠데타 지지로부터 꽁무니를 빼기 시작했는데, 이 위협으로 육군의 참모들은 쿠데타에 협력하게 되었다. 한국 육군사령부를 포위했던 것은 박정희 소장이라고 전해지고 있다.

일설에 의하면 군사혁명위원회에 참가하고 있는 김윤근(金潤根) 해병대 준장은 혁명지지를 철회했다고 하며, 또한 일설에 의하면 김 준장은 당초부터 쿠데타에 참가하지 않았다고 한다.

매그루더 유엔군사령관은 군지도자에게 쿠데타를 중지하도록 압력을 넣고 있다고 전해지는데, 미확인정보에 의하면 육군의 장군들은 예컨대 해병대가 쿠데타를 속행해도 동조하지 않는다고 한다.

일부의 보도는 장도영(張都暎) 군사혁명위원회 의장은 마지막 순간까지 쿠데타 참가를 거부하여, 이 때문에 쿠데타 개시 시간표가 늦춰졌다고 한다.

혁명위 지지는 적다 - 전선부대도 참가하지 않아, 유엔군 당국 담화

〈서울(경성) 16일발=AP〉 현지 유엔군사령부 대변인은 16일 밤 "장면 정부를 무너뜨린 군사혁명위원회에 대한 일반의 지지는 그렇게 크지 않은 것 같다"고 말했다. 이날 나온 유엔군사령부 성명은 다음과 같이 말하고 있다.

현재 서울시내에는 겨우 약 3600명의 혁명군이 있는 듯하다. 그러나 한국의 다른 도시는 비교적 냉정을 지키고 있다. 북조선과의 국경에 배치된 군대는 변함없이 그 위치를 지키고 있고, 국경의 방위를 확보하고 있다. 쿠데타에 대한 일반의 지지는 그렇게 큰 것은 아니다.

전(全) 육군이 협력, 장(張) 의장 성명

〈서울(경성) 16일발=AFP〉 장도영 중장은 16일 오후 윤보선 대통령과 회담한 이후 성명을 내고, 모든 한국 육군은 군사혁명위원회를 지지한다고 발표했다.

1961년 5월 17일(2면)

각 당이 암중모색 - 일본정계에 심각한 반향

한국정변, 아시아정세에 영향을 미칠 것으로 판단

한국에서 돌연 일어난 쿠데타는 일본정계에 심각한 반향을 일으켰다. 여·야당 모두 16일 한국정세의 분석을 하면서 대책을 협의했는데, 쿠데타 이후 한국정세에 대해 암중모색의 상태이고, 장면(張勉) 내각의 운명, 한국군의 앞으로의 방향, 미 정부의 진의를 더 살펴본 뒤 태도를 결정한다는 것 이상은 나오지 않았다.

여·야당 모두 거의 일치된 견해는, 1년 전 '4월혁명' 이후 장면 내각이 정치·경제 양면에서 위기상태였고, 최근 국토건설을 시작하기는 했지만 농촌의 궁핍이나 경제의 악화 등에 의한 대중의 불만이 쿠데타의 저류에 있고, 쿠데타가 반공체제의 강화를 내걸고 학생 데모 등 남북통일운동에 반발하여 '우경화' 성격을 가지고 있는 점, 한국의 앞으로의 동향에 미 정부의 의향이 큰 영향력을 가지고 있다는 것 등이며, 이러한 점에서 아시아정세 전반에 영향을 미칠 것이라는 판단에서 각 당의 반응은 각각이다.

특히 자민당(自民党)은 한국문제가 이케다(池田勇人: 역자) 수상의 '6월 방미'에서 일미간 중요한 의제가 될 것으로 보여, 앞서 방한사절단을 파견하여 일한예비회담의 촉진에 의한 국교정상화, 한국에 대한 경제원조의 구체화를 모색하고, 간접적으로 장면 정권을 돕는데 일미협동하여 힘을 모으도록 했던 때인 만큼, 충격은 컸고 예상외의 사태로 경과를 주시하고 있다.

정부 내에는 군 쿠데타와 같은 사태를 예측하여 일한회담의 템포를 서두르는 것에 양다리를 걸치려는 생각도 있었지만, 장면 내각이 어쨌든 '4월 위기'

를 넘겨, 미 정부가 한국원조와 장면 정권 지지를 결정했다고 보고, 정부로서는 일한관계 정상화를 위해 장면 내각과의 교섭에 본격적으로 나설 태도였다.

따라서 정부·자민당에서는 쿠데타에 의해 장면 내각이 소위 기합이 들어가 강화되는 것이 바람직하지만, 만일 정권이 바뀌어도 자유진영이 강화되는 방향으로 일한관계에 지장이 없는 정권의 출현을 기대하고 있다. 자민당 내의 한국통 가운데에는 막연한 '거국내각'을 예측하여 일한관계의 현안해결이 오히려 용이해질 것이라는 희망적 관측을 하는 쪽도 있지만, 대세로서는 그러한 기대와는 별개로 군 쿠데타라는 이상사태를 거쳐 평상으로 돌아오기에는 시간이 걸리고 일한관계는 더욱 복잡하게 될 것이라는 예상을 가지고 있다.

또한 자민당 내에는 이런 한국의 움직임이 일본의 정세에도 영향을 미쳐, 쿠데타에 의한 한국의 '우익화(右翼化)'가 일본의 좌우 양익(兩翼)에 반응할 경우도 생각되며, 이런 점에서의 경계를 강조해야한다는 의견이 나오고 있다.

한편 사회·민사 양당은 쿠데타에 의한 반공체제의 강화로 '무력'이 표면에 나올 가능성이 늘어나고, 남북조선의 긴장이 확대될 것을 우려하여 사태의 추이를 검토하는 태도이다. 사회당은 한국의 움직임은 지금까지 아시아에서 일어난 라오스, 남베트남 등의 친 자유진영 정권의 동요와 관련이 있고, 군이 지휘권을 가지고 친공산세력의 확대를 봉쇄하는 '우익혁명'으로 보아, 그 배후에는 미 정부의 책동이 있다는 관측을 하고 있다.

더욱 이러한 판단의 근거에 대하여 확신을 가지고 있지 않지만, 존슨 미 부통령의 극동여행 등 반공국가에의 지지가 간접적으로 쿠데타를 도왔다는 견해를 가지고 있어, 한국 정세는 아시아의 냉전격화에 박차를 가할 계기가 될 수밖에 없는 것이라며, 케네디 정권의 극동정책에 대해 일본으로서 재검토를 할 필요가 있다는 목소리도 나오고 있다.

즉, 이 당의 외교전문가 가운데에는 미 극동정책은 쿠바사건 이후 '초조함'이 있고 이러한 분위기가 자민당 내에도 있으며, 한국정세의 향방에 따라 중공대책 등에 신중론이 강해져서, 나아가 격렬한 여·야당 간의 외교방침의 대립이 일어날 위험도 있다는 예상이 나오고 있다.

민사당은 한국이 민주화의 방향으로 움직임을 기대하고 '의회정치'의 회복을 요망하며, 어쨌든 혁신진영은 한국 쿠데타에 의한 아시아정세의 심각화에 대해 '강 건너 불구경'하듯 할 수 없는 점을 강조하고 있다.

1961년 5월 17일(4면)

거래 협의 전부 중단
- 대한(對韓) 원조의 방향 주목, 한국 쿠데타와 무역업계

무역업계에서는 한국 쿠데타에 의해 16일은 아침부터 거래 협의는 전부 중단, 중요 각 상사(商社)에서는 경성(京城)의 거래선과의 전화로 한국정세의 배경이 되는 정보를 수집하는데 고심하고 있는데, 일단 한국은행의 기능이 정지되면, 거래 협의의 문제가 아니라 "일본과의 무역이 중단되어 한국경제의 어려움은 더욱 심해지고, 전해지는 8월 위기설이 더욱 빨라지는 것이 아닐까"하고 걱정하고 있다. 무역면에서는 지난달 22일부터 실시된 일한무역방식에 의한 청산계정이 재개된 직후인 만큼, 한국 측의 입초액(入超額=수입초과액: 역자)도 아직 대출초과 한도액인 200만 달러에까지는 도달하지 못한 것으로 보이며, 당면 큰 문제는 없지만, 최근 급격히 고조되고 있던 자민당·경단련(経団連)을 중심으로 한 정·재계의 대한 경제원조 운동이 이번 쿠데타로 어떻게 변할지는 큰 문제로 주목되고 있다.

일본의 정재계가 최근 급격히 대한 원조를 거론한 이면에는 GARIOA·EROA 대미(對美) 채무의 변제교섭 본격화가 얽혀 있다고 보이며, 정·재계 수뇌부를 통해 변제액에서 대한 원조자금을 만들어 내자는 움직임이 강해지고 있다.

특히 한국경제의 8월 위기설이 전해진 이후에는, 지리적으로 가까운 일본에 '한국 원조에 대해서는 일본도 부담을 져야한다'는 미국의 움직임이 비공식으로 정·재계에 강해지고 있다는 정보가 있다. 무역상사 가운데에도 그런 대한 원조 강화를 예상하여 공장설비, 발전설비 등의 거래 협의의 준비를 진행하고 있는 곳도 있을 정도다.

이런 상황에서 일어난 쿠데타인 만큼 ①이 쿠데타가 조기에 진정되어 대한 원조 실시의 기운이 오히려 빨라질지 ②반대로 일본의 2·26사건의 때 소장 장교의 재벌 반대 운동과 같이 한국의 경제기반에까지 변동을 일으킬 것을 목적으로 한국경제력을 약화시키고, 대한 원조의 실시를 지연시킬지의 두 가지의 판단에 고심하고 있는 실정이다.

특히 무역업계가 걱정하고 있는 것은 장면(張勉) 내각 불신이 큰 원인이 된 '부정축재 상사'의 부당이득 환수가 실시될 경우 한국경제는 더욱 불안정해진다는 것. 현재 한국에서는 삼성물산, 삼호(三護)무역, 대한산업 등 재벌상사가 면방, 모방, 제당, 타이어, 시멘트, 유리 등의 공장을 독점한 형태로, 이들 소수 재벌상사가 구 이(승만) 정권과의 부패관계를 이유로 부당이득을 환수당한다면 사회정의는 달성되어도 한국의 그나마 있던 공업생산이 정지상태에까지 빠질 위험도 있다고 보는 쪽이 많다.

1961년 5월 17일(4면)

경제에 화근 - 쿠데타의 배경

이번 쿠데타는 장면(張勉) 내각이 이(승만) 정권의 12년간에 걸친 악정의 선후처리에 망살되어 한국민의 기대에 반해 인플레이션은 높아지고 도시의 실업자가 늘어나는 한편, 농가경제의 곤궁은 나날이 증가했기 때문에, 신정권에 대한 민중의 불신이 쌓여 이러한 사태를 불러온 것으로 보고 있다.

올해 들어 한국의 인플레이션이 높아지고 있는 것은 틀림없는 사실이다. 장면 내각은 이 1월과 2월에 대미환율을 개정하여 환율의 현실화(1달러=650환을 1달러=1300환)으로 절하)를 실시했는데, 그 결과 국내물가는 철도운임을 비롯한 공공요금의 인상을 시작으로 급속히 상승했다. 1955년을 100으로 하는 국내물가지수는 60년 12월에는 165.1이었던 것이 61년 2월에는 190.5로 올라가, 어려워진 국민생활은 더욱 곤궁해지게 된 것이다.

한국의 기간산업인 농업도 작년 벼농사는 오랜 가뭄으로 1594만 석에 그쳤고, 전년에 비해 4.7%의 감산이었다.

또한 공업생산은 4월혁명 이후 일시 저하하였으나, 작년 7월부터 회복 중인데 공업생산지수는 1959년 114.7(1955년=100)에 비해 60년에 125.3으로 성장하는 것에 불과했다.

이러한 인플레이션과 생산의 정체로 고민하는 한편, 한국은 인구증가율이 높기 때문에 실업은 만성적 현상이 되었다. 최근 실업자 수는 약 230만 명이 되었고, 작년에 비해 약 10%나 늘어났다. 실업자문제에 더해 사회불안의 중대한 원인이 되고 있는 것은 보유하고 있던 식량을 전부 소비한 절량농가(絶糧農家)의 문제이다. 한국 보건사회부의 실태조사에 의하면 올해 3월 중순 현재 절량농가 수는 전 농촌인구 약 7분의 1(약 34만 호, 290만 명)을 점하기에 이르렀다.

뿐만 아니라 국방비의 재원을 위해 도입된 미국의 잉여농산물은 한국경제에 부당한 압박을 더했고, 여기에 더해 공업제품의 계속적인 상승경향으로 공업제품의 가격과 농산품가격의 차이는 매년 커져 농민생활을 더욱 어렵게 하고 있다.

이러한 농가경제의 실정에서 농지를 전매하고 소작농이 된 사람이 늘어나고, 또한 이농하여 도시의 실업자를 급격히 늘리는 한편, 매년 다수의 절량농가를 내는 근본원인이 되고 있다. 쿠데타의 배경이 되고 있는 한국경제의 문제에는 뿌리 깊은 원인이 있다.

1961년 5월 17일(5면)

한국 군부를 자극한 조선통일을 둘러싼 움직임

최근에 갑자기 적극론 – 군은 조국의 위기로 취급

16일에 갑자기 발생한 한국군 쿠데타의 목적은 '부패하고 무능한 현 정권'의 타도에 있었나(군사혁명위원회 포고). 그러나 군부의 불만이 내정문제보다도 대외정책, 특히 조선통일 문제에 있었던 것은 충분히 엿보인다. 군사혁명위의 포고는 여기에 대해 반공체제를 강화하고 미국을 비롯해 자유진영과의 우호를 강화하고, 국토통일을 위해 공산주의와 대결할 수 있는 실력의 배양에 전력을 경주한다… 라고 하고 있다. 이로부터 이번 군 쿠데타의 배경의 하나로 조선통일을 둘러싼 움직임이 있다는 것은 부정할 수 없을 것이다.

4월 정변의 산물

조선통일 문제는 어떻게 되어 있는 것인가. 이 문제는 지난 1년간, 다음과 같이 눈에 띄는 움직임을 보여 왔다.

지금까지 한국 측이 무력으로 북조선까지 통일하려고 한 것에 대해 북조선 측은 평화 속에서 조선인 자신의 손으로 통일선거를 치르자고 주장하여 서로 대립하고 있었다. 특히 북조선 측은 한국으로부터의 미군철수를 통일선거의 전제조건으로 하고 있는데, 미군은 '유엔의 결의로 주둔하고 있는 것이다'라며 그것을 거절하고 있어서 통일은 진전이 없는 상태였다. 그런데 작년 4월 한국의 이승만(李承晩) 정권이 무너지고 한국 내에서도 평화통일론이 전국적으로 고조되었다.

한편, 이런 분위기에 편승해 8월 중순, 북조선 측으로부터 새로운 통일안이 나왔다. 그것은 ①바로 통일할 수 없다면 과도적 방법으로 남북연방제를 취한다 ②그것도 안 되면 적어도 문화·경제 교류를 하자 – 라는 것이었다. 한국 내에서는 남북으로 갈라져 살고 있는 가족들은 물론, 정부 가운데서도 서신이나 문화의 교류 정도는 해보자는 의견이 나왔다. 이러한 통일문제는 민족감정의 면에서 고조되고 있었다.

그러나 군사작전권과 예산심의권에서 미국의 규제를 받고 있는 한국정부로서는 미국이 주장하는 유엔한국통일부흥위원회(1954년 설립)의 감시에 의한 통일선거방식 외에는 독자적인 통일안을 내는 것은 불가하다는 입장이었다. 또한 정부는 통일보다도 한국의 정치·경제의 안정을 서두르지 않을 수 없었고, 통일문제는 잠시 미뤄둔 것으로 보였다.

이후에도 북조선으로부터의 통일 호소는 이어졌고, 구체적 교류방법도 상세히 제시되었지만, 한국 내의 일반생활은 날로 어려워졌고, 통일보다도 매일의 생활에 한국민의 관심이 향하게 되었다. 특히 금년 봄 2회에 걸친 대미달러 공정환율의 개정은 한국의 인플레이션을 더욱 가속시켰고, 생활고에서 오는 한국민의 불만은 반정부 감정에서 반미 감정으로까지 미치게 되었다.

'울 때까지 기다린다' 북측

북조선 측에서는 통일을 서둘러야 한다는 태도는 그다지 보이지 않는다. 오히려 '울 때까지 기다리자'는 자세다. 사실, 조선이 남북으로 나뉘고 16년 동안 북조선은 소련·중국으로부터의 원조도 있어서 놀랄 정도의 발전을 보였으나, 한국은 미국으로부터의 거액의 원조(국가예산의 절반 이상)을 매년 받고 있지만, 60만 군대를 보유하여 어려운 상태를 이어오고 있다. 그리고 정국·사회의 안정을 봐도 커다란 차이가 있다. 한국민은 언젠가는 북조선의 동포들이 도움을 요청해 오리라고 생각하고, 북조선은 ㅁㅁ하면서 전국적으로 남선(南鮮=남한: 역자)동포를 위한 구제·증산운동을 전개하고 있던 것으로 보인다. 북조선으로서는 ①경제·사회면에서의 우위를 가지고 ②한국이 외부세력에 얽매이지 않도록 해두지 않으면 안 된다. 일한회담이나 서독 등으로부터의 외자도입에 강한 반대를 이어오고 있는 것도 그러한 통일의 '작전'으로부터 나온 것이라고 말할 수 있다.

한편 한국은 북조선의 통일 최종목표가 조선 전토의 사회주의건설에 있는 것은 충분히 알고 있다. 그러므로 통일하더라도 인구에 대응하여 의원을 선거하지 않으면 조선의 적화를 막을 수 없다고 한다(한국 2250만, 북조선 800만). 또한 경제교류에 있어서도 한국이 가장 부족한 것은 전력인데, 이것이 값싸게 북으로부터 들어오면서 한국 기반산업이 북조선에 의해 좌우될 걱정도 있어서 쉽사리 응하지 못하고 있다. 그래서 한국으로서는 결국 적화방지와 경제재건을 위해 외부의 힘과 연결하여 당분간은 통일논의를 미뤄둔다는 태도를 가지고 있었다.

유엔총회의 파문

그런데 최근 1, 2개월 사이에 조선통일 문제는 새로운 단계에 들어갔다. 하나는 유엔총회에서 예컨대 미국이 조건부라도 북조선대표의 유엔출석을 인정하지 않을 수 없게 된 것. 정(일형) 한국 외상이 유엔으로부터 귀국 후 "앞으로의 대외정책은 아시아·아프리카 등의 중립국과의 긴밀화에 힘을 쏟지 않으면 안된다"고 말한 것. 5월 상순 곽(郭尙勳: 역자) 한국 민의원(民議院)의장을 단장으로 한 친선사절이 중립국 등의 방문에 출발할 때에 "이미 한국은 대미 의존 외교를 허락하지 않게 되었다"라고 말한 것. 종래 한국통일 문제에서는 민주당에 대채로 동조하고 있던 신민당이 "남북의 접촉 없이 통일을 논하는 것은 북진통일과 다르지 않다"라는 생각을 내놓고 남북의 접촉을 촉진시키려는 움직임도 보였던 것이다.

그리고 또 하나의 새로운 전개는 학생에 의한 것이다. 그것은 서울대학의 민족통일연맹이 지금까지 연구중심의 활동으로부터 실천활동으로 전환하여, 지난 4월 '남북학생의 대화'를 북조선 학생에게 신청한 것이다. 여기에 대해 북조선측은 즉시 응하여 학생 초대의 준비가 활발하게 시작되었다. 그런데 한국정부는 "확고한 신념의 공산학생과 대화하면 현재의 한국학생으로서는 기껏해야 속을 뿐이다"라며 여기에 반대했다. 그러나 이것으로 한국학생을 억제하지 못하고 지난 13일에는 서울에서 수 천 명이 모여 남북학생교류 제안을 재확인하는 결과가 되어, 더욱이 20일에는 한국 전 대학의 학생대표에 의한 결기집회가 열릴 태세였다. 이에 따라 한국 각지에서는 학생의 남북교류 지지의 집회도 점차 늘어나고 있었다.

이러한 움직임은 반공을 내세우고 있는 군부에게는 조국의 위기로 느껴졌고, 이것이 그들을 쿠데타로 나서게 했을 것으로 보인다. 쿠데타의 성패는 아직 알 수 없지만 남북통일로의 움직임이 이것에 의해 크게 제동이 걸린 것은 틀림없을 것이다.

1961년 5월 17일(10면)

계속되는 쿠데타, 그 배경과 의미

불만해결 할 수 없는 고민 – 악순환으로 되기 쉬워

한국에서 쿠데타가 일어나는 걸 보면서 새삼스럽지만 지난 1년 사이에 세계의 여기저기에서 쿠데타가 많았던 것에 놀랐다. 작년 5월 터키, 8월 내전 중인 라오스, 11월 남베트남, 12월 네팔의 '친위쿠데타'…. 실패한 에티오피아, 4일 천하의 알제리 반란도 아직 기억에 생생하다. 세계의 '뜨거운 지점'이나 새로운 나라는 현재 '쿠데타의 계절'이라고 할 수 있을 것이다. 쿠데타의 의미, 배경, 영향 등을 한국의 경우를 염두에 두고 정치사가인 기노시타 히로이(木下広居) 씨로부터 설명을 들었다.

쿠데타의 역사

쿠데타는 지배계급에 속한 일부가 무력으로 정권을 탈취하는 것을 말한다. 그러므로 아래로부터의 혁명과 달리 정치체제 그 자체는 변하지 않는다.

용어가 프랑스어(무력에 의한 정변이라는 의미)인 것에서 알 수 있듯이 나폴레옹 1세가 1799년 하원을 무력으로 급습해서 집정정부를 수립한 것이 근대적인 의미에서 쿠데타의 시작이었다. 이로서 나폴레옹은 제1집정이 되었고 이어서 황제에 올랐는데, 비합법으로 프랑스혁명을 파괴하는 방식을 민중은 잊지 않았고 결국은 인민으로부터 버림받았다.

현대가 되고나서는 제1차 대전과 제2차 대전 사이에 많은 나라에서 파쇼가 쿠데타로 정권을 잡았다. 전형적인 것은 1922년 이탈리아에서 무솔리니의 파시스트당이 각지에서 로마로 진군하여 권력을 탈취한 사례.

전후에는 중남미에서 속발(續發), 정변이라면 대부분 쿠데타였다.

그러나 현재 가장 문제인 것은 동남아시아나 중근동 등 후진국에서 쿠데타가 끊이지 않는 것이다. 한국의 경우에도 그 하나라고 할 수 있는 면이 있다.

인텔리 군인의 불만

이러한 여러나라의 쿠데타의 공통된 배경은, 정치에 대한 민중의 불평불만, 이해의 조정을 해결할 능력이 없는 것. 불평불만이 폭발하기 전에 대화로 조금씩 해결해 가려는 안전판 – 제대로 된 의회가 없다는 것이다. 그래서 이런 나라에서는 교육을 받고 외국에 유학한 인텔리에게 능력에 어울리는 취직의 기회가 적어, 많은 경우 군인이나 관료가 된다. 식민지 시대로부터 벗어나면서 민족주의는 높아졌고, 외국의 생활조건과 자신의 나라의 상태를 비교하는 눈이 열리고 욕구불만이 강해져 온다.

무력을 움켜쥔 인텔리 군인의 불평분자가 급진적인 쿠데타를 시도하는 것은 거의 필연적인 귀결이다.

한국군인의 분위기

한국의 경우도 중공업 · 전력지대는 거의 북조선에 있고, 산업은 부진, 선거는 부패, 부정부패도 만연하여 생활은 궁핍해진 상태다.

여기에 북조선의 무력의 위협이 더해져 위기감에서 벗어나지 못하게 되고, 자신들이야 말로 진정한 애국자라고 부르며 무력으로 정권을 쥐려는 세력이 자라나는 것도 자연스러울 것이다.

불안정한 '무력정권'

그러나 쿠데타로 세워진 정권은 어떻게든 민중의 비판, 언론을 억압하지 않으면 존속할 수 없다. 인민의 의사를 대부분 반영한다는 보증이 없고 '정통성'에 자신이 없기 때문이다. 힘으로 얻은 천하는 또한 힘으로 빼앗겨도 할 말이 없는 약점이 있어, 늘 자신의 정권을 무력타도하려는 분자들이 존재하게 된다.

역사를 봐도 쿠데타는 자칫하면 다음 쿠데타를 불러오는 악순환에 빠지기 쉽다. 한국의 경우에도 예외는 아니고 정치의 불안정은 당분간 계속되지 않을까. 시간이 걸려도 진정으로 민중의 의사를 확인하고 조금씩 정치를 개혁해 갈 방법이 없었는지 생각하게 된다.

1961년 5월 17일(11면)

한국으로부터의 밀입국 격증을 경계

연안경비의 강화 – 경찰청, '정기편' 조사도 지시

경찰청은 16일 쿠데타가 일어난 한국의 정세불안이 밀출입국범의 측면에서 일본에도 영향을 미치는 것을 중시하고, 법무성 · 해상보안청의 협력을 얻어 밀입국을 막고 경계체제를 확립하기로 했다. 특히 집단밀입국의 뿌리를 끊기 위해 조직적인 밀항브로커의 근절에 중점을 둘 방침이다.

경찰청은 올해 들어 한국으로부터의 밀입국이 증가하고 있는 것에 대해 대책을 검토하고 있었는데, 16일 새벽 쿠데타 뉴스와 함께 즉각 경계체제를 강화하기로 한 것. 특히 일본해 · 조선해협 · 세토내해(瀨戶內海) 등 밀입국 루트에 있는 경찰본부에 연안경비, 육상에서의 밀입국자의 발견, 대규모 밀항 브로커의 조직을 적발하도록 지시한 것.

경찰청 경비국의 조사에 의하면 작년 4월 이(승만) 정권이 무너지고 일시 줄어든 밀입국자가 최근 다시 증가하여 1~4월에는 33건, 359명에 달했는데, 이것은 작년 같은 기간의 17건, 131명에 비해 상당히 격증한 것. 밀입국자는 노인 · 부인 · 어린이가 많았는데 체포된 사람은 모두 "이승만 시대보다는 생활이 어렵다"고 호소하고 있다.

그러나 최근 특색은 밀항 브로커의 손에 의한 집단 밀입국이 많아졌다는 것이고, 경찰청이 적발한 집단밀입국의 사례에서 보면 브로커는 한국인으로 일본국내에 숨어있으면서 일본인 명의로 어선을 가지고 '정기편'으로 위장해 부산 방면에서 1명당 2만엔부터 5만엔에 일본으로 데려왔다.

한국의 출발지점에는 밀출국을 희망하는 사람을 모아 선주와 연결해주는 사람이 배치되어 있고, 선장을 그때그때 고용해 24시간 이내에 일본으로 데려왔다. 그리고 이 밀입국자에게는 일본 국내에 친척이나 친구가 인수인으로 보증인이 되어 기다리고 있으며, 운임은 이 인수인이 자금 담당자에게 '착불'로 하는 것으로 되는 것이다.

경찰에 적발되어도 선장이나 밀입국자만 붙잡히고, 총책인 브로커는 모습을 감추고 그 선장도 가벼운 벌금만으로 끝나기 때문에 몇 번이나 왕복하고 있는 경우가 많다고 한다.

상륙지점은 사람의 왕래가 적은 일본해 쪽보다도 선편이 많은 곳에 섞여 들어 상륙한 이후에도 교통이 편리한 세토내해 연안의 소도시가 목표로 되어 있다.

여기서 경찰청으로서는 앞으로 경비나 공안계의 사복형사에게만 이 업무를 담당시키지 말고 외근 순사도 동원해 연안 순찰이나 거리의 불심검문을 강화할 방침이다.

1961년 5월 17일 석간(1면)

대령급이 행정담당 - 한국혁명위, 체제를 굳히다

〈서울(경성)=마사키(真崎) 특파원 17일발〉 쿠데타 발발 이후 하룻밤을 경과한 군사혁명위원회는 17일 오전 9시(일본시각 9시 반), 정부 12부에 대한 연락과 견관으로 대좌(대령: 역자)급의 군인을 지명, 행정기능의 재개를 담당케 했다.

군사혁명위는 17일이 되어 혁명정부의 수립 태세를 굳힘으로서 거의 성공한 것으로 보이고 있다. 군부 내의 동요는 거의 보이지 않고, 결기군의 사기는 매우 높았다. 일반 시민의 사이에서도 의외로 군을 지지하는 분위기가 강해지는 듯하다.

16일 오후에는 학생 약 300명이 서울시내의 공원에서 군사혁명 환영집회를 열었으며, 그런 종류의 집회가 17일에도 각지로 펴질 것으로 보인다.

사태수습에 대해서는 이날도 아침부터 대통령 관저에서 윤(보선) 대통령을 중심으로 협의가 활발히 진행되고 있다. 오전 9시 지나서부터 우선 연합참모본부의장 김(金鍾五: 역자) 중장이 대통령과 만났고, 이어서 장(도영) 계엄사령관이 약 30분에 걸쳐 대통령과 회담했다. 김 중장은 쿠데타에 참가하지 않았기 때문에 사태수습을 위한 설득역할을 의뢰받은 것으로 보인다.

이후 백(白樂濬: 역자) 참의원(參議院) 의장, 김(金) 인민당(신민당의 오기로 보임: 오기일 경우 → 金度演: 역자) 위원장, 서울법과대 학장(申泰煥: 역자), 이(李榮俊: 역자) 민의원(民議院) 부의장 등이 각각 대통령과 회담, 김 위원장은 "거국내각을 만들어 사태의 해결을 도모해야 한다"고 의견을 비쳤다.

한편 전날 부산으로 피난했다고 전해졌던 조(曺在千: 역자) 내무부장관, 오(吳緯泳: 역자) 무임소장관이 모두 헌병에게 체포되어 서울로 호송 중이다. 장면(張勉) 총리의 행방은 전혀 알 수 없지만, 신문논조 등 일반의 분위기로는 현재 사태수습을 위한 책임을 져야 할 국무총리가 재빨리 모습을 드러내어 사태수습에 성의를 보여야 한다는 목소리도 나오기 시작했다.

또한 은행은 이날 아침 일제히 문을 열었는데, 예금 인출액은 평상시의 10배에 달했다고 한다.

계엄사령부는 전날 전국 각 학교의 휴교를 지령했는데, 그 방침을 바꿔 17일부터 각 학교를 개교하기로 했다.

〈서울(경성) 17일발=로이터〉 한국의 군사혁명위원회는 17일 이른 아침 24명의 육군대령 및 중령을 각각 정부 각부의 잠정적 장관(대신), 차관으로 파견하여 그 임무를 맡도록 했다.

군사혁명위, 신문을 검열

〈신아(新亞)=도쿄(東京)〉 17일 아침 서울(경성)방송에 의하면 한국 군사혁명위원회와 계엄사령부는 이날 신문, 통신을 비롯한 출판물에 대한 검열을 다음 요령으로 실시한다고 발표했다.

▷ 신문=석간은 오전 5시부터 정오까지, 조간은 오후 4시부터 오전 0시까지 각각 가쇄 각 2부 제출.

▷ 통신=오전, 오후 2차례로 시간은 신문과 마찬가지, 원고 1부 제출.

▷ 주간지 또는 월간지=오후 2시부터 4시까지 견본 2부씩

오늘 조각 완료하나

〈서울(경성) 17일발 UPI=공동〉 한국 군사혁명위원회는 17일 오후 신정부 각

료의 인선을 마치고, 18일에 발표할 것으로 보인다. 각료의 대부분은 문관이 될 듯하다.

미국, 당분간은 지켜본다 - 주한 대사관 관계자 언급

〈서울(경성)=마사키(真崎) 특파원 17일발〉 한국 쿠데타에 대해 현지 미 대사관 및 미 제8군 당국은 미묘한 입장인데, 17일 오후 미 대사관 소식통이 밝힌 바로는, 미국 측으로서는 이번 분쟁에 직접 개입할 의도는 없으며 일단 사태를 지켜본다는 속셈을 굳힌 모양이다.

이 소식통은 기자단에게 "어떠한 일이 있더라도 현 상태에서는 한국에 있어서의 합법정권은 장면 정권뿐이다"라고 말했고 전날 두 차례 성명에 대해서는 "그린 대리대사가 자신에게 주어진 권한 내에서 행사한 것이다"고 말했다.

이것은 문제의 성명이 처음 장면 지지를 분명히 주장하고, 이후 사태의 진행에 따라 표현이 후퇴한 것에 대해 자칫 비판의 목소리가 나오기 시작한 것에 대해 태도를 분명히 한 것이다. 또한 혁명정권의 장래성에 대한 질문에는 "사태가 현재 어떤 방향으로 흘러가고 있는지, 우리는 아직 정확히 파악할 수 없다. 어쨌든 이것은 한국 내의 일이고 한국인 스스로 해결해야 할 문제라고 생각한다"고 답했다. 또한 장면 총리의 소재에 대해서 이 소식통은 "어디에 있는지는 모른다. 적어도 대사관과 제8군에 있지 않은 것은 확실하다"고 말했고, 또한 군의 결기에 대해서는 "이것은 허가를 받지 않는 군사행동이라고 생각한다"고 말했으며, 반란으로 보느냐는 질문에는 확실히 대답하지 않았다.

1961년 5월 18일(1면)

한국, 수습공작이 활발화 - 합법적 정권 계승으로

혁명위, 전 각료의 출두 요구

〈서울(경성)=마사키(真崎) 특파원 17일발〉 17일 오후, 지금까지 혁명군에 의해 연금 중인 장면(張勉) 내각의 5부 장관과 장도영(張都暎) 군사혁명위원회 의장과의 회담이 중앙청에서 진행되었다. 출석한 장관은 조(曺在千: 역자) 내무, 현(玄錫虎: 역자) 국방, 주(朱耀翰: 역자) 부흥, 한(韓通淑: 역자) 체신, 오(吳緯泳: 역자) 무임소 다섯 장관. 회담의 내용은 분명히 알려지지 않았지만 정권위임에 관한 협의가 진행된 것으로 보인다.

또한 윤(보선) 대통령을 중심으로 한 사태수습의 움직임도 활발해지고 있는데, 아직 구체적인 방향이 정해지지 않은 상태이다.

소식통의 예상으로는 임시내각 구성에 대한 협의가 진행되고 있는 모양으로, 윤 대통령의 생각은 어디까지나 임시내각 수반을 대통령이 지명하고 일단 합법적인 형태를 갖춘 정권인수를 하고자 하는 것으로 보인다.

또한 윤 대통령은 이날 오후 비서 4명에게 친서를 주어 제일선의 각 군단장을 방문시켰다. 친서의 내용은 "전선은 임전체제의 완벽을 기하고, 동요 없도록 하기 바란다. 대통령은 어디까지나 현재 난국 타개에 헌신한다"는 것이다.

한편, 혁명군은 17일 아침부터 서울시내에는 육군본부에 중심을 두고, 병력의 대부분을 서울시 주변에 배치하여, 참호를 파는 등 진지 구축 작업을 실시하였다. 이것은 혁명군에 대한 반(反) 쿠데타를 경계하기 위한 조치로 보이는데, 그러한 조짐은 군 내부에는 보이지 않는다.

〈서울(경성)=마사키(真崎) 특파원 17일발〉 군사혁명위원회 의장 장(張) 계엄사령관은 17일 밤 9시 다음 특별담화를 발표했다.

▷ 국무위원은 가능한 한 빨리 1명도 남김없이 국무회의실로 출두하라. 모든 국무위원의 신변은 절대로 보호한다. 필요하다면 헌병을 동행시켜주겠으므로 헌병감실로 연락하라.

▷ 각 부의 사무차관은 조속히 직무로 복귀하고 군사혁명위원회와 긴밀히 연락하라.

이것은 이날 오후 혁명위원회에서 발표된 것을 장 중장이 직접 라디오방송으로 호소한 것.

체포 각료가 총사직 거부

〈서울(경성) 17일발=로이터〉 한국 군사혁명위원회는 17일 밤, 체포된 장면 내각의 조(曺在千: 역자) 내무부장관 이하 여섯 각료를 중앙청으로 불러, 장면 내각의 총사직을 의결하도록 종용했는데, 그들은 정수가 부족하기 때문에 각의 결정을 할 수 없다는 이유로 이를 거부했다.

장면 수상, 혁명위와 비밀교섭하나?

〈서울(경성) 17일발 UPI=공동〉 17일 서울에서 전해지고 있는 미확인 정보에 의하면, 장면 한국 수상은 전 유엔조선부흥기관의 정보관으로 현재 수상의 미국인 행정고문인 도널드 위태커(Donald Whitaker) 씨를 통하여 군사혁명위원회의 장도영 의장과 비밀리에 교섭하고 있다. 이 정보에 의하면 장면 수상은 장 의장의 사임요구를 거부했다.

장면 수상, 체포 10분 전에 도망

〈서울(경성) 17일발=AP〉 장(면) 수상의 행적은 여전히 불명인데, 밝혀진 바에 의하면 쿠데타 발생 직후인 16일 오전 5시 군대가 체포하기 위해 숙소인 반도호텔로 들이닥치기 10분 전에 거실에서 ㅁㅁ와 동행하여 모습을 감춰버렸다고 한다.

각료대행의 얼굴들

〈신아=도쿄〉 17일 오후 서울합동통신에 의하면 한국 쿠데타 군사혁명위는 17일, 정부 각 부(성(省))의 잠정적 각료사무대행을 임무로 하는 '연락장교'(대령급)을 다음과 같이 임명했다.

▷외무=최철(崔哲), ▷내무=임익순(任益淳), ▷국방=백태신(白台信), ▷재무=박율선(朴律善), ▷법무=고석태(高錫泰), ▷농림=윤봉주(尹鳳柱), ▷보건=김수명(金壽命), ▷교통=빈철현(賓哲顯), ▷부흥=한주홍(韓周弘), ▷상공=장기춘(張箕春), ▷문교=박태준(朴泰俊), ▷체신=박병준(朴柄俊)

행정사무 회복에 힘쓴다

〈서울(경성)=마사키(真崎)특파원 17일발〉 군사혁명위원회는 17일 금융동결령의 일부를 해제하여 국고수납사무와 유엔군·외교관에 대한 한화(韓貨) 지불을 재개하면서, 18일 중으로 정치·경제 자문위원회를 구성하여 국가예산의 집행을 취급할 방침을 정했다.

또한 군사혁명위 아래에 각 분과위를 두기로 하고, 각 분과위원은 혁명군 장교 중에서 선출하며, 그 아래에 일반인 자문기관을 두기로 했다. 이렇게 혁명위원회는 행정사무의 정체(停滯)를 막기 위해 필요한 수단을 동원하고 있어 혁명에 의한 혼란은 현재 일어나고 있지 않다.

16일 포고로 국무위원, 정무위원은 전원 체포할 것을 결정했는데, 17일이 되어 각 부 사무차관은 제외하여 신변을 보장하기로 했다. 이것에 의해 연금되어 있던 사무차관은 17일 중에 석방되어 이미 일부 차관은 직장으로 복귀했다.

또한 혁명위원회는 이날 대외정책은 종전대로 수행하며, 우방국과의 우호관계를 계속해나갈 입장을 강조. 각지의 재외공관에 대해 "우방정부에게 사태의 이해를 얻도록 최선을 다하라"고 지령했다.

그러나 이러한 움직임과 함께 한편으로는 신문에 대한 검열은 17일부터 엄중해졌고, 이날 석간 각 신문은 표제나 기사가 크게 삭제된 것이 많았다. 또한 검찰부는 혁명위원회의 뜻을 받아 이날 오후 각 경찰에 반혁명분자로 보이는 민·참 양원 의원, 정당인들의 조사를 지령했고 혁명업무의 철저를 꾀하는 것에도 힘을 기울이고 있다.

제1군도 혁명위를 지지

〈서울(경성) 17일발 UPI=공동〉 이한림(李翰林) 한국 제1군사령관은 17일, 휘하 부대에 대하여 쿠데타에 중립을 지키라고 명령했는데, 그 이후 원주(原州·서울 동남쪽)의 제1군사령부에서 성명을 발표하고 쿠데타를 전면적으로 지지한다며 다음과 같이 말했다.

나는 제1군사령관으로서 지휘 하에 있는 전 장교, 병사와 함께 군사혁명을 지지한다. 제1군의 전 병력은 사기왕성하게 전선방위의 의무를 완전히 수행하고 있다. 나는 국가 및 국민을 위한 혁명의 완수에 헌신할 생각이다. 장교 및 병사에게 일치단결을 요구한다.

이(李) 사령관의 성명으로 장면 정권을 구하려는 미 대사관 당국과 매그루더 유엔군사령관의 노력은 완전히 실패한 것으로 보인다. 한국 제1군은 한국의 전투부대의 대부분을 포함하고 있으며, 240km에 걸친 북조선과의 경계인 휴전지대의 방어를 담당하고 있다.

거듭 반대를 언명 - 미 대리대사 태도 변함없어

〈서울(경성) 17일발=AP〉 그린 주한 미국 대리대사는 17일 한국군 쿠데타에 반대한다는 입장을 되풀이하면서 "나는 헌법의 절차를 거쳐 선출된 장면 정부를 지지한다는 16일 성명에 대해 추가할 것은 없다. 나는 지금도 완전히 그 성명과 같은 입장이다"라고 발언했다.

이것은 그린 대리대사가 매그루더 주한미군사령관 겸 유엔군사령관과의 회담 이후, 이날 도쿄(東京)로부터 도착한 미국 기자단에게 언명한 것이다.

〈서울(경성) 17일=로이터〉 주한 미 대사관의 한 고관은 17일 "미 대사관은 장면 정부를 한국의 유일한 합법·합헌적 정부로 인정하고 있다. 대사관과 유엔군사령부는 군사혁명위원회를 유엔군사령부에 거역하여 행동하고 있는 군사집단으로 보고 있다"고 언명했다.

또한 이 관계자에 의하면 미 대사관은 "혁명위에 동조하고 있지 않지만, 그렇다고 해서 이 위원회와의 관계를 부정하고 있지 않고" 많은 한국 육군 고위장교와 접촉을 유지하고 있다.

1961년 5월 18일(10면)

민단(民団)-총련(総連) 협조에 제동 - 쿠데타로 항쟁 격화하나

한국의 쿠데타는 작년 가을 이후 활발해지기 시작한 재일조선인 남북 양파(兩派)의 협조 움직임에 강한 제동을 걸어 서로 골을 깊게 할 것 같다.

약 60만명인 재일조선인은 현재 한국계의 대한민국거류민단과 북조선계인 조선총련으로 나뉘어 있다. 세력분포는 6대4, 7대3으로 총련이 우세한데, 양자는 항상 대립, 북조선귀환 발족 당시에는 난투극까지 벌어졌다. 그런데 민주혁명 이후 작년 여름부터 양자에게 '교류'의 조짐이 보이기 시작했다. 제안한 쪽은 총련 측으로 '납득할 수 있는 대화를 원칙으로 한다'라며 '민단 조직의 와해공작 등은 일체 하지 않는다'라는 방침도 정했다.

민단 측의 태도는 상당히 신중하여 쉽게 움직이지 않았는데, 조직을 떠나 '개인'의 자격에 의한 교류가 같은 해 말부터 본격화했다.

우선 성공한 것은 지난 4월 18일 도쿄(東京) 도라노몬(虎の門)의 사회사업회관에서 열린 '통일촉진합동문화제'. 북계(北系)의 김달수(金達寿), 남계(南系)의 최선(崔鮮) 등이 중심이 되어 양쪽 35명씩 실행위원을 구성해 준비한 것. 진행상황을 지켜본 경제인 그룹도 4월 19일 간담회를 열고 '남북경제교류, 시찰단교환'의 성명을 발표했다. 문화인 그룹은 또한 최근 '예술전'을 열고 사이좋게 축구 대항시합을 열자는 말도 나오고 있다.

한편 민단본부도 이러한 움직임에 자극받아, 지난 2월 '통일문제전문위'를 만들고 교류 문제에 진지하게 대응하기 시작했다.

그런데 16일 쿠데타는 이러한 움직임에 강한 제동을 걸었다. 때마침 도쿄에서 열리고 있던 민단 전체대회는 통일문제 등에 대해 토의가 진행되고 있었는데, 쿠데타는 대회의 분위기에도 미묘하게 반영되어, 우선 기존의 집행부보다 상당히 우경화 된 권일(權逸) 씨를 단장으로 한 새 집행부를 선출, 권 단장은 "일본 국내의 문화교류는 소박한 민족감정에서 비롯한 것으로 북쪽을 모르고 하는 것이거나 공리적인 생각에 기초한 것. 현 태세에서 교류한다면 북계의 페이스에 말려들 뿐이다"라며 교류에 절대반대의 자세로, 17일 저녁에 진행된 남북학생합동의 '졸업·신입 대학생 환송영대회'에 대해서도 그는 '즉시 중지하라'고 명령했다.

양쪽의 대립은 이번 민단 대 총련의 항쟁격화라는 모습을 취할 가능성도 강하다. 물론 양쪽 모두 폭력은 피한다고 하고 있지만, 경찰청의 경비담당관은 "조직의 와해공작 등을 둘러싸고 격렬한 싸움이 되는 것도 충분히 예상된다"고 말하고 있다.

1961년 5월 18일 석간(1면)

한국 내각 마침내 총사직 - 쿠데타에 책임, 장(張) 수상 발언

혁명위 포고를 승인 – 수습에 유혈사태 피한다

〈서울(경성)=마사키(真崎) 특파원 18일발〉 장면(張勉) 한국 수상은 18일 오후 1시 반 "내각총사직을 한다. 사태수습에 있어서는 유혈사태를 피한다"라고 성명을 발표했다.

〈서울(경성) 18일발=AFP〉 한국의 장면 수상은 18일 총사직을 발표하며 다음과 같이 말했다.

▷ 오후 1시에 각의를 소집하여 즉시 총사직한다.

▷ 각의는 총사직 결정 전에 군사혁명위원회가 16일에 발포한 현재 계엄령 선언을 승인했다.

▷ 장(張) 수상은 헌법 제72조에 따라 계엄령의 각의승인을 윤보선(尹潽善) 대통령에게 제출했다.

한편 장면 수상은 군사혁명위원회가 지배하는 서울방송을 통한 연설에서 다음과 같이 언명했다.

▷ 내각은 쿠데타에 대한 정치적, 도의적 책임을 지고 총사직한다.

▷ 나는 신정부가 확고한 반공정책에 기초하여 국정을 효과적으로 처리하기를 희망한다.

장면 내각의 마지막 각의에는 군사혁명위원회 의장인 장도영(張都暎) 중장과 쿠데타를 지도한 육군대령 2명이 출석했다. 장면 내각은 작년 4월 학생에 의한 혁명 이후에 성립한 이래 10개월로 막을 내린 것이다.

3군, 혁명위를 지지

〈서울(경성)=마사키(真崎) 특파원 18일발〉 한국 군사혁명위원회는 날을 거듭함에 따라 견고한 체제를 다지고 있다. 동향이 주목되었던 전선의 제1군사령관 이(李翰林: 역자) 중장은 17일 밤 "본관은 군사혁명을 전 장병과 함께 지지한다. 전 장병의 일치단결을 바란다"고 성명을 발표했다. 지금까지 엄정중립의 입장을 취해온 전선부대가 혁명군 지지로 확실히 결단을 내린 것이다. 18일 아침에는 육군사관학교 생도 약 800명이 시내 중심가를 행진, 시청 앞 광장에서 대회를 열고 선언문을 낭독하여 군사혁명의 완수를 강조했다. 이 행진에는 연도에 수 만의 군중이 무리를 지어 박수로 맞이하는 풍경도 보였다.

군사혁명위의 내정에 대한 시책도 속속 발표되어, 17일 밤에는 계엄 목적 수행을 위한 사법권 행사가 포고되었다. 이에 따라 영장없이 체포·유치·수사 및 군사재판이 이루어질 수 있게 되었고, 이미 18일 아침에는 일부 신문 책임자가 오보를 이유로 긴급체포 되었다. 또한 국토개발사업을 예정대로 추진하기 위한 조치가 포고되었고, 야외 집회금지령이 완화되었다. 이것은 군사혁명 지지를 위한 학생, 직업인, 종교단체, 시민 등 시가행진, 집회를 인정한다는 것이다.

한편 17일 밤까지 모습을 감추었던 태(太完善: 역자) 상공장관, 정(鄭憲柱: 역자) 국무원 사무소장(사무처장의 오기: 역자) 2명은 18일 아침, 모습을 드러내 중앙청에 감금 중인 다른 다섯 장관에 더해졌다.

혁명성공의 축하식, 사관학교 생도가 주최

〈서울(경성) 18일발=로이터〉 한국 군사혁명위원회는 18일 서울시 공회당 앞 광장에서 '성공' 축하회를 열고 500명의 강하부대가 총검으로 주위를 경계하는 가운데 수 천 시민이 모였다. 병사들은 전투복을 입고 장도영 중장이 연설하는 동안 어떠한 혼란도 일어나지 않도록 경계했다. 장(張) 중장은 연설 가운데 혁명의 목표로 ①부패의 배제 ②민주적 정치체제의 확립 ③반공산주의 3가지를 들었다.

이 행사는 육군사관학교 생도 1600명이 주최한 것이다.

1961년 5월 18일 석간(2면)

막후의 실력자 박(朴) 소장 - 한국 쿠데타의 내막

장(張) 중장은 저지를 시도했다

〈뉴욕 17일발 UPI=공동〉 한국반란군 수뇌자는 쿠데타를 미연에 막기 위해 최후의 순간에 미군의 개입을 요구했다. 고위 관계자에 의하면 이를 요청한 것은 군사혁명위원회 의장 장도영(張都暎) 중장으로, 결기 직전인 16일 새벽 매그루더 주한 미 제8군사령관 겸 유엔군사령관에게 요청했다. 이 관계자에 의하면 장(張) 중장은 명목상 지도자이며, 쿠데타 직전의 복잡한 무대 뒤의 모습은 혁명위가 처음 인상처럼 강력하지 않았다는 것을 보여주고 있다. 아래는 그 내막이다.

▷ 반란의 실제 원동력은 장 장군이 아니라 혁명위 부의장 박정희(朴正熙) 소장이다. 쿠데타 결행 지시를 내린 것도 박(朴) 소장이며, 장 중장은 그 직후 매그루더 사령관에게 미군의 개입을 요청했다. 그러나 매그루더 사령관은 즉석에서 이것을 거부했다. 매그루더 사령관은 이런 정세에 대비하여 사전에 부여받은 일정한 명령에 따라 행동했던 것으로 생각된다.

▷ 장 중장은 가운데서 정세를 좌우하는 입장에 있었던 것으로 봐도 좋을 징후가 있다. 사건에 앞서 수 주 간, 장 중장은 온건한 방침을 취하려고 시도했고, 결기 전인 어느 시기에는 휘하의 전군에 대하여 행동에 참가하지 않도록 지령도 했다. 또한 최초에는 반란 그룹을 지지하지 않았다.

▷ 한편 장면(張勉) 총리는 몇 주 전에 결기의 정보를 알았을 것으로 봐도

좋을 강력한 증거가 있다. 총리는 반란군인 몇 명의 지도자 이름을 알았고, 박정희 소장이 주모자인 것도 알고 있었다. 그러나 총리가 가장 신임하는 군 간부의 한 사람인 장 장군이 그 음모에 어디까지 가담되었는지는 알 수 없었던 듯하다.

▷ 행동에 가담한 것은 한국군 50만 명 가운데 약 4천 명에 불과하다. 여기에는 매그루더 사령관이 전군에 대해 바로 장면 정부의 지배권을 되찾으라고 지령한 것이 보류되어 힘을 얻게 되었다. 한국군에 대해 미군은 항상 강한 영향력을 발휘하고 있다.

▷ 그러나 미군은 개입하지 않고, 그 대신 어느 관계자가 '한국 건국 이래'라고 평한 대로 광범위한 정치절충이 시작되었다. 절충은 서울을 비롯해 한국 전 지역에서 지금도 계속되고 있다. 그 열쇠를 쥔 것은 장도영 중장일 것이다. 위 관계자에 의하면 반란군의 장군들은 미국, 장면 정권 수뇌, 그리고 다른 군 수뇌부와 교섭하고 있고, 교섭은 양쪽에서 이뤄지고 있다.

1961년 5월 19일(1면)

대일정상화에 노력 - 혁명위, 여덟 조치 취하다

〈서울(경성) 18일발=로이터〉 매우 신뢰할 수 있는 소식통은 18일 밤, 한국 군사혁명위원회가 앞으로 국가의 통치기관으로 다음 8단계의 조치를 취할 것이라고 말했다.

1. 위원회의 행동을 합법화하고 헌법을 존중함으로서 유엔사령부 및 미 대사관과의 관계를 개선한다.
2. 쿠데타에 반대 내지는 참가를 망설인 장교들을 숙정한다.
3. '연락관'인 대·중령급의 군인은 정부 각 성(省)의 공무원과 협력하여 집무하게 될 것인데, 행정사무는 연속성의 확보에 힘쓴다.
4. 대일관계정상화를 위한 노력을 가능한 한 빨리 재개한다. 이 위원회에는 반일 성격이 있거나 쿠데타를 위해 도쿄(東京)에서의 일한회담을 중단하거나 할 조짐은 없다.
5. 외교 진용을 재편한다. 정치적 임명에 의한 외교관에게 용퇴를 요구하고, 직업외교관의 대외파견관을 늘리게 될 것이다.
6. 북조선과의 외교교섭을 제창해 왔던 정치단체나 학생에 대한 조치를 취한다. 위원회 자체는 '말에 있어서도 행동에 있어서도' 반공에 철저할 것을 선언할 것이다.
7. 장(면) 정권의 각료는 자택으로 돌아갈 것을 허락하지만, 엄중한 경호 아래에 두어질 것이다.
8. 부정부패와 선거위반으로 문제가 된 이(승만) 전 정권의 고관이나 정치가에 대한 재판은 계속될 것이다.

또한, 혁명위는 '합법으로 합헌의 조치'라고 미 대사관이 재삼에 걸쳐 성명했던 것의 진의를 충분히 헤아리고 있다고 이들 소식통은 전하고 있다.

1961년 5월 19일(10면)

움직임 보이지 않는 학생·노조 – 장교가 시장(市長)에게 지시

한국 쿠데타는 장면(張勉) 내각의 총사직으로 사태는 새로운 단계를 맞이한 듯하다. 작년 4월 '학생혁명'은 아직 대구·마산·부산 등 남부 지방도시에서 불길이 올랐고 그것이 서서히 북상하는 형태였는데, 원래부터 혁신세력이 강하다는 부산이나 '4월혁명'의 발단이 되었던 대구에서는 이번 쿠데타를 어떻게 받아들이고 있을까? 부산시의 부산일보 정치부장 장양(章良) 씨와 대구시의 영남일보 상무 배금곤(裵錦坤) 씨는 각각 국제전화로 다음과 같이 말했다.

부산

16일 아침 서울방송으로 쿠데타 발생을 알았고 부산일보에서는 즉시 호외를 냈다. 처음에는 매우 걱정했지만, 시내는 평소와 다름없이 조용했다. 거리거리에 병사의 모습이 보이기 시작한 것은 같은 날 밤부터였다.

달라진 것이라면 야간 통행금지 시간이 오후 7시로 앞당겨진 관계로 야간학교가 폐쇄되었다는 정도이다. 시청 등의 관청이나 회사 등도 평상시대로. 그러나 금융동결령으로 사업자 등은 일시 곤란한 듯했지만 이것은 군과의 협의로 바로 해결되었다.

부산은 혁신세력이 강한 곳이라고 하는데, 정치활동이 일체 금지되었기 때문에 혁신정당도 노조도 학생도 모두 숨죽인 모습이다. 민심의 동향은 지금 청신한 정치를 기대하는 사람이 많은데, 별다르게 쿠데타 지지데모 등은 일어나지 않았다. 18일 오후 시내 중심가에서 육군의장대, 브라스밴드의 '혁명축하' 행진이 있었을 뿐이다.

대구

대구는 작년 민주혁명 당시, 가장 먼저 반이승만(反李承晩) 데모를 행한 도시였는데, 작년의 주역 경북(慶北)·대구(大邱) 등 네 대학의 학생 약 6천명도 지금은 전혀 움직임이 없다. 수업도 평소대로이고 집회도 없다.

계엄령이 내려진 이후에도 은행을 제외하고 상점·회사는 영업하고 있는데, 시청에서는 시장(市長)의 곁에서 장교가 옆에 붙어서 지시하고 있다.

쿠데타의 행방에 대한 시민의 관심은 굉장하다. 영남일보 앞 뉴스게시판 앞은 연일 구름같이 사람이 몰려있다. 현재 시민의 3할 가까이가 생활에 어려움을 느끼는데, 그렇게 된 것도 현 정부가 잘 못 했기 때문이라는 불만이 강한 만큼, 장(면) 내각 총사직의 발표에도 당연하다는 반응을 보이고 있다.

외출금지도 첫날은 밤 7시부터 다음날 아침 5시까지로 엄격했지만, 다음날부터는 밤 10시부터 다음날 아침까지로 완화되었다. 경계하는 군인의 모습도 확실히 줄었다. 그러나 신문의 검열은 엄격하다. 취재는 자유롭지만 기사를 써서 계엄사무소의 보도계에 보이지 않으면 안 된다. 그런데 여기저기 토막토막 삭제되어 신문의 각 면에 하얀 구멍이 뚫려있다. 이것은 어떻게 해도 당해낼 수 없다.

1961년 5월 19일 석간(1면)

장(張) 의장, 한국 신정책을 말하다 - 반공과 민생의 안정

군정은 단기로 끝낸다

〈서울(경성)=마사키(真崎) 특파원 19일발〉 군사혁명위 의장인 장(도영) 중장은 19일 오전 9시 반부터 계엄사령부에서 기자회견을 열고 혁명정권의 앞으로의 방침을 밝혔다. 이에 따르면 ①군사혁명위원회는 한국의 국체를 '민주공화국'으로 유지하고 당분간 국가의 최고기관으로 이 위원회가 정무를 담당한다 ②민생문제의 해결에 가장 중점을 둔다 ③친공·용공 분자를 철저히 탄압한다는 것으로 이번 군사혁명이 반공체제 확립과 민생안정에 큰 목적이 있다는 것을 구체적인 형태로 제시했다. 일한 관계에 대해서는 간단히 국민이 바라는 방향으로 해결한다고만 말했다.

기자회견에서 밝힌 군사혁명위원회의 방침은 다음과 같다.

▷ 위원회는 한국의 국체를 민주공화국으로 유지한다.

▷ 혁명정부의 형태는 군사혁명위원회가 최고기관이 되고, 그 아래에 사법부·행정부가 있고, 그것과 같은 선상에 계엄사령부를 둔다. 계엄사령부는 가까운 장래 육해공 및 해병대를 포함해 총사령부로 개칭 발족시킨다.

▷ 군정기간은 가능한 한 단축한다.

▷ 미국을 비롯한 우방국과의 연계를 강화한다. 한미관계에 대해서는 적어도 걱정할 필요는 없다.

▷ 민생문제를 해결하는 것이 혁명 목적의 가장 중대한 문제다. 군대는 금년 중에 정부의 보유미(保有米)를 방출한다. 특히 절량(絶糧)농민, 세궁민

(細窮民=영세민: 역자)을 돕기 위해 육해공군 전 장병은 30만석을 제공할 계획이며, 그 방법으로 하루 백미 5홉, 보리 1홉의 군량미를 백미 4홉 보리 2홉으로 바꾼다.

▷ 구 정부 요인은 자택에서 연금되고 있다. 앞으로 구악(舊惡)이 밝혀지면 법에 의해 처단한다. 반혁명세력은 철저히 색출해 엄벌한다. 19일 오전 8시 현재 친공·용공 분자로 보이는 930명을 검거했다. 이후에도 예의 조사하여 처리한다.

▷ 남북통일에 대해서는 군인이 가장 열심히 노력하고 있으며, 앞으로는 군사정책에서도 또한 민주주의에 의한 정치·경제·사회·문화 각 방면에 있어서도 항상 북한 괴뢰보다 우위에 서도록 노력한다.

▷ 용공·친공 분자의 선전에 동조해 남북통일 운동을 하고 있던 학생은 속히 학원으로 돌아가 학업에 전념해야 한다.

▷ 한일관계는 국민이 바라는 방향에 따라 해결한다.

▷ 치안상황은 평온하며 휴전선 부근의 경계는 적의 침범을 막아낼 수 있도록 만전의 태세를 갖추고 있다.

대일정책 다소 강경화될까?

〈서울(경성)=마사키(真崎) 특파원 19일발〉 한국의 군사혁명은 군사혁명위원회가 국가의 최고권력을 쥐고 당분간 '군정'의 형태로 가게 되었다. 의회는 이미 해산되어 입법부는 존재하지 않으므로, 국가의 최고의사결정은 혁명위원회가 수행하며, 행정·사법도 완전히 장악하게 되었다. 계엄사령부를 가까운 장래에 3군과 해병대를 포함한 총사령부로 하며, 사법부와 동등한 선상에 놓기로 한 것은 혁명정권이 군사체제를 종래 이상으로 강화하려는 것이며 군국주의적 성격이 강한 것으로 보인다.

군정기간이 언제까지 계속될지는 분명하지 않지만 가능한 한 단축하겠다고 말했다. 이것은 혁명정권의 지반과 앞으로 반공국가체제가 굳건해지기 까지는 군정으로 가는데, 국가의 형태로서 민주공화국을 유지한다는 방침과, 군정이 상당히 길어지면 국민의 지지를 잃을 우려가 있는 것 등을 배려한 것으로 보인다.

반공체제의 강화를 위해 진보적 세력에 대한 탄압은 예상대로 매우 엄격해질 것 같다. 지금까지 남북교류나 중립론을 제창하고 있던 학생 · 혁신세력 등은 이 군사혁명정권 아래에서 당분간 손발이 묶일 것으로 보인다.

국제관계에 대해서는 거의 종래와 같을 것으로 보이며, 그 이상 분명한 것은 나오지 않았다. 특히 일한관계는 국민이 바라는 방향으로 해결하겠다고 했을 뿐인데, 많은 국민의 의향으로서는 일한관계의 개선, 정상화를 바라는 목소리가 하나의 여론이라고도 보이는데 이승만(李承晩) 시대와 같은 대일정책으로 돌아갈 걱정은 없다고 봐도 좋다.

그러나 장면(張勉) 정부가 '지일(知日), 친일내각'으로 불렸던 것에 대한 반동으로 지금까지보다 약간 태도가 경직되는 것은 당연히 예상된다. 특히 일본에 있어서 조련계(朝連系) 활동이 한국에 영향을 주고 있다는 것은 장면 내각에서도 자주 지적되었던 것이고, 혁명정권이 반공정책을 강경하게 취한 이상, 일본으로부터의 북조선 귀환, 북조선과의 무역 등에서 용공적으로 보이는 일본의 정책에 대해서는 상당히 비난이 강해질지도 모른다.

제1군사령관 감금되었나?

〈서울(경성) 18일발=로이터〉 한국의 군사혁명위원회는 18일 전선에 있는 한국 제1군사령관인 이한림(李翰林) 중장을 '쿠데타 지지를 주저했다'라는 이유로 감금했다고 전해졌다.

주미 한국대사 사직

〈워싱턴 18일발=AFP〉 한국의 장이욱(張利郁) 주미대사는 18일, 군사혁명위원회의 쿠데타에 항의하여 사직했다.

유엔대사도 사의

〈워싱턴 18일=AP〉 한국의 임창영(林昌榮) 유엔대사는 18일 "한국의 쿠데타로 인해 장면(張勉) 전 수상이 사임했으므로 나도 사임할 생각이다"라고 말했다. 임(林) 대사는 작년 9월 장(張) 전 수상에 의해 유엔 한국 옵서버단의 수석으로 임명되었다.

미국, 한국 신정권 승인 - 약간의 어색함 남아

〈워싱턴=가와무라(河村) 특파원 18일발〉 한국의 장(면) 내각이 사임하고 쿠데타 그룹에 의한 30인 위원회가 수립됨에 따라 쿠데타의 승리가 확정되었으므로, 미국으로서는 이 신정권을 정식정권으로 인정하고 이와 대처할 방침을 굳혔다. 그러나 이번 사건에 있어서 미국의 파견당국이 취한 처치는 미국과 신정권의 관계를 약간 어색하게 할 것이 틀림없다.

볼즈(Chester Bohls) 국무차관은 18일 하원 외교위원회(비밀회)에서 한국문제에 대해 증언한 뒤, 기자단에게 "한국의 신정권을 인정하게 될 것으로 생각한다"고 말하여, 신정권에 대한 미 정부의 속내를 보였다. 실제로는 한국의 대통령은 그대로이며 내각은 절차를 거쳐 사임한 것이므로 외교적인 승인의 문제는 일어나지 않는다. 볼즈 씨가 '인정한다'라고 한 것은 실제 신정권을 정통

정부로 교섭을 한다는 의미이다.

미 정부는 신정권이 수립된 현재도 근본적으로 이 정권 이전(移轉)이 합헌적인 것이 아니라고 생각하고, 따라서 군인에 의한 정치가 가능한 한 빨리 끝나기를 바라고 있다. 그러한 방향에서의 압력은 앞으로 수시로 한국에 가해질 것이다. 이번과 같은 정권교체를 올바른 것으로 인정하면, 장래 비슷한 쿠데타의 선례를 열어두게 되어, 결국 민주정치의 개념이 완전히 희미해져 버리기 때문이다. 혹은 공산계의 군인이 쿠데타를 일으킬 경우도 있을 수 있는 것이다.

쿠데타가 일어났을 때, 매그루더 유엔군사령관과 그린 대리대사는 쿠데타의 비합법성을 들어 장(면) 정권의 부활을 호소하는 성명을 발표했다. 그 성명은 지금까지도 기본적으로는 미국 내에서 지지되고 있다. 그러나 실제 쿠데타가 성공하면서 상황이 나빠지게 되어 버렸다. 국무성이 현지 성명을 뒷받침 하겠다않겠다 여부도 말하지 않은 (실은 성명은 지나치다는 생각이 강했음) 것은 쿠데타가 성공할 경우, 그 뒤가 난처하게 되는 것을 경계하여 모호한 태도를 취하고 있었는데, 지금이야말로 그것이 현실이 된 것이다. 매그루더 사령관은 6월 말에 은퇴하고, 그린 대리대사의 위에는 버거(Samuel D. Berger) 대사가 부임하기로 되어 있다.

신정권의 친일방침 환영 - 고사카(小坂) 외상 말하다

고사카(小坂善太郎: 역자) 외상은 19일 각의에서 한국 쿠데타 이후 정세를 다음과 같이 보고했다.

▷ 한국군 쿠데타는 반공 · 친미의 슬로건 하에 성공했다.

▷ 미국의 주한대사관이 장면(張勉) 내각 지지 성명을 낸 것은 ①장면 내각이 합법정권이라는 점 ②미국이 쿠데타를 부추겼다고 보이는 것을 피하

기 위한 것으로 생각된다.

▷ 우리나라로서는 내정불간섭의 원칙에서 앞으로도 사태를 지켜봐야 한다.

외상은 각의 이후 기자회견에서 앞으로의 일한관계의 예상에 관한 질문에 대하여 "일한회담이 앞으로 어떻게 될 지는 아직 알 수 없지만, 신정권이 반일적 방침으로 나올 것으로 생각하지는 않는다. 신정권이 일본과의 우호를 주장하고 있는 것은 환영할 일이다"라고 말했다.

1961년 5월 20일(3면)

물가를 동결 - 노동쟁의는 엄금, 한국 혁명위가 특별성명

〈서울(경성)=마사키(真崎) 특파원 20일발〉 혁명정권으로서의 지반을 굳힌 한국의 군사혁명위원회는 19일 '경제질서에 관한 특별성명'을 발표, 민생의 안정에 힘을 쏟을 방침을 밝혔다. 이 성명에서는 우선 "부패와 무능에 대한 우리의 싸움은 완전한 승리를 얻었다"고 혁명의 성공을 선언, 경제안정을 위해 다음 아홉 항목을 제시하고 국민의 협력을 요청했다.

1. 모든 매점매석은 혁명수행을 방해하는 것이며, 특히 미곡 기타 생활필수품의 가격을 5월 15일 수준 이상으로의 인상을 금지한다.
2. 물가안정과 경제건설에 헌신하는 국민 각자는 자진해서 납세에 협력해 달라.
3. 재산의 해외도피는 엄벌에 처한다.
4. 수출입무역은 머지않아 정상화한다.
5. 모든 기업과 산업인은 정상적인 경영을 계속하라. 특히 생산 및 수출산업을 진흥하기에 힘쓰라.
6. 일부 금융동결은 머지않아 완전 해제하므로 통화안정에 협력하라.
7. 외래 사치품의 이용을 엄금하고, 밀수자는 극형에 처한다.
8. 노임은 5월 15일 수준으로 유지하고, 노동쟁의는 일체 엄금한다.
9. 경제안정을 위해 국가지출의 낭비를 금한다.

한편 이날은 공군사관학교 생도를 비롯해 성균관대학, 경희대학 학생들이 서울시청 앞 광장에서 '장면(張勉) 정권의 부패를 규탄하고 혁명을 절대 지지하는' 대회를 열고 각각 시가행진을 하였다. 신문에 대한 검열과 진보세력에 대한 탄압은 점차 강화되고, 신문기사에는 혁명을 지지하고 예찬하는 것이 늘어나기 시작했다.

그 외에 일반에 대해서는 불법무기소지자의 신고기간을 5월 20일부터 6월 19일까지 1개월로 정하고 그 이후는 엄벌에 처한다고 포고, 또한 관혼상제의 집회신고는 불필요하다고 발표했다.

제1군사령관에 박(朴) 중장

〈서울(경성) 19일발=AP〉 19일 한국 각 신문 보도에 따르면 한국 군사혁명위원회는 전날 해임된 제1군사령관 이한림(李翰林) 중장의 후임으로 동 위원회의 박임항(朴林恒) 중장을 임명했다.

현재 한국 육군사관학교 교장 강영훈(姜英勳) 중장, 제30사단장 이상국(李相國) 준장 두 사람이 반혁명의 이유로 감금되었다.

국방차관 이동

〈신아(新亞)=도쿄(東京)〉 19일 서울방송에 의하면 군사혁명위 의장 장도영(張都暎) 중장은 오후, 처음 정부인사 이동을 단행, 국방부 사무차관인 김업(金業) 씨를 해임하고 현 국방부 이재차관보인 신응균(申應均) 씨를 기용, 발령했다.

1961년 5월 21일(1면)

일한회담 재개에 신중 - 정부, 신정권 다난을 예상

한국의 군사혁명은 장면(張勉) 내각의 퇴진과 국가재건최고회의에 의한 군정의 발족으로 일단락되었는데, 정부는 앞으로의 일한관계에 대해서는 당분간 혁명정권의 동향을 지켜보겠다는 신중한 태도를 취하고 있다. 일한 양국 사이에는 정식 국교관계가 없으므로, 우선 신정권을 승인할지 여부의 문제에 쫓기지 않는 탓도 있지만, 당면한 일한 예비회담에서도 혁명정권의 '안정성'에 대해 명확한 예상을 할 수 없는 한 실질적인 교섭을 진행하는 것은 곤란하다는 고려에서 비롯한 것이다.

군사혁명위원회 의장인 장도영(張都暎) 중장은 19일 기자회견에서 혁명의 주목적이 반공체제의 확립과 민생안정에 있다는 것을 명확히 하면서, 일한관계에 대해서는 "국민이 바라는 방향으로 해결한다"고 말하는 것에 그쳤다. 이 발언이 구체적으로 무엇을 의미하는지, 외무성 관계자는 진의가 불명하여 논평을 삼가고 있지만, 혁명정권이 외교적으로는 반공·친미의 방향이고, 또한 최근 한국의 일반 여론이 일한 국교정상화의 촉진을 기대하고 있다고 판단되므로 신정권은 거의 장면 내각의 대일정책을 계승하는 것은 아닐까 생각하고 있다. 이러한 견지에서 본다면, 신정권이 일한회담의 재개를 요청해 올 경우에는 일본정부로서는 일단 호의적 태도를 보이지 않을 수 없는데, 현재 단계에서는 정부·외무성 내에는 긴 안목에서 보았을 때의 일한관계의 개선·정상화를 모색하려고 하는 생각에서 회담재개에 대해서는 신중을 기해야 한다는 의견이 우세하다.

이러한 신중론은 주로 국가재건최고회의를 중심으로 한 군사독재정권이 과연 안정된 의회정치 재건으로의 가교 역할을 할 수 있을지 의문의 여지도 있다는 관찰에 기반하고 있다. 또한 군부 신정권이 지금까지의 이승만(李承晩), 장면 양 정권과 달리 '유엔 감시하 총선거'를 기초로 탄생한 것이 아니라는 점도 그 신중론의 근거 가운데 하나가 되고 있다고 말하고 있다.

이번 군사혁명이 일부 혁신계를 제외한 한국민 대다수의 적극적 지지를 얻고 있는지 여부는 별개로 해도 외무성 관계자는 혁명정권의 앞길은 상당한 어려움이 있을 것이라고 다음의 문제점들을 지적했다.

▷ '민생안정'을 정책 주목표의 하나로 내세웠지만, 한국의 경제정세는 '만성적 위기' 상태에 있고, 혁명 그 자체에 의해 급속한 호전은 바라기 어렵지 않은가?

▷ 이 경우 보다 나은 생활로의 기대가 좌절된다면, 혁명에 대한 실망·반감으로 전화될 가능성이 없을까?

▷ 군정기간은 가능한 한 단축한다고 했지만, 신정권은 의회를 해산하고 기성 정치가 전체를 배제하는 방침이므로, 군의 기대하는 것 같은 유능한 정치가 그룹이 얻어질 수 있는가?

▷ 오히려 일반의 정계·재계인은 군의 실질적 지도하에서 경제위기 타개의 책임을 지는 것을 피하여 도피적 태도를 취할 것도 예상된다.

▷ 학생·노동자 일부를 중심으로 한 혁신세력은 정치세력으로는 큰 힘은 없지만, 혁명정권이 '친공파(親共派)'의 검거·처벌을 대규모로 할 경우, 치안문제가 표면화할 것도 예상된다.

▷ 미국정부는 18일, 볼즈 국무차관의 기자회견에서의 발언에서도 보이듯이 신정권 승인의 태도를 점차 밝히고 있는데, 한편 미국으로서는 군정이 조속히 합헌적 민주정치로 전환되는 것을 바라는 태도이며 미국 측의 태도를 계속 주목할 필요도 있다.

빨리 정상화를 - 정보문화국장 담화

외무성은 20일 오후 5시, 한국군 쿠데타에 대해 "정부는 사태가 하루라도 빨리 정상화되기를 바란다"며 다음과 같은 곤도(近藤晋一: 역자) 정보문화국장 담화를 발표했다. 정부의 한국군 쿠데타에 대한 공식 견해의 표명은 이것이 처음이다.

한국의 이웃나라인 일본으로서는 국민 모두 한국 군부 쿠데타를 둘러싼 정세의 추이에 중대한 관심을 가지고 있으며, 일본정부는 사태가 하루라도 빨리 정상화되기를 희망한다. 일한 양국의 국민 사이에는 사태의 발전과는 별개로 실제상 평상의 접촉이 계속되고 있음을 인정하고 있으므로, 정부로서는 양쪽의 국민의 이익을 침해하지 않도록 적절한 관계의 사무를 처리하여 갈 생각이다.

전(前) 여덟 각료를 체포 - 장(張) 전 수상은 연행을 거부

〈서울(경성) 20일발=AP〉 한국의 쿠데타로 무너진 장면 내각의 각료들의 그 후 상황은 20일 정오 현재 다음과 같다.

◇체포 투옥된 자=조재천(曺在千) 전 내무부장관, 오위영(吳緯泳) 전 무임소장관, 주요한(朱耀翰) 전 부흥부장관, 태완선(太完善) 전 상공부장관, 김영선(金永善) 전 재무부장관, 현석호(玄錫虎) 전 국방부장관, 한통숙(韓通淑) 전 체신부장관, 정헌주(鄭憲柱) 전 국무원 사무처장

◇체포되었다고 알려졌지만 확인되지 않는 자=정일형(鄭一亨) 전 외무부장관, 윤택중(尹宅重) 전 문교부장관

◇상황불명인 자=이병하(李炳夏) 전 법무부장관, 박찬현(朴瓚鉉) 전 교통부장관, 김판술(金判述) 전 보건사회부장관, 박제환(朴濟煥) 전 농림부장관, 김선태(金善太) 전 무임소장관

한편, 장면 수상은 19일 심야에 헌병이 체포하려고 했으나 헌병과 동행하기를 거부했다.

최(崔) 중장 등 체포

〈서울(경성) 20일발=로이터〉 소식통에 의하면 한국 국가재건최고회의는 19일 밤, 쿠데타 지지를 망설인 제3군사령관(제3군단장의 오기: 역자) 최석(崔錫) 중장을 체포했다. 같은 이유로 구치(拘置)된 고위 장교는 중장 2명, 준장 5명이다.

해임장군 복귀시켜라 - 매그루더 유엔군사령관이 요구

〈서울(경성) 20일발=AP〉 권위있는 소식통이 20일 밝힌 바에 의하면 매그루더 주한 유엔군사령관은 자신의 명령에 따르지 않고 쿠데타를 진행한 한국군 부대에 대해 조속히 원래 부서로 돌아가도록 요구했다고 한다. 또한 매그루더 사령관은 군사혁명위원회에 의해 추방된 다수의 지위가 높은 장군들을 원래 지위로 복귀시키거나, 매그루더 사령관이 수락하는 장군과 교체하도록 주장했다고 한다. 매그루더 사령관은 이 요구를 국가재건최고회의(군사혁명위원회의 개칭)의 장도영 장군에게 개인적으로 요청했다고 한다.

1961년 5월 21일(1면)

윤(尹) 한국 대통령, 사의를 철회

"부득이 한 번의(翻意)" – 장(張) 의장 등 강한 요청

〈서울(경성)=마사키(真崎) 특파원 20일발〉 윤보선(尹潽善) 한국 대통령은 20일 저녁 전날 사직성명을 번복하고 대통령직에 남아 있겠다고 발표했다.

동 대통령은 국가재건최고회의가 한국의 최고기관으로 확립된 것을 기회로 일단 사직을 결의한 것인데, 이날 오후 장(도영) 최고회의 의장, 박(정희) 부의장이 차례로 청와대를 방문해 대통령의 유임을 강하게 요청한 것이다. 최고회의는 현재 한국의 최고권력을 장악하고 있는데, 헌법에 의해 국가의 원수로 정해진 대통령이 사임하는 것은 국내·국제적으로도 적당하지 않다고 판단한 것으로 보인다. 대통령의 유임발표 기자회견에는 장(張) 의장, 박(朴) 부의장도 동석, 대통령은 다음과 같이 말했다.

나는 대통령으로 취임한 이래 직접 정치를 한 것이 아니지만, 국정이 제대로 수행되지 않은 것에 대해 도의적 책임을 느끼고 있었다. 이번 혁명이 일어나고 앞으로의 전망이 희망적인 것을 기쁘게 생각한다. 그러나 확실히 말하면, 이러한 것이 있어서는 안 된다. 나의 심경은 대통령으로 이 일련의 사태에 대해 도의적 책임을 느끼지 않을 수 없었으므로, 하야의 성명을 발표했다. 그러나 국가재건최고회의를 비롯해 많은 사람들이 나의 결정은 국제적으로도 국내적으로도 국가에 미칠 영향이 크다 하므로, 부득이 그 사정을 생각해 번의하지 않을 수 없었다.

기자회견에 동석한 장 의장은 "대통령 각하의 하야성명은 우리들이 현재 수행하고자 하는 국가재건사업에 있어서 크고 새로운 문제가 있으므로, 나라의 재건을 위해 우리들의 임무를 생각해달라고 말씀드렸다"고 말했다.

장(張) 의장, 수상 겸한다

〈서울(경성)=마사키(真崎) 특파원 20일발〉 국가재건최고회의 의장인 장도영 중장은 20일 오후 3시(일본시각 3시반) 신 내각의 각료명단을 발표했다. 내각은 최고회의 아래에 속하며 행정면을 담당하는 수반은 장 중장이 겸하고, 12부 장관과 국무원 사무처장 및 신설 공보부장의 합계 15명으로 구성되었다.

면면은 거의가 육군 군인. 최고회의 고문인 김(金) 예비역 중장이 외무부장관에 들어가 있다. 그 외 전부 현역 장교. 각료명단은 다음과 같다.

▷ 내각수반=육군중장 장도영(張都暎)

▷ 외교=육군예비역중장 김홍일(金弘一)

▷ 내무=육군소장 한신(韓信)

▷ 재무=육군소장 백선진(白善鎭)

▷ 법무=육군준장 고원증(高元增)

▷ 국방=육군중장 장도영 겸임

▷ 문교=육군대령(해병대령의 오기: 역자) 문희석(文熙奭)

▷ 건설(부흥을 개칭)=육군대령 박기석(朴基錫)

▷ 농림=육군준장 장경순(張坰淳)

▷ 상공=육군소장 정래혁(丁來赫)

▷ 보건사회=육군준장 장덕승(張德昇)

▷ 교통=해군대령 김광옥(金光玉)

▷ 체신=육군준장 배덕진(裵德鎭)

▷ 국무원 사무처장=육군준장 김병삼(金炳三)

▷ 공보부장=육군소장 심흥선(沈興善)

재건최고회의, 입법권도 장악하다

〈서울(경성) 30일발=로이터〉 한국에서 19일 설치된 국가재건최고회의의 구성과 기능은 군부소식통이 20일 말한 바에 의하면 다음과 같다.

▷ 의장=장도영 중장이 재건회의의 의장으로 행정장관(수상), 3군총사령관을 겸한다.

▷ 입법=재건회의의 멤버 32인이 투표권을 가지고 입법권을 가진다. (주=국회는 군에 의해 해산되었다)

짙은 '혁명정치색'

국회비를 빈민구제에 전용 – 관청의 일요·축제일 전폐

〈서울(경성)=마사키(真崎) 특파원 20일발〉 정권을 완전히 장악한 군사혁명위원회는 '국가재건최고회의'로 개칭, 20일부터 서울시 중구(中區)의 전 민의원(民議院) 사무소로 옮겨 집무를 개시했다. 국내정치 전반에 걸쳐 각지의 포고·명령이 차례로 나오고, 위반자의 체포, 군사재판으로의 송부 등 혁명정치의 색채를 더욱 강하게 하고 있다. 국가재건최고회의는 20일 정부 각 부 연락장교 단장에 조재미(趙在美) 육군준장, 서울특별시장으로 윤태일(尹泰日) 육군준장을 임명했다. 앞서 간부가 체포된 민족일보는 20일부터 자발적으로 폐간되는 것으로 알려졌다.

특히 교통단속의 방침은 엄해져, 정원초과·속도위반·사상(死傷)사고·자가 용차의 영업행위 등은 면허를 취소하고, 퇴사처분 등 엄벌로 다스린다는 명령이 나왔다.

한편, 극빈자에 대해서는 1일 3홉의 보리 5일분을 무상배급할 것을 결정했다.

전날 발표한 '경제질서에 관한 특별성명'에 근거하여 정부의 어떤 관공서에서는 전직원에게 국산복(國産服) 착용을 지령, 군대에서는 외국담배 흡연을 금지하는 움직임 등도 보이고 있다.

〈서울(경성) 20일발=로이터〉 한국의 국가재건최고회의는 20일, 한국정부 관청에 대하여 1년 365일 일하라고 명령을 내렸다. 이 명령은 축제일과 일요일 모두를 중단하는 것으로 모든 정부기관은 일요일도 업무를 하게 되는 것으로 생각되고 있다.

〈서울(경성)=마사키(真崎) 특파원 20일발〉 국가재건최고회의는 20일 오후, 혁명 슬로건을 '간접침략의 분쇄'로 정하고 이것을 발표했다. 또한 국회를 이미 해산했기 때문에 국가예산의 가운데 국회관계 비용은 불필요하게 되었으므로, 총액 20억 여환을 빈농 · 곤궁민 · 전상(戰傷)장병 구제에 전용한다고 발표했다. 또한 사행행위는 일절 엄금하고, 무단숙박을 처벌한다고 발표. 19일 중 단속한 검거건수를 공표했다.

그에 따르면 흥행장 · 사행행위 · 매춘부 · 무허가 접객업 · 비밀댄스홀 등의 검거가 다수 나왔다.

그 외에 계엄사령부는 이날 오후, 가정의 일상식(日常食)은 잡곡을 섞도록 하고, 1일1회는 분식을 하라는 담화를 발표했다.

1961년 5월 21일(4면)

김의 대일수출을 허가 - 한국 쿠데타 이후 처음

〈서울(경성) 20일발=AP〉 한국의 국가재건최고회의는 19일, 쿠데타 이후 처음으로 수출허가증을 발급했다. 이 허가는 조선김 56만 6천 속(束)의 대일수출에 대해 긴급조치로 나온 것으로, 일본이 조선김의 수입관세를 6월 1일부터 인상하기 때문에 취해진 것이다.

현재 통상 무역활동은 해운이나 외국환에 다양한 규제조치가 취해져있기 때문에 아직 재개되지 않았다.

1961년 5월 21일 석간(1면)

한국 신임 각료 취임식

〈서울(경성)=마사키(真崎) 특파원 21일발〉 한국 신 내각의 각료취임식이 21일 오전 10시부터 민의원 의사당에서 열렸다. 단상에는 장(도영) 중장, 박(정희) 소장 등 국가재건최고회의 위원이 늘어서고, 전날 임명된 13명의 정부각료에게 장(張) 의장이 사령을 전달했다.

각료를 대표하여 김홍일(金弘一) 외무부장관이 "부패한 구악을 일소하고 민족의 정기를 바로 세워 국토통일의 실력을 양성하고 국가경제발전에 총력을 경주한다"고 선언했다. 장 의장은 "내각은 반공체제를 강화하고 혁명공약의 실천을 단시일 내에 마치고 목표달성에 노력해야한다"고 훈시했다.

이날 각료취임식은 최고회의의 고문 1명을 빼고 출석자는 전부 군복 차림이며 민의원 주변은 무장병으로 엄중히 경계되었다.

평양에서 20만의 집회 - 한국 쿠데타를 비난

〈RP=도쿄(東京)〉 20일 밤 북경(北京)방송이 평양전(平壌電)으로 전한 바에 의하면, 이날 오후 평양 김일성광장에서 '남조선에서 팟쇼 군사 쿠데타를 일으킨 미 제국주의의 죄악적 활동'을 비난하는 집회와 데모가 열려, 시민 이십 수 만명이 여기에 참가했다. 석상에서 김일(金一) 제1부수상이 연설했다.

"한국 쿠데타는 미국의 획책", 인민일보 논평

〈RP=도쿄(東京)〉 31일 아침 북경(北京)방송에 의하면, 이날 중앙기관지 인민일보(人民日報)는 '남조선의 군사 쿠데타를 논평한다'는 제목의 사설을 냈는데 요지는 다음과 같다.

▷ 16일 발생한 군사쿠데타는 미 제국주의가 만들어낸 파쇼 쿠데타이다.

▷ 장면(張勉) 괴뢰 그룹은 정권을 취한 이후, 미 제국주의의지지 아래 계속해서 군비를 확상했고 인민의 고혈을 쥐어짰다. 그것도 작년 4월 쫓겨난 이승만(李承晩) 그룹과 완전히 똑같아, 남조선의 인민을 더욱 재난의 구렁텅이로 밀어 넣었다. 거기서 용감한 투쟁의 단련을 거친 남조선의 인민은 또다시 새로운 단결로 활로를 찾을 수 있는 보다 대규모 전투를 전개하여, 특히 올봄 남조선 인민은 투쟁의 목표를 직접 미 침략자에 향했다. 최근 남조선의 학생은 남북문화교류안을 내고 판문점에서 남북학생대표회담을 열자고 주장했다.

▷ 우리들은 다음의 것을 단언할 수 있다. 즉 미 제국주의가 남조선에서 물러나지 않는 한, 어떤 피비린내 나는 지배를 하더라도 추악한 자의 말로는 어쩔 수 없다는 것이다.

〈주〉 북경방송을 통해 한국 쿠데타에 관한 비평이 이루어진 것은 이번이 처음이다.

1961년 5월 22일 석간(1면)

대일회담 서둘러 재개
- 형식보다 성의를, 한국 신임 외무부장관 발언

〈서울(경성)=마사키(真崎) 특파원 22일발〉 김홍일(金弘一) 외무부장관은 22일 오전 10시부터 기자회견을 갖고 특히 대일관계에 대해 언급하여 "일본과의 국교를 정상화하는 것은 필요하며, 한일회담은 일시 중단되어 있지만, 조속히 재개하고자 한다. 일본이 성의를 보이면 우리들도 그것에 부합하는 성의와 노력으로 임한다"라고 말했다. 이날 회견은 내외기자단 사이에서 이루어졌고 신정부의 외교방침이 좀더 구체적으로 제시되었다.

회견내용 다음과 같다.

▷ 군사혁명으로 정부가 바뀌었는데, 헌법기관으로서의 대통령은 존재하고 있고 각국에 대해 국제적 승인을 구할 필요는 없다.

▷ 장(도영) 의장으로부터 케네디 미 대통령 앞으로 16일자의 친서를 17일에 발송했다. 우방 각국에 대해서도 신정부의 목적을 이해해 달라는 메시지를 보내고 재외공관을 통해 설명시키고 있다.

▷ 신정부의 대일정책에는 큰 변화는 없을 것이다. 일본은 우리나라에 가장 가까운 이웃나라이며 우리들도 장(면) 정권과 마찬가지로 일본과의 관계를 정상화하는 것이 필요하다고 생각하고 있다. 회담은 일시 중단되었지만 조속히 재개하고자 한다. 회담에 있어서 지금까지 교섭경과를 잘 검토하여 표면적 · 형식적인 것에 구애받지 않고, 일본이 교섭에 성의를 보인다면 우리들도 여기에 부합하는 성의와 노력을 다할 생각이다. 형식적이라는 것은 예컨대 국회의원단을 교환방문 시킨다고 했던 것이다.

▷ 국토의 통일에 대해서는 우방국과의 관계를 강화하여 통일을 실현하고자 한다. 형식적인 통일안을 단지 입으로 이야기만 하는 것은 아무 의미도 없다. 신정부는 국가의 경제·문화·사회의 모든 분야에서 부흥과 재건을 이룩하고, '민주주의에 의한 국토통일'을 성취해야 한다고 생각하고 있다.

▷ (민주주의의 통일이라고 하는데, 현재 한국에 민주주의가 있는가라는 외국인기자의 질문에 대해) 이승만(李承晩) 시대에는 민주주의를 부르짖었지만 실체는 전제정치였다. 장면(張勉) 정부는 지나치게 방치했다. 지금은 이런 병폐를 고치는 시기이며, 이것이 고쳐지면 진정한 민주주의가 실현될 수 있다.

▷ 재외공관의 대·공사로서 사의를 표명한 자가 있는데, 혁명정신을 이해하지 못한 자는 경질한다. 김용식(金容植) 주영대사의 임명은 유효하며, 현재 임시적으로 외무부차관을 위촉하고 있다.

▷ (쿠데타 직전에 방한했던 일본의원단에 대한 질문) 우리들은 인적교류와 같은 표면적인 현상은 그렇게 중요시하고 있지 않다. 우리들은 성의를 가지고 있다. 만약 일본이 우리들과 같이 성의를 보인다면 결과는 대단할 것이라고 나는 믿고 있다. (그것은 일본이 우선 성의를 보여야 한다는 의미인가라는 질문) 양쪽이 그래야 한다는 것이다. (표면적인 현상이라는 것은 무엇이냐는 질문) 의원단을 기생이 있는 요정에서 대접하거나, 대환영하거나 하는 등은 필요없다는 것이다. (AP)

일시 철수, 회담의 한국 측 대표

일한 예비회담의 한국 측 수석대표 유진오(兪鎭午) 씨는 22일 오전 11시, 외무성으로 일본 측의 사와다(沢田廉三: 역자) 수석대표를 찾아 한국 측 대표단 전원이 한국 신정권으로부터의 훈령에 따라, 일단 하루 이틀 중으로 본국으로 돌아가게 되었다고 통고했다. 유(兪) 수석대표는 23일 하네다(羽田)를 출발, 서울로 향한다. 일한 예비회담의 한국 측 대표단은 고문·수행원 등을 포함해 18명이다.

1961년 5월 23일(1면)

한국 신정권에 대한 자민당(自民党)의 태도

반공의 기치를지지 — 일부에서 사태정관론(靜觀論)

한국의 쿠데타는 지난 수개월 동안 자민당에 급속히 고조되어 온 '친한국 그룹'의 움직임에 한때 물을 끼얹은 격이었는데, 그 후 신정권의 성격이 밝혀지게 되면서 다시 당으로서 적극적으로 일한관계 개선에 힘써야 한다는 의견이 유력해지고 있다. 여기에 대해 일부에서는 한국 신정권의 전망은 다난하므로 일본으로서는 가능한 한 지켜봐야 한다는 의견도 있어, 한국 문제는 수상의 방미를 앞두고 당내에서 제법 클로즈업된 형세이다.

기시(岸), 사토(佐藤), 이시이(石井), 오노(大野)파 등, 지금까지 한국문제에 큰 관심을 가지고 있던 각 파에서는 이번 쿠데타는 좋은 것은 아니지만 신정권이 장면(張勉) 전 정권 이상으로 반공을 기치로 내세운 이상 자민당으로서는 이것을 적극적으로 지지해야 한다는 생각이 대세이다.

22일 열린 당 일한문제간담회(좌장 이시이 미쓰지로(石井光次郎) 씨, 멤버에는 '친한국 그룹'이 많다)에서도 신정권의 '합헌성' 등을 논의하기보다도 공산주의에 틈을 주지 않기 위해 하루라도 빨리 이것을 안정시키는 것이 필요하며, 일본으로서는 미국과 연락을 취하여 가능한 한 빨리 신정권에, 예를 들면 경제원조 등을 통해 지원해야 한다는 의견이 지배적이다.

이런 생각의 근저에는 ①자유진영의 최전선 기지로서 강력한 반공정권이 한국에 존재하는 것이 좋다 ②한국 쪽에서도 일본의 원조를 상당히 강하게 바라고 있음에 틀림없다는 인식이 있고, 이번 쿠데타에 대해서도 이전에는 "장면 정권은 위기를 벗어났다"는 낙관론을 가지고 있었으면서, 현재에 와서는 "조금 빨리 장면 정권을 지원했었더라면 이렇게 되지는 않았을 것이다"라든가 "미국도 이렇게 되면 반성할 것이다" 등으로 평하면서 자신들의 의견의 정당성을 주장하고 있다.

그런데 한편 미키(三木)·마쓰무라(松村), 고노(河野), 이시바시(石橋) 등 지금까지 신중한 태도를 취해왔던 각 파에서는 일한문제에 대해서는 신중한 태도를 취해야 한다고 더욱 비판적인 태도를 보이고 있다. 신정권에는 반공의 성격이 강하다는 등 눈앞의 것에 단순하게 기뻐한다면, 반공탄압의 반동이 나타나거나 할 때 다시 혼란에 빠질 우려가 있고, 한국 내에서도 어떤 남북통일의 희망이나 북조선 측의 태도 등도 조금 신중하게 검토해야 한다는 생각이다.

특히 방한의원단이 전망을 잘못한 점을 공격하고, 또한 외무성조차 신정권의 전망을 다난하다고 보고 신중론을 취하고 있는 점을 들어 '친한국 그룹'의 움직임에는, '중국전향론'에 대한 감정적 반발과 또는 업계의 지원이 있다든지 세계의 대세에 역행한다고 비판하고 있다.

이들 각 파의 동향 가운데 이케다(池田) 주류파는 기본적으로는 한국이 반공체제로 굳어지기를 희망하고는 있으나, '친한국 그룹'이 조금 성급하게 독주하는 것을 불편하게 보고 있고, 더 이상 난제를 일으키지 않기 위해서라도 이 정도에서 가능한 한 지켜보자는 분위기가 강하다. 그러나 일한문제간담회를 중심으로 한 적극론자는 이케다 수상 방미 때에는 일한문제에서 어떤 '성과'를 거두고 와야 한다는 하고 있으므로, 다시 당내에서 한국문제가 활발하게 논의될 것으로 보인다.

한국의 자세 기다린다 - 외무성 아직 신중한 태도

한국 군사정권의 김홍일(金弘一) 외무부장관은 22일 기자회견에서 "일한회담은 조속히 재개하고자 한다"고 알려졌는데, 외무성 관계자는 이것은 예상하고 있던 대로의 언명으로 보고 있으며, 일본정부로서는 계속해서 신중한 태도를 지킬 생각이다.

외무성은 이번 쿠데타 발생 직후부터 한국 신정권의 대일정책의 기본노선이 장면 정권과 크게 다르지 않은 입장에서는 거의 일치하였기 때문에, 김(金) 장관의 발언 그 자체는 이것을 확인하는데 도움이 되었다고 평가하고 있다.

외무성의 관심은 오히려 신정권이 우리나라에 대해 중단된 예비회담의 재개를 언제 정식으로 요청할지, 그때 정부는 어떤 태도로 나설지에 집중하고 있는 것으로 보인다. 현재 정부는 한국 쿠데타에 대해 "사태의 조속한 정상화를 바란다"(20일 외무성 정보문화국장 담화)는 '정관(靜觀)' 노선을 바꾸지 않고 있는데, 한국 측이 회담재개를 요청해 온다면 우리나라는 그때 비로소 신정권에 대한 태도의 결정을 서두르게 될 것이다.

정부가 이번 사태의 전개에 대해 가장 중시하고 있는 것은 신정권의 '안정성' 및 한국 국민의 신정권에 대한 '지지'의 정도라고 말하고 있는데, 여기에 대해 확실한 전망을 얻기 까지는 회담재개에 응하지 않는다는 생각이 우세하다. 그로 인해 외무성은 계속해서 한국 정세의 분석에 전력을 기울이면서, 회담재개의 요청에 대비하고 있다.

일한회담 한국 측 대표단의 일시 철수가 결정된 직후이므로 회담재개의 요청이 당장 이루어질 공산은 적다고 외무성은 보고 있다.

한국 신정책을 지지 - 미 정부가 처음 의향 표명

〈워싱턴 22일발=AP〉 미국정부는 22일, 한국 쿠데타 이래 처음 공식발표를 하고, 한국의 문관(文官)정권이 쿠데타에 의해 무너진 것에 깊은 유감의 뜻을 표하면서, 한편 한국 국가재건최고회의가 유엔의 지지, 사회개혁 및 헌법으로의 복귀를 목적으로 하고 있는 것을 칭찬했다.

또한 미국정부는 장면 전 수상을 지지했던 한국 주재 미 대표에 대해 전면적 신임을 표명했다.

미 국무성은 케네디 대통령이 장도영(張都暎) 한국 수상으로부터의 메시지를 받은 후 이 성명을 발표했으며, 국무성 대변인 링컨 화이트(Lincoln White) 씨에 의하면 장(張) 수상의 서한은 6항목의 계획을 내걸고 있다고 한다.

미국의 회답은 아직 나오지 않았으나 22일의 성명은 미국정부가 신정권과의 교섭에 들어갈 것을 결정하고, 미국으로서는 가능한 한 빨리 신정권이 합헌적인 길을 취할 것을 희망한다는 태도를 시사하고 있다.

빠르게 군정 해제 - 미 대리대사 김(金) 장관에게 요청할까?

〈서울(경성) 22일발=AP〉 그린 한국 주재 미 대리대사는 22일 오후 김홍일 외무부장관과 한 시간에 걸쳐 회담했는데, 이것은 이번 쿠데타 이후 미국대사관이 한국의 신군사정권과 처음 한 외교적 접촉이다.

미국 관계자는 이 회담에 대해 "양쪽은 의견교환 했다"라는 것만 말하고, 그 내용에 대해 언급하는 것은 피했다.

대리대사는 김(金) 외무부장관에게 "미국이 조속히 군정을 문관(文官)에게 돌려주는 것을 희망하고 있다"는 취지를 표명한 것으로 보인다.

모든 정당의 해산, 오늘 실시

〈신아(新亞)=도쿄(東京)〉 22일 서울(경성)방송에 의하면 한국 국가재건최고회의의 장도영 의장은 22일, 포고 6호를 통해 '모든 정당·사회단체는 5월 23일을 기해 해체한다. 다만 정치사명이 없는 단체, 학술·종교단체 등은 5월 31일까지 국가재건최고회의에 재등록을 실시한다'고 발표했다.

[주(注)] 군사혁명위원회는 이미 지난 16일 포고 제4호를 통해 '모든 정당·사회단체의 정치활동을 금지한다'고 발표했다. 또한, 현재 한국 정당은 민주당, 신민당, 사회대중당, 한국사회당, 통일사회당, 이주당(二主黨), 공화당, 조선민주당, 한국독립당 등이 있고, 사회단체로는 교원노조, 은행노조, 일반산별노조 등과 4월혁명을 호칭하는 약 900(노조를 포함) 단체가 존재한다.

신임 각료가 시정 방침을 제시하다

〈서울(경성)=마사키(真崎) 특파원 22일발〉 혁명정부의 각부 장관은 22일 일제히 기자회견을 열고 신정부의 시정방침을 밝혔다. 각부 모두 '혁명 목적의 수행'이 첫째로 강조되어 장면(張勉)내각 시대의 비능률적 사무처리와 부패를 일소하고 조속히 국가의 체제를 고쳐 세운다는 방침이 제시되었다. 각 부 장관의 신방침의 개요는 다음과 같다.

백(白善鎭: 역자) 재무: 금년도 예산편성의 과정에서 정치적 간섭에 의한 부정이 있었다는 것이 밝혀진다면 기정(既定)예산을 경정한다. 금융동결 해제, 부정축재 처리는 최고회의의 결정을 기다려 처리할 것이다.

정(丁來赫: 역자) 상공: 일반 수출입 허가사무는 접수 이후 2시간 이내로 또한 신규품목의 수출입 허가사무는 3시간 이내로 처리한다.

장(張坰淳: 역자) 농림: 농촌의 피폐를 구제하기 위해 전력을 다한다. 영농자금 140억 환을 이달 중으로 방출한다.

고(高元增: 역자) 법무: 재판은 빨리 처리하고 민심에 공포감을 주는 강력범을 일소한다. 또한 부내(部內)의 부정·부패분자는 오늘 내일 중으로 처치한다.

박(朴基錫: 역자) 건설: 관계 각 부와 원조기관과의 연락을 긴밀히 하고, 계획성 있는 업무를 효과적으로 실천할 수 있도록 힘쓴다.

데모 그만두고 직장으로 돌아가라 – 장(張) 의장 라디오로 호소

〈서울(경성)=마사키(真崎) 특파원 22일발〉 장(도영) 최고회의 의장은 22일 오후 라디오방송을 통해 "혁명을 지지하는 데모나 집회를 그만두고 학생은 학교로, 노동자는 공장으로, 농민은 농촌으로 돌아가도록" 국민에게 호소했다.

혁명정권은 애초 모든 집회를 금지했는데, 그 뒤 혁명 목적을 지지·격려하는 집회·시위에 한해 인정하기로 했다. 그에 따라 대학, 중·고생 등의 지지행진이나 대회가 점차 늘어나기 시작했는데, 혁명정부로서는 이미 혁명에 성공했고 어느 정도 지반이 굳어졌다고 생각하므로, 관제데모의 인상을 줄 수 있는 이런 종류의 시위운동을 없애고 국내체제의 확실한 재건에 힘을 쏟으려는 의도인 듯하다.

사회악으로 보이는 부분에 대한 단속은 이날도 엄중히 계속되고 있다. 폭력배·교통규칙위반자 등의 검거도 계속되고 있고, 또한 앞서 최고회의가 포고한 출국금지조치는 당분간 이어지게 되어 외무부가 특히 필요하다고 인정하는 이외에는 상용·문화용무 등에 의한 해외여행은 인정되지 않고, 15일 이전의 출국허가도 전부 무효가 되었다.

주도권 둘러싼 대립설 – 결기(決起)부대의 원대복귀로

〈서울(경성) 22일발=AP〉 지난주 쿠데타 이후 서울을 점령하고 있는 한국 해병대와 강하(降下)부대의 철수문제를 둘러싸고 국가재건최고회의의 내부에서 처음 대립이 일어났다는 보도가 22일 전해지고 있다. 권위 있는 보도에 의하면 해병대와 강하부대의 젊은 지휘관들은 20일 의 서울로부터의 철수명령을 처음은 거부하였고, 현재에도 철수를 주저하고 있다고 전해진다.

유엔군사령관 대변인은 "쿠데타 이후 서울에 진주한 부대는 매그루더 사령관의 요청대로 일부는 원대 복귀했다"고 밝혔는데, 서울로 이동한 3600명의 정예부대 가운데 어느 정도가 철수했는지에 대해서는 언급을 피했다.

한국 관계자는 물론 재건회의의 내부대립에 대해 공식적으로는 확인해주지 않았지만, 군대의 서울 철수뿐만 아니라 젊은 영관급 장교가 신정권 내부에서의 발언권 강화를 주장하고 있기 때문에 내부대립이 있다고 하며, 일설에 의하면 젊은 영관급에게 정부 각 부처를 감시하는 임무를 가진 자리를 만들어주는 것으로 달래고 있다고도 전해진다.

한편 유엔군사령부에서는 한국군 신간부의 임명이 매그루더 사령관에게 어떠한 상담도 없이 이루어졌고, 단지 사후 통고로 그치고 있다는 점에 불만을 가지고 있다.

1961년 5월 24일(3면)

빠르게 변화하는 한국, 쿠데타 후 1주일

'과거 생활'에 극약처방 – 자취를 감춘 진보적 의견

〈서울(경성)=마사키(真崎) 특파원 23일발〉 쿠데타 발발한지 1주일이 지났다. 한국은 지금도 대단한 속도로 변모하고 있다. 처음에는 조용히, 어쩌면 무관심한 것처럼 보였던 시민들도 지금의 사태가 어떤 상황인지 드디어 알아차리기 시작했다. 한국의 정치는 하룻밤에 모습을 바꾸어 개혁과 구악(舊惡)의 일소가 척척 진행되고 있다.

쿠데타라는 표현은 혁명정부의 명령으로 금지되었다. '군사혁명'이라는 것이 정식 용어이다. '혁명정신'에 위반하는 자는 지금 최대의 '적'이다. 거리에는 지난 2~3일, 한국식 복장을 한 부인이 눈에 띄게 늘어나기 시작했다. 밀수한 외국제 옷감의 양복을 입으면 난리가 난다는 것 같다. 미국 담배도 엄금되었다. 식당에서도 흰쌀밥은 이제 어디를 찾아도 보이지 않는다. 잡곡이 섞여있다. 조나 보리가 섞여있다. 잡곡혼합의 명령이 내려진 다음날 백미를 써서 영업정지 당한 유명 가게가 세 군데나 있었다. 라디오는 웅장한 행진곡을 틀고 거리에서는 총검으로 무장한 군대가 지프로 다니며 요소요소를 단단히 지키고 있다.

우리 일본인이 보면 한국, 특히 수도 서울은 지금까지 종전 직후의 일본과 똑같다. PX에서 흘러나온 물건, 암시장, 거지, 매춘부, 구두닦이, 정전…. 이것이 지금은 전시 중으로 되돌아간 듯한 느낌이다. 신문에 대한 검열도 엄격하다. 혁명 이후 2~3일은 기사를 삭제해서 구멍이 뚫린 지면이 많았다. 그런데 이렇게 하면 민심을 자극하게 되므로 삭제된 이후 다른 기사로 메꾸도록 했다. 위세를 부리기 위한 발표나 혁명을 예찬하는 기사가 늘어나고 있다.

혁명정부가 손을 댄 시책 가운데 폭력배 검거와 교통단속만은 호평인 듯하다. 폭력배는 지금까지 경찰도 손을 쓸 수 없었고 시민의 원망 대상이었다. 이것이 철저히 검거되었고 본보기로 시내행진을 시켰다. 교통도덕도 지금까지는 신호무시 등이 흔했다. 이것이 엄격한 단속으로 싹 고쳐졌다. 속도위반이나 정원초과 차량은 꼼짝없이 붙잡혀서 24시간 유치된다. 미터기가 없으므로 승객에게 불법요금을 가로채는 택시의 악덕운전수도 줄어들었다.

야간통행금지 단속도 엄격하다. 연일 위반자가 나와 시공관(市公館=명동 예술극장: 역자)으로 잡혀 와서 하루 동안 물도 식사도 주지 않는다고 한다. 결혼식을 다음날로 앞둔 아가씨가 잡혀와서 시집 못 가게 되었다고 울상이 되었다는 이야기도 있다. 쟁의행위는 일절 금지되었고, 1개월 가까이 이어진 양복점의 파업도 즉시 중지되었다.

23일은 비밀댄스홀에 출입하다 잡힌 47명의 남녀 피고에게 공개군사재판이 열렸다. 색이 바랜 푸른 수인복을 입은 피고들은 카메라를 피해 얼굴을 숨겼고, 여성 피고는 울음을 터트렸다. 재판장 · 검찰관 · 변호인은 물론 전부 군인이다. 총검을 든 군대가 법정의 안팎을 경비했고 밖에는 천 명을 넘는 구경꾼이 모여서 마이크에서 흘러나오는 법정의 대화에 귀를 기울였다.

공무원에게 부는 바람도 대단하다. 정시 출퇴근은 물론이고 근무 중에는 사적인 면회도 할 수 없고, 함부로 자리를 비우는 것도 허락되지 않는다. 요정에 출입하거나 뇌물을 받으면 즉석에서 모가지다. 사무능률을 높이고 국민에게 봉사하는 것이 최대의 의무로 강요되고 있다.

군인이 정권을 잡으면 이렇게 되는 것은 당연할 것이다. 그리고 구악과 부패를 일소한다는 것이 혁명의 큰 목표이다. 분명히 지금까지 한국의 실태에서 보면 어떤 면에서는 이러한 극약처방도 필요했다고 말할 수 있을지 모르겠다. 현재 혁명정부의 방식은 눈에 띄는 것부터 손을 대서 시민의 관심을 끌면서, 동시에 필요한 여러 시책을 척척 내놓고 있다. 한편 지금까지 성행했던 진보적 의견 등은 확실히 모습을 감추어 버렸다. 혁명은 지금 일단의 성공으로 보인다. 그러나 이후 오랜 기간에 걸친 경제문제를 어떻게 해결하고 안정적인 자립경제체제를 구축해 올릴지, 그것이 불가능하다면 혁명의 의미도 없다. 조금 더 시간을 두고 보지 않으면 이 혁명의 성과를 운운할 수 없을 것 같다고 말할 수 있다.

최고회의에 충성을 맹세, 3군·해병대 수뇌

〈서울(경성)=마사키(真崎) 특파원 23일발〉 한국의 육해공 3군 참모총장과 해병대사령관은 23일 국가재건최고회의 의사당(전 민의원)에서 장도영(張都暎) 의장을 비롯해 각 위원이 참석한 가운데 선서식을 거행했다. 3군 참모총장과 해병대사령관은 모두 최고회의 위원으로 이름을 올렸고 특히 육군참모총장은 장도영 중장이 겸하고 있다.

이 선서식은 군사혁명을 전군이 함께 보조를 맞추어 지지하고, 최고회의에 충성을 다할 것을 재차 분명히 하는 것으로, 김신(金信) 공군참모총장이 일동을 대표하여 "각 군은 긴밀히 협력하고 국토방위의 신성한 임무에 전력을 다하고, 최고회의에 절대복종 한다"고 맹세했다.

쿠데타는 수개월 전 계획, 박(朴) 소장 말하다

〈서울(경성) 23일발 UPI=공동〉 한국 군부 쿠데타의 숨은 주역인 박정희(朴正熙) 소장은 23일 외인 기자단과의 회견에서 "쿠데타는 처음 5월 12일로 예정되어 있었지만, 경찰과 육군정보기관에게 탐지되었기 때문에 16일까지 연기되었다"면서 다음과 같이 말했다.

쿠데타의 계획은 2, 3개월 전부터 준비되었다. 경찰 내에 있는 나의 부하가 12일 결기(決起)의 정보가 누출된 것을 알려주었다. 우리들은 쿠데타가 완전히 성공한다고 확신했다. 그렇지 않으면 계획하지 않았을 것이다.

제2군사령관 해임인가?

〈서울(경성) 23일발=AFP〉 23일 신뢰할 수 있는 소식통이 전한 바에 의하면 한국 군사정부는 육군 제2군사령관 최경록(崔景祿) 중장을 쿠데타 중에 적극적인 지지를 표시하지 않았다는 이유로 해임했다. 최 중장이 체포되었는지 여부는 분명하지 않다. 후임에는 제2군단 사령관 민기식(閔機植) 소장이 임명되었다.

1961년 5월 24일 석간(1면)

대미관계의 타개 - 장(張) 의장, 방미계획을 발표

〈서울(경성)=마사키(真崎) 특파원 24일발〉 국가재건최고회의 의장 장도영(張都暎) 중장은 24일 아침 내외 기자단에게 "나는 최고회의 의장으로서 전국민을 대표해 미 정부와 미 국민에게 5·16혁명의 취지를 이해시키고, 혁명의 완수와 한미 양국의 협력관계를 긴밀히 하기 위해 조속히 미국을 방문하여 케네디 대통령과 직접 면담할 생각이다"라는 성명을 발표했다.

한국의 군사혁명은 무력에 의해 정권을 무너뜨린 비합법 형태로 이루어졌으나 일단 성공했다. 미국으로서는 민주주의의 원칙에서 이러한 방식에는 매우 비판적이지만, 동시에 기정사실을 인정하지 않을 수 없는 어려운 입장에서 있다.

이러한 점에서 미국은 혁명정권에게 가능한 한 민주주의의 형식을 존중하라는 의향이 강하며, 앞서 일단 사직을 결의한 윤(보선) 대통령이 사직을 중지한 이면에도 이러한 미국의 생각이 움직이고 있었던 것으로 보인다.

특히 혁명정부로서는 앞으로의 경제문제를 유효하게 처리해 나가기 위해서는 미국의 의향과 원조를 도저히 무시할 수 없고, 조속한 대미관계의 조정에 쫓기고 있기 때문에 장(張) 의장이 직접 방미해 미 당국과 협의하게 된 것으로 보인다. 방미의 결과는 당연히 지금의 군부독재의 군정기관을 가능한 한 단기간에 끝내고, 민주적인 정치형태로 돌아가는 것이 중요한 논의의 초점이 될 것이다.

〈서울(경성) 24일발=AFP〉 신뢰할 수 있는 소식통에 의하면 장도영 한국 국가재건최고회의 의장은 2~3일 중으로 몇 명의 막료와 방미할 것이라고 한다.

미국은 냉정한 태도

〈워싱턴 24일발=AP〉 장도영 한국 국가재건최고회의 의장이 미국을 방문하고자 한다고 발표한 것에 대해 워싱턴에서는 차가운 반응인 듯하다. 국무성은 아직 논평을 하지 않았지만 관변 소식통은 장(張) 의장의 방미계획을 사전에 듣지 못하여 발표에 놀란 모양이다. 장 의장은 워싱턴과 사전에 협의하지 않고 발표한 것으로 보인다.

미 대사관 당국에서도 금시초문

〈서울(경성) 24일발 UPI=공동〉 주한 미 대사관 당국은 24일 장도영 한국 국가재건최고회의 의장의 방미에 대해 "미 대사관은 김용식(金溶植) 외무부차관과의 전화에서 처음 장(張) 의장의 방미계획을 알았다. 미국은 장 의장에게 방미의 초대를 하지 않았다"고 말했다. 또한 주한 유엔군 당국도 "장 의장의 방미계획은 전혀 알지 못했다"라고 발표했다.

미국, 강경방침으로 돌아서다

〈서울(경성) 23일발=AP〉 미국은 매그루더 유엔군사령관 몇 주한미군사령관의 권한에 반항한 한국군부의 움직임에 대해서 강경한 정책을 취하기 시작했다. 23일 알려진 바에 의하면 미 당국자는 군부정권이 취하고 있는 정당해산 등, 전체주의적인 방식을 검토하기 시작했다.

또한 미 당국자는 매그루더 사령관을 재한 전군대(全軍隊)의 최고사령관으로 인정하는지 여부에 대해서 한국군 지도자의 확실한 대답을 요구하고 있는데, 아직 대답은 얻지 못했다. 미국은 이 문제에 대해 영국 등 기타 조선전란(朝鮮戰亂)에 참가한 나라들과도 접촉하고 있다고 전해졌다.

매그루더 사령관은 한국군의 사령관의 경질에는 자신의 승인이 필요한데, 자신의 사전승인 없이 이미 8~9명의 이동이 일어났다. 한편 권위있는 소식통에 의하면 미국은 문관(文官)정부 부활의 시기, 인권존중의 의사 유무, 경제정책 등에 대해 국가재건최고회의에 묻고 있다.

적당한 시기에 총선거한다, 박(朴) 부의장 담화

〈서울(경성) 23일발=AP〉 한국의 국가재건최고회의 부의장 박정희(朴正熙) 소장은 23일 기자회견에서 적당한 시기에 총선거를 실시하고 정당을 재조직할 것을 밝히며 다음과 같이 말했다.

나의 의견으로는 적당한 시기에 총선거를 실시하고 정당을 재조직하는 것이 좋다고 생각한다. 정당이 그 정책을 만들면 국민이 다수당을 결정할 것이다.

유엔군과의 조정실패 - 한국군의 원대복귀

〈서울(경성) 24일발=AP〉 유엔군사령관의 권위에 대한 한국군의 반항을 끝내려는 23일의 시도는 실패로 끝났다. 매그루더 유엔군사령관은 쿠데타를 위해 전선에서 나온 한국군 부대를 즉시 원래의 부서로 복귀시키라고 요구했다. 한국군 부대는 기술적으로는 매그루더 유엔군사령관의 지휘 아래에 있으므로, 유엔군사령부는 한국군 부대의 이번 행동은 지휘권에 대한 반항으로 보고 있다.

유엔군의 관리 아래에 - 한국군, 미한(美韓) 원조협정에서 확인

[해설[주한유엔군과 한국군의 관계는 1950년 7월 15일 '대전(大田)협정'에 의해 처음 만들어졌다. 이 협정은 조선동란(朝鮮動亂)의 한창이던 당시 이승만(李承晩) 대통령과 맥아더 유엔군사령관이 회담한 결과 맺어져 "이 동란(動亂) 작전이 계속되는 동안 한국군의 모든 지휘권을 유엔군사령관에게 위양한다"고 한 것으로, '한 장의 종잇조각'이라고 할 정도로 간단한 문서였다고 한다.

그후 1954년 11월 18일 미한(美韓) 원조협정이 체결될 때, 양쪽의 공동성명에서 "한국 군사력을 유엔군사령관의 작전관리 아래에 눈다"라고 재확인되어, 그 결정은 장면(張勉) 정부에 의해서도 지지되었다. 실시 세목에 대해서는 군사기밀로 공표되지 않았지만, 수없이 여러 차례 변경이 가해진듯하다.

이 결정에 의해 유엔군사령관은 미군장교를 군사고문의 자격으로 한국군의 각 연대에까지 배속하고 한국군에 대한 탄약공급, 관리권을 가지고 있다. 또한 54년에는 한국군 참모총장의 작전활동력을 분산하여 약화하기 위해 유엔군사령부의 아래에 후방근무사령부 및 한국군훈련사령부의 두 하급사령부를 두고 유엔군사령관의 지휘권의 강화를 도모했다.

유엔군사령관은 또한 무기·탄약·가솔린 등의 군사보급물자를 한국군에게 제공함에 있어서 통제권을 쥐고 있다. 이 권한은 1955년 이승만 대통령의 북진무력통일정책이 표면화되려고 할 즈음에, 이에 제동을 걸 목적에서 확대되어 군수물자제공에 엄격한 제한을 가함과 동시에 그 저장량도 삭감했다. 이후 한국군의 보급업무훈련이 진전되면서 한국군의 보급업무는 유엔군의 손에서 점차 한국군인의 손으로 옮겨졌는데, 그 취급범위가 어느 정도 확대되었는지에 대해서는 밝혀지지 않았다.

그러나 주한유엔군의 대부부이 미군이며 매그루더 유엔군사령관은 주한미군사령관도 겸하여 미한(美韓)상호방위조약(1955년)에 기초한 다양한 행동의 지휘도 취하고 있다는 이중의 입장에 있고, 또한 이 두 가지 입장의 구별은 사실상 분명하지 않다. 이 방위조약에는 "한국군에게 제공되는 무기(실제로는 한국군의 모든 무기)는 방위를 위해서만 사용, 공격에 사용할 수 없다"라고 규정하고 있으며, 또한 유엔군사령관으로서의 입장에 대해서는 넓은 의미에서 "한국군이 공산군의 공격에 대해 한국을 방위하는 것을 보증할 책임을 가지고 있다"고 해석하고 있다. 따라서 한국군의 쿠데타 행동에 대해 유엔군사령관으로서의 권한을 행사하는 것에는 법적·정치적으로 문제가 얽혀 있을 가능성이 강하다고 관계자는 보고 있다.

어쨌든 한국의 군사정권에 대해서 법적으로 직접 힘을 미치는 것이 가능한 것은 지금 주한유엔군사령관뿐이다. 유엔군의 한국에 있어서 움직임은 유엔군 파견을 결정한 유엔총회에도 영향을 미치기 때문에, 유엔 한국부흥통일위원회는 지금 한국에서 실정조사를 진행하고 있다.

1961년 5월 25일 석간(1면)

장(張) 의장, 출발 못해 - 방미의 비자 거절돼

〈워싱턴=가와무라(河村) 특파원 24일발〉 한국의 장도영(張都暎) 국가재건최고회의 의장은 25일 방미를 중지했다. 동(同) 의장의 갑작스런 방미 요청은 미당국을 적잖이 당혹케 했고, 결국 "대통령의 매우 바쁜 일정으로 인해 현재 실행불능"으로 국무성에서 거절되었다.

동 의장이 24일 서울(경성)에서 기자회견을 급히 열고, 미국 파견기관에 통고한 것과 거의 동시에 방미 의향을 발표하며 비행기의 좌석까지 예약했다는 보도는 워싱턴 시간 24일 아침 나왔는데, 국무성 당국은 즉석에서 이것을 무리하다고 느꼈다. 케데디 대통령과의 회담은 이케다(池田勇人: 역자) 수상의 경우에도 알려졌듯이 3, 4개월도 전부터 계획된 것으로 그런 의미에서 동 의장의 신청은 '무계획'이었다. 여기에 케네디 대통령은 5월말부터의 드골 프랑스 대통령과의 회담, 이후 6월 3~4일 흐루시초프 소련 수상과의 회담으로 바쁘다. 그 전에는 벤구리온(David Ben-Gurion) 이스라엘 대통령과도 회담할 약속이 있다. 그로 인해 케네디 대통령은 물리적으로도 시간이 없고 정신적으로도 여유가 없다.

또한 이러한 무계획적 방미를 인정하게 되면, 다른 나라에서도 서서히 이러한 '난입'이일어나 수습할 수 없게 될 우려도 있다.

국무성의 발표는 동 의장을 화나지 않게 하기 위해 "동 의장이 워싱턴으로 오려는 이유는 충분히 이해하지만 대통령의 일정이…"라고 기술적인 이유를 강조하고 있다. 그러나 거절당한 것은 틀림없어, 이로 인해 동 의장이 어려운 입장에 빠진 것은 상상하기 어렵지 않다. 그러나 미국 측으로서는 이것은 결국 동 의장이 경솔히 발표해 버렸기 때문이다. 즉 스스로 뿌린 씨앗이므로 어쩔 수 없다.

장(張) 의장의 방미의 목적에 대해 현지에서는, 아마도 그의 이번 쿠데타의 배후의 이유를 직접 설명하고 또한 이번 계획이나 목표도 설명하여 미국에 이해를 요구하면서, 일반에게는 미국이 이 혁명을 지지하고 있다는 인상을 주려는 것으로 받아들여진다.

여기에 대해 미국은 첫째로 그의 쿠데타를 한 이유나, 앞으로의 목표는 동 정권의 여러가지 발표나 장 의장이 케네디 대통령에게 보낸 서한으로 상당히 자세히 설명되었기 때문에, 지금 무계획적인 방미에 응하여 대화할 필요도 없다. 미국이 가장 관심을 가지고 있는 것은 이러한 설명이 아니라 어떤 목표와 계획을 어떻게 실시할지 여부다.

다음으로 미 정부가 이번 혁명을 지지하고 있는지, 이 혁명정권과 미국의 관계가 매우 우호적인 것으로 생각하게 하려는 의도가 거기에 있다면 미국으로서는 용이하게 여기에 넘어가 줄 수는 없다. 혁명이 성공했고 한국은 반공전선의 일원으로 중요하다고 해서, 미국으로서는 결코 신정권과 손을 끊으려고는 생각하지 않으나, 그렇다 해도 도의적으로는 이런 비입헌적인 정권교체에는 가담할 수 있는 입장이다.

민중의 의사를 반영했다고 혁명정부는 말했지만, 너나없이 민중의 의사를 대표한다고 하게 되면 민주정치라는 것은 성립될 수 없게 된다. 조선에서 미국이 목표로 하고있는 것은 오직 공산진영을 막는다는 것뿐만 아니라, 민주주의의 전시장으로서 훌륭한 민주정체를 만드는 것도 중요한 목표이다. 작년 이(승만) 정권에 대한 폭동이 일어났을 때, 미국이 내정불간섭이라는 원칙을 깨면서까지 이승만 반대의 태도를 취한 것은 독재체제를 반공의 명분으로 지지하게 되면, 결국 목표의 하나인 민주정체의 확립이라는 것이 희미해지기 때문이었다.

미 정부로서는 시기가 다가오면 방미의 희망에 응해도 좋다는 생각이다. 그러나 지금은 오히려 장 의장이 실제로 내건 목표를 어떻게 실시할지에 관심이 있다. 이 점에서는 장 의장이 여전히 정치적인 체포를 강행하고, 언제 민정으로 돌아갈지 밝히지 않고, 군대를 정치로부터 격리시켜 유엔군사령부에 돌려보내지 않고 있는 것 등은 워싱턴에서는 호감을 얻을 수 없다. 이러한 감정도 이번의 장(張) 방미 거부의 이면에서 움직이고 있다고 할 수 있다.

장면(張勉) 전 수상 등을 석방

〈서울(경성) 25일발=로이터〉 한국군 당국은 24일 밤, 억류중인 장면 내각의 다음 여섯 각료를 석방했다. 장면(張勉) 전 수상, 정일형(鄭一亨) 전 외무부장관, 박제환(朴濟煥) 전 농림부장관, 태완선(太完善) 전 상공부장관, 김판술(金判述) 전 보건사회부장관, 정헌주(鄭憲柱) 전 국무원 사무처장.

1961년 5월 28일(2면)

자민(自民) '친한 그룹'도 신정권에 신중 태도 - 일한문제간담회 내일 대책협의

자민당(自民党)은 29일 일한문제간담회(좌장 이시이 미쓰지로(石井光次郎))를 열어 쿠데타 이후 한국의 정세에 대해 정보를 교환하면서 앞으로의 대책을 협의한다. 그러나 지금까지 '반공'이라는 ㅁ으로 신정권의 강력 지지를 언명해온 당내 적극론자 가운데서도 최근 장(도영) 한국 국가재건최고회의 의장 등의 행동이나 미 정부와의 갈등으로 약간 실망하여, 신정권의 전망은 반드시 낙관을 허락지 않으므로 여기서 당분간 지켜보자는 '신중론'이 나오고 있다.

이 간담회의 대부분은 이른바 '친한국 그룹'이고 쿠데타에 의해 장면(張勉) 정권이 무너진 후에도 신정권이 '반공'을 기치로 한 이상 일본으로서는 이것을 적극적으로 지지해야 한다고 주장해 왔다. 여기에 대해 외무성 관계자나 자민당 내의 미키(三木)·마쓰무라(松村), 고노(河野), 이시바시(石橋)파 등은 신정권의 전망은 다난하며 일본으로서는 가볍게 태도를 표명하지 않는 쪽이 현명하다는 의견이었다.

그런데 이후 한국 국가재건최고회의가 취한 일련의 정책 가운데에는 예컨대 정당의 해산, 언론기관의 철저 단속 등, '과격한' 성격의 것이 많았고, 이로 인해 '반공'이라는 점은 좋지만 과연 민주주의 국가, 자유진영의 일원이라고 할 수 있을까하는 의문이 적극론자 사이에서도 강해졌다.

특히 믿고 있는 미 정부가 "실제 정치를 보기까지 반드시 신정권 지지를 서두르지 않겠다"라는 태도로 나왔고, 매그루더 유엔군사령관 겸 주한미군사령관과 한국군의 사이가 잘 원만하지 않고, 장(도영) 의장의 방미 계획이 미 정부에 의해 거절된 점 등의 보도는 신정권의 안정강화를 바라는 '친한국 그룹'에게는 적지 않은 충격을 준 모양이며, 일본으로서도 '반공'을 강조한 나머지 성급하게 신정권 지지를 주장하면 이후에 되돌리기가 어렵게 될 우려가 있다는 생각이 확대되고 있다.

따라서 29일의 일한문제간담회에서는 한국이 강력한 반공국가로서 조속히 바로 서기를 희망하면서도, 일본으로서는 당분간 사태를 지켜보고 구체적 대책에 있어서 '앞서 나가는 것'은 삼가자는 것이 될 것 같다.

1961년 5월 28일(3면)

한국 군정의 2주간

군국주의 색채 강화되다 – 주목되는 학생들의 앞으로의 움직임

젊은 학생의 정열과 피의 희생으로 쟁취한 한국의 민주혁명은 존속 1년만에 총검 앞에 붕괴했다. 5월 16일 갑자기 서울시민의 꿈을 무너트린 새벽의 총성은 불과 5일 만에 군인내각의 탄생으로 이어졌다. 이하 쿠데타 이후 2주간, 그 혁명과정 가운데 나타난 한국군정의 동향을 살펴본다.

정권의 이양

군사혁명위원회는 혁명강령 6항목의 발표에 이어 16일 저녁 민·참 양원 의회와 지방의회의 해산, 각 부 장관·차관의 체포, 정당 및 사회단체의 활동금지 등을 포고, 이날 밤 8시까지 장면(張勉) 정부로부터 정권 일체를 물려받을 방침을 밝혔다. 그러나 장면 총리가 사라지고 혁명위원회에 모습을 드러낸 6각료만으로는 헌법에 의한 총사직의 형식이 이루어지지 않으므로 연기되었고, 18일 오후 장면 총리의 출현을 기다려 정권의 군사접수는 완전히 이루어졌다.

이날 혁명위원장 장도영(張都暎) 중장은 혁명위원회의 위원 30명과 2명의 고문으로 진용을 갖추어 발표, 이것이 한국에서 최고권력을 장악한, '청신하며 양심적인 내각'이 만들어지기까지의 실질적인 정국 장악자임을 시사하였다. 동 중장은 19일에는 기자회견을 열어 신정책을 발표하고, 이날 오후 혁명위는 제1회 총회를 열고 동 위원회를 국가재건최고회의로 개칭하기로 결정, 20일 동 회의를 모체로 한 군인내각의 조각을 완료했다. 또한 혁명위 성립 당초부터 혁명위와 장면 정부 사이를 알선하고 있던 윤보선(尹潽善) 대통령은 19일 오후 혁명위에 통고 없이 사임했는데, 20일 밤 군의 강요로 사의를 철회했다. 이것은 "군사혁명으로 정부가 바뀌었지만 헌법기관으로 대통령은 존재하고 있으므로, 각국에 대해 국제적 승인을 얻을 필요는 없다"(22일, 김홍일(金弘一) 외상의 기자회견 발언)는 목적에 따른 것이며 혁명위로서 절대필요한 조치였다.

미묘한 대미관계

그 동안 무엇보다 관심이 쏠리는 것은 미국의 태도인데, 주한미군 및 미 대사관은 재빨리 장면 현정권 지지의 노선을 명확히 했는데, 미 본국의 태도는 애매했다. 군의 지휘권 문제에 관련해서 유엔군사령관과 한국 군부 사이에 갈등이 일어났고, 24일 장도영 중장은 직접 케네디 대통령과 회담할 뜻을 발표했는데, 미 대통령에게 그럴 틈이 없다는 이유로 거절되었고, 아직 교섭중이라고 전해진다. 그러나 26일에는 지휘권반환 문제로 미한(美韓) 간에 타협이 성립되었고, 이날 밤 한국 외무부에서 발표된 문서에서, 미 국무성은 한국군정의 민정이행의 방침에 만족한다는 뜻을 표명하고 있다. 이로서 미한관계의 극단적인 악화는 막은 듯하다.

짙어지는 독재색

신내각은 반공과 민생안정을 중시하고 '민주공화국'의 국체유지를 전면에 내세우며 혁신정치로 나아갔지만, 언론기관에 대한 탄압, 정당·사회단체의 해산 등, 독재색을 짙게 하고 있고, 매일 전해지는 국민생활에 대한 압력에는 한국민도 어안이 벙벙한 듯하다.

18일 발령된 보도금지령(이것은 27일 조건부 해제되었다), 혁명 당일부터 7일간 2천여명의 친공분자로 보이는 사람들의 검거, 국내 15개 정당, 238개 사회단체의 해산명령(23일), 민족일보(혁신계)의 간부의 처형 및 폐간 등. 이승만(李承晩) 독재정치 이상의 혹독함을 보여, 민주주의의 근본의의가 위험하다는 의견도 나오고 있다.

신정권이 내세운 또하나의 슬로건, 민생안정문제는 경제문제에 다름 아니다. 장(張) 의장의 기자회견, 9개조의 경제질서에 관한 특별성명(모두 19일), 20일 최고회의 포고, 거기에 재무·상공·농림·법무·건설 다섯 신임각료의 기자회견(22일) 등에서 경제정책이 언급되고 있는데 구체적인 것은 말하지 않고 있다. 유일한 구체책이라면 단경기(端境期)에 고통 받는 농민대책뿐이며, 25일 재건회의령 12호로 발표된 '농어촌에 대한 고리(高利)의 채권행사를 당분간 정지하는 조치'도 그 하나이다. 군량미의 쌀·보리 배합률을 바꾸어 그 잉여미와 정부보유미 방출로 기아에 허덕이는 농민을 구제한다는 것은 군인다운 생각인데, 보유미에는 한도가 있고, 군량미의 조악화(粗惡化)는 60만 장병의 장래의 문제로서 그 영구성에는 의문의 여지가 있다. 극빈자에게 1일 3홉의 보리 5일분을 무상배포하는 것은 당사자에게 5일간의 기쁨을 주는 것에 불과하고, 국가예산 가운데 국회관계비는 불필요하게 되었으므로 총액 20억 환(1환은 약 25엔)을 빈농·곤궁민·전상자(戰傷者) 구제에 전용하겠다는 안(案)도 '임기응변'이라는 비난을 면하기 어렵다. 오히려 도대체 언제까지 의회를 방치할 것인가 라고 불안을 느끼는 국민도 많은 것으로 보인다.

기타 외국사치품 사용금지, 사행행위의 엄벌, 댄스홀 폐쇄, 요리점의 쌀·보리 혼식강제(초밥집도 혼합곡으로 영업하고 있다고 한다) 등 국민이 언제까지라도 정부가 하라는 대로 따라가야 하는 것일까. AP통신은 "많은 시민 사이에서는 폭력혁명에 의해 수립된 군인내각이라는 부자연스러운 상태는 이대로는 갈 수 없을 것이라는 예상이 강하다"고 전하고 있다.

군벌성장의 기반

더욱이 이번 쿠데타에서 더욱 주목해야할 점은 군벌성장의 기반이 형성되었다는 것이다. 계엄사령부를 모체로 한국군으로서의 총사령부를 만들었다는 것은 혁명정권이 군사체제를 종래 이상으로 강화하려는 것으로 군국주의적 성격이 강화되었다고 보아도 좋을 것이다. 군인내각에 이어서 새로운 내각이 서더라도 군이 여전히 세력을 가지고 이것을 마음대로 조종할 수 있는 커다란 교두 진지를 쌓아올린 것이 될 수밖에 없다.

재건회의는 19일 장 의장의 제1회 기자회견 이래 문관(文官)정치로의 복귀를 재삼 약속했고, 박정희(朴正熙) 부의장도 23일 "적당한 시기에 총선거를 한다"라고 말했는데 그것이 언제인지 알 수 없다. 그러나 군부가 지금까지 시행한 여러 조치는 주도면밀한 준비기간을 갖고 상당한 장기적인 전망을 가진 것으로, 그 독재지배가 단기간으로 끝날 것으로 생각되지 않는다. 특히 26일 유엔군과 지휘권문제로 일단의 타협이 이뤄진 현재, 이 관측은 상식적인 것으로 되고 있다. 국민의 억압된 감정, 특히 이(승만) 독재정권을 무너뜨린 경험을 가진, 과거 1년간 종래 금기였던 사회과학에 눈을 뜨고, 이론과 실행면에서 활동력을 쌓은 학생의 앞으로의 움직임은 주목해야 할 것이다. 정계의 부패, 경제계의 파국 등 군정을 초래한 원인은 하나가 아니지만, 무엇보다도 쿠데타 직전, 전국에서 고조되었던 남북통일을 목표로 한 학생들의 운동은 군을 나서게 한 큰 원인이었다는 점에서 보아도, 군부와 학생의 움직임은 한국정계에 앞으로의 초점이 될 것으로 보인다.

(1) 3版 朝日新聞（夕刊） 昭和36年（1961年）5月18日 木曜日 第27080号（日刊）

朝日新聞 夕刊

韓国内閣ついに総辞職

革命委布告を承認

収拾に流血避ける

クーデターに責任

張首相述べる

張勉首相

三軍、革命委を支持

18日、革命軍を支持してソウルのアメリカ大使館の前を行進する武装した士官学校生徒たち（AP）

次期政権、軍人中心か

張首相ひるすぎ姿現わす

"民主的形式"で総辞職

革命成功の祝賀式

採決あすに持ち越す

衆院予算委 補正予算を審議

会期折衝 四者会談へ

政治暴力防止法案を審議

監視委の権限が焦点に

ラオス国際会議

西側は拡大を希望

ソ連案の拒否権に不満

監視委は全員一致で

外国軍隊 30日内に撤退

今日の問題 科学と政治

天気

1961년 5월 18일 석간 「한국 내각 마침내 총사직」 등, 본문 pp.767-769 참조

부록 제2공화국 시기 한일관계의 일본 측 주요 인사

◆ 내각총리대신(수상)

기시 노부스케(岸信介): 1896–1987년

· 1919년 고등문관시험 행정과 합격

· 1920년 도쿄(東京)제국대학 법학부 졸업, 농상무성 임용

· 1925년 농상무성이 상공성과 농림성으로 분리됨에 따라 상공성 소속

· 1935년 상공성 공무(工務)국장

· 1936년 10월 만주국 국무원 실업부(実業部) 총무사장(総務司長)

· 1937년 7월 만주국 국무원 산업부(前 実業部) 차장

· 1939년 3월 만주국 총무청 차장

· 1939년 10월 일본국 상공성 차관

· 1941년 10월-1943년 10월 상공대신(도조(東條) 내각)

· 1942년 4월 제21회 중의원선거 당선(야마구치현(山口県), 익찬(翼賛)정치회)

· 1943년 10월-1944년 7월 국무대신 겸 군수(軍需)차관(도조(東條) 내각)

· 1945년 9월-1948년 12월 전범(戰犯)용의자로 스가모(巣鴨)구치소 수감, 도쿄 재판에서 불기소 처분

· 1953년 4월 제26회 중의원선거 당선(야마구치현, 자유당), 이후 1979년 9월까지 9선, 총 10선

· 1954년 11월-1955년 11월 일본민주당 간사장(하토야마(鳩山) 정권)

· 1955년 11월-1956년 12월 자민당(自民党) 간사장(하토야마 정권)

· 1956년 12월-1957년 2월 외무대신(이시바시(石橋) 내각)

· 1957년 2월-1960년 7월 내각총리대신

이케다 하야토(池田勇人): 1899-1965년

· 1924년 고등문관시험 행정과 합격

· 1925년 교토(京都)제국대학 법학부 졸업, 대장성(大蔵省) 임용

· 1941년 대장성 주세국(主税局) 국세과장

· 1944년 도쿄재무국장

· 1945년 2월 대장성 주세국장

· 1947년 2월-1948년 3월 대장성 차관, 이후 대장성 퇴임

· 1949년 1월 제24회 중의원선거 당선(히로시마현(広島県), 민주자유당), 이후 1965년 8월까지 7선

· 1949년 2월-1952년 10월 대장대신(요시다(吉田) 내각)

· 1952년 10월-1952년 11월 통상산업대신(요시다 내각)

· 1953년 자유당 정무조사(政務調査)회장(요시다 정권)

· 1954년 자유당 간사장(요시다 정권)

· 1956년 12월-1957년 7월 대장대신(이시바시 · 기시 내각)

· 1958년 6월-1958년 12월 국무대신(기시 내각)

· 1959년 6월-1960년 7월 통상산업대신(기시 내각)

· 1960년 7월-1964년 11월 내각총리대신(도쿄올림픽 폐회식 다음날인 1964년 10월 25일 건강상 이유로 퇴진을 표명, 후두암으로 10개월 후 사망)

◆ 외무대신

후지야마 아이이치로(藤山愛一郎): 1897-1985년

· 1918년 게이오(慶應)대학 법학부 중퇴

· 대일본제당(大日本製糖) 사장
· 1941년 4월-1946년 1월 일본상공회의소 회두(会頭: 회장), 이후 공직추방
· 1951년 4월-1952년 4월 경제동우회(経済同友会) 대표간사
· 1951년 9월-1957년 7월 일본상공회의소 회두
· 1957년 7월-1960년 7월 외무대신(기시 내각)
· 1958년 5월 제28회 중의원선거 당선(가나가와현(神奈川県), 자민당), 이후 1976년 12월까지 6선
· 1961년 7월-1962년 7월 경제기획청장관(국무대신)(이케다 내각)
· 1963년 7월-1964년 7월 자민당 총무회장(이케다 정권)
· 1965년 6월-1966년 11월 경제기획청장관(국무대신)(사토(佐藤) 내각)

고사카 젠타로(小坂善太郎): 1915-2000년

· 1935년 도쿄상과(商科)대학(현 히토쓰바시(一橋)대학) 졸업
· 이후 미쓰비시(三菱)은행 근무, 신에쓰(信越)화학공업주식회사 이사
· 1946년 4월 제22회 중의원선거 당선(나가노현(長野県), 진보당), 이후 1990년 1월까지 16선
· 1953년 5월-1954년 6월 노동대신(요시다 내각)
· 1960년 7월-1962년 7월 외무대신(이케다 내각)
· 1971년 7월-1972년 7월 자민당 정무조사회장(사토 정권)
· 1972년 12월-1973년 11월 경제기획청장관(국무대신)(다나카(田中) 내각)
· 1976년 9월-1976년 12월 외무대신(미키(三木) 내각)

◆자민당(自民党) 의원

가쓰마타 미노루(勝俣稔): 1891-1969년, 외무성 정무차관

· 1919년 도쿄제국대학 의학부 졸업
· 1923년 내무성 위생국 임용
· 1939년 후생성(1938년 내무성에서 분리) 예방국 결핵과장
· 1942년 6월-1942년 11월 후생성 예방국장
· 1945년 10월-1946년 1월 후생성 임시방역국장
· 1946년 1월-1946년 11월 후생성 위생국장, 이후 후생성 퇴임
· 1952년 10월 제25회 중의원선거 당선(나가노현(長野県), 자유당), 이후 낙선
· 1956년 7월 제4회 참의원선거 당선(전국구, 자민당, 1962년 7월까지 1기 재임)
· 1960년 7월-1960년 12월 외무성 정무차관(이케다 내각)

오히라 마사요시(大平正芳): 1910-1980년, 내각관방장관

· 1935년 고등문관시험 행정과 합격
· 1936년 도쿄상과(商科)대학(현 히토쓰바시대학) 졸업, 대장성 임용
· 1946년 대장성 급여국(給与局) 3과장
· 1949-1952년 이케다 하야토 대장대신 비서관, 이후 대장성 퇴임
· 1952년 10월 제25회 중의원선거 당선(가가와현(香川県), 자유당), 이후 1980년 5월까지 11선
· 1960년 7월-1962년 7월 내각관방장관(이케다 내각)
· 1962년 7월-1964년 7월 외무대신(이케다 내각)
· 1962년 11월 12일 한일회담 타결의 핵심이 된 김종필-오히라 메모를 작성

· 1967년 11월-1968년 11월 자민당 정무조사회장(사토 정권)

· 1968년 11월-1970년 1월 통상산업대신(사토 정권)

· 1972년 7월-1974년 7월 외무대신(다나카 내각)

· 1974년 7월-1976년 12월 대장대신(다나카·미키(三木) 내각)

· 1976년 12월-1978년 12월 자민당 간사장(후쿠다(福田) 정권)

· 1978년 12월-1980년 6월 내각총리대신(제36회 중의원선거 운동 중 사망)

이시이 미쓰지로(石井光次郎): 1889-1981년, 일한문제간담회 좌장

· 1913년 고등문관시험 행정과 합격

· 1914년 도쿄고등상업학교(현 히토쓰바시대학) 졸업, 경시청(警視庁) 임용(경부(警部))

· 1914년 7월 경시청 보안부 교통과장

· 1915년 8월 경시청 보안부 보안과장

· 1915년 12월-1921년 2월 타이완(台湾)총독부 참사관(총독비서관, 비서과장, 외사과장)

· 1922년 5월 타이완총독부 퇴임

· 1922년 7월 아사히(朝日)신문사 입사, 경리부장

· 1923년 9월 아사히신문사 영업국장

· 1925년 5월 아사히신문사 이사

· 1934년 5월 아사히신문사 상무이사

· 1940년 5월-1945년 11월 아사히신문사 전무이사

· 1946년 4월 제22회 중의원선거 당선(후쿠오카 현(福岡県), 자유당), 이후 1972년 11월까지 10선

· 1947년 1월-1947년 5월 상공대신(요시다 내각), 이후 공직추방(1950년 해제)

· 1951년 3월 아사히(朝日)방송 사장

· 1952년 10월-1954년 12월 운수대신(요시다 내각)

· 1954년 12월-1955년 11월 자유당(야당) 간사장

· 1955년 11월-1956년 12월 자민당 총무회장(하토야마 정권)

· 1957년 2월-1957년 7월 국무대신(기시 내각)

· 1957년 7월-1958년 6월 부총리 겸 행정관리청장관 겸 홋카이도(北海道)개발 청장관

· 1959년 6월-1960년 7월 자민당 총무회장(기시 정권)

· 1960년 7월-1960년 12월 통상산업대신(이케다 내각)

· 1965년 6월-1966년 12월 법무대신(사토 내각)

· 1967년 2월-1969년 7월 중의원 의장(사토 내각)

후나다 나카(船田中): 1895-1979년, 자민당 정무조사회장

· 1917년 고등문관시험 행정과 합격

· 1918년 도쿄제국대학 법학부 졸업, 내무성 임용

· 1922년 내각서기관

· 1928년 도쿄시 조역(助役: 부시장)

· 1930년 2월 제17회 중의원선거 당선(도치기현(栃木県), 입헌정우회(立憲政友会)), 이후 1945년 12월까지 5선

· 1937년 10월-1939년 1월 내각법제국장관(고노에(近衛) 내각)

· 전후(戰後) 공직추방

· 1952년 10월 제25회 중의원선거 당선(도치기현, 자유당), 이후 1979년 4월까지 10선, 총 15선

· 1955년 11월-1956년 12월 방위청장관(국무대신)(하토야마 내각)

· 1959년 6월-1960년 7월 자민당 정무조사회장(기시 정권)

· 1963년 12월-1965년 12월 중의원 의장(이케다·사토 내각)

· 1970년 1월-1972년 11월 중의원 의장(사토 내각)

· 1977년 11월-1978년 12월 자민당 부총재(후쿠다 정권)

◆자민당 일한문제간담회 한국방문 의원단(소속 파벌은 당시 기준)

노다 우이치(野田卯一): 1903-1997년, 일한문제간담회 한국방문 의원단 단장, 이케다파

· 1926년 고등문관시험 행정과 합격

· 1927년 도쿄(東京)제국대학 법학부 졸업, 대장성 임용

· 이후 대장성 위체국(為替局) 총무과장, 총무국 총무과장, 금융국 차장

· 1945년 10월-1946년 1월 대장성 외자(外資)국장

· 1946년 1월-1947년 9월 대장성 주계(主計)국장

· 1947년 9월-1948년 3월 전매국(專売局)장관

· 1948년 3월-1949년 2월 대장성 차관, 이후 대장성 퇴임

· 1950년 6월 제2회 참의원선거 당선(전국구, 자유당), 1953년 3월 사임

· 1953년 4월 제26회 중의원선거 당선(기후현(岐阜県), 자유당), 이후 1979년 9월까지 9선

· 1951년 7월-1952년 10월 건설대신 겸 홋카이도 개발청장관(요시다 내각)

· 1976년 11월-1976년 12월 경제기획청장관(국무대신)(미키 내각)

가네코 이와조(金子岩三): 1907–1986년, 이케다파

- 1923년 야마다(山田)실업보습학교 졸업 後, 가업(家業)인 해산물매매업 종사
- 1942년 나가사키현(長崎県) 이키쓰키무라(生月村) 촌(村)의회 의원
- 1947년 나가사키현 현(県)의회 의원
- 1955년 나가사키현 현(県)의회 의장
- 1958년 5월 제28회 중의원선거 당선(나가사키현, 무소속), 이후 1983년 11까지 9선, 자민당의 대표적 수산족(水産族) 의원
- 1959년 이승만 라인에 의해 일본 어선이 한국 경비정에 의해 나포되자, 이에 항의하여 민간 자위선을 동원하여 어선을 보호시키며 주변 해역에서의 조업을 감행하기도 하였다.
- 1978년 12월-1979년 11월 과학기술청장관(국무대신)(오히라 내각)
- 1982년 11월-1983년 11월 농림수산대신(나카소네(中曽根) 내각)

다구치 쵸지로(田口長治郎): 1893–1979년, 사토파

- 1914년 농림성 수산강습소 졸업 後, 수산시험장 근무
- 1937년 농림성 수산국 임용
- 1941년 수산회사 경영
- 1949년 1월 제24회 중의원선거 당선(나가사키현, 민주자유당), 이후 1966년 7월까지 7선
- 1953-1954년 중의원 수산위원장
- 1968년 7월 제8회 참의원선거 당선(전국구, 자민당, 1974년 7월까지 1기 재임)

다나카 가쿠에이(田中角栄): 1918–1993년, 사토파

· 1936년 주오공학교(中央工学校) 졸업
· 1941년 다나카건축사무소 설립
· 1943년 다나카토건공업 설립
· 1945년 2월 이화학흥업(理化学興業)의 공장을 한국 대전에 이전하는 공사를 담당
· 1947년 4월 제23회 중의원선거 당선(니가타현(新潟県), 민주당), 이후 1990년 1월까지 16선
· 1957년 7월-1958년 6월 우정(郵政)대신(기시 내각)
· 1961년 7월-1962년 7월 자민당 정무조사회장(이케다 정권)
· 1962년 7월-1965년 6월 대장대신(이케다·사토 내각)
· 1965년 6월-1966년 12월 자민당 간사장(사토 정권)
· 1968년 11월-1971년 7월 자민당 간사장(사토 정권)
· 1971년 7월-1972년 7월 통상산업대신(사토 내각)
· 1972년 7월-1974년 12월 내각총리대신

다나카 다쓰오(田中竜夫): 1910–1998년, 기시파

· 내각총리대신(1927-1929년) 다나카 기이치(田中義一)의 아들
· 1937년 도쿄제국대학 법학부 졸업, 남만주(南満州)철도 입사
· 1940년 기획원 조사관
· 1943년 군수성 군수관(軍需官)
· 1944년 7월-1945년 4월 농상무대신 비서관
· 1945년 10월-1946년 5월 상공대신 비서관

· 1946년 5월-1947년 5월 귀족원 의원

· 1947년 4월-1953년 3월 야마구치현(山口県) 지사(2선, 중도 사퇴)

· 1953년 4월 제26회 중의원선거 당선(야마구치현, 무소속), 이후 1990년 1월까지 13선

· 1967년 11월-1968년 11월 총리부(総理府) 총무장관(국무대신)(사토 내각)

· 1976년 12월-1977년 11월 통상산업대신(후쿠다 내각)

· 1980년 7월-1981년 11월 문부대신(스즈키(鈴木) 내각)

· 1981년 11월-1982년 11월 자민당 총무회장(스즈키 정권)

다나카 에이치(田中栄一): 1901-1980년, 이시이파

· 1926년 고등문관시험 행정과 합격

· 1927년 도쿄제국대학 법학부 졸업, 내무성 임용

· 이후 오이타현(大分県) 경찰부장, 내각정보부 제4과장, 토치기현 경찰부장

· 1942년 7월-1943년 7월 경시청 경제경찰부장

· 이후 교토부(京都府) 경제부장, 종전연락중앙사무국 제4부장

· 1946년 4월 도쿄도(東京都) 경제국장

· 1948년 3월-1954년 6월 경시총감(警視総監)

· 1955년 1월-1957년 7월 내각관방 부장관(副長官)(사무담당)(하토야마 · 이시바시 · 기시 내각)

· 1958년 5월 제28회 중의원선거 당선(도쿄도, 자민당), 이후 1976년 12월까지 6선

도코나미 도쿠지(床次德二): 1904-1980년, 기시파

· 내무대신(1918-1922년), 철도대신(1931-1932년), 체신대신(1934-1935년) 도코나미 다케지로(床次竹二郎)의 아들
· 1925년 고등문관시험 행정과 합격
· 1926년 도쿄제국대학 법학부 졸업, 내무성 임용
· 이후 현(県) 지방과장, 도쿄부(東京府) 인사과장, 나라현(奈良県) 학무부장(学務部長), 후생성 예방국 우생(優生)과장, 후생성 인구국 총무과장
· 1947년 2월-1947년 3월 도쿠시마현(徳島県) 지사(관선)
· 1949년 1월 제24회 중의원선거 당선(가고시마현(鹿児島県), 민주당), 이후 1976년 12월까지 10선
· 1968년 11월-1970년 1월 총리부 총무장관(국무대신)(사토 내각)

후쿠다 하지메(福田一): 1902-1997년, 오노(大野)파

· 1926년 고등문관시험 행정과 합격
· 1927년 도쿄제국대학 법학부 졸업 후, 도메이(同盟)통신 기자로 입사
· 이후 도메이통신 정치부장, 싱가포르·사이공 지국장, 남방총국 차장
· 1949년 1월 제24회 중의원선거 당선(후쿠이현(福井県), 민주자유당), 이후 1990년 1월까지 14선
· 1962년 7월-1964년 7월 통상산업대신(이케다 내각)
· 1972년 7월-1972년 12월 자치대신 겸 홋카이도개발청장관(다나카 내각)
· 1974년 11월-1976년 9월 자치대신 겸 홋카이도개발청장관(다나카·미키 내각)
· 1976년 12월-1977년 10월 법무대신(후쿠다 내각)
· 1980년 7월-1983년 11월 중의원 의장(스즈키·나카소네 내각)

◆ 외무성 관료(전직 포함)

곤도 신이치(近藤晋一): 1910-1981년, 외무성 정보문화국장

· 1934년 도쿄제국대학 경제학부 졸업

· 1935년 10월 제44회 고등문관시험 외교과 합격

· 1936년 외무성 임용

· 종전시(終戰時) 외무성 정무국 사무관

· 1956년 외무성 정보문화국장

· 1961년 주 덴마크 대사

· 1963년 주 뉴질랜드 대사

· 1969년 7월-1972년 8월 주 캐나다 대사

나카가와 도오루(中川融): 1911-2001년, 외무성 조약국장(後)

· 1932년 10월 제41회 고등문관시험 외교과 합격

· 1933년 도쿄제국대학 법학부 졸업, 외무성 임용

· 종전시 대동아성(大東亞省) 총무국 사무관

· 이후 외무성 아시아국장, 주 영국 공사

· 1960년 외무성 조약국장

· 1963년 국제연합국장을 겸임

· 1964년 주 이탈리아 대사

· 1965년 주 소련 대사

· 1971년 6월-1973년 8월 유엔 대사

다카하시 미치토시(高橋通敏): 1914-1989년, 외무성 조약국장(前)

· 1934년 10월 제43회 고등문관시험 외교과 합격
· 1935년 도쿄제국대학 법학부 중퇴, 외무성 임용
· 종전시 대동아성 사무관
· 1957-1960년 외무성 조약국장
· 1960-1966년 주 불가리아 대사
· 1966-1968년 주 스웨덴 대사
· 1968-1970년 외무성 연수소장
· 1970-1973년 주 이집트 대사
· 1973년 외무성 퇴임

마에다 도시카즈(前田利一): 1924-2002년, 외무성 아시아국 북동아시아과장

· 1970년 주 한국 공사
· 이후 주 샌프란시스코 총영사, 주 아프가니스탄 대사
· 1981-1984년 제6대 주 한국 대사

사와다 렌조(沢田廉三): 1888-1970년, 일한회담 일본국 수석대표

· 1914년 10월 제23회 고등문관시험 외교과 합격
· 1914년 도쿄제국대학 법학부 졸업, 외무성 임용
· 1938년 10월-1939년 9월 외무성 차관

· 1939-1940년 주 프랑스 대사

· 1943-1944년 주 버마 대사

· 1944년 10월-1945년 5월 외무성 차관, 공직추방,

· 1954년 4월-1955년 7월 유엔대표부 대사

· 1955-1957년 외무성 고문

야마다 히사나리(山田久就): 1907-1987년, 외무성 사무차관

· 1928년 9월 제37회 고등문관시험 외교과 합격

· 1929년 도쿄제국대학 법학부 졸업, 외무성 임용

· 종전시 대동아성 총무과장

· 1946년 종전(終戰)연락중앙사무국 정치부장

· 1952년 요시다 시게루(吉田茂) 수상과의 불화로 외무성 퇴직, 도쿄도(東京都) 섭외부장

· 1955년 요시다 수상 퇴진으로 외무성 복직, 주 이란 대사

· 1958년 3월-1960년 12월 외무성 사무차관

· 1960년 미일 안보조약 개정을 담당

· 1961년 5월-1963년 12월 주 소련 대사

· 1964년 3월 외무성 퇴임

· 1967년 1월 제31회 중의원선거 당선(도쿄도, 자민당), 1979년 10월까지 4선

· 1977년 11월-1978년 12월 환경청장관(국무대신)(후쿠다 내각)

이세키 유지로(伊関佑二郎): 1909–1999년, 외무성 아시아국장

- 1931년 9월 제40회 고등문관시험 외교과 합격
- 1932년 도쿄제국대학 법학부 졸업, 외무성 임용
- 종전시 중국 칭따오(靑島) 영사
- 이후 배상청(賠償庁) 비서과장 겸 총무과장, 공직자격 소원(訴願) 심사위원회 사무국장, 경찰예비대 총대(総隊) 부총감, 외무성 연락국장 · 국제협력국장
- 1957년 3월 법무성 입국관리국장
- 1958년 5월 외부성 이주(移住)국장
- 1959년 외무성 아시아국장
- 1962년 주 네덜란드 대사
- 1966년 주 인도 대사

다카세 지로(高瀬侍郎): 1906–1992년, 법무성 입국관리국장

- 1933년 9월 제42회 고등문관시험 외교과 합격
- 1933년 도호쿠(東北)제국대학 법학부 졸업, 외무성 임용
- 종전시 대동아성 총무국 사무관
- 이후 외무대신관방심의관
- 1960년 1월 법무성 입국관리국장
- 1962년 7월 주 실론(현 스리랑카) 대사
- 1966년 주 버마 대사
- 1968년 오키나와(沖縄) 자문위원회 일본정부 대표
- 1970년 오키나와 복귀 준비위원회 일본정부 대표

◆ 일본적십자사

일본적십자사는 전통적으로 황후를 명예총재로 하고 황태자 및 황족을 명예부총재로 하고 있다. 전전(戰前)에는 육군성·해군성 관할의 법인으로 사장은 관례적으로 귀족이 맡아왔으나, 전후(戰後)에는 후생성(현 후생노동성) 관할의 인가법인이다.

시마즈 다다쓰구(島津忠承): 1903–1990년, 사장

전전의 화족(華族)으로 시마즈가(島津家)는 사쓰마번(薩摩藩: 현 가고시마현(鹿児島県))의 영주였으며, 시마즈 다다쓰구의 집안은 메이지유신 이후 본가에서 분가한 근대 귀족가문이다. 작위는 공작(公爵)으로 1933년부터 귀족원 의원을 지냄.

- 일본적십자사 부사장
- 1946년 7월-1965년 2월 일본적십자사 사장
- 이후 일본적십자사 명예사장

가사이 요시스케(葛西嘉資): 1906–2001년, 부사장

- 1929년 도쿄제국대학 법학부 졸업, 내무성 임용
- 1936년 도쿄부(東京府) 학무부 사회과장
- 1942년 후생성 생활국 생활과장
- 1945년 후생성 관방총무과장
- 1946년 1월 후생성 사회국장

· 1948년 3월-1951년 5월 후생차관, 후생 사무차관, 이후 후생성 퇴임
· 1953년-1961년 일본적십자사 부사장

◆경제계 인사

단 이노(團伊能): 1892–1973년, 후지정밀(富士精密) 사장, 일한무역협회 회장

· 미쓰이(三井) 재벌 총수 단 다쿠마(團琢磨)의 장남
· 도쿄제국대학 문학부 졸업
· 미국 하바드대학, 프랑스 리용대학 유학
· 도쿄제국대학 문학부 조교수(미술사 전공)
· 1946년 5월-1947년 5월 귀족원 의원(귀족원 폐지까지 재임)
· 1947년 4월 제1회 참의원선거 당선(후쿠오카현(福岡県), 일본자유당), 중도 사퇴
· 1955년 2월 제27회 중의원선거 낙선(후쿠오카현, 일본민주당)
· 브리지스톤자동차공업 사장 역임

아다치 다다시(足立正): 1883–1973년, 일본상공회의소 회두(会頭=회장)

· 1905년 도쿄고등상업학교(현 히토쓰바시대학) 졸업, 미쓰이물산 입사
· 1920년 오지(王子)제지 이사
· 1942년 오지(王子)제지 사장
· 1951년 라디오도쿄 설립, 사장
· 1956년 일본생산성본부 회장

· 1957년-1969년 일본상공회의소 회두

· 1960년 일한경제협회 설립에 참여(최고고문)

우에무라 고고로(植村甲午郎): 1894-1978년, 경단련(経団連) 부회장, 일한경제협회 초대회장

· 1918년 도쿄제국대학 법학부 졸업, 농상무성 입용

· 이후 농상무성 자원국 조사과장, 기획원 조사부장

· 1940년 기획원 차장

· 1945년 경단련의 전신인 일본경제연합위원회 부위원장 겸 사무국장

· 1946년 경단련 발족, 사무국장

· 1947년 공직추방

· 1951년 경단련 부회장

· 1960년 12월-1977년 12월 일한경제협회 초대회장

· 1968년 5월-1974년 5월 경단련 회장

스기 미치스케(杉道助): 1884-1964년, 오사카(大阪) 상공회의소 회두

· 1909년 게이오대학 이재과(理財科) 졸업, 구하라(久原)광업소 입사

· 이후 오사카에서 섬유사업을 시작

· 1938년 야기(八木)상점 사장, 회장 역임

· 1946년 오사카 상공회의소 회두

· 1960년 일한경제협회 설립에 참여

· 1961년 제6차 한일회담 일본 측 대표

제2공화국 시기 일본 언론의 한국 인식

초판 인쇄 | 2018년 12월 10일
초판 발행 | 2018년 12월 20일

편 저 | 경희대학교 한국현대사연구원
발행인 | 한정희
발행처 | 경인문화사
총괄이사 | 김환기
편집부 | 김지선 박수진 유지혜 한명진
마케팅부 | 전병관 하재일 유인순
등록번호 | 제406-1973-000003호
주 소 | 경기도 파주시 회동길 445-1 경인빌딩 B동 4층
전 화 | 031) 955-9300 팩 스 | 031) 955-9310
전자우편 | kyungin@kyunginp.co.kr
홈페이지 | www.kyunginp.co.kr

값 55,000원
ISBN 978-89-499-4783-9 94910
978-89-499-4781-5 (세트)